U0789732

“十三五”国家重点图书出版规划项目
国家自然科学基金重点项目群
现代农业发展的政策研究丛书

农地产权及相关要素市场发育研究

罗必良 等 著

“农村土地与相关要素市场培育与改革研究”（71333004）

科学出版社
北京

内 容 简 介

本书按照“农地产权特性—要素市场发育—农业分工深化—农业转型发展”的逻辑线索对农地产权及相关要素市场发育进行综合研究。基于对中国农地产权及流转市场特殊性的理解，以分工、契约、要素匹配三个维度为经，分析农业要素市场互动的理论逻辑；以时间、空间、农户三个层面为纬，对农业要素市场发育的现实格局进行考察。由此聚焦研究主题，一方面揭示不同要素的相互依存关系，从而厘清实现农业规模经营的不同方式与农户卷入分工经济的可能性路径，另一方面对农业要素匹配机理进行实证检验，从而阐明农地产权的制度性含义及其对农业转型发展的决定性作用。

本书可供高校经济管理类师生、从事“三农”研究及相关管理工作的有关人员阅读参考。

图书在版编目（CIP）数据

农地产权及相关要素市场发育研究 / 罗必良等著. —北京：科学出版社，2019.12

（现代农业发展的政策研究丛书）

ISBN 978-7-03-060587-0

Ⅰ. ①农… Ⅱ. ①罗… Ⅲ. ①农地制度-土地产权-市场发育-研究-中国 Ⅳ. ①F321.1

中国版本图书馆 CIP 数据核字（2019）第 033905 号

责任编辑：陈会迎 / 责任校对：王丹妮

责任印制：张 伟 / 封面设计：蓝正设计

科学出版社出版

北京东黄城根北街 16 号

邮政编码：100717

http://www.sciencep.com

北京建宏印刷有限公司印刷

科学出版社发行 各地新华书店经销

*

2019 年 12 月第 一 版 开本：720 × 1000 B5

2019 年 12 月第一次印刷 印张：32 1/4

字数：650 000

定价：268.00 元

（如有印装质量问题，我社负责调换）

“现代农业发展的政策研究”项目指导专家组

组　长：

钟甫宁	教　授	南京农业大学
黄季焜	教　授	北京大学

成　员：

程国强	教　授	同济大学
宋洪远	研究员	农业农村部农村经济研究中心
温思美	教　授	华南农业大学
顾海英	教　授	上海交通大学
黄祖辉	教　授	浙江大学
罗必良	教　授	华南农业大学
张俊飚	教　授	华中农业大学
周应恒	教　授	南京农业大学

“农村土地与相关要素市场培育与改革研究”课题组成员

课题主持单位：华南农业大学

课题合作单位：江西农业大学

负责人：罗必良　教授

子课题承担单位及主持人：

华南农业大学：李尚蒲副教授　何一鸣教授　米运生教授　胡新艳教授　罗明忠教授

江西农业大学：陈昭玖教授　翁贞林教授

主要参加人员（按姓氏拼音排序）：

蔡　键　陈风波　陈江华　陈美球　陈思羽　陈文浩　陈小知　陈有华　高少慧　高雪萍　高亚佳　何勤英　洪炜杰　胡　凝　胡　雯　黄　松　黄建伟　江雪萍　江永清　赖丹珠　赖运生　林文声　凌　莎　刘　恺　刘长进　柳　松　鲁燕飞　罗　琦　罗锦涛　吕　佳　秦　明　仇童伟　石晓敏　苏毅清　檀竹平　滕玉华　万俊毅　王梦婷　王晓海　王志刚　文晓巍　吴小立　谢　琳　杨晓莹　曾泽莹　张　露　张沁岚　郑秀娟　钟文晶　周　波　周利平　朱文珏　邹宝玲　邹晓娟

总　序

中国农业发展取得了令世人瞩目的巨大成就。然而，要实现中国这一14亿人口国家的农业现代化，仍然面临着一系列严峻挑战。综合考虑管理学科发展的重要基础性问题与国家重大发展战略需求等因素，国家自然科学基金委员会管理科学部在“十二五”发展规划部署中，将“新农村建设中的农业与农村发展政策”列为优先发展领域之一。在优先资助领域的框架下，于2013年底启动了“现代农业发展的政策研究”重点项目群。经过5年多的努力，该项目群实施进展顺利，于2019年初组织了结题验收工作并获得良好评价。

国家自然科学基金委员会管理科学部遴选重点项目群的原则是适应管理科学基础研究的规律和特点，针对核心科学问题，在前期研究基础较好、有望形成特色或取得重要突破的领域，形成具有统一目标或方向的重点项目群，实施相对长期的多个重点项目支持，以激励创新、推动某一领域的跨越式发展。重点项目群是属于重点项目的一种资助方式，其研究既注意项目群内项目的相互联系性，又注重与其他类型资助项目的互补关系。

“现代农业发展的政策研究”重点项目群围绕农业发展中的基础性和前瞻性的重大战略问题，下设“现代农业科技发展创新体系研究”、“国家食物安全预测预警和发展战略研究”、“气候变化背景下低碳农林业发展战略及政策研究”、“农业产业组织体系与农民合作社发展”、“农村土地与相关要素市场培育与改革研究”和“新时期农业发展的国家政策支持体系研究”6个重点项目。该项目群的指导专家组汇集了国内农林经济管理领域的顶尖学者，承担单位包括国家自然科学基金委员会管理科学部支持的首批创新群体团队和国家双一流学科建设单位等七家研究机构，研究基础雄厚。五年来，项目群既鼓励协作攻关又倡导自由探索，既坚持目标导向又强调重点突破，在现代农业发展领域开展了一系列的政策研究，产生了一大批在国内外具有良好影响力的原创性成果。

本套学术丛书即是“现代农业发展的政策研究”重点项目群的创新性研究成果的集成。丛书基于中国特殊的国情与农情，重点围绕新时期农业发展所面临的新形势和新挑战，采用科学的理论与分析方法，对与现代农业发展紧密相关的现代农业科技发展政策与改革、国家粮食安全战略与管理、气候变化对农业影响与适应策略、现代农业产业组织体系、土地与相关要素市场的培育与改革、现代农业发展国家政策支持体系等重大的理论与政策问题，开展了全局性、战略性与前瞻性的研究，提出了实现农业现代化的新目标、新思路和新举措。该重点项目群的实施，一定程度上提升了农业经济管理学科的国际学术地位和影响，也为国家制定农业农村发展战略和政策提供了科学依据，并培养了一批在国内外学术界有成长性和影响力的中青年人才。

希望本套丛书的出版能够对我国管理科学尤其是农林经济管理的理论研究起到促进与深化作用，对政府有关决策部门进一步落实“乡村振兴”战略和加快现代农业发展起到政策咨询作用，同时也能对广大“三农”工作者以及所有关心中国农业现代化发展的人士有所启迪。

吴启迪

国家自然科学基金委员会管理科学部主任

2019 年 9 月

目　　录

第一篇　绪　　论

第二篇　农地产权及流转市场的特殊性

第三篇　农业要素市场互动的理论逻辑

第四篇　农业要素市场发育的现实考察

第六篇 产权制度、要素匹配与农业发展

第七篇　主要结论和未来政策取向

第一篇　绪　　论

第1章 研 究 概 述

1.1 研究背景与研究目的

本书基于大国小农的特殊情境，试图对我国工业化与城镇化背景下的农村土地及相关要素市场培育与改革进行综合研究。为了避免研究范围过于宽泛，本书聚焦于现代农业的转型发展，并着重研究农地经营权流转市场及相关要素市场的发育问题。

学界对于农业要素市场的研究主要集中于三方面：一是要素市场化水平的测度（陈宗胜和陈胜，1999；钱忠好和牟燕，2012）；二是对要素市场发育的影响因素及其效果分析（胡初枝等，2008；张会萍等，2011；许恒周和金晶，2011）；三是对要素流动相互关系的研究（姚洋，1999；Kung and Lee，2001；田传浩和李明坤，2014）。梳理已有文献，大体能够发现有关农业要素市场发育的一个基本共识与主张：伴随着工业化与城镇化的快速推进，农村人口尤其是农业劳动力非农转移所引发的人地关系变化，为中国的农地流转及土地要素的重新配置提供了契机，由此对“人动”带动“地动”进而对农地规模经营寄予了厚望。加之中国政府不断强化的农地产权及由此带来的稳定性预期，也使得人们对农地承包经营权的信贷可获性充满信心。因此，由“人动”带动“地动”，进而带来“钱动”，似乎成为中国农业要素市场发育的基本逻辑与必然趋势。

同样，面对家庭承包制背景下的分散化、小规模经营格局，现行政策一直在着力推进农地经营权的市场化，以期通过农地的流转集中，改善经营的规模性，由此降低农业生产成本，提高生产效率。早在 1984 年，中央“一号文件”就开始鼓励农地向种田能手集中。2002 年出台《中华人民共和国农村土地承包法》，以法律形式赋予了农民对承包土地的占有、使用、收益和征收征用享有补偿的权利，首次将土地承包经营权流转政策上升为法律。2008 年党的十七届三中全会通过的《中共中央关于推进农村改革发展若干重大问题的决定》强调，“允许农民以转包、出租、互换、转让、股份合作等形式流转土地承包经营权，发展多种形式的适度规模经营”①。2013年十八届三中全会更是鼓励承包经营权向专业大户、家庭农场、农民合作社、农业企业流转，发展多种形式的规模经营。可以说，政府的政策导向为农地流转和农户退出土地承包经营权提供了制度基础。

尽管经过多年的努力，农地流转率已经达到一定的水平，但“地动”依然迟缓于“人动”的速度，而试图通过规模经营来改善农业的投资，更是没有达到预期的效果，且“钱动”严重滞后于农地流转与劳动力转移的水平。

总体来说，中国农业要素市场发育存在两个方面的问题。一是市场发育的不充分。由表1-1 可见，在全国农村劳动力中，2006 年的外出务工劳动力占比为29.87%，2015 年提升到 40.94%；全国家庭承包经营的耕地中，发生流转的比例从2006年的4.57%，快速增加为2015年的33.29%，但总体滞后于劳动力转移的水平。在全国各类农民专业合作社中，从事农业农村金融服务的合作社几乎处于空白状态。

表1-1 农业要素市场的发育水平

项目	2006年	2007年	2008年	2009年	2010年	2011年	2012年	2013年	2014年	2015年
劳动力转移率	29.87%	33.51%	34.83%	35.67%	37.15%	38.04%	39.40%	40.09%	40.57%	40.94%
农地流转率	4.57%	5.24%	8.84%	12.00%	14.15%	17.84%	21.24%	25.70%	30.36%	33.29%
金融服务水平	—	—	—	0.17	0.30	0.12	0.10	0.10	0.08	0.07

资料来源：根据原农业部农村经济体制与经营管理司编辑的《全国农村经营管理统计年报》（2006~2015年）的相关数据计算

注：劳动力转移率=外出务工劳动力/农村劳动力总量×100%；农地流转率=家庭承包耕地流转总面积/家庭承包经营的耕地面积×100%；金融服务水平=农民专业合作社中的金融服务合作社个数/全部服务业合作社总数

二是市场发育的不平衡。在我国30个省（自治区、直辖市）（不含西藏与港澳台）中，除北京、天津、上海三大直辖市以外，江苏、安徽、江西、河南、湖北、湖南、重庆、四川、陕西、甘肃、青海、宁夏、新疆、黑龙江、福建的劳动力转移率高于全国平均水平；而农地流转率低于全国平均水平的省（自治区、直辖市）包括天津、河北、山西、内蒙古、辽宁、吉林、福建、江西、广东、广西、海南、四川、贵州、云南、陕西、甘肃、青海、宁夏、新疆。要素市场的发育呈现出明显的区域不平衡。不仅如此，要素市场发育还表现出明显的不匹配。其中，山西、吉林、福建、江西、广西、海南、重庆、四川，以及整个西北省区，与劳动力要素市场相比，农地流转市场发育明显滞后（表1-2）。

① http://www.gov.cn/test/2008-10/31/content_1136796.htm。

表 1-2 2015 年各省（自治区、直辖市）要素市场发育水平

省（自治区、直辖市）	（1）劳动力转移率	（2）农地流转率	（1）-（2）
北京	8.15%	56.84%	-48.69%
天津	24.60%	32.78%	-8.18%
河北	30.22%	27.57%	2.65%
山西	30.81%	16.21%	14.60%
内蒙古	37.01%	32.50%	4.51%
辽宁	30.96%	31.69%	-0.73%
吉林	37.54%	25.84%	11.70%
黑龙江	40.64%	53.34%	-12.70%
上海	37.83%	73.70%	-35.87%
江苏	49.99%	60.38%	-10.39%
浙江	32.17%	50.46%	-18.29%
安徽	51.69%	47.16%	4.53%
福建	40.50%	29.93%	10.57%
江西	47.47%	29.54%	17.93%
山东	35.93%	56.35%	-20.42%
河南	42.16%	39.80%	2.36%
湖北	45.03%	36.95%	8.08%
湖南	43.14%	37.13%	6.01%
广东	38.46%	28.88%	9.58%
广西	37.70%	18.57%	19.13%
海南	22.49%	4.69%	17.80%
重庆	57.62%	41.46%	16.16%
四川	52.69%	27.76%	24.93%
贵州	37.75%	28.10%	9.65%
云南	27.42%	17.87%	9.55%
陕西	44.65%	17.90%	26.75%
甘肃	41.30%	23.34%	17.96%
青海	49.72%	21.57%	28.15%
宁夏	45.29%	25.52%	19.77%
新疆	42.12%	17.94%	24.18%

上述简要的数据对比表明，中国农业要素市场并不存在简单的由“人动”带动“地动”，进而带来“钱动”所表达的发育逻辑。

由于中国特殊的人地关系及农民对土地的特殊情感，中国的农地流转与农业劳动力非农转移市场均表现出一定的特殊性，从而有着不同的行为学意义。由此，本项研究的重点在于通过“人动—地动—钱动”的互动机理分析，从产权理论的视角提炼“地权”的核心意义，从产权细分与分工深化结合的维度阐明农地产权市场发育的逻辑关系。特别地，产权实施中的农地产权细分，能够带来农业的分工深化与迂回投资，这意味着农业生产性服务市场的发育将成为农业要素市场的不可或缺的重要组成部分。

本书研究的目的在于以下五个方面。

第一，农户以农为生、以农为业、以地立命的生存状态及在位控制情结所导致的较高禀赋效应，决定了农地流转市场并非单纯的要素流动市场，而是一个具有身份特征的情感市场，隐含着重要的制度含义。理解农业家庭经营的必要性、合理性与可拓展性，揭示农地产权及其流转的特殊性，是准确把握农业要素市场发育机理及其规律的重要前提。

第二，通过理论与现实的考察，一方面分析农业要素市场的互动机制，阐明分工、契约、要素匹配的核心线索，另一方面从时间、空间、农户三个层面对农业要素市场发育的现实格局进行分析，由此深化对农业市场发育所面临的约束及其困境的理解。

第三，尽管学界普遍将农业劳动力非农转移视为发育农地流转市场的前提条件，但大多将“地动”归因于“人动”的逻辑过于简单化了。必须重视农业社会化服务市场在要素市场体系中的关联性作用及其所表达的分工经济本质。因此，有必要将农业劳动力非农转移、农地流转与农业投资三大要素市场进一步延伸到农业服务市场，通过“四大要素市场”的互动关系的分析，阐明要素流动、产权细分、农业分工的作用机制，由此揭示农业规模经营的不同实现路径。

第四，农业生产要素的相互替代或配置方式的调整，依赖于农户对要素相对价格及其潜在收益的有效反应，而一个不减弱的产权是农户做出有效反应的前提。基于农地产权、要素配置及其分工深化的逻辑把握，将有助于增进对农户行为响应与经济绩效的理解，并为小农生产融入现代农业发展进程提供重要政策启迪与制度创新空间。

第五，产权盘活、要素流动、分工深化，依赖于市场化及其组织化。在三权分置的制度背景下，从农地经营权流转转向农地经营权的产权细分与盘活，通过分工深化扩展相关要素市场及其配置空间，实现农户土地经营权交易、农业生产性服务交易与企业家能力交易的对接与匹配，促进农业家庭经营向多元化经营主体及多样化、多形式分工经济的转型，从而形成“专业种地、能者经营、竞争交易”新型农业经营格局。其中，企业家能力的培育与企业家群体的形成，各类交易组织的生成及竞争平台的构建与匹配，尤为值得关注。

1.2 研究框架与研究路径

1.2.1 研究框架

本书研究按照“农地产权特性—要素市场发育—农业分工深化—农业转型发展”的逻辑框架展开讨论。首先基于对中国农地产权及流转市场特殊性的理解，分别从分工、契约、要素匹配三个维度分析农业要素市场互动的理论逻辑，从时间、空间、农户三个层面对农业要素市场发育的现实格局进行考察，在此基础上，一方面对农业要素市场的发育机制进行实证分析，重点讨论不同要素的相互依存关系，并由此揭示实现农业规模经营的两种方式与农户卷入分工经济的可能性路径，另一方面对农业要素的匹配机理进行实证检验，重点讨论农地产权的制度性含义，并由此阐明农业转型发展的绩效决定（图1-1）。

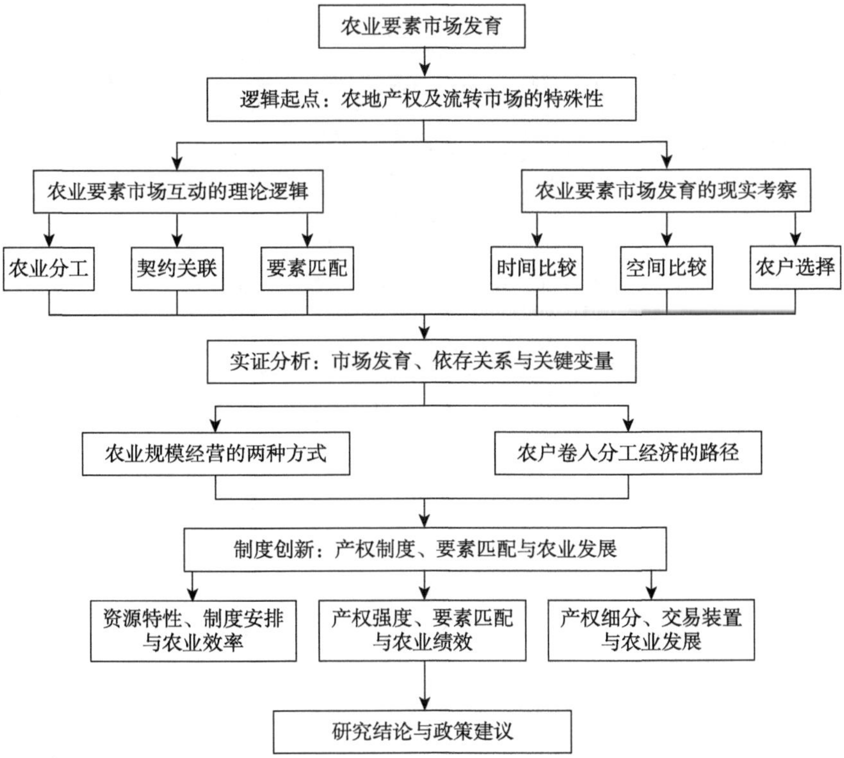

图 1-1 研究框架

1.2.2　研究路径

在以往的研究中，人们很容易受到两种极端做法的影响：一种是集中提出相互依存的关系，把被认为是主要的那些关系汇集于一个分析框架。这种做法的缺点是，它只能提出一个过于简单的图景，而不能使各种不同领域的专家认识到他们自己的问题；同时，这个图景又过于一般化，以至于很难为决策提供操作依据。另一种是凭借目前所能提供的大量专业知识分析特殊问题。在这种情况下，虽然具体方面的问题从未被忽视，但它却不能使不同领域相互关联中的那些困难得到解决。为此，本书研究的基本要求是，既要保证综合性，从而把握农业要素市场发育的宏观依存关系；又要突出具体性，从而把握各种关键问题、关键变量及其作用机理。

因此，本书研究沿着“宏观图景—依存关系—关键问题—制度设计”的思路展开（图 1-2）。

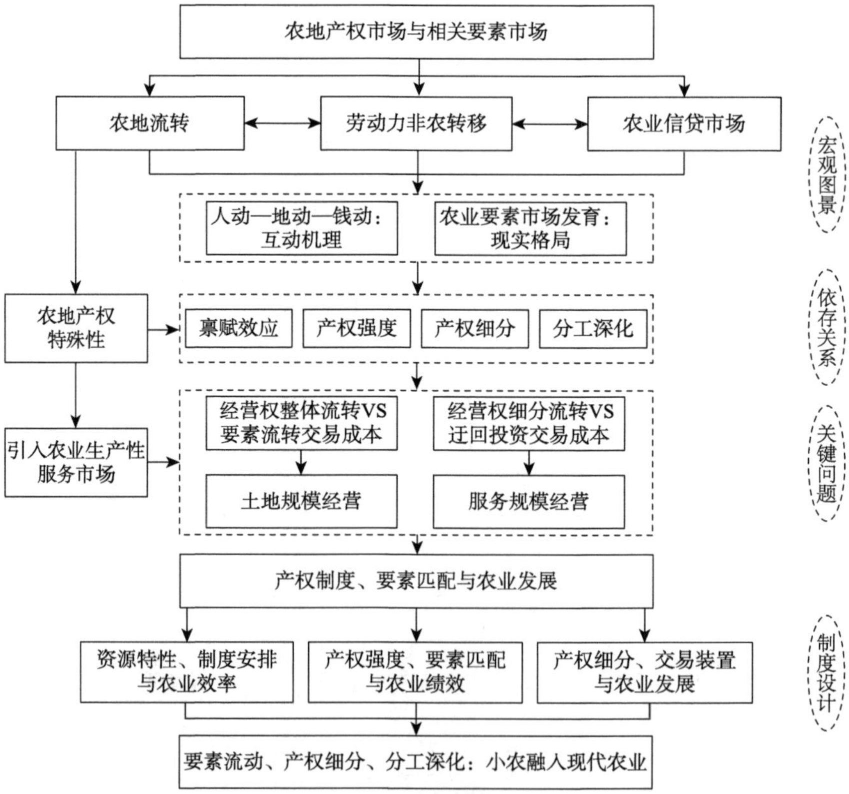

图 1-2　研究路径

1. 宏观图景

宏观图景分析的重点在于两个方面：一是分别从分工、契约、要素匹配三个维度讨论农业要素市场互动的理论逻辑，二是从时间、空间、农户三个层面对农业要素市场发育的现实格局进行考察。前者是理论背景梳理，后者是现实背景把握。

2. 依存关系

土地流转市场并不是一个单纯的要素流动市场，而是具有人格化特征的情感市场，有着特殊的市场逻辑。不仅如此，农户的非农就业转移、土地流转与资金借贷行为之间也并不存在一致的正向促进关系，而是具有明显的“情境依赖性”与关系依存特性。农业要素流动及其市场化，不但与产权强度密切关联，而且在相当程度上与产权实施尤其是产权的可分性、农业的分工深化紧密依存，具有重要的制度含义与组织含义。

3. 关键问题

由“人动”带动“地动”，进而带来“钱动”，并不能表达中国农业要素市场发育的一致性路径。“人动”引发的农业劳动力弱质化，“地动”面临的禀赋效应，以及由农地确权带来的流转抑制、农业信贷可获性面临的约束，意味着三大要素之间形成互动与匹配是非常困难的。因此，有必要从开放的视角来推进农业要素市场的发育。其中，由农业生产性服务市场发育所表达的迂回投资及其要素配置效应值得格外重视。由产权细分与分工深化所诱导的生产性服务市场的发育，意味着农业规模经营的实现路径将发生重大转变。推进农业规模经营，应该关注四个维度的路径拓展，即从强调单一的土地要素转向多要素投入的均衡匹配；从仅关注生产成本拓展到交易成本；从关注规模经济的成本节约转向关注分工深化的报酬递增机制；从农地规模经营拓展到农业服务规模经营的多样化选择。农业规模经营的本质，在于将我国“小而全”的农户纳入分工经济范围。其中，以经营权的产权细分及其交易为基础的农业服务规模经营，既能满足农户对土地身份财产权的权益诉求，又能增加产权交易匹配组合的选择空间，更有利于显著提升农业的外部规模经济性和分工效率。

4. 制度设计

由资源特性所决定的产权匹配，由要素品质所决定的契约结构，由产权强度所决定的要素配置行为，均表达了农业特性、地权特征在农业要素市场发育及其匹配中的决定性作用。在推进要素市场化发育的过程中，重视与禀赋资源及农地产权特殊性相匹配的产权实施安排与分工组织设计，尤为重要。鉴于家庭承包制所决定的地权安排，以及农地确权所决定的产权固化，从产权界定转向产权实施，从产权的生产制度结构拓展到产权的交易制度结构，有着重要的制度创新意义。其中，交易装置是改善产权实施效率的重要机制。企业是一种巧妙的交易机制，它可以把一些交易成本极高的活动卷入分工，又可以避免对这类活动的直接定价和直接交易。同样，农地经营权细分和迂回交易促进了农业分工深化，规避了人格化财产交易中产生的禀赋效应对农地流转的约束及直接交易所面临的高昂成本。降低产权的实施成本，依赖于有效的生产组织和交易组织的选择与匹配。因此，广义的市场机制不仅包括价格机制、产权分立机制，还要有合乎要求的分工交易的组织机制及与之相匹配的交易方式。正是基于这样的角度，农地经营权的交易装置与相互匹配，能够扩展人格化财产的交易空间，有着重要的理论内涵与现实价值。

1.2.3　数据来源

本书使用的主要分析数据来源于“农村土地与相关要素市场培育与改革研究”项目的专项农户问卷（统称为 NSFC-71333004-2015）。项目组于 2015 年初（春节前后）通过分层聚类方法对农户进行了抽样问卷调查。

其抽样过程是，首先，根据各省（自治区、直辖市）总人口、人均地区生产总值、耕地面积、耕地面积占辖区土地面积比重、农业人口占总人口比重和农业产值占地区生产总值比重等 6 个指标进行聚类分析，并结合中国 7 大地理分区，抽取了 9 个省（自治区）（包括东部地区的辽宁、江苏和广东，中部地区的山西、河南和江西，西部地区的宁夏、四川和贵州）；其次，按上述 6 个指标对各省（自治区）的县（区、市）再进行聚类分析，在每个样本省（自治区）分别抽取 6 个样本县（区、市）（合计 54 个），在每个样本县（区、市）按经济发展水平高低抽取 4 个乡镇（在广东、江西各抽取 10 个样本乡镇）；再次，在每个样本乡镇随机抽取 1 个行政村（能够代表该乡镇经济发展水平），在每个行政村又随机抽取 2 个自然村（分别代表村级经济发展的中上与中下水平）；最后，在每个样本自然村随机挑选 5 户样本农户。进入农户后则通过随机抽取 Kish 表，再据此确定具体的家庭成年成员进行面对面访谈。本次调查共发放问卷 2 880 份，回收问卷 2 838 份，其中有效问卷 2 704 份，问卷有效率为 95.28%。

上述数据是截面数据，不能满足特定分析处理之需，因此，本书的部分研究内容将使用其他来源的数据库。包括官方公布的数据库（《中国统计年鉴》《中国农村统计年鉴》《全国农村固定观察点调查数据汇编》）、北京大学中国健康与养老追踪调查数据（China Health and Retirement Longitudinal Study，CHARLS）、中山大学社会科学调查中心 2014 年完成的“中国劳动力动态调查”（China Labor-Force Dynamics Survey，CLDS）数据。这些数据来源将在有关章节的使用中做具体说明。

1.3 研究内容与结构安排

1.3.1 主要研究内容

本书的一个核心思想是，基于农业特性强调家庭经营的合理性，在发挥家庭经营比较优势的基础上，将要素流动纳入农业分工经济体系，从而揭示小农经济融入现代农业发展的可能性途径。基于此，本书的主要研究内容包括以下几方面。

（1）揭示农业特性与中国农地产权制度所决定的农业家庭经营的合理性。

（2）在家庭联产承包责任制背景下，农地规模经营必然依赖于农地经营权的流转。假定农户是异质的，那么，只有那些具有生产经营能力优势的农户，才可能走向农地的规模经营。因此，农户生产经营能力的差异及其分化，是农地流转及规模经营的前提条件。农地要素市场发育、可能性空间及其约束（尤其是农户对农地的禀赋效应及由农地确权引发的农地人格化财产特征的强化），将成为本书关注的重点。

（3）农业生产经营包含生产决策及多种农事活动。伴随着农地经营规模的扩大，如果所有的农事活动均由一个家庭经营主体独自处理，那么现场处理的复杂性及其多样性，必定超出农户的行为能力。从短期来看，农业生产的季节性决定着农业用工旺季与淡季的交替，势必引发时间上过剩与不足的结构性矛盾；从中长期来说，家庭人口与劳动力的变化，也必然导致农户经营过程中劳动力需求与供给总量上的结构性问题。显然，结构性矛盾将内生出农户的雇工经营与农业劳动力要素市场的发育。因此，必须关注“人动”与“地动”的互动关系。

（4）农业的经营特性使得随着农地经营规模的扩大，与之相匹配的劳动要素配置隐含着高昂的交易成本。一是农业劳动力非农转移引发的农业雇工成本不断上升；二是农业季节性与劳动用工的不平衡性，会加剧农业雇工的不确定性与风险成本；三是农业的生命节律特性，必然导致劳动质量的监督困难，内生高昂的考核成本。因此，随着农地经营规模的扩大，采用机械替代劳动力以节省生产成本和交易成本，势必成为农户改善要素匹配效率的恰当选择。但对农户来说，作为专用性资产的农机投资却是一把双刃剑，一方面，机械化作业无疑会要求土地经营规模的匹配（从而隐含着土地租金门槛的提升与农地租约不稳定的契约风险）；另一方面，有限的使用频率必然导致投资效率的低下。于是，农户会倾向于将投资门槛或资产专用性较高的生产活动卷入分工体系当中，即以迂回投资的方式通过购买生产性服务来替代直接投资，由此将家庭经营卷入社会化分工并扩展其效率生存空间。可见，发育多样化、专业化的生产性服务组织，具有决定性的行为发生学意义。因此，“人动”“地动”必然扩展到“钱动”及“服务”，要素流动必然涉及产权细分、分工深化与要素匹配问题。

（5）农户小规模生产与地域布局的分散性，会使得从农户经营活动分离出来的生产环节或工序，可能在时间连续性与区域聚集性方面均难以满足专业化外包服务组织对大规模生产的要求。如果农户的服务需求有限，不可能诱导专业化的服务供给（市场容量约束分工），只有当多个农户的服务外包需求达到一定规模时（区域布局专业化），具有交易经营能力优势的主体才可能成为专业化服务经营主体（市场容量促进分工）；当专业化服务具有比较成本优势时，则能够将农户卷入分工并诱导农户外包服务需求的扩大（分工反过来增进市场容量）。由此，农业的组织化与农业转型发展将成为重要研究内容。

1.3.2　本书结构安排

本书包括 7 篇共 23 章。

第一篇“绪论”包括两章。

第 1 章介绍本书的研究背景、研究框架与内容安排。由于中国严酷的人地关系以及农民对土地的特殊情感，中国的农地流转市场以及相关要素市场均表现出一定的特殊性。本书的研究重点在于通过“人动—地动—钱动”的互动机理分析，从产权理论的视角提炼“地权”的核心意义，从产权细分与分工深化结合的维度阐明农地产权市场发育的逻辑关系。与以往研究主要关注于农地、农业劳动力与农业信贷投资三大要素市场不同，本书进一步强调了农业服务市场发育的重要性。其核心观点是，产权实施中的农地产权细分，能够带来农业的分工深化与迂回投资，这意味着农业生产性服务市场的发育将成为农业要素市场不可或缺的重要组成部分。

第 2 章介绍国内外研究现状、新的理论动态以及本书研究的主要创新。主流文献往往强调，发育农地流转市场有助于推进农业的规模经营，但大多忽视了农地产权的特殊性及其所隐含的市场逻辑与制度含义。该章强调，推进农地产权的市场化的一个重要目的是要有效保护农民的土地权益，因为经由市场交易的产权具有程序规范的合法性、社会认同的合理性、自愿参与的合意性，能够强化产权的排他性，在此基础上进一步通过农业与农村要素的市场化来改善资源配置效率，提升经济绩效。该章表达的一个核心思想是，从单一地着眼于农地经营权流转以谋求规模经营，转向在农地流转的同时推进经营权的产权细分以谋求分工经济，进而将农地规模经济与服务规模经济融合，应该成为农业经营方式转型的基本方向。

第二篇“农地产权及流转市场的特殊性”是本书研究的逻辑起点。

第 3 章揭示农业家庭经营的历史必然性与可拓展性。由于中国的农地市场在本质上表达为“集体所有权、农户承包权、农地经营权”三权分置前提下农地经营权的产权流转交易，且农地经营权依附于农户家庭的土地承包权，因此，不深刻认识农户家庭经营制度，是难以理解农地产权流转的市场性质的。家庭经营所内生的灵活决策机制、行为响应的自觉性以及激励相容的自我执行机制，使其在农业生产活动中具有了天然的合理性与得天独厚的组织优势，进而在农地产权制度的选择中发挥着核心作用，对农业小规模分散化现实经营格局具有决定性影响。因此，如何有效实现小农户和现代农业发展的有机衔接，扩展家庭经营的适宜性空间，成为重要的理论与现实命题。农业家庭经营具有适应要素市场发育与分工深化而融入现代农业发展的制度潜力。

第 4 章阐明农地产权市场的特殊性以及农地流转隐含的含义。产权强化对产权交易的意义并不明确。该章的一个重要命题是，强化可替代财物的产权强度，能够促进其市场化交易；强化人格化财产的产权强度，则可能抑制其市场化交易。农地产权界定及其强化并不必然地促进土地经营权流转。已有研究大多忽视了农地特性所包含的产权含义及特殊的交易逻辑，同时也夸大了土地流转的可能性及规模经济性。农地流转中广泛存在的禀赋效应、差序格局、合约不完全以及缔约期限短期化与逆向选择，均表达了农地产权市场的特殊性。因此，有必要寻找人格化财产的产权交易路径。与之相匹配的一个重要的政策策略是，必须推进土地功能的转换，即从以往强化土地福利保障功能的公平导向转向强化土地财产功能的效率导向。

第三篇“农业要素市场互动的理论逻辑”是本书研究的理论背景。分别从分工、契约、要素匹配三个层面分析农业要素市场互动的理论逻辑。

第 5 章从分工层面，阐明农业要素市场发育的理论线索。该章借助新兴古典经济学的超边际分析方法，以农地市场为中心，深入剖析农地市场如何驱动农业劳动力市场与农业金融市场的发育并最终形成一般均衡，进而通过三大要素市场的契约匹配博弈模型总结出中国农业要素市场一般均衡的形成机理。在农业要素市场的发育中，劳动力市场的发育是前提，农地市场的发育是关键。农地市场发育的核心是土地的财产性赋权，财产性赋权才能诱致农村土地“财产化、资本化、商品化”的市场发育，土地市场化将促进“三个市场”的匹配与政策目标的融合。因此，只有农地产权的管制放松，劳动力市场的调整才能够得以完善，进而与劳动力市场密切相关的土地市场、金融市场才能相继有所改善，劳动力、土地、资本才能达到均衡配置。可以认为，农业要素市场是一个农业劳动力市场与农业金融市场围绕以农地市场为中心的相互联动的交易网络体系。

第 6 章从契约层面阐明农业要素市场的互动关系与关联逻辑。中国的特殊农情决定了农业要素产权被管制从而农业要素市场变得不完全，但通过要素契约替代产品契约的方式，让农业中介服务组织成为中心签约者并获得剩余权利，有利于交易费用的下降，以缓解农业要素市场失灵问题。中介服务组织通过一系列要素契约把整个农业要素市场体系中的所有供给者与消费者联系在一起。因此，农业三大要素市场组织其实是通过农业中介服务组织的作用交织而成，而每一种农业要素市场组织均是一个相应的要素契约集合。由此，农业“三大市场”的一般均衡是“三大契约”相互关联的结果，而农业中介服务组织扮演着重要角色。

第 7 章从要素匹配层面阐明农业要素市场的作用机制及其转换。农地流转并非独立存在的，其发生发展是以其他要素市场的发育为约束条件的。该章一方面从农村劳动力非农转移、农业社会化服务发展与农地流转的互动关系，推演农地流转实施的理论线索及其转换机制，另一方面利用数理模型，刻画农地流转面临的约束条件，进而考察不同要素市场发展对农地流转的可能性影响。研究结果表明，农业劳动力非农转移会显著促进农地流转，但农业社会化服务市场的发育则会抑制农地流转。该章的分析对于重新认识中国农业规模经营的实现形式、不同要素市场的作用机制及其路径转换具有重要意义。研究表明，以往依靠农地流转一条腿走路的农业规模经营模式，在宏观上已经呈现乏力态势，而将小农卷入分工经济，谋求农业的服务规模经营，或许具有更为重要的实践价值。

第四篇“农业要素市场发育的现实考察”是本书研究的现实背景，分别从时间、空间、农户三个维度对农业要素市场发育的现实格局进行实证考察。

第 8 章从时间维度比较分析城乡土地市场的发育及其进程。城乡分割的土地制度导致了两类土地要素市场发育的非同步性。但是，城乡土地市场发育具有相互关联性。分析结果表明：①尽管城乡土地市场发育具有相互分割的二元市场特征，但长期来说，城乡土地要素市场化互为因果，城市土地市场对农地市场发育具有推动作用；②农地市场的发育依赖于农村正规与非正规金融市场的支持，但正规金融市场能够发挥更为显著的促进作用；③农村劳动力转移与农地市场发育的长期关系不明显，表明“人动”并没有有效带动“地动”。

第 9 章从空间维度比较分析农业要素市场的发育程度。总体来说：①我国各省区市农业要素的市场化进程较为不平衡；②劳动力市场的发育程度略高于农地要素市场的发育程度，而农地要素市场的发育程度又高于信贷市场的发育程度。因此，一方面，必须加大农业要素市场发育程度较低省区市的改革力度；另一方面，应强化农业信贷市场的发育，这对于推进农业要素的市场化进程具有重要的政策意义。

第10章从农户维度考察农业要素市场发育的相互关联性。该章将劳动力、土地和资金三大基本生产要素同时纳入农户联合决策行为模型中，将农户多要素配置行为予以内生化，进而采用多变量Mvprobit模型，实证考察农户的多要素联合投入决策机制，由此揭示三大要素市场发育的微观动力机制及其互动关联逻辑。研究表明：三大要素市场发育之间具有关联性特征，其中，劳动力非农转移与土地转出行为之间存在正向互动关系，非农就业转移与资金借贷行为之间存在显著的负向抑制关系，农地转入与资金借贷行为之间存在显著的正向促进关系。其政策启示是，政府应协同推进“人动、地动、钱动”三类市场协调发展和良性互动，实现多重政策目标的有效整合。需要强调的是，三个市场相互关联、相互牵制，对于三个市场中任何一个市场的政策都应该考虑到对其他市场可能存在的牵制作用，这就要求政策要更全面地兼顾“人、地、钱”三大要素的匹配协调。

第五篇“农业要素市场发育机制的实证分析”，重点分析要素市场发育过程中的依存关系并挖掘其关键变量与政策含义。

第11章基于确权所引致的农地流转效应及其争论，构建“农地确权—中间传导机制—农地流转”的分析线索，实证分析农地确权影响农地流转的生成机理。研究表明：①农地确权对农户农地转出不具有统计意义上的显著影响，但对农地转入具有负向作用。从总体上看，确权会促进农户农地流转行为从关系情感转向理性计算，从非市场化转向市场化。由此，农地确权对推进我国效率导向的农地流转市场发育，具有重要的制度含义。②农地确权通过交易价格机制促进了农户农地转出，并通过农业生产激励和交易费用等传导机制对农户农地转出发挥抑制作用。③农地确权仅仅是农地流转市场发育的基础制度条件，并非充分条件。推进农地要素市场发育，还需要从农地流转市场的治理结构与规范、农地流转市场与劳动力和金融市场的联结及互动，以及社会文化生态等层面寻求多重整合的推动力量。

第12章考察农业劳动力非农转移对农地流转的影响。一般来说，“人动”引致“地动”，劳动力流转往往被视为农地流转的前提。本章基于农户劳动力转移的动态特征，观察农户不同劳动力转移规模对农地流转行为的响应特征，反思劳动力转移促进土地流转的有效性及其限度问题。研究表明：①已有研究对于劳动力转移是否促进农地流转之所以存在分歧，关键的原因在于，劳动力转移对农户农地流转行为的影响存在门槛效应，即农户劳动力转移达到一定规模时才能促进农地流转；②需要寻找辅助和推进农地流转市场发育的“农外”政策工具。要促进农地流转，不但要保证农村劳动力非农转移达到一定的规模，而且要保证非农转移的稳定性。

第13章讨论农地流转与农地产权强化对农户融资的影响。前者关注于农户信贷可得性的“量”的问题，后者关注于如何从缓解交易成本配给、数量配给、风险配给、价格配给等方面，增加农户的贷款数量，进而从“质”的方面促进农村信贷市场的深度发展。分析结果表明：①农地流转市场的发育有助于促进农村信贷市场发展；②农地确权不仅有利于降低农村金融对人际信用的过分依赖，也有助于增加农户的金融参与机会，从广度、交易环境、宽度三个维度促进农村金融发展的量变；③农地确权对农村金融的深度发展具有重要作用，其主要机制在于释缓了价格配给与风险配给，并因此而改善农户信贷的可得性。

第 14 章重点从农地调整与农地确权两个方面，讨论地权稳定性对农户投资的激励效果。地权稳定性将如何影响劳动力转移，进而如何影响农户的投资行为，是本章分析的重点。研究表明：①地权稳定性的提高能够促进农户种植跨期经济作物，增加对土地的长期投资。但在非农产业比较发达的情况下，地权稳定性对农地投资激励效应会减弱。②农地确权颁证主要通过地权安全性、地权可交易性以及信贷可得性三种中间传导机制，对农业投资行为产生促进作用。值得注意的是，通过地权抵押增加信贷可得性的影响作用则尚未得到充分的发挥。应该进一步指出的是，农地确权是重要的，但仅仅试图通过农地确权以提高农地产权的稳定性，并诱导农户对农地的长期投资，其激励效果将是有限的。

第 15 章基于要素流动与要素替代的机理性分析，重点讨论农地规模经营与服务规模经营的生成逻辑。分析结果表明：①农户的生产经营能力是影响农户初始选择扩大经营规模的前置因素，而农户的交易经营能力则是影响农户规模化经营的决定因素。农户在不同的经营规模水平上，其隐含的农业劳动力、生产性服务以及农业信贷三大市场发育，具有明显的匹配演化逻辑。②农业规模经营的演化路径，呈现出“以雇工缓解可支配劳动力约束—生产性服务外包替代雇工—自购机械替代农机服务外包”的要素匹配趋势。③从农户层面来说，农业生产性服务是采用自主供给还是市场供给，并不存在显著的替代关系，但种植品种的选择将改变其交易性质，从而形成“品种结构—环节特性—技术条件—交易成本—合约选择”的逻辑关系。因此，推进农业服务规模经营应该根据“作物品种准则”和“生产环节准则”两个层面进行精准的政策扶持。

第 16 章分析农户卷入分工经济的内在逻辑，揭示农业服务规模经济的决定性机制，并基于服务市场发育与要素匹配的角度，阐明农业中的纵向分工与横向分工的相互关系及其组织化含义。该章认为，农地规模经营与服务规模经营是实现农业规模经营的两类重要方式，而从农地规模经营转向服务规模经营，通过发育农业社会化服务市场，并将农业家庭经营卷入分工经济，则是现阶段顺应中国农业经营方式转型发展的重要路径。分析表明，农业的纵向分工以及农业社会化服务市场的发育，具有典型的时空特性。沿纬度诱导农作物的连片种植，既能够扩展市场容量，又有助于降低交易费用，进而形成跨区域和具有辐射性的农业分工网络经济。该章的一个重要理论意义是，将“斯密定理”、“杨格定理”与“科斯定理”（交易成本理论）结合，将纵向分工理论与横向分工理论进行整合，能够深化对市场容量、分工深化、交易成本及其相互关联性的理解。

第六篇“产权制度、要素匹配与农业发展”通过对农业要素的匹配机理进行实证检验，重点讨论农地产权的制度性含义，并由此阐明农业转型发展的绩效决定。

第 17 章从资源特性的三个维度切入，构建“资源特性—行为能力—产权匹配”的分析线索，揭示资源特性对产权类型选择的影响机制。在其他条件不变时，资源特性在现实产权安排的选择与变迁中起着间接性作用，其所引发的产权主体间行为能力的差异将进一步衍生出不同的制度匹配关系。1949~2009 年中国农地制度变迁省级面板数据的回归结果表明：若资源的专用性越高、风险越强、规模越大，则交易费用就越高；在一定的交易费用约束下，集体产权的制度绩效要高于私人产权与国有产权。因此，政策制定者应推行与制度约束条件相匹配的农地制度改革与政策安排。该章的一个基本判断是，选择哪种产权安排主要取决于不同资源特性下交易费用的大小，私人产权并不总是绝对有效率的。

第 18 章基于“要素品质—契约匹配—效率差异”的分析线索，引入风险因素与要素品质以拓展经典的佃农理论，目的在于说明要素流动与要素匹配在不同的交易成本条件下将表达为不同的契约结构。研究发现：在低质量土地上，佃农选择分成契约；在高质量土地上，佃农选择定额租约。相反，佃农耕作能力低，地主选择定额租约；佃农耕作能力高，分成契约被地主采用。此外，当佃农劳动力市场为完全竞争状态时，佃农与地主之间的信息对称博弈结果是双方选择定额租约作为最优制度安排，而分成契约是地主与佃农在信息不对称结构博弈中的最优选择。进一步的计量分析表明，随着佃农的单位土地劳动投入比例的减少，土地租约会更多地偏向于分成契约；而且，随着要素异质性引起的风险增加，土地租约将较多地表现为分成契约。中国历史上曾出现过不同的人地关系变化，且不同的时期有不同的自然风险态势，因此，农地契约选择会表现出不同的“情境依赖性”及趋势。

第 19 章从“国家赋权—社会认同—行为能力”三个维度，考察农地产权强度对农户生产要素配置行为的影响及其内在机理。研究表明：第一，国家赋权抑制了农地转出和农村劳动力的非农转移，且对行为能力较强农户的抑制作用更强；第二，社会认同总体上对农地转出和农村劳动力的非农转移无显著影响，但分别抑制和激励了行为能力较强和较弱的农户的农地转出行为；第三，行为能力不会显著影响农村劳动力的非农转移，但会激励农地转出，且其效果主要体现为对国家赋权和社会认同作用的调节。该章强调指出，农地产权强度对农户要素配置行为的影响，其实隐含了秩序与能力的互动。虽然现行政策将稳定农地产权、诱导农地流转和鼓励适度规模经营作为主要的实施策略，但如果不考虑农地和劳动力两类要素市场的关联因素及其限制，必然会面临市场失灵和政府失灵的潜在风险。

第 20 章分析农地产权和要素匹配对种植结构尤其是农户种粮行为的影响。农业生产要素的相互替代或配置方式的调整，依赖于农户对要素相对价格及其潜在收益的有效反应，而一个不减弱的产权是农户做出有效反应的前提。分析表明：①种植结构“非粮化”的形成具有严格的情境依赖特征。一旦农业劳动力大规模非农转移、农业社会化服务持续发展，种植结构调整的方向也会随之改变；②农业劳动力的非农转移、地权稳定性的提高以及农业机械使用程度的增加，均会诱导农户更倾向于种植粮食作物，从而表现出种植结构的“趋粮化”；③小规模分散化的农业家庭经营格局并不能构成中国粮食安全的阻碍，相反，其内含着重要的组织优势与可动员潜力，隐含着“趋粮化”的内在逻辑，从而将构成中国粮食安全的基本保障。农业政策调整的基本导向应该是，加快农业劳动力与农地经营权等要素的流动，特别是强化农业生产性服务市场发育并将农户卷入分工经济，有助于化解种植结构调整中的“去粮化”隐患。

第 21 章基于农地流转市场的特殊性与农地确权所决定的产权固化，通过对科斯定理的反思与拓展，揭示产权交易制度结构对于要素市场化的重要作用，阐明产权交易装置对中国农业转型发展的重要意义。研究表明：①科斯定理还有进一步讨论和完善的必要性；②农地经营权的交易装置与之相匹配，能够扩展人格化财产的交易空间，有着重要的理论内涵与现实价值；③四川崇州“农业共营制”所探索的三大主体及其交易装置，拓展了农户获取“土地规模经济性”、“服务规模经济性”与“分工经济性”的空间，在一定程度上回答了“谁来种地”、“种怎样的地”和“地怎么种”的现实难题。

第七篇“主要结论和未来政策取向”包括两章。

第 22 章是对全书的总结，集中表达了主要的研究结论及重要观点。主要包括以下几个关键点：①关于农地产权及其交易性质；②关于农业要素市场的互动逻辑；③一些重要问题与关键变量；④生产制度结构与产权交易制度结构；⑤要素流动、规模经济与农业分工经济；⑥家庭分散经营与融入现代农业的可能性。

第 23 章则提出了未来的政策取向与主要建议。重点强调了以下几个方面：①从土地的福利保障转向土地财产功能，推进农地制度变革；②从推进农地流转转向多要素市场互动，促进农业要素市场发育；③从农户直接投资转换为外包迂回投资，扩展农业生产性服务交易；④从纵向分工到横向分工及连片专业化，改善农业生产的组织化；⑤从要素流动转向农户行为的内在激励，强化粮食安全保障；⑥从封闭运行转向开放竞争的自我实施，加快农业经营体制机制的创新。

第 2 章　研究现状和本书研究的主要创新

2.1　国内外研究现况

2.1.1　一个基本的出发点

自改革开放以来，在长达 39 年的时间里（1978~2017 年），中国创造了人类经济发展史上罕见的年均 9.5%的高速经济增长奇迹（林毅夫，2018），经济总量超越了日本、英国、法国、德国等国家，成为全球第二大经济体。这一巨大的成就源于不同的因素，但不可否认的是，在经济增长奇迹的背后隐藏着一个所谓的“路径依赖陷阱”，其本质是通过“三根”——劳根、地根、银根——来动员和俘获农村资源。事实上，中国快速的经济增长在相当程度上依赖于农村的人口、土地、金融这三个方面的红利：一是发挥本国劳动人口众多的比较优势，依靠大量的农村劳动力转移，工业部门与企业以廉价劳动力获取人口红利；二是地方政府在分税制的激励下，以“公共利益”为由对农地建立起歧视性产权从而形成土地一级市场的垄断，并最终通过征地、农地非农转用与土地出让等形式攫取土地红利；三是建立严格的金融管制体系，形成具有国家控制性质的金融市场、货币市场与外汇市场，特别是对农村民间金融实施歧视性隔离而获得垄断性资本红利（罗必良，2013a；李尚蒲和罗必良，2015a；蔡昉等，2018）。

正因为如此，与中国“经济奇迹”相对应的却是发展严重滞后的农业与农村。其中，农村要素市场特别是土地市场发育的不足甚至扭曲，被视为重要的根源。由此，学界普遍主张，在保障国家农业安全的前提下，通过培育农地流转市场与其他相关要素市场，利用其内生效率机制与溢出效应，将在微观层面能够促进农业规模经营和保证农民增收，在宏观上则有利于诱导整个经济增长方式向集约型方向转型。农地流转市场、农村劳动力市场、农村金融市场的构建，特别是培育农地流转市场是实现“地动”“人动”“钱动”三类目标相容的基本途径。

因此，学界讨论农业与农村要素市场化的初衷，首先是希望通过市场化的推进来打破原有的国家市场垄断格局，切断已有经济增长俘获农村人口红利、土地红利、资本红利的“三根”路径来提升农民的产权强度。特别是推进农地产权的市场化能够有效保护农民的土地利益，因为经由市场交易的产权具有程序规范的合法性、社会认同的合理性、自愿参与的合意性，能够强化产权的排他性（罗必良，2013b）。其次才是通过农业与农村要素的市场化，来改善资源配置效率，提升经济绩效（洪银兴，2018）。

2.1.2　关于农地流转市场发育的研究

1. 农村土地与农地市场发育

关于农地流转市场发育的研究主要集中在培育和发展农地使用权市场方面。钱忠好（2003）在构建农户土地使用权市场理论决策模型的基础上，发现土地产品价格、非生产性收益、生产性成本、非生产性成本、土地使用成本、土地交易成本、现有土地经营规模等因素均对农地使用权交易产生影响。田传浩和贾生华（2004）认为中国农地使用权市场面临着需求大于供给的不均衡状态。因此，要使市场机制真正发挥配置有限农地资源的作用，就必须改善农地使用权市场的外部条件，积极创造条件促进农地有效供给的形成。有鉴于此，邓大才（2007）认为通过建立各级农地使用权交易中心，可大幅降低农地使用权市场中所发生的交易成本。从农地使用权市场的发展来看，目前农地使用权市场交易正规性有所提高，价格机制逐渐形成，但是供求匹配问题的解决还依赖于促进男性与女性劳动力的同时转移（黄枫和孙世龙，2015）。此外，随着农地市场的发展以及不同的交易方式的出现，也有学者对农地使用权的定价（张本照等，2016）、农地使用权抵押（田富强，2016）等问题进行了分析。

关于农地市场发育存在的问题，已有研究从不同的角度进行了阐释。刘红梅和王克强（2001）以浙江省为例，发现其农地市场存在的主要问题是交易量小、交易期限短、低偿或无偿比例较高、交易地块分散。黄贤金等（2001）认为土地细碎化、剩余劳动力的转移、农业生产结构的调整、土地功能的转变等都是影响农地市场迅速发育的重要原因。Kung（2002）探讨了农村集体土地使用权租赁市场的重要性以及中国农村集体土地使用权流转市场发育缓慢的原因。Ding（2003）、Thone 和 Beeher（1999）、William（2002）认为农地市场发展缓慢的原因主要包括农村集体土地产权制度不稳定、地方政府的干预、市场自身的发育程度等方面。徐建中和于泽卉（2018）进一步指出农地市场运行的障碍主要在于农地使用权的流动所具有的人身依附性（农地经营权依附于承包权）与当前市场要求的单一财产属性明显冲突。

事实上，由于政府仍然严格管制着农地使用权的交易活动（尤其是用途与准入管制），部分学者建议从政府退出的角度寻求完善农地流转市场机制。李涛等（2004）认为，农村集体土地使用权的交易具有明显的双层结构特征，不断增加的交易成本使社会为此付出昂贵的代价。实践中，一些农户调查数据就表明村级产权干预对农户农地转出行为具有明显的抑制作用，表现为村级管制将导致农户转入农地的概率降低 7%（郜亮亮等，2014），而村级农地调整与流转管制将导致农户转出农地的概率分别下降 8.4%和 9.0%（孙小龙等，2018）。另外，地方政府倾向于人为地制造公共领域导致农地产权模糊，从而根据自身的谈判能力获取控制权来实现租金最大化，这同时也侵犯了农民的土地使用权（罗必良，2011；吴一恒等，2018）。因此，改革的重点是打破政府垄断并引入市场机制。

发育农地流转市场，主要的目的在于通过土地的集中来推进农业的规模经营。但与主流观点并不一致的是，何秀荣（2009）、罗必良（2014a）认为，依赖于发育迟缓的农地流转市场来扩大农业的经营规模，既不具有实质性的效果，也不具有全局性和长期性的作用。事实上，“鼓励农户间农地经营权流转集中”的现行政策实际上是在复制日本扩大农场规模的模式，即小农基础上的农地流转集中。国内和日本的实践经验都表明，这一模式或多或少有点成效，但不足以改变农地经营规模过小的基本状态。日本从 20 世纪 50 年代末开始实施扩大农场规模政策，但 50 年的政策推进结果是仅仅使平均农场规模从起步的 1 公顷扩大到近 2 公顷。尽管农场规模扩大了 1 倍，但在今天的农业全球化环境中，依然不存在规模经济，更不要说与美国数百公顷规模的农场去竞争（何秀荣，2009）。基于江苏的农户的仿真模拟结果也表明，农地流转对于农地细碎化的改善并不显著，因而对农业效益的拉动作用很小，还带来了农业污染问题（Li et al.，2017）。

2. 农地市场发育的关联性问题

农村土地制度作为农村社会经济制度最重要的内容之一，对农村要素流动有着重要的关联性影响。现有文献对农村土地影响农村要素流动的机制亦进行了研究。

Dixon（1950）认为人口转移是土地流转的函数。土地担当着维持生存的必需品及心理文化财产的双重角色，这二者正是生活标准的两个方面，同时也是人类迁徙的直接或间接动力机制。农户拥有土地的产权完整性、安全性及其流转状况，直接影响农户的农业生产、劳动力转移成本及转移方式等。Griffin 等（2002）将土地产权制度分为四种类型用以分析土地与农业劳动力的配置问题。

Haberfeld 等(1999)的研究表明，不完全的土地产权制度阻碍了农户间的土地流转。姚洋（1999）分析了非农就业结构和农地租赁市场发育之间的关系。Kung（2002）认为，加强中国农村土地租赁市场建设，可以促使更多农村劳动力向外转移。但是，农村劳动力的过度转移又将引致劳动力短缺，从而降低农地的利用强度，对优化农地资源配置提出要求（Liu et al.，2016）。此外，Quinn（2006）运用新劳动力转移经济理论，用相对贫困指数表示农户间土地分配的不均衡程度，并将该变量纳入劳动力转移决策过程中，其研究表明农户土地相对贫困程度越高，其家庭劳动力转移的概率越大。

土地禀赋对农户生产要素配置及转移决策的影响是多方面的，拥有不同土地禀赋的农户具有不同的要素流动动机。一方面，土地资源是农业生产的物质基础，为农村劳动力提供就业机会。农户家庭土地禀赋状况直接决定了农业生产对要素需求的多寡，因此，土地禀赋与农业生产要素向非农转移的概率呈负相关关系（Cain，1985；Potts，2006；Beyene，2008）。另一方面，土地资源是农户家庭的一笔财富和收入来源（温涛和刘达，2019），可以为劳动力向城镇转移初期提供支持；另外，为弥补农村金融市场的缺陷，拥有较多土地的农户可通过农地出租获取土地投资。可见，土地禀赋也可以激励要素流动（Gray，2009）。Eills（1998）认为拥有较多土地的农户，其劳动力转移是为了积累资金，以更多地投入土地经营，而拥有较少土地或无地的农户，其劳动力转移则是为了生存。

值得注意的是，Braverman 和 Stiglitz（1982）发现了由道德风险引发的土地、劳动力和信贷市场之间的契约关联问题。杜鑫（2013）通过建立农户多要素最优配置模型，论证了农户各种生产要素配置行为之间存在的相互关系，并通过村庄调查数据检验了农业劳动力转移、土地租赁与农业资本投入的关联性。胡新艳等（2017）基于农户多要素联合决策模型阐释了中国农村三大要素市场发育的互动逻辑，发现农村劳动力、土地与资金要素之间是相互关联并相互牵制的。因而，通过有效的契约关联能够促进静态配置效率的提高。

可见，已有研究大多关注农地要素对劳动力转移的影响，或者是劳动力转移对农户农地流转的影响，除了少量研究外，研究三者（农地市场、农村劳动力市场和农村金融市场）之间关系的文献还很缺乏。改善这种状况是本书研究的重点之一。

2.1.3　关于要素市场发育的互动关系研究

1. “人动”与“地动”的关系

一方面，农村劳动力的非农就业是影响和决定土地流转行为和土地交易市场发展最为关键的因素（Kung，2002）。在市场机制作用下，农村劳动力的非农转移诱发了农地流转的需求。其中，部分已实现非农就业的劳动力选择非永久性迁移并保留农村土地，实际上是迁移者家庭为充分利用家庭资源，最大限度地增加家庭就业和收入并降低风险所采取的一种策略（Bloom and Stark，1985；姚洋，2000a；温铁军，2000）。李龙和翟振武（2018）认为农地流转产生的务农劳力释放效应、非农收入保护效应和农地收益增进效应是促进农村家庭化流动的根源。由于流动人口在迁入地的就业是不稳定的，只有保持循环、反复的流动才能在迁出地获得基本的生活保障。当然，发展中国家的非永久迁移可能与政府发展城市也同时鼓励现存小规模农业的发展模式有关（Feng and Heerink，2008）。姚洋（2004）认为土地分配均等化增加了人们移民的倾向，推进农村劳动力到非农部门就业，其负面影响则是显著的（都阳和朴之水，2003；陶然和徐志刚，2005；陈钊等，2010）。弱化农地的社会保障功能有助于农村劳动力转移（游和远和吴次芳，2010），而非农就业将弱化农地的保障功能，从而促进农地流转（许庆和陆钰凤，2018）。集体土地资本化与农村城市化是重要的选择路径（刘守英，2011）。但现行城市化模式的最大弊端是“只要农民的土，不要农民的人”。因此，必须完善土地产权制度（曲福田等，2010；罗必良，2013a），既要发挥政府在推动土地流转和规模经营中的作用，又要规范政府的行为（张曙光，2010；王雪琪等，2018）。

另一方面，不同土地制度下农村劳动力就业选择与迁移决策存在差异。盛来运（2007）认为期望通过农地获得有效的生存保障是农民决定土地流转的根本因素。劳动力是影响农地使用权流转的关键，农地流转和农村劳动力转移之间高度相关。是否具有非农就业技能对于农民的土地流转意愿具有正向影响（许恒周和郭玉燕，2011）。非农就业机会的增加，并不必然带来农地流转的活跃（钱忠好，2008）。农户对于土地流转的决策是非常谨慎的（王春超，2011）。土地流转问题的背后是农民问题，只有农民问题解决了，土地问题才能迎刃而解。此外，现行的非农劳动用工制度甚至成为阻碍农地流转的一个重要原因，就业制度的改革成为必然。

2. “地动”与“钱动”的关系

土地是一种物质形态的资本和财产。作为具有较低供给弹性的不动产，土地的价值比较稳定。由于能较好控制债务人的违约风险，土地往往被银行视为最重要的贷款抵押品。从现金流角度来看，土地也具有资本属性。地租不但稳定而且随经济增长而增长。土地的产出物（即农作物，包括养殖业），也具有市场价值。对种植业而言，其价值更是时间的增函数。从理论上，作为有稳定现金流的资产，土地具有资本化的可能（尹云松，1995）。

农地流转市场与农村金融市场具有相互关联性，土地市场的发展促进了金融市场的发展，农村金融市场的发展也反作用于农地流转市场。在浙江等发达地区，承包地抵押、宅基地抵押和土地股权抵押等信贷产品的出现，极大地促进了农地和宅基地市场的发展（林乐芬和王军，2011）。大量研究表明，如果土地能够作为抵押品而帮助农民获得贷款的话，那么农民将因为流动性问题的缓解而更加愿意将农地的经营权和宅基地使用权流转出去。因此，农村金融市场的发展不但能够促进土地流转，而且有助于优化土地资源的配置效率（李启宇和张文秀，2010；许恒周，2012；徐汉明，2012）。

土地承包经营权流转可通过收益效应以及边际产出拉平效应而提高土地和资本的配置效率；给定边际成本，边际效率的提高可激活农村经济组织对资本要素的旺盛需求，进而促进农业的资本深化（Yao，2000）。一些实证分析也表明，随着固定资产等有效抵押品的积累、农地价值的增加与农地确权的推进，农地转入者的信贷机会相应增加了。不过，由于正规市场的不完全等因素，其信贷需求的满足却仍然不得不主要依靠非正规部门。比较之下，对于那些参与非农就业（何欣等，2016）、具有较高人力资本（石敏和李琴，2014）和更多兼业机会的农户来说（钟涨宝等，2016），其农地流转参与更多表现为土地转出。农地转出者的收入更多来自相对稳定的非农就业和风险更低的工商活动（陈飞和翟伟娟，2015），因而也更可能得到商业银行等正规部门的资金支持。此外，土地社会保障功能和传统社会网络的弱化等因素，也使得农地转出者可能为平滑消费而增加信贷需求（唐焱和张玲燕，2015）。

土地确权能够促进农村金融的发展。权能完整可以提高土地的流动性，农民也因此拥有能够被金融机构所接受的有效抵押品，缓解信贷约束（胡方勇，2009；宁静等，2018）。彭迈（2012）指出，农村土地确权在保障农民土地物权的同时，也有助于增强农民的还贷意识和还贷能力，缓解金融机构的违约风险和降低金融机构在农村市场的运营成本。娄飞鹏（2014）的研究表明，土地确权有利于激活农村居民对金融服务的有效需求，有利于解决商业银行在农村市场所面临的规模不经济问题。Byamugisha（1999a）认为，土地确权可以减少信息不对称和交易成本、提高土地的价值，并使土地成为被正规金融机构所认可的抵押品。Feder（1987）、Routray 和 Sahoo（1995）对泰国的研究发现，土地确权有利于提高农户贷款的可获得性和提高农户的贷款数量。基于国家层面的宏观数据，Byamugisha（1999a）使用泰国 1960~1998 年的数据进行研究发现，土地确权对农村金融发展具有正的长期影响。与上述肯定性观点不同的是，钟甫宁和纪月清（2009）认为，由于农业用地的价值低、农户土地规模小，即使完善抵押制度和土地产权，金融机构也不愿意将农业用地作为抵押物而向农户贷款。

然而，需要进一步关注的是，鉴于家庭承包及其土地的“均分制”，农户承包的小规模土地及其地块的细碎化，其有限的使用价值及可处置空间，在多大程度上具有可抵押性或信贷可获性，是值得重视的问题，并且其内含的交易成本更是不可忽视的。从微观层面来说，农地承租者不但要面临高昂的租金成本，而且要面临高昂的农地租约风险与信贷投资风险，因此，农地流转所直接诱发的信贷市场空间将是有限的。不能单纯地强调农地流转所诱发的农业信贷投资，应该在农地流转及其可能促成的分工深化过程中，寻求迂回投资的可能性。这意味着农业信贷市场的发育机理有进一步研究的必要性。

2.1.4　简要的评论

基于已有文献的分析，可以认为一些关键问题值得重视并有进一步讨论的必要性。

（1）以往研究多认为明确界定农户的土地产权是实现农地市场化的前提条件。但是，我们认为，第一，现有文献对农地产权的界定与理解存在偏差，忽视了产权实际运作的制度含义；第二，缺乏一套以产权为中心的行之有效的研究范式；第三，对农地市场化的研究主要集中在农地流转问题上，但忽视了对农地产权特殊性及其市场逻辑的研究。

（2）关注于农村劳动力、农地流转、农业信贷三大市场的研究，忽视了农业生产性服务市场的发育。之所以如此，是因为未能将要素市场发育与产权实施（尤其是产权细分及其交易）、农业分工及其组织问题结合，从而对要素市场发育的依存关系缺乏深刻理解。

（3）要素流动并不必然保证要素配置的有效性，也不能保证要素市场的合理匹配。由资源特性所决定的产权匹配，由要素品质所决定的契约结构，由产权强度所决定的要素配置行为，均表达了农业特性、地权特征在农业要素市场发育及其匹配中的决定性作用。并且，要素市场的发育与农业经营方式及其组织形式紧密关联。鉴于家庭承包制所决定的地权安排以及农地确权所决定的产权固化，从产权界定转向产权实施，从产权的生产制度结构拓展到产权的交易制度结构，以及由此将家庭经营卷入社会化分工并扩展其效率生存空间，是必须重视的重大问题。

因此，有必要深刻认识中国农地产权的特殊性与要素市场发育的情境依赖特征，并由此为要素流动、产权实施、分工深化与组织制度创新提供新的线索。

2.2 中国情景：农地产权及要素市场的特殊性

2.2.1 理解市场的真实含义

市场不仅仅是一个交易场所、一种交换关系或一种经济运行机制，我们甚至还可以把市场看成是一种制度体系或信念体系。

抛开将市场看作交易场所、交换关系的理解外，我们通常是把市场看成是一种资源配置方式。在市场上，各种资源的稀缺程度通过价格形式得到反映，交易参与者根据价格信号及其变化来做出反应，即价格是市场配置资源的最主要形式。由于价格信号在市场机制中所起的重要作用，人们往往也把市场机制称为价格机制。

哈耶克（1989）曾深刻地指出，价格制度是一种使用知识的机制。在针对兰格（1981）提出的“国家通过模拟竞争和市场以实现经济计划”的方案而阐述的对价格机制本质的认识中，哈耶克从“如何有效率地使用知识”的角度指出，由于市场信息的分散分布，往往只有个体最清楚什么对他才是最优的，而其他人很难代其做出决策，因而资源配置最有效的方式只能是分散决策，而对于分散决策也只有价格机制才是最适合的。

然而，仅有价格还不足以构成完整的市场机制，布鲁斯（1984）认为市场机制包含以下四个缺一不可的要素：①生产者对生产不同产品的收益差别有权做出独立选择和决策；②消费者的购买行为完全受自己的货币收入、信用状况和消费偏好的制约；③各种产品分别占用多大比例的要素资源，是由产品价格及其要素比价来决定的；④供求的矛盾由价格变化来反映，并通过影响生产者和消费者的经济行为来调节。

显然，要由价格机制来配置资源，还必须要有能够对各种市场价格做出正确反应的微观行为主体及相应的秩序扩展。这既可以认为是市场机制发挥作用的前提，又可以认为是市场机制必要的组成部分。因此，就整个社会而言，市场机制要发挥作用，就必须满足下列基本条件。

（1）明确而分立的产权。市场可以被认为是普遍化了的商品（要素）交换关系，而这种交换关系的维系必须要有相应的法律体系来保证交易的顺利进行。在市场交换的过程中，只有在预期我不存在被抢劫或者不存在无处申诉的危险时，我才会积累财富并努力将财富最大化；当我把手中的货币或货物交给对方而不必担心对方不按合约办事时，或者在对方不履行合约而我可以有保证地以一种低成本的方式挽回或减少损失的情况下，我才会进行交易。因此，只有在有明确的产权保护的情况下，交换才能顺利进行，价格（市场）机制才能发挥作用。

产权的“分立”，则意味着竞争。只有市场是竞争的，资源配置才可能有效率。这种信念充分地反映在经济学的“完全竞争市场可以达到资源最有效率的配置”上。经济学对完全竞争市场的“原子假设”可以说是竞争的极致状态。进一步讲，竞争是市场的本义之一。没有竞争就不可能有技术进步和制度创新，就不可能有资源更有效率的使用。而从资源配置层次上讲，使用市场机制或其他任何机制的根本目的在于资源的最优配置，而竞争恰是达到资源最优化配置的基本途径。

（2）独立的行为主体及其分工机制。斯密承袭并发展了法国重农学派的自由放任思想，第一次完整地提出了“经济人”假说。这不仅构成了 Smith（1776）的《国富论》理论体系的基本立足点，同时还是斯密经济思想的核心——社会是如何由具有“利己心”和“自爱心”的“经济人”组成，并在“看不见的手”的指挥下自行运转的。作为《国富论》出发点的分工论，就是立足于市民社会中各个平民的“利己心”基础之上的。这种“经济人”的自然本性是人们商业社会中的以一物换另一物，相互交换，进行交易。这种本性在动物身上是没有的。在斯密看来，每个人都有追求自身利益的经济行为动机；而且每个人都是理性的，他能够根据市场情况、自身处境和自身利益之所在做出判断，并使自己的经济行为适应于从经验中学到的东西，从而使所追求的利益尽可能最大化。在这个过程中，只要有良好的法律和制度保证，“经济人”追求个人利益最大化的自由行为就会无意识地、卓有成效地增进社会的公共利益。今天，我们仍对斯密（1972）的这些话津津乐道：

> 引出上述许多利益的分工，原不是人类智慧的结果，尽管人类智慧预见到分工会产生普遍富裕并想利用它来实现普遍富裕。它是不以这广大效用为目标的一种人类倾向所缓慢而逐渐造成的结果，这种倾向就是互通有无，物物交换、互相交易。
>
> ……
>
> 但人类几乎随时随地都需要同胞的协助，要想仅仅依赖他人的恩惠，那是一定不行的。他如果能够刺激他们的利己心，使有利于他，并告诉他们，给他作事，是对他们自己有利的，他要达到目的就容易得多了……我们每天所需的食料和饮料，不是出自屠户、酿酒家或烙面师的恩惠，而是出于他们自利的打算。我们不说唤起他们利他心的话，而说唤起他们利己心的话。我们不说自己有需要，而说对他们有利。
>
> ……
>
> 确实，他通常既不打算促进公共的利益，也不知道他自己是在什么程度

上促进那种利益……由于他管理产业的方式目的在于使其生产物的价值达到最大程度，他所盘算的也只是他自己的利益。在这场合，象在其他许多场合一样，他受着一只看不见的手的指导……他追求自己的利益，往往使他能比在真正出于本意的情况下更有效地促进社会的利益。

斯密所揭示的由分工所表达的市场秩序形成的自发性，被哈耶克进一步提升为作为社会组织形式的市场制度所表达的“人类合作的扩展秩序”。在哈耶克看来，“扩展秩序”的产生，不是由于人类的自然本能，也不是出于人类理性的自我建构，是“在本能和理性之间”的习惯进化的结果。在人类的演化发展中，通过传统、教育和模仿，逐渐产生出一些人类行为规则，如分立的财产（私有财产）、诚信、契约、贸易和隐私等。这些规则划定了个人之间行为关系的禁令，是对本能的超越。人类通过发展和学习遵守这些规则，“由此建立了文明”。“价格制度正是那些人在偶然发现，而并未理解它之后学会使用的东西之一（虽然他远未学会最好地使用它）。”

（3）契约精神及信念体系。市场的基本精神是自由、平等的信念。市场经济是一种非人格化的经济，即在法律许可的范围内，每个人都有权利买或卖自己需要或拥有的产品，而与这些人的相貌美丑、人品好坏无关，每个人都有自由选择与自由交换的权利。与之相应的还包括对产权（财产）的敬意和自觉遵守契约原则行事。任何市场经济发达的民族都以完善的民商法规作为其全部经济活动的基础，而且绝大多数人在此基础上还被严格训练成自觉遵守契约原则行事，并形成与此相适应的社会伦理规范。这些保证了市场机制以较低的成本运行。

韦伯（1987）把资本主义描绘成了一种以理性精神来追求自身利益的社会秩序，而这种社会秩序的形成又是与新教伦理密不可分的：

虽然经济理性主义的发展部分地依赖理性的技术和理性的法律，但与此同时，采取某些类型的实际的理性行为却要取决于人的能力和气质……各种神秘的和宗教的力量，以及以它们为基础的关于责任的伦理观念，在以往一直都对行为发生着至关重要的和决定性的影响。

对市场制度及其“自由”等一系列理念的信奉，从根本上讲，来自我们对未知世界的恐惧和敬畏。我们无法确知未来的一切，也无法确知现在的一切，我们对现在的认识和未来的预测都无一例外地建立在某种假设上，而对这个假设或假说的提出、选择和接受都始于我们对世界的某种无法验证，至少是无法最终验证的理念。市场的基本行为原则和基本精神正是与我们在认识世界上的这种无奈状态相一致的，也为我们的自由发展、降低应对未来的风险提供了可能。因此，我们说，市场与对自由的信仰是一致的，市场本身就蕴含着对自由的信仰，因而可以看成是一种信念体系。

2.2.2 中国农地产权的特殊性

1. 中国情景下的市场化

中国经济体制改革实质上是渐进式的市场化过程，推动土地市场化有助于实现“使市场在资源配置中起决定性作用和更好地发挥政府作用”的改革目标。实践证明，以社会主义市场经济为导向的改革取得了巨大成功，市场化改革有效地推进了资源配置效率的改善（樊纲等，2011a）。

鉴于要素流动与资源配置方式成为市场化的重要判据，农村与农业的市场化改革也一直是学界关注的重点，因为，相对于中国整体的市场化改革效果而言，农业部门的市场化改革却是相对滞后的（樊纲和王小鲁，2004）。如果把农业市场划分为农业产品市场与农业要素市场，那么，前者的市场化水平要远远超过后者，而且后者的市场化滞后性严重降低了整个农业部门的市场化水平。迄今为止，中国的农业要素市场仍然是一个被管制的不完全竞争市场。最明显的例子就是农地市场，它是一个典型的不完全要素市场。第一，家庭承包制是一个农地所有权由集体占有、农地承包权由村民垄断与农地经营权流转受用途管制的制度安排，尤其是农地所有权与承包权在法律上禁止交易，因此，农地市场的发育往往表达为土地经营权的流转（以租赁市场为主）。第二，农业劳动力的转移受到二元户籍制度、城乡社会保障非均等化和农地退出权法律准备不足的约束，农村劳动力市场的长足发展也因而受到限制，并反过来制约农地市场规模的扩大。第三，由于农户承包经营权的财产化与资本化进程严重滞后，加上农业投资的高风险性及金融发展的歧视性，农业金融市场无法有效出清。可见，农业要素的剩余索取权和剩余控制权受到不同程度的管制，是造成农业要素市场不完全的重要原因。

理解农业要素市场及其市场化改革，并不能仅仅拘泥于要素配置方式的转型，更应该关注其背后的制度逻辑。对于农业要素市场发育来说，制度层面的市场含义尤为重要。

2. 农地产权强度及其市场化的意义

周其仁（1995）区分了三类土地私有权的获取途径：一是经过自由的交换契约获得产权（产权市场长期自发交易的产物）；二是通过国家干预的土地市场在形式上获得产权（对土地产权自发交易过程中施加某些限制的产物）；三是通过

国家强制的制度安排而完全不经过市场途径所获得的土地（国家组织社会政治运动直接重新分配土地产权的结果）。在第一种情形下，农民有独立的谈判地位，他能够根据成本收益的合理预期决定是否继续持有或完全让渡产权。但是，农民的这种独立谈判地位在第二种情形下打了折扣，而在第三种情形下几乎荡然无存。显然，这三类产权的强度具有依次弱化的特点。由此我们可以合乎逻辑地判断，完全可以有不同的土地私有制，它们具有不同的强度、不同的稳定性，并且具有完全不同的进一步改变的逻辑。

因此，中华人民共和国成立初期土地改革形成的土地的农民私有制，既不是产权市场长期自发交易的产物，也不是国家仅仅对土地产权自发交易过程施加某些限制的结晶，而是国家组织大规模群众斗争直接重新分配原有土地产权的结果。根据周其仁的分析，由于国家和党的组织对突破无地、少地农民在平分土地运动中不可避免的“搭便车”（free rider）行为具有决定性的作用，同时平分土地的结果又可以经过国家的认可而迅速完成合法化，在领导土地改革私有化运动的过程中，国家就把自己的意志铸入了农民私人产权。当国家意志改变的时候，农民私有制的产权制度就必定改变。

同样可以认为，家庭承包制条件下农民得到的关于土地的承包经营权，依然是通过国家强制的制度安排而没有经过市场途径获得的，从而使得农民的土地产权仍然存在被改变的可能性。决定这一赋权方式的逻辑如下。

（1）由于地权是国家强制界定且无偿赋予的，其权利边界及可实施内容必须听命于国家。一旦国家意志发生改变，土地产权安排就有变动的可能，从而决定了农地制度的不确定性①。

（2）国家的代理人是政府，政府既是产权界定和产权保护最有效的实施者，也是产权残缺和产权歧视的主要制造者。而歧视性产权制度安排所导致的产权模糊及其所制造的“公共领域”至少从两个方面减弱了产权强度（罗必良，2005a）：一是限制产权主体对其部分有价值的物品属性的控制权。例如，取消农民对土地进行非农流转的交易权，从而使农民难以获得农地的增值收益。二是限制行为主体行使产权的能力。例如，禁止农民对土地承包权进行抵押，从而使农民难以通过土地资本化获得财产性收益。

（3）集体成员权的同质性及对地权的平等分享，决定着保障地权稳定的效率目标必须让位于公平目标，使得因人地关系变化而进行的产权调整无休无止，内生着预期不足与分散化的制度缺陷。第一，土地的经常性调整，使农户无法形成对土地长期投资的预期，易诱发短期行为；第二，均分赋权，尽管保障了身份

---

① 中华人民共和国成立以来，中国农地制度的变迁，无论是初始的农地私有制，从互助组到初级社再到高级社及人民公社的土地集体化运动，还是家庭承包制在全国范围的普遍推行，均是国家意志选择的结果。

权的公平性，但没有顾及成员能力的差异性，赋权与能力的不匹配，既牺牲了效率，也损害了公平；第三，均包制所决定的产权分散性，以及出于产权分配公平性所经常进行的土地调整，不仅隐含着高昂的产权界定成本，还无疑会加剧地权的零碎化，使本来就不具备任何规模经济性的农户的行为空间进一步收缩；第四，地权的调整为地方行政力量干预与地方势力的渗透提供了机会，从而可能加剧地权重新界定中的设租、寻租行为，并导致农民土地权益受损。

（4）国家对产权的随意干预及由此形成的产权模糊，可能导致相关伦理与道德规范的变化。第一，农民依存于土地，在农民看来他们对土地的权利是天赋的。当政府强制进行产权界定并随意变更产权使农民预期不稳定时，农民的短期行为势必盛行，导致对土地的滥用与破坏，由此引发土地伦理的沦落。第二，对土地的肆意使用，必定会引致人们对相关利用主体行为的不认同，进而导致相互对土地产权的不尊重；而政府产权模糊化的示范效应会进一步加剧这种相互不尊重，使得产权侵蚀与地权纠纷成为普遍现象。后者又反过来成为政府产权干预的借口。

因此，Alchian（1965）指出，产权的强度，由实施它的可能性与成本来衡量，这些又依赖于政府、非正规的社会行动及通行的伦理与道德规范。可以认为，产权强度决定着产权实施，是国家赋权、社会规范与产权主体行为能力的函数——法律赋权从合法性、强制性与权威性方面维护产权强度；社会认同从合理性、道义性与规范性方面提升产权强度；行为能力从合意性、偏好性与行为性方面决定强化产权强度（罗必良，2013b）。改善土地的产权强度，可以从不同的维度入手。

一是改善法律赋权的非歧视性。产权的初始赋予，往往由国家以法律方式来完成，并通过暴力潜能来维护，因此，通过法律程序而形成的产权，一般具有权威性、确定性和稳定性，从而形成一定的刚性。然而，产权的法律界定是一项高成本的活动，而且，作为国家代理者的政府无法评估每个成员的需求与能力，要形成权能对称的产权安排是几乎不可能的。因此，现实对法律赋权的基本要求是非歧视性，但其"权威"主要表现为排他性。Alchian（1965）认为"产权是一个社会强制实施的对一种经济品的使用的权利……产权是授予特定的个人某种权威的方法，利用这种权威可以从不被禁止的使用方式中，选择任意一种对待物品的使用方式"。正如 North（1981）所说："产权的本质是一种排他性的权利……产权的排他对象是多元的，除开一个主体外，其他一切个人和团体都在排斥对象之列。"

二是提升产权主体的行为能力。如果从产权主体自身的行为能力来看，每一项产权都必须具有排他能力、交易能力和处置能力，它们共同构成产权主体的能力维度集。Barzel（1989）指出，人们对资产的权利不是永久不变的，而是由他们自己直接加以保护、他人企图夺取和任何“第三方”所做的保护这项权利的努力程度所决定。由于产权在实施中的强度问题，同一产权在不同的实践环境、对于不同的行为主体，都可能存在实施上的差异。但是，除了强化法律的排他性产权保护之外，减少产权实施的管制、开放产权的自由交易、允许产权的细分和权属的自主实施、产权配置的自愿缔约与维护，是改善产权主体行为能力并获取合作剩余的重要方面。

三是强化产权实施的社会认同。作为一种权利，产权总是一种社会的选择。这种选择是关于某种努力在人们头脑中形成的一种可以被社会共同认可的权利的选择。毫无疑问，如果没有这种社会认同，产权实际运行的成本会提高。尤其是在契约订立之后，若没有一种社会道德秩序进行内卷式的自律作用，产权执行的违约行为会大幅增加，监督成本将由此变得高昂。其中，社会认同中的道德传统能够为人们提供关于现存产权结构和交易条件是如何成为社会主流意识的组成部分之合乎义理的解释，它能够对现行的权利安排及其交易规则做出具体说明，促使订立产权交易契约的双方坚持在诚信、声誉及价值观念上的看法，并发展一套稳定的甚至能更好适应其经验的合理的解释。作为一种秩序的扩展，这种社会一致认同中所包含的与公平、竞争相关的道德和伦理标准，有助于节约人们在执行契约时的监督成本。

基于上述可以认为，农地产权及相关要素市场的发育有着重要的行为发生学意义。经由市场交易的产权具有规范程序的合法性、社会认同的合理性、自愿参与的行为性，因此能够强化产权强度。所以，农地流转与农民权益保护具有相互依存性。不能交易的赋权是虚置的，不被认同的赋权及交易是扭曲的，而没有赋权的交易一定是低效率的（租金耗散）。

2.2.3 强化农地产权的主要进展

中国农地流转市场发育的实践进程，总体上体现了作为制度含义的市场本质。这主要表现在两个方面。一是强化农户的产权主体地位。中央 1982 年的第一个“一号文件”，明确肯定了包产到户、包干到户“是社会主义农业经济的组成部分”。进入 21 世纪之后，中央政策文件更是反复申明土地确权到户并保护农民财产权利。2002 年出台的《中华人民共和国农村土地承包法》更是以法律的形式将农民的土地权利确立下来。二是强化赋权的稳定性。1984 年中央第三个“一号文件”确定“土地承包期一般应在十五年以上”，1993 年中发“11 号文件”则规定“在原定的耕地承包期到期之后，再延长三十年不变”。2008 年党的十七届三中全会通过的《中共中央关于推进农村改革发展若干重大问题的决定》明确强调，赋予农民更加充分而有保障的土地承包经营权，现有土地承包关系要保持稳定并长久不变。2009 年启动并于 2013 年全面推进的农村土地承包经营权确权登记颁证工作，重点是要妥善解决农户承包地块面积不准、四至不清等问题，目的在于给农民“确实权、颁铁证”……给农民吃下地权保障的“定心丸”（韩长赋，2015）。2013 年十八届三中全会更是强调赋予农民更多财产权利。

中国农地制度变革的一件大事是 2003 年 3 月 1 日开始实施的《中华人民共和国农村土地承包法》[2007 年 3 月 16 日通过并于 2007 年 10 月 1 日开始实施的《中华人民共和国物权法》再次对其核心内容进行了确认]，这是我国史上第一次以国家法律的形式赋予农民长期稳定的土地承包经营权的法律文本。这部法律修改了以往对农地的众多法律歧视，农民土地权利的法律保障得到了明显改善。

第一，强化了产权的法律认可。《中华人民共和国农村土地承包法》的出台和实施，将耕地承包期届满后再延长 30 年，由政策上升到国家法律，并经由《中华人民共和国物权法》承认了土地承包权是农民的财产权之一（用益物权）。这对于有效地稳定农民的土地承包权益，促进家庭联产承包责任制之上的统分结合的双层经营体制作为中国农村最基本的制度的地位，对于推进农村的土地流转，都有着积极的意义。

第二，产权的稳定性大大提高。一系列的规定，如发包方“维护承包方的土地承包经营权，不得非法变更、解除承包合同”“尊重承包方的生产经营自主权，不得干涉承包方依法进行正常的生产经营活动”“承包期内，发包方不得收回承包地”“承包期内，发包方不得调整承包地”等，彻底否定了“三年一小调，五年一大调”的格局。地权稳定性的提高有助于改善农民对土地的投资预期，具有重要的行为导向作用。

第三，产权弱化的状态有了明显改观。一是在继承权方面。例如，规定“承包人应得的承包收益，依照继承法的规定继承”。二是在产权转让方面。例如，规定“通过家庭承包取得的土地承包经营权可以依法采取转包、出租、互换、转让或者其他方式流转”（《中华人民共和国物权法》进一步规定对荒地等的承包经营权可以转让、入股、抵押或者以其他方式流转）。三是在收益权方面。例如，规定“土地承包经营权流转的转包费、租金、转让费等，应当由当事人双方协商确定。流转的收益归承包方所有，任何组织和个人不得擅自截留、扣缴”。这些关于土地承包经营权流转的具体规定，提升了农民土地产权的强度，推动了土地经营的资产化进程。

2.2.4　管制放松与农业要素市场发育

严格来说，中国农业要素市场的发育始于 1978 年开始的农村改革。在此之前，中国全面实施高度集中的计划经济体制。在广大农村，以人民公社制度为中心，并依托于农村人口的户籍制度、农产品的统购统销制度，三类制度已成为国家动员工业化原始积累的重要政策工具。在这一制度安排下，中国不仅关闭了农产品市场，农业农村的要素市场也几乎消失。公社制度具有三个鲜明的特点。

一是管地。尽管法律名义上将农村土地界定为农民集体所有，但实质上表现为国家控制。集体产权的国家控制是通过土地集体化和政社合一两者结合而得以实现的。这大致经过三个步骤①：第一是重合行政边界和集体土地边界，使该集体既是一个行政单位又是一个经济组织。第二是使该集体领导既是行政官员又是经济组织的管理者。第三是用命令和服从的行政原则使该集体执行国家计划。国家意志由此进入了农村集体经济组织。国家计划决定该组织生产什么、生产多少和如何分配。尽管该组织拥有某块土地，但它并不能决定如何使用。土地的控制权事实上不在所有者而是掌握在国家手里。

二是管人。在以农为生、以农为业的农耕格局下，由于土地被国家及公社组织所控制，依附于土地的农村劳动力被迫由公社或生产队统一指挥、统一调配和统一使用。而与之匹配的户籍制度及其严格管制，几乎彻底否定了作为农民个人对私产乃至自身劳动力的产权。

三是管粮。为了降低国家获取工业化原始积累的组织动员与交易成本，国家限制了关系到国计民生与工业原料以外的农产品种植，“以粮为纲”与计划指令使土地使用权在本质上服从于政府，种什么、种多少、上缴多少“公粮”，完全听命于“上级”，几乎排除了农民的自由种植权。与之配套的“统购统销”制度，通过市场关闭与价格管制，则基本排除了农民的自由销售权与剩余索取权。

可以认为，人民公社所决定的农地产权，几乎被国家管制与垄断，除了范围极小的自留地以外，农民几乎不具有产权实施的自主选择空间，农业增长也因此陷入停滞。

1978 年的农村改革，从包产到户到大包干的农地经营制度变革与农村微观组织系统再造，确定了农户家庭经营的主导地位，实现了土地所有权与农户承包经营权的分离，并因此满足了农民对土地经营的真实权利，从而使广大农民获得了人民公社时期不可想象的财产支配权与经济民主权，由此产生的激励机制，推动了资源配置效率的改善，农业结构调整和非农产业发展成为可能，从而引发了农村经济流量的迅速扩张，有力地改变了国民经济的原有格局与经济流程。其基本的逻辑如下。

（1）既然是“包产”（交够国家的、留足集体的），那么“剩下是自己的”所形成的激励极大地调动了农民的生产积极性，由此农户所获得的农业剩余

① 董国礼：《中国土地产权制度变迁：1949-1998》，香港《中国社会科学季刊》2000 年秋季号（总第 31 期）。

及富余产品必然进入市场，农贸市场得以重新发展，从而导致了“统购统销”制度的逐步瓦解。

（2）既然是“包干”，就意味着赋予了农民自由种植权，那么农户通过资源的重新配置，一方面着力提高粮食单产，力求用最少的耕地完成上缴任务，另一方面将节约出来的土地耕种经济作物，由此诱导了农业的多种经营，农业结构得以调整。

（3）既然是“包地”，在完成上缴任务的前提下，农户可以自主处置其土地，部分农户甚至干脆种植具有比较优势的经济作物，然后通过农贸市场购买粮食“交公粮”。计划种植体制得以解体①。

（4）既然是“家庭经营”，由于农户所承包的土地十分有限，家庭农业劳动力必然由人民公社的“隐性”剩余转变为“显性”剩余，农业剩余劳动力得以流动（从早期的乡镇企业到后来的农民工进城），由此农民的择业权开始回归并不断冲击着户籍体制。

（5）既然农户是农业经营的主体，也是农地的产权主体，劳动力非农转移导致的人地关系松动，一定会诱导资源的重新配置，通过农地的流转打破“均包制”背景下的小规模分散化的封闭“均营”格局，农业的规模经营才因此成为可能。

正是因为产权的管制放松，赋予了农民剩余索取权与剩余控制权，农业要素市场才由此启动并得以逐步发育。其中，农业家庭经营主体地位的确立，对农民择业权的开放与农地处置权的落实，是农地产权及相关要素市场发育的重要制度激励。

2.2.5 家庭经营、要素市场发育与农业分工经济

我国正在着力推进农业的要素市场发育，直接目的是改善我国农业的要素配置效率，但在根本上则表达着对小规模分散化家庭经营格局的不满。

关于农户家庭经济的存续问题历来存在两种不同的理论传统。一派以马克思主义者为代表，其主要观点是农民家庭经济最终会被资本主义所改造。在马克思（2000）的经典论述中，商品经济的发展最终会导致拥有生产资料的资产阶级和与之对立的无产阶级的形成，即资本主义生产关系的形成。在此过程中，家庭农场或被消解或被资本主义农场所替代，农民则最终会被转化为资本主义农场和资本主义工业所需的劳动力。因此，家庭农业必然被资本主义所改造。与之对立的另一派则以恰亚诺夫（1996）为代表，强调小农经济能以其“农民生产方式”抵

① 自 1985 年中央“一号文件”规定“任何单位都不得再向农民下达指令性生产计划”后，农户越发拥有了较为充足的自主经营决策权。这意味着，农民不仅拥有了剩余索取权，还拥有了剩余控制权。

御资本主义的渗透。在恰亚诺夫看来，小农家庭既是一个生产单位，也是一个消费单位，其从事生产的目标不是追求最大利润，而是满足家庭成员的消费。也就是说，小农所要维系的只是简单再生产，寻求的是在劳动辛苦程度和家庭成员需求满足之间的均衡。这种特殊的运行逻辑与存在方式，能够对外在力量做出有效的应对。

已有文献关于中国农业家庭经营制度的讨论，大体是对上述理论传统的继承与延续（陈义媛，2013）。一方面，政府大力倡导以龙头企业等各类新型经营主体带动农业产业化经营。龙头企业是现代农业经营体系中最有活力、最具创新能力的经营主体（陈晓华，2015）。在黄宗智（2012）看来，这条道路可能会走向全盘资本主义化的农业，产生越来越多的无地雇工农民。这些与经典马克思主义的观点相一致。另一方面，一些研究者则与恰亚诺夫的观点一致，主张小农家庭经营具有强韧的竞争力，应当作为未来农业发展的主要力量。他们认为，随着大量农民的非农转移，农村土地的自发流转将形成一批新“中农阶层”，这种适度规模的小农家庭农场将是中国未来农业发展的主要力量（贺雪峰，2011；杨华，2012）。

可见，两类观点形成了完全不同的政策主张，要么是消灭小农，要么是维护小农，但共同的不足均是局限于农地规模即“要素流动”的层面来讨论家庭经营的生存空间，普遍忽视了小农经营卷入分工经济的可能性。之所以已有研究将农业家庭经营、要素流动与农业分工割裂开来，而没有将其视为一个相互关联的整体，除了受前述两类传统主张的影响之外，另外两个方面的经典论述也诱导了理论界的误判。

一是斯密猜想。如前所述，斯密（1997）最早发现了分工与专业化的发展是经济增长的源泉。但他特别强调，农业劳动生产力的增进，总也赶不上制造业的劳动生产力的增进的主要原因，也许就是农业不能采用完全的分工制度，从而揭示了农业生产力滞后于制造业的原因。关键在于，农业生产领域的分工深化有着与其产业特性相关的天然的内生性障碍——这就是著名的“斯密猜想”。

二是舒尔茨假说。舒尔茨（Schultz，1964）对传统农业的解释也诱导了后续研究对分工问题的忽视。舒尔茨认为，由于生产要素和技术状况不变，传统农业中对原有生产要素增加投资的收益率低，因而农户不会内生出投资需求[①]。由此他主张向农业投资，只有通过引进新的现代农业生产要素来打破原有的生产均衡，传统农业才能得以改造。问题是，在舒尔茨的理论中，改造传统农业的力量或者说新的要素的进入，却是外生决定的。他将每个农户视为同质的自然经济体，忽视了小农参与分工交易的可能性。如果将小农置于开放且参与分工的情景

① 但 Boserup（1965）的研究表明：与舒尔茨不同，传统农业存在各种不同的形态与变迁；人口增长与人地矛盾加剧，能够推动传统农业生产技术的演变（甚至诸多其他社会乃至政治方面的变迁）。

下，舒尔茨的思想则需要做出重大修正。

显然，两个理论假说局限于封闭情景下对家庭经营的静态考量，既忽视了技术进步、劳动替代与考核成本的动态可能性，也忽视了农户参与分工交易的现实可能性。在开放的条件下，特别是在产权细分及其交易背景下，这些认识则存在再认识的可能性。

在农村土地“集体所有权、农户承包权、农地经营权”的三权分置制度安排下，从产权实施与盘活的层面来说，尽管能够运作的主要是农地经营权，但盘活农地经营权依然存在广泛的可能性空间。其中，经营权流转与经营权细分是两个重要的方面。

一方面，由家庭承包与土地均分引发的小规模、分散化及其低效率，使得农地流转集中以谋求规模经济，成为主流文献及现行政策主张的基本导向。经营权流转的逻辑前提是假定农户之间存在异质性。如果将农业经营能力相对较弱的农户的经营权流转给具有能力比较优势的经营主体，不但可以提高要素配置效率，而且有利于改善规模经济性。但面临的问题是，第一，如果经营权的流转局限于农户之间进行，普遍的情形将是“小农”的复制（日本与韩国的经验已经证明了这一图景），从而意味着政策目标的落空；第二，如果是农户经营权的退出并流转给其他经营主体，则意味着家庭经营主体地位的被替代，势必导致农业基本经营制度的弱化，从而隐含着政治风险；第三，农户的经营权转出，不仅与其农内经营能力相关，还与其农外就业可能性及其对土地的情感偏好相关，由此隐含着社会风险。农地流转并不是一个纯粹的要素市场，而是包含了地缘、亲缘、人情关系在内的特殊市场，有其特殊的市场逻辑。

另一方面，与经营权的整体运作不同，农地经营权的进一步细分，不但为打破封闭的小农经营提供了基础，为农户以外其他新的主体进入农业提供了可能，而且为农业的家庭经营、规模经营与分工经济的融合拓展提供了广阔的空间。于是，家庭经营的运行方式可以多种多样。在封闭状态或者交易成本很高的情形下，自给自足的家庭经营是一种均衡；如果农户能够有效地雇用劳动（包括作为“代营”的经理人与作为“代耕”的农业工人），并通过比较优势诱导农地流转的适度集中，那么家庭经营就可转换为生产大户或者家庭农场，从而形成土地规模经营与内部分工，并进一步形成相应的劳动的交易与定价机制；如果作为中间性产品的农业专业服务具有较高的交易效率，那么家庭经营卷入社会分工、中间性组织的服务外包与迂回投资，以及由此形成的农业服务规模经济，就将成为必然趋势。

可见，从单一地着眼于农地经营权流转以谋求规模经营，转向在农地流转的同时推进经营权的产权细分以谋求分工经济，进而将农地规模经济与服务规模经济融合，应该成为农业经营方式转型的基本方向。

从我国农业经营制度 40 年的改革历程中，能够理出三条清晰的承前启后的演变路径：一是从人民公社的土地所有权与经营权的“两权合一”，到家庭经营制的所有权、承包经营权的分离，并进一步由以所有权为中心的赋权体系，向以产权为中心的赋权体系转变；二是从改革初期土地承包权与经营权的“两权合一”，到要素流动及人地关系松动后承包权与经营权的分离，并进一步由以保障农户土地经营权为中心的经营体系，向以稳定农民承包权为中心的制度体系转变；三是从小而全且分散的封闭小农经济体系，到农地适度规模与推进农业专业化经营以改善规模经济和分工经济，并进一步在稳定家庭承包权，开放和盘活经营权的基础上，向多元化经营主体及多样化、多形式的新型农业经营体系转变，从而表现出“集体所有、家庭承包、分工经营”的制度特征。

上述情景分析及其理论梳理，将构成本书研究的认识起点与思想基础。

2.3 本书研究主要创新

本书研究的主要特色与可能的创新主要表现在以下几方面。

（1）一个性质判断。土地流转市场并不是单纯的要素流动市场，而是一个具有身份特征的情感市场。农地确权能够强化农户对土地的产权强度，但会进一步增强其身份权利与人格化财产特征，进而加大禀赋效应，并进一步因“产权身份垄断”与“产权地理垄断”而加剧对经营权流转的抑制。农地的人格化财产交易市场不同于一般的产权市场，土地流转有着特殊的市场逻辑。因此，推进土地流转市场的发育，既要考虑乡土社会人地关系的特殊性，又要提高流转交易的规范化与契约化程度。不考虑前者，显然会违背农户的心理意愿；忽视后者，则可能将有经营能力的行为主体隔离于农业之外，使小规模、分散化的农业经营格局难以改变，农民也将难以获得土地的财产性收益。因此，有必要寻找人格化财产的产权交易路径。

（2）一个关系扩展。将农业劳动力非农转移、农地经营权流转与农业信贷投资的“三大市场”，进一步扩展到包括农业生产性服务在内的“四大市场”，从而引入中间性产品与迂回投资，不但能够化解农业家庭经营中的信贷可获性及其投资约束，缓解农地经营权流转中的禀赋效应问题，而且能够进一步诱导农户将封闭经营状态中的那些资产专用性较高的生产活动卷入开放的分工体系当中，即以迂回投资和迂回交易的方式通过购买生产性服务来替代直接投资与土地规模扩大，由此将家庭经营卷入社会化分工并扩展其效率生存空间，实现小农生产与现代农业发展的有机衔接。

（3）一个逻辑框架。通过构建“农地产权特性—要素市场发育—农业分工深化—农业转型发展”的逻辑框架，在理解农业家庭经营性质与农地产权特性的基础上，将农业要素市场的发育置于农业分工深化的开放格局，从而揭示农业规模经营的实现路径、农户卷入分工经济的融合方式及通过要素配置与组织匹配改善农业转型发展绩效的决定机制。

（4）两条运作路径。试图简单地通过农地流转与集中来推进农业的规模经营，或许是一个约束较多且缓慢的过程。依据理论框架，将产权理论与分工理论统合，能够发现农业家庭经营转向规模经营的两类实现路径：一是农地规模经营。农户扩大规模并走向规模经营，与农业要素市场的发育紧密关联。二是服务规模经营。以经营权细分及交易为基础的农业服务规模经营，能够显著改善农业家庭经营的外部规模经济和分工经济。

（5）三个理论创新。一是通过“要素品质—契约匹配—效率差异”的分析线索，揭示契约选择的效率原则。农业要素市场发育及其绩效，取决于资源特性与要素品质异质性所决定的交易费用，而不同的交易费用与产权主体的行为能力，存在相对应的契约匹配关系。这一理论创新是对 Cheung（1969）的佃农理论的验证与深化。二是以“产权细分—分工交易—组织匹配”为线索，阐明家庭经营卷入分工经济的变革逻辑。盘活农地经营权依赖于产权的可分性及其可交易性；产权细分为多元经营主体的农业进入提供了可能，从而构成了劳动分工的前提条件；分工一方面会促进生产性服务、迂回投资及各类要素市场的发育，但另一方面会引发交易费用，于是，要素匹配及其组织运作成为保障分工效率并降低交易费用的重要机制。这一理论创新是对 Schultz（1964）的改造传统农业理论的重要缺陷的弥补。三是以“产权界定—人格化财产—交易装置”为线索，揭示从产权界定转向交易组织构造的决定机理，阐明人格化财产的产权交易路径。这是对科斯定理的修正与拓展。而将“斯密定理”“杨格定理”“科斯定理”结合，对纵向分工理论与横向分工理论进行整合，能够深化对市场容量、分工深化、交易成本及其相互关联性的理解，进而增进对要素流动中的市场组织匹配的认识。

（6）一个未来展望。中国农业经营制度经历了两次重要的转轨，即从改革初期人民公社体制格局下的“集体所有、统一经营、按劳分配”的制度构架，转轨为家庭经营制背景下的“集体所有、家庭经营、统分结合”的制度构架，再进一步转型为开放和盘活经营权基础上的“集体所有、家庭承包、分工经营”的制度构架。因此，将农业家庭经营融入分工经济，将预示着我国农业基本经营制度的重要转型。一旦农户的生产经营活动走向开放并卷入分工，必然是坚持在土地集体所有权、稳定家庭承包权、盘活农地经营权的基础上，向多元化经营主体及多样化、多形式的新型农业经营体系转变。

2.4　需进一步研究问题

本书关注农地产权及其相关要素市场发育与改革的研究。显然，农业的要素市场并非是封闭运行的。一方面，农业的产品市场与要素市场是相互关联的，另一方面，农业要素市场与国家工业化、城镇化的发展进程密切相关，因此，研究农业要素市场的发育必须置于国家市场化进程的宏观背景，进行大跨度的集成研究。随着土地产权管制的不断放松、人口自由迁徙与劳动力跨区域跨行业的开放转移，特别是城乡社会保障体系的不断均等化，农业要素市场的发育也将因此而不断发生转换。前者意味着研究工作的复杂性，后者则意味着研究工作的连续性。因此，相关研究仍需做出不懈的努力。

农村土地承包经营权的确权颁证是近年来“三农”工作的重中之重。确权的本质是产权界定。在理论上，产权界定对行为主体的生产性努力已经进行了广泛的研究，但相对而言，其所隐含的交易性行为及其诱导机制，并未受到应有的关注。在实证研究中，近期文献已经关注到巴西、越南和墨西哥（Alston et al.，1996；Saint-Macary et al.，2010；Janvry et al.，2015）的农地产权对农户行为的影响，但关于中国的农地确权对农户的生产性行为与交易性行为到底会带来怎样的影响，仍是值得研究的重大问题。鉴于产权安排对行为影响的滞后性，有必要进行跟踪性与连续性研究。

农地的产权细分与产权实施，具有实践探索与试错的经验性特征，农业分工深化及其组织构造，则具有知识积累与情境依赖特征，且两者均与技术进步、市场发育及组织演进紧密关联。因此，规律性的机理研究与逻辑梳理需要立足真实的世界。应该强调的是，发现潜在收益及其机会依赖于企业家。重视农业企业家的作用，挖掘创新实践中的理论启迪，应该是一个值得重视的研究方向。

在三权分置的制度背景下，从农地经营权流转转向农地经营权的产权细分与盘活，通过分工深化扩展相关要素市场及其配置空间，实现农户土地经营权交易、农业生产性服务交易与企业家能力交易的对接与匹配，进而促进农业家庭经营向多元化经营主体及多样化、多形式的分工经济与新型农业经营体系转型，可能是进一步深化农地经营制度改革的创新性方向。

第二篇　农地产权及流转市场的特殊性

第 3 章　农地产权与农业家庭经营

Hayami 和 Otsuka（1993）曾经抱怨说，农业经济学文献严重忽视了对土地市场特性及相关要素匹配关系的研究。由于中国的农地市场在本质上表达为“集体所有权、农户承包权、农地经营权”三权分置前提下农地经营权的产权流转交易，且农地经营权依附于农户家庭的土地承包权，不深刻认识农户家庭经营制度，是难以理解农地产权流转的市场性质的。同样，我们也可以抱怨说，中国农业经济学界对农业家庭经营与农地产权流转的关系未能给予足够的重视。本章的目的就在于阐释农业家庭经营背景下农地的产权本质与产权实施的含义。

3.1　农业性质与地权特性：农业家庭经营的内在决定性

3.1.1　农业家庭经营的天然合理性

农业生产是通过利用有构造的生命自然力进而利用其他自然力的活动（中国农村发展问题研究组，1984），这表明，在农业活动中，任何其他自然力的利用方式（包括工业化农业）和利用程度，都要受到生命自然力构造的支配、限制和约束。由于农业活动是一种以生命适应生命的复杂过程，并且这一不容间断的生命连续过程所发出的信息，不但流量极大，而且极不规则，从而导致对农业的人工调节活动无法程序化。与之不同，工业生产的可控程度极高，其生产过程中的信息相对比较规则，且信息的发生、传递、接收和处理通常是程序化的。因此，在工业活动中，企业等级组织的运营可以根据权威指令而进行。但农业活动的主体必须根据生物需要的指令来做出有效反应，而且生命的不可逆性所内含的极强时间性或生命节律，决定了农业组织要比工业组织更具反应的灵敏性与行动的灵活性。所以舒尔茨（Schultz，1964）指出，在农业中，决策必须在现场做出，否则信息不足。

家庭经营所内生的灵活决策机制、行为响应的自觉性及激励相容的自我执行机制，使其在农业生产活动中具有了天然的合理性与得天独厚的组织优势，并由此决定着家庭经营往往与小规模经营相匹配。第一，农业生命节律及其生物信息不规则所内生的相机决策与灵活性处理的要求，决定了家庭经营不可能是大规模的；第二，农业生产的区域环境与立地条件往往是千差万别的，以生命适应生命的生命连续过程必须要求“因地制宜”及其“分散化”处理，从而使得家庭经营必然伴随着分散化与小规模；第三，在农业生产过程中，难以产生如同工业那样的中间产品（半成品），而只有在农作物生产发育过程结束后，才能收获最终产品。整个生产过程需要生产者对生命体（农作物、牲畜等）进行看管与照料，这依赖于对生产者责任心和努力程度的内在激励机制。由于无法把他的劳动努力与别人的努力区别开来并在劳动报酬中予以体现，劳动绩效的考核和劳动过程的监督变得异常困难。家庭可支配劳动力的刚性约束，以及农业活动复杂性与综合性所隐含的劳动监督与考核成本，也决定了家庭经营规模的有限性。

3.1.2 农地家庭经营的内在必然性

1. 社会演化：从共同经营到家庭经营

最早的土地所有制是氏族公有制。由于生产力水平极其低下，为了向自然获取食物来维系生存，人们需要借助集体合作的力量，来降低面对自然的风险性及获取食物的不确定性。因此，部落共同体，即天然的共同体，并不是共同占有和利用土地的结果，而是其前提（马克思和恩格斯，1979）。到母系氏族公社的繁荣阶段出现了血缘关系更为密切的家族公社，是同一祖先传下来的若干代血缘近亲所结成的整体。大家族开始只是一个消费单位，后来发展为生产单位，最后从氏族公社中独立出来。氏族公有财产由此变为各个大家族的集体财产，每个大家族的集体财产对于其他大家族就具有了排他性，大家族成为集体占有财产的前提。秦汉以后，宗族共同体（家族公社）仍然在一定程度上存在着，其经济性质是私有制基础上的共有制。共同体所有制的意义在于，同其他人协议联合组成一个共同体，一方面享受产权共有带来的合作剩余，另一方面提升抵抗外部侵犯的排他能力（洛克，2007）。

家族公社早期，个体家庭尚没有产生，家族成员集体占有生产生活资料，土地属于“共有共耕”。在家族或个体家庭内部，财产属共有；成员的血缘和情感认同最为重要，共同利益尚在其次。在较长一段历史时期内，生产力不具有个体性，一夫一妻的小家庭只能存在于共生产、共消费、共居住的村公社之中，尚未自成一个经济单位（龙登高，1992）。农户必须投入几乎全部劳动用于农耕生产，无法分配出劳动力用于衣着等制作；同时由于经济条件十分有限，不可能分工协作，无法实现自己的劳动和生产自己的生活资料与必需的物质条件。因此，客观上个体家庭仍然需要依附于瓦解之中的村社共同体。与此同时，农业技术的进步及其可分性的改善，特别是农具的小型化，也不断支持着家庭经营的效率底线。到秦汉时期，适合小农家庭经营的生产工具逐渐完备，促使个体家庭数量大为增多、规模渐趋缩小，家庭内部出现自然分工。这时，个体家庭独立经营才真正意义上形成。后魏以来，生产力的要素构成，越来越趋向于与家庭经营组织的匹配。

中晚唐及两宋时期，钢刃熟铁农具出现，个体家庭依靠四五口人，实行精耕细作，并完成再生产过程，实现家庭内部的耕织结合，小农家庭经营在广大农村占据统治地位。由此，家庭产业结构趋向综合化、多样化、紧凑化，家庭经营的独立性、稳定性与生命力不断增强，直至明清长盛不衰（龙登高，1992）。家庭作为一个基本生产单位，在土地严重不足的压力下所形成的“农业+副业”生产单位，其劳动力要比雇工经营的经营式农业来得便宜，能够比雇工经营的大农场支付更高的地租，从而战胜了雇工经营的大农场。农村家庭手工业生产作为农业的副业，一直顽强延续，排除了英国和西欧发展经验中的农户分化、人口流动及城镇化。即使在中华人民共和国成立后 20 余年的农业集体经营，仍然顽强地依赖于家庭农业和副业。

2. 心理建构：农户的农地心理所有权及其强化

占有情感是动物本能，与遗传结构有关。爱物就如爱自己，物品也就成为自我的延伸。人类对排他性产权的占用及争夺，是由进化适应性产生的天然驱动（亚里士多德，1965）。因此，所有权及其产权，是由个体而群体、由个人而社会的自内而外的一种天然的心理需求。心理所有权作为一种“人类属性”，不但在不同种族、宗教、社会制度、文化背景下具有广泛性，而且外显为国家对产权的尊重与保护，并进一步在产权制度的设计中得到普遍的表达与满足。中国的历朝历代，土地均被视为农民的“命根子”。这显然是对农民土地心理产权的形象表达。在家庭承包制背景下，农户的农地心理所有权首先来源于国家赋权产生的保障性占有，而且这种占有的性质是以家庭为单位的，仍然是一种共同体所有的性质。值得注意的是，一方面，农地所有权归集体所有，农户拥有的是承包经营权，农户的心理所有权缺乏法律支撑；另一方面，在产权运作过程中，权利的运行却突破了原有的法律约束，形成了一套实际运行的秩序。农户是土地产权的事实占有者和实施者，农户的心理所有权得到集体范围内的认同，并在土地权利实施的层面具有强烈的排他性。

3. 内在机制：监督成本与农业经营方式选择

许多学者都意识到，集体农业经营方式的计量和监督成本极高（巴泽尔，1997；Cheung，1969；赵冈，2003）。在团队生产理论看来，为了监督监督者，应该让监督者拥有剩余，成为剩余索取者（Alchian and Demsetz，1972）。既然监督劳动的成本过高，还不如劳动者自己监督自己。从人力资本的角度来看，Hayek（1945）就指出，剩余控制权应给予拥有行使决策所需专门知识的要素所有者。精耕细作隐含着农民进行农业生产的人力资本不断增加，于是将剩余索取权配置给劳动者是合意的选择。

家庭是最小的会计单位。家庭成员往往把家庭其他成员的要求、利益和价值取向，自愿地当成自己的要求、利益和价值取向，具有典型的激励相容与利他主义行为动机。家庭成员努力工作，贡献智慧和力气，无须以内部精密的劳动计量并和报酬挂钩来激发，家庭内部的偷懒和"搭便车"行为要远远低于一般的经济组织（中国农村发展问题研究组，1984）。因此，当把剩余索取权界定给从事农业生产的劳动者时，其最小单位就是家庭。由此，在中国，家庭成为一种基本的经营组织，并具有核心地位（徐勇，2013）。

3.2　产权变革与主体明晰：农户家庭经营的历史必然性

3.2.1　家所有权与土地"家户制"

当代中国法律史论著大多将自商鞅"废井田、开阡陌"之后的古代中国定性为私有制社会。但是也有学者认为"秦汉以降的古代中国国家政权，无论在理论上还是在实践上，都有着不受法律有效制约的剥夺臣民个人财产的绝对权力"，土地私有权的法律观念并未形成（赵文洪，1998）。黄宗羲在《明夷待访录》中一针见血地指出了皇帝与天下财产的关系，皇帝"以为天下利害之权皆出于我，我以天下之利尽归于己"。因此，皇权所有下的土地私有只是一个皇权许可下的相对稳定的占有权，土地"所有者"并不具有对土地的终极控制权。尽管所有者比其他人对他的财产享有更大的权利，但是他的这些权利必须服从他所处的时代和地方的普遍法律约束，如农地再转让时不但受到亲属、邻居和抵押权人优先购买权的限制（麦斯曼，2009），土地占有者拥有的土地也可能会因政局变动导致的迁徙、重新分配等而改变。

公元前 216 年，秦王朝颁布“使黔首自实田”令，在法律上承认农民对土地的所有权。北魏至唐初均田制颁行，均田制下的农民基本上仍然是自耕农（翦伯赞，1983）。唐废均田之后，宋元至清，土地“私有”最终成为土地制度主流。明初打击“巨姓”豪富，强迫他们迁出本地，以期空出土地，为培植自耕农经济创造条件。至于明清，地主租佃制与小农自耕制成为中国封建社会土地制度的主体模式（盛邦和，2009）。

户籍制度与税收制度是农户家庭组织单位延续的制度依据。早在 2000 多年前，中国就建立了统一的中央集权，政府专门设立“户部”，主管户口与财政。与此同时，国家存在的基础是农业财政。于是，有土地的家庭成为国家的税收单位（龙登高，1992）。由此可见，传统中国从事各种民事活动的主要主体，是户而不是个人。因此，政府保护和鼓励家户制，是具有政治社会意义的（周子良，2010）。

财产继承制是家庭组织单位再生产的机制。人和财产是中国农业家庭的两个基本要素，而土地又是最重要的财产（杨懋春，2001；滋贺秀三，2002）。“诸子均分制”带来了中国农村家庭分裂，实行“分家析产制”，家户是财产分配和继承单位（弗里德曼，2000）。经过“分家”的过程子代获得了对原属其父亲的部分家产的法定权利，对这部分家产开始享有了专有权（费孝通，2001）。由此，血缘身份与家族人格财产进入一个相对微观的“小”家庭中，并继续繁衍生息。

总体来说，历代的占田制、均田制、限田制等，国家要承认农民的占用权利，虽有保护农民土地权利之意，但主要意图在于防止富可敌国、制止私人财富扩张及增加王朝财政收入。这些土地政策限制土地的利用权限，缩小田主对土地的收益范围，降低了私人土地权利的市场运作空间（邓建鹏，2005）。从这个意义上说，我国农户在土地所有权层面并未获得充分的赋权，但却在一定程度上维系着土地产权实施的主体地位。

在氏族社会，是否拥有相同血统成为一个人能否进入某个特定群落即氏族的准入资格。在此意义上，现代法律研究所定义的人格在氏族社会时期就是指血统。人类进入了阶级社会后，以婚姻和血缘等为纽带形成的身份组织模式仍然是人类获取财富，保有既得利益的最有效的形式。身份社会下的个体一直未能成为土地权利的主体。因此，历代中国不存在完整、稳定的私有财产法律制度的基本条件，也无法产生以私为本位的法律体系。从产权主体生成角度来说，绝对所有权形成的前提是个人与家庭财富的分离，家庭的单个成员在财产方面成为独立的主体。但中国的历史事实是，并不存在以私为本位的社会基因与意识传统，私人权利得不到应有的重视，因而也就难以形成以私有财产为核心的法律传统（邓建鹏，2005；尹田，2004）。中国历来重视农业，而不是重视农民，其个人的权利主张一直没有进入社会的舞台。因此，中国的个体财产分化受到抑制，并形成以农户为单位的土地共同财产的产权特征。

3.2.2 农村改革后家庭经营主体地位的回归

1949 年后，土地改革全面铺开。到 1952 年，中国完成了农村土地制度的强制性变迁，通过剥夺地主的办法确立了农民完全私有的土地所有权（陈剑波，1994）。至此，自战国直至民国的土地租佃制度消亡，中国农村形成了一种以小土地私有为前提的土地制度。不过，从农业经营方式角度来看，这与1949年前并无区别，都是小规模家庭经营方式。

中华人民共和国成立以来，中国共产党面临快速实现工业化的巨大压力。苏联的经验表明，可以通过集中农业剩余来发展工业。要低成本地获得农业剩余并降低组织成本与交易成本，从 1953 年起，开始推行“合作化运动”（李孔岳，2006）。合作社规模最初由30个左右的农户组成，而后变成由一个村的所有农户（150~200 户）组成（陈剑波，1994）。之后，由国家主导的农业生产“合作”规模越来越大，最终形成农业由集体经营、农民剩余高度集中的人民公社体制。许多学者都讨论过人民公社的低效率问题（林毅夫，1994a；Dong and Dow，1993；蔡昉，1993；陈剑波，1994；周其仁，1995；罗必良，2007），究其内在原因，主要包括：第一，农业劳动的计量和监督成本过高；第二，人民公社存在多层委托—代理问题，而集体经营对管理者的激励不足；第三，农户无自由退出权等。

虽然人民公社希望把农民的劳动限制在集体土地上，但自留地、自留畜和家庭副业让农民找到了一条隐性退出人民公社集体经营方式而从事家庭经营的途径（罗必良，2007）。这说明，在国家主导农业由集体经营的时期，农民仍然试图用家庭经营来替代集体经营。“文化大革命”结束后，农民用家庭经营替代集体经营的愿望也日趋强烈。在农村基层，农民和干部先后创造出了包工、包产、包干三种承包形式。最后，按照最终产出结果考核的农户承包，彻底打破了集体劳动的形式（蔡昉，2008）。

“重拾”家庭经营的尝试收到了极好的效果。1980 年 8 月，在安徽省委召开的常委扩大会议上，滁县地委负责人基于来安、定远、凤阳等县的调查数据指出，农业生产增产最高的是双包（包干与包产）到户，然后是双包到组，增产不多、平产或减产的是坚持“大呼隆”的生产队。结论是“队不如组、组不如户”。1982年起，国家开始在农村推广双包到户，到1983年，全国包干到户的生产队达到了 95%以上，家庭联产承包责任制成为中国农村生产责任制的主要形式（王郁昭，2008）。改革大大推动了农业增长。据统计，1978~1992 年，中国农业总产值年均增长率达到了 5.9 %，其中增长速度最低的 1984~1988 年也达到了 4.1%，都远远大于对应时期的人口增长率（林毅夫，1994a）。可以说，从人民公社制的集体经营到家庭联产承包责任制的家庭经营的转变，农户家庭重新成为农地的产权主体，为中国农业和农村经济发展提供了重要保障。

3.3　产权细分与卷入分工：农业家庭经营的可拓展性

尽管农业特性决定了家庭经营的合理性，产权变革也表达了农户作为农地产权主体的适宜性，但与家庭经营必然伴随的小规模、分散化经营格局，不仅难以适应工业化、城镇化快速推进所引发的要素流动问题，还难以克服农业开放与市场发育所引发的竞争能力不足问题。显然，家庭经营与农业特性的契合，在一定程度能够生成生产效率，但其效率空间是有限的。因此，如何有效实现小农户和现代农业发展的有机衔接，扩展家庭经营的适宜性空间，成为重要的理论与现实命题。

3.3.1　已有主张及其偏差

一是政策的主张与偏差。如前所述，关于小农改造及其存续问题，既存在两种不同的理论传统，也表达为相应的现实政策主张。但共同的取向均着眼于农地规模来讨论家庭经营的生存空间与转型。同样，面对家庭经营背景下的分散化、小规模经营格局，现行政策一直在着力推进农业的规模化经营：一方面是通过农地的流转与集中，以改善经营的规模性，着力降低农业生产成本，提高生产效率；另一方面是通过农业的组织化，以推进农业的规模经营，着力降低交易成本，提高组织效率。其中，从鼓励农地流转（允许农民以转包、出租、互换、转让、股份合作等形式流转土地承包经营权），到培育新型经营主体（专业大户、家庭农场、农民合作社、农业企业等）政策的基本指向均是土地的集中与农地规模经营。然而，农业规模经济性的生成并不必然表达为农地的集中与规模扩大。

二是理论的主张与偏差。Rosen（1983）、Yang 和 Borland（1991）、Becker 和 Murphy（1992）等基于古典经济学的立场，认为分工经济才是规模报酬递增和经济增长的动因（斯密，1997）。遗憾的是，学界关于农业分工问题一直存在两种相互割裂的主张：一方面，鉴于农业活动的生命特性，强调家庭经营在农业生产活动中的天然合理性，但忽视了其融入分工经济的必要性（中国农村发展问题研究组，1984）；另一方面，源于“斯密猜想”等理论假说的影响（斯密，1997；Schultz，1964），认为农业并不是一个具有显著规模经济性的产业，农业生产领域的分工深化有着与其产业特性相关的天然的内生性障碍，但忽视了农业家庭经营融入分工经济的可能性。如前所述，两类主张均局限于封闭情景下对家庭经营的静态分析，既忽视了技术进步、劳动替代与考核成本的动态可变性，也忽视了开放性情景下农户参与分工和市场交易的现实可能性。可见，已有理论严重滞后于实践需求。

3.3.2 产权细分与盘活农地经营权

在很多情形下，一种物品或者一类财产，进行整体的产权交易可能是困难的。幸运的是，物品或财产的有价值属性并非单一的，而是多维的。农民的土地经营权即如此。经营权细分为不同主体进入农业提供了可能性空间。一旦农户的生产经营活动走向开放卷入分工，情形将发生根本性改变。

第一，从产权分割的角度来说，农地的产权主体可以分为所有权主体（农民集体）、准所有权主体（农户）、经营主体及生产操作主体（可以是农户，也可以是其他行为主体）。我国农地产权的流转，不包括所有权的流转，也不包括农户的土地承包权，能够交易的只有经营权和生产操作权，由此会形成农户以外新的经营主体与生产主体进入农业。因此，家庭经营可以与多主体经营并存。

第二，从产权效率的层面来讲，从所有权中分离出承包权，并将承包权界定给农户是恰当的，因为农户更有能力、更有积极性进行土地产权的排他、处置与行使；从发挥比较优势的角度来说，承包权、经营权乃至于生产权的分离同样是效率边界的扩展。进一步地，假定承包经营权赋予农户，如果农户的行为能力不足、资源配置空间有限，农户将某些经营权分离出来并流转给具有比较经营优势的行为主体，无疑既可以给交易双方带来合作剩余，又可以改善资源的配置效率。由此可以认为，允许生产经营权在农户自主自愿的前提下进行规范流转与交易，恰恰是维护和实现农民土地财产权益的一个重要方式。

第三，产权分割和产权交易可以多种多样。从农户分离出的土地经营权，还可做进一步的产权细分。《中华人民共和国农村土地承包法》规定，农村集体经济组织的农户作为承包方“依法享有承包地使用、收益的权利，有权自主组织生产经营和处置产品”，因此，农地经营权的法定表达即“生产经营和处置产品”的权利。但是，该法并未对生产经营权与产品处置权做进一步的表达。根据《中华人民共和国全民所有制工业企业法》和《全民所有制工业企业转换经营机制条例》的规定，经营权是经营者对其经营财产的一种占有、使用和收益的权利。具体分为 14 项：生产经营决策权，产品、劳务定价权，产品销售权，物资采购权，进出口权，投资决策权，留用资金支配权，资产处置权，联营、兼并权，劳动用工权，人事管理权，工资、奖金分配权，内部机构设置权，拒绝摊派权。

参照上述法律，可以将农户土地的经营权做多样化的细分。例如，从横向上来说，生产经营权可以分割为经营决策权（生产什么、生产多少）与生产决策权（如何生产）；从纵向上来讲，以物资采购权为例，可以分割为采购成本控制权与采购操作权。因此，经营权细分为不同主体进入农业提供了可能性，从而能够扩展农业经营中迂回交易与分工深化的空间。例如，由农户购买机械转换为由市场提供中间品服务，则可能将家庭经营卷入社会化分工并扩展其效率边界。事实上，在保障农户在位控制权的同时，农户生产经营中的多数农艺与活动环节是可以分离的（或者说可以作为中间性产品）。例如，水稻的育秧活动是可以独立分离的，能够由专业化的育秧服务组织提供；整地、栽插、病虫害防治、收割等生产环节亦可向专业化的服务组织外包。

可以认为，随着农业技术进步与中间品市场的发育，相对于承包权与经营权合一的经营方式而言，农业生产经营权的细分与农业生产活动的可分性，能够大大丰富产权交易与分工活动的多样性。

最具制度潜力的是，经营权细分有利于形成多样化的委托代理市场，农事活动的分工有利于外包服务市场的发育，由此扩展了产权交易的选择空间。因此，一旦小农的土地经营权存在产权细分的可能性，其内含的赢利机会就能够被企业家发现。由此，一方面，通过提供作为中间性产品（服务）的“管理知识”，成为经营性主体，从而改善农业的知识分工与经营效率；另一方面，通过提供作为中间性产品（服务）的“专业生产”，成为生产性主体，从而改善农业的技术分工与迂回生产效率。所以，即使农户不直接使用新要素进行生产，但当这种具备企业家能力的主体为农户提供上述服务时，农户就可以通过购买服务的迂回方式将新要素与新技术引入经营之中，从而达到改造传统农业的目的。

3.3.3　农业家庭经营卷入分工经济

按照斯密（1997）和杨格（1996）的观点，分工包括三个方面：个人的专业化水平、专业多样化程度及生产的迂回程度。为了阐明农户家庭经营是如何卷入分工经济的，我们借用杨小凯（1998）以及向国成和杨继平（2003）所构造的超边际分析模型进行阐释。

1. 农户专业化与分工经济

1）假设

首先，农户的农业活动可以分为生产经营活动（进行生产经营及其决策）和生产性服务活动（提供种苗、代耕、代收或者销售等劳务）。

其次，设有两个农户，在决策前具有相同禀赋，既是生产者又是消费者，且有同样的生产函数和时间约束。分别用 X_i、Y_i 代表第 i 个农户的生产能力与服务能力，都是劳动投入水平 $l_i\left(0\leqslant l_i\leqslant 1\right)$ 的局部单调递增函数：

$$X_1=l_{1x}^a,\ Y_1=l_{1y}^a,\ X_2=l_{2x}^a,\ Y_2=l_{2y}^a$$

其中，l_{ix} 和 l_{iy} 表示第 i 个农户投入 X 和 Y 的劳动份额（即农户的专业化水平）。设 $a>1$，表示专业化经济程度参数。

设每个农户总的劳动份额（或总劳动时间）为 1，则

$$l_{ix}+l_{iy}=1$$

2）几何描述

根据上述，如果每个农户都自给自足，把生产函数代入时间约束，可得农户的生产转换函数：

$$Y_i=\left[1-\left(X_i\right)^{\frac{1}{a}}\right]^a,\ X_i,Y_i\in\left(0,1\right)$$

用 Y_i 对 X_i 求一阶导数，则

$$\frac{\mathrm{d}Y_i}{\mathrm{d}X_i}=-\left[\left(X_i\right)^{-\frac{1}{a}}-1\right]^{a-1}<0$$

上式是 Y_i 和 X_i 之间的边际转化率，是以 Y_i 表示的 X_i 的机会成本，也即 X_i 增加一单位时，Y_i 因有限资源必须减少的量。转换函数的一阶导数小于零，表明它在 X-Y 平面上是一条斜率为负的曲线。

进一步用 Y_i 对 X_i 求二阶导数，则

$$\frac{\mathrm{d}^2Y_i}{\mathrm{d}\left(X_i\right)^2}=\frac{a-1}{a}\left[\left(X_i\right)^{-\frac{1}{a}}-1\right]^{a-1}\left(X_i\right)^{-\frac{1}{a}-1}>0$$

上式是边际转换率的导数，此导数大于零，表明转换函数在 X-Y 平面上是凸向原点的曲线，说明每多生产一单位 X，需要减少的 Y 越来越小，即边际转换率递增，从而表现出新古典生产函数的规模经济，而这正是专业化提高农户生产能力的结果（同样，如果用 X_i 对 Y_i 求二阶导数，也会发现专业化分工对农户提高服务能力带来的好处）。

根据上述，可以在 X-Y 平面上刻画出如图 3-1 所示的个人及加总转换曲线（杨小凯，1998；向国成和杨继平，2003）。

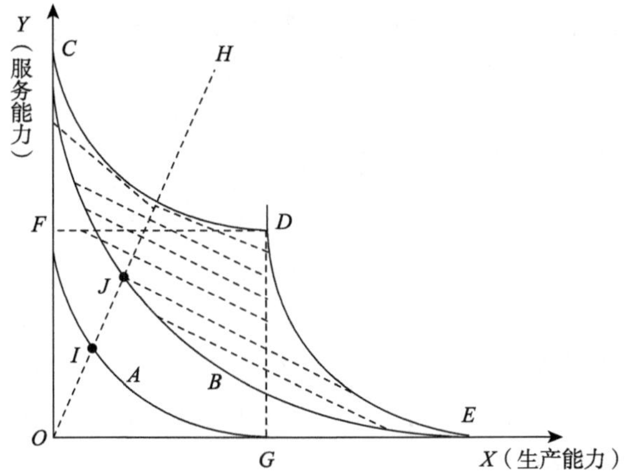

图 3-1　个人及加总转换曲线

图3-1中，A曲线是单个农户自给自足（既从事农业生产经营，又从事农业服务）的生产转换曲线。当农户的劳动全部用于农业生产（X）时，其最大生产能力为 1；全部用于农业服务（Y）时，其最大服务能力为 1。B 曲线是两个农户都选择自给自足的加总转换曲线，从 O 点出发，作无数条类似于 OH 的射线，并取 IJ=OI，可得无数类似于J的点，并把它们连起来就构成B曲线。CDE是有分工的加总转换曲线（不含C、E两点），D点是完全分工状态，一户专于农业生产，另一户专于农业服务。在 CD 线上或者 DE 线上的任何一点都表明了部分分工状态（或者说兼业状态），既从事农业生产，又从事生产性服务。从图中可以直观看出，有分工的加总转换曲线（CDE）明显高于自给自足的加总转换曲线（B），它们之间的差距（阴影部分）就构成分工经济。

2. 农户卷入分工的均衡分析

1）假设

（1）在一个经济体中有 M 个农户，他们既是生产者，又是消费者。

（2）有两种产品，一种是初级农产品（如粮食，或蔬菜，或家禽等），另一种是在初级农产品基础上延伸的加工农产品。

（3）有一种针对初级品与加工品的交易服务（如信息、技术服务等），可以理解为迂回生产。

（4）设初级农产品和加工品的自给量分别为 x 和 y，其销售量分别为x^s 和 y^s，购买量分别为x^d 和 y^d。假定k为交易服务效率，则$1-k$为交易费用系数。这类服务既可自给自足，亦可购买，所以有$k = r + r^d$。其中 r 为自给自足的交易服务，r^d 为买来的交易服务。农户也可以选择向别人提供交易服务，其售卖量为 r^s 。因此，每个农户两种产品及一种服务的生产函数为

$$x+x^s=l_x^a,\ y+y^s=l_y^b,\ r+r^s=l_r^t$$

其中，l_i 表示生产 i 种产品和服务的专业化水平；a、b、t 表示三种活动的专业化经济程度参数（为便于讨论，假定 $a=b=t$）；每个农户的时间约束是

$$l_x+l_y+l_r=1,\ l_i\in[0,1],\ i=x,y,r$$

（5）假定交易服务效率 k 只与交易量有关，而交易服务本身又受到诸如交通、通信等有关便利程度的影响而产生的费用用 $1-K$ 表示，K 为便利交易效率系数。所以，对于产品 x 而言，购买 x^d 时能够实际得到的是 Kkx^d ，$(1-K)kx^d$ 因不便利因素而在交易中消失了①。

（6）假定每个农户的生产经营地点是外生给定的，而每一对相邻农户的距离是一个常数。所以，当每个农户的专业化水平上升时，他购买商品的种类数会增加，因此他的交易对象（相邻农户）会向外扩展。假定以某个农户为圆心，那么该农户的交易密度（农户数）N 与交易区域的半径 R 成正比（按"圆"面积计算公式，$N=\pi R^2$ ），该农户与其他农户的平均距离 A 却与 R 成正比，即他交易的平均距离与 $\sqrt{N}$ 成正比。如果所有交易伙伴向该农户供给不同商品，他所购买的品种数是 $N=n-1$ 。于是，由距离不便利引发的交易费用 $1-K$ 与农户的交易伙伴数量相关：

$$1-K=s\sqrt{N}$$

其中，s 表示依赖于相邻农户的距离和 R 的一个参数。如果 $1-K$ 独立于 N，均衡将或者是自给自足或者是极端（完全）分工，这表明各个中间状态的分工并非处于均衡水平。因此，该式对于理解分工的逐渐演进是根本性的，它表明当交易品种数增加时，交易成本比分工的正网络效应增加得更快②。

此公式的经济学含义在于：①交易的品种数或者交易伙伴的增加，亦即专业多样化程度越高，农户的交易成本越低；②农户与交易伙伴的交易越便利（可以理解为农户生产性服务的可获性），其专业化与分工水平越高。

根据上式，每个农户的效用函数可设为

$$u=\left[x+K\left(r+r^d\right)x^d\right]^\alpha\left[y+K\left(r+r^d\right)y^d\right]^\beta,\ \alpha,\beta\in(0,1)$$

其中，α,β 表示农户对两种产品的偏好；这里假设偏好一致$(\alpha=\beta,\ \alpha+\beta=1)$。

---

① 交易费用系数 $1-k$ 可视为科斯理论中的交易费用；不便利费用系数 $1-K$ 是因交通、通信等形成的"流通"费用。

② 这显然是一个两难冲突。如果没有该公式，交易和生产中的完全分工不但能充分利用分工经济，而且可以减少交易费用，所以均衡永远在完全分工状态。而正是两难冲突才能够阐释不同分工水平的生成及其分工演进的机理。进一步地，该式还有助于增进对斯密定理、杨格定理及科斯定理的理解。

此外，设 P_x、P_y、P_r 分别为 x、y、r 的市场价格。

2）分工模式与均衡分析

根据上述假设，并遵循“文定理”①，可以进一步分析三种分工结构模式，并求角点均衡和全部均衡（向国成和杨继平，2003）。

（1）自给自足模式，记为 A。

在 A 模式中，$x^s = x^d = y^s = y^d = r^s = r^d = 0$，农户的最优决策问题是

$$\max U = (xy)^{\frac{1}{2}}$$
$$\text{s.t. } x = l_x^a,\ y = l_y^b$$
$$l_x + l_y = 1$$

（2）买一种产品的生产专业化模式，记为 PT。此模式有两类组合。

一是生产 x、买 y 且服务自给自足的决策（x / y）。在此决策中，$x^d = y = y^s = r^s = r^d = l_y = 0$，农户的最优决策问题是

$$\max U = \left(Kxry^d\right)^{\frac{1}{2}}$$
$$\text{s.t. } x + x^s = l_x^a,\ r = l_r^a$$
$$l_x + l_r = 1$$
$$P_x x^s = P_y y^d \text{（预算约束，下同）}$$

二是生产 y、买 x 且服务自给自足的决策（y/x）。在此决策中，$y^d = x = x^s = r^s = r^d = l_x = 0$，农户的决策问题是

$$\max U = \left(Kyrx^d\right)^{\frac{1}{2}}$$
$$\text{s.t. } y + y^s = l_y^b,\ r = l_r^b$$
$$l_y + l_r = 1$$
$$P_y y^s = P_x x^d$$

（3）生产与服务的完全专业化模式，记为 CT。此模式有三类组合。

一是生产 x、买 y 和 r，即（x/ yr）的决策。在此决策中，$x^d = y = y^s = r = r^s = l_y = l_r = 0$，农户的最优决策问题是

$$\max U = \left(Kxr^d y^d\right)^{\frac{1}{2}}$$

① 即最优决策不会卖一种以上的产品，不会同时买和卖同种产品，不会买和生产同种产品。由于文枚（Wen，1998）对此做了严格的证明，被杨小凯（2003）命名为“文定理”。

$$\text{s.t. } x + x^s = l_x^a$$

$$l_x = 1$$

$$P_x x^s = P_y y^d + P_r r^d$$

二是生产 y、买 x 和 r，即（y/xr）的决策。在此决策中，$y^d = x = x^s = r = r^s = l_x = l_r = 0$，农户的最优决策问题是

$$\max U = \left(Kyr^d x^d\right)^{\frac{1}{2}}$$

$$\text{s.t. } y + y^s = l_y^b$$

$$l_y = 1$$

$$P_y y^s = P_x x^d + P_r r^d$$

三是生产 r、买 x 和 y，即（$r/x\ y$）的决策。在此决策中，$r^d = x = x^s = y = y^s = l_x = l_y = 0$，农户的最优决策问题是

$$\max U = \left(Krx^d\right)^{\frac{1}{2}} \left(Kry^d\right)^{\frac{1}{2}}$$

$$\text{s.t. } r + r^s = l_r^b$$

$$l_r = 1$$

$$P_r r^s = P_x x^d + P_y y^d$$

一个一般均衡包括所有商品（包括前述的产品和服务）的一组相对价格、出售商品的一组人数、由所有人选择的模式构成的一个结构，以及人们生产、交易和消费商品的数量（杨小凯，2003）。求上述三类分工模式不同决策的最优解，可以得到相应的角点均衡（表 3-1）。

表 3-1 三个角点均衡的信息

项目	A	PT	CT
相对价格	—	$\frac{P_x}{P_y} = 1$	$\frac{P_r}{P_y} = \frac{P_r}{P_x} = \frac{4}{3} K^{-\frac{1}{3}}$
相对人数	—	$\frac{M_x}{M_y} = 1$	$\frac{M_r}{M_x} = \frac{M_r}{M_y} = \sqrt[3]{K}$
真实收入	$\left[\frac{1}{1}\right]^a$	$\frac{\sqrt{1-s} \cdot 2^{a-1}}{3^{\frac{3}{2}a}}$	$\frac{(1-s)\sqrt{2^{\frac{2}{3}}}}{6}$

将表 3-1 中真实收入在三个角点均衡之间进行比较，可以得到全部均衡及新兴古典比较静态分析结构（表 3-2）。

表 3-2　全部均衡及比较静态特性

项目	$s>0.7071$	$0<s<0.7071$	
a	$a=a_0$	$a<a_0=\dfrac{\ln 6-\frac{2}{3}\ln\left(1-s\sqrt{2}\right)}{\ln 2}$	$a>a_0=\dfrac{\ln 6-\frac{2}{3}\ln\left(1-s\sqrt{2}\right)}{\ln 2}$
均衡结构	A	A	CT

从表 3-2 可以发现以下几点（向国成和杨继平，2003）。

（1）当代表邻居间平均距离和交通条件的 $s>0.7071$ 时，均衡是“自给自足模式”。

（2）当 $0<s<0.7071$ 时，若专业化经济程度参数 $a>a_0$，均衡是“生产与服务的完全专业化模式”，若专业化经济程度参数 $a<a_0$，均衡是“自给自足模式”。

（3）如果 PT 结构的真实收入始终小于 A 结构，则 PT 不是全部均衡。说明没有一定的专业化的生产性服务，生产的专业化也难以实现，从而表达了农业生产性服务对农户生产的制约作用。可见，在要素市场发育过程中，服务市场具有举足轻重的地位。

3. 农业家庭经营卷入分工：新兴古典经济学的含义

上述分析描述的是一个由 M 个农户所组成的经济体，从而表达了农业经济的分工格局。超边际分析模型表明，参数 a、s 对分工模式及经济组织结构具有决定性意义。

第一，专业化经济程度(a)越高，参与分工相邻农户之间的距离越短，分工的均衡水平越高。对于一对相邻农户之间一个足够小的距离 s，专业化经济的报酬递增将造成均衡从自给自足（结构 A）向产品生产及服务的完全分工（结构 CT）演进。

第二，交易品的种类数由专业化的绝对程度和一对相邻农户之间的平均距离决定（杨小凯，2003）。假定专业化程度一定，那么分工主体越密集，专业多样化程度越高，市场范围亦越大，行为主体有效参与分工与交易的可能性越大。

第三，如果农业生产及其生产性服务的分工不断深化，使得专业化经济程度达到一定的程度，那么经济活动的聚集及其组织化程度的改善，能够有效降低 s，从而引起分工均衡水平和农业效率的一个“起飞”。

第四，随着分工演进、交易效率的提高，作为中间品投入的农业生产性服务（农业中可以广泛地表达为提供种子种苗、机耕、植保与防疫、机割、加工等多种服务，甚至可以延伸为提供技术咨询、管理决策、市场营销等多种专用性知识型服务），能够有效推进农业产业链条各环节的纵向分工（杨小凯和黄有光，

1999），从而提升农业的生产迂回程度。

必须强调的是，尽管 s 标识的是一个地理上相邻农户的距离，但它可以表达众多含义：交易伙伴的密集度（降低交易主体的搜寻成本）、交易品种的多样性（降低交易产品的搜寻成本）、区域的专业化（拓展市场容量以改善服务交易效率）及交易的组织化与服务化程度。

综上所述可以认为，对于一个不断发育的专业化的农业经济，农户的分工将首先从自给自足向生产与服务的局部分工（结构 PT）演进，接着通过降低 s 并转型到结构 CT。这显然表达了农业的专业化、专业的多样化、社会的服务化与经营的组织化随分工演进的特征。

3.4 结论与讨论

在真实的世界里，无论经济如何发展、结构如何转型，无论是在新兴的发展中国家，还是在西方发达的资本主义世界，无论是传统技艺手工业、商业服务业，还是现代工业，家族企业的存在及其家庭经营都具有广泛性。同样，农业的家庭经营亦具有普遍性和多样性。

在赋予农户长久而稳定的承包权的背景下，无论发生怎样的产权细分与经营主体的分离，农村土地的家庭承包所决定的“资格垄断性”，意味着我国农业家庭经营的性质均不会发生根本性变化。家庭经营基础性地位的关键在于农户的承包经营权主体地位。因此，公社集体经营中以家庭为单位的“大包干”、承包权与经营权合一的农户经营、承包权与经营权分离后的家庭经营等，均可视为家庭经营。

家庭经营的实现形式是多种多样的。在封闭状态或者交易成本很高的情形下，自给自足的家庭经营是一种均衡；如果农户能够有效地雇用劳动（作为“代营”的经理人与作为“代耕”的农业服务），家庭经营就转换为生产大户或者家庭农场，从而形成内部分工；如果农业专业服务市场具有较高的交易效率，那么家庭经营的业务外包就成为必然的选择。因此，不能将家庭经营视同于小农经营，因为分散经营既可以通过扩大土地规模走向规模经营，也可以在要素市场发育过程中发挥其比较优势参与农业分工而成为现代农业发展的积极因素与重要组织资源。农业家庭经营具有适应要素市场发育与分工深化而融入现代农业发展的制度潜力。

第 4 章　农地流转：特殊的市场逻辑

4.1　研 究 背 景

1978 年的中国农村改革，从本质上讲是财产关系与利益关系的大调整。而农户家庭经营主体地位的确立，有效改善了农民的财产支配权与经济民主权。与之伴随，中国农村出现了两个重要的变化。

一是人地依存关系的松动。在中国，土地历来被视为农民的“命根子”。人地关系的严酷性，决定了土地对于农民兼具生产资料及社会保障的双重功能。Scott（1977）在研究东南亚一些地区的农村土地制度时指出，当人均土地资源极少时，农民的理性原则是以生存安全为第一要素，其经济决策的基础是生存伦理而不是经济理性。然而，我国的现实已经发生了重大变化。第一，人地关系出现了明显的松动。我国农业劳动力的就业份额从 1978 年的 70.50%，已经减少到 2011 年的 34.80%，表明农民开始不以农为业。第二，农民对土地的依赖性显著降低。农户纯收入中来自农业的比重由 1985 年的 75.02%下降到 2011 年的 26.30%（国务院发展研究中心农村经济研究部课题组，2013），表明众多农民已经不以农为生。

二是农户土地产权的强化。农村改革以来，农民土地的产权强度是不断提升的。主要体现在两个方面：①产权主体地位的强化。1982 年中央“一号文件”明确肯定了包产到户、包干到户的政治地位。2002 年出台的《中华人民共和国农村土地承包法》则以法律的形式将农民的土地产权主体地位确立下来。②赋权稳定性的强化。1984 年中央“一号文件”确定“土地承包期一般应在十五年以上”，1993 年中发“11 号文件”规定“在原定的耕地承包期到期之后，再延长三十年不变”。中共十七届三中全会通过的《中共中央关于推进农村改革发展若干重大问题的决定》则进一步明确，赋予农民更加充分而有保障的土地承包经营权，土地承包关系要保持稳定并长久不变。中共十八届三中全会更是强调赋予农民更多财产权利。事实上，从 1989 年国家土地管理局颁发《关于确定土地权属问题的若干意见》，到2011年农业部等6部门联合发布《关于开展农村土地承包经营权登记试点工作的意见》，农民土地确权一直是各级政府重要的工作内容。

在上述背景下，推进农地流转成为重要的政策目标。早在1984年，中央"一号文件"就开始鼓励农地向种田能手集中。2001年中央发布的18号文件系统地提出了土地承包经营权流转政策。2000年出台的《中华人民共和国农村土地承包法》则首次将土地承包经营权流转政策上升为法律。此后多个文件及政策均在不断强化对农地流转的激励。应该说，政府政策导向为农地流转和农户退出土地承包经营权提供了制度基础。

但现实的反差是，与农业劳动力的大量转移相比，中国农地流转的发生率严重滞后。1984~1992年，完全没有参与农地流转的农户高达93.80%，到2006年农地流转率只有4.57%，2008年为8.6%。近几年农地流转的速度有所提升，但到2011年依然只有17.80%（国务院发展研究中心农村经济研究部课题组，2013）。问题的严重性在于，尽管经过长达30年的政策努力，我国土地分散化的经营格局不仅没有发生基本改观，反而还有恶化的趋势。表4-1为农户经营耕地规模的分布情况。1996年，土地经营规模在10亩（1亩≈666.7平方米）以下的农户占家庭承包户总数的76.00%，2015年这一比例增加到85.70%；1996年经营规模在10~30亩的农户占农户总数的20.20%，2015年则下降为10.30%。

表4-1 农户经营耕地规模的分布情况

经营规模	1996年的农户比例	2011年的农户比例	2015年的农户比例
10亩以下	76.00%	86.00%	85.70%
10~30亩	20.20%	10.70%	10.30%
30~50亩	2.30%	2.30%	2.60%
50亩以上	1.50%	1.00%	1.40%

注：1996年数据为全国农村固定观察点农户调查数据；2011年、2015年数据来源于农业部农村经济体制与经营管理司编《全国农村经营管理统计年报》（2011年，2015年）

我们的问题是，提升物品的产权强度，就必定能够改善人们对物品潜在价值的评价，进而促进物品的交易？第一，交易费用范式关注了资产专用性、交易频率、不确定性等因素对交易成本的影响（Williamson，1985）。这一范式的特点是假定交易参与者具有明晰的产权，且具有同样的交易意愿。不过，该范式忽视了交易主体的主观差异。因为不同的人将其所拥有的物品进行交易的意愿程度是不同的。第二，对于不同的产权主体来说，提升物品的产权强度，其所能发现物品潜在价值的能力是不同的，进而参与交易的可能性及倾向也是不同的。因此，产权强化对产权交易的意义并非是明确的，进而有必要重新理解农地流转的特殊的市场逻辑。

4.2 理论线索

4.2.1 禀赋效应：一个认识维度

早在 1759 年，亚当 · 斯密在《道德情操论》中通过把人们的行为归结于同情，来阐明具有利己主义本性的个人怎样控制他的感情或行为（斯密，2003）。他指出了一种现象：人们无论是心灵上的还是肉体上的痛苦，都是比愉快更具有刺激性的感情。于是，失去自己拥有物品所带来的痛苦，比获得一件同样物品所带来的喜悦更加强烈。简单地说，就是“失”和“得”并不具有等同的“边际效应”。

后有学者用货币来衡量这一感受。Thaler（1980）由此提出了“禀赋效应”（endowment effect），并将其定义为：与得到某物品所愿意支付的金钱（willingness to pay，WTP）相比，个体出让该物品所要求得到的金钱（willingness to accept，WTA）通常更多，即指一旦某物品为其拥有，人们倾向给予它更高的价值评价。

Radin（1982）强调，如果损失一项财物所造成的痛苦不能通过得到另外的财物而减轻，那么，这项财物就与其持有者的人格密切相关。进而，她将财产分为人格化财产和可替代财物。这意味着，对于产权主体来说，不同的产权客体是不一样的，人格化财产相比于可替代财物，具有更为显著的禀赋效应。从农户角度来说，农户持有的宅基地、承包地是凭借其农村集体成员权而被赋予的，具有强烈的身份性特征，表现为典型的人格化财产，相对于为了出售而持有的物品（如储藏的谷物），其禀赋效应会更高。更重要的是，如果一个人对所拥有的物品具有生存依赖性，并且具有在位控制诉求，特别是在其控制权的交易具有不均质性、不可逆性的前提下，那么，该物品的禀赋效应将尤为强烈。

在承包权与经营权分离的情形下，农地流转意味着对农地实际使用的控制权掌握在他人手中，并有可能导致土地质量、形状、用途等发生改变。当承包者重新收回经营权时，处置权的强度有可能已经弱化。如果存在事前预期，并且这种预期又是承包农户难以接受的，那势必会导致承包地对承包权主体的禀赋效应增强，交易必然受到抑制。

首先，产权及其交易不仅依赖于法律，在实际运行中还依赖于社会及其道义支持，乡土村庄更是如此。在实际运行中，人们从交易中得到的东西，不但来自自己对生产或保护行为的选择，而且取决于别人的认同，而社会规范基本上依赖于人们对公正性的伦理选择。如果违背了任何权利制度赖以存在的公正性，交易所得乃是一种幻影（Baumol，1982）。假定不存在法律约束，当社会认同无法通过交易来强化农民的权益时，或者实施交易可能导致其产权的租值耗散时，产权主体势必会选择继续持有，因为这是防止其物品价值损失的唯一方法。不交易是最好的交易，此时的禀赋效应很强。

其次，假定某个人拥有的物品，既得到法律的赋权，也得到社会认同，如果他对这类物品具有继续持有的依赖性特征，那么其禀赋效应将尤为强烈（如一个以农为生，将土地人格化的农户）。产权赋权的“权威”主要表现为排他性。正如诺斯（North，1981）所说：“产权的本质是一种排他性的权利……产权的排他对象是多元的，除开一个主体外，其他一切个人和团体都在排斥对象之列。”法律赋权和社会认同的物品产权的排他性强，持有者的行为能力也相应增强。而一旦持有者的行为努力及其产出物也成为其赖以维生的来源，持有者本身也成为物品权利的一部分（人格化产权），从而使得这类物品的交易转换为物与人结合的权利交换，其排他性将变得尤为强烈。此时持有者的禀赋效应很强，即使存在潜在的交易对象，也难以取得这件物品的完整权利，交易也就难以达成。

最后，如果一个人对所拥有的物品具有生存依赖性，并且具有在位控制诉求，特别是在其控制权的交易具有不均质性、不可逆性的前提下，那么其禀赋效应将较为强烈。例如，农村土地在承包权与经营权分离的情形下，农地出租意味着对农地实际使用的控制权掌握在他人手中，并有可能导致土地质量、用途等发生改变。当承包者重新收回经营权时，处置权的强度已经发生改变。如果存在事前预期，并且这种预期是承包农户难以接受的，那势必会导致承包权主体的禀赋效应增强，交易必然受到抑制。

由此可以得出一个重要的推论：强化可替代财物的产权强度，能够促进其市场化交易；强化人格化财产的产权强度，则可能抑制其市场化交易（罗必良，2014a）。

4.2.2 农地产权强化及其悖论

Alchian（1965）曾经指出，所有定价问题都是产权问题。价格如何决定的问题，就成了产权如何界定、交换及以何种条件交换的问题。其中，产权主体对所交易物品的价值评价，关键取决于交易中所转手物品的产权的多寡或产权的“强度”。这意味着，产权是交易的前提，不减弱的产权能够获得较高的价值评价，能够有效生成价格并促进其交易。

经典理论对现实的启发是，产权的明晰能够“自动”解决交易问题。农民之所以不愿意流转土地，是因为农民担心其土地权益得不到有效保护（贺雪峰，2015）。于是，农地确权即农地产权界定就显得格外重要。1984 年国家规定 15 年期限的第一轮承包，1997 年明确 30 年期限的第二轮承包，均可视为农地确权。新一轮农地确权最初始于 2009~2011 年的试点，2013 年中央“一号文件”正式提出用 5 年时间在全国基本完成农村土地承包经营权确权登记颁证工作。新一轮农地确权有两个显著特点：一是强调“生不增、死不减”的村民集体成员权的身份固化，二是强调地块的“四至”即空间边界明晰。其核心功能在于：一是通过排他性约束，减少不确定性，改善农民的稳定预期，诱导农民的长期投资与生产行为；二是优化资源配置。其中的一个重要意图是促进农地流转以改善规模经济性。

就农地确权来说，至少包括几个方面的含义：一是产权主体的界定。其一是所有权的界定，即将地权界定给村合作经济组织或村民小组，从而明确所有权主体；其二是根据集体成员权将土地承包经营权界定给农户；其三是在承包权与经营权分离的情形下，作为委托人的承包者将经营权界定给作为代理人的经营者。前两者是法律层次的界定，后者则是契约层次的界定。二是产权范围的界定。包括：时间上的界定（如第一轮承包是 15 年，第二轮承包是 30 年，现行政策强调长久不变）；空间上的界定（如在全国范围内普遍推行的“四至”确权）；份额上的界定（由于产权客体的不可分，而在权利份额上进行的分割，如股份制或土地股份合作制中的股权）。在农地承包经营权确权的操作层面上讲，空间界定就是“确户分地”，份额界定就是“确人分股”。三是产权内容的界定，即如前所述的排他权、处置权与交易权的多少及大小①，其所赋予的财产性权利的强度及其多少甚为关键。问题是，产权强度的改善不仅依赖于法律与政策的保障，还有赖于产权的可交易性与市场化。土地承包经营权的特殊性在于，尽管确权有助于提升农户的排他能力与行为预期，但是，在所有权、承包权与经营权三权分置前提下，农地产权界定并不必然地促进土地经营权流转，具体如下。

第一，人地关系严酷的历史遗产，决定了土地对于农民兼具生产资料与社会保障的双重功能。土地均分往往是小农克服生存风险与安全压力的一种集体的理性回应（Scott，1977）。在村落集体中，农户凭借其天然的成员身份，是集体土地的“准所有者”。从“均权”到“均包”，农地已经成为农民一种不可替代的人格化财产，而赋权的身份化（成员权）、确权的法律化（承包合同）、持有的长久化（长久承包权）更不断增强土地的“人格化财产”特征。

第二，农村土地集体所有与家庭承包的制度安排，决定了土地经营权必然依附于承包权，而承包权源于农民的集体组织成员身份权。在承包权与经营权分离的情形下，基于已普遍形成的社会认同，任何进入农地经营的主体，只有得到承

① 在政府征地和垄断土地一级市场的背景下，农民难以获得土地的增值收益。对农民土地确权的一个重要动因是赋权农民，保障农民的土地权益，并借此遏制地方政府随意“圈地”与“造城”的“攫取之手”。

包农户的同意才能实施经营权流转。因此，稳定土地承包关系并保持长久不变，使得农户的承包土地具有“产权身份垄断”的特性。

第三，农地承包经营权在空间上的界定与确权，必然地对象化到每块具体的土地上（宗地的“四至”地界），土地经营权的流转也必然地表现为具体宗地使用权的让渡。因此，对于任何进入农地经营的主体而言，农户所承包的具体地块就天然地具有“产权地理垄断”特征。

因此，农地确权可能构成农户权益保护与土地流转抑制的悖论（罗必良，2016）。

基于“农村土地与相关要素市场培育与改革研究”项目完成的 2 704 份农户问卷（NSFC-71333004-2015），有关农地确权问项的 2 177 份有效样本显示，农地确权并未明显促进土地流转（表 4-2）：①在农地的实际转出中，与未确权农户相比，已确权农户的参与率并未明显提高，但转出农地的面积比例却大幅降低，已确权农户获得的租金水平更高（提高 32.20%），流转期限则具有明显的短期化趋势；②从农地转出意愿来看，与未确权农户相比，尽管已确权农户的流转意愿有小幅提高，但其意愿转出租金水平却大幅增加（提高 41.46%），意愿流转期限也并未显著延长。可见，农地确权在提升农户产权排他能力的同时，有可能因过高的租金门槛而加剧对经营权流转的抑制。由此可以推测，农地产权赋权及确权政策并不一定能够获得农户在土地流转方面的社会认同与行为选择的一致性响应。显然，已有研究大多忽视了农地特性所包含的产权含义及特殊的交易逻辑，同时也夸大了土地流转的可能性及规模经济性。

表 4-2　土地确权状况与农户农地转出行为的比较

观察指标		未确权农户	已确权农户
样本数/户		721	1 456
实际转出农地的农户比例		21.64%	22.25%
农户实际转出农地的面积比例		28.17%	13.09%
实际转出租金/元		397.56	525.59
实际转出期限	≤1 年的比例	8.97%	13.27%
	>5 年的比例	25.00%	22.84%
农户转出农地的意愿程度[a]		2.49	2.62
意愿转出租金/元		776.00	1 097.74
意愿转出期限	≤1 年的比例	7.77%	11.13%
	>5 年的比例	13.59%	16.90%

a 表示意愿程度是样本农户按照 1~5 分对其参与土地流转的意愿强度进行赋值（5 分表示“参与转出且转出期限在 5 年以上”）

4.3 实 证 分 析

4.3.1 实证分析 1：土地流转中的禀赋效应测度

1. 不同类型农户对土地经营权的禀赋效应

根据禀赋效应的定义，参照 Kahneman 和 Tversky（1979）的经典实验，利用前述 2 704 个样本农户参与土地流转的意愿价格，测算禀赋效应（表 4-3）。

表 4-3　农户禀赋效应的测算结果

观察项	测度含义	样本量	禀赋效应	标准差	t 检验值
是否参与土地流转	是	895	1.200 7	2.758 9	−2.203 1**
	否	1 809	1.579 7	6.178 3	
人均承包农地面积/亩	≥1.804 7	650	1.340 6	0.944 5	−2.229 6**
	<1.804 7	2 054	1.845 2	9.815 4	
调查对象年龄	≥60 岁	447	2.431 0	11.325 3	2.171 1**
	<60 岁	2 257	1.260 8	2.839 4	
经营目的	商业性经营	200	1.042 5	0.616 9	−2.690 9***
	自给性为主	1 888	1.429 9	5.960 5	
土地质量	≥6.38	1 079	1.728 8	12.177 5	0.179 0
	<6.38	1 589	1.669 7	4.131 4	
农地分散程度/块数	≥5.08	822	1.764 4	5.271 0	0.291 4
	<5.08	1 846	1.662 1	9.432 4	
农地是否调整过	调整过	407	1.507 5	1.480 2	− 0.487 0
	未调整过	2 261	1.727 1	9.073 5	
是否确权	未确权	721	1.089 9	2.467 7	−2.342 8**
	已确权	1 456	1.541 7	6.470 7	
在位控制权	比较关注	1 589	2.508 1	0.495 0	−1.062 6**
	不太关注	473	1.570 2	0.444 0	0.938 1**

、*分别表示在 0.05、0.01 的水平（双侧）上有显著差异

注：人均承包农地面积、土地质量（按肥力与灌溉条件分别进行 1~5 级打分加总）及农地分散程度，均以样本均值作为分组标准。在位控制权指农户是否关注或在意农地转出后如何被使用。问卷采用“比较关注”“一般”“不太关注”的三级评价。回答此问项的样本合计为 2 568 个。其 t 检验值，“比较关注”是相对“一般”而言的，“不太关注”则是相对“比较关注”而言的。由于部分样本农户未能回答所有问项，每个观察项的样本量加总并不总是 2 704 个

由表 4-3 可以发现：①无论何种情形，农户的禀赋效应均高于 1，表明农户在土地流转中“惜地”与高估其拥有的经营权的价值是普遍现象。②农户承包的土地越是稀缺，农户越是从事自给性生产，务农者年龄越大，其禀赋效应越显著。在农地质量好坏、是否分散及调整与否等方面，禀赋效应的差异不显著。③农地确权会显著强化农户的禀赋效应，这再一次验证了保护农户土地权益与土地流转抑制之间的悖论。④农户普遍关注土地流转中的在位控制问题。在 2 568 个样本农户中，回答“比较关注”该问题的农户占 61.88%，其禀赋效应高达 2.508 1；即使是回答“不太关注”的农户，其禀赋效应亦达 1.570 2。

2. 农户禀赋效应的差序格局

农户土地流转的对象一般包括亲友邻居、普通农户、家庭农场与生产大户、农业企业[①]。问卷调查结果表明，农户更倾向于将土地流转给亲友邻居，其占全部意愿选择对象的比例高达 56.91%。按照禀赋效应（WTA/WTP）的测算方法，可以得到农户选择不同交易主体时的禀赋效应（表 4-4）。

表 4-4　农户禀赋效应的差序格局

观察指标	亲友邻居	普通农户	家庭农场或大户	农业企业	合计
样本数/户	2 125	540	757	312	3 734
选择占比	56.91%	14.46%	20.27%	8.36%	100.00%
禀赋效应	1.032 7	1.281 7	1.519 0	1.837 1	—

注：由于在问卷中允许农户选择多个流转对象，故样本总数大于 2 704 个

观察表 4-4 可以进一步发现：①农户的禀赋效应依“亲友邻居—普通农户—家庭农场或大户—农业企业”的次序而逐个增强，表明农户对于不同的交易对象存在着禀赋效应的差序化特征。②对于亲友邻居而言，农户的禀赋效应较低（WTA/WTP 为 1.032 7）。一方面，亲友邻居之间的土地流转并不是纯粹意义上的要素市场化交易，而是包含了地缘、亲缘在内的特殊的关系型交易；另一方面，考虑到农户对在位控制权的重视，亲友邻居基于其与转出农户长期交往而形成的“默契”与声誉机制，一般不会随意处置所转入的农地，从而能够为转出农户提供稳定预期[②]。

① 两点说明：第一，在农户的流转对象中，如果“亲友邻居”包括有家庭农场、生产大户或农业企业，则在相应的对象类型中进行统计；第二，农户还会选择合作社作为土地流转对象，但股份合作并非经营权的“买卖”交易，因此不考察这类情形中农户的禀赋效应。

② 例如，农地抛荒往往会降低土地价值（变为野地或荒地，甚至难以复耕），因而农户将土地流转给值得信任的亲友邻居，使其有可能获得良好的“照看”。

4.3.2　实证分析 2："空合约"现象及其证据

1. 分析视角

如前所述，农地流转并非纯粹的要素市场，在相当程度上表达为关系型交易。研究发现，农地租赁主要发生于亲戚、朋友、邻居等熟人之间（Gao et al., 2012）。对中国 17 个省（自治区、直辖市）的调查表明，2008 年农户转出农地中，高达 79.2%转给了同村亲戚或其他村民，但农户转入土地却有 87.2%来自同村亲戚或其他村民（叶剑平等，2010）。进一步观察前述9个省（自治区）614个样本的农地租约，其缔约对象主要是亲友邻居与普通农户（占 88.48%），即缔约大部分发生于"村落里的熟人"之间，并呈现出依亲缘、地缘、业缘而依次下降的差序格局（表 4-5）。

表 4-5　农地流转对象分布（*N*=614）

项目	亲友邻居	普通农户	农业企业	合作社	村集体	合计
合约份数/份	204	327	18	13	52	614
比例	33.22%	53.26%	2.93%	2.12%	8.47%	100.00%

农地租约的完全性程度与租约期限的长短紧密关联。一方面，合约条款越完备，农户越可能签订长期租约；另一方面，更为普遍的事实是，农地租约不但存在明显的合约不完全问题，而且表现为明显的短期化，并呈现"简单化"而加剧不完全性的现象。不仅如此，我们还能够进一步观察到空合约现象。

口头合约是指缔约当事人不用文字表达合约内容，而以口头意思表示方式达成的协议。传统合约理论认为，口头合约是一种古老和初级的合约形式，其不完全程度超过了书面合约。在口头合约中，如果交易双方达成交易的合约，其内容不但没有任何文字的表达，而且不存在任何的语言意思表达，我们将这类没有规定任何具体交易条款的合约，称为空合约（noncontingent contract）。Granovetter（1973）认为在熟人社会与相互依存的社会网络中，其关系强度反映了人与人之间的交往频率、互惠与彼此义务的认可度及可信赖性，基于社会关系资本而形成的信任是保障合作自我执行的最有效的机制。因此，空合约一定存在于相互依存并具有未来合作价值的自然状态之中，是对口头合约缔约成本及可能带来的摩擦成本的进一步节省。

罗必良（2011）发现，中国乡土社会存在两个基本的特征：一是法律的不完全，二是土地使用规则的不确定性，从而使得农地产权存在明显的产权模糊性。问题是，土地交易关系仅仅是社会交互关系的一个方面，不可避免地嵌入于复杂的关系网络之中，并进一步带来社区锁定效果。由此，关系嵌入性与封闭性会导致口头合约甚至空合约的形成。按照 Hadfield（1990）所述，并不需要法院根据看见的条款来执行，而是代之以合作和威胁、交流与策略这样一种特殊的平衡机制。Segal（1999）引入状态复杂性，证明了现实中人们更愿意签订简单的不完全合约，其最优的合约即空合约。

在社会保障不健全和外出务工不稳定的情况下，农户生存保障离不开对土地和亲友邻居的依赖。土地并非一般商品。一方面，农户对土地的依赖性使得土地保障功能属性与农地流转缔约对象选择紧密联系在一起，从而意味着农户农地流转具有收益最大化和风险最小化的双重决策目标，村庄社会成为重要的生存风险规避机制；另一方面，特殊的人地关系引发了特殊的交易关系，土地可以作为连接社区和加强熟人间社会关系的工具，从而意味着农地流转并非简单的经济利益权衡，并表达为社会关系网络的投资和积累。

因此，熟人间的农地流转，不但使得农户能够灵活地进入和退出农地流转市场，从而保持合约的灵活性，而且能够获取更多的保障资源，同时降低农地流转的风险。乡土社会信任和声誉机制及由此形成的关系网络，能够降低农地流转中的事前、事中和事后的交易费用，从而确保合约的稳定性。进一步地，Kranton（1996）注意到发生在熟人、亲友之间的互惠交易实际上也是一种自我加强的均衡。因此，空合约是对关系合约进而对口头合约在维护相互依存性、规避生存风险、节省交易费用与治理成本并改善竞争性等方面的进一步超越，是更为“精致”的缔约选择的体现①。

2. 农地租约短期化倾向

为了保证研究的一致性，我们设定：首先，在农户自主流转与自愿缔约的前提下，考察农户农地转出租约期限及其意愿；其次，将农户分为两个类型，一是已经发生农地转出行为的农户，二是尚未发生农地转出行为的农户。

尽管农户关于农地转出的预期涉及诸多因素，但是，未转出农地农户的事前认知与有转出行为农户的经验认知显然存在差异。为便于比较，可对农户做相应的分类：将尚未发生转出行为的农户称为“先验农户”，其流转意愿则被称为

① 补充一个有关婚约的案例。据说，信奉天主教的爱尔兰人禁止离婚，但结婚可以设定从 1 年到 100 年不等的期限，结婚证书工本费随结婚期限不同而有差异。一年期的费用为 2 000 英镑，相应的婚约（结婚证书）则分为 12 编，365 章，21 900 款，厚度如两本《辞海》，详细地规定了双方的权利和义务，以及不履行或不完全履行义务所应承担的责任，几乎是“完全合约”。而 100 年期结婚证的工本费仅为 0.5 英镑，结婚证书只是一页粉红色纸片。上面写着都柏林首席法官的几句赠言：“我不知道我的左手对右手、右腿对左腿、左眼对右眼、右脑对左脑究竟应该享有怎样的权利，究竟应该承担怎样的义务。其实它们本就是一个整体，因彼此的存在而存在……”这无疑就是一纸“空合约”。参见张贤：《在爱尔兰结婚》，《视野》2007 年第 22 期。

“先验意愿”；将已经发生农地转出行为的农户称为“经验农户”，其流转意愿则被称为“事后意愿”。

1）“先验农户”与“经验农户”的比较

在2 704个样本农户中，转出过农地的“经验农户”样本为614个，流转合约亦为 614 份（每个农户选取最主要的合约形式）。“先验农户”与“经验农户”的合约期限选择如表 4-6 所示。

表 4-6　“先验农户”与“经验农户”的合约期限对比

合约期限	“先验农户”的意愿期限（N=2 090）		“经验农户”的实际期限（N=614）	
	样本数/份	占比	样本数/份	占比
期限不确定	812	38.85%	225	36.64%
≤3 年	785	37.56%	158	25.73%
3~5 年	200	9.57%	77	12.54%
>5 年	293	14.02%	154	25.08%
合计	2 090	100.00%	614	100.00%

表 4-6 说明：首先，在实际租约中，期限不确定具有普遍性，占比高达36.64%；其次，在所有的农户中，租约期限具有显著的“短期”特征；最后，与“经验农户”相比，“先验农户”的租约期限选择短期现象更为明显。总体而言，农户倾向于选择短期租约。

2）“经验农户”的实际与意愿期限：短期化

进一步考察“经验农户”农地租约的实际期限与“事后意愿”期限（表 4-7）。

表 4-7　“经验农户”的合约期限选择比较

合约期限	实际期限		“事后意愿”期限	
	样本数/份	占比	样本数/份	占比
期限不确定	225	36.64%	234	38.11%
≤3 年	158	25.73%	160	26.06%
3~5 年	77	12.54%	79	12.87%
>5 年	154	25.08%	141	22.96%
合计	614	100.00%	614	100.00%

表 4-7 显示：首先，在“经验农户”的“事后意愿”中，租约期限有进一步短期化的趋势，具体表现为租约期限为 5 年以内的比例增加，而 5 年以上的租约比例减少；其次，“事后意愿”中期限不确定的样本比例增加，并接近于“先验农户”的水平。

在合约理论中，缔约决策的重点不仅在于是否签订合约，更关键的还在于合约的时间持续性问题。一个期限不确定的合约将比一个期限明确的短期合约隐含着更为强烈的不稳定性预期。据此，可以判断农户农地流转“事后意愿”的短期化特征将更为显著。这意味着，农地租约期限存在类似于信息不对称条件下产品市场中的逆向选择，从而导致短期合约“驱逐”长期合约的趋势。

3. 农地租约中空合约的广泛性

如前所述，空合约指的是交易双方进行交易，却并未订立任何具体条款的合约（即“尽在不言中”）。可以推断，在乡土社会中，一个不完全合约通常就是“约定条款”（及相应的控制权配置）、关系合约及“空条款”的混合体。各交易方的契约选择，不但着眼于当前情景的可缔约性及其实施的可能性，更关键的是规避契约执行过程中的再次谈判，从而节省对付未来难以预期的不确定状态的交易成本。按照 Hart 和 Moore（1999）所主张的，不完全合约是缔约者共同的理性选择；同样，一个没有任何具体内容约定的空合约，也是理性选择的结果。

在农地流转中，不仅存在正式的书面合约，还存在无法通过第三方证实的口头合约，同时也普遍存在没有任何约定的空合约。由表 4-8 可以发现，农地租约中的口头合约与空合约等非正式合约，在全部 614 个样本中的占比高达 54.07%。

表 4-8　农地租约中的合约类型

项目	书面合约	口头合约	空合约	合计
合约份数/份	282	160	172	614
比例	45.93%	26.06%	28.01%	100.00%

空合约不仅表现为不签订任何形式的合约，还可以进一步表现为关于重要产权内容约定的缺位。在农地流转中，有关租赁期限与租金条款，是重要的缔约内容，但由表 4-9 可以看出，在口头合约中，约定期限、未约定租金的合约占比为 11.88%；约定租金、未约定期限的合约占比为 20.62%；期限与租金均无约定的合约占比则为 16.25%。即使是正式的书面合约，约定租金、未约定期限的合约占比依然达到 13.83%（表 4-9）。

表 4-9　农地转出租约的分类统计

项目	书面合约		口头合约	
	合约份数/份	比例	合约份数/份	比例
期限与租金均有约定	227	80.50%	82	51.25%
约定期限、未约定租金	9	3.19%	19	11.88%
约定租金、未约定期限	39	13.83%	33	20.62%
期限与租金均无约定	7	2.48%	26	16.25%
合计	282	100.00%	160	100.00%

可见：①即使是正式的书面合约，也存在着合约的不完全性；②口头合约无

疑也是普遍存在的现象；③无任何权利界定的空合约，亦是广泛存在的现象（罗必良，2017a）。

4.3.3　实证分析 3：农地租约期限的逆向选择问题

在农地流转的租约选择中，已有文献依然强调长期合约的合理性。但现实表明，农地流转市场中的短期租约是普遍现象。不仅如此，部分文献还进一步证实，随着时间的推移，农地流转的缔约期限有进一步缩短的迹象（叶剑平等，2006）。我们关心的一个基本的问题是，考虑到农地流转市场的特殊性，如果将行为主体的交易活动视为一系列的缔约活动，那么，前期的合约选择是否会对后期的缔约行为产生影响呢？这显然是主流合约理论尚未予以足够重视的问题。

本节将要证明，前期的合约选择不但会影响后期的契约选择，而且在农地流转的租约期限选择中，有不断加剧的短期化倾向。重点在于：第一，基于Iossa和Rey（2014）的解释模型，阐明合约期限短期化的机理。但是，与该模型不一样的地方是，我们将进一步讨论农地转出农户的承诺能力与土地承租者的机会主义行为对所引发交易费用的影响；第二，从实证的角度，揭示农户对土地租约期限的选择存在类似于信息不对称条件下产品市场中的逆向选择，从而导致短期合约“驱逐”长期合约的“柠檬市场”趋势（罗必良等，2017a）。

1. 分析维度及其假说

在有关合约期限及其决定因素的实证研究中，多数文献已经注意到专用性资产投资（Chanut et al.，2015）、不确定性（Masten and Saussier，2000）及机会主义行为与“搭便车”的可能性（Vázquez，2007；Gorovaia and Windsperger，2013，2015）等方面。为此，结合前述分析，本节着重从土地依附性、土地特征、风险预期三个维度讨论其对农地租约期限选择的影响，并提出相应的假说。

1）土地依附性

土地一直被视为农民的“命根子”。土地既是生产要素，又具有福利保障功能，这两者在传统的农耕社会并不矛盾。但对于处于转型中的中国农村来说，情形正在发生变化。一方面，在中国城乡公共服务不均等的背景下，对于大多数处于以农为生、以农为业、以地立命生存状态的农民而言，土地依然提供着重要的社会保障功能（罗必良，2014b）；另一方面，随着工业化与城镇化的发展，农民的农外就业机会增加，土地对农民的就业与收入保障功能逐步弱化。此外，农村合作医疗与养老保险等替代性福利保障品的制度性供给应该能够降低农户对土地的依存度。据此可以提出下列假说。

假说 4-1a：农户家庭老年劳动力、务农劳动力越多，家庭收入中农业收入占比越大，对土地依附性越强，越具有租约短期化倾向。

假说 4-1b：农户养老保障与医疗保障越完善，其土地依附性越弱，有可能会抑制租约期限的短期化。

2）土地特征

农地质量涉及土壤肥力、农户承包地地块的大小及农地细碎化程度等。首先，承包地规模反映农户土地禀赋的富裕程度及经营的可选择空间。考虑到农户普遍存在的自给性行为，农户承包地的面积越大，则转出去的可能性及流转的面积也会越大，这无疑对生产大户、家庭农场或者龙头企业等规模化经营主体更具吸引力，易于形成长期租约；而面积相对小的承包地更可能是基于地理区位特点而被附近的农户转入，可能形成比较随意的口头合约，期限存在不确定性。其次，承包地的平均地块面积能够表征土地的细碎化程度，对农地的生产效率与规模经营有负面影响。平均地块面积越小，表示其细碎化程度越高，那么并不利于农户进入正式的农地流转市场，农户谈判能力较弱，倾向于转给村内农户，形成关系型农地流转交易，而导致期限随意性较大，短期而灵活。最后，农地承租者对土壤肥力的维护激励与租约期限密切相关，因此，一个短期化的租约势必加剧对土地的掠夺行为，而一个长期租约带来的稳定预期显然有利于土壤肥力的维护。据此可以提出下列假说。

假说 4-2a：农户承包地面积越大、肥力条件越好，可能会抑制租约期限的短期化。

假说 4-2b：农户承包地细碎化程度越高，越可能发生租约期限的短期化。

3）风险预期

对农户而言，农地流转的风险程度与承租者的可预期程度密切相关，因为租约总是不完全的，如果租约能够自我实施，将是流转交易最优的一种状态。因而承租者的类型所表达的与农户的关系亲疏程度会影响农户对承租者的信任程度，并判断其履约的可能性，进而影响农户的风险预期。此外，农户前期的流转经验也会影响其风险预期。首先，社会交易中的信任关系大体有两种，一是在血缘性社区的基础上所形成的对圈内人的“特殊的信任”，二是在共同信仰的基础上所形成的类亲缘关系的“普通的信任”（韦伯，2004）。一般来说，信任程度越高，实施机会主义行为的可能性越小。由此，“特殊的信任”会使长期的有效合约被短期租约所复制，而且避免了长期契约的缔约成本。其次，合约初始选择的逻辑与事后再次缔约的选择逻辑显然是不尽一致的。因为，按照贝叶斯理论，行为人会根据先期缔约的信号及合约执行中的行动，不断修正先验信念（张维迎，2013）。即使存在重新缔约，也依然面临着信息不对称与未来行为的不确定性，先验信念将具有重要的时间选择意义（Crocker and Masten，1988；Meyer and

Vickers，1997）。因此，农户对契约风险的判断同样会通过观察及经验等知识积累进行修正。当期流转期限越长，那么农户所掌握的风险信息越充分，面临下一期决策更具有经验而谨慎。最后，根据预期理论，对于风险性结果，人们会过分关注并高估小概率事件发生的可能性（Kahneman and Tversky，1979）。因此，一个农户对于承租者签约后的履约行为越在意，那么其风险规避心理越强，更会在农地流转中采取更为谨慎的态度。据此可以提出下列假说。

假说 4-3a：如果农户选择亲友邻居作为转出对象，那么更可能形成具有“特殊信任”的关系型租约，更倾向于短期缔约。

假说 4-3b：实际流转期限越长，越有助于获取充分信息而准确预期流转风险，可能会提高其风险预期而具有短期化倾向。

假说 4-3c：农户越在意承租方农地处置行为，则越可能加剧农户的风险规避，导致租约短期化。

2. 计量模型与变量设置

1）计量模型选择

农户在转出农地时的流转合约期限选择是多种因素综合影响的结果。可以构建一个简单的动态模型。

$$y_{it} = \alpha y_{i,t-1} + \beta \chi_{it} + \gamma_i + \mu_{it}$$

其中，y_{it}与$y_{i,t-1}$分别表示第 i 个农户下一期农地流转合约期限与当期实际流转期限；χ_{it} 表示其他随着时间变化的对合约期限有影响的因素；γ_i 表示固定效应项，也就是部分不随着时间变化的影响因素；μ_{it} 表示随机扰动项；α、β 分别表示影响系数。

如前所述，鉴于农地流转的本质是依附于农户承包权的经营权交易，决定了农地流转必然表现为一种“时段性”的交易。农地流转租约期限的短期化，本质上表达的是流转租约在一期一期的续约中，其租约期限逐渐缩短的一个动态化过程。为此，将前后两期的租约期限进行比较，即可测度其短期化程度。将其设为因变量Y_{it}，表达为

$$Y_{it} = y_{it} - y_{i,t-1} = (\alpha - 1) y_{i,t-1} + \beta \chi_{it} + \gamma_i + \mu_{it}$$

Y_{it}值越小，表示短期化程度越大。其赋值标准是

$$\begin{cases} Y_{it} = 0,\ y_{it} - y_{i,t-1} > 0 \\ Y_{it} = 1,\ y_{it} - y_{i,t-1} = 0 \\ Y_{it} = 2,\ y_{it} - y_{i,t-1} < 0 \\ Y_{it} = 3,\ y_{it} = \text{不确定} \end{cases}$$

由于因变量 Y_{it} 属于有序多分类变量，适用于多分类有序 Logit 模型。通过该模型，可以得到因变量 Y_{it} 不同取值时的概率，而 μ 服从 Logit 分布，则有分布函数：

$$F(z)=\mathrm{e}^z/\left(1+\mathrm{e}^z\right)$$

2）样本及其变量设置

为了保证检验结果的准确性，计量分析选取前述 9 个省区 614 个“经验农户”中明确表达租约期限的 389 个农户样本作为考察对象（扣除 225 个实际流转期限不确定的样本）。为分析农地租约期限的逆向选择问题，本节识别了因变量、自变量及农户与家庭特征、村庄特征变量等控制变量。同时考虑到未观测到的区域差异对农户农地流转行为的潜在影响，也识别了 9 个省区的区域虚拟变量。具体变量的设置如下。

一是因变量的设置。以 389 个样本农户当期流转租约中所设定的期限为参照，下期的意愿流转期限相对于当期流转期限来说，变长的赋值为 0，不变的赋值为 1，变短的赋值为 2，变成不确定期限的则赋值为 3。

二是自变量的设置。从土地依附性、土地特征、风险预期三个维度共设置 11 个自变量。其中，土地依附性方面，主要通过 50 岁以上的劳动力数量①、务农劳动力数量、农业收入占比变量来表达农户对土地的生存依赖程度，并通过是否购买养老保险与医疗保险来表达农户对于土地保障功能的可替代性；土地特征方面，主要通过承包地面积（取对数）、平均地块面积与土壤肥力变量来描述；风险预期方面，主要从是否愿意转给亲友邻居、实际流转期限及对承租方行为（挖沟、打井等）的态度变量来衡量。

三是控制变量的设置。控制变量包括农户与家庭特征变量和村庄特征变量。农户与家庭特征变量包括户主年龄与农户相对收入（与上年相比）变量。其中户主年龄可能会影响其对于农地的依赖性及风险规避倾向，老龄劳动力更可能从非农就业市场退出，生命周期投资理论认为农户的风险厌恶系数与其年龄成正比，因此可能户主年龄越大，越可能选择短期租约。农户相对收入（与上年相比）较高则可能缓解农户对于土地的依附性，可能因为不需要农地经营权而长期出租，或因为不需要农地租金收入而转给亲友等关系密切的主体，因而期限可能不确定。村庄特征变量反映了农户所面临的农地要素流转社会环境，村庄地理环境与经济发展状况对农地流转有一定影响，在此设置村庄经济水平、存在交通及村子的地形变量。

具体的变量定义与统计描述见表 4-10。

---

① 已有研究表明，在全部农民工外出就业总量中，50 岁以上年龄组别的农民工只占 5.06%（章铮等，2008），意味着 50 岁以上的农业人口对农地有着明显的依附性。

表 4-10　变量定义与统计描述

维度	变量	赋值	均值	标准差	最小值	最大值
因变量	流转意愿期限	变长=0；不变=1；变短=2；不确定=3	1.393	0.980	0	3
土地依附性	50 岁以上的劳动力数量	人	0.884	0.925	0	4
	务农劳动力数量	人	0.792	0.917	0	4
	农业收入占比	—	30.404%	32.153%	0	100%
	是否购买养老保险	是=1；否=0	0.581	0.494	0	1
	是否购买医疗保险	是=1；否=0	0.910	0.287	0	1
土地特征	承包地面积（取对数）	—	1.523	0.883	−1.610	6.215
	平均地块面积	承包地面积/地块数（单位：亩/块）	1.706	2.139	0.133	25
	土壤肥力	很差=1；较差=2；一般=3；较好=4；很好=5	3.522	0.878	1	5
风险预期	是否愿意转给亲友邻居	是=1；否=0	0.393	0.489	0	1
	实际流转期限	—	2.815	1.138	1	4
	对承租方行为（挖沟、打井等）的态度	不在意=1；一般=2；很在意=3	2.270	0.835	1	3
控制变量	户主年龄	岁	44.049	15.346	18	89
	农户相对收入（与上年相比）	高很多=1；高一些=2；一般=3；低一些=4；低很多=5	2.746	1.148	1	5
	村庄经济水平	很低=1；相对低=2；中游=3；比较高=4；很高=5	3.105	0.730	1	5
	村庄交通	很差=1；较差=2；一般=3；较好=4；很好=5	3.512	0.893	1	5
	村子的地形	山区=1；丘陵=2；平原=3	2.344	0.793	1	3
	区域虚拟变量	9 个省区虚拟变量	—	—	—	—

注：为了节省版面，本表没有报告 9 个省区虚拟变量的统计描述结果

3. 计量结果与分析

运用 Stata13.0 计量软件进行估计，结果如表 4-11 所示。

表 4-11　模型参数估计结果

变量	（1）Ologit	（2）Ologit	（3）OLS	（4）Oprobit
50 岁以上的劳动力数量	−0.170（0.131）	−0.233（0.272）	−0.075（0.057）	−0.084（0.074）
务农劳动力数量	0.076（0.131）	0.253（0.298）	0.034（0.056）	0.038（0.073）
农业收入占比	−0.004（0.003）	0.007（0.007）	−0.002（0.001）	−0.002（0.002）
是否购买养老保险	0.056（0.238）	0.289（0.623）	0.012（0.101）	0.014（0.130）
是否购买医疗保险	0.124（0.368）	−1.400（1.061）	0.052（0.167）	0.060（0.217）
承包地面积（取对数）	0.196（0.160）	0.369（0.360）	0.070（0.071）	0.102（0.090）
平均地块面积	0.002（0.043）	−0.004（0.090）	0.001（0.022）	0.002（0.027）
土壤肥力	−0.399***（0.140）	−0.675**（0.321）	−0.154***（0.059）	−0.224***（0.077）

续表

变量	（1）Ologit	（2）Ologit	（3）OLS	（4）Oprobit
是否愿意转给亲友邻居	0.750*** （0.245）	0.886（0.678）	0.358*** （0.106）	0.454*** （0.137）
实际流转期限	0.964*** （0.122）	1.328*** （0.338）	0.363*** （0.045）	0.543*** （0.065）
对承租方行为（挖沟、打井等）的态度	0.480*** （0.139）	0.562（0.364）	0.186*** （0.058）	0.260*** （0.078）
户主年龄	0.008（0.008）	0.020（0.018）	0.002（0.003）	0.003（0.004）
农户相对收入（与上年相比）	－0.058（0.092）	－0.633** （0.272）	－0.023（0.041）	－0.034（0.053）
村庄经济水平	0.062（0.156）	－0.074（0.475）	0.026（0.067）	0.053（0.090）
村庄交通	0.226（0.138）	0.471（0.355）	0.113* （0.059）	0.133* （0.078）
村子的地形	0.277（0.202）	－3.175*** （0.999）	0.117（0.082）	0.155（0.108）
区域虚拟变量	控制省区	控制村庄	控制省区	控制省区
样本量	389	389	389	389
伪对数似然值	－407.448	-248.438		－408.550
R^2	0.133	0.471	0.244	0.130

*、**和***分别表示 0.1、0.05 和 0.01 的显著水平

注：①回归不同程度地控制了省区区域虚拟变量和村庄虚拟变量，但是为了节省版面，没有报告其回归结果以及常数项结果。②括号内的数值为稳健标准误。③OLS：ordinary least square，普通最小二乘法

表 4-11 中，列（1）表示通过多分类有序 Logit 模型对影响农地流转租约期限短期化的因素进行估计，并且控制省区虚拟变量，作为模型估计的主要结果，其他结果作为稳健性检验；列（2）表示控制村庄虚拟变量条件下，对影响农地流转租约期限短期化的因素进行多分类有序 Logit 模型估计的结果；列（3）与列（4）表示控制省区虚拟变量条件下，分别采用OLS和有序Probit模型进行计量的结果。另外，控制不同区域虚拟变量及采用不同的计量方法，估计结果没有明显差异，因而结果是稳健的。

计量结果显示，能够通过显著性检验的是土壤肥力、是否愿意转给亲友邻居、实际流转期限、对承租方行为（挖沟、打井等）的态度等变量，而实际流转期限对于租约期限的短期化影响较大。模型估计结果基本验证了上面的假说。具体分析如下。

（1）土地依附性。50 岁以上的劳动力数量、务农劳动力数量、农业收入占比、是否购买养老保险及是否购买医疗保险变量在统计上没有显著影响。也就是说农地的生存、养老等福利保障功能并没有显著影响农地流转租约期限的选择，这与罗必良等（2015）的研究结论一致。出现这样的结果的原因可能是，对于目前的经济发展水平而言，农地本身所能够承担的养老功能、就业功能、经济收入等保障功能是有限的，难以成为影响农户农地流转决策的核心因素。而外部正式制度下的养老保险、医疗保障尽管在一定程度上降低了农户的生存发展风险，但是其尚不能完全取代农地对于农户的价值。

（2）土地特征。承包地面积、平均地块面积对于农户契约期限没有显著影响，而土壤肥力存在显著的负向影响。可能的原因是，在国内，一般农户的承包地面积并不大，不因时间而变化，并且家庭承包制均田分配下农户间承包地面积差异不明显。而且普遍存在细碎化特征，因而平均地块面积较小。土壤肥力变量的影响系数为负数，并且通过 0.05 的显著性水平检验，表示肥力越好，越可能抑制期限的短期化，验证了假说 4-2a。

（3）风险预期。不同的流转对象表达了其与农户之间的不同的信任程度。是否愿意转给亲友邻居变量的估计系数显著为正，表明其更可能加剧农地契约短期化与不确定性。农户与亲友邻居之间隐含着亲缘、地缘关系的“特殊信任”将导致其契约的关系型特征，一方面契约期限更可能是根据彼此需求而变化的，而非固定的，因而倾向于选择不定期；另一方面，特殊信任下，进行重新缔约成本极低，那么双方不需要花精力去确定一个更精确的期限，验证了假说 4-3a。实际流转期限变量影响系数显著为正，表明当期期限越长，下一期期限有可能越短，验证了假说 4-3b，即在长期的流转中，农户可能对于流转风险的认知更清晰，对于市场风险也有一定的认识，可能更倾向于保持对于农地的控制而选择短期流转，获得更多的安全感。农户对承租方行为（挖沟、打井等）的态度变量也通过了 0.01 的显著性水平检验，显著为正，表明农户越在意承租方对农地的处置行为，对风险预期越敏感，而越倾向于短期化租约期限，验证了假说 4-3c。

（4）控制变量。户主年龄、村庄经济水平变量对于农地契约的期限没有显著影响。而农户相对收入（与上年相比）变量对于农地流转契约的短期化有负向影响，表明农户家庭收入逐年增加，有益于促进长期契约的形成。村庄交通变量对于农地流转契约的短期化有正向影响，表明村庄交通条件越好，农户更可能在农地流转期限决策上呈现出短期化特征。原因可能在于交通条件较好的地方，农地的租金升值的潜力较大，短期流转有助于农户避免被“锁定”而获取更大的潜在收益。村子的地形变量对于契约的短期化有显著的负向影响，表明地势平坦的地方，更可能形成长期契约。这可能因为就整个农地流转市场而言，平原地区更容易吸引农业龙头企业进行长期投资。

4.4　结论与讨论

总结前述，可以得到以下主要结论与启发。

1. 土地流转市场的特殊性

熊彼特（2009）曾指出："农民可能首先把土地的服务设想为土地的产品，把土地本身看作是真正的原始生产资料，并且认为土地的产品的价值应该全部归属于土地。"赋予土地一种情感的和神秘的价值，是农民所特有的态度，因而在土地流转中存在过高评估 WTA 的倾向，使得农户的禀赋效应不但具有普遍性，而且具有显著性。

第一，农地确权能够强化农户对土地的产权强度，但会进一步增强其身份权利与人格化财产特征，进而加大禀赋效应。因此，农地的人格化财产交易市场不同于一般的产权市场。

第二，农户的禀赋效应具有明显的状态依赖性。农户以农为生、以农为业、以地立命的生存状态，以及在位控制情结所导致的较高禀赋效应，成为土地流转的重要约束。由此，土地流转市场不是单纯的要素流动市场，而是一个具有身份特征的情感市场。

第三，农户的禀赋效应具有显著的对象依赖性。禀赋效应的差序格局意味着土地流转市场并非一个纯粹的要素定价市场，而在相当程度上是一个关系型的"歧视性"市场。

土地流转有着特殊的市场逻辑。因此，推进土地流转市场的发育，既要考虑乡土社会人地关系的特殊性，又要提高流转交易的规范化与契约化程度。不考虑前者，显然会违背农户的心理意愿；忽视后者，则可能将有经营能力的行为主体隔离于农业之外，使小规模、分散化的农业经营格局难以改变，农民也将难以获得土地的财产性收益。因此，有必要寻找人格化财产的产权交易路径。

2. 空合约的制度含义

Telse（1980）将合约的自我履约定义为合约的实施与完成不依赖于第三方强制，而是私人的履约成本。而克莱因（1998）进一步分析，一项合约能够自我履约，往往是因为能够满足一些执行条件：①租金流的存在形成的违约成本；②频繁交易；③自我履约的范围是明确的；④因违约而遭遇损害的一方有能力终止合约；⑤交易含有专用性投资与声誉资本。梅纳德（2002）认为合约自我履约需要稳定而简约的实施机制，并在频繁的交易中实现缔约方的信息对称，而且违约方很容易遭遇合约被终止的惩罚。

因此，对于没有任何具体条款约束的空合约，其可执行的重要机制就在于承诺、信任与声誉。福山（1998）将中国乡土社会信任关系的基础归结为家族主义，即社会成员之间的信任源于宗教、传统、历史、习惯等文化共性。韦伯进一步将中国社会的信任关系大体分为两种，一是在血缘性社区的基础上所形成的对圈内人的“特殊的信任”，二是在共同信仰的基础上所形成的类亲缘关系的“普通的信任”。Granovetter（1973）认为社会信任的增强得益于人与人之间的交往频率、互惠与彼此义务的认可度及可信赖程度的增加。Kreps 和 Wilson（1982）观察到当交易不是一次性时，缔约方为了维持交易的可持续性，进而能够得到长期收益，会在多次的交易中建立自己的声誉。Kranton（1996）认为承诺的能力实际上也反映了可被信任的程度，并通过声誉机制来表达。Halonen-Akatwijuka 和 Hart（2013）的研究也表明，信誉良好的私人信息在开始阶段尤为重要，并且随着缔约关系的延续，合约会变得更加不完整。

随着城市化进程的加快，传统农村社会的解体、村落的衰退，村庄封闭性与稳定性的打破，以及传统乡土文化的稀释，加之外部力量的渗透与干预，中国存在的关系合约及那些不言而喻的空合约将不断消亡。那么，是否要以及如何保护“乡土中国”的制度遗产？这是一个值得思考的问题。我们认为一味地推动农村组织的规范化与契约化，或许会将中国农村带到一个机会主义泛滥与交易成本不断放大的境地。

值得注意的是，乡土社会广泛存在的关系型交易与空合约，在非正式制度安排下能够自我实施，这实际上表达了微观治理的效率基因与秩序扩展。这或许是个两难的选择：一方面要推进新农村建设与农业现代化，另一方面更需要保护农村村庄内生的基于关系信任而自发形成的交易秩序。而后者对于维护中国这样的人口大国的稳定性来说，意义尤为重要。

3. 对农地租约的进一步认识

在现实的农地流转中，短期租约是普遍现象。本节能够为深化已有的认识提供进一步的实证参考。

第一，通常认为土地对于农民承担着就业、养老等多重社会保障功能。从逻辑上来说，通过替代性保障功能的供给，一般能够弱化农民对土地的依赖。但我们的前期研究（罗必良等，2012）表明，替代性保障品的供给并不能改善农民对土地的流转态度。同样，本书的研究也表明，无论是医疗保障、养老保障的改善，抑或是家庭老龄劳动力、务农劳动力及农业收入比例等，均未对农户流转租约的期限选择产生显著影响。因此，农民的土地流转及其租约选择并不是一个简单的福利保障功能及其替代问题，而是表达了农民对土地财产权利及其情感的诉求。由此，家庭承包制如果仅仅满足于农民对土地保障功能的制度取向，那么小规模、分散化、细碎化的农业经营格局将难以发生根本的改变。所以，必须推进土地功能的转换，并从强化土地的福利保障功能转向强化土地的财产功能。

第二，基于普遍存在的农户之间的农地流转，特别是关系契约所内含的缔约不规范、租约不稳定、非市场化及其导致的规模不经济等问题，已有文献大多倾向于加强农户与农业龙头企业的农地流转，以便改善农地租约的正式化与规范化，并推进规模经营。但本章的研究表明，不同的缔约对象会对农户租约的短期化行为倾向存在差异化影响：一方面，不同的流转对象有不同的经营目的及其生产投资行为；另一方面，农户对于不同的缔约对象的决策也隐含着不同的利益权衡。其中，农户对亲友邻居与龙头企业两大类对象的缔约短期化倾向尤为显著。值得关注的是，农户对生产大户（家庭农场）这类对象存在着长期缔约的较高概率。可见，培育和扶持生产大户与家庭农场等适度规模经营主体，隐含着重要的契约化意义。

第三篇　农业要素市场互动的理论逻辑

第5章 农业要素市场发育：一般均衡的分工线索

自本章开始，我们将侧重于从理论层面讨论农地流转市场、农村金融信贷市场与农村劳动力市场之间是怎样互动的。特别是从三大要素市场的一般均衡为切入点，借助新兴古典经济学的超边际分析方法，以农地市场为中心，深入剖析农地市场是如何驱动其他两个要素市场发育并最终形成一般均衡的。本章试图通过三大要素市场的契约匹配博弈模型总结出中国农业要素市场一般均衡形成的理论线索，并为第6章的农业要素市场契约匹配的逻辑分析提供背景与理论铺垫。

5.1 要素市场一般均衡的理论分析

从经济学角度讨论农地流转市场、农村金融市场与农村劳动力市场之间的互动关系，其实是要揭示农业要素市场的一般均衡形成问题。但新古典经济学的一般均衡分析只是讨论价格在各个局部市场中产生的激励作用“瓦尔拉斯命题”，却没有涉及局部市场分工与专业化反馈市场一般均衡的“杨格命题”，更没有考虑交易费用约束市场范围扩展（即若干局部市场形成一般均衡）的“科斯命题”。

5.1.1 传统一般均衡分析

在《专业化与经济组织——一种新兴古典微观经济学框架》一书中提到均衡有两种结果：一种是自给自足，另外一种是分工（杨小凯和黄有光，1999）。当交易效率或专业化经济程度相当低时，均衡是自给自足；当专业化经济程度足够高时，均衡是分工。自给自足时自我需求等于自我供给，分工时市场需求等于市场供给。一般均衡就是所有市场的需求与供给同时相等，其均衡解将是经济系统中的全局最优解，故而能够保证经济系统的效率最大化。当某个局部市场中出现供不应求时，在价格的激励作用下，生产者（要素提供者）会增加供给。如果该局部市场无法达到增加供给，在其他外部市场的推动下，新的技术或者产品就会进入该“短缺市场”，或者因为供给的不足，而又无法通过调节增加，那么需求就会相应地减少，直至最终形成新的全局均衡点。

5.1.2 自给自足时的一般均衡

自给自足的状态下并没有市场交易，分散决策个人成为该“鲁滨逊经济”中的行为主体，他们通过自行生产来满足自己的需求。此时，只要他们的利润实现最大化即达到均衡状态。自给自足状态不需要考虑所有个体的最大化利润是否能够形成最大的社会净收益，也不用考虑外部效应等。在自给自足的状态下，他们只生产自身需求，并只能生产自己有能力生产的（即在生产前沿边界之内），因此自给自足时的一般均衡是由个人可以直接进行控制的，是较为容易达到的均衡状态。在这样的环境中，供给与需求都是可控的，虽然这种状态下的一般均衡容易打破，却也容易通过调整再次达到一般均衡。

5.1.3 专业化分工时的一般均衡

一般均衡按照均衡所属的类别可以分为自给自足时的一般均衡与分工时的一般均衡，而专业化分工是市场经济繁荣发展的源头。当人口无穷大时，均衡就不存在了（杨小凯和黄有光，1999）。但是对于农业要素市场来说，各种农业生产要素是有限的，因此不存在均衡无解的可能性，由此，可以寻找这个一般均衡的分工逻辑。

专业化或劳动分工的深度受到市场一般均衡范围的约束。农业要素市场中的要素配置过程中，在“一只看不见的手”的引导下，会产生一个均衡价格向量。同时，一般均衡是在考虑了交易费用之后才形成的。市场的本质是通过各种契约形式实现的要素或产品的权利交换，在此类产权交易的前后及交易过程中，都会产生不可避免且不可忽略的费用，如缔约前的信息搜寻费用、缔约过程中的讨价还价费用及契约执行时的实施费用等。这些费用的总称即我们定义的交易费用。可见，每一项产权交易都涉及一系列的契约从而产生高昂的交易费用，市场一般均衡必然是在交易费用的约束下形成的。

那么，一般均衡下的专业化水平提升需要选择有效的契约安排或交易装置来大幅减少交易费用。

5.2　农业要素市场一般均衡的超边际分析

基于农户的农用地可以在法律允许范围内将经营权自由流转，并且农户将土地转出后能够获得可观的收益，故而农户有意愿将土地转出，撂荒现象减少，劳动力也得到一定的释放。因为农户存在转出的意愿与条件，农户对土地的禀赋效应便大大降低，不善经营的农户将土地转出，其劳动力得到释放，而后流动到市场对其评价最高的地方。这样就渐渐形成农村劳动力的专业化分工，也就是说农地流转市场影响到了农村劳动力市场。农地在流转市场中，经营权抵押管制放松可进一步刺激农村金融市场的形成。

5.2.1　劳动力市场的超边际分析

这里，我们从拐角解问题过渡到超边际分析，然后应用文定理讨论不同的劳动力配置模式与市场行为。

1. 由拐角解的问题引出超边际分析

首先，我们将劳动力视为产品，使用在不同领域的劳动力视为不同的产品。每种产品有三个变量，分别是自给自足量、购买量和销售量。从农户层面来说，我们将农户劳动力分为非农打工、非农创业、在家务农（包括农业创业）、在家务农且兼业、农业工人，并将它们视为 5 种不同的产品。5 种产品将有 15 个变量（每种产品都有自给自足量、销售量、购买量），且每个变量有 2 种选择即可取零或者正值，则可能的决策为 2^{15}，那么就有一个内点解，可能有 $2^{15}-1$ 个角点解，内点解永远不是最优的。那么，要从 3 万多个可能的角点解找出最优角点解，此时可以选择用超边际分析的方法解决这一难题。

2. 文定理的应用

根据文定理，最优决策是不会同时购买和卖出同一种产品，也不可能会同时生产和购买同一种产品，且最多只卖一种产品（杨小凯和张永生，2003）。

买卖同一种产品并不会增加它的效用，因为在卖的过程中需要耗费交易成本，在买的过程中也需要耗费交易成本，重复耗费的交易成本只会降低效用。像劳动力这种产品并不能从买进卖出中挣取差价。这里的特殊情况是，农户在农忙时会购买别人的劳动力进行收割，同时自己也会出售相同的劳动力帮人收割，因为错过了收割时间，是得不偿失的。此时文定理不成立。

同时生产和购买同一种产品也是不会增加它的效用的，同样是因为交易费用的存在。此时文定理不成立的情况是，自己生产的产品在各种因素的影响下出现不足，只能去购买同种产品。

3. 可能存在的最优决策模式

针对多种劳动力产品，虽然可能有几万个角点解，但是根据文定理，可以排除不可能的最优角点解。这样我们实际上需要考虑的模式就有五种。

模式一：专业化从事“非农打工”，即售出该类劳动力产品 l_1^S ，自给 $l_1=0$，购买 $l_1^D=0$，不购买、不生产其他产品，故均为 0。

模式二：专业化从事“非农创业”，即售出该类劳动力产品 $l_2^S=0$，自给 l_2，购买 $l_2^D=0$，购买“非农打工” l_1^D，不购买、不生产其他产品，故均为 0。

模式三：专业化从事“在家务农且兼业”，即售出该类劳动力产品 l_3^S，自给 l_3，购买 $l_3^D=0$，购买“农业打工” l_4^D，不购买、不生产其他产品，故均为 0。

模式四：专业化从事“农业打工”，即售出该类劳动力产品 l_4^S，自给 $l_4=0$，购买 $l_4^D=0$，不购买、不生产其他产品，故均为 0。

模式五：专业化从事“在家务农”，即售出该类劳动力产品 $l_5^S=0$，自给 l_5，购买 $l_5^D=0$，购买 l_3^D，购买 l_4^D，不购买、不生产其他产品，故均为 0。

根据以上五种模式，假设效用模型为消费的不同种类的产品数量相乘（即柯布-道格拉斯效用函数）。另外，人的劳动力时间是有限的，设为 1，则有生产函数

$$\begin{cases} l_1 + l_1^S = L_1 \\ l_2 + l_2^S = L_2 \\ l_3 + l_3^S = L_3 \\ l_4 + l_4^S = L_4 \\ l_5 + l_5^S = L_5 \\ L_1 + L_2 + L_3 + L_4 + L_5 = 1 \end{cases} \tag{5-1}$$

其中，$L_i\left(i=1,2,3,4,5\right)$ 表示农户在五个职业领域的劳动力产出。

4. 五种模式的分析

模式一的前提是在农地市场中，个人拥有的耕地已经转出或者撂荒，属于劳动力流动，且只需要一种产品，故而此时的消费效用函数为

$$U_1 = l_1 + k_1 l_1^D \tag{5-2}$$

根据模式一，将各个参数的赋值代入式（5-1）和式（5-2），得出 $U_1 = 0$。

模式二的前提同模式一，故而此时的消费效用函数为

$$U_2 = \left(l_1 + k_2 l_1^D\right)\left(l_2 + k_2' l_2^D\right) \tag{5-3}$$

根据模式二，将各个参数的赋值代入式（5-1）和式（5-3），得出 $U_2 = k_2 l_1^D$。

模式三的前提是在农地市场中，个人有进行耕作，而转入或转出耕地的多少可依靠劳动力的多少来体现。此时的消费效用函数为

$$U_3 = \left(l_3 + k_3 l_3^D\right)\left(l_4 + k_4' l_4^D\right) \tag{5-4}$$

根据模式三，将各个参数的赋值代入式（5-1）和式（5-4），得出 $U_3 = k_3' l_4^D l_3$，其中，$0 < l_3 < 1$。

模式四的前提与模式一相同，所以此时的消费效用函数为

$$U_4 = l_4 + k_4 l_4^D \tag{5-5}$$

根据模式四，将各个参数的赋值代入式（5-1）和式（5-5），得出 $U_4 = 0$。

模式五的前提是在农地市场中，个人转入或转出耕地，可能小规模经营，也可能大规模经营，力图实现农业的横向分工。此时的消费效用函数为

$$U_5 = \left(l_3 + k_5 l_3^D\right)\left(l_4 + k_5' l_4^D\right)\left(l_5 + k_5'' l_5^D\right) \tag{5-6}$$

根据模式五，将各个参数的赋值代入式（5-1）和式（5-6），得出 $U_5 = k_5 k_5' l_3^D l_4^D$。

因为自给量肯定不小于 0，需求量也必然不小于 0，那么 U_1、U_2、U_3、U_4 和 U_5 肯定不会小于 0。比较它们的大小，可以排除模式一和模式四，说明在一般情况下，对于农户来说，效用最大化的决策并不是将所有土地撂荒或者转出，将劳动力流动出去。这也说明了过度、快速的城镇化会适得其反。农户要改变经济条件，不是弃耕，而是应该提高种植能力。

不难发现，U_2、U_3 和 U_5 的大小与他们购买别的劳动力产品数量密切相关，要比较它们的大小，就必须结合其他影响条件。比如，不同的农户有不同的耕地面积，因为他们自身劳动力有限，故而他们耕作的规模在一定程度上会影响他们对别的劳动力产品购买量。

考虑到农地市场作为前提条件，我们进一步分析 U_3 和 U_5。比较 U_3 和 U_5，当 $l_3 k_3' > k_5 k_5'$ 时，最优决策是"在家务农且兼业"，但此时的情况是在家务农且兼业的农户需要购买比在家务农时还多的劳动力，说明该农户需要种植的土地可能是比较多，自己都忙不过来的前提下，就不应当花时间去兼业，这样根据文定理并不是效用最大化，故而此时的最优决策应当是"在家务农"。当然，这里的比较是相对简单粗略的，并没有考虑其他影响因素，如农户进行兼业的技术是否稀

缺。如果农户选择兼业所获得的收益大于他购买别的劳动力的成本，那么这种情况就另当别论了。但是一般情况下，农业耕作的成本比较低，这种特殊情况还是比较少的。因此，可以认为，当$l_3k_3' < k_5k_5'$时，最优决策是“在家务农”。

5.2.2　农业要素的超边际一般均衡分析

进一步利用超边际理论对农地市场对农村劳动力市场的影响进行分析。这里所涉及的劳动力是指从事农业的劳动力，如在家务农、在家务农且兼业、农业打工。

1. 模型假设

在进行最终产品生产时需要投入资本品和劳动力，而农产品生产则需要投入土地、资本和劳动力，资本可以用来购买农产品生产时所需要的农具、肥料等。土地及农具、肥料等均属于农户的投入品，因此，在本节构建超边际均衡模型时可将土地和资本统称为投入品。

投入品的生产函数为

$$z' + z^s = \max\{0, a_z l_z\} \tag{5-7}$$

其中，z'、$z^s \geqslant 0$；z'表示投入品自给量；z^s表示投入品出售量；$a_z \in (0,1)$表示生产投入品劳动力的利用率参数；$l_z \in [0,1]$表示生产投入品时的劳动力投入。当然，劳动力与投入品是相互关联的：一是投入劳动力后获得资金报酬，即进行劳动力投入之后会相应地拥有资本输出；二是比较简单的农具农户可以自己制作，也就是说，部分农具是可以通过劳动力投入而产出的；三是农户自己手工制作的肥料同样是可以通过劳动力输入而输出的，农户为了降低化肥成本会用植物动物制成化肥；四是进行耕作的土地需要通过农户投入劳动力，对其进行松土、施肥等工序才能进行最终产品的生产。

在投入生产时，劳动力和投入品往往是固定比例变化，因此可用里昂惕夫生产函数表示农村要素投入和产出关系：

$$y' + y^s = \max\{0, \min\{b_z z' + k_z z^d, a_y l_y\}\} \tag{5-8}$$

其中，y'、$y^s \geqslant 0$；y'表示自给量；y^s表示出售量；$b_z \in (0,1)$表示投入品自给量的利用率参数；$l_y \in [0,1]$表示最终产品的劳动力份额；a_y表示生产最终产品的劳动力利用率参数；z^d表示需要从市场中获得的投入品需求量；因为市场交易成本的存在，$k_z \in (0,1)$表示投入品市场交易效率参数，所以$k_z z^d$表示投入品实际需求量。

投入品和最终产品是农业要素市场中的两种生产活动，劳动力也只会投入到这两种活动中，故而有约束条件式（5-9）和式（5-10）：

$$l_z + l_y = 1 \tag{5-9}$$

农业要素市场中的交易函数为

$$p_z z^s + p_y y^s = p_z z^d + p_y y^d \tag{5-10}$$

其中，p_z表示投入品的价格；p_y表示最终产品的价格；y^d表示最终产品的需求量。

效用最大化的目标函数为

$$u = y' + k_y y^d \tag{5-11}$$

其中，$k_y \in (0,1)$表示农业市场最终产品的交易效率参数；$k_y y^d$表示最终产品实际需求量。

2. 超边际决策分析

根据前文的一般均衡理论分析，农业要素市场中的农户将面临三种最优决策模式：自给自足、专业化提供资本品、专业化生产和供应最终产品。在进行超边际分析时，一些决策变量将取值为零。

1）自给自足的决策

这种决策意味着农户自己生产投入品，并利用这些投入品生产最终产品来满足自身需求，不需要通过市场购买或售出投入品和最终产品，此时，$z^s = z^d = y^s = y^d = 0$，最大化问题可转化为

$$\max u_1 = y'$$
$$\text{s.t.}\begin{cases} z' = a_z l_z \\ y' = \min\{b_z z', a_y l_y\} \\ l_z + l_y = 1 \end{cases} \tag{5-12}$$

前文提到，投入品和劳动力是以固定比例进行生产的，为方便计算，可假设两者之比为 1，则这种决策下，农户所生产并仅供自己使用的投入品与生产最终产品的劳动力的实际投入相等，即$b_z z' = a_y l_y$，此时从式（5-12）可解得

$$\begin{cases} l_y = \dfrac{a_z b_z}{a_y + a_z b_z} \\ l_z = \dfrac{a_y}{a_y + a_z b_z} \\ z' = \dfrac{a_y a_z}{a_y + a_z b_z} \\ u_1 = y' = \dfrac{a_z b_z a_y}{a_z b_z + a_y} \end{cases}$$

从上述结果可以得出这样的关系式：

$$\begin{cases} u_1 = b_z z' \\ l_z = \dfrac{1}{a_z b_z} u_1 \\ l_y = \dfrac{1}{a_y} u_1 \end{cases}$$

2）专业化提供资本品的决策

这种决策意味着农户所有劳动力都投入生产最终产品的投入品中，农户的投入品不提供给自己使用也不需要从市场购买所需投入品，并且不生产最终产品，即 $l_z = 1,\ l_y = 0$ 且 $z' = z^d = y' = y^s = 0$，此时，最大化问题可转化为

$$\max u_2 = k_y y^d$$
$$\text{s.t.} \begin{cases} z^s = a_z \\ p_z z^s = p_y y^d \end{cases} \tag{5-13}$$

此时从式（5-13）可得

$$\begin{cases} z^s = a_z \\ y^d = \dfrac{p_z a_z}{p_y} \\ u_2 = \dfrac{k_y p_z a_z}{p_y} \end{cases}$$

3）专业化生产和供应最终产品的决策

这种决策意味着农户所有的劳动力都投入生产最终产品中，农户生产的最终产品需要从市场购买所需资本品，并且农户自己不生产投入品，所以不能自给和售出投入品，即 $l_z = 0,\ l_y = 1$ 且 $z' = z^s = y^d = 0$，此时，最大化问题可转化为

$$\max u_3 = y'$$
$$\text{s.t.} \begin{cases} y' + y^s = \min\left\{k_z z^d, a_y\right\} \\ p_y y^s = p_z z^d \end{cases} \tag{5-14}$$

由于投入品与劳动力比例为 1，这种决策下，农户从市场中购买的投入品与生产最终产品的农村劳动力的实际投入相等，即 $k_z z^d = a_y$，此时从式（5-14）可解得

$$\begin{cases} z^d = \dfrac{a_y}{k_z} \\ y^s = \dfrac{a_y p_z}{k_z p_y} \\ u_3 = y' = a_y - \dfrac{a_y p_z}{k_z p_y} \end{cases}$$

根据上述讨论，当 $u_1 > u_2$ 且 $u_1 > u_3$ 时，超边际一般均衡状态为农户自给自足，当 $u_2 > u_1$ 且 $u_2 > u_3$ 时，超边际一般均衡状态为农户专业化提供投入品，当 $u_3 > u_1$ 且 $u_3 > u_2$ 时，超边际一般均衡状态为专业化生产和供应最终产品。

基于自给自足状态时的农户将农地转出，自给自足状态被打破，其劳动力得到释放，而后流动到适合的地方。

推论 5-1：农地转出会使农户自给自足的效用减少。

由 $u_1 = z'b_z$ 可以进行求导得 $\dfrac{\partial u_1}{\partial z'} = b_z > 0$ ，由此可知 u_1 是关于 z' 的增函数，即 z' 减少会使得 u_1 减少。而 z' 减少的意思是农户投入品自给量减少，说明农地可能转出，也就是说，农地转出会使得农户自给自足效用减少。这是符合现实意义的，农户农地转出，主动参与到市场交易中，自给自足模式改变。

推论 5-2：农户自给自足效用减少，会使得农村劳动力发生流动。

由 $l_z = \dfrac{1}{a_z b_z} u_1$，$l_y = \dfrac{1}{a_y} u_1$ 可以进行求导得 $\dfrac{\partial l_z}{\partial u_1} = \dfrac{1}{a_z b_z} > 0$，$\dfrac{\partial l_y}{\partial u_1} = \dfrac{1}{a_y} > 0$ ，由此可知：① l_z 是关于 u_1 的增函数，即 u_1 减少会使得 l_z 减少；② l_y 是关于 u_1 的增函数，即 u_1 减少会使得 l_y 减少。也就是说，农户自给自足效用减少，自给自足模式下投入生产投入品和最终产品的劳动力减少，这样会使得大量农村剩余劳动力转移到非农领域。这是具有现实意义的，既然自给自足模式对农户来说效用有所降低，自然就会有些劳动力发生产业流动。

综上所述，农地转出会使得农户自给自足效用减少，农户自给自足效用减少又会使得农村劳动力发生流动。

5.3　农地市场驱动要素市场的一般均衡

如果要让市场在农业资源配置中起决定性作用，政府必须赋予农户更多的财产权利，即政府放松对农业要素资源的剩余索取权和剩余控制权的管制。本节的目标是从产权管制放松的理论视角，构建一个“3×3×3”的分析框架，通过“人动—地动—钱动”的机理分析，从产权理论的视角提炼“地权”的核心意义，从产权实施的层面阐明农村土地要素市场发育的逻辑线索（即“财产化—资本化—商品化”），并由此进一步揭示三个市场的互动关系及其机制匹配、三个市场与现代农业发展的作用机理。

“三动”的关键是“地动”，“地动”的关键是土地的财产性赋权，财产性赋权才能诱致农村土地“财产化、资本化、商品化”的市场发育，土地市场化将促进三个市场的匹配与政策目标的融合。没有“人动”，就没有“地动”。而“人动”依赖于农村工业化与城镇化，农村工业化与城镇化又依赖于人口聚集与产业聚集。相应地，人口聚集则依赖于“就业型转移”，产业聚集更依赖于“创业型转移”。进一步，稳定的“就业型转移”依赖于产业发展空间与农民的就业能力，后者主要涉及农民的身份分化与职业分工；“创业型转移”依赖于农民的异质性人力资本及投资能力，后者依赖于农民通过财产性资本与金融资本投资获得的风险回报。所以，“三动”的关键是既要农民离地，又要使农民获得财产性资本。

5.3.1 土地要素市场发育滞后的关键：产权管制

农地市场化与相关要素市场化是农业要素配置机制从过去的计划体制向市场体制的过渡，其本质是农业要素产权管制放松，即农业要素的使用权、转让权与收益权从政府手中重新转移到分散决策的农业家庭经营组织。农业要素产权管制放松能节约外生性交易费用，从而促进农业要素市场化进程。

此外，农地市场化受到多重因素的影响。具体包括：农民对土地的情感与依附所形成的禀赋效应、农民因集体成员权而形成的对土地的“准所有权”与承包权的“独占”，以及在农地市场交易中对经营权的“供给垄断”。禀赋效应是指当个人一旦拥有某项物品，那么他对该物品价值的评价要比未拥有之前大大增加。这一现象可以用行为金融学中的“损失厌恶”理论来解释，该理论认为一定量的损失给人们带来的效用降低要多过相同的收益给人们带来的效用增加。因此人们在决策过程中对利害的权衡是不均衡的，对“避害”的考虑远大于对“趋利”的考虑。出于对损失的畏惧，人们在出卖商品时往往索要过高的价格。因为禀赋效应的存在，商品的拥有者往往希望以很高的价格卖出商品，因为他对这个商品的估值已经非理性提高了，而商品的购买者却不能接受这个高价，这样就很容易导致交易量的缩小，影响市场效率。按照科斯定理，在不存在交易成本的情况下，初始的资源配置并不影响最终的结果，资源仍会最有效率地进行分配。但实际上，资源配置比科斯预测的更有“黏性”，由于市场效率的低下，市场最终的配置结果往往就接近于最初的配置情况。因此，初始的产权配置对最终的资源分配有着决定性的作用。

农民的承包权具有身份特征，因此农民与一般工人不一样，前者拥有土地承包权，即农民的土地承包权是由国家的土地制度初始赋予的，这种赋权方式在禀赋效应下会决定资源的配置。因此，如果国家放松对农民土地产权（承包经营权）的管制，即赋予农民一种通过经营土地而获得的财产性收入的权利，那么，土地资源的配置效率就会提高（因为分散决策的农户相对于政府而言，拥有最优使用土地的信息优势），而土地的财产化是基本途径。

5.3.2　农地市场发育的逻辑线索

1. 土地市场为突破口：财产化、资本化与商品化

以“财产化、资本化、商品化”作为启动农村土地市场化的三个突破口，其中的关键是土地的财产性赋权。

（1）土地财产化是国家通过《中华人民共和国物权法》等法律途径保障农民以农地出租、抵押、自己经营或承包等方式获得的剩余索取权，即农民通过对其土地承包经营权的有效运作与处置，实现其最佳配置后获得的土地投资回报转化为财产性收入。土地财产化的根本目的是保护农民的土地权益，改善农地流转的稳定预期，让农民分享工业化与城镇化带来的土地增值收益，最终实现农民的财产性收入的倍增计划目标。

（2）土地资本化是通过土地经营权的抵押作为融资工具，以土地流转的方式形成土地证券化与契约化的可自我执行机制，把资本的流动性、逐利性与财产的排他性与收益性结合起来，实现土地金融化，形成农民金融、农业金融与农村金融共同发展的创新体系。土地资本化一方面可以激励农民参加非农就业，促进农民创业型转移；另一方面，能够带动农村金融市场的发育，刺激创业型金融资本形成。

（3）土地商品化是以市场价格机制实现土地经营权的可交易性，提高土地交易的效率与频率，扩展土地经营权交易的半径与空间，使得弱行为能力农民利用市场价格信号把农地经营权转让给强行为能力农民，既保护了自身的潜在租值，又使对方的租值增加，从而实现帕累托效率改进，即促进弱者离地、强者种地。

2. 人动—地动—钱动的内在机理

本章关键是把“三动”、“三化”和三个市场统一在契约匹配及其匹配费用

最小化的逻辑主线下：农地流转市场、农村劳动力市场与农村金融市场分别是土地契约、劳动契约与金融契约的集合。这里，本书统一将其称为“三根”契约——“地根”契约、“劳根”契约、“银根”契约。它们之间的动态契约匹配费用最小化将构成农村市场化改革的逻辑主线。

根据农业要素契约的匹配逻辑，农村市场化改革首先是稳地根。因为农村要素市场是一个农村劳动力市场与农村金融市场围绕以农地市场为中心的相互联动的交易网络体系。按此逻辑，只要完善农地流转市场，其他两个局部市场就会相应做出有效率的改进与正反馈，农地市场的均衡价格信号即“地租熵”会最终驱动整个农村要素市场达至一般均衡状态，从而实现农村要素市场改革的帕累托最优效率。

基于这样的“三根”全局均衡逻辑，农村要素市场的发育与改革是一个动态的制度变迁过程，因此，农地市场的局部制度变革可以驱动其他要素市场的制度联动，最终促使农村要素市场体系的动态一般均衡状态出现。这样，连接“人动”“地动”“钱动”三个互动点且以“地动”作为核心。因为“地动”的不足（农地流转滞后）与过剩（肆意圈地）均可能产生“人动”的单向性与不稳定，以及“钱动”的阻隔与扭曲。相反，若农村劳动力受到户籍或社保等制度环境的过分约束会阻碍农地流转的速度与规模。换言之，没有“人动”，就没有“地动”。而“人动”依赖于农村工业化与城镇化，农村工业化与城镇化又依赖于人口聚集与产业聚集。相应地，人口聚集则依赖于“就业型转移”，产业聚集更依赖于“创业型转移”。进一步，稳定的“就业型转移”依赖于产业发展空间与农民的就业能力，后者主要涉及农民的身份分化与职业分工；“创业型转移”依赖于农民的异质性人力资本及投资能力，后者依赖于农民通过财产性资本与金融资本投资获得的风险回报。所以，“三动”的关键是既要农民离地，又要农民具备财产性资本。对于农民而言，具有实质性价值的财产就是其土地承包经营权。农民可以通过转让农地经营权的方式获得财产性收益，换言之，必须以“地动”的形式来保障农民的利益。

显然，农村市场化变革的中心是农地市场的制度创新。所以，应该以“资本化、财产化、商品化”作为启动农村土地市场化的三个突破口，其中的关键是土地的财产性赋权（罗必良，2013b）。目前，我国农村土地赋权主要面临两个问题：一是产权的模糊性与歧视性，二是土地的福利性赋权。具体地，农村土地产权在法律界定上存在模糊性，相关法律规定之间存在相互重叠甚至冲突之处，因而在改变土地用途或土地征用过程中，一方面，容易引发权益冲突或利益纠纷；另一方面，土地对于农民而言依然承担着沉重的社会福利保障功能，这会阻碍劳动力彻底转移，进而阻碍土地流转的进程。因此，首先以土地商品化构建现代农业经营主体的“退出”与“进入”机制，即以“地动”促“人动”；其次以土地商品加快土地流转，借此支持土地农内经营的规模化、专业化与集约化，避免土地的分散化与细碎化，从而转变农业经营方式；最后以土地商品化驱动土地非农流转的市场化，即形成农地流转市场的价格生成机制，支持土地农外的节约与集约使用，避免“工业圈地”与“农地城市化”，最终转变工业化与城镇化的发展路径，从而既达到扩大内需、经济增长方式转型升级的经济目标，同时实现“能者种地、能者种粮”的农业安全目标。

5.3.3　要素市场的互动关系及其契约匹配

农业要素主要包括土地、人、资金三大要素，而三类市场就是该类要素契约的集合。三个市场的互动与一般均衡其实是这三种契约的匹配与治理结构选择，而要素契约治理可以通过契约匹配的方式来实现（何一鸣等，2014）。我们通过一个包含契约匹配费用的博弈模型来进行进一步讨论。

首先，假定存在三个农业要素契约集合——农地契约集合 RESOURCE、农业劳动力契约集合 LABOR 和信贷契约集合 FANANCE，博弈策略集合分别为 A、B 和 C。它们的博弈机制是：在进行契约安排时，选择集合 A 中的某个元素可以改变 B、C 集合的契约参数从而影响该博弈的策略选择，在对 B、C 集合进行契约安排时同理。对于集合 RESOURCE 博弈者可能选择的策略是 r_1 或 r_2，而集合 LABOR 的博弈者面临的策略选择是 l_1 或 l_2，集合 FANANCE 的博弈者面临的策略选择是 f_1 或 f_2。但每个契约集的所有博弈主体承担的交易费用函数分别是 $c_i(i \in A)$、$c_j(j \in B)$、$c_k(k \in C)$。这样，三类要素契约匹配的成立条件之一为

$$（条件 1）\begin{cases} c_i(r_1;l_1) - c_i(r_2;l_1) \leqslant c_i(r_1;l_2) - c_i(r_2;l_2) \\ c_i(r_1;f_1) - c_i(r_2;f_1) \leqslant c_i(r_1;f_2) - c_i(r_2;f_2) \end{cases}$$

上述不等式组表明，契约集合 RESOURCE 的博弈者面临的制度环境分别是 l_1、l_2 和 f_1、f_2 时，当不等式均小于 0 时他们选择 r_1 而非 r_2 所实现的契约成本最小，当不等式均大于 0 时他们选择 r_2 而非 r_1 所实现的契约成本最小。

同理，对于契约集合 LABOR 和集合 FANANCE 的博弈者而言，他们的契约成本最小化分别表示为

$$（条件 2）\begin{cases} c_j(l_1;r_1) - c_j(l_2;r_1) \leqslant c_j(l_1;r_2) - c_j(l_2;r_2) \\ c_j(l_1;f_1) - c_j(l_2;f_1) \leqslant c_j(l_1;f_2) - c_j(l_2;f_2) \end{cases}$$

$$（条件 3）\begin{cases} c_k(f_1;l_1) - c_k(f_2;l_1) \leqslant c_k(f_1;l_2) - c_k(f_2;l_2) \\ c_k(f_1;r_1) - c_k(f_2;r_1) \leqslant c_k(f_1;r_2) - c_k(f_2;r_2) \end{cases}$$

因此，包含 RESOURCE、LABOR 和 FANANCE 的农村要素一般均衡市场中

将存在两种纳什均衡——(r_1, l_1, f_1)和(r_2, l_2, f_2)。当这种多重均衡存在时，我们认为 RESOURCE、LABOR 和 FANANCE 是契约匹配的，因为r_1、l_1和f_1及r_2、l_2和f_2促使这三个市场的契约匹配成本最小化。

5.4　结论与讨论

各种农地经营权流转契约的选择构成了若干农地市场契约网络，这些网络最终在大规模农地流转的背景下形成一般均衡的状态。与此同时，农地市场的交易半径随着农地要素的自由流转而扩展，并进一步带动农村劳动力市场和农村金融市场范围的扩展。农业分工与专业化水平受到农村要素市场容量的约束，一旦三大农村要素市场的容量约束被打破，农业分工与专业化水平则得到提升，最终的结果是农业经济绩效的全面提高，这表现为农业内部的经济增长。

在农业要素市场的发育中，劳动力市场的发育是前提，农地市场的发育是关键。农地市场发育的核心是土地的财产性赋权，财产性赋权才能诱致农村土地“财产化、资本化、商品化”的市场发育，土地市场化将促进三个市场的匹配与政策目标的融合。因此，只有农地产权的管制放松，劳动力市场的调整才能够得以完善，进而与劳动力市场密切相关的土地市场、金融市场才能相继有所改善，劳动力、土地、资本才能达到均衡配置。

可以认为，农业要素市场是一个农业劳动力市场与农业金融市场围绕以农地市场为中心的相互联动的交易网络体系。按此逻辑，只要不断完善农地流转市场，其他两个局部市场就会相应做出有效率的改进与正反馈，农地市场的均衡价格信号即“地租熵”会最终驱动整个农村要素市场达至一般均衡状态，从而实现农村要素市场改革的帕累托最优效率。

第6章 农业要素市场的互动：契约关联逻辑

中国的特殊农情决定了农业要素产权被管制从而农业要素市场变得不完全，但通过要素契约替代产品契约的方式，让农业中介服务组织成为中心签约者并获得剩余权利，有利于交易费用的下降，以缓解农业要素市场失灵问题。中介服务组织通过一系列要素契约把整个农业要素市场体系中的所有供给者与消费者联系在一起。因此，农业三大要素市场组织之间其实是通过农业中介服务组织的作用交织在一起，而每一种农业要素市场组织均是一个相应的要素契约集合。最终，农业三大市场的一般均衡是三大契约相互关联的结果。

6.1 研究背景

从1978年农村家庭联产承包责任制推行开始算起，中国农业的市场化改革已经走过了40多个年头。与过去计划体制下的人民公社生产队制相比，今天的农村家庭联产承包责任制重新赋予了农民部分的剩余索取权，农民也因此有动力进行农业生产，农业生产率因而得到显著提高（Lin，1992）。不过，相对于中国整体的市场化改革效果而言，农业部门的市场化改革却是相对滞后的（樊纲和王小鲁，2004）。如果把农业市场划分为农业产品市场与农业要素市场的话，那么，前者的市场化水平要远远超过后者，而且后者的市场化滞后性严重降低了整个农业部门的市场化水平。因为从1998年开始，国家就出台了一系列启动农产品流通体制的市场化改革的政策安排，所以，除粮食等极少数农产品外，其他农产品的购销都基本实现了由市场调节的新体制，即农产品交易管制基本消失了。

但是，中国的农业要素市场仍然是一个被严格管制的不完全竞争市场。最明显的例子就是农地市场，它是一个典型的不完全要素市场。首先，农村家庭联产承包责任制是一个农地所有权集体占有、农地承包权村民垄断与农地经营权流转受管制的契约安排，尤其是农地所有权与承包权在法律上禁止交易，因此，农地市场的发育只能集中在土地经营权的租赁市场上。其次，农业劳动力的转移受到二元户籍制度、城乡社保非均等化和农地退出权管制的约束，农村劳动力市场的长足发展也因而受到限制，并反过来制约农地市场规模的扩大。最后，由于法律禁止农民房屋、宅基地与承包地的抵押和买卖，加上农业投资的高风险性以及民间金融发展的滞后性，农业金融市场也无法有效出清。可见，农业生产要素的剩余索取权和剩余控制权受到不同程度的管制是造成农业要素市场不完全的重要原因。尤其是，中国的农村土地所有权归集体所有，农民家庭只拥有承包经营权。那么，没有完整产权的农民如何把手中现有的承包经营权流转出去以完善农地市场，从而带动其他农业要素市场的发展?

换言之，在农业产权管制既定不变的条件下，怎样才能有效地节约交易费用以缓解农业市场失灵？在此过程中，农业要素市场组织是否会出现契约之间的关联性？进一步，通过什么途径或机制能够实现三大农业要素市场的一般均衡?

除本节外，本章的结构安排如下：6.2 节先对农业要素市场组织之间的契约关联性研究进行文献回顾和简要述评；在此基础上，构建一个“剩余权利管制、市场组织失灵与要素契约交易”的理论分析框架，从交易费用生成的视角讨论产权管制是如何造成市场失灵，并提出以要素契约替代产品契约的形式来缓解市场失灵，同时，关注农业中介服务组织在农业要素市场的契约关联过程中所起的作用；然后，通过数学模型证明农业中介服务组织的介入能够实现农业土地市场、农业劳动力市场和农业金融市场的一般均衡。6.3 节是本章的总结性述评部分。

6.2　要素市场、中介服务组织与契约匹配逻辑

在经济思想史上，Braverman 和 Stiglitz（1982）是最早在佃农理论的基础上发现因道德风险而产生土地、劳动力和金融市场之间存在契约关联性问题的学者。他们认为这样的市场联系能引起静态配置效率的提高。值得注意的是，这个结论是建立在地主与佃农均是同质的的假设之上。当佃农是异质的的时候，关于佃农的信息的获取需要耗费一定时间且只有佃农自己才了解这些信息，从而产生委托者与代理者不匹配的低效率问题。而且，佃农与地主之间的分成租佃契约在“柠檬市场”中会降低土地与劳动之间的匹配效率。但是，要素市场契约之间的关联性能提高匹配效率，并决定佃农与地主之间的谈判地位。所以，这种联系性

具有配置性与分配性效应。在某种条件下，通过约束地主的营销与融资活动可削弱其谈判能力，同时降低农业产出与佃农的福利水平。在其他条件下，则相反，只是地主承担福利下降的代价。

不过，有关要素市场之间的契约关联性的理论分析，往往是把该问题视为谈判能力强的代理者对谈判能力弱的代理人的剥削与压制（Basu，1983；Bardhan，1984；Braverman and Guasch，1984）。事实上，早期研究已经在委托代理的博弈理论框架中考虑了信息与制度因素，如 Bardhan（1980）认为，在贫穷的农业经济的制度背景中，在对要素市场联结的性质缺乏了解的情况下，许多关键问题，特别是那些与土地、劳动力和金融相关的问题就分析不了。于是，经济学家进一步关注于要素市场之间的契约安排问题，尤其关注于市场不完美、充满不确定性且缺乏某种市场装置予以匹配情境下的契约选择问题（Chaudhuri and Banerjee，2004；Gill，2007；Motiram and Robinson，2010）。Basu 等（2000）分析了乡村信贷交易中一个地主和一个放贷人在做出非合作决策时分别同某个佃农签订合同所引发的信贷资源配置效率问题；Chakrabarty 和 Chaudhuri（2001）的地主向佃农提供土地和信贷并向后者收取地租和利息的要素联结模型发现，按补贴利率向乡村部门增加定额信贷并不会显著改变低劳动生产率问题，而且，如果采用补贴利率但以有伸缩性地提供贷款的方式，能更有效地提高土地利用效率。

事实上，农业要素市场间的契约关联性可以理解为一个互联性契约与关系型契约的互补均衡，即一个市场上的低效率的市场契约与另一个市场上的高效率的契约“捆绑”，从而使得不能由单一市场的关系型契约加以维系的低效率安排在互联的市场的关系型契约中成为可能①。这是因为在社会分工比较发达的经济系统中，在不同的专业化市场上，人们与不同的经济主体发生互动。相反，在分工落后的经济系统中，相同的两个经济主体之间的交易可能会跨越很多市场。一个典型的例子是存在土地租赁的农业市场，佃农和地主不仅在产品市场上发生交易（如佃农可能会购买地主的粮食），在劳动市场上发生交易（如地主购买佃农的劳动），在信贷市场上发生互动（如地主会提供借贷给佃农），还会在保险市场上互动（如地主会向佃农提供某种形式的保险，如分成租佃就是一种保险）（王永钦，2006）。按此逻辑，在转轨时期的中国农业经济系统中，土地、劳动力和信贷资本的关系其实也是一种互联的市场契约，土地要素所有者、劳动力要素所有者与资本所有者在很多市场上都发生互动，他们在农业土地市场、农业劳动力市场和农业金融市场等几乎各类市场上都发生互动。

可见，现有文献已经对农业市场的契约关联性问题展开深入的讨论并得到丰

① 罗必良（2011）将此视为合约治理的一种方式，即“以合约治理合约”。

富的研究成果。不过，这些文献并没有考虑中国特色农情所引发的产权管制问题。而且，对于农业中介服务组织是如何影响农业市场组织之间的契约关联及其一般均衡结果，都需要我们进一步思考。

6.2.1　地权管制、市场组织失灵与契约替代

在 Coase（1937）眼中，市场与企业之间的关系并不是新古典经济学，尤其是传统微观经济学教科书上讲的那样，是前者从属于后者的包含与被包含关系，而是后者对前者的替代关系。新制度经济学往往把企业与市场均视为经济组织，只是前者是一种由企业家的命令指挥资源配置的要素契约集合，后者是通过价格信号以价高者得的游戏规则配置资源的产品契约集合，它们都是组织要素配置的契约网络。按此逻辑，市场组织是一系列短期产品契约的组合，这些产品契约表面上是产品与货币的等价交换平台，而实质上乃产品与货币背后的产权的交易机制。市场的本质特征是产权交易，一旦产权不完整或界定不清晰，关于该项财产权利的市场交易就会变得不完全。例如，当产权受到管制时，就会产生租金耗散，价格机制无法最有效配置资源，市场的资源配置功能就会受到制约，表现为市场容量、交易半径与分工深度的减缩。换言之，如果产权被管制而变得不完整，那么，市场也随之变得不完全。

一般来说，市场的不完全性往往具体表现为价格刚性从而供求非均衡，这进一步可能导致市场失灵，即市场无法最优配置资源。但现代经济学认为市场失灵仅仅源于垄断、外部性、信息不对称与公共物品，但是，基于中国现实的特殊农情，可以发现农业要素剩余权利的管制也会造成市场失灵。此时，政府的“看得见之手”替代了市场的“看不见之手”。不过，如果政府组织的交易费用低于市场组织的交易费用的话，那么，市场让位于政府也是一种理性选择。根据科斯定理（Coase，1960），当交易费用为零时，通过私下的交易可以使要素实现最优配置。但在真实世界中，交易费用大于零，要素流向对其评价最高之处要受到交易费用的约束。由此，市场失灵可能是因为市场组织运行所耗费的交易费用过高。

值得注意的是，这里的交易费用主要是指产权管制造成的租金耗散，即产权的政府管制使分散决策个体失去对公共领域中的租金的排他性权利，那么，人们相互竞争进入公共领域使用公共资源的结果是，公共领域中的具有经济价值的资源会被瓜分或私人独占。但进入公共领域攫取这些资源需要耗费一定的交易费用（如界定某项资源的权利并排斥他人使用发生的费用）（何一鸣和罗必良，2010）。换言之，当资源被置于公共领域后，人们就无法像在私人领域那样通过“价格门槛”对侵犯资源产权的行为进行约束与排他。或者说，公共领域的资源因缺乏一个统一的价格约束而产生高昂的排他成本。

6.2.2　要素市场失灵与要素契约交易

从上述分析可知，中国农业要素市场的外生性交易费用不是因为信息搜寻或讨价还价而产生的，而是因为农业要素的产权被管制所造成的。那么，现在的问题是，在这样的产权管制约束条件下，是否能够通过某些途径或机制节约外生性交易费用以缓解市场失灵?

事实上，人们可以通过选择要素契约的交易方式节约外生性交易费用，从而缓解市场组织的失灵问题。市场组织出现失灵是因为构成市场组织的产品契约使用价格机制进行资源配置的费用太高，而要素契约却可以大幅减少定价费用。要素契约的基本制度特征是，一方面，要素购买者只需要给中心签约者（作为信息收集与定价专家）支付一个行业内通行的“代理价格”，而无须逐一对各个零部件的供应商进行价格支付，就能够节省交易费用；另一方面，中心签约者利用其专业化知识，通过“间接定价”替代市场组织中产品契约的“直接定价”，则能够改善交易效率。从而表明，要解决这种交易费用过高而产生的市场失灵，可以通过要素契约替代产品契约的组织机制来实现（即要素契约交易→交易费用节约→市场失灵缓解），而不是像西方微观经济学教科书上所说的那样——通过政府干预来解决市场失灵。

值得注意的是，根据 Cheung（1983）对产品契约与要素契约的经典定义，农业要素市场中的产品契约与要素契约的区别并不是交易标的物是否为产品或者要素，而是是否在交易过程中引入了作为信息收集与定价专家的中心签约者。产品契约下消费者直接向生产者支付交易标的物的价格而获得该交易标的物的产权；要素契约下消费者向中心签约者支付交易标的物的价格而获得该交易标的物的产权，同时，交易标的物的生产者向中心签约者支付中介代理费而获得该交易标的物的销售收入。于是，要素契约中一旦引入中介服务组织进行间接交易，消费者与中心签约者之间、中心签约者与生产者之间的要素契约必然是相互依存的，即消费者与中心签约者签订一份要素契约就意味着中心签约者也跟生产者签订另外一份要素契约。因此，农业土地市场、农业劳动力市场与农业金融市场中采用的契约既可能是产品契约也可能是要素契约。如果是后者，则说明了农业生产中的犁地、播种、施肥、机耕、植保、收割、运输和营销以及雇工与融资等活动都是由相应的中介服务组织“代理”农户去完成。

6.2.3　中介服务组织：契约关联主体

在要素契约逐步替代产品契约的过程中，农业要素的中介服务组织便开始逐渐形成。例如，在初始阶段，农户在自己的承包地上进行大田作物生产。然而，随着农作物品种的变化（从用工少的农作物转为需要精心料理的农作物）或者从事专业化生产（在种植某种农作物具有比较优势的农户通过“干中学”积累和改进种植该类农作物的知识和技巧，从而专门种植该种作物），农户可能：①出于季节性用工紧缺的需要而加大雇工数量，从而签订若干劳动工资契约；②基于大规模、专业化生产需要大幅转入农地，与其他农户签订农地租赁契约；③鉴于对上述要素使用权的购买而需要向金融机构进行投融资活动并订立资本契约。这样，该农户在雇工生产规模扩大与农地经营专业化水平提升，以及农业投资风险增加的条件下，会采取契约化与契约治理的方式减少农业要素市场组织运行的交易费用。此时，他就需要若干中介服务组织作为他的代理者负责农业生产流程中的有关生产环节的发包服务，即农民委托这类中介服务组织进行犁地、播种、施肥、机耕、植保、收割、运输和营销以及雇工与融资等活动。

进一步，在某个局部市场均衡中，中介服务组织往往都会进行专用性投资。这样，它们可能在某个要素市场中进行了专用性投资后为避免被其他要素市场中的博弈者（农户或其他中介服务组织）“敲竹杠”从而要求与对方签订一份合作契约。按此逻辑，如果中介服务组织都在各自的要素市场中进行专用性投资，双方的资产专用性就会互相锁定，因此双方都要求签订长期合作契约甚至组建一体化的纵向组织。相反，如果双方都没有进行专用性投资，那么，它们就不会签订合作契约，此时的要素市场组织之间就不存在关联性。可见，要素契约对产品契约的替代促使中心签约者群体的形成，这种职业分化又衍生出中介服务组织，它们一般都会进行专用性投资，从而倾向于跟其他要素市场的博弈参与者签订长期合作契约，因此，间接地实现了要素市场组织之间的契约关联，最终还降低了单个农民之间相互签订产品契约的直接定价费用。这样，作为中心签约者的中介服务组织通过一系列要素契约把整个农业要素市场体系中的所有供给者与消费者联系在一起。可见，农业要素市场体系其实是由三种农业要素市场组织交织而成，而每一种农业要素市场组织均是一个相应的要素契约集合。进一步，农业三大市场的一般均衡最终是三大契约相互关联的结果。而且，当这种市场一般均衡存在时，则说明农地租赁契约、农业劳动力契约和农业资本契约之间是两两相互关联的。

6.2.4 农业中介服务组织专业化的约束：内生的交易费用

尽管农业中介服务组织的引入能够起到联系各农业要素市场组织并减少外生性交易费用的作用，但中国目前的农业经营主体仍是以农民家庭为主，而且农业合作社、农业企业和“农户+公司”模式也比较普遍。因为农业中介服务组织的出现是现代农业社会化分工的结果，但分工又受市场范围所限，当农业要素市场的容量与半径不能有效扩展时，农业中介服务组织的专业化水平就难以得到提升。尤其是，一旦分工产生的比较收益无法抵偿交易费用时，交易活动就只能停止，分工与专业化生产也无法进一步发展。因此，市场范围的扩展又受到交易费用的约束。按此逻辑，农业要素市场容量的扩展必然伴随着交易费用的上升，劳动分工受限于市场容量，农业分工因而受到交易费用约束。而农业的交易规模有限性、交易风险性与资产专用性都是内生性交易费用产生的来源。一方面，生产受季节性与生命节律的约束，使得交易具有不连续性和不稳定性，农业要素交易频率会受到限制。与此同时，农业受耕地的不可移动性、地形的不一致性、地块的零散性等约束，交易半径有限。交易频率与交易半径都会影响交易规模的扩展，这样单位交易成本就难以获得规模经济效应而下降。此外，不但农业容易受到气候不稳定（如连续降雨导致收割困难）、产品变质、生长期与成熟期不一致等自然风险的影响，而且农户服务需求或农事服务供给的不稳定因素所造成的市场风险会进一步增加交易不确定性，交易成本因而较高。另一方面，农业生产还具有专用性问题，即不同的地理条件、立地条件，不同的产品生产、不同的生产环节、不同的经营规模，需要使用不同的技术与装备予以匹配，导致地理、技术、农艺、人力资本、物质资本等多样的资产专用性。资产专用性越强，被交易对方“要挟”的概率就越高，因此，农户会要求与对方签订长期契约，从而发生一笔额外的缔约成本。

可见，上述交易费用主要是由农业自身特性而引起的，即农业特性内生的交易费用。正是这种内生性交易费用间接约束了农业中介服务组织的发展空间。显然，仅仅通过市场的自发力量是难以形成各类有效率的农业中介服务组织的。在农地“集体所有、家庭承包”的制度安排下，没有完整产权的农民只能把手中现有的承包经营权通过转让、租赁或外包等形式与农业中介服务组织签订农业要素契约。因此，政府应该鼓励和发展各类农业中介服务组织，以帮助“理性小农”参与到现代分工经济系统当中，分享合作剩余。

6.3　模型拓展分析

6.3.1　三大市场的契约均衡

我们通过构建一个简单的数学模型证明服务的介入能够实现农业土地市场、

农业劳动力市场和农业金融市场的一般均衡。

首先，在农业土地市场中，作为土地资本需求方的农民通过与土地中介服务组织签订一份农业土地租赁契约而获得一块农地的使用权，但需要支付一笔较高的租金。而这笔地租是土地中介服务组织逐一与拥有闲置土地的农民签订土地使用权代理契约来实现的，即后者把土地的使用权委托给前者代理并收取一笔地租收益，而前者则作为中心签约者把这些分散的闲置土地集中起来组成连片土地出租给需要大规模种植的农民。此时，该农民无须亲自去寻找闲置土地的拥有者，只需向土地中介支付租金即可。因此，可以假设土地中介服务组织与农民签订一份租金分成契约。在该契约安排下，农民获得土地中介服务组织提供的连片土地的使用权，但农民要按照一定分成比例将其在租赁期内实现的农业总收入的一部分作为租金偿还给土地中介服务组织。

进一步假设农民有三种同质的生产要素 t、k 和 l。每户农民的生产函数均是 $y(t,k,l)$ 且 $\partial y/\partial t>0,\ \partial y/\partial k>0,\partial y/\partial t>0$。其中，$t$ 表示每户农民所投入的资本；k 代表每户农民使用的土地面积，它等于农业土地市场总供给量 K 除以农民户数 n 之商$(k=K/n)$；l代表每户农民所投入的劳动。那么，土地中介服务组织与n户农民签订这样的分成契约后得到的净收益为 $\mathrm{NR}_j=n\times r\times y(t,k,l)-\mathrm{tc}\left[n(S)\right]$。其中，$r$是土地中介服务组织获得的分成比例；交易费用$\mathrm{tc}$是$n$的增函数，因为签约农民越多，作为中心签约者的土地中介服务组织所承担的交易费用（包括寻找愿意参与分成的农户所耗费的信息费用、在签约过程中与农户之间发生的谈判费用及对方违约的风险费用）就越高，即 $\partial\mathrm{tc}/\partial n>0$。而且，随着签约农户的增加，土地中介服务组织投入的专用性资产就越多，土地中介服务组织的专业化水平（S）也就越高，那么，它在组织与管理签约农户方面就能获得分工经济与规模效应。所以，由专业化带来的效率提高可以降低边际签约费用，即土地中介服务组织的专业化程度越高，每增加一户签约农民所带来的交易费用的增量就越小，即 $\partial\mathrm{tc}/\partial n$ 是 S 的减函数：$\partial(\partial\mathrm{tc}/\partial n)/\partial S<0$。此外，为了使农民接受分成契约，土地中介服务组织必须使农民得到的分成收入不比他们在其他农业要素市场中获得的总收入（即农业劳动力市场上的工资收入与农业金融市场的利息收入之和）低，即 $wl+ti\leqslant(1-r)y(t,k,l)$，其中，$w$ 为农业劳动力市场的工资率；i 为农业金融市场的利息率。这样，土地中介服务组织的净收益最大化问题为

$$\begin{aligned}&\max_{n,r,t}\left\{n\times r\times y(t,k,l)-\mathrm{tc}\left[n(S)\right]\right\}\\&\text{s.t. } wl+ti\leqslant(1-r)y(t,k,l)\end{aligned}\tag{6-1}$$

构建拉格朗日函数：

$$L=n\times r\times y(t,k,l)-\mathrm{tc}\left[n(S)\right]-\lambda\left[wl+ti-(1-r)y(t,k,l)\right]\tag{6-2}$$

从而得到方程组：

$$\begin{cases}\dfrac{\partial L}{\partial n}=ry(t,k,l)+nr\dfrac{\partial y}{\partial k}\dfrac{\mathrm{d}k}{\mathrm{d}n}-\dfrac{\mathrm{dtc}}{\mathrm{d}n}(S)-\lambda\left[-(1-r)\dfrac{\partial y}{\partial k}\dfrac{\mathrm{d}k}{\mathrm{d}n}\right]=0 & (6\text{-}3)\\ \dfrac{\partial L}{\partial r}=ny(t,k,l)-\lambda y(t,k,l)=0 & (6\text{-}4)\\ \dfrac{\partial L}{\partial l}=nr\dfrac{\partial y}{\partial l}-\lambda w+\lambda(1-r)\dfrac{\partial y}{\partial l}=0 & (6\text{-}5)\\ \dfrac{\partial L}{\partial t}=nr\dfrac{\partial y}{\partial t}-\lambda i+\lambda(1-r)\dfrac{\partial y}{\partial t}=0 & (6\text{-}6)\\ \dfrac{\partial L}{\partial \lambda}=-\left[wl+ti-(1-r)y(t,k,l)\right]=0 & (6\text{-}7)\end{cases}$$

再把 $k=\dfrac{K}{n}$ 的一阶导数 $\dfrac{\mathrm{d}k}{\mathrm{d}n}=\left(-\dfrac{K}{n^2}\right)$ 代入式（6-3）得

$$\frac{\partial L}{\partial n}-ry(t,k,l)+nr\frac{\partial y}{\partial k}\left(-\frac{K}{n^2}\right)-\frac{\mathrm{dtc}}{\mathrm{d}n}(S)-\lambda\left[-(1-r)\frac{\partial y}{\partial k}\left(-\frac{K}{n^2}\right)\right]=0 \quad (6\text{-}8)$$

把式（6-4）代入式（6-5）得到：$w=\dfrac{\partial y}{\partial l}$。这意味着，工资率等于农民的劳动边际产值，即在农业劳动力市场上实现了工资契约局部均衡。其经济学含义是，在工资契约下，农民以获得固定工资收入为条件而让渡其劳动要素的使用权给农业劳动中介服务组织，那么，中介服务组织承担了整个农业生产的所有风险，因而获得全部剩余索取权。因此，在农业劳动力市场中，工资契约实现了农民与农业劳动中介服务组织之间的劳动要素供求均衡。在均衡点上，农业劳动中介服务组织支付给农民的单位劳动力使用价格等于每个农民每增加一单位劳动投入带来的农产品产量的增加值。

同理，把式（6-4）代入式（6-6）得到：$i=\dfrac{\partial y}{\partial t}$。这意味着，利息率等于资本边际产值，即在农业金融市场上实现了定息契约的局部均衡。其经济学含义是，在定息契约下，资本信贷中介服务组织把资本使用权转让给农民，后者支付一笔固定的利息给前者作为转让补偿。此时，农民承担了资本经营的全部风险，因而获得扣除固定利息支付之后的净收益，从而成为完整的剩余索取者。因此，在农业金融市场中，定息契约实现了农民与农业资本中介服务组织之间的资本要素供求均衡。在均衡点上，农业资本中介服务组织获得的单位利息价格等于每个农民每增加一单位资本投入带来的农产品产量的增加值。

最后，把式（6-4）代入式（6-8）解得 $\dfrac{ry}{k}=\dfrac{\frac{\partial \mathrm{tc}}{\partial n}(S)}{k}+\dfrac{\partial y}{\partial k}$。由于 $\dfrac{\partial \mathrm{tc}}{\partial n}(S)>0$ 且

$\partial(\partial \mathrm{tc}/\partial n)/\partial S<0$ ，所以有 $\lim\limits_{S\to+\infty}\dfrac{\partial \mathrm{tc}}{\partial n}(S)=0$ 。这样，由 $\lim\limits_{S\to+\infty}\dfrac{ry}{k}=\lim\limits_{S\to+\infty}\left[\dfrac{\dfrac{\partial \mathrm{tc}}{\partial n}(S)}{k}+\dfrac{\partial y}{\partial k}\right]$ 可得 $\dfrac{ry}{k}=\dfrac{\partial y}{\partial k}$ 当且仅当 $S\to+\infty$ 。换言之，随着农业土地中介服务组织的专业化水平的提高，边际交易费用得到大幅节约，从而使农业土地市场实现单位地租收入等于土地边际产值的分成契约局部均衡。其经济学含义是，在分成契约下，农民与土地中介服务组织根据分成比例获得农业剩余收入，因此，双方共同承担风险，均成为剩余索取者。因此，在农业土地市场中，分成契约实现了农民与农业土地中介服务组织之间的土地要素供求均衡。在均衡点上，土地中介服务组织获得的单位土地租金价格等于每个农民每增加一单位土地投入带来的农产品产量的增加值。

可见，在农业中介服务组织专业化水平不断提高的条件下，农户与农业中介服务组织在农业金融市场中签订的信贷契约能够同时实现农业土地市场与农业劳动力市场的局部均衡，即农业中介服务组织的专业分工深化最终可能实现农业土地市场分成契约、农业劳动力市场工资契约和农业金融市场定息契约的一般均衡。

6.3.2 农业社会化服务的市场规模决定

尽管农业中介服务组织的引入能够起到联系各农业要素市场组织并减少外生性交易费用的作用，但农业中介服务组织的专业化水平受农业要素市场范围的约束，市场范围的扩展又受到内生性交易费用的限制。而农业的交易规模有限性、交易风险性与资产专用性都是内生性交易费用产生的来源，即内生性交易费用间接约束了农业中介服务组织的发展空间。仅仅通过市场的自发力量是难以形成各类有效率的农业中介服务组织的。因此，如何将小农融入现代农业分工体系尤为重要。本节的重点在于：①从服务供给侧揭示农业生产性服务交易半径的决定机制；②从农户服务需求侧阐明其卷入分工经济，并形成农业生产性服务交易密度的内在逻辑；③进一步将两个独立模型纳入统一分析框架，并以种植业为例，探讨农业社会化服务规模决定的“时空”机制。

1. 服务商交易半径的决定机制

农作物种植包括多个生产环节。假定存在生产性服务的供给者 i（这里统一简称为服务商），它移动的速度为 v ，单位时间可服务的农地规模为 s 。同时假定：①在农作物的一个生产周期内，i 只提供单一类型（生产环节）的服务，且其处理具体农事活动的时限为 T ；②一个农户需要服务的规模为 s_j ，农户在空间中均匀分布，且相邻农户的间距为 d（即交易密度概念）。依据罗必良等（2017b）的做法，引入交易半径概念，且假定 i 提供的服务集中在一个圆内，它只有将交易半径内所有农户需要的服务处理完，才会继续向外扩张。为了降低作业过程中的时间消耗，i 按照圆周的方向逐渐向外扩张（可以证明，该做法的移动距离最短）。同时，我们也将农户经营的农地抽象为小圆，区别于服务商提供服务的大圆，这样便于将农户的间距做具体处理。此时相邻农户的距离就变成了相切圆圆心的距离。于是有

$$\sqrt{\frac{s_j}{\pi}} \leqslant \frac{d}{2} \tag{6-9}$$

即相邻农户的间距不能小于单一农户作业规模的直径。

为了考察 i 会如何选择交易半径，可将交易半径设置为 R[①]，在交易半径为 R 的范围内可容纳的农户数量 N 可表示为一个经验函数形式[②]：

$$N = \kappa_1 \frac{R^2}{d^2} + \kappa_2 \tag{6-10}$$

其中，κ_1 和 κ_2 表示参数，且 $\kappa_1 > 0$ 。那么交易半径内的市场容量可表示为

$$Q = Ns_j \tag{6-11}$$

如前所述，i 所提供的服务是受到农作物生命节律限制的，即 i 的耗时在提供服务和空间转移上的时间之和不能超过 T[③]，即

$$\frac{Nd}{v} + N\frac{s_j}{s} \leqslant T \tag{6-12}$$

此外，i 在交易半径内的服务收益可表示为

$$R_i = Qr \tag{6-13}$$

---

① 为简化分析做如下抽象：将农户置于半径为 $d/2$ 的圆内，其经营的农地则为半径为 $\sqrt{s_j/\pi}$ 的圆，两圆同圆心。那么，交易容量可转变为，半径为 R 的圆可以包含多少个半径为 $d/2$ 且相互相切的圆的问题。

② 该设置是根据圆的面积公式得出的。有人提出大圆包含小圆的经验公式：$N = 0.83\left(4R^2/d^2\right) - 1.9$ ，但认可度并不高。为此，作者以圆的面积之比为基础，设置了一个包含参数的经验公式。当然，由于无法确定该形式的合理性，作者也尝试采用公式 $N = 6R/d - 2$ 进行推导，但与我们的结论无显著差异。理论上说，这里可以设置 $N\left(R^2/d^2\right)$ 和 $N\left(R/d\right)$ 两类抽象函数，但后文涉及大量求解交易半径的公式，不做显式处理会造成模型无法求解。如果后期该经验公式得证，可重新论证本节推论的稳健性。

③ 可以证明，服务商从大圆圆心出发，顺着圆周一圈一圈往外的运动半径最短。而且假定，服务商是按照从一个农户的圆心到另一个农户的圆心运动的。这类似于巴西一种长臂的耕作机械，其作业是在农户的耕地上伸缩机械臂，沿圆周往外旋转作业，其移动必然是从一个地块的圆心到另一个地块的圆心。

其中，r 表示单位面积作业收益。服务商所消耗的成本分为三部分——作业总成本 C_w、移动总成本 C_v 和交易总费用 TC（如与农户协商等）：

$$C_w = Qc_w \tag{6-14}$$

$$C_v = Ndc_v \tag{6-15}$$

$$\mathrm{TC} = T\left(R^2, d^2\right) \tag{6-16}$$

其中，c_w 为服务商的单位面积作业成本，c_v 为服务商的单位移动成本。那么，i 的目标函数可设置为

$$\max\left(Qr - Qc_w - Ndc_v - \mathrm{TC}\right) \tag{6-17}$$

约束条件为式（6-12），式（6-12）处理可得

$$R \leqslant \sqrt{\frac{d^2}{\kappa_1}\left(\frac{T}{d/v + s_j/s} - \kappa_2\right)} \tag{6-18}$$

式（6-17）对 R 求偏导数可得

$$\frac{\partial Z}{\partial R} = \frac{2\kappa_1 R}{d^2}\left(s_j r - s_j c_w - c_v\right) - 2RT_R'\left(R^2, d^2\right) \tag{6-19}$$

令式（6-19）等于 0，有

$$\frac{2\kappa_1}{d^2}\left(s_j r - s_j c_w - c_v\right) - 2T_R'\left(R^2, d^2\right) = 0 \tag{6-20}$$

根据式（6-20）是无法确定式（6-17）在式（6-18）确定的区间上的单调性的，为此需要将 TC 做显式处理，可设立三类交易费用函数。第一类是市场容量与交易费用满足线性关系。在杨小凯和黄有光（1999）的研究中，他们设置了交易费用系数，即单位交易的交易费用相等；第二类是市场容量与交易费用的关系满足分段凸函数。杨小凯和黄有光（1999）的处理方式是建立在交易同质的基础上，但在农业服务作业的过程中，本地的社会关系网络有助于降低交易的费用。但是，一旦超越熟人关系网络，信息的传递、价格的商量等成本就会提高，由此形成了一个交易“差序格局”（仇童伟和罗必良，2017），可采用分段凸函数表达；第三类是市场容量与交易费用的关系满足凸函数。分段凸函数假定农业服务作业的交易费用的变化存在严格的门槛，但这种假设过强。实际上，如果将任何向外拓展的交易都视为一个新的分段凸函数，并不断细分，可形成一个连续的凸函数。具体分析如下。

1）交易费用的形式：市场容量的线性函数

$$T\left(R^2, d^2\right) = \delta N \tag{6-21}$$

其中，δ 表示交易费用系数。式（6-21）对 R 求导，并代入式（6-20）：

$$F=\frac{2\kappa_1}{d^2}\left(s_j r-s_j c_w-c_v\right)-\frac{2\kappa_1}{d^2}\delta \tag{6-22}$$

由式（6-22）可知，当

$$s_j r-s_j c_w-c_v-\delta \geqslant 0 \tag{6-23}$$

i 选择的交易半径为

$$R^*=\sqrt{\frac{d^2}{\kappa_1}\left(\frac{T}{d/v+s_j/s}-\kappa_2\right)} \tag{6-24}$$

相反，如果

$$s_j r-s_j c_w-c_v-\delta \leqslant 0 \tag{6-25}$$

那么 i 选择的交易半径为 $R^*=0$，即 i 不会提供农业社会化服务。换句话说，如果从一开始，农业的分工收益就低于分工引致的交易费用，那么分工就难以形成。这与杨小凯和黄有光（1999）的观点一致。

当 $T\left(R^2,d^2\right)$ 与参与交易的农户数满足线性关系，且假定 $s_j r-s_j c_w-c_v-\delta \geqslant 0$，那么 i 会选择提供服务，其交易半径受到作物生长周期、市场交易密度和服务商技术特征的限制。

2）交易费用的形式：市场容量的分段凸函数

$$T\left(R^2,d^2\right)=\begin{cases}\delta_1 N,\ 0\leqslant R\leqslant \bar{R}\\ \delta_2 N,\ \bar{R}<R\leqslant R^*\end{cases} \tag{6-26}$$

其中，δ_1 和 δ_2 表示交易费用系数，且有 $\delta_1<\delta_2$；$\bar{R}$ 表示交易半径的某一临界值，表明在交易半径的不同范围内，交易费用具有不同的函数形式。R^* 同式（6-24）。从分段函数特征来看，当 $0\leqslant R\leqslant \bar{R}$，将 $T_R'\left(R^2,d^2\right)$ 代入式（6-20）：

$$F=\frac{2\kappa_1}{d^2}\left(s_j r-s_j c_w-c_v\right)-\frac{2\kappa_1}{d^2}\delta_1 \tag{6-27}$$

假设 $s_j r-s_j c_w-c_v-\delta_1>0$，那么在 $0\leqslant R\leqslant \bar{R}$ 上，i 将持续为农户提供服务。

当 $\bar{R}<R\leqslant R^*$ 时，将 $T_R'\left(R^2,d^2\right)$ 代入式（6-20）：

$$F=\frac{2\kappa_1}{d^2}\left(s_j r-s_j c_w-c_v\right)-\frac{2\kappa_1}{d^2}\delta_2 \tag{6-28}$$

假设 $s_j r-s_j c_w-c_v-\delta_2>0$，在 $\bar{R}<R\leqslant R^*$，i 将持续为农户提供服务。如果将分段凸函数的区间不断细分，那么当

$$\frac{2\kappa_1}{d^2}\left(s_j r-s_j c_w-c_v\right)-\frac{2\kappa_1}{d^2}\delta_i=0 \tag{6-29}$$

即当 $\delta_i=s_j r-s_j c_w-c_v$ 时，i 的净收益达到最大值。就是说，随着交易半径的增加，如果交易系数 δ_i 也随之在增加，那么只要来自分工的报酬高于市场容量扩大

造成的交易费用，那么农业分工就会进一步深化，直至分工的收益等于由其引致的交易费用。

3）交易费用的形式：市场容量的凸函数

$$T\left(R^2,d^2\right)=\delta_3 N^m,\ m>1 \tag{6-30}$$

其中，δ_3 表示交易费用系数。式（6-30）对 R 求导：

$$T_R'\left(R^2,d^2\right)=\frac{2\kappa_1\delta_3 mR}{d^2}\left(\frac{\kappa_1 R^2}{d^2}+\kappa_2\right)^{m-1} \tag{6-31}$$

将式（6-31）代入式（6-20）可得

$$F=\frac{2\kappa_1}{d^2}\left(s_j r-s_j c_w-c_v\right)-\frac{2\kappa_1\delta_3 m}{d^2}\left(\frac{\kappa_1 R^2}{d^2}+\kappa_2\right)^{m-1} \tag{6-32}$$

令式（6-32）为 0，有

$$R^*=\sqrt[2]{\frac{d^2}{\kappa_1}\left[\sqrt[m-1]{\frac{\left(s_j r-s_j c_w-c_v\right)}{\delta m}}-\kappa_2\right]} \tag{6-33}$$

式（6-32）进一步对 R 求导：

$$F_R'=-\frac{\kappa_1{}^2 R\delta m(m-1)}{d^4}\left(\frac{\kappa_1 R^2}{d^2}+\kappa_2\right)^{m-2}<0 \tag{6-34}$$

由式（6-34）可知，R^* 为交易半径的极大值点。此时参与服务外包市场的农户数为

$$N=\sqrt[m-1]{\frac{\left(s_j r-s_j c_w-c_v\right)}{\delta m}} \tag{6-35}$$

2. 农户的生产决策过程

服务商的外包服务供给与农户的服务外包需求具有相互性。因此，下面进一步考察农业社会化服务的发展将如何影响农户的种植结构调整，进而讨论服务市场容量的生成机理。为便于分析，我们假定有潜在的服务商 i 会提供服务，且存在交易半径为 R 的区域①。该区域存在 n 个农户，并假设只有当 m 个农户选择种植能进行服务外包的农作物时，农业的外包服务市场才会形成②。换言之，只有当区域内种植同一类农作物（设定为 A 作物）的农户比重达到 m/n，农业服务市

① 本节我们参照杨小凯和黄有光（1999）关于交易费用的处理方式，先将潜在服务商的出现或交易半径作为先验因素处理，下文的第 3 小节将进一步将其内生化。

② 这里假定 m 个农户即使分布在圆周的最外沿，i 提供服务的净收益也不小于 0。余下部分的分析均假定这个约束成立，不予赘述。

场才可能出现。本部分的变量和参数设置如下：各农户经营的农地面积为s_j，可消耗的劳动力标准化为 1。种植农作物 A 的单位产值为P_A，单位面积上的劳动消耗量为L_A，种植农作物 B 的单位产值为P_B，单位面积上的劳动消耗量为L_B。农户除了投入在农地上的劳动力外，其余劳动力均会到市场上去寻找工作，假定市场的平均工资为w，农户的劳动力在市场上找到工作的概率为φ。

进一步假定农作物 A 的生产环节可进行服务外包，但农作物 B 属于劳动密集型作物（如经济作物）而难以卷入农业分工。并且，农作物 A 一旦进行服务外包，单位农地上种植作物 A 的劳动消耗量由外包前的L_A变为ρL_A，从而使劳动消耗节省了$(1-\rho)L_A$，但单位面积农地的外包服务费为k。为了使我们的分析更接近现实，还需要设置如下约束条件：

$$P_B s_j \geqslant L_B s_j w\varphi \tag{6-36}$$

$$P_B s_j < w\varphi \tag{6-37}$$

$$P_A s_j - k s_j \leqslant (1-\rho) L_A s_j w\varphi \tag{6-38}$$

$$P_A s_j + \left(1 - L_A s_j\right) w\varphi < P_B s_j + \left(1 - L_B s_j\right) w\varphi \tag{6-39}$$

$$P_A s_j + \left(1 - \rho L_A s_j\right) w\varphi - k s_j > P_B s_j + \left(1 - L_B s_j\right) w\varphi \tag{6-40}$$

式（6-36）到式（6-40）表达的具体内容如下：第一，当种植农作物 B 的劳动力不高于$L_B s_j$时，种植农作物 B 的劳动产出率高于市场工资率，但农作物 B 的产值低于$w\varphi$；第二，在劳动力与农作物 A 的劳动需求匹配时，种植农作物 A 的劳动产出率低于劳动的市场工资率。但是，种植农作物 A 可以进行服务外包，且外包后，农作物 A 的产值加上家庭剩余劳动力的预期非农收入，大于农作物 B 的产值加上家庭剩余劳动力的预期非农收入。也就是说，种植农作物 A 释放的劳动力，可以提高家庭的总收入。但问题是，在面临潜在服务商是否出现的不确定性时，农户会如何选择农作物 A 和农作物 B 呢？为简化模型，将农户的选择设置为 0 或 1，即只要选择某类农作物，那么农户经营的全部农地上均为该农作物。

当面临潜在服务商是否出现的不确定性时，农户选择种植什么农作物就主要取决于他们之间的示范效应和信息传递。因为种植农作物 A 的农户比例越高，服务商就越可能出现。而且这里只考虑一期的决策，否则就会出现农户多时期相机决策的情况。接下来，根据农户决策的信息传递方式，区分了信息完全不可传递和信息可传递两种信息传递机制。前者对应的决策机制为农户独立做决策，且所有农户的决策概率独立同分布。后者对应的是农户根据周围其他农户的选择来决定自身的农作物种植类型，且假定，随着农户之间距离的增加，信息的传递性呈指数形式下降（迪克西特，2007）。对两种情形的分析如下。

1）农户独立决策：信息完全不对称

在农户的决策互相独立的情况下，假定农户选择农作物 A 的概率为 γ，那么农户 j 做决策的概率分布如下：

$$\gamma\left(A_j \mid A_1, A_2, \cdots, A_{j-1}, A_{j+1}, \cdots, A_n\right) = \gamma\left(A_j\right) \tag{6-41}$$

假设农户是同质的，那么式（6-41）的结果可表示为 $\gamma\left(A_0\right)$（常数）。当服务商提供服务的约束条件得到满足，即 m 个农户中出现 n 个农户种植作物 A，那么这个概率可表示为

$$P_1 = \sum_{J=m}^{n} C_n^J \gamma\left(A_0\right)^J \left(1-\gamma\left(A_0\right)\right)^{n-J} \tag{6-42}$$

由于单个农户决策的总收益是受制于其选择概率的，但这里我们希望从总的社会收益来看农户进行农作物选择的绩效变化。首先，在不存在社会化服务时，农户的总收益为

$$S_1 = n\left[P_B s_j + \left(1-L_B s_j\right) w\varphi\right] \tag{6-43}$$

考虑农户可能存在普遍种植农作物 A，并诱发服务商出现的可能性，那么，根据式（6-42）和农户家庭收入的构成方式，可得此时农户的总收益为

$$\begin{aligned} S_2 = \sum_{J=m}^{n} C_n^J \gamma\left(A_0\right)^J \left[1-\gamma\left(A_0\right)\right]^{1-J} \Big\{ & J\left[P_A s_j - k s_j + \left(1-\rho L_A s_j\right) w\varphi\right] \\ & + (n-J)\left[P_B s_j + \left(1-L_B\right) w\varphi s_j\right]\Big\} \end{aligned} \tag{6-44}$$

以农户家庭的总收益的大小为判断标准，只要存在

$$S_1 < S_2 \tag{6-45}$$

那么，农业外包服务市场就会发展起来，且按照“赢定输移”①的资源竞争性配置约束机制，式（6-40）的约束条件必然使得种植农作物 A 成为农户的占优策略。当然，读者也可以将单个农户作为分析对象，但不会改变模型的最终推论。

2）农户联合决策：信息交互影响

很显然，从众多的研究来看，农户的行为都具有“羊群效应”（杨唯一和鞠晓峰，2014；杨卫忠，2015）。也就是说，农户之间种植信息的传递会干扰他们选择种植的农作物品种。为此，依据迪克西特（2007）的处理方式，在以农户为圆心，且半径为 χ 的圆内②，其他农户可以传递信息并影响农户种植类型决策的

① “赢定输移”策略可表述如下：如果我们在上一轮中都采取合作行为，那么我会再次选择合作。如果我们在上一轮中都采取背叛行为，那么我会以某一概率与对方合作。如果我们上一轮中采取不同的行为，那么我会选择背叛（诺瓦克，2010；诺瓦克和海菲尔德，2013）。在本节中，农户一旦因服务外包而获得更高的收益，他们将长期选择种植农作物 A。因为与种植农作物 B 相比，种植农作物 A 并进行服务外包是经济收益上的“赢”。

② 这里假定，农户的信息传递是存在阈值的，一旦农户间距超过 χ，那么信息传递无法成功。这对农村分散的居住格局和经营格局而言，无疑是合理的。

概率可设置为如下函数形式：

$$P_2 = \frac{a\mathrm{e}^{-a\theta}}{2\left(1-\mathrm{e}^{-a\chi}\right)} \quad (6\text{-}46)$$

其中，a 表示信息传递系数；θ 表示农户与其他农户的距离。为便于分析，假定：在每个农户周围存在 s 个农户种植农作物 A，农户周围半径为 R 圆内种植作物 A 和作物 B 的农户均匀分布。那么农户通过其他农户的信息来决策自己的农作物种植类型的概率可表示为

$$\mathrm{SP}_2 = \int_0^{\chi} \frac{a\mathrm{e}^{-a\theta}}{2\left(1-\mathrm{e}^{-a\chi}\right)} \mathrm{d}\theta \quad (6\text{-}47)$$

第一，当 $\frac{s}{n} \geqslant \frac{m}{n}$ 时，农户的预期收入为

$$I_1 = \mathrm{SP}_2\left[P_A s_j - k s_j + \left(1-\rho L_A s_j\right) w\varphi\right] + \left(1-\mathrm{SP}_2\right)\left[P_B s_j + \left(1-L_B s_j\right) w\varphi\right] \quad (6\text{-}48)$$

式（6-48）是否能够成为农户种植农作物 A 的充分条件呢？如果存在

$$I_1 > P_B s_j + \left(1-L_B s_j\right) w\varphi \quad (6\text{-}49)$$

那么，信息传递就能够带动农户种植农作物 A。由于假定农户同质，意味着所有农户均选择种植农作物 A，由此形成连片种植。将式（6-49）简化可得

$$P_A s_j - k s_j + \left(1-\rho L_A s_j\right) w\varphi > P_B s_j + \left(1-L_B s_j\right) w\varphi \quad (6\text{-}50)$$

式（6-50）与式（6-40）的形式是一致的，这说明，在农户的农作物种植存在示范效应，且种植信息和收益信息可传递的决策环境中，只要存在农业的外包服务市场，农户种植农作物 A 的家庭预期总收益是要高于种植农作物 B 时的预期总收益的。此时，“赢定输移”策略将使得种植农作物 A 的农户比例迅速增加。当然，这里还存在一个隐含的假设：农户种植的农作物类型和家庭收入状况的信息是可以被识别的，且可传递。基于这个假设，那些因未种植农作物 A 而遭受“损失”的农户才会调整他们的种植结构。

第二，当 $\frac{s}{n} < \frac{m}{n}$ 时，农户的预期收入为

$$I_2 = \mathrm{SP}_2\left[P_A s_j + \left(1-L_A s_j\right) w\varphi\right] + \left(1-\mathrm{SP}_2\right)\left[P_B s_j + \left(1-L_B s_j\right) w\varphi\right] \quad (6\text{-}51)$$

很显然，从式（6-51）来看，此时农户的预期收入是小于完全种植农作物 B 时的收益的，参见式（6-39）。换句话说，一旦农户因种植农作物 A 而蒙受“损失”，那么他们就会重新选择种植农作物 B。

3. 外包服务市场的扩展机制：从横向分工和连片专业化到纵向分工

在农业外包服务市场的扩展过程中，纵向分工依赖于横向分工（罗必良，

2017c）。因此，本节首先设置农户跨时期农作物选择（横向专业化和连片种植）的状态模型，然后与服务商的决策模型结合，进而探讨从横向分工和连片专业化到纵向分工的约束机制。

假设在某一期（如第 1 期）种植农作物 A 的农户比重达到 m/n。农户选择种植农作物 A 的原因是，种植粮食作物的劳动消耗比经济作物要低，且生产环节的可分离性及其服务外包能够有效降低农业生产的机会成本。进一步地，假定农业服务需求市场满足服务商的目标约束，且规定在服务商的决策方程中，交易费用为市场容量的凸函数，即式（6-30），农户的信息传递模式为式（6-47）。那么各时期农业外包服务的需求者数量如下：

$$N_1 = \frac{m}{n} N \tag{6-52}$$

$$N_2 = N_1 + \left(1 - \frac{m}{n}\right) N \int_0^{\chi} \frac{a\mathrm{e}^{-a\theta}}{2\left(1 - \mathrm{e}^{-a\chi}\right)} \mathrm{d}\theta \tag{6-53}$$

……

$$N_n = N_{n-1} + \left(N - N_{n-1}\right) \int_0^{\chi} \frac{a\mathrm{e}^{-a\theta}}{2\left(1 - \mathrm{e}^{-a\chi}\right)} \mathrm{d}\theta \tag{6-54}$$

由式（6-52）到式（6-54），可得

$$N_n - N_{n-1} = \left(1 - \int_0^{\chi} \frac{a\mathrm{e}^{-a\theta}}{2\left(1 - \mathrm{e}^{-a\chi}\right)} \mathrm{d}\theta\right)^{n-2} \left(N_2 - N_1\right) \tag{6-55}$$

由式（6-55）变换可得

$$N_n = \frac{\left[1 - (1 - \varepsilon)^{n-1}\right]}{\varepsilon} \left(N_2 - N_1\right) + N_1 \tag{6-56}$$

其中，$\varepsilon = \int_0^{\chi} \frac{a\mathrm{e}^{-a\theta}}{2\left(1 - \mathrm{e}^{-a\chi}\right)} \mathrm{d}\theta$。

式（6-56）表达的是在交易半径为 R 的区域内，第 n 期种植农作物 A 的农户比重。而且，为便于分析，假定按照式（6-40）的约束，接收信息后种植农作物 A 的农户将在 s_j 种植面积上全部进行服务外包。为了与第二部分的分析结合起来，可将初始种植农作物 A 的农户比重设置为 β，并满足如下条件：

$$\beta Qr - \beta Qc_w - Ndc_v - \mathrm{TC} \geqslant \left(\frac{Nd}{v} + \beta N \frac{s_j}{s}\right) w\varphi \tag{6-57}$$

这里将非农务工的单位时间的工资设置为 w，且假定服务商依然需要按照原来的路径寻找农户，即他们的交易费用和机械空转的成本不变，但作业的时间可以节省下来。那么，按照现有设置，式（6-56）可表示为

$$N_n=\left[1-(1-\varepsilon)^{n-1}\right](1-\beta)N+\beta N \tag{6-58}$$

换言之，在时期 n，单位面积上种植农作物 A 的农户密度为

$$\rho_n=\frac{\left[1-(1-\varepsilon)^{n-1}\right](1-\beta)N+\beta N}{\pi R^2} \tag{6-59}$$

式（6-59）表达的是，种植农作物 A 的农户在空间上是均匀分布的。那么按照第二部分服务商的目标函数和约束，现在的目标函数和约束分别为

$$\max\left[N_n s_j r-N_n s_j c_w-Ndc_v-\mathrm{TC}-\left(\frac{Nd}{v}+N_n\frac{s_j}{s}\right)w\varphi\right] \tag{6-60}$$

$$\frac{Nd}{v}+N_n\frac{s_j}{s}\leqslant T \tag{6-61}$$

按照拉格朗日法可得

$$L=N_n s_j r-N_n s_j c_w-Ndc_v-\mathrm{TC}-\left(\frac{Nd}{v}+N_n\frac{s_j}{s}\right)w\varphi+\lambda\left(T-\frac{Nd}{v}-N_n\frac{s_j}{s}\right) \tag{6-62}$$

式（6-62）分别对 R 和 λ 求导：

$$\begin{aligned}L'_R=&\frac{2\kappa_1 R s_j r}{d^2}\eta-\frac{2\kappa_1 R s_j c_w}{d^2}\eta-\frac{2\kappa_1 R c_v}{d}-\frac{2\kappa_1 R\delta m}{d^2}\left(\frac{\kappa_1 R^2}{d^2}+\kappa_2\right)^{m-1}\\&-\frac{2\kappa_1 R w\varphi}{dv}-\frac{2\kappa_1 R s_j w\varphi}{d^2 s}\eta-\frac{2\kappa_1 R\lambda}{dv}-\frac{2\kappa_1 R s_j\lambda}{d^2 s}\eta\end{aligned} \tag{6-63}$$

$$L'_\lambda=T-\frac{Nd}{v}-\frac{\eta N s_j}{s} \tag{6-64}$$

其中，$\eta=\left[1-(1-\varepsilon)^{n-1}\right](1-\beta)+\beta$。

令式（6-63）和式（6-64）为 0，求出的极值点为

$$R^*=\sqrt[2]{\frac{d^2}{\kappa_1}\left(\frac{T}{d/v+\eta s_j/s}-\kappa_2\right)} \tag{6-65}$$

从式（6-65）来看，服务商的交易半径是农作物生长和生产周期 T 的增函数，是相邻农户间距 d 的增函数①，是初始种植农作物 A 的农户比重 β 的减函数，也是农户接收信息后转变种植行为概率 ε 的减函数。如果假定农户的分布和初始种植农作物是先验决定的，那么决定服务商交易半径的外生因素主要就是 T 和 ε。对于前者，在特定区域内的某种农作物，其生长周期是无差异的，这就决定

① 相邻农户间距增加，无疑需要扩大交易半径才能获得正的预期净收益，这也是农业难以分工的主要原因。分散化的生产布局使得初始的分工收益显著低于经营成本。如果在一个生产周期内，服务商无法获得正的净收益，自给自足将是农业的帕累托最优状态。这里是基于交易半径内出现分工正收益的前提展开的，故不需要考虑分工中交易效率和分工收益的两难问题（杨小凯和黄有光，1999）。

了沿着经度布局农作物种植结构会抑制服务商交易半径的扩大，最终形成多中心的服务区域（罗必良，2017c）。对于后者，其涉及市场信息的传递和披露问题，一旦服务市场内的组织结构改善，信息传递融通，市场供给稳定，那么信息衰减的程度会大大下降，由此增加社会化服务潜在的市场需求。很显然，信息披露程度的增加表明，农户预期的收益是在增加的，那么农户横向专业化和连片种植的可能性也在增加，有利于促进纵向分工。但是，农业固有的节令特征和服务商的作业效率意味着，信息披露程度增加造成的交易密度的增加会使得服务商的交易半径收缩。主要原因在于，服务能力决定了固定周期内服务商的作业量，为了降低交易费用，收缩交易半径更合乎经营效率。上述两方面的结合，则构成了农业社会化服务市场发育的“时空”概念。

6.4　结论与讨论

综上所述，中国的特殊农情决定了农业要素产权被管制从而产生高昂的交易费用，进而导致农业要素市场变得不完全。因此，放松产权管制可以改善市场的不完全。但在产权管制结构暂时无法改变的时候，可以通过要素契约替代产品契约的方式，让农业中介服务组织成为中心签约者并获得剩余权利，有利于交易费用的节约，以缓解农业要素市场失灵问题。进一步，作为中心签约者的中介服务组织通过一系列要素契约把整个农业要素市场体系中的所有供给者与消费者联系在一起。农业要素市场体系其实是由三种农业要素市场组织交织而成，而每一种农业要素市场组织均是一个相应的要素契约集合。因此，农业三大市场的一般均衡最终是三大契约相互关联的结果。而且，在农业中介服务组织专业化水平不断提高的条件下，农户与农业中介服务组织在农业金融市场中签订的信贷契约能够最终实现农业土地市场分成契约、农业劳动力市场工资契约和农业金融市场定息契约的一般均衡，这意味着农地租赁契约、农业劳动力契约和农业金融契约之间是两两相互关联的。

在借鉴罗必良（2017c）提出的农业服务市场的交易半径和交易密度理论概念的基础上，本章进一步通过构建服务商交易半径决定理论模型、农户服务采纳的信息传递模型，并将二者的决策纳入统一模型，系统考察了农业社会化服务市场在空间和时间上的发展路径。研究表明：①初始农作物品种种植规模所诱发的农业服务潜在市场的容量，对于农业社会化服务市场交易半径的后期增长具有正向激励作用。②随着服务市场信息的披露和传递速度的加快，基于“赢定输移”策略的农户会主动加入农业分工经济，由此提高市场的交易密度和交易半径。③虽然市场容量的增加会激励更多具有企业家精神的主体进入农业社会化服务市场，但囿于农业固有的节令特征和作业周期性，发展规模化、组织化、系统化的农业社会化服务市场必须立基于我国种植业纬度布局的调整，由此形成“大农业”与“大市场”概念。

第 7 章 农业要素市场的匹配：作用机制及其转换

农业的土地、劳动力与资本的三个要素市场之间是相互联系的，而且中介服务组织及其服务要素市场在整个市场的一般均衡形成过程中起到“黏合剂”的作用。因此，本章利用我国 2006~2015 年省级面板数据，计量检验了分工背景下农业劳动力非农就业、农业社会化服务与农地流转三大要素市场的互动。结果表明：农业劳动力非农转移促进了农地流转市场的发育，但农业社会化服务市场的发育则会对其产生抑制作用。二者的影响均以滞后二期最为显著，表明农业要素市场的互动具有时滞效应。随着农业的深化与社会化服务市场的发育，农业劳动力非农转移对农地流转的促进作用趋减，且仍以滞后二期最为显著，表明农业要素市场的互动具有消长关系。以农地流转带动农业适度规模经营的政策导向已呈现乏力态势，而发育农业社会化服务市场，将农户经营卷入分工经济，将有助于形成小农生产融入现代农业发展的新格局。

7.1 研 究 背 景

针对我国小规模分散化的农业经营，以农地流转促进农业的适度规模经营已经受到了广泛关注并不断付诸实施。主流文献表达的基本判断有：①农地流转可以实现生产要素向更有效率的经营主体转移，从而提高农业规模经济性（姚洋，2000b）。②地权稳定或农地确权是重要的前提。稳定的农地产权不仅能够促进农地流转，还能够有效激励农业劳动力的非农转移（马贤磊等，2015）。③农业劳动力非农转移能够显著促进农地流转（黄枫和孙世龙，2015）。由此，通过完善制度环境，以农业劳动力非农转移为抓手，发育农地流转市场以改善农业规模经济，成为普遍共识。而且，学界普遍将扩展和健全农业劳动力非农就业市场视为发育农地流转市场的重要前提条件。

农业农村部数据显示，中国农地流转率已从 2005 年的 4.5%上升至 2016 年的 35.1%。尽管成效显著，但却具有逐渐式微的趋势。2005~2013 年，我国农地流转率的年均增长率为 24.33%，2014~2016 年则减弱为 7.45%。可见，上述文献所表达的逻辑关系并未得到实践的一致性证实。第一，2006 年中国农业劳动力非农务工的比例为 29.87%，2015 年这一数据为 40.94%，表明农地流转率明显滞后于农业劳动力的非农转移。第二，2009 年启动，并于 2014 年全面推进的农地确权并未实现加速农地流转的初始预期。第三，值得重视的是，农业社会化服务市场的发育在一定程度上能够缓解农业劳动力的刚性约束，并可能反过来抑制农业劳动力非农转移所诱导的农地流转市场扩展。可以认为，传统意义上“人动”带动“地动”的逻辑可能将问题简单化了；农地确权对促进农地流转的激励作用可能被无意夸大了；随着农业社会化服务市场的发育，农业要素市场的互动关系将变得更为复杂。

实际上，两个市场的互动关系属于局部均衡，一般均衡表达的则是多市场运行的互动逻辑。因此，单独考察农业劳动力非农就业市场和农地流转市场的互动，实际上是一种割裂农业要素市场的分析方式。尤其是在服务规模经营逐渐成为中国实现农业规模经营的重要方式的趋势下，小农卷入分工经济将优化农业要素的配置结构，在这种情况下，农户是否会流转农地取决于其参与农业分工市场所能获得的经济效益。那么我们不禁要问：既然农业社会化服务可以改善农业绩效，那么它又将如何影响农业劳动力非农就业市场与农地流转市场的互动？对该问题的回答，不仅有助于深化对农业要素市场互动机制的理解，还有助于进一步回答，在农地流转呈现乏力态势的情形下，中国农业经营方式转型可能性模式与路径是什么。

7.2　理论线索

农地流转并非是独立存在的，其发生发展是以其他要素市场的发育为约束条件的。因此，试图考察单一要素对农地流转的影响，或由此判断农地流转在推进中国农业规模经营中的作用，不仅有违理论逻辑，与现实约束也难以吻合。为此，本部分首先从农村劳动力非农转移、农业社会化服务发展与农地流转的互动关系，推演农地流转实施的理论线索及其转换机制。其次，利用数理模型，刻画农地流转面临的约束条件，进而考察不同要素市场发展对农地流转的可能性影响。

7.2.1　文献梳理

一般均衡理论认为，单个市场并非独立运行，而是涉及多市场的互动，由此使得市场均衡的存在性和唯一性具有较大的不确定性。遗憾的是，在农业要素市场的分析中，互动关系的研究并未得到重视。即使在探讨农地产权对农地流转的作用机理分析中，Brauw 和 Mueller（2012）也是期望通过稳定农地产权来激励农业劳动力非农转移，进而诱发农地流转，这显然是一种单向的市场逻辑。

实际上，Besley（1995）早已论述了地权稳定具有优化农地市场、提高信贷可获性和激励投资等多重效应，但学界并未重视这些市场的互动机制。事实上，地权稳定并不必然促进地权交易。尤其是对于农地流转市场，长期以来作为中国推进农业适度规模经营的重要举措，已经呈现政策绩效减缓态势。而试图借助农业劳动力非农转移促进农地流转市场发育的研究，均将人地关系松动，特别是“人动”必然引致“地动”视为内生机制，普遍忽视了农地流转市场本身的内在逻辑，并高估其对促进农地规模经营的意义。已有研究表明，农地流转只是要素配置的一种方式，但并非总是最有效的配置方式。Carter（1984）对印度的研究表明，农场规模每增加 1 倍，单位农地的产量就会减少 40%。李谷成等（2009）的分析发现，中国的农地经营规模与农地生产率同样呈现反向关系。不仅如此，在历史上，农场规模向来不是决定技术进步及其绩效的关键要素，试图通过扩大农地规模来实现规模经济的政策主张，无论是理论方面还是实证方面都没有真正令人信服的证据，更是一个远未解决的话题。

不同的是，Young（1928）认为，规模经济源于分工经济，通过生产环节的专业化，可以改善要素的生产效率。长期以来，小规模农场曾被视为农业绩效不良的主要原因，因为它阻碍了技术进步、减少了信贷获得机会。更重要的是，它限制了不可分投入品（如农业机械）的使用。但应该承认，为避免使用机械达不到最优利用状态（最小规模临界点），小规模农场不购买机械是明智的，而农民通过分享农机外包服务，可绕过规模临界点的约束（Olmstead，1975）。Allen 和 Lueck（2002）对 1980 年北美的研究表明，即使是大农场，其对机械的租赁与服务外包也远比小农场普遍。可见，从农场规模经济转向参与分工经济具有广泛的适用性。

罗必良（2017c）的研究表明，随着农业社会化服务市场的发育，种植结构将实现连片专业化，农业家庭经营也会卷入分工经济。而且，农业劳动力非农转移会促使农户购买更多的机械化服务。“农村土地与相关要素市场培育与改革研究”项目 2015 年对我国 9 个省区 2 704 户农户的专项问卷（NSFC-71333004-2015）数据显示，当农户的非农劳动力占比达到 20%~30%，他们会迅速增加粮食种植规模，并加大对农机的服务外包。可见，农户并不决定性地在劳动力非农转移的过程中流转农地。不仅如此，农业劳动力非农转移会造成务农机会成本的增加，但农户可以通过调整种植结构以参与农业社会化服务市场，进而实现务农机会成本的最小化。即使对于农地转入户而言，农业社会化服务的扩展和农业劳动力刚性约束的增强，也会促使他们调整种植结构以适应外包服务市场。据此可以推断，如果转入户与小农户的种植结构趋同，那么农地租金水平将回归农地经营利润，此时农户出租农地的可能性也会下降。

可以认为，农业劳动力非农转移在提高农业生产机会成本的过程中，有助于促使农户参与农地流转市场。但是，随着农业社会化服务市场的发育，农地流转市场的参与约束将变得更为复杂。尽管农业社会化服务市场的发育可能抑制农地流转，但它却是农户基于改善农业经营效率的自发选择，可能成为中国农业经营方式转型的重要推动力。

7.2.2　数理模型

为考察农业劳动力非农就业市场和农业社会化服务市场对农地流转市场的影响，可构建农户多要素市场配置的数理模型。首先，假定农户参与的要素市场满足瓦尔拉条件；其次，按照 Todaro（1969）的设定，假定农业劳动力非农就业市场的工资水平高于农业部门的工资，且农业劳动力均可以在非农就业市场上找到工作。但我们的前期研究表明，如果农业中的劳均产出低于非农就业工资率，那么农户会完全离农务工（仇童伟和罗必良，2017）。为此，假定农户会在农业生产中投入最优的劳动，且劳均产出不低于非农就业工资率，即满足从事农业生产的参与约束。依据农户要素配置的收益最大化原则设置如下目标函数和约束条件：

$$\max\left(p_1 Y + L_2 w + rA_2 - p_2 S\right) \tag{7-1}$$

$$L_1 + L_2 = 1 \tag{7-2}$$

$$A_1 + A_2 = 1 \tag{7-3}$$

$$L_1 + \varphi S = uA_1 \tag{7-4}$$

$$Y = A_1^{\alpha}\left(L_1 + \varphi S\right)^{\beta} \tag{7-5}$$

其中，Y 表示农产品总产出；L_1 和 L_2 分别表示投入在农业部门和非农部门中的劳动规模；A_1 和 A_2 分别表示农户自己经营的农地规模和出租的农地规模；S 表示农户购买的农业社会化服务规模，且农户的劳动禀赋和农地禀赋均标准化为 1；p_1 和 p_2 分别表示农产品和农业社会化服务的单位价格；w 表示非农就业市场的单位劳动工资；r 表示单位农地的租赁价格；φ 表示单位社会化服务可以替代的劳动水平；u 表示经营单位农地需要的劳动投入。且有 $\alpha + \beta = 1$，即假定生产农产品的规模报酬不变。

将式（7-2）~式（7-5）代入式（7-1），并对 A_2 求偏导：

$$\frac{\partial I}{\partial A_2} \geqslant -p_1u^\beta + w\frac{\partial L_2}{\partial A_2} + r - p_2\frac{\partial S}{\partial A_2} \tag{7-6}$$

将式（7-2）和式（7-3）代入式（7-4），并对 A_2 求偏导：

$$\frac{\partial L_2}{\partial A_2} = u + \varphi\frac{\partial S}{\partial A_2} \tag{7-7}$$

将式（7-7）代入式（7-6），处理可得

$$\left(w - \frac{p_2}{\varphi}\right)\frac{\partial L_2}{\partial A_2} \geqslant p_1u^\beta - r - \frac{up_2}{\varphi} \tag{7-8}$$

式（7-8）保证了出租农地会提高农户的家庭收入。很显然，如果农业社会化服务市场的参与约束不成立，那么式（7-8）变为 $(\partial A_2/\partial L_2) = \dfrac{w-(p_2/\varphi)}{p_1u^\beta-(up_2/\varphi)-r}$；进一步，如果农地流转市场的参与约束也成立，可以得出 $\partial A_2/\partial L_2 \geqslant 0$；如果农业社会化服务市场的参与约束成立，那么式（7-8）变为 $(\partial A_2/\partial L_2) \leqslant \dfrac{w-(p_2/\varphi)}{p_1u^\beta-(up_2/\varphi)-r}$。此时，如果农地流转市场的参与约束不成立，可以得出 $\partial A_2/\partial L_2 \leqslant 0$。由此可知，当农业社会化服务市场的参与约束得到满足，农地流转市场发育滞后，农业劳动力非农转移将造成农地流转市场的持续萎缩。类似地，如果农业社会化服务市场和农地流转市场的参与约束同时成立，可以得出 $\partial A_2/\partial S \leqslant 0$。

这说明，如果满足农业社会化服务市场和农地流转市场的参与约束，那么农业社会化服务市场的发育会抑制农地流转市场的发育，即农户将参与农业分工市场，并选择自己经营农地。上述理论分析也表明，农地流转市场并不是一个独立的市场，试图通过农业劳动力非农转移来促进农地流转与农地规模经营，将面临严格的约束。当农地流转市场的参与约束得到满足时，农业劳动力非农转移确实有助于推进农地流转。但如果农业社会化服务市场的参与约束也得到满足，那么农业劳动力非农转移的促进作用将减弱。特别地，当农地流转市场和农业社会化服务市场的参与约束均成立时，农业社会化服务市场的发育会抑制农地流转市场的发育。因此，置于农业要素市场相互关联的分析情景中，农地流转并不是实现农业规模经营的唯一方式。

7.3 实证分析

为验证上述推论，利用我国26个省（自治区、直辖市）（不包括北京、上海、天津、青海、西藏及港澳台地区）2006~2015 年的省级面板数据进行实证分析。

7.3.1　数据、变量与模型选择

1. 数据来源

数据来源于《中国统计年鉴》（2007~2016 年）、原农业部农村经济体制与经营管理司编辑的《全国农村经营管理统计年报》（2006~2015 年），以及《全国农产品成本收益资料汇编》（2007~2016 年）。需要指出的是，首先，由于我们是以各省（自治区、直辖市）三种主粮（稻谷、玉米和小麦）每亩年均的机械服务费来表征农业社会化服务市场的发育状况，但北京市、上海市、天津市、青海省、西藏自治区在近年的《全国农产品成本收益资料汇编》中三种主粮的统计结果已经不再汇报，故下面将使用剩余的 26 个省（自治区、直辖市）作为分析对象。其次，考虑到数据可获性，特选择 2006~2015 年为分析时段①。另外，对于生产总值和服务费用等均采用 2006~2015 年各年份的 CPI（consumer price index，消费价格指数）并将它们折算成 2006 年的不变价格。下面不再赘述。

2. 描述性证据

表 7-1 汇报了样本省（自治区、直辖市）2006~2015 年农地流转、农业劳动力非农转移和农业机械化服务的状况。初步发现：①总体来说，全国农地流转发展态势良好，农业劳动力非农转移和农业机械化水平也呈现逐年增长态势；②2006~2010 年，农地流转率、农业劳动力非农转移比例和农业机械化服务的年均增长率分别为 30.30%、4.73%和 13.45%，2011~2015 年，三项数据的年均增长率则分别为 14.99%、1.55%和 7.12%。前后两个阶段增长率的降幅分别为 50.51%、67.16%和 47.03%。可见，农地流转率增速减缓是伴随农业劳动力非农转移乏力和农业机械化程度增速降幅较小的情景出现的。

表 7-1　描述性证据

年份	农地流转率	农业劳动力非农转移规模/万人	农业劳动力非农转移比例	农业机械化服务/[元/（亩·年）]	年初农总动力/亿瓦
2006	5.1%	608.584	30.5%	129.605	2 569.170
2007	5.9%	652.562	33.3%	144.807	2 724.762
2008	8.9%	692.339	34.4%	174.471	2 881.092

① 农业部农村经济体制与经营管理司在 2005 年之前没有公布全国农地流转率和农地流转规模的分省统计数据。

续表

年份	农地流转率	农业劳动力非农转移规模/万人	农业劳动力非农转移比例	农业机械化服务/[元/（亩·年）]	年初农总动力/亿瓦
2009	12.2%	722.423	35.2%	187.074	3 097.169
2010	14.7%	764.635	36.7%	214.701	3 299.354
2011	17.5%	799.039	37.7%	238.644	3 500.519
2012	20.3%	832.141	38.6%	271.113	3 689.277
2013	23.8%	856.324	39.4%	277.501	3 874.502
2014	28.1%	876.058	39.7%	303.728	3 927.069
2015	30.6%	889.349	40.1%	314.273	4 083.808

注：表 7-1 中各指标均为各省（自治区、直辖市）的平均值，而非全国总体平均；农业机械化服务采用的是各省（自治区、直辖市）三种主粮（稻谷、玉米和小麦）每亩年均机械服务费用，并利用历年消费价格指数调整为 2006 年的不变价格；年初农机总动力是指各省（自治区、直辖市）历年前一年年末的农机总动力

3．变量说明

第一，因变量。因变量为农地流转率，采用各省（自治区、直辖市）历年流转农地总面积占农户承包耕地总面积的比重进行刻画。

第二，主要自变量。主要自变量包括农业劳动力非农转移比例和农业机械化服务。首先，农业劳动力非农转移比例采用农村非农务工劳动力人数占农村总劳动力的比重进行刻画。其次，农业机械化服务采用每亩土地上投入机械服务的总费用进行刻画。考虑到目前中国农业社会化服务以机械作业服务为主，且以粮食作物生产中的机械化程度最高。因此，以各省（自治区、直辖市）三种主粮每亩年均机械外包作业费用来表征该省（自治区、直辖市）农户参与农业社会化服务的程度。

第三，其余控制变量。其余控制变量包括农村户均人口、农村户均农地规模、第一产业产值占比、农地流转合同、农地承包合同、农地承包经营权证书。农村户均人口可表达家庭从事农业生产的劳动投入，以区别于劳动力概念。其原因是，农村 70 岁左右的老人还是种地的重要群体，但并不包含在劳动力统计数据内；农村户均农地规模表征了家庭从事规模经营的可能性；第一产业产值占比可以间接表征该省（自治区、直辖市）非农产业的发育程度；农地流转合同的签订表达了农地流转的规范化和市场化程度，农地流转的市场化可能通过提高流转租金诱导农地流转；农地承包合同和农地承包经营权证书表达了地权的稳定性，而地权稳定性的增强可能促进农地流转市场的发育。此外，农地流转也存在时间维度的自发趋势与区域依赖性，为此引入时间趋势变量，并识别了各省（自治区、直辖市）的区域虚拟变量。变量定义与描述见表 7-2。

表 7-2　变量定义与说明

变量	定义与说明	均值	标准差
农地流转率	各省（自治区、直辖市）历年流转农地总面积占农户承包耕地总面积的比重	0.167	0.128
农业劳动力非农转移比例	各省（自治区、直辖市）农村非农务工劳动力人数占农村总劳动力的比重	0.366	0.088
农业机械化服务	各省（自治区、直辖市）三种主粮每亩年均机械外包作业费用[单位：元/（亩·年）]	225.592	125.667
农村户均人口	各省（自治区、直辖市）农村总人口与农村总户数的比值	3.577	0.624
农村户均农地规模	各省（自治区、直辖市）农户承包耕地总面积与农村总户数的比值（单位：亩/户）	6.713	5.793
第一产业产值占比	各省（自治区、直辖市）第一产业生产总值占地区生产总值的比值	0.123	0.049
农地流转合同	农地流转中签订农地流转合同的总份数（单位：份，取对数）	13.194	1.205
农地承包合同	农地承包合同发放份数（单位：份，取对数）	15.879	0.956
农地承包经营权证书	农地承包经营权证书发放份数（单位：份，取对数）	15.624	0.845
时间趋势变量	以 2006 年为基准，以观测值所在年份减去 2006	4.500	2.878
区域虚拟变量	26 个省（自治区、直辖市）的区域虚拟变量	—	—

4. 模型选择

1）估计模型一

为考察“人动”如何引发“地动”，首先给出农业劳动力非农转移影响农地流转的估计模型，如式（7-9）所示。在此基础上，考虑到农业劳动力转移的稳定性也会影响农地流转，即农业劳动力非农转移比例变量的滞后期可能对农地流转存在差异化影响。为此，引入式（7-10）以识别农业劳动力非农转移影响农地流转的时滞效应。

$$Y_{it} = a_0 + a_1 \mathrm{lag}(T)\mathrm{labormig}_{it} + \sum_{n=1} a_{2n}\mathrm{CV}_{nit} + u_{it} + \varepsilon_{it} \tag{7-9}$$

$$Y_{it} = a_0 + a_1 \mathrm{labormig}_{it} + a_2 \mathrm{lag}(T_1)\mathrm{labormig}_{it} + \sum_{n=1} a_{3n}\mathrm{CV}_{nit} + u_{it} + \varepsilon_{it} \tag{7-10}$$

其中，Y_{it} 表示第 i 个省（自治区、直辖市）t 期的农地流转率；$\mathrm{labormig}_{it}$ 表示第 i 个省（自治区、直辖市）t 期的农业劳动力非农转移比例；$\mathrm{lag}(T)$ 表示滞后期，考虑到样本量受限且估计结果的特征，T 的取值范围为 0~3；CV_{nit} 表示第 i 个省（自治区、直辖市）t 期的农村户均人口、农村户均农地规模、第一产业产值占比等控制变量；$a_0 \sim a_{2n}$ 为待估计系数；u_{it} 表示个体异质性的截距项；ε_{it} 为随个体与时间而改变的扰动项，假设 ε_{it} 独立同分布，且与 u_{it} 不相关。

虽然式（7-9）可以分别引入农业劳动力非农转移比例变量的 0~3 期滞后项，但囿于这些估计均为独立的，无法直接比较农业劳动力非农转移比例变量不同滞后期的估计系数是否具有显著性差异。为此，式（7-10）同时引入了农业劳动力非农转移比例变量的当期及滞后 1~3 期。通过检验当期与滞后期的农业劳动力非农转移比例变量估计系数的显著性差异，以检验农业劳动力非农转移对农地流转的影响是否存在时滞效应。

2）估计模型二

在考察农业社会化服务对农业劳动力非农转移作用的调节机制之前，先识别了农业社会化服务对农地流转的独立影响。但是，农户在接受服务后如何决策农地流转，很大程度上取决于农业机械化服务供给的稳定性。为此，参照式（7-9），式（7-11）分别引入农业机械化服务变量的不同滞后期。

$$Y_{it} = a_0 + a_1 \text{lag}(T)\text{service}_{it} + \sum_{n=1} a_{2n}\text{CV}_{nit} + u_{it} + \varepsilon_{it} \quad (7\text{-}11)$$

$$Y_{it} = a_0 + a_1 \text{service}_{it} + a_1 \text{lag}(T_1)\text{service}_{it} + \sum_{n=1} a_{2n}\text{CV}_{nit} + u_{it} + \varepsilon_{it} \quad (7\text{-}12)$$

其中，service_{it} 表示第 i 个省（自治区、直辖市）t 期的农业机械化服务变量，其余变量和参数的定义与式（7-9）中一致。与引入式（7-10）的逻辑类似，式（7-12）同时引入了农业机械化服务变量的当期和滞后期（1~3 期），并检验了二者的显著性差异。

3）估计模型三

在分别考察农业劳动力非农转移和农业机械化服务对农地流转的影响的基础上，进一步讨论农业机械化服务是否会改变农业劳动力非农转移对农地流转的作用机制，以识别农业劳动力非农就业、农业社会化服务和农地流转三类市场的互动关系。为此，式（7-13）引入了农业劳动力非农转移比例变量和农业机械化服务变量的交互项。

$$\begin{aligned} Y_{it} = {} & a_0 + a_1 \text{lag}(T)\text{labormig}_{it} + a_2 \text{lag}(T)\text{service}_{it} \\ & + a_3 \text{lag}(T)\text{labormig}_{it} \times \text{lag}(T)\text{service}_{it} + \sum_{n=1} a_{4n}\text{CV}_{nit} + u_{it} + \varepsilon_{it} \end{aligned} \quad (7\text{-}13)$$

其中，$\text{lag}(T)\text{labormig}_{it} \times \text{lag}(T)\text{service}_{it}$ 表示当期或滞后期的农业劳动力非农转移比例变量和农业机械化服务变量的交互项。其余变量和参数的定义与式（7-9）和式（7-11）中一致。需要指出的是，引入交互项是为了识别农业社会化服务是否会抑制农业劳动力非农转移对农地流转的促进作用。为此，本章将进一步检验交互项与农业劳动力非农转移比例变量估计系数的显著性差异。此外，考虑到式（7-9）到式（7-13）中的扰动项包括两部分，而对 u_{it} 是否为常数的设置可能会对估计结果造成影响，将同时利用固定效应模型（fixed effects model，FEM）和随机效应模型（random effects models，REM）估计式（7-9）到式（7-13），并利用豪斯曼（Hausman）检验方法检验两种估计方式是否存在系统性差异。考虑到因变量为连续变量，故采用时间序列 OLS 模型进行估计。

7.3.2　计量分析 1：劳动力转移对农地流转的影响

表 7-3 汇报了农业劳动力非农转移影响农地流转的模型估计结果。考虑到采用了面板数据，如果因变量（农地流转率）存在单位根问题，那么农地流转的变化对过去的行为将具有无限长的记忆，由此造成估计结果的偏误。为此，本章对农地流转率进行了单位根检验，首先，利用 LLC 方法的检验结果显示，系数为−0.054，P 值为 0.869；然后，利用 IPS 方法的检验结果显示，系数为 0.865，P 值为 0.995。二者均表明，拒绝面板数据存在单位根的原假设。此外，面板数据的扰动项由不随时间而变的个体特征和代表个体异质性的截距项构成，这就造成估计时需要考虑个体异质性特征是否是不随时间而变的。表 7-3 同时给出了利用固定效应模型的估计结果（OLS-Fe）和利用随机效应模型的估计结果（OLS-Re），并利用Hausman检验识别了二者的区别。结果显示，不能拒绝固定效应模型和随机效应模型存在系统性差异的原假设。本部分将以固定效应模型的估计结果作为解释依据。

表 7-3　农业劳动力非农转移影响农地流转的估计结果

变量	估计 1		估计 2		估计 3		估计 4	
	OLS-Fe	OLS-Re	OLS-Fe	OLS-Re	OLS-Fe	OLS-Re	OLS-Fe	OLS-Re
农业劳动力非农转移比例	0.390*** (0.15)	0.255*** (0.09)	—	—	—	—	—	—
L1.农业劳动力非农转移比例	—	—	0.539*** (0.14)	0.334*** (0.09)	—	—	—	—
L2.农业劳动力非农转移比例	—	—	—	—	0.699*** (0.13)	0.452*** (0.10)	—	—
L3.农业劳动力非农转移比例	—	—	—	—	—	—	0.594*** (0.13)	0.459*** (0.09)
农村户均人口	−0.000 (0.01)	−0.003 (0.01)	−0.002 (0.01)	−0.006 (0.01)	−0.004 (0.01)	−0.008 (0.01)	−0.018*** (0.01)	−0.020*** (0.01)
农村户均农地规模	0.015** (0.01)	0.002 (0.00)	0.007 (0.01)	0.001 (0.00)	−0.004 (0.01)	0.000 (0.00)	−0.008 (0.01)	−0.001 (0.00)
第一产业产值占比	0.757*** (0.24)	−0.056 (0.15)	0.740*** (0.25)	0.010 (0.16)	0.774*** (0.25)	0.143 (0.18)	1.045*** (0.30)	0.336 (0.20)
农地流转合同（取对数）	0.038*** (0.01)	0.054*** (0.01)	0.038*** (0.01)	0.061*** (0.01)	0.049*** (0.01)	0.067*** (0.01)	0.077*** (0.01)	0.086*** (0.01)
农地承包合同（取对数）	−0.007* (0.01)	−0.006 (0.01)	−0.000 (0.01)	−0.004 (0.01)	−0.001 (0.01)	−0.004 (0.00)	−0.004 (0.00)	−0.003 (0.00)
农地承包经营权证书（取对数）	−0.008 (0.01)	−0.016* (0.01)	−0.152** (0.06)	−0.034** (0.02)	−0.117** (0.06)	−0.042** (0.02)	−0.047 (0.01)	−0.060*** (0.02)
时间趋势变量	0.022*** (0.00)	0.017*** (0.00)	0.021*** (0.00)	0.016*** (0.00)	0.017*** (0.00)	0.015*** (0.00)	0.015*** (0.00)	0.014*** (0.00)
区域虚拟变量	控制	未控制	控制	未控制	控制	未控制	控制	未控制

续表

变量	估计 1		估计 2		估计 3		估计 4	
	OLS-Fe	OLS-Re	OLS-Fe	OLS-Re	OLS-Fe	OLS-Re	OLS-Fe	OLS-Re
常数项	−0.534* （0.28）	−0.374** （0.16）	1.628* （0.95）	−0.217 （0.21）	0.998 （0.88）	−0.215 （0.24）	−0.333 （0.88）	−0.174 （0.26）
观测值	260	260	234	234	208	208	182	182
R^2：overall	0.302	0.730	0.083	0.720	0.258	0.686	0.450	0.685
F 检验	20.22***		20.10***		25.42***		32.05***	
Hausman 检验	53.79***		57.10***		44.54***		28.91***	

*、**和***分别表示在 0.1、0.05 和 0.01 水平上显著

注：括号内为稳健标准误

估计 1 到估计 4 中的农业劳动力非农转移比例变量分别为当期值、滞后一期、滞后两期和滞后三期。首先，固定效应模型的估计结果均表明，农业劳动力非农转移比例越高，农地流转率越高。其原因是，随着非农产业的发展，农户从事农业生产的机会成本越来越高，这会诱使农业劳动力的非农转移。而在农业劳动力非农转移的过程中，农户又会改变种植结构以释放家庭劳动力，即他们会选择种植更易于使用机械作业的粮食作物。但是，一旦种植粮食作物的参与约束得不到满足，农户就会放弃经营部分农地，由此农业劳动力非农转移将促进农地流转。

其次，估计 1 到估计 3 中，农业劳动力非农转移比例变量的估计系数是递增的，但到了估计 4，估计系数出现下降。这说明，农业劳动力非农转移的影响或许具有时滞效应，只有当农户的非农就业稳定后，他们才更有动力进行农地流转，以防范就业不稳定造成的失业风险。为了判断农业劳动力非农转移的影响是否真的具有时滞效应，表 7-4 将农业劳动力非农转移比例变量的当期值分别与其滞后一期（估计5）、滞后二期（估计6）和滞后三期（估计7）同时纳入模型估计。结果显示，农业劳动力非农转移比例变量当期值的估计系数均不显著，各滞后期的估计系数则显著为正。同时，仍然是以农业劳动力非农转移比例变量滞后二期的估计系数最大（估计 6）。这说明，农业劳动力非农转移虽然会促进农地流转，但这种促进作用是以农业劳动力非农转移的稳定性为前提的，且其影响具有时滞效应。

表 7-4　农业劳动力非农转移的跨时期影响机制分析

变量	估计 5	估计 6	估计 7
农业劳动力非农转移比例	−0.164（0.245）	−0.212（0.247）	−0.415（0.279）
L1.农业劳动力非农转移比例	0.571***（0.148）	—	—
L2.农业劳动力非农转移比例	—	0.734***（0.135）	—
L3.农业劳动力非农转移比例	—	—	0.594***（0.121）
控制变量	控制	控制	控制
常数项	1.668*（0.957）	1.086（0.889）	−0.081（0.891）

续表

变量	估计 5	估计 6	估计 7
观测值	234	208	182
R^2：overall	0.073	0.238	0.452
F 检验	19.55***	23.96***	30.91***

*和***分别表示在 0.1 和 0.01 水平上显著

注：括号内为稳健标准误

7.3.3　计量分析 2：农业机械化服务对农地流转的影响

表 7-5 进一步估计了农业机械化服务对农地流转的影响。Hausman 检验的结果显示，估计 8 到估计 11 中采用固定效应模型（OLS-Fe）和随机效应模型（OLS-Re）进行估计的差异性显著，故拒绝两种估计方式不存在系统性差异的原假设。本部分将以固定效应模型的估计结果作为解释农业机械化服务影响的依据①。

表 7-5　农业机械化服务对农地流转的影响分析

变量	估计 8		估计 9		估计 10		估计 11	
	OLS-Fe	OLS-Re	OLS-Fe	OLS-Re	OLS-Fe	OLS-Re	OLS-Fe	OLS-Re
农业机械化服务	-0.028*** (0.01)	-0.009 (0.01)	—	—	—	—	—	—
L1.农业机械化服务	—	—	-0.043*** (0.01)	-0.013 (0.01)	—	—	—	—
L2.农业机械化服务	—	—	—	—	-0.05*** (0.01)	-0.02 (0.01)	—	—
L3.农业机械化服务	—	—	—	—	—	—	-0.045*** (0.01)	-0.019* (0.01)
农村户均人口	-0.001 (0.01)	-0.003 (0.01)	-0.005 (0.01)	-0.007 (0.01)	-0.006 (0.01)	-0.009 (0.01)	-0.011** (0.01)	-0.016*** (0.01)
农村户均农地规模	0.018** (0.01)	0.002* (0.00)	0.015** (0.01)	0.002 (0.00)	0.008 (0.01)	0.002 (0.00)	0.006 (0.01)	0.001 (0.00)
第一产业产值占比	0.515** (0.25)	-0.134 (0.15)	0.406* (0.25)	-0.107 (0.16)	0.431* (0.26)	-0.046 (0.18)	0.907*** (0.30)	0.127 (0.21)
农地流转合同 （取对数）	0.040*** (0.01)	0.059*** (0.01)	0.039*** (0.01)	0.067*** (0.01)	0.047*** (0.01)	0.073*** (0.01)	0.067*** (0.01)	0.085*** (0.01)
农地承包合同 （取对数）	-0.007 (0.01)	-0.006 (0.01)	0.003 (0.01)	-0.004 (0.01)	-0.001 (0.01)	-0.004 (0.01)	-0.003 (0.00)	-0.003 (0.00)
农地承包经营权证书 （取对数）	-0.006 (0.01)	-0.012 (0.01)	-0.184*** (0.06)	-0.032* (0.02)	-0.147** (0.06)	-0.037** (0.02)	-0.077 (0.06)	-0.044** (0.02)
时间趋势变量	0.028*** (0.00)	0.020*** (0.00)	0.031*** (0.00)	0.020*** (0.00)	0.031*** (0.00)	0.021*** (0.00)	0.030*** (0.00)	0.022*** (0.00)

① 考虑到表 7-3 中已经对因变量（农地流转率）进行了单位根检验，故表 7-5 至表 7-7 的估计均不再赘述面板数据的平稳性问题。

续表

变量	估计 8		估计 9		估计 10		估计 11	
	OLS-Fe	OLS-Re	OLS-Fe	OLS-Re	OLS-Fe	OLS-Re	OLS-Fe	OLS-Re
区域虚拟变量	控制	未控制	控制	未控制	控制	未控制	控制	未控制
常数项	− 0.307 （0.28）	− 0.344** （0.16）	2.430** （0.96）	− 0.150 （0.21）	1.830** （0.92）	− 0.144 （0.24）	0.492 （0.90）	− 0.176 （0.27）
观测值	260	260	234	234	208	208	182	182
R^2：overall	0.226	0.715	0.015	0.708	0.033	0.678	0.151	0.653
F 检验	19.46***	—	19.15***	—	22.33***	—	29.05***	—
Hausman 检验	57.07***		64.31***		50.72***		38.77***	

*、**和***分别表示在 0.1、0.05 和 0.01 水平上显著

注：括号内为稳健标准误

估计 8 到估计 11 中的农业机械化服务变量分别为其当期值、滞后一期、滞后二期和滞后三期。结果表明：首先，农业机械化服务变量的当期值及滞后 1~3 期的估计系数均显著为负，即农业机械化服务的发育会抑制农地流转。正如理论部分所述，参与农业社会化服务市场可以显著降低农户务农的机会成本，并释放更多的农业劳动力。实际上，以往农户在非农转移的过程中之所以会转出农地，是因为经营农地的劳动成本与经营收益之和显著低于农地租金，这显然会刺激农户“离农”或弃耕。当农业生产中劳动耗费量较多的环节卷入分工经济后，农户可以将更多的劳动力配置在非农部门，此时农户租出农地的约束将变为农业经营收益减去服务费用是否大于农地租金。如果农地流转市场发育滞后，且流转价格不能满足潜在新型经营主体加入农地租赁市场和承包户退出农地经营的参与约束，那么农业社会化服务市场的发育必然会抑制农地流转。

其次，与表 7-3 中类似的是，表 7-5 中也出现了主要自变量的滞后期影响差异化的问题。从估计 8 到估计 10，农业机械化服务变量的估计系数不断下降，到估计 11 又开始上升。这说明，农业机械化服务的影响可能具有时滞效应。即农业社会化服务至少需要提供两期，农户才会更放心地经营农地并减少农地流转，以避免服务间断造成的经营损失。但估计 8 到估计 11 中，农业机械化服务变量滞后期的估计系数仍无法直接比较，故表 7-6 将农业机械化服务变量的当期值分别与其滞后一期、滞后二期和滞后三期同时纳入模型。结果显示，当农业机械化服务变量的当期值与其滞后一期、滞后二期同时纳入模型估计，当期值均不显著。如果当期值与滞后三期同时纳入模型，二者均显著。检验二者是否存在显著性差异的结果显示，系数为 0.64，P 值为 0.426 3，即农业机械化服务变量的当期值与滞后三期的影响不存在显著性差异。可见，农业机械化服务对农地流转的抑制作用确实存在时滞效应，农户只有接受了至少两期的农业社会化服务后，他们才会减少农地转出规模。这也表明，农业社会化服务的发育确实缓解了农业劳动力约束，

并使得小农进入农地流转市场的参与约束变得更为复杂。

表 7-6　农业机械化服务的跨时期影响机制分析

变量	估计 12	估计 13	估计 14
农业机械化服务	0.012（0.026）	−0.003（0.023）	-0.052^{**}（0.024）
L1.农业机械化服务	-0.053^{**}（0.024）	—	—
L2.农业机械化服务	—	-0.044^{**}（0.018）	—
L3.农业机械化服务	—	—	-0.024^{*}（0.015）
控制变量	控制	控制	控制
常数项	2.427^{**}（0.957）	1.831^{**}（0.924）	0.531（0.883）
观测值	234	208	182
R^2：overall	0.015	0.033	0.106
F 检验	18.97^{***}	21.77^{***}	29.41^{***}

*、**和***分别表示在 0.1、0.05 和 0.01 水平上显著

注：括号内为稳健标准误

7.3.4　计量分析 3：劳动力转移与农业机械化服务的交互影响

本章尤为关注的问题是，农业劳动力非农转移过程中社会化服务市场的发育是否会造成农地流转市场发展趋势的转变，这对中国农业经营方式转型可能具有重要的政策启示。

为此，表 7-7 汇报了引入农业劳动力非农转移变量和农业机械化服务变量交互项的模型估计结果。虽然估计 15 到估计 18 中交互项的估计系数均显著为正，但并不能说明它们与农业劳动力非农转移比例变量的独立影响存在显著性差异。为了识别其可能性差异，特进行了进一步检验（不再单独报告），结果显示，估计 15 的检验系数为 0.00，P 值为 0.962 1；估计 16 的检验系数为 2.28，P 值为 0.132 9；估计 17 的检验系数为 7.64，P 值为 0.006 3；估计 18 的检验系数为 4.04，P 值为 0.046 3。即在估计 17 和估计 18 中，农业劳动力非农转移比例变量与农业机械化服务变量交互项和农业劳动力非农转移比例变量的估计系数分别在 0.01 和 0.05 水平上存在显著性差异，在估计 15 和估计 16 中二者则不存在显著性差异。

表 7-7　农业机械化服务对农业劳动力非农转移的调节效应分析

变量	估计 15	估计 16	估计 17	估计 18
农业劳动力非农转移比例	0.387^{***}（0.14）	—	—	—
L1.农业劳动力非农转移比例	—	0.511^{***}（0.13）	—	—
L2.农业劳动力非农转移比例	—	—	0.627^{***}（0.12）	—
L3.农业劳动力非农转移比例	—	—	—	0.485^{***}（0.11）
农业机械化服务	−0.000（0.01）	—	—	—

续表

变量名	估计 15	估计 16	估计 17	估计 18
L1.农业机械化服务	—	−0.018（0.01）	—	—
L2.农业机械化服务	—	—	−0.022*（0.01）	—
L3.农业机械化服务	—	—	—	−0.023**（0.01）
农业劳动力非农转移比例×农业机械化服务	0.395***（0.07）	—	—	—
L1.农业劳动力非农转移比例×L1.农业机械化服务	—	0.286***（0.06）	—	—
L2.农业劳动力非农转移比例×L2.农业机械化服务	—	—	0.234***（0.06）	—
L3.农业劳动力非农转移比例×L3.农业机械化服务	—	—	—	0.209***（0.06）
农村户均人口	−0.002（0.01）	−0.005（0.00）	−0.004（0.00）	−0.015***（0.01）
农村户均农地规模	0.002（0.01）	−0.001（0.01）	−0.007（0.01）	−0.006（0.00）
第一产业产值占比	0.842***（0.23）	0.693***（0.24）	0.679***（0.24）	1.130***（0.27）
农地流转合同（取对数）	0.041***（0.01）	0.038***（0.01）	0.048***（0.01）	0.075***（0.01）
农地承包合同（取对数）	−0.007*（0.00）	−0.001（0.06）	−0.001（0.00）	−0.005（0.00）
农地承包经营权证书（取对数）	0.024*（0.01）	−0.094（0.06）	−0.087（0.06）	−0.027（0.05）
时间趋势变量	0.022***（0.00）	0.023***（0.00）	0.021***（0.00）	0.020***（0.00）
区域虚拟变量	控制	控制	控制	控制
常数项	−0.842***（0.26）	0.985（0.90）	0.800（0.83）	−0.465（0.81）
观测值	260	234	208	182
R^2：overall	0.497	0.259	0.307	0.390
F 检验	23.71***	23.49***	29.01***	36.33***

*、**和***分别表示在 0.1、0.05 和 0.01 水平上显著

注：括号内为稳健标准误

上述结果一方面表明，表 7-4 中农业劳动力非农转移变量的影响在滞后二期最为显著，这与表 7-7 的估计结果一致，也再次论证了农业要素市场的互动具有时滞效应。另一方面也表明，农业社会化服务的发育会显著抑制农业劳动力非农转移对农地流转的促进作用。其原因是，农业劳动力非农转移会降低农业生产中的劳动力规模，进而增加农业生产的机会成本。这会促使农户转出农地，也会吸引更多具有规模经营能力的经营主体进入农地租赁市场，从而促进农地流转市场的发育。但问题在于，农业劳动力非农就业市场并不是孤立发挥作用的，其造成的农业劳动力刚性约束也会促进农业社会化服务市场的发育。当农业机械化服务发育后，农户会自发地调整种植结构以适应外包服务市场，这会推动农业社会化服务市场的进一步发育。

可以认为，中国农业经营方式的转型并非只有通过农地流转才能实现。至少

从目前种植结构的调整趋势来看，试图以农业劳动力非农转移为抓手，推动农地规模经营的政策举措已经出现乏力态势。罗必良（2017b）基于中国实施农地规模经营的局限性分析，证明了借助农业分工和发育农业服务市场，将小农户卷入分工更符合当前中国农业发展的实践。表 7-7 的结果表明，将他们的分析结论置于农业要素市场的互动之中，则具有更强的解释力，同时能够为促进农业社会化服务市场发育提供政策依据。

7.4　结论与讨论

推进农业适度规模经营，到底是以农地流转为主要抓手，还是以强化农业社会化服务为导向，学界尚未达成共识。为此，本章利用 2006~2015 年中国省级面板数据，分析了农业劳动力非农就业、农业社会化服务与农地流转三大要素市场的互动机制。研究结果表明，农业劳动力非农转移会显著促进农地流转，但农业社会化服务市场的发育则会抑制农地流转。同时，二者的影响都具有时滞效应，且分别以滞后二期和滞后一期最为显著。进一步的分析表明，农业社会化服务市场的发育会抑制农业劳动力非农转移对农地流转的促进作用，且以滞后一期最为显著。这表明，试图在农业劳动力非农转移过程中推动农地流转，并不具有政策选择的必然性。

不能否定农地流转作为要素配置方式的积极作用，但值得重视的是，一旦农户参与分工的收益高于参与农地流转的收益，农地流转及其规模经济性就会大打折扣。一方面，农业社会化服务市场的发育会抑制农地流转市场的扩展，并对其赖以维系的非农就业市场形成阻抑。另一方面，在发展农业分工经济的过程中，借助农地流转市场来优化要素配置结构，促进农作物的连片种植，可以在提高市场容量的过程中进一步深化农业纵向分工。可见，农业并不是一个难以融入分工经济的被动的部门，不仅如此，小农也能在此过程中做出积极有效的反应。

本章的分析对于重新认识中国农业规模经营的实现形式，以及该过程中不同要素市场的互动机理具有重要意义。它表明，以往依靠农地流转一条腿走路的农业规模经营模式，在宏观上已经呈现乏力态势，而将小农卷入分工经济，谋求农业的服务规模经营，或许具有更为重要的实践价值。因此，以分工经济为导向，同时借助相关要素市场的发育来优化要素配置结构，由此将小农生产融入现代农业发展轨道，应该成为我国农业经营方式转型的基本方向。

（1）科学认识农地流转规律，切忌盲目推动。农地流转具有集中农地要素，促进农业集约化经营的作用，但一味强调农地流转可能违背经济发展的自然规律。原农业部农村经济体制与经营管理司编印的《全国农村经营管理统计年报》表明，2006~2010 年，全国农地流转的年均增长率为 35.18%，2011~2016 年该数据下降至 15.62%。该变动趋势不仅与中国的地权管制放松密切相关，还与 2006~2010 年政府的推动紧密相连。近年来，试图以新一轮土地确权来促进农地流转的做法未达到预期的政策效果。这一方面与地权管制放松蕴含的农地流转潜能释放有关，另一方面与中国农业经营格局的转变有关。尤其当种植结构调整和农业社会化服务市场发育起来后，农地流转带来的收益是否还足以引导农户转出农地确实存在较大疑问。而且，就本章的分析逻辑而言，农地流转也并不必然成为推动中国农业现代化和提高农业经营绩效的唯一途径，也不具有持续推动中国农业转型的潜力。因此，政策制定者需科学看待农地流转增速减缓的客观规律，切忌以违背市场运行机制的方式推动农地流转，以免造成农地流转市场的价格信号失灵，以及市场盲目竞争造成的租值耗散和市场崩溃。

（2）发展农业社会化服务，以分工促进发展，以发展深化分工。虽然本章的研究结果显示，农业社会化服务市场的发育将抑制农地流转的发生，但这不是说为促进农地流转就需要抑制农业社会化服务的发育，也并非表明大力发展农业社会化服务必然阻抑农地流转市场的发育。其含义在于，农业社会化服务将小农卷入分工经济后，其农业经营绩效显著高于农地流转的租金收益。假定农地流转市场是一个竞争性市场，其租金必然不断逼近租入方的经营利润。那么，农业社会化服务对农地流转的抑制结果则意味着，农地流转带来的经营绩效改善不如农业分工的经济性强。这表明，以促进农地流转来改善农业经营绩效并非合乎经济理性的做法。因此，推动农业分工，实现农业经营的分工经济性是被目前中国农民普遍选择了的。但是，农业分工经济性的提高也有赖于要素配置结构的改善，通过集约生产、连片种植、规模化经营，不仅有利于改善要素的配置结构，还能够满足外部分工市场的有效需求，从而有利于进一步深化农业分工。由此来看，我们并不否认农地流转的积极作用，而是建议政策制定者将农业发展的主要矛盾向分工经济调整，并结合多要素市场的发展来调整农业经营格局，为提升农业的分工经济性提供必要前提。

第四篇　农业要素市场发育的现实考察

第 8 章　城乡土地市场发育及其比较：时间维度

8.1　研究背景

中国经济体制改革实质上是渐进式市场化过程，推动土地市场化有助于实现“使市场在资源配置中起决定性作用和更好地发挥政府作用”的改革目标。由于实施土地公有制，中国土地市场是使用权交换的场所，市场根据供求关系生成土地要素价格，价格信号为土地资源合理配置奠定了良好基础（黄贤金等，2001；苏迅，2004；许实等，2012）。在市场机制和政府宏观调控的共同作用下，土地要素已经为中国经济的快速增长提供了全方位支撑（丰雷等，2008）。

准确把握中国土地市场发育水平是正确制定改革措施的基础性工作，前期研究成果集中于以下三个方面：一是土地资源配置是市场和计划的复合选项（钱忠好和牟燕，2012），这与要素属性、用途管制、制度安排等因素密切相关（吴次芳和靳相木，2009），同时决定了市场结构、运行机制和参与主体的复杂性。二是农村土地市场化常被忽略或低估（胡亦琴，2008），研究滞后主要源于中国农地流转市场长期缺乏全国性、统一性、可持续性的观测数据。三是土地市场化测算标准的不同导致了结果的差异性。以 2003~2008 年土地市场化的测算为例，按照农地非农化市场和城市土地市场化率均值计算的市场综合指数呈下降趋势（钱忠好和牟燕，2012），赵雲泰等（2012）计算的城市土地市场化率却逐年上升。但已有文献尚未对中国城乡土地市场的基本格局做出评估，也未能提供中国土地市场化发育的一般图景。

本章的目的在于细化土地市场化分析维度，并对城乡土地市场化发育进程及其差异性进行估算。

8.2 理论线索

8.2.1 城乡土地市场发展历程

城乡土地要素市场的分割导致了两类土地要素市场发育的非同步性。征地是农村土地转化为城市土地的唯一合法途径，同时也是支撑着中国高速工业化和快速城市化发展的引擎。不仅如此，土地市场发育过程与政府对土地市场的监管和干预紧密相连，因此需要对相关土地的政策、法规进行梳理。

1. 农地流转市场的发展阶段

前期研究通常将农地流转市场划分为土地所有权交易市场和土地使用权交易市场。农村土地所有权市场划分为两类，一是村集体之间的调整，二是农村集体与国家之间的征地市场（黄贤金等，2001）。土地使用权交易市场根据土地类型的不同细分为集体建设用地使用权、宅基地使用权和农地承包经营权三类市场。在赋予农户长久而稳定的承包权的制度背景下，实践中已经形成集体土地所有权、承包权与经营权三权分置的格局（罗必良，2014b）。本章聚焦于市场流动性相对较高且数据相对完整的农地承包经营权流转市场，并将其市场发育历程粗略划分为三个阶段。

第一阶段：禁止时期（1978~1983 年）。1980 年《关于进一步加强和完善农业生产责任制的几个问题》、1982年《中华人民共和国宪法》和1982年的《全国农村工作会议纪要》等政策法规，均明确禁止农村土地承包经营权流转。

第二阶段：缓慢发展时期（1984~1999 年）。1984 年中央“一号文件”首次提出了“鼓励土地逐步向种田能手集中”，1993 年《中共中央、国务院关于当前农业和农村经济发展的若干政策措施》明确提出“尊重农民的意愿，对承包土地作必要的调整，实行适度的规模经营”。在开展第二轮土地承包阶段，1998 年《中共中央关于农业和农村工作若干重大问题的决定》和 1999 年《关于做好 1999 年农村和农业工作的意见》等均明确了农地流转的原则，即“坚持自愿、有偿的原则依法进行”。根据《全国农村固定观察点调查数据汇编》相关数据计算，农地流转率（转包面积与承包经营耕地面积之比）从 1986 年的 3.49%，缓慢上升至 1993 年的 4.21%，1999 年达到 8.17%。

第三阶段：加速发展时期（2000 年至今）。21 世纪以来中央高度关注农地制度的稳定性问题，不断强化赋予农民长久而有保障的土地承包经营权。2002 年颁布的《中华人民共和国农村土地承包法》、2003 年颁布的《中华人民共和国农村土地承包经营权证管理办法》、2005 年颁布的《农村土地承包经营权流转管理办法》、2007 年颁布的《中华人民共和国物权法》、2008 年中共十七届三中全会《关于推进农村改革发展若干重大问题的决定》等政策和法规，以及 2005 年以来的历年的中央"一号文件"，均对推进农村土地市场的发育提供了重要的引导作用。此后，我国农地流转率有了较快的提升，从 2006 年的 4.74%上升为 2016 年的 35.14%。

2. 城市土地市场的发展阶段

城市土地市场可以划分为土地一级市场和土地二级市场。土地一级市场是指土地使用权的出让市场，土地二级市场是指土地使用权流转市场。在一级市场中，一般将土地划拨出让视为非市场方式，将土地协议出让视为弱市场方式，将土地"招拍挂"出让则视为市场化方式①。一般来说，土地二级市场在市场化测度中通常不予考虑。我们聚焦城市土地一级市场发育，并将其粗略划分为以下五个阶段。

第一阶段：提出"节约用地"的国策（1978~1987 年）。根据 1982 年《中华人民共和国宪法》相关规定，国有土地要素的配置方式是行政划拨。这种资源分配方式不可避免地带来了土地利用的低效率，1985 年是中华人民共和国成立以来的用地高峰，耕地减少达 100 多万公顷（Ding，2003）。1982 年颁布的《国家建设征用土地条例》明确提出"节约土地"是我国的国策。1986 年和 1987 年颁布的政策、法规等对行政划拨土地的范围实施严格限制。

第二阶段：建立国有土地有偿使用制度（1988~1998 年）。深圳、上海等地通过协议、招标、拍卖等方式进行土地使用权有偿配置。这推动了 1988 年《中华人民共和国宪法》和《中华人民共和国土地管理法》相关内容的修改，法律明确规定土地使用权可以依法转让。随后颁布的政策、法规构建了建设用地审批制度，加大土地有偿使用力度等。根据历年《中国土地年鉴》、《中国国土资源年鉴》和《中国国土资源统计年鉴》的相关统计资料，国有土地使用权有偿出让面积呈现波动上升趋势，即 1993 年为 57 338 公顷，1994 年为 49 432 公顷，1995 年为 43 092 公顷，1996 年为 34 048 公顷，1998 年再度上升至 62 058 公顷。

第三阶段：规范地方政府土地出让行为（1999~2003 年）。针对地方政府以"低地价"甚至"零地价"等进行"区际引资竞争"等问题，2002 年和

---

① 在"招拍挂"三种土地价格形成机制中，拍卖出让和挂牌出让要比招标出让更富有竞争性。招标出让需要兼顾社会公共目标，出价最高者不一定中标，如果其他方面表现优越，中等出价者也可能中标。

2003 年中央政府相继出台规范国有土地供应的政策、法规，清晰界定了“招拍挂”和协议出让的范围。明确规定对于经营性土地必须使用“招拍挂”制度，有助于规范土地市场秩序，有效遏制土地批租领域寻租、提高经营城市土地水平、改善投资环境。1999 年国有土地有偿出让面积为 45 390.68 公顷，其中，招标和拍卖的出让宗数占土地一级市场供应宗数的 14.10%，协议出让宗数占比 20.73%，划拨出让宗数占比为 41.81%。2003 年国有土地有偿出让面积为 93 603.96 公顷，其中，“招拍挂”出让宗数占土地一级市场供应宗数的 15.77%，协议出让宗数占比 49.63%，划拨出让宗数占比显著下降至 15.25%。

第四阶段：强化垂直管理与宏观调控（2004~2007 年）。2004 年国土资源部建立省级以下土地垂直管理体制，进一步规范地方政府的国有土地出让行为，强化土地增量（土地批租）和存量（税收和信贷）的指标调控（唐在富，2010）。2004 年国有土地有偿出让面积为 181 510.40 公顷，其中，“招拍挂”出让宗数占土地一级市场供应宗数的 18.70%，协议出让宗数占比 55.25%，划拨出让宗数占比 19.34%。2007 年国有土地有偿出让面积为 234 960.59 公顷，其中，“招拍挂”出让宗数占土地一级市场供应宗数的 23.90%，协议出让宗数占比 51.79%，划拨出让宗数占比 14.51%。对比上述年份数据发现，2007 年国有土地有偿出让面积是 2004 年的 1.22 倍，2007 年通过市场化方式进行土地资源配置的比重上升，市场化出让方式中“招拍挂”比重明显上升。

第五阶段：深化国有土地市场改革（2008 年至今）。一是重视土地资源的资产性属性，强化对土地出让金的管理；二是规范地方政府以国有土地出让金担保，通过融资平台获得债务性融资收入的行为；三是深化国有土地市场改革，集约、节约利用土地。2008 年国有土地有偿出让面积为 165 859.67 公顷，其中，“招拍挂”出让宗数占土地一级市场供应宗数的 33.72%，协议出让宗数占比 41.54%，划拨出让宗数占比 16.42%。2012 年国有土地有偿出让面积为 332 432.34 公顷，这是 2008 年的近 2 倍，“招拍挂”出让宗数占土地一级市场供应宗数的 48.00%，即成为土地一级市场供应最主要的形式，协议出让宗数占比 24.17%，划拨出让宗数占比 27.65%。地方政府性债务对土地出让收入的依赖程度较高，截至 2012 年底，11 个省级、316 个市级、1 396 个县级政府承诺以土地出让收入偿还的债务余额 34 865.24 亿元，占省、市、县三级政府负有偿还责任债务余额 93 642.66 亿元的 37.23%①。

① 《全国政府性债务审计结果》（2013 年 12 月 30 日公告）。

8.2.2　市场化测度及指标选择

1. 土地市场化的分层测度

（1）农村土地市场化测度。农村土地市场（承包经营权流转市场）形成的标志是农地使用权转让和流动。现有研究集中在：第一，关注农村土地流转规模、交易决策和市场培育及其相互关系（习近平，2001；俞海等，2003）；第二，从农地流转的发生率考察区域性的农地市场发育（Carter and Yao，2002；Feng et al.，2010）；第三，基于农地流转的契约结构，探讨包含亲缘、人情等因素所表达的农地市场的特殊性，并从租金、期限、交易对象等方面讨论其契约规范化程度（Jin and Deininger，2009；Wang et al.，2015）。

（2）城市土地市场化测度。城市土地市场的运行与地方政府行为密切相关。地方政府掌握着所辖区域内国有土地的大部分剩余索取权和控制权，比中央政府更具备信息优势。城市土地市场化程度的测算，既需要测算土地出让的规模和结构，又需要考虑地方政府对土地市场的干预。首先，国有土地市场化率的计算较多选取交易规模的加权平均计算方法（曲福田和吴郁玲，2007），即以市场方式进行土地出让的比重，或者使用反向指标——测算廉价土地出让的比重（陶然等，2007）。其次，对土地市场的干预情况，地方政府对土地出让收入具有较高的依赖程度被称为“第二财政”，土地出让收入和地方政府行为密切相关（Qun et al.，2015）。

2. 城乡土地市场化指标选择

（1）农村土地市场化指标。农村土地流转数据来自历年《全国农村固定观察点调查数据汇编》，选取两类测算指标：一是以农地流转规模表征的土地流转市场，选择转包田面积与剔除转包田面积的“年末经营耕地面积”之比；二是以农地流转的收入情况表征的土地流转市场，选择土地转包收入与支出之和与农户家庭全年总收入之比。

（2）城市土地市场化指标。城市土地市场化数据来自《中国国土资源统计年鉴》和《中国国土资源统计年鉴》的历年数据，选取两类测算指标：一是以动态系数规模测定城市土地市场化率，即“招拍挂”的出让单价为市场化基准，比较实际土地供应收益与完全市场化土地出让金收入之比；二是以静态交易测定城市土地市场化率，即土地价格生成机制的市场表达，计算以市场方式定价的“招拍挂”出让宗数占国有土地供给宗数的比重。

（3）土地市场受干预程度指标。市场干预数据来自历年《中国国土资源统计年鉴》和《中国财政年鉴》。可选择三类测算指标：一是土地财政依赖程度，选择土地出让收入占预算内财政收入的比重；二是土地违法程度，即土地违法中“本年发现违法案件的耕地面积”占建设用地审批中“新增建设用地占用耕地面积”的比重；三是耕地征收比率，选择征收耕地面积与国有建设用地供应面积的比重。具体指标如表 8-1 所示。

表 8-1　城乡土地市场化指标

分类	指标	描述
农村土地市场化	农地流转发生率 M_1	年末经营耕地转包田面积/（年末经营耕地面积−转包田面积）
	农地流转租金值 M_2	（土地转包收入+土地转包支出）/家庭全年总收入
城市土地市场化	动态系数规模 M_3	实际供地总收入/假定全部按“招拍挂”供地的总收入
	“招拍挂”比重 M_4	“招拍挂”土地出让宗数/国有土地供应宗数
土地市场受干预程度	土地财政依赖程度 M_5	土地出让收入/预算内财政收入
	土地违法程度 M_6	本年发现违法案件的耕地面积/新增建设用地占用耕地面积
	耕地征收比率 M_7	征收耕地面积/国有建设用地供应面积

8.3　实 证 分 析

实证分析的数据来源于相关年份的《中国统计年鉴》《中国国土资源统计年鉴》《全国农村固定观察点调查数据汇编》的公开数据。

8.3.1　总体水平估算

1. 名义价格比较

从表 8-2 可以看出以下几点。

（1）农地流转租金较低，总体呈现升高趋势。一方面，农地转入价格略低于农地转出价格体现了农地租金分层性，即转给亲友的价格低于转给工商企业（罗必良等，2015）。另一方面，农地租金与土地出让价格之间存在着巨大差异。相对于城市土地“招拍挂”的价格生成，农地流转的租金形成机制还远未形成。

（2）征地补偿价格较低。较低的征地补偿价格与前期关于征地补偿费用的上限规定有关。征地补偿价格不足“招拍挂”价格的十分之一，两者差值从东南沿海，到中部地区，再到西部地区逐步缩小（Lin and Zhu，2014）。

（3）不同类型土地出让价格差异逐步缩小。以“招拍挂”的价格作为基准对比不同类型的土地出让价格发现，在 2003~2012 年协议出让与“招拍挂”的价格比由原来的 0.26 上升至 0.32，其他类型的土地供应价格比也上升。

表 8-2　城乡土地要素的价格比较　　单位：万元/公顷

阶段	农地转出	农地转入	征地补偿	协议	“招拍挂”	其他
1999~2002 年	0.22#	0.23#	—	—	156.22	39.65
2003~2008 年	0.48	0.39	58.33	190.60	722.52	211.79
2009~2012 年	0.78*	0.45*	83.91	261.37	811.56	587.68

#代表 2000~2002 年数据，*代表 2009 年数据

注：①为保持统计口径一致，选择《全国农村固定观察点调查数据汇编》（2000~2009 年）数据，农地转入价格=[家庭常住人口（人/户）×转包收入支出（元/人）]/年内转包出耕地面积（亩/户）；同理计算农地转出价格。②使用 2003 年全国性征地补偿费用数据表征 2003~2008 年的数据，使用 2011~2012 年均值表征 2009~2012 年数据。③1999~2002 年没有区分协议出让和“招拍挂”出让，选择土地出让金与面积比较得到土地价格低于实际的土地“招拍挂”价格

2. 总体规模估算

从表 8-3 可以看出以下几点。

（1）农地流转市场蓬勃发展。农地流转发生率（M_1）从 1995 年的不足 5%上升至 2009 年约 20%。农地要素的资源与资产价值彰显，农地流转收支占家庭全年总收入的比重（M_2）从 1995 年的 0.25%上升至 2009 年的 1.17%。

（2）城市土地市场化程度不断提高。按照动态系数规模（M_3）和“招拍挂”比重（M_4）指标测算的城市土地市场化水平均呈现上升趋势。

（3）土地市场受干预程度加深。首先，地方政府对土地财政依赖程度（M_5）呈现波动式上升趋势，从 1995 年的 5.29%上升至 2012 年的 23.92%；其次，土地违法程度（M_6）呈倒“U”形趋势，指标 M_6 在 1999 年和 2004 年的值最高，随着中央监管和执法力度的强化逐年降低，与之类似，耕地征收比率（M_7）在 2003 年达到历史峰值后呈下降趋势。

表 8-3　1995~2012 年全国城乡土地市场化估算

年份	农村土地市场化		城市土地市场化		土地市场受干预程度		
	M_1	M_2	M_3	M_4	M_5	M_6	M_7
1995	4.68%	0.25%	22.51%	1.67%	5.29%	—	—
1996	6.00%	0.26%	12.42%	1.72%	3.92%	—	—
1997	5.08%	0.33%	—	—	—	—	—
1998	7.03%	0.59%	7.74%	2.48%	3.85%	—	—
1999	8.17%	0.67%	14.10%	3.80%	4.49%	157.23%	—
2000	11.63%	0.45%	8.72%	4.564%*	4.45%	32.67%	—
2001	11.69%	0.47%	22.09%	8.974%*	14.75%	14.17%	—
2002	13.07%	0.46%	22.09%	8.974%*	12.79%	16.89%	—
2003	14.82%	0.65%	35.13%*	15.77%*	24.97%	21.45%	71.00%
2004	15.51%	0.67%	36.99%*	18.70%*	24.29%	37.44%	—

续表

年份	农村土地市场化		城市土地市场化		土地市场受干预程度		
	M_1	M_2	M_3	M_4	M_5	M_6	M_7
2005	16.20%	1.03%	33.17%*	20.00%*	18.59%	12.60%	66.04%
2006	18.20%	0.93%	32.45%*	19.60%*	20.84%	21.02%	55.31%
2007	21.69%	0.91%	41.70%*	23.90%*	23.80%	23.41%	43.35%
2008	21.15%	0.97%	64.98%*	33.72%*	16.73%	13.81%	63.67%
2009	19.70%	1.17%	54.91%	41.83%	25.07%	6.52%	59.94%
2010	—	—	62.61%	46.13%	33.05%	7.84%	52.86%
2011	22.54%#	—	53.67%	47.32%	30.93%	9.85%	44.12%
2012	21.24%#	—	44.64%	48.00%	23.92%	4.66%	34.63%

#表示 2011~2012 年的数据源于《中国农村统计年鉴》；*表示城市土地市场化中 M_3 和 M_4 指标，分别与赵雲泰等（2012）“实际–理想价款比值测度法”和“宗数比重测度法”计算方法一致

注：M_6 剔除了西藏等缺失值较多的省（自治区）

8.3.2 发育程度的分区比较

1. 农村土地市场化的区域测算

各地区农村土地市场化水平不断升高，指标 M_1 和 M_2 呈现时空异质性（表 8-4）。经济发达的东部地区农地流转发生率较高①，指标 M_1 从第一阶段的年均 6.79%上升至第二阶段的年均 15.71%。中部地区农地流转发生率最高，指标 M_1 从第一阶段的年均 7.62%上升至第二阶段的年均 20.64%。中部地区地理环境优越，农地流转收益相对最高，2000~2009 年 M_2 值为 1.05%。西部地区的农地流转发生率远低于全国平均水平，指标 M_1 在第二阶段仅为年均 7.59%。

表 8-4　农村土地市场化的比较研究

区域	第一阶段：1995~1999 年		第二阶段：2000~2009 年	
	M_1	M_2	M_1	M_2
东部	6.79%	0.62%	15.71%	0.71%
中部	7.62%	0.32%	20.64%	1.05%
西部	2.97%	0.12%	7.59%	0.47%

注：农地流转发生率（M_1）=年末经营耕地转包田面积/（年末经营耕地面积–转包田面积），第一阶段由于缺少农地转出数据，使用转入面积替代存在低估问题；农地流转租金值（M_2）=（土地转包收入+土地转包支出）/家庭全年总收入，第一阶段由于数据缺乏，使用租赁收入替代存在高估问题

① 东部包括北京、天津、河北、辽宁、上海、江苏、浙江、福建、广东、广西、海南、山东；中部包括山西、内蒙古、吉林、黑龙江、安徽、江西、河南、湖北、湖南；西部包括四川、贵州、云南、西藏、重庆、陕西、甘肃、青海、宁夏、新疆。

2. 城市土地市场化的分区域测算

城市土地市场发育程度不断提升，指标 M_3（动态系数规模）和指标 M_4（“招拍挂”比重）呈现时空异质性特征（表 8-5）。一是各地区的指标 M_3 呈现不断上升的特征，其中东部地区国有土地一级市场化程度增长幅度最高，东部地区指标 M_3 在第一阶段仅有 13.70%，在第四阶段提高至 60.89%。二是各地区的指标 M_4 同样呈现不断上升的特征，其中，指标 M_4 的区际差异主要是在第四阶段，西部地区“招拍挂”比重明显低于东、中部，意味着该地区倾向以廉价土地成本推动地区发展。

表 8-5　城市土地市场化的比较研究

区域	第一阶段：1995~1998 年		第二阶段：1999~2002 年		第三阶段：2003~2008 年		第四阶段：2009~2012 年	
	M_3	M_4	M_3	M_4	M_3	M_4	M_3	M_4
东部	13.70%	1.54%	20.32%	6.03%	42.10%	24.53%	60.89%	51.07%
中部	8.51%	2.48%	15.57%	5.76%	45.10%	27.31%	52.74%	49.30%
西部	13.90%	1.67%	16.85%	5.74%	44.62%	26.38%	41.29%	36.06%

3. 土地市场受干预程度的比较分析

地方政府对土地财政依赖性加剧，各地区存在着制度模仿效应（表 8-6）。第二阶段东部地区土地出让收入占预算内财政收入的 22.45%，中、西部地区只有 12.89%和 8.67%。与第二阶段相比，第三、四阶段东、中、西部地区土地出让收入占预算内财政收入的比值差距明显缩小。

表 8-6　土地市场受干预程度的比较分析

区域	第二阶段：1999~2002 年			第三阶段：2003~2008 年			第四阶段：2009~2012 年		
	M_5	M_6	M_7	M_5	M_6	M_7	M_5	M_6	M_7
东部	22.45%	110.89%	—	52.23%	27.95%	50.67%	62.25%	8.03%	46.54%
中部	12.89%	21.23%	—	37.39%	17.14%	77.81%	50.24%	9.21%	62.28%
西部	8.67%	19.40%	—	34.26%	22.93%	115.60%	41.10%	9.96%	62.57%

注：在计算 M_6 和 M_7 过程中剔除缺失值较多的西藏地区数据

自 2004 年修正《中华人民共和国土地管理法》，对县级以上人民政府土地行政主管部门赋予并强化土地监督检查职能，加之农地非农化市场日益规范，各地土地违法程度（M_6）普遍下降。但值得注意的是，各地土地违法程度依然呈现时空异质性特征。第二、三阶段东部地区违法占用耕地情况均最为严重，第四阶段则西部地区 M_6 值最高。总体来说，全国范围的违法用地程度已呈快速下降趋势。

耕地保护制度的实施降低了耕地征收比率（M_7），农地资源禀赋的差异导致耕地征收比率的区域异质性。农地资源较为丰裕的中、西部地区耕地征收比率较高，在第三阶段的某些年份西部地区耕地征收面积甚至高于国有建设用地土地供应面积。

8.3.3　城乡土地市场化的差异性分析

1. 泰尔指数计算公式

选择泰尔指数测算方法对城乡土地市场差异化程度进行分解：

$$T = \sum_i \sum_j \frac{X_{ij}}{X} \log\left(\frac{X_{ij}/X}{1/N}\right)$$

其中，T 表示土地市场化水平；X_{ij} 表示 i 区域内的 j 省（自治区、直辖市）的土地市场化水平；X 表示所考察省（自治区、直辖市）的土地市场化水平之和，由于部分省（自治区、直辖市）存在着缺失值，N 的取值根据指标的不同发生相应的变化。进一步将 N 个地区的泰尔指数分解为区域间差异和区域内差异，分解的公式为

$$T = \sum_i \left|\frac{X_i}{X}\right| \times T_i + \sum_i \frac{X_i}{X} \log\left(\frac{X_i/X}{N_i/N}\right)$$

其中，$T_i = \sum_j \frac{X_{ij}}{X_i} \log\left(\frac{X_{ij}/X_i}{1/N_i}\right)$ 表示 i 区域内省际差异指数；X_i 表示 i 区域内各省（自治区、直辖市）土地市场化水平之和；N_i 表示 i 区域内省（自治区、直辖市）的个数；i 表示东、中、西部三大区域；$\sum_i \left|\frac{X_i}{X}\right| \times T_i$ 表示区域内差异，用 T_W 表示，T_W/T 为区域内差异对总体差异的贡献率；$\sum_i \frac{X_i}{X} \log\left(\frac{X_i/X}{N_i/N}\right)$ 表示区域间差异，用 T_B 表示，T_B/T 为区域间差异对总差异的贡献率。

进一步对 T_W/T 进行分解，东、中、西部区域内差异对总体差异的贡献率见下式：

$$G_i = \frac{X_i}{X} \times \frac{T_W}{T}$$

2. 城乡土地市场化总体差异分析

通过计算城乡土地市场化指标的泰尔指数（表 8-7），可以发现以下几点。

表 8-7　城乡土地市场化总体差异性分析

年份	农村土地市场化		城市土地市场化		土地市场受干预程度		
	M_1	M_2	M_3	M_4	M_5	M_6	M_7
1999	0.09%	0.26%	0.19%	0.70%	0.36%	1.73%	—
2000	0.10%	0.04%	0.19%	0.63%	0.33%	1.56%	—
2001	0.10%	0.03%	0.09%	0.47%	0.25%	0.36%	—
2002	0.09%	0.04%	0.10%	0.31%	0.25%	0.36%	—
2003	0.08%	0.01%	0.10%	0.19%	0.27%	0.50%	0.33%
2004	0.05%	0.07%	0.06%	0.16%	0.22%	0.90%	—
2005	0.09%	0.01%	0.08%	0.13%	0.16%	0.42%	0.21%
2006	0.09%	0.15%	0.09%	0.15%	0.15%	0.43%	0.47%
2007	0.06%	0.11%	0.07%	0.16%	0.16%	0.29%	0.37%
2008	0.05%	0.11%	0.02%	0.09%	0.11%	0.53%	0.15%
2009	0.09%	0.04%	0.07%	0.09%	0.14%	0.41%	0.15%
2010	—	—	0.03%	0.07%	0.10%	0.20%	0.08%
2011	—	—	0.04%	0.06%	0.09%	0.32%	0.15%
2012	—	—	0.08%	0.07%	0.09%	0.22%	0.17%

（1）农村土地市场化指标的差异性最低。由于缺乏省级数据，按照东、中、西部划分的地区均值抹平了农村土地市场发育的区域差异性，M_1 指标比 M_2 指标的泰尔指数小，相比于指标 M_2，指标 M_1 的离散程度较低，更适合较长时间序列的数据分析。

（2）城市土地市场化指标省际差异缩小，市场规范性程度提高。M_3 指标比 M_4 指标的泰尔指数小，即指标 M_3 更适合较长时间序列数据的分析。

（3）土地市场受干预程度的省际差异性逐步缩小。首先，M_5 指标的泰尔指数呈现下降趋势，验证了土地财政的区域趋同性和制度溢出效果。其次，M_6 指标的泰尔指数相对较高，农地非农化潜在的巨大增值收益会导致违法占用耕地现象频发。最后，M_7 指标的泰尔指数呈现倒“U”形曲线，体现出随着耕地保护政策不断完善强化了各地对耕地征收的限制。

3. 土地市场化的差异贡献分析

通过分类计算各测度指标的区域性泰尔指数（表 8-8），可以进一步发现以下几点。

表 8-8 泰尔指数差异性的年均贡献

指标	区域泰尔指数			组内差异				组间差异
	东部	中部	西部	东部	中部	西部	合计	
M_3	0.06%	0.07%	0.10%	28.84%	20.06%	26.53%	75.43%	24.56%
M_4	0.20%	0.23%	0.24%	26.74%	24.06%	27.60%	78.40%	21.60%
M_5	0.14%	0.12%	0.17%	27.89%	17.59%	22.18%	67.66%	32.35%
M_6	0.52%	0.34%	0.38%	49.36%	24.14%	15.93%	89.43%	10.57%
M_7	0.07%	0.13%	0.29%	11.60%	24.04%	48.25%	83.89%	16.11%

注：M_3，M_4，M_5，M_6 指标差异贡献是分别对 1999~2012 年的泰尔指数进行逐年分解计算，再求其年均差异贡献；M_7 是对 2003 年和 2005~2012 年的泰尔指数进行逐年分解计算，再求其年均差异贡献

（1）指标 M_3 和 M_4 的差异分解显示，西部地区的泰尔指数最高。1999~2012 年地区间差异对总体差异的平均贡献率低于区域内差异对总体差异的平均贡献率，即以指标 M_3 和 M_4 测度的城市土地市场化差异主要源于区域内差异。

（2）指标 M_5 和 M_7 的差异分解显示，西部地区的泰尔指数最高。以 M_5 和 M_7 指标衡量的土地市场受干预程度的差异主要源于区域内差异。M_7 指标比 M_5 指标在区域性泰尔指数分解中呈现更为明显的地区差异性。

（3）土地违法程度（M_6）指标差异分解显示，东部地区的泰尔指数最高。1999~2012 年指标 M_6 的差异性主要源于区域内差异。西部地区数据的组内差异最小，结合前期测算结果，表明西部各省区违法占用耕地具有普遍性。

8.3.4 城乡土地市场发育的相互关联性

为便于分析，我们对表 8-1 的指标做简单的调整与补充。调整后的相关要素市场发育的程度指标为表 8-9。

表 8-9 城乡土地及相关要素市场化的测度指标

指标	指标解释
农地要素市场化	年末经营耕地转包田面积/家庭承包经营耕地面积
农地流转价格	农户转包租金收入（元）/年内转包面积（亩）
农地土地市场化	实际供地总收入/假定全部按“招拍挂”供地的总收入
城市土地价格	单位面积土地“招拍挂”的平均成交价格（元/亩）
农户劳动力务农率	纯务农者和以农业为主兼营他业者（人/户）/家庭劳动力（人/户）
农户外出务工率	全家外出从业劳动力（工时）/家庭劳动力（工时）
农村正规金融比率	（银行贷款+信用社贷款）/年内累计借入款金额
农村非正规金融比率	（民间借款+其他贷款）/年内累计借入款金额
农业生产型贷款比重	用于农、林、牧、渔业生产贷款/年内累计借入款金额

1. 数据平稳性检验

我们使用 1986~2009 年[①]的全国分区面板数据（全国农村固定观察点按三大地带统计）。为了避免伪回归，以确保估计结果的有效性，需要对面板序列的平稳性进行检验。检验面板数据平稳性常使用四种单位根检验方法：LLC 检验、IPS 检验、ADF-Fisher 检验、PP-Fisher 检验。由表 8-10 的相伴概率看出 1995~2009 年[②]城乡土地和相关要素市场发育指标均呈现一阶差分后不存在单位根，为此需要进行协整检验判断长期稳定性后再选择合适的计量方法。

表 8-10　单位根检验

变量	LLC		IPS		ADF-Fisher		PP-Fisher	
	统计量	*P* 值	统计量	*P* 值	统计量	*P* 值	统计量	*P* 值
农地要素市场化	−3.162 5	0.000 8	−3.272 3	0.000 5	21.678 5	0.001 4	19.429 0	0.003 5
城市土地市场化	−1.883 6	0.029 8	−2.382 3	0.008 6	16.432 4	0.011 6	17.216 5	0.008 5
农地流转价格	−3.789 9	0.000 1	—	—	20.029 8	0.002 7	39.819 2	—
城市土地价格	−3.798 3	0.000 1	—	—	19.229 2	0.003 8	27.622 4	0.000 1
农户劳动力务农率	−3.225 1	0.000 6	−1.955 9	0.025 2	13.792 9	0.032 0	26.608 2	0.000 2
农户外出务工率	−2.198 7	0.013 9	−1.706 3	0.044 0	12.382 8	0.054 0	27.719 0	0.000 1
农村正规金融比率	−1.066 6	0.143 1	−2.160 2	0.015 4	16.562 2	0.011 0	44.159 9	—
农村非正规金融比率	−1.083 5	0.139 3	−2.167 2	0.015 1	16.603 0	0.010 9	44.144 2	—
农业生产型贷款比重	−6.959 0	—	—	—	41.968 0	—	51.665 3	—

2. 协整关系检验

1）城乡土地市场化间存在长期稳定关系

面板数据协整检验方法可以分为两类，一是在 E-G 两步法检验基础上的面板协整检验，具体方法是运用基于残差的 KAO 检验和 Pedroni 检验；二是建立在 Johansen 协整检验基础上的面板协整检验。使用 EViews 9.0 对城乡土地市场化进行协整检验，结果表明城乡土地市场化在总体上呈现长期稳定关系（表 8-11）。

表 8-11　城乡土地市场化的协整分析与格兰杰因果检验

原假设	统计量	城市土地市场化		“招拍挂”地价	
		统计量	*P* 值	统计量	*P* 值
KAO 检验	ADF	−2.003 3	0.022 6	− 0.976 5	0.164 4

① 全国农村固定观察点的数据是 1986~2009 年。

② 城市土地市场化的数据是 1995~2009 年。

续表

原假设	统计量	城市土地市场化		“招拍挂”地价	
		统计量	P 值	统计量	P 值
Pedroni 检验	Panel v	1.022 5	0.153 3	− 0.425 3	0.664 7
	Panel rho	−1.881 7	0.029 9	−1.924 4	0.027 2
	Panel PP	−2.817 2	0.002 4	−1.614 9	0.053 2
	Panel ADF	−1.245 1	0.106 5	−1.363 2	0.086 4
	Group rho	− 0.869 7	0.192 2	− 0.540 1	0.294 5
	Group PP	−2.637 4	0.004 2	−1.512 8	0.065 2
	Group ADF	− 0.871 1	0.191 8	−1.206 7	0.113 8
0 个协整	Fisher 联合迹	11.640 0	0.070 5	16.570 0	0.011 0
	max-λ 统计量	10.730 0	0.097 1	13.030 0	0.042 6
至少 1 个协整	Fisher 联合迹	6.704 0	0.349 1	12.380 0	0.054 0
	max-λ 统计量	6.704 0	0.349 1	12.380 0	0.054 0
城市土地市场不是农村土地市场格兰杰原因		3.760 7	0.021 4	0.436 3	0.728 7
农村土地市场不是城市土地市场格兰杰原因		5.590 8	0.003 8	3.995 5	0.017 0

从表 8-11 可以发现以下几点。

第一，按照城市土地市场化指标计算时，城乡土地要素市场化之间存在着长期稳定的互动关系。一是在 Fisher 协整检验中（迹检验和最大特征值检验）均显著拒绝了“不存在协整关系”的原假设。二是在格兰杰因果检验中也显著拒绝了“不存在因果关系”的原假设。

第二，按照城市土地价格指标计算时，城乡土地要素市场化之间存在着长期稳定的互动关系。一是在 Fisher 协整检验中（迹检验和最大特征值检验）均显著拒绝了“不存在协整关系”的原假设。二是在格兰杰因果检验中也显著拒绝了“不存在因果关系”的原假设。

2）农地要素市场化与农村其他要素市场化之间的关系

从表 8-12 可以发现以下几点。

第一，农村劳动力市场发育与农地要素市场发育之间不存在长期稳定关系。按照农户外出务工率和农户劳动力务农率等指标计算的农村劳动力市场发育，并没有有效带动农地要素市场发育。

第二，农村金融市场发育与农地要素市场化之间存在着长期稳定关系，按照农村正规金融比率和农村非正规金融比率等指标计算的农村金融市场化进程，影响着农村土地要素市场化进程。

表 8-12　农地及相关要素市场的协整分析与格兰杰因果检验

原假设	统计量	农户外出务工率		农户劳动力务农率		农村正规金融比率		农村非正规金融比率	
		统计量	*P* 值	统计量	*P* 值	统计量	*P* 值	统计量	*P* 值
KAO 检验	ADF	0.629 5	0.264 5	− 0.664 4	0.253 2	0.130 3	0.448 2	− 0.839 3	0.200 7
Pedroni 检验	Panel v	6.578 8	—	7.007 2	—	5.921 8	—	5.921 7	—
	Panel rho	0.391 3	0.652 2	0.121 1	0.548 2	0.026 5	0.510 6	0.026 1	0.510 4
	Panel PP	− 0.288 4	0.386 5	−1.391 5	0.082 0	− 0.827 3	0.204 0	− 0.828 4	0.203 7
	Panel ADF	− 1.036 2	0.150 1	−2.673 3	0.003 8	− 0.821 5	0.205 7	− 0.823 0	0.205 2
	Group rho	1.203 5	0.885 6	0.770 8	0.779 6	0.922 2	0.821 8	5.921 7	0.821 6
	Group PP	− 0.599 9	0.274 3	−2.915 6	0.001 8	− 0.871 4	0.191 8	0.026 1	0.191 4
	Group ADF	− 1.777 3	0.037 8	−3.204 8	0.000 7	− 1.081 6	0.139 7	− 0.828 4	0.139 6
0 个协整	Fisher 联合迹	7.225 0	0.300 5	3.107 0	0.795 3	14.130 0	0.028 2	14.190 0	0.027 6
	$\lambda-\max$	9.731 0	0.136 4	5.448 0	0.487 7	6.299 0	0.390 5	6.300 0	0.390 5
至少 1 个协整	Fisher 联合迹	5.529 0	0.478 0	2.809 0	0.832 4	14.930 0	0.020 8	15.000 0	0.020 3
	$\lambda-\max$	9.731 0	0.136 4	5.448 0	0.487 7	6.299 0	0.390 5	6.300 0	0.390 5
其他市场不是农地市场格兰杰原因		0.045 3	0.955 8	0.123 1	0.884 6	4.111 2	0.025 2	4.115 1	0.025 1
农地市场不是其他市场格兰杰原因		0.536 2	0.589 8	0.511 7	0.604 0	0.886 9	0.421 2	0.883 9	0.422 4

3. 农地要素市场化的影响因素分析

可以选择的计量模型为

$$\mathrm{LMR}_{it}=\alpha+\beta_1\ln\mathrm{LMC}_{it}+u_i+\varepsilon$$

其中，LMR_{it} 表示区域农地要素市场发育程度；LMC_{it} 为区域城市土地要素市场发育程度和区域农村金融市场发育程度；α 为截距项；u_i 为表示个体效应的随机干扰项；ε 为服从独立同分布的特质误差项或特质扰动项。

根据协整分析和格兰杰定理表明，如果自变量和因变量之间存在协整关系，其短期非均衡关系总能由一个误差修正模型（error correction model，ECM）表述，即

$$D.\mathrm{LMR}_{it}=\beta_{0i}\times\left(\mathrm{LMR}_{it-1}-\alpha_1\mathrm{LMC}_{it}-\alpha_0\right)+\beta_{1i}\times D.\mathrm{LMC}_{it}+\mu_i+\varepsilon$$

其中，$D.\mathrm{LMR}_{it}$ 表示区域农地市场程度的一阶差分；$\left(\mathrm{LMR}_{it-1}-\alpha_1\mathrm{LMC}_{it}-\alpha_0\right)$ 表示误差修正项；β_{0i} 表示误差修正项的系数。若 $\beta_{0i}=0$，表明不存在长期关系；若 $\beta_{0i}<0$，表明存在误差修正正向机制；若 $\beta_{0i}>0$，表明存在误差修正负向机制。β_{1i} 表示农地市场发育与相关要素市场变量之间存在短期关系。

面板 ECM 根据估计方法的不同共分三类。第 I 类估计方法假设所有个体的长期弹性系数相等，且误差修正系数均相等，但短期系数可随个体改变估计；第

Ⅱ类估计方法假设所有个体的长期误差修正系数、短期系数都随个体而改变；第Ⅲ类估计方法假设长期误差修正系数和短期系数均为常数，不随个体改变。三类估计方法的检验结果均支持第Ⅲ类估计方法，不存在个体效应，即采用固定效应动态面板估计量，估计结果如表 8-13 所示。

表 8-13　农地市场与相关要素市场的 ECM

解释变量	农村非正规金融	农村正规金融	城市土地市场
相关要素市场长期关系 α_1	− 0.663 0*** （0.000 0）	0.662 8*** （0.000 0）	0.236 3** （0.032 0）
长期调整速度 β_{0i}	− 0.141 5*** （0.001 0）	− 0.141 5*** （0.001 0）	− 0.194 0 （0.147 0）
相关市场化变量一阶差分 β_{1i}	0.039 1** （0.027 0）	− 0.039 1** （0.027 0）	0.031 6 （0.739 0）
常数项	0.087 8* （0.022 0）	−0.006 0 （0.627 0）	0.023 1*** （0.000 0）
Ⅰ-Ⅱ类估计比较卡方值（1）	—	—	—
Ⅱ-Ⅲ类估计比较卡方值（1）	— （0.993 5）	— （0.993 5）	— （0.996 3）
Ⅰ-Ⅲ类估计比较卡方值（1）	0.650 0 （0.421 2）	0.650 0 （0.421 1）	— —
对数似然值	113.872 6	113.871 4	118.006 0

*、**和***分别表示在 0.1、0.05 和 0.01 水平上显著

注：括号内为标准误

计量结果表明以下几点。

（1）农村金融市场的长期调整速度（误差调整项系数）高度显著，从侧面验证了农地市场与农村金融市场构建 ECM 较为合适，即两者均存在着误差调整过程。

（2）从长期而言，农村正规金融市场发育、城市土地市场发育均推动了农地市场的发育。其中，农村正规金融市场对农地市场推动作用为 0.662 8，城市土地市场对农地市场推动作用为 0.236 3。然而，农村非正规金融市场发育对农地市场发育起到阻碍作用，系数为− 0.663 0。

（3）从短期而言，城市土地市场化对农地市场发育影响为正却不显著，这表明城乡分割的土地要素市场安排确实阻碍了农地预期价格形成。农村正规金融市场和非正规金融市场增量对农地市场的短期发育的作用相反。值得关注的是，正规金融市场发育的增量在短期对农地市场发育呈现显著的负向影响，系数为− 0.039 1，而非正规金融市场发育的增量在短期内反而促进了农地市场发育。农村正规金融市场发育滞后，以及通过友情、亲情、熟人间构建的非正规金融市场在短期内有助于农地流转。因此，应该妥善处理这两个看似冲突的农村金融市场的发育。

8.4　结论与讨论

稳妥推进中国土地市场化改革进程，需要对城乡土地市场化发育情况有着较为准确的把握。本章的分析表明以下几点。

第一，不同类型土地市场的土地要素价格存在着较大的差异，城乡分割的土地制度是城乡土地要素价格差异的根源。其中，一级土地市场不同类型土地出让价格差异性逐步缩小；但农地流转市场发育却相对滞后，如何创新农地产权制度，并由此妥善推进农地流转市场发育，是值得关注的重要议题。

第二，城乡土地市场化程度不断提高。农地流转市场逐步发育，农地流转发生率（M_1）和农地流转租金值（M_2）指标呈上升趋势。值得注意的是，过快的农地租金上升尽管有助于农民的财产性增收，但却可能形成农地市场扩展的抑制。城市土地市场化程度不断提高，动态系数规模（M_3）和“招拍挂”比重（M_4）指标均呈现上升趋势；国家强化了对耕地保护的力度，土地违法程度（M_6）指标呈现倒“U”形的先升后降的趋势，耕地征收比率（M_7）呈下降趋势。应该重视的是，土地财政依赖程度（M_5）呈现波动式上升，表明城乡分割的土地市场加剧了地方政府对土地财政的路径依赖，因此，构建城乡土地市场之间的互动机制以及土地增值的共享机制，不但有助于保障农民土地的财产权益，而且能够抑制地方政府的土地财政冲动。

第三，城乡土地市场发育呈现区域差异性。中部地区的农地市场发育程度最高，东部地区城市土地市场化程度最高，西部地区是城乡土地市场发育的洼地。土地财政制度存在模仿效应，2009~2012 年指标 M_5 的离散程度减弱。土地违法程度（M_6）和耕地征收比率（M_7）的泰尔指数总体呈下降趋势。因此，推进市场化发育相对迟缓区域，尤其是加快西部地区城乡土地市场化的改革步伐尤为必要。

第四，城乡土地市场发育具有相互关联性。尽管城乡土地市场发育具有相互分割的二元市场特征，但长期来说，城乡土地市场化互为因果，城市土地市场对农地市场发育具有推动作用。按照农村正规金融比率和农村非正规金融比率等指标计算的农村金融市场化进程，与农村土地要素市场化发育之间存在长期稳定关系，但发育正规金融市场有着重要的促进作用。农村劳动力转移和务农比率对农地市场发育的长期关系不明显，验证了“人动”并没有有效带动“地动”。

第9章　农业要素市场发育程度比较：空间维度

9.1　研究背景

实践证明，中国以社会主义市场经济为导向的改革取得了巨大的成功，资源配置效率得到了显著提升（樊纲等，2011b）。所谓市场化，从宏观的角度来说，是指从计划配置资源、分配剩余转变到由市场配置和分配，即由市场供求来协调交易（陈宗胜和陈胜，1999），其本质就是经济自由化，实现从强制和干预到自由交易的转变（钱忠好和牟燕，2012）；从微观层次上看，是指以政府与其他经济当事人之间的命令服从来实现资源配置的方式转变为平等人之间的自愿交易来实现市场化的资源配置（盛洪，1992）。由此，有关市场化进程及其测度问题备受学者们关注。

在此背景下，由于过低的农民收入一直制约着内需，已有文献进一步关注到农业、农村的市场化进程，其中，农产品的市场化程度是多数研究的重点。而对于农业要素市场的发育，仅部分学者提出了初步的定性测度。比如，采用“转包、转让的土地占比”这一指标作为土地的市场化指数；采用“从事有工资报酬的农村劳动力占农村实有劳动力总数的比重”和“劳动者报酬收入占农民纯收入的比重”两项指标衡量劳动力市场化程度（习近平，2001）；或者采用“转移出的农业劳动力数量”反映农业劳动力市场的发育程度；以及用“固定资产投入集体、个人及外资投资额的比重”来反映农业资金市场化程度；等等（陈宗胜和陈胜，1999）。

鉴于中国农村经济发展缓慢在于要素资源配置不合理（陈锡文，2004），有必要通过要素市场的发育来改善资源的配置效率。本章通过梳理农村土地、劳动力、资金三要素市场的内在发育机制，并结合农户问卷，试图构建具备内在逻辑的农业要素市场化测度指标，定量刻画现阶段中国农业经营中的要素市场的发育程度，并进一步进行省间比较，以期为中国农业要素市场的进一步发育与改革提供借鉴经验。

9.2　理论线索

9.2.1　农地要素市场及其测度

在土地集体所有的背景下，改革初期为了兼顾均分，依据人地关系频繁地调整土地成为普遍的选择（李尚蒲和罗必良，2015b）。一方面，随着人口不断增长，土地愈加变得小规模，分散化，并不断地固化“小而散”格局；另一方面，不断地调整土地，导致产权不稳定，制约了对农业的长期经营与投资。由此，加快农地要素的市场化，推进农地的流转与集中，改善土地经营的规模经济性，成为现行政策的基本导向。

一方面，制度变革及其环境的变化，为农地要素的市场化提供了可能性。

（1）制度的演进。一是随着“承包期内，发包方不得调整承包地”①“增人不增地，减人不减地”等产权制度的稳定性强化，改善了农地经营主体的产权预期；二是在所有权、承包权、经营权三权分置以及农地流转政策大力激励的背景下，农地经营权流转的市场化才有了可能。

（2）环境的变化。一是随着工业化与城镇化的快速推进，农民的自主择业引发了农业劳动力的农外转移，有效缓解了紧张的人地关系；二是农户收入的结构性转换，尤其是非农收入的快速增加，大大降低了农民对土地的依附程度。两者均为农户退出承包经营权并促成农地经营权的市场化流转提供了可能。

另一方面，潜在收入空间为农地流转及其市场化发育提供了必然性（罗必良等，2012）。其一，农地流转可以降低耕地的零分碎割带来的效率损失（Wan and Cheng，2001；van Dijk，2003）。其二，农地流转有助于实现规模经营，降低劳动成本（陈欣欣等，1998），对农户不但具有资源配置效应、边际产出拉平效应，而且具有交易收益效应（姚洋，1998，2000b）。其三，通过农地流转提高农业的规模化经营程度，从而有利于农产品质量安全的控制（汪普庆等，2009）。其四，已有研究表明，农户土地流入面积每增加 10%，家庭年人均收入将增加 0.6%，年人均消费将增加 0.16%。同时，农地流转也能改善农户家庭就业

---

① 《中华人民共和国农村土地承包地法》（2002 年通过，2009 年 8 月 27 日第一次修正，2018 年 12 月 29 日第二次修正）第二十八条规定“承包期内，发包方不得调整承包地”。

结构，农户每流入 1 亩土地，非农就业率就降低 0.79 个百分点；农户每流出 1 亩土地，非农就业率则提高 5.84 个百分点（胡初枝等，2008）。

在所有权、承包权与经营权三权分置的前提下，农地流转在本质上表现为农地经营权的流转，因此，农地要素市场发育也表征为农地经营权流转市场发育。根据现有文献对农地经营权流转市场发育程度的测度，通常从“量”的维度来测度，包括流转面积和流转价格（钟太洋等，2009），或者将具体流转形式的流转面积乘以对应的权重来表达市场的发育程度（许恒周和金晶，2011）等。采用“土地转出发生率”来衡量土地流转的市场化程度。

进一步考察市场化的“质”的指标。首先，考虑到农户农地流转普遍存在的“关系化”特征（即农地流转大多发生于亲友邻居之间），选择流转对象的社会化、流转价格的市场化等测度指标；其次，由于市场化表现为经济主体能够从自身利益最大化出发自主决策，即其流转方式从原先政府、集体强制转变到自主协商，也是土地流转市场的市场化水平变高的表现（钱忠好和牟燕，2012），因此可采用“流转方式自主化”和“流转对象市场化”进行测度；最后，市场化必然会引致契约化（熊清华和聂元飞，1998），因此，“签订书面合同占比”“签订期限三年以上占比”这两项能够近似反映土地流转市场化程度的稳定性和正式性（洪建国和杨钢桥，2012）。同时考虑到产权的稳定是市场发育的基础条件与重要特征，亦用现阶段的确权执行情况来测度农地要素市场的发育程度。

9.2.2　农业劳动力要素市场测度

农地要素市场的健康发育，必然会带来农地的流转与集中。对于那些实施农地规模经营的主体而言，要素投入的匹配就成为必然的选择。

农业生产经营可以包含多种农事活动。但随着经营规模的扩大，如果所有的农事活动均由一个经营主体独自处理，那么现场处理的复杂性及其多样性，必定超出农户的劳动行为能力。由此，农业劳动力要素市场的发育成为必然。

第一，雇工经营势必成为基本的选择，由此会催生农业雇工市场的发育。

第二，农业劳动的监督困难与考核成本的约束，必然约束雇工市场的发育，进而会抑制农地要素市场。因此，采用机械替代劳动力成为最恰当的选择。

第三，机械投资具有显著的资产专用性特征，一旦投入就具有难以“打捞”的“沉淀成本”的性质。于是，农民便很有可能由购买机械转换为向市场购买中间品服务，从而将家庭经营卷入社会化分工并扩展其效率边界。从横向上来说，生产经营权可以分割为经营决策权（生产什么、生产多少）与生产处置权（如何生产）；从纵向上而言，农事活动及其生产环节则可进行不同形式的细分，从而形成精细化、知识化和专业化的多样性服务。而农业的专业化服务不仅包括生产性服务、技术性服务、营销服务，还包括处置决策服务等。例如，水稻的育秧活动是可以独立分离的，能够由专业化的育秧服务组织提供；整地、栽插、病虫害防治、收割等生产环节亦可向专业化的服务组织外包。经营权细分为不同的服务主体进入农业提供了可能性，有利于促进农业的服务规模经营（罗必良，2014b）。因此，生产环节的细分与劳动分工，必然会诱导农业生产性服务及职业经理人市场的出现。

可见，测度劳动力要素市场的发育程度，需要衡量农业雇工市场、农业生产性服务市场、职业经理人市场三类市场各自的发育程度。而已有研究仅仅对农业雇工市场的市场化水平进行测度，显然这是不够的。

第一，从要素的流转量和流转价格的角度，采用"劳动力/服务流动发生率"及"劳动力/服务价格"来衡量农业雇工市场化程度。而农业生产性服务市场和职业经理人市场只需测算社会化服务使用量占比即可，因为其价格本身就是市场价格，不需要考虑。

第二，从要素的流转途径的角度，劳动力流动途径的市场化也是衡量要素市场发育程度的重要方面。采用"参与农民劳务输出协会的农户占比"及"粮食作物的劳动用工量为雇请零工及雇请专业服务队占比来衡量农业雇工市场的流动途径的市场化。另外，采用"为农户提供农机服务的不同主体及占比"及"参与农民专业技术协会的农户数占比"来表达农业生产性服务的市场化程度。

第三，基于要素市场的规范性考量，采用"大部分或全部人签订劳动合同占比"及"粮食作物收购合同为一年期、两年及以上的农户占比"来反映劳动力市场的契约化程度。

9.2.3　农业信贷要素市场测度

农地要素市场的扩展、农地与劳动力市场的匹配，能够有效推进农地的规模经营。其中，规模扩大所决定的直接投资以及购买服务所引发的迂回投资，都必然要求信贷要素市场的发育与之匹配。为此，分别考察正规金融市场、民间借贷市场及私人借贷市场的发育程度。

第一，从要素的流转量的角度，采用"农户信贷来源于银行的占比"来测度信贷市场的交易量。

第二，从要素的流转途径的角度，借贷渠道的市场化是测度信贷要素市场发育程度的关键指标。采用"银行信贷投资农业占比""私人借款投资农业占比""私人借款的不同来源及占比"来衡量信贷市场的发育程度。

第三，基于要素市场的规范性考量，采用"签订借款借据的农户数占比"来反映信贷市场的规范性。

基于上述，结合问卷数据可获性，构建农业三大要素市场化程度的测度指标（表 9-1）。

表 9-1　农业要素市场的测度指标体系

市场名称	评价维度	指标含义
农地要素市场	土地转出发生率	家庭承包耕地转出面积占比
	流转价格市场化	获得租金的农户占比
	流转方式自主化	转出方式为双方协商占比
	流转对象市场化	转出对象为本村主体的占比
		转出对象为外来主体的占比
	流转合同规范化	签订书面合同占比
	流转期限稳定性	签订期限三年以上占比
	确权执行情况	确权农户占比
劳动力要素市场	劳动力/服务流动发生率	从事农内打工人数占比
		采用农机具和设施的程度为“一般”以上的占比
	劳动力/服务价格	与打工所在地居民相比，打工享受各种福利待遇感受为差不多的占比
	劳动力/服务就业/流动途径市场化	参与农民劳务输出协会的农户占比
		粮食作物的劳动用工量为雇请零工及雇请专业服务队占比
		为农户提供农机服务的不同主体及占比
		参与农民专业技术协会的农户数占比
	劳动力/服务合同签订	大部分或全部人签订劳动合同占比
		粮食作物收购合同为一年期、两年及以上的农户占比
信贷要素市场	农用借钱量	农户信贷来源于银行的占比
	融资渠道市场化	银行信贷投资农业的占比
		私人借款投资农业的占比
		私人借款的不同来源及占比
		参与村里的金融合作社或金融互助组的农户数占比
	借贷合同情况	签订借款借据的农户数占比

注：本村主体指本村的普通农户和本村的生产大户，不包括亲戚、邻居；外来主体指外来的普通农户、外来的生产大户和龙头企业

9.3　实 证 分 析

9.3.1　评估方法

1. 模糊数学方法构建的基本步骤

（1）确定环节评价指标体系 $\boldsymbol{U}=\{\boldsymbol{U}_1,\boldsymbol{U}_2,\cdots,\boldsymbol{U}_n\}$ ，往往在描述某个维度 $\boldsymbol{U}_i$ 有

s 个元素，即 $\boldsymbol{U}_i=\{u_{i1},u_{i2},\cdots,u_{is}\}$，$i=1,2,\cdots,n$，且满足条件：

$$\bigcup_{i=1}^{n}\boldsymbol{U}_i=\boldsymbol{U}\text{，}\boldsymbol{U}_i\cap\boldsymbol{U}_j=\varnothing\text{，}i\neq j$$

（2）确定农业要素市场的发育程度为 5 个等级的数值（中国农业科学院农业经济与发展研究所，2008）。计算得到各地区每个指标的最高水平、平均水平及最低水平，分别作为最好值、一般值和最差值，取最高水平与平均水平的中间值得较好值，在平均水平与最低水平之间取中间值得较差值。

（3）确定环节评语集 $\boldsymbol{V}=\{v_1,v_2,\cdots,v_m\}$。评语共有以下五类：最低=1；较低=2；一般=3；较高=4；最高=5。

（4）确定模糊变换矩阵 $\boldsymbol{R}_i=\begin{pmatrix} r_{11}^{(i)} & r_{12}^{(i)} & \cdots & r_{1m}^{(i)} \\ \vdots & \vdots & & \vdots \\ r_{n_j1}^{(i)} & r_{n_j2}^{(i)} & \cdots & r_{n_jm}^{(i)} \end{pmatrix}$。首先，确定各地每项指标在 5 个等级上的隶属度，所组成的矩阵即 $\boldsymbol{R}_i$。确定的原则是将各指标的实际数值与 5 个等级水平进行比较，实际值越接近某一水平，就赋予其较高的隶属度；越远离某一水平，所赋隶属度就越小。设 r_1、r_2、r_3、r_4、r_5 分别指在最高、较高、一般、较低和最低上隶属度，确定 $r_i(i=1,2,3,4,5)$ 的具体方法如下。

当较高值<实际数值<最高值时，r_1=0.9×（实际值−较高值）/（最高值−较高值）；r_2=0.9×（最高值−实际值）/（最高值−较高值）；r_3=0.1；r_4=0；r_5=0。

当一般值<实际数值<较高值时，r_1=0.1；r_2=0.8×（实际值−一般值）/（较高值−一般值）；r_3=0.8×（较高值−实际值）/（较高值−一般值）；r_4=0.1；r_5=0。

当较低值<实际数值<一般值时，r_1=0；r_2=0.1；r_3=0.8×（实际值−较低值）/（一般值−较低值）；r_4=0.8×（一般值−实际值）/（一般值−较低值）；r_5=0.1。

当最低值<实际数值<较低值时，r_1=0；r_2=0；r_3=0.1；r_4=0.9×（实际值−最低值）/（较低值−最低值）；r_5=0.9×（较低值−实际值）/（较低值−最低值）。

当某项指标的实际值与最高、较高、一般、较低和最低中的任意一个水平值相等时，在相应等级上的隶属度取 1，在其他等级上的隶属度都取 0。

2. AHP①构建的基本步骤

（1）建立尺度标度，依据 $\boldsymbol{U}_i$ 中所有指标两两之间比较，得到如表 9-2 所示 1~9 分的尺度标度。

① AHP：analytic hierarchy process，层次分析法。

表 9-2　1~9 分尺度标度的意义

重要性强度	定义	说明
1	同等重要	表示 C_i 与 C_j 同等重要
3	稍微重要	表示 C_i 比 C_j 稍微重要
5	明显重要	表示 C_i 比 C_j 明显重要
7	强烈重要	表示 C_i 比 C_j 强烈重要
9	极端重要	表示 C_i 比 C_j 极端重要
2，4，6，8	两相邻判断的中间值	
1/2，1/3，…，1/9	是上述非负值的倒数，表示 C_j 与 C_i 的比较	

（2）根据表 9-2，构建判断矩阵 $\boldsymbol{D}_{n\times n}^{(i)}$，以 $\boldsymbol{U}_i$ 中的某个指标与 $\boldsymbol{U}_i$ 中的所有指标逐个两两比较，按定义则有

$$\boldsymbol{D}_{n\times n}^{(i)}=\begin{pmatrix}\dfrac{u_{i1}}{u_{i1}} & \dfrac{u_{i1}}{u_{i2}} & \cdots & \dfrac{u_{i1}}{u_{is}}\\ \dfrac{u_{i2}}{u_{i1}} & \dfrac{u_{i2}}{u_{i2}} & \cdots & \dfrac{u_{i2}}{u_{is}}\\ \vdots & \vdots & & \vdots\\ \dfrac{u_{is}}{u_{i1}} & \dfrac{u_{is}}{u_{i2}} & \cdots & \dfrac{u_{is}}{u_{is}}\end{pmatrix}$$

其中，“—”在此不作为除法，而是元素之间的比较符号。

（3）计算 $\boldsymbol{D}_{n\times n}^{(i)}$ 的最大特征根 $\lambda_{\max}^{(i)}$ 和特征根 W。

（4）判断矩阵的一致性检验。判断矩阵的一致性检验公式为 CR=CI/RI，其中 CI 为一致性检验标准，$\mathrm{CI}=\left(\lambda_{\max}^{(i)}-s\right)\big/\left(s-1\right)$，RI 为平均随机一致性指标。若 CR<0.1，一般认为 $\boldsymbol{D}_{n\times n}^{(i)}$ 的一致性是可以接受的。

3. 综合权重测算

（1）对每一个 $\boldsymbol{U}_i$，分别做出综合决策。由

$$\boldsymbol{B}_i=\boldsymbol{A}_i'\times\boldsymbol{R}_i=\left\{b_{i1},b_{i2},\cdots,b_{im}\right\},\ i=1,2,\cdots,s$$

可以得出维度为 s 的向量，根据最大隶属原则，由最大的元素值作为对该 $\boldsymbol{U}_i$ 的评价，并且根据评语集 $\boldsymbol{V}$ 判断其评价等级。

（2）对于某一个 $\boldsymbol{U}_i$ 的最终权重 $\boldsymbol{W}_i$，利用综合决策向量与评语集的乘积得到，即

$$W_i = B_i \times V^{\mathrm{T}} = A_i' \times R_i \times V^{\mathrm{T}} = (b_{i1}, b_{i2}, \cdots, b_{im}) \times (v_1, v_2, \cdots, v_m)^{\mathrm{T}}$$

4. 测量方法的评价

AHP 与模糊综合评价法相结合的评价方法适用性较强，能把定性因素定量化。相较于其他方法，如求取平均值、熵值法、变异系数法、主观赋权等，更加具备科学的表达，所得出的结果也更趋科学化，更有经济意义。相较于以往的 AHP 与模糊综合评价法相结合的评价方法，本章略作修改，首先根据指标频数的大小确定排名，克服指标权数人为制定的缺陷，避免主观随意性问题。其次必须提到，采用该方法需要注意的问题，主要来源于评价对象的指标信息考虑是否全面，有可能影响最终结果。

9.3.2　评估过程与结果

数据来源于“农村土地与相关要素市场培育与改革研究”项目 2 704 个样本农户的专项问卷（NSFC-71333004-2015）。在计算指标权重 A_i' 前，先根据 2 704 份农户问卷进行一个统计描述，针对某一个指标，比较其在各个环节当中的重要程度，形成一个排名。然后根据 U_i 的各个指标在同一环节的排名，间接得到 U_i 中的各个指标两两之间的重要程度，赋予 1~9 分。下面以广东省农地要素市场评价为例，说明测评过程及结果。

（1）先确定 9 个省（自治区）农地要素市场发育程度的 5 个等级数值，作评判标准，如表 9-3 所示。

表 9-3　9 个省（自治区）农地要素市场发育程度的 5 个等级数值

等级	土地转出发生率	流转价格市场化	流转方式自主化	流转对象市场化		流转合同规范化	流转期限稳定性	确权执行情况
				转出对象为本村主体的占比	转出对象为外来主体的占比			
最高值	1	1	1	1	1	1	1	1
较高值	0.592 3%	0.583 2%	0.568 4%	0.542 0%	0.527 6%	0.552 2%	0.542 7%	0.769 3%
一般值	0.184 6%	0.166 4%	0.136 8%	0.083 9%	0.055 1%	0.104 3%	0.085 4%	0.538 5%
较低值	0.092 3%	0.083 2%	0.068 4%	0.042 0%	0.027 6%	0.052 2%	0.042 7%	0.269 3%
最低值	0	0	0	0	0	0	0	0

（2）计算模糊变换矩阵 $R_{土地,广东}$。根据问卷结果统计分析，将广东省的农地要素市场的实际值与 9 个省（自治区）农地要素市场发育程度的 5 个等级数值进

行比较计算，得到的各个隶属度（表 9-4）就组成了广东省农地要素市场的模糊变换矩阵 $\boldsymbol{R}_i$。

表 9-4　广东省各项指标在 5 个等级上的隶属度

评价指标	实际值	最高值	较高值	一般值	较低值	最低值
土地转出发生率	0.130 2	0.000 0	0.100 0	0.328 5	0.471 5	0.100 0
流转价格市场化	0.122 5	0.000 0	0.100 0	0.377 8	0.422 2	0.100 0
流转方式自主化	0.087 8	0.000 0	0.100 0	0.226 3	0.573 7	0.100 0
流转对象市场化（转出对象为本村主体的占比）	0.049 4	0.000 0	0.100 0	0.141 3	0.658 7	0.100 0
流转对象市场化（转出对象为外来主体的占比）	0.038 4	0.000 0	0.100 0	0.314 8	0.485 2	0.100 0
流转合同规范化	0.096 9	0.000 0	0.100 0	0.686 4	0.113 6	0.100 0
流转期限稳定性	0.087 8	0.100 0	0.004 1	0.795 9	0.100 0	0.000 0
确权执行情况	0.468 0	0.000 0	0.100 0	0.590 6	0.209 4	0.100 0

（3）构建判断矩阵计算权重 $\boldsymbol{A}_i'$。利用排名构建判断矩阵，可以得到：

$$\boldsymbol{D}_{\text{土地,广东}}=\begin{pmatrix} 1 & 2 & 3 & 6 & 7 & 4 & 5 & 1/2 \\ 1/2 & 1 & 2 & 5 & 6 & 3 & 4 & 1/3 \\ 1/3 & 1/2 & 1 & 4 & 5 & 2 & 3 & 1/4 \\ 1/6 & 1/5 & 1/4 & 1 & 2 & 1/3 & 1/2 & 1/7 \\ 1/7 & 1/6 & 1/5 & 1/2 & 1 & 1/4 & 1/3 & 1/8 \\ 1/4 & 1/3 & 1/2 & 3 & 4 & 1 & 2 & 1/5 \\ 1/5 & 1/4 & 1/3 & 2 & 3 & 1/2 & 1 & 1/6 \\ 2 & 3 & 4 & 7 & 8 & 5 & 6 & 1 \end{pmatrix}$$

将其导入 Matlab 中并且调用 AHP 工具包计算得到各指标权重 $\boldsymbol{A}_{\text{土地,广东}}$（0.331 3，0.070 9，0.105 9，0.032 7，0.047 7，0.230 7，0.157 2，0.023 6）。

（4）综合评价测算。通过上述两步计算的结果得到的评价矩阵和指标权重，可以进一步计算广东省的农地要素市场的评价 $\boldsymbol{B}_{\text{土地,广东}}$ 以及广东省农地要素市场的综合得分，得到：

$$\boldsymbol{B}_{\text{土地,广东}}=(0.015\,7, 0.084\,9, 0.476\,6, 0.338\,5, 0.084\,3)\text{，综合得分}=2.609\,2$$

其中，括号中的数字表示，有 1.57%的农户数据显示广东土地流转市场化程度为“很低”；8.49%为“较低”；47.66%处于“一般”水平；42.28%的农户则处于高于一般程度。根据最大隶属原则，可判定广东农地要素市场的发育程度具有“一般”的属性，且最终得分是 2.609 2。

其他省（自治区）三大市场的评估与广东省农地要素市场的计算方法一致。结果如表 9-5 所示。

表 9-5　9 个省（自治区）三大要素市场与评价集的隶属关系

三大要素市场	广东	江苏	河南	辽宁	四川	江西	山西	贵州	宁夏
农地要素市场	一般	一般	一般	一般	一般	较低	较低	较低	一般
劳动力要素市场	一般	一般	一般	一般	一般	一般	一般	一般	一般
信贷要素市场	较低	一般	一般	最低	较低	一般	一般	较低	一般

表 9-5 中 9 个省（自治区）的排列是按照 2014 年各省（自治区）的地区生产总值排名进行排列的，其中最左边为 9 个省（自治区）中地区生产总值排名第一的省。根据表 9-5 分析可得以下几点。

（1）9 个省（自治区）中江西省、山西省、贵州省的农地要素市场发育程度表达为较低，其余省（自治区）较为一般。很显然，地区生产总值较高的省（自治区）的农地要素市场发育程度相对较高，其可能原因是，一方面大多农户都从农业中走出来从事非农产业，大量的闲置土地自然促使土地流转的交易量增大，即“人动”带动“地动”。另一方面“量”发育到一定程度，自然也会带动“质”的发育，包括流转形式的规范化、流转方式的自由化、流转期限的稳定性、流转价格等各方面的发育。以广东省农地要素市场来看，测度“量”的指标权重只占到了 33.13%，剩余 66.87%都是测度有关农地要素市场的“质”的，其中流转合同规范化的权重是最高的，为 15.72%，其次是转出方式自主化。也就是说，“质”对农地要素市场的测度起着更重要的作用，但“质”又是在一定“量”上才能更好地、更具规模地发育起来。

另外，土地流转的决定因素有很多，包括农户的流转意愿、土地自然禀赋等，不单只是闲置的土地量。比如宁夏回族自治区，其农地要素市场发育程度之所以高于江西省、山西省、贵州省的农地要素市场发育程度，是因为宁夏银北地区实行农村土地信用社制，农户参与土地信用社后，转入土地和转出土地的信息便集中到一起，节约了“借地方”和“贷地方”搜集成本，成为土地流转的主要推动力量（张会萍等，2011）。

（2）从各省（自治区）看其劳动力市场的发育程度，都呈现为一般的评价。在（1）中有讲到“人动”带动“地动”，自然劳动力市场的发育程度应普遍不低于农地要素市场的发育。但同时，现如今的劳动力市场不是单纯的农业雇工市场，还包括农业生产性服务市场及职业经理人市场，而这类的市场发育除了受到资金的限制，还受到该类服务供给市场的限制。显然目前这类的服务供给主体很少，意味着服务供给市场的发育程度也就很低。所以我们也应注意到劳动力市场发育程度低于农地要素市场的合理性。

（3）从各省（自治区）看其信贷市场的发育程度，各省（自治区）的发育状况参差不齐，但总体上略低于农地要素市场与劳动力市场的发育程度。其中，属辽宁省的信贷市场发育程度为最低评价。一方面，信贷市场，尤其是正规金融市场相较于农地要素市场与劳动力市场，其发育得较为迟缓；另一方面，农户缺乏合格的抵押产品，由此严重阻碍了农内的信贷流动，抑制农内信贷市场的发育。

另外，前面表 9-5 的结果是评价各省（自治区）的三大要素市场的发育程度状况，仅仅作为一种判断，不能完全替代后续计量模型研究的权重设置。为了完成这一项工作，需要计算每个省（自治区）不同要素市场发育程度的权重得分。结果如表 9-6 所示。

表 9-6　9 个省（自治区）三大要素市场的发育程度权重得分

三大要素市场	广东	江苏	河南	辽宁	四川	江西	山西	贵州	宁夏	平均得分
农地要素市场	2.609 3	3.326 8	3.252 9	3.254 5	2.600 6	2.129 6	2.375 1	2.539 0	2.624 6	2.745 8
劳动力要素市场	2.446 2	2.792 3	2.663 7	3.186 6	2.844 4	2.934 6	2.975 3	2.397 6	2.849 8	2.787 8
信贷要素市场	2.388 3	2.581 5	2.346 9	2.499 5	2.035 5	2.711 6	2.327 2	2.634 7	3.170 1	2.521 7
标准差	0.114 6	0.384 2	0.459 8	0.417 7	0.414 9	0.415 6	0.361 1	0.119 3	0.274 1	—

根据表 9-6 可以做出如下判断。

（1）从横向看，在农地要素市场中，只有江苏省（3.326 8）、河南省（3.252 9）、辽宁省（3.254 5）的农地要素市场化程度是高于 3 分的，剩余的省（自治区）的得分都略低于 3 分，表示其市场化程度略低于一般水平，且整个农地要素市场的平均得分为 2.745 8。而劳动力要素市场的发育程度的平均得分为 2.787 8，其中辽宁省（3.186 6）得分最高。而信贷要素市场中，只有宁夏回族自治区（3.170 1）的得分高于 3 分，略高于一般水平，而信贷要素市场的平均得分仅为 2.521 7。因此，从全国范围看，劳动力要素市场的发育程度略高于农地要素市场的发育程度，而农地要素市场的发育程度又高于信贷要素市场的发育程度。

（2）从纵向看，各省（自治区）各要素市场发育得不平衡。比较江苏省的农地要素市场（3.326 8）与江西省农地要素市场（2.129 6）的得分，相差 1.197 2，相差程度在一个单位以上，算是较大的差距了。类似地，观测劳动力要素市场与信贷要素市场的极差值，前者辽宁与贵州相差 0.789 0，后者宁夏与四川相差 1.134 6，也是存在不可忽视的差距。

（3）通过标准差可以进一步观测到同个省（自治区）的三个市场的匹配度

状况。例如，广东省相较于其他省（自治区），三个要素市场发育程度的标准差最小，表明匹配度为最高，而辽宁省虽然其农地要素市场和劳动力要素市场发育程度均高于一般水平，但其信贷要素市场的发育程度很低，明显地存在“短板效应”。

9.4　结论与讨论

（1）纵观各省（自治区）的农业要素市场，其市场化进程非常不平衡。从农地要素市场看，江苏省的得分排名为第一，其次为辽宁省和河南省，其发育程度都在一般（3 分）以上；而剩余省（自治区）的市场发育程度的得分均在一般以下，尤其是江西省的得分为 2.129 6，接近于较差这一等级。从劳动力要素市场看，辽宁省的得分最高，且仅辽宁省的市场发育程度达到 3 分以上；剩余省（自治区）的市场发育程度得分均低于 3 分，其中贵州省（2.397 6）的得分最低，与辽宁省（3.186 6）差距较大。从信贷要素市场看，仅宁夏回族自治区的市场发育得分在 3 分以上，达到一般水平；其余省（自治区）都低于一般水平，尤其是四川省（2.035 5）的得分与宁夏回族自治区（3.170 1）的得分相差一个单位以上，差距非常明显。

因此，要提高全国的农业要素市场的市场化水平，就必须加大对农业要素市场发育程度较弱的省（自治区、直辖市）的改革力度。此外，同一省（自治区、直辖市）的不同要素市场间的发育进程也并不一致，每个省（自治区、直辖市）针对自己的薄弱要素市场需制订不同的改革方案，以此更好地推进要素市场化改革。

（2）从全国范围看，劳动力要素市场的发育程度略高于农地要素市场的发育程度，而农地要素市场的发育程度又高于信贷要素市场的发育程度。然而，农地要素市场与劳动力要素市场的进一步发育离不开资金的投入。因此，信贷要素市场的发育迟缓，会成为制约土地流转和劳动力市场化的瓶颈。可以认为，农业信贷市场的发育具有更为重要的市场化比较优势。因为，土地要素具有位置固定的特点，其流转空间及其交易规模受到天然限制；大规模的劳动力迁徙不但受到户籍政策的限制，而且农民的就业能力及其村庄文化所决定的交易费用均会构成农业劳动力市场发育的重要约束。显然，相对来说，农业资金具有良好的流动性和操作性。因此，强化农业信贷市场的发育，对于推进农业要素的市场化进程具有重要的政策意义。

第 10 章　农业要素市场发育的相互关联性：农户维度

前面两章分别从时间和空间维度考察了农地市场与相关要素市场的发育问题。考虑到中国农业要素市场正在发生深刻的变化，已有文献较为集中讨论劳动力和土地要素之间的互动关系，而鲜有研究将资本要素一并纳入其中，导致对农村三大要素流动之间的相互关系缺乏整体把握，本章将三大要素纳入同一个分析框架，从农户维度考察农业要素市场发育的相互关联性，并基于实证结果提出了相关的政策建议。

10.1　研 究 背 景

农村生产要素流动能提高资源配置效率，具有边际拉平效应和交易收益效应（姚洋，2000a；Besley，1995）。中国农村要素正在发生深刻的变化，一方面，随着工业化发展和户籍制度的放松，农户劳动力大量向城市转移；另一方面，通过农地流转集中促进农业规模经营。然而，农业发展方式转型并不是简单的劳动力流动或者农地流转，它不仅要求多重要素市场的发育，而且要求相互间的合理匹配（朱文珏和罗必良，2016）。劳动力转移和土地流转后得到资金要素的匹配，是我国推进以资本广化、资本深化为标志的现代农业建设的关键因素（郭剑雄，2014）。但已有研究集中关注的是劳动力和土地市场的互动关系，鲜有文献一并将资金借贷纳入其中。本章的问题：作为一个生产要素市场系统，劳动力、土地和资金的流转之间存在什么关系？无疑，该问题的解决有利于摸清农村三大要素流动之间的逻辑关系。

基于此，本章将劳动力、土地和资金三大基本生产要素流动及其配置行为同时纳入农户联合决策分析模型中，将农户多要素配置行为予以内生化，进而采用多变量 Probit 模型（Mvprobit 模型），实证考察农户的多要素联合投入决策机制，由此揭示三大要素市场发育的微观动力机制及其互动关联逻辑，从而有助于明确农业要素市场化的改革方向，提出优化中国农村要素市场发展的政策选择。

10.2　理论线索

学界对于农业要素市场发育的研究主要集中于两方面：一是测度农业要素市场化水平及其市场之间的耦合协调性。现有文献借鉴农村市场化水平测度指标体系，根据农地、劳动力、资金要素市场的特性，构建三类要素市场化水平的测度指标并进行定量分析（许恒周和金晶，2011；刘西川等，2014；陈宗胜和陈胜，1999；陈思羽和罗必良，2016）。关于三大市场发育水平，基本一致的结论是：农地流转市场滞后于劳动力流转市场，信贷市场发育更为滞后（陈思羽和罗必良，2016；侯明利，2013；田传浩和李明坤，2014）。这类研究在针对不同要素特性来选择合理的测度指标方面目前仍存在较大的分歧，难以形成统一权威的评价指标体系，而且无法解释要素市场发育的内在机理，因此一直未成为主流的研究导向。

二是从微观农户要素配置行为出发，分析要素市场发育的影响因素。这类研究能揭示要素市场发育的内在机理，是研究的主流导向。已有研究主要针对劳动力、农地流转市场展开研究。早期研究将劳动力或农地流转行为视为独立的单方面选择行为，未考虑另一要素配置行为的影响。后期越来越多的研究考虑了两类要素流动决策的相互影响，但仍缺乏两类要素流动相互关系的验证，其理论预设前提基本都是：一类要素流动行为是另一类要素流动行为的原因或结果，在模型设置时，要么将劳动力非农转移视为农户的自主选择行为，而将农地流转行为假定为由市场决定的外生变量，将之纳入劳动力转移行为的选择模型中（姚洋，1999；Kung and Lee，2001；Huang et al.，2012）；要么将农地流转表达为农户的自主选择行为，而将非农就业行为假定为由市场决定的外生变量，将之纳入农地流转行为的选择模型中（詹和平和张林秀，2009；赵光和李放，2012）。这类经验研究大都存在不同程度的解释变量内生性问题，仅部分学者如 Kung 和 Lee（2001）、黄枫和孙世龙（2015）、洪炜杰等（2016）等尝试用工具变量法解决模型的内生偏误问题，但在实际应用中，工具变量的有效性难以保证（杜鑫，2013）。即使假定工具变量是有效的，这类模型依然存在着理论预设逻辑的缺陷。理论上而言，生产过程是多种要素的相互配合、组合过程，各生产要素配置及市场参与方式之间必然是相互关联、相互影响的。也就是说，农户所面临的是多要素的联合决策及其市场参与问题，是由农户经济系统内生决定的。从这个意义上而言，要素决策之间本质上是互为因果关系，并非单向的因果关系。正是由于在模型处理及理论预设上存在这样或那样的问题，目前已有的大量研究成果并不足以支持一个确定的结论，形成了人动（地动）会“促进、不促进或抑制”地动（人动）的互为矛盾的观点，这些观点一直处于争锋论战中，相持不下，难以达成共识。

此外，学界对劳动力、土地要素流动可能引发的信贷效应未引起足够的关注和重视，迄今为止，除了 Braverman 和 Stiglitz（1982）、杜鑫（2013）等外，研究劳动力、土地、资金三大要素关系的文献还很缺乏。

鉴于上述内容，本章试图弥补既有研究的不足，从以下两个方面推进和丰富该类研究：①研究劳动力、土地、资金三大要素流动的互动关系。事实上，现实世界中的农户所面临的并不是孤立的、单一要素流动及其决策问题，而是多要素的配置及其市场参与决策；忽视多要素流动配置决策的关联性，实际上是对现实的简化。因此，本章将劳动力、土地和资金三大基本生产要素同时纳入农户联合决策行为模型中，将多要素配置行为予以内生化，由此全面考虑三大生产要素配置行为之间的相互关系及其综合影响，使得研究结论更为全面和准确。②考虑到要素决策联立性所引致的内生性问题，针对所有被解释变量都是二元变量的情况，选用 Mvprobit 模型进行验证分析；该模型的优点在于能够从模型结果中直观观察三个被解释变量两两之间是否存在、存在怎样的关联性特征，从而为考察要素市场间的互动关联逻辑提供更为恰当和可靠的计量方法。本章的研究思路及其框架表述为图 10-1。

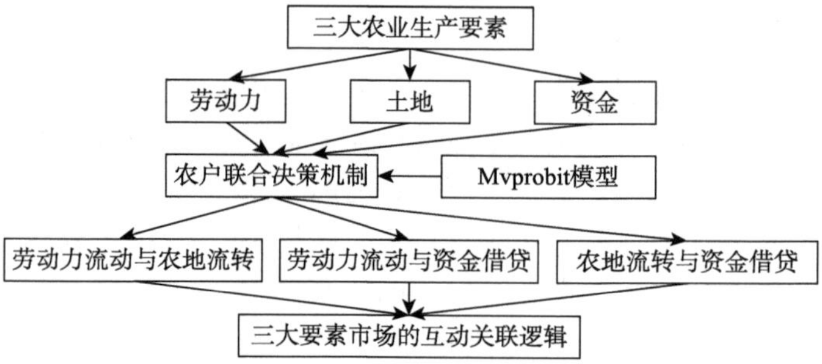

图 10-1　要素关联的分析框架

10.3　实证分析

10.3.1　模型设置与变量选择

1. 模型设置

本章重点关注三类要素流动配置之间的联动决策问题。考虑到要素决策联立性所引致的内生性问题，而且所有被解释变量都是 0、1 变量，选择可同时处理多个二元选择模型的 Mvprobit 模型（刘同山，2016），模型基本形式如下：

$$y_{im}^{*}=\beta_{m}X_{im}+\varepsilon_{im},\ \ m=1,\cdots,M$$

$$y_{im}=\begin{cases}1, & y_{im}^{*}>0\\ 0, & \text{其他}\end{cases}$$

其中，M 表示第 M 个方程；ε_{im} 服从均值为 0，方差为 1 的正态分布。在本章中，M=4，y_{i1} 表示农户劳动力是否发生非农转移；y_{i2} 表示农户是否转出农地；y_{i3} 表示农户是否转入农地；y_{i4} 表示农户是否发生了资金借贷行为；X_{im} 表示模型的解释变量；β_{m} 为解释变量的系数。

运用 Stata13 的命令“Mvprobit”进行运算，可以得到三个要素流动决策方程的解释变量系数，以及三个方程扰动项的两两相关系数。通过观察各个方程解释变量系数，可以分析影响不同要素流动决策的因素；通过三个方程扰动项的两两相关系数可以判断对应两个决策之间的联动关联特征。

2. 变量选择与描述

数据来源于“农村土地与相关要素市场培育与改革研究”项目的专项农户问卷（NSFC-71333004-2015）的 2 704 个样本农户。由于部分变量存在缺失值，在剔除相关样本后，最终本章的样本量为 2 082 个。

本章基于农户维度考察农业相关要素市场发育的相互关联性，且实证研究基于农户调查数据，因此相关变量的测量充分考虑数据的可得性。本章的被解释变量共有 4 个，分别为农户劳动力是否有非农转移、是否转出农地、是否转入农地及是否有资金借贷。当农户发生了上述某一要素流动行为时，则赋值为 1；否则，赋值为 0。解释变量包括三类：①要素报酬。农地转入转出行为采用农地租金表示要素价格；对于劳动力的非农转移，由于本调研缺乏直接的非农就业工资报酬，选择家庭劳动力非农就业主要从事的工作类型作为代理变量，原因是：一方面非农就业的主要工作类型代表转移劳动力的非农就业能力，另一方面不同工作类型的工资具有类比性，能较好地反映非农就业的工作报酬。关于借贷行为的要素成本（杜鑫，2013），本节没有引入模型中，原因如下：如果以银行借贷利息作为成本，农户面临的银行利息率大体相同，在计量中可以不考虑；如果采用民间借贷利息，这一变量是缺失的，而且这种借贷绝大多数属于亲友之间的无息借款。②农业政策，包括农地确权和种粮补贴两个变量。③农地禀赋与农户特征，包括农地肥力、承包地面积、家庭总人口、家庭负担比、妇女劳动力比、初中劳动力比、农业收入占比、家庭总收入以及家到县城时间。具体各个变量赋值及基本情况见表 10-1。

表 10-1　变量的定义与描述统计

变量		赋值	均值	标准差	最小值	最大值
被解释变量	是否有非农转移	是=1；否=0	0.938	0.240	0	1
	是否转出农地	是=1；否=0	0.235	0.424	0	1
	是否转入农地	是=1；否=0	0.116	0.321	0	1
	是否有资金借贷	是=1；否=0	0.187	0.390	0	1
要素报酬	农地租金	元	453.832	1 393.840	0	35 000
	非农就业类型	全部技能型=1；技能型为主=2；体力型为主=3；全部体力型=4	2.631	0.886	1	4
农业政策	农地确权	已确权=1；未确权=0	0.538	0.499	0	1
	种粮补贴	有=1；否=0	0.360	0.480	0	1
农地禀赋	农地肥力	从很差到很好进行 5 级赋值	3.262	0.830	1	5
	承包地面积	亩	6.578	14.315	0	500
农户特征	家庭总人口	人	4.650	1.930	1	21
	家庭负担比	（16 岁以下及 70 岁以上）人口占比	0.211	0.224	0	1
	妇女劳动力比	妇女劳动力占比	0.448	0.177	0	1
	初中劳动力比	初中学历劳动力占比	0.743	0.294	0	1
	农业收入占比	—	33.966%	31.500%	0	100%
	家庭总收入	1 万元以下=1；1 万~3 万元=2；3 万~5 万元=3；5 万~10 万元=4；10 万元以上=5	2.709	1.124	1	5
	家到县城时间	小时	0.972	0.648	0.06	6

10.3.2　计量结果分析

表 10-2 是农户要素流动联合决策 Mvprobit 模型估计结果。

表 10-2　三大要素流动联合决策的 Mvprobit 模型估计结果

变量	模型 1 是否有非农转移	模型 2 是否转出农地	模型 3 是否转入农地	模型 4 是否有资金借贷
农地租金	1.36×10^{-5}（3.10×10^{-5}）	$5.69\times10^{-5***}$（2.13×10^{-5}）	$-4.35\times10^{-4***}$（1.20×10^{-4}）	-5.19×10^{-5}（4.92×10^{-5}）
非农就业类型	$-0.105\,0^{***}$（0.036 2）	0.006 9（0.035 9）	0.004 5（0.042 8）	−0.022 1（0.037 2）

续表

变量	模型 1 是否有非农转移	模型 2 是否转出农地	模型 3 是否转入农地	模型 4 是否有资金借贷
农地确权	−0.035 7（0.062 3）	−0.098 8（0.061 6）	−0.002 4（0.074 0）	0.194 0***（0.065 5）
种粮补贴	−0.085 1（0.064 4）	−0.144 0**（0.064 7）	0.046 5（0.076 5）	0.035 9（0.067 4）
农地肥力	0.116 0***（0.037 9）	0.126 0***（0.037 9）	−0.042 0（0.044 3）	−0.050 0（0.039 7）
承包地面积	−0.004 24**（0.001 84）	0.003 00（0.002 54）	0.002 77（0.002 11）	0.004 78***（0.001 81）
家庭总人口	0.194***（0.020）	−0.048***（0.018）	−0.001（0.021）	−0.007（0.018）
家庭负担比	−1.050***（0.143）	0.204（0.141）	−0.315*（0.180）	0.349**（0.147）
妇女劳动力占比	−0.287（0.175）	0.311*（0.174）	0.032（0.213）	0.090（0.186）
初中劳动力占比	−0.606***（0.109）	−0.072（0.106）	0.115（0.133）	−0.208*（0.111）
农业收入占比	−0.006 28***（0.001 02）	−0.002 46** （0.001 04）	0.004 59***（0.001 20）	0.003 91***（0.001 09）
家庭总收入	0.094 5***（0.030 2）	−0.001 2（0.029 4）	0.043 3（0.035 0）	0.134 0***（0.030 8）
家到县城时间	0.174 0***（0.050 6）	−0.042 9（0.049 1）	0.081 6（0.055 2）	0.016 2（0.049 9）
截距项	0.287（0.238）	−0.885***（0.237）	−1.356***（0.282）	−1.259***（0.246）
模型参数	对数似然值=−3 880.418 7		Prob > chi² = 0.000 0	
模型扰动项的两两相关系数	Atrho12		0.174***（0.039 8）	
	Atrho13		−0.034（0.046 8）	
	Atrho14		−0.085**（0.040 5）	
	Atrho23		−0.140***（0.049 1）	
	Atrho24		0.013（0.041 2）	
	Atrho34		0.192***（0.046 0）	

*、**和***分别表示 $p<0.1$、$p<0.05$ 和 $p<0.01$

注：括号内为稳健标准误

从计量模型结果看，影响劳动力非农转移、农地转出、农地转入、资金借贷等要素流动配置行为的显著性因素存在一定的差异性，考虑到本章重点在于分析三大要素之间的联动作用，故对单要素流动市场的影响因素不再赘述，仅重点就三大要素流动的互动关系做详细的分析。从表 10-2 可以得到的基本结论如下。

（1）劳动力非农转移与土地转出行为之间存在正向互动关系。从表 10-2 可知，模型 1 与模型 2 的扰动项之间相关系数（Atrho12）为 0.174，且在 $p<0.01$ 水平上显著，这表明：农户劳动力非农转移与农地转出决策之间是正相关关系，即劳动力非农转移促进农户农地转出，同时，农地转出亦可能促进劳动力非农转移。这一结论与目前的主流研究结论基本是一致的。在我国工业化与城镇化以及经济开放的背景下，以及农民非农就业机会和报酬不断增加的背景下，农业收入在农户总收入中的地位不断下降，人地矛盾逐步松动，这为劳动力流动、农地流转提供了契机，由此诱发了劳动力与农地要素的重新配置与组合，进而初步形成

农业经营主体的“退出”与“进入”机制。应该说，这两类要素的流动及其优化配置一直以来是我国城市化进程以及农业规模经营发展的重要支撑力量，也是国家政策激励的基本导向。不过，需要指出的是，尽管我国目前已形成了“人动、地动”的互动发展机制，但“人动”背后的“地动”目前主要局限于彼此了解和信任、范围狭隘的熟人圈子中（罗必良，2014a），还未形成主体多元化、普惠大多数潜在市场参与者的竞争性市场。这使得农地流转更多地表现为“小农复制”（程国强，2015），农地的集中与规模经营未成为根本趋势。从调研数据看，已发生流转的农户中，转出对象为亲友邻居的，占总流转面积的 74.77%，而流转给生产大户和农业企业的比例仅为 8.49%。因此，从长期看，如何借助于“人动、地动”的互动机制，进一步促进农地交易从传统的身份交易转向市场型的非人格化交易，构建一个开放并不断拓展的农地流转市场显得尤为重要。

（2）劳动力非农转移与资金借贷行为之间存在显著的负向抑制关系。从表 10-2 可知，模型 1 与模型 4 的扰动项之间相关系数（Atrho14）为− 0.085，且在 $p<0.05$ 水平上显著，这表明，农户劳动力非农转移与资金借贷行为之间是负向的抑制关系，并非互相促进的关系。之所以出现这种现象，其原因可能在于：一方面，对于非农转移农户而言，土地所承担的收入、就业功能在不断弱化，与此同时，非农就业转移带来了总收入提高，这在一定程度上缓解了其资金的流动性约束，从而抑制其借贷行为的发生。但是，另一方面，这种结果的出现，是与目前我国农民“低水平”的非农就业转移类型密切相关的。因为目前我国农民非农就业转移更多地表现为外出“谋生”成分，绝大多数是简单的就业型转移，而“发财”动机的创业型转移很少（秦晖，2012），使得目前呈现出就业型转移后收入上升导致的抑贷现象，并未产生农民创业型转移所衍生的金融借贷行为。因此，从“人动、钱动”的角度看，应该关注如何解构“人动、钱动”的负向抑制关系，实现劳动力非农转移与农村金融市场发展的有机整合及其互动均衡。

（3）农地转入与资金借贷行为之间存在显著的正向促进关系。从表 10-2 可以看出，模型 3 与模型 4 的扰动项之间相关系数为（Atrho34）0.192，且在 $p<0.01$ 水平上显著，这表明农户的农地转入行为与资金借贷行为之间是正向的互动促进关系，农地流转市场与资金借贷市场发展之间存在联动性。一般而言，随着农户土地经营规模的扩大，会出现农地与劳动力、资金等要素匹配的结构性矛盾，创造出新的要素需求及新的要素需求结构。一个典型的情形是，随着农地规模的扩张，需要相应增加土地租金及配套的化肥、农药等流动性生产性成本支出。进一步地，土地转入形成一定规模之后，通过劳动力市场进行农业雇工成为一种现实的需要。但农业劳动质量的考核成本高（罗必良，2008a），而且农业劳动用工成本不断上涨（胡瑞法和黄季焜，2001），这会诱致农户以机械作业替代劳动雇佣，来降低成本。无论是农户初期的流动性生产成本支出增加量，或是后期机械

等固定资产成本支出的增加量，一旦超过农户自有资本存量，农户就需要对外寻求资金的支持，从而产生资金借贷行为。另外，具有资金借贷行为的农户也更可能转入农地扩张经营规模。这一结论与曹力群和庞丽华（2000）、胡必亮等（2006）的结论一致，即具备规模经营特征的农户往往同时还具备负债的倾向。因此，从“地动、钱动”的互动机制看，如何实现中国农村金融市场与农地流转市场的匹配均衡，由此进一步促进两大市场发展是关键。但目前我国农村信贷市场发育相对滞后，这种两类要素市场的互动促进作用发挥仍受农村金融体制不完善、市场发育有限等方面的制约相对较大。

（4）总体而言，三大要素市场发育之间具有关联性特征。从表 10-2 可以看出，农户的三大要素流动决策模型扰动项的 6 个两两相关系数中，有 4 个是显著相关的，其中，3 个相关系数的显著性程度达到 $p<0.01$，1 个相关系数的显著性程度为 $p<0.05$，这表明：4 个模型中除了模型 1 与模型 3、模型 4 与模型 2 外，其他决策模型的各残差项之间不存在相关关系的原假设不能被拒绝。由此可以得到一个基本的结论：农户三大要素的流动配置决策之间存在显著的相关性。依此微观农户要素配置行为的特征，可以推断，我国农业要素市场发育不是孤立割裂的，具有关联性、协同性与整体性特征，是一个互联发展的市场。

此外，模型 2 与模型 3 的扰动项系数（Atrho23）为− 0.140，显著性程度达到 $p<0.01$，这表明转出农地的农户较少转入农地，对应地，转入农地的农户转出农地的可能性较低，体现了农户在农地流转决策上的理性选择。模型 1 与模型 3、模型 2 与模型 4 的扰动项之间相关系数（Atrho13、Atrho24）都不具备统计上的显著性。

10.4　结论与讨论

生产要素的有效流动促进经济发展。对于转型中国家而言，如何促进农业要素市场发育一直是学界关注的焦点，但以往研究多局限于单个或两个要素市场层面的分析，缺乏对“人动、地动、钱动”三大要素的互动逻辑的深入研究。本章将劳动力、土地和资金三大基本生产要素同时纳入农户联合决策行为模型中，将农户多要素配置行为予以内生化，进而采用多变量 Mvprobit 模型，实证考察农户的多要素联合投入决策机制，由此揭示三大要素市场发育的微观动力机制及其互动关联逻辑。研究表明：三大要素市场发育之间具有关联性特征，其中，劳动力非农转移与土地转出行为之间存在正向互动关系，非农转移与资金借贷行为之间存在显著的负向抑制关系，农地转入与资金借贷行为之间存在显著的正向促进关系。

根据本章研究结论，引申出的政策启示：政府应协同推进“人动、地动、钱动”三类市场协调发展和良性互动，实现多重政策目标的有效整合。

一是借助于“人动、地动”的互动机制，构建一个开放并不断拓展的农地流转市场的逻辑线索。在农政措施上，一方面，应配合强有力的农村社会保障制度建设，消解农地上保障功能与市场机能之间的矛盾，促使农地成为扩大农村经济产出的最为重要的生产要素，从而既促进农民的非农就业转移，又逐步实现土地交易的商品化，为开放的地动市场提供支撑条件；另一方面，应当加大对适度规模区间内农场发展的政策支持，减少撒芝麻式的普惠性政策支持，更有效地促进规模经营。

二是从“人动、钱动”的角度看，需要解构两者之间的负向抑制关系，关注如何引导农民从简单的非农就业型转移转向“发财”动机的创业型转移，构建起农民创业型转移与创业型金融资本借贷的正向促进机制。农民创业型转移依赖于农民的异质性人力资本及投资能力，前者需要加大对农民企业家才能的培训力度，后者的重点在于国家对土地的赋权从福利性转向财产性，推进土地资本化，使得离地农民具备财产性资本和金融资本，由此形成“人动、钱动”的互动发展格局。

三是利用“地动、钱动”的互动机制，进一步撬动两大市场的发展。鉴于当前农村金融市场滞后，需要政府积极完善农村金融信贷体系结构，为农户提供可靠的信贷资源以及相应的便利服务，进一步促进农村金融市场与农地市场发展的匹配均衡。

最后，需要强调的是，三个市场相互关联相互牵制，对于三个市场中任何一个市场的政策都应该考虑到对其他市场可能存在的牵制作用，这就要求政策要更全面地兼顾“人、地、钱”三大要素的匹配协调。

第五篇　农业要素市场发育机制的实证分析

第 11 章　农地确权、传导机制与农地流转

2009 年中国开始试点推行农地确权登记颁证工作。2013 年中央一号文件提出，要“用 5 年时间基本完成农村土地承包经营权确权登记颁证工作”。农地确权的基本动因源于中国集体农地原有产权界定的模糊性，其目的是在既往土地赋权改革成果的基础上，从技术上将每一宗土地的权利义务明晰地界定给每个权利主体。可见，农地确权并非是“确权、登记、颁证”的单一事件，实质上是以“产权证”作为权利载体所表达的农民对于农地的权利边界，由此进一步明晰农地产权权利，强化农户农地产权的权利强度及其法律保证。对于确权所引致的农地流转效应，政界和学界的舆论期待非常高。但是农地确权是否以及如何影响农地流转，在学界尚未达成共识。

鉴于此，本章在对既有研究进行归纳评述的基础上，构建“确权是否影响农地流转”“农地确权何以影响农地流转”的理论分析框架，进而采用有针对性的调查数据和恰当的计量经济学模型进行实证研究，由此验证分析农地确权政策是否影响、何以影响农地流转。

11.1　研 究 背 景

鉴于农户家庭经营分散化与承包地块细碎化的经营格局难以满足中国农业现代化的发展要求，因而人们对确权及其可能引致的农地流转效应寄予厚望。事实上，确权是农地流转的基础，成了基本共识甚或信条。但是，已有的一些研究表明，农地流转的高潮并没有随着政策的推行而到来，人们期望中的大规模流转和规模经营并没有出现（吕悦风和陈会广，2015）。农地撂荒现象依然存在，流转率依旧偏低，市场仍不活跃。与农业劳动力的大量转移相比，中国农地流转的发

生率严重滞后（罗必良，2014a）。面对理论政策导向与实践推进效果之间的明显偏差，引发思考的问题是：确权一定能促进农地流转吗？

显然，判断确权是否影响农地流转，是确权政策影响研究的重要组成部分，但也并非全部；在中国加快推进农地确权政策的现实背景下，厘清农地确权影响农地流转的作用机制，同样具有重要的理论和现实意义。但是，农地确权何以影响农地流转呢？已有研究结论也并不一致。众多研究认为，农地确权降低了交易费用，从而提高了农地流转发生率（Galiani and Schargrodsky，2010），具体表现为增强地权安全性（Macours et al.，2010）、提高地权稳定性（Deininger et al.，2008，2011；Holden et al.，2011）、明晰地权边界从而减少纠纷（Alston et al.，1996；Deininger and Feder，2009；Yami and Snyder，2016）、消除制度和交易的不确定性（Feder and Nishio，1998）、保障交易自由化（张娟和张笑寒，2005）及降低交易双方信息不对称性（陈江龙等，2003；付江涛等，2016）。与之相反的观点则表现在如下四个方面：首先，农地确权颁证不到位、确权后农地使用期限以及未来农地政策不明朗削弱了农地交易双方的稳定性预期，从而抑制了农地流转（毛飞和孔祥智，2012）。其次，由于农地流转市场的特殊性，农地确权非但未能改变农户对农地的控制权偏好，反而提高产权强度，强化其禀赋效应，从而抬高农地交易意愿价格并降低交易达成的可能性（胡新艳等，2016a；胡新艳和罗必良，2016）。再次，由于农地具有地理空间位置不可移动的资源特性，农地确权固化了农地细碎化格局，从而极大地提高了耕作者将细碎化农地整合成连片宜耕地块的交易费用（贺雪峰，2015）。最后，法律赋权外生施加而脱离实际、原有地权明晰度和安全性较好等特殊情形都将致使农地确权所产生的影响作用大打折扣（Gould，2006；付江涛等，2016）。

11.2　理论线索

11.2.1　确权是否影响农地流转：两派观点

1. 产权经济学的理论逻辑

产权经济学是农地制度研究的主流思想，产权明晰则是研究者展开讨论的基石。产权理论范式下的基本观点：产权明晰是市场交易的前提，其效率特征表现为产权的竞争性与排他性。沿着这一理论逻辑，分析“确权与农地流转”问题，自然会得出一个基本的推论，即农地确权是基础，确权会促进农地流转（周其仁，2014）。其隐含的内在逻辑及作用机理：一方面，在农地流转交易过程中，明晰的土地产权制度有利于农民对承包经营权形成长期稳定的预期（黄季焜和冀县卿，2012），规范交易流转行为，激励人们从争夺现有资源的对抗方式转向市场交易的合法方式来解决他们对稀缺资源的需求冲突，从而减少土地纠纷（于建嵘和石凤友，2012；Deininger and Feder，2009）；另一方面，产权明晰便于交易各方根据确定的法律规定辨认自身的合法正当利益（张静，2003），消除不确定性（Macours et al.，2010），使自身的合法权益能更有效地免于受地方政府及“社会强势群体”的非法侵蚀。因此，确权在减少交易成本、增加产权权利价值等方面发挥了作用，并能促进农地流转。这一观点得到了周其仁（2014）、北京大学国家发展研究院综合课题组（2010）等对成都确权改革个案的经验支持，来自墨西哥（McCarthy et al.，1998）和越南（Kemper et al.，2015）的实证研究也对其予以了验证。此外，叶剑平等（2010）、张兰等（2015）、刘玥汐和许恒周（2016）的研究表明，农户持有“双证”（土地承包合同和承包经营权证书）对土地流转起到了积极作用。但是这些研究并不能有针对性地反映农户对新一轮确权政策的响应。值得注意的是，除了程令国等（2016）外，付江涛等（2016）对江苏省 3 县（市、区）新一轮确权的实证研究证明，农地确权登记颁证能够显著促进农户的农地转出行为。但考虑到各地确权地点的确定是政府的选择性行为，不具有随机性，而该文直接采用 OLS 估计可能会出现非随机分配所导致的估计偏误。

2. 引入禀赋效应概念的行为经济学逻辑

与主流产权学派不同，另一类研究则是从农地产权事实出发，将“确权与农地流转”问题置于行为经济学的理论框架下，引入禀赋效应概念来理解农民经济行为背后的心理、文化与制度逻辑，进而提出“确权抑制农地流转”的观点。从行为经济学角度看，不同的资产承载不同的主观含义，其中，一个典型的类比是“从房屋到家宅”，房屋是同质的且可替代的资产，家宅则是凝聚主观情感评价的难以替代的资产。因此，如果虑及产权主体与产权客体之间“纳物入心”的情感关系特征，那么，产权的可交易性，就不仅受价格体系提供的客观信息支配，还和产权主体—客体相互剥离的交易过程中的情感价值相关。罗必良（2014a）认为，我国农地流转市场不同于科斯层面的市场，具备自身特殊的交易性质。事实上，田产对于中国农民而言，传统上向来具有重要的象征意义，构成了一种财富的特定物化方式，是被身份化了的人格财产，而不是市场经济条件下的标准化、可替代的单纯经济要素。人格财产与人格是紧密相连的，丧失人格财产的痛苦难以通过替代物来弥补。因而在农地流转交易中，农民会倾向给予农地更高的价值评价，使得意愿卖价高于市场对物品的平均估价，由此产生的“禀赋效应”，导致交易双方难以在交易价格上达成一致，从而抑制农地流转。随着我国农地确权工作的推进，尽管农村土地权属在法律层面上得到了明确，但农地作为被身份化了的人格财产特性，会由于确权的法律化、持有的长久化而不断增强，进一步强化其禀赋效应并增加对农地流转的约束（罗必良和胡新艳，2015）。Deininger 和 Jin（2005）基于我国 9 省的研究发现，发放土地承包经营权证书并不显著影响农户参与农地流转市场。罗必良等（2015）等对广东的问卷调查表明：在 638 个调查农户中，确权颁证后 86.2%的农户选择提高租金，62.8%的农户认为转入土地的难度会增加。这个数据结果常常被作为“确权抑制农地流转”观点的引证证据，但该文并未进一步地验证数据结论是否具有统计上的显著性，因此这一结论的普遍性和代表性仍是有待验证的。从国际经验看，Jacoby 和 Minten（2006）通过对马达加斯加的研究认为，没有证据可以证明土地登记将促使租出土地更加具有吸引力。因为与没有进行登记的土地相比，已进行登记的土地的转出概率更小。Holden 等（2011）基于埃塞俄比亚的研究表明，土地登记对土地转出存在负向影响，只是不具备统计上的显著性而已。

上述产权经济学、行为经济学流派沿着各自的理论逻辑分析“确权与农地流转”问题，得出了不同的结论：前者强调确权对农地流转市场发育的意义，后者指出确权可能对农地流转产生抑制效应。显然，理论的争论有利于分析问题视角的拓展和丰富，但是两派对立的观点使得确权改革的操作伴随着理论争论和质疑，而且国内外实证研究所得的结论也不一致。

为了厘清理论分歧和实证结论之间的争议，我们借鉴既有研究，并试图弥补既有研究的不足，由此深化“确权与农地流转”问题的研究。在研究对象上，明确地界定为新一轮确权政策的影响研究，由此避免因确权概念理解差异而混淆研究结论的针对性，并有效追踪研究确权新政对农地流转的影响。我们希望从以下三个方面进一步推进和丰富既有研究。

一是注重对农户农地流转行为的综合性刻画，由此确定农地流转行为研究的多维度分析框架。事实上，目前学者对于农地流转概念存在两种不同的理解：第一，宏观视角的要素市场发育；第二，微观视角的农户农地流转行为选择。显然，两种视角所关注和强调的重点各有不同，内容有所交叉。但基本的共识：宏观视角的市场发育必然依赖于微观主体的行为逻辑。因此，关注农户行为选择对宏观市场所起的基础作用，并将农户流转行为与宏观市场发育连接起来，才可能为探究农地流转市场发育提供微观动力机制的解释框架。这是目前学界普遍重视微观农户行为的根本原因。但是对于“何为农户农地流转行为”，既有文献并未细究，往往是只笼统地从农户“是否”参与农地流转角度分析。事实上，农户的农地流转行为并非单一笼统的“是否”流转的选择行为，而是包含是否交易、如何交易（与谁交易、交易期限多长、交易价格多少、何种合约形式）的“一连串”行为选择的集合，这本身构成了行为表现的一个连续谱系。显然，微观主体交易行为的不同维度的表现，均会对宏观市场发育产生影响，它们共同决定了农地流转市场的发育水平。如果笼统地从农户是否参与农地流转角度分析，可能会遮蔽“农地流转行为”所包含的丰富形态及其内部的复杂构成，难以洞察农地流转市场发育推进的具体行为逻辑，由此所得的结论也就可能会有失偏颇。因而本书研究强调“农地流转市场”发育与形成的复杂性，从多维度描画农户的农地流转行为，尽可能将农地流转行为及其合约所包含的细分内容展现得更丰富，并予以全面检验和评价，由此全面揭示农地流转市场发育的微观行为机制与逻辑。

二是强调新一轮确权对农地流转影响实证研究的重要性，以及所需数据的针对性、有效性和计量方法选择的科学性。任何政策选择都是有目标取向的，而不同的目标选择隐含着不同的实施成本，因此，政策效果的数量化分析对于政策制定者的决策是尤为重要的（Feder and Nishio，1998）。我国既有关于“确权与农地流转”问题的研究更多地采用理论推理或个案研究的定性方法，实证研究文献相对缺乏且研究结论不一致；针对新一轮农地确权的实证研究目前更是薄弱，采用的数据缺乏有效性和针对性，所采用的计量方法也由于未能对农户的行为影响因素进行有效控制，导致政策影响估计的严密性和准确度不够，不足以支持一个确定的结论。因此，采用以新一轮确权政策影响为主题展开针对性调查数据；为控制确权政策以外其他系统性差异对行为结果可能造成的偏差影响，选用倾向得分匹配法（propensity score matching，PSM）展开实证研究。

三是虑及新一轮确权政策的实践时间尚短，必须重视新一轮确权政策对农户农地流转行为影响的时效性问题。农民对政策的解读往往取决于社会经验和社会关系网络（Hart，2012），并存在一定的滞后性。这意味着农地确权政策并不一定会导致农民行为的即期响应。故此，分析新一轮农地确权政策的影响，不仅需要考察当前农户流转行为变化的短期性影响，还有必要通过对农户意愿的考察来理解确权政策对其可能产生的长期影响趋向。因为流转意愿是农户在了解到农地确权政策后形成的心理预期，这种心理预期在客观条件成熟的情况下才有可能转化为行为，所以通过农户农地流转意愿推断农地确权政策对未来流转行为的影响。

11.2.2　确权何以影响农地流转：中间传导机制

在总结已有研究的基础上，识别农业生产激励、交易费用、交易价格及农业要素市场联动四种中间传导机制，构建了新一轮农地确权影响农户农地流转行为的理论分析框架。

1. 农地确权、农业生产激励与农地流转

农地确权有助于激发农户从事农业生产经营的积极性，进而促使其增加农地转入并减少农地转出。具体而言，农地确权提高了地权安全性，从而保障使用权排他、交易自由化以及收益权独享，进而促进农业投资。主要表现：首先，农地确权通过法律赋权的方式，明晰了地权边界，提高了地权稳定性预期，以及强化了地权的排他性。这不但意味着农地承包经营权的固化和不可调整（程令国等，2016），而且提高了农户在土地征用过程中的谈判地位和议价能力（付江涛等，2016），还降低了农地遭受承租方非法侵占的可能性（Yami and Snyder，2016）。其次，土地承包经营权证书能够有效地抵制村集体干预，确保农地使用权的交易自由化（张娟和张笑寒，2005）。而较为完善的农地交易权能可以提高农户对现值农业投资在未来实现市场价值的信心，从而增强其进行农地投资的积极性。再次，农地确权不但有效地降低了地权重新界定与保护的成本，而且防止了产权模糊及其所引致的外部性、部分财产权利留置于公共领域以及租值耗散等问题造成农业投资收益损失。最后，农地确权赋予承包经营权抵押、担保权能，有助于缓解农业生产经营的资金压力，从而提高农户扩大农业长期投资、增加耕地保护性投入的积极性。

2. 农地确权、交易费用与农地流转

农地确权通过增强地权稳定性、确保交易自由化、减少农地纠纷、降低信息不对称性等方式，有效地降低了农地流转的交易费用，从而促进了农户农地流转。具体表现为以下三点。

首先，增强农户对农地征用的排他能力。农地确权通过法律赋权的方式强化了土地承包经营权的排他能力，提高了农户在土地征用过程中的谈判地位和议价能力，从而促使其安心地流转农地。

其次，抵制村集体干预和农地调整。一方面，土地承包经营权证书突破了农户与村集体之间债权性质的承包合同关系，使得农地合法转让权可以有效地抵制村集体对农地流转的严格限制和干预，从而扩大了其交易范围和规模。另一方面，农地确权发证不但减少了村庄农地调整的发生频率（丰雷等，2013），而且维护了土地承包关系的长期稳定，因此促进农户农地流转。

最后，降低农地交易双方的信息不对称性。一方面，农地确权明确承包地的四至、空间位置、面积大小和用途等信息，为农地流转后地权边界被打破、面积大小不准和空间位置无法还原等问题的解决提供准确而有效的依据。另一方面，农地确权是依靠国家权威和信用所建成的公信制度，不但超越了村庄熟人圈子而得到更加广泛的社会认同，而且成为替代乡规民约、村集体力量的正式产权担保

机制，从而有效地减少了农地流转的事前（如信息搜寻成本）、事中（如谈判、协调和签约成本）以及事后（如合约实施与维护成本）等交易费用。

3. 农地确权、交易价格与农地流转

由于农地具有农户身份象征、交易价格非市场化以及交易对象亲缘化等特殊性，农地流转市场的交易机制不完全等同于一般商品交易（胡新艳等，2016a；胡新艳和罗必良，2016）。根据市场特殊性和农地依赖性的差异，可以将确权后农地流转行为分为如下三种类型。

首先，农户对农地具有“恋农情结”“惜土心理”的情感依赖，农地确权增加了农地的情感价值，进而抑制农地流转。新一轮农地确权在制度和法律层面上根据农村集体成员权将农地承包经营权赋予农户，从而促使其在情感上获得更大的满足和依赖（罗必良，2014a）。农户由于情感价值提升而给予农地更高的价值评价，并直接反映在交易意愿价值上，使其对特定地块的租金诉求高于市场平均估价而产生禀赋效应，从而减少了农地交易达成的可能性（胡新艳和罗必良，2016）。

其次，农户对农地具有生存依赖，农地确权强化了农地的保障价值，进而抑制了农地流转。社会保障不健全、外出务工有风险以及未来不确定性，不但使得农地承担着保障农户生存、就业以及养老等功能，而且促使农户产生将已出租农地完好无损地收回的控制权偏好（罗必良，2014a）。同时，新一轮农地确权通过明晰地块四至等地理空间信息、颁发土地承包经营权证书以及赋予农地抵押担保权能等方式，不但无法改变农户对农地的控制权偏好，而且提升了农地保障价值，从而抬高了农户的交易意愿价格并减小其农地交易规模（胡新艳等，2016a）。

最后，在农户外出务工较为稳定、家庭经济水平较高，并且对土地的情感和生存依赖程度较低的情况下，农地确权将提高农地交易价格，从而促进农地流转。一方面，农地确权凸显了农地因交易费用降低、交易可能性增大所引致出的溢价效应，从而强化了农户对农地的未来增值预期（胡新艳和罗必良，2016）。另一方面，农地确权增大了产权强度，不但提升农地的交易价值，而且提高农地的资源配置效率和潜在收入，从而促使农地承租者愿意支付更高的农地使用成本（程令国等，2016）。可见，农地确权提高了农地流转租金，进而促进农地流转。

4. 农地确权、农村要素市场联动与农地流转

农地确权通过与农村劳动力市场、农村金融市场进行有效联动，促进了农户农地流转。具体表现为以下两点：一方面，农地确权增强农地使用权的安全性和

稳定性，农户不再害怕长期出租会失去土地，因而可以更加安心地转出农地去外出务工。农地确权不但提高了农村劳动力外出务工的概率（Chernina et al.，2014；Janvry et al.，2015），而且使得家中有人外出务工的农户更愿意出租农地（程令国等，2016）。另一方面，赋予农地经营权抵押、担保权能，有助于刺激农户通过转入农地来提高其信贷可得性（付江涛等，2016）。农地确权使得具有地理空间位置不可移动、地租预期趋升以及不易受破坏等特性的农地，成为正式信贷机构的有效抵押品（Feder and Nishio，1998；陈江龙等，2003）。显然，这有利于缓解农户获得生产性资金的需求压力，解决农村抵押品不足、农业发展融资难等问题，从而增加农户转入农地和扩大投资的可能性。

11.3 实证分析

11.3.1 实证分析 1：确权影响农地流转的意愿与行为

1. 数据、变量与模型

1）数据来源

数据来源“农村土地与相关要素市场培育与改革研究”项目的专项农户问卷（NSFC-71333004-2015）的补充调研。为了避免地域的分散性，项目组于2015 年春节期间对广东、江西两省进行了抽样农户的补充调查，调查范围包括广东 15 市与江西 11 市。在调查地点选择上，所选乡镇必须兼具已完成确权试点村和尚未确权村庄，并对两类村组的农户进行等比例抽样，以保证两类农户对比分析时的匹配性。共发放问卷 1 200 份，回收 1 151 份。能够满足本项研究的有效样本为 1 134 个，其中，已经确权的农户有 592 个，尚未确权的农户为 542 个；已经转出农地的农户 232 个，尚未转出农地的农户 902 个。

2）模型选择

新一轮农地确权试点的时间和地点都是政府选择的结果，这意味着农户样本并非是被随机地分配到确权和非确权组的，因而难以保证组别之间有相同的属性分布，如果采用 OLS 估计可能会导致估计结果偏差。为了最大限度地消除非随机分配所导致的估计偏误，采取倾向得分匹配法进行估计。倾向得分匹配法是由 Rosenbaum 和 Rubin 于 1983 年提出来的，其基本思想是，在评估确权对农户农地流转行为和意愿的影响时，将已确权农户组成处理组，未确权的农户组成对照组。由于无法获取已确权农户在未确权时的状态，需要构造一个反事实框架，即在给定一组协变量(X_i)的情况下，对每一农户进行打分，计算其进入处理组的概率$p(X_i)$，记为倾向得分，它实际上是对一组协变量在处置维度上投影的一个降维，从而能在多个维度上将确权组农户与非确权组农户进行匹配，使得配对的两个农户协变量分布相同，只是一个分配在确权组，另外一个分配在非确权组，这相当于一个随机试验（Becker and Ichino，2002）。在这种情况下，以X_i为条件，D_i（确权政策）与(Y_{i1},Y_{i0})（结果变量）是相互独立的，即

$$(Y_{i1},Y_{i0}) \perp D_i \mid p(X_i)$$

在对全体样本进行配对后，计算配对样本组之间在结果变量上的差异，即可得到平均事后处理效应（average treatment effect on the treated，ATT）的有效估计值：

$$\text{ATT} = E(Y_{i1}|D_i=1) - E(Y_{i0}|D_i=1) = E(Y_{i1}-Y_{i0}|D_i=1)$$

由期望迭代定理：

$$\begin{aligned}\text{ATT} &= E\{E[Y_{i1}-Y_{i0}|D_i=1,p(X_i)]\} \\ &= E\{E[Y_{i1}|D_i=1,p(X_i)] - E[Y_{i0}|D_i=0,p(X_i)]|D_i=1\}\end{aligned}$$

3）变量设置与描述统计

应用倾向得分匹配法选择协变量的基本原则：应该包括与处理变量无关而和结果变量相关的变量，而不能包括与处理变量相关而和结果变量无关的变量（Brookhart et al.，2006）。遵循这一原则，选用协变量应尽量包括与是否“确权”无关，而和农户农地流转行为与意愿等结果变量相关的变量，而不能包括只与是否“确权”相关，但和农户农地流转行为与意愿等结果变量无关的变量。所以，结合调研数据，选取两类协变量，一是受访人的特征变量，包括性别、年龄、教育程度、打工经历；二是农户家庭特征变量，包括务农人数、家中有无党员、家中有无干部、家庭总收入、农业收入占比和务工收入占比。

在结果变量方面，考虑到广东和江西两省确权试点的时间尚短，故除了考察农户的流转行为，农户的流转意愿也纳入分析，并且考察“是否”以及“如何”流转两个方面，流转具体包括流转对象、期限、租金与合约形式等四个方面。表 11-1 给出了各变量的定义与描述性统计。

表 11-1　样本农户的描述统计

变量	赋值	总体均值		确权组均值		非确权组均值	
		意愿	行为	意愿	行为	意愿	行为
性别	男=1；女=0	0.66	0.64	0.64	0.63	0.67	0.64
年龄	实际年龄/岁	43.99	42.96	45.60	44.03	42.22	41.90
教育程度	小学=1；初中=2；高中=3；高中以上=4	2.08	2.17	2.08	2.19	2.09	2.15
职业	务农=1；工/农兼业=2；打工=3；行政与管理=4；经商等=5	2.54	2.82	2.47	2.90	2.62	2.74

续表

变量	赋值	总体均值		确权组均值		非确权组均值	
		意愿	行为	意愿	行为	意愿	行为
打工经历	有=1；无=0	0.61	0.64	0.59	0.64	0.63	0.64
家庭人数	实际人数/人	5.06	4.83	4.97	4.64	5.16	5.02
务农人数	实际人数/人	0.95	0.69	0.98	0.65	0.92	0.72
家中有无党员	有=1；无=0	1.26	1.28	1.27	1.41	1.24	1.15
家中有无干部	有=1；无=0	1.84	1.88	1.85	1.84	1.83	1.91
家庭总收入	实际收入/元	2.73	2.82	2.69	2.79	2.79	2.85
农业收入占比	农业收入/总收入	32.40%	32.59%	32.04%	33.65%	32.80%	31.56%
务工收入占比	打工收入/总收入	53.40%	49.80%	53.69%	48.01%	53.08%	51.55%
农地转出行为	是=1；否=0	—	0.20	—	0.19	—	0.22
农地转出意愿	同意=1；不同意=0	0.82	—	0.84	—	0.79	—
流转对象	亲友邻居=0；本村农户=1；外村主体=2	0.74	0.80	0.79	0.78	0.69	0.81
流转期限	≤1 年=1；>1~3 年=2；>3~5 年=3；>5~6 年=4；>6 年=5	3.41	3.63	3.37	3.61	3.45	3.65
流转租金	实际或意愿租金/（元/亩）	1 217.69	411.77	1 576.63	374.26	825.63	448.63
合约形式	无合约=1；口头合约=2；书面合约=3	2.56	2.00	2.62	2.04	2.50	1.97

观察表 11-1，可以发现以下内容。

（1）在流转行为方面，在全部样本中，参与农地转出的农户占 20%，其中确权组农户（19%）低于非确权组农户（22%）。

（2）在流转意愿方面，农户转出农地的总体意愿程度为0.82，其中，确权组比非确权组的意愿程度高 0.05。

（3）在“如何”流转的合约选择方面，则呈现出更为明显的差异性。第一，在流转对象的行为选择上，确权组农户的亲邻化关系选择特征相对明显，但是在意愿上，则更倾向于非亲邻化的选择取向；第二，在流转租金上，已流转农户中确权组农户农地的每亩租金均价（374.26 元）比非确权组（448.63 元）低；但在意愿租金上，则是确权组农户农地每亩均价（1 576.26 元）比非确权组农户（825.63 元）的高出约 750 元；第三，在合约形式选择的行为和意愿方面，均是确权组农户表现出正式合约选择趋向；第四，在流转期限选择的行为和意愿方面，均是确权组农户表现出相对短期化的趋向。

总体来看，确权组和非确权组农户在农地流转行为和意愿及其合约维度上，没有表现出完全一致的行为特征。考虑到确权组和非确权组之间各协变量存在系统性差异，使得目前观察到的结果并非是新一轮确权政策的单独影响，因此不能就此判断确权对农地流转行为与意愿的影响，需采用倾向得分匹配法进行估计分析。

2. 计量分析

1）平衡性检验

为保证倾向得分匹配结果的可靠性，需在匹配后对确权组与非确权组农户之间的平衡性进行检验，即在匹配后，要保证确权组和非确权组两组的协变量之间不应该存在显著的系统差异。在考察确权对农户农地流转意愿影响时，采用的是全部有效样本，但观察确权对农户“如何”流转农地的行为时，需把没有发生流转的农户样本剔除掉。因此，需分别对总样本和已流转农户样本进行平衡性检验（表 11-2）。

表 11-2　平衡性检验

变量	匹配前后	农地流转行为				农地流转意愿			
		均值		偏误	t	均值		偏误	t
		确权组	非确权组			确权组	非确权组		
性别	前	0.63	0.64	−1.3%	−0.10	0.64	0.67	5.7%	0.96
	后	0.63	0.66	−4.8%	−0.37	0.64	0.64	−0.2%	−0.04
年龄	前	44.04	41.90	15.3%	1.17	45.46	42.22	21.7%	3.64***
	后	44.04	43.56	3.4%	0.27	45.46	46.18	−4.8%	−0.82
教育程度	前	2.19	2.15	4.0%	0.31	2.08	2.09	−1.3%	−0.21
	后	2.19	2.12	7.5%	0.59	2.08	2.03	5.7%	0.98
职业	前	2.90	2.74	11.1%	0.85	2.48	2.62	−9.4%	−1.59
	后	2.90	2.78	8.0%	0.61	2.48	2.47	0.6%	0.11
打工经历	前	0.64	0.64	0.5%	0.04	0.59	0.63	−8.6%	−1.44
	后	0.64	0.66	−3.0%	−0.23	0.59	0.59	0.1%	0.02
家庭人数	前	4.64	5.02	−20.1%	−1.53	4.96	5.16	−9.5%	−1.60
	后	4.64	4.63	0.6%	0.05	4.96	4.98	−1.3%	−0.23
务农人数	前	0.65	0.72	−6.9%	−0.53	0.98	0.92	5.1%	0.86
	后	0.65	0.66	−1.2%	−0.10	0.98	0.97	0.2%	0.03
家中有无党员	前	1.41	1.15	49.4%	3.77	1.27	1.24	5.7%	0.96
	后	1.41	1.37	8.4%	0.57	1.27	1.29	−4.2%	−0.69
家中有无干部	前	1.84	1.91	−18.9%	−1.44	1.85	1.83	4.4%	0.74
	后	1.84	1.82	7.9%	0.53	1.85	1.82	7.2%	1.21
家庭总收入	前	2.79	2.85	−4.7%	−0.36	2.68	2.79	−9.0%	−1.51
	后	2.79	2.74	4.5%	0.34	2.68	2.70	−1.9%	−0.33
农业收入占比	前	33.65	31.56	6.1%	0.46	32.20	32.80	−1.8%	−0.31
	后	33.65	35.74	−6.1%	−0.46	32.20	31.82	1.2%	0.20
务工收入占比	前	48.01	51.55	−9.2%	−0.70	53.54	53.08	1.3%	0.21
	后	48.01	50.31	−6.0%	−0.46	53.54	54.04	−1.4%	−0.24

***表示 0.01 的显著性水平

表 11-2 表明，经过匹配后，农户流转行为的协变量偏误均值从 12.3%下降为 5.1%；流转意愿的协变量偏误主要集中在 0 附近，偏误的均值从匹配前的 7.0%下降到 2.4%，这表明倾向匹配得分法确实能够降低确权组与非确权组农户之间的差异，使得协变量的组别间差异得到了更有效的控制。进一步地，t 统计值也表明不能拒绝确权组和非确权组之间不存在差异的假设。由此表明，样本匹配通过了平衡性检验，匹配后两组之间协变量不存在显著差异，基本达到类似随机试验的效果。

2）模型结果分析

采用最近邻匹配法分别估计确权对农户农地流转行为和意愿所产生的因果效应。两种估计方法的结果基本一致。表 11-3 报告的是基于 Logit 的最近邻匹配法的模型估算结果。

表 11-3　基于 Logit 的最近邻倾向得分匹配法结果

变量	农地流转行为						农地流转意愿					
	匹配前			匹配后			匹配前			匹配后		
	ATT	S.E.	t	ATT	S.E.	t	ATT	S.E.	t	ATT	S.E.	t
是否流转	0.02	0.02	0.83	0.02	0.03	0.69	0.11*	0.06	1.91	0.12*	0.07	1.72
流转对象	− 0.03	0.10	− 0.31	0.02	0.11	0.16	0.10**	0.04	2.27	0.04	0.05	0.79
流转期限	− 0.04	0.19	− 0.22	− 0.03	0.22	− 0.13	− 0.08	0.09	− 0.89	− 0.04	0.10	− 0.37
流转租金	−74.37	100.57	− 0.74	−38.99	134.20	− 0.29	591.78**	264.53	2.24	566.91**	264.46	2.14
合约形式	0.08	0.11	0.69	0.08	0.13	0.58	0.12***	0.04	2.98	0.09*	0.05	1.83

*、**和***分别表示 0.1、0.05 和 0.01 的显著性水平

匹配的实质在于消除组别间农户系统差异对结果变量造成的影响，由此可以将确权政策对农户农地流转行为的影响独立出来进行观察。从表 11-3 所显示的匹配后的结果看，确权在短期内对农户的农地流转行为并没有显著影响。这与程令国等（2016）的“确权促进农户农地流转参与率”结论并不一致。之所以确权尚未对农户的转出行为产生显著性影响，其可能的原因是农地确权政策尚处于起步与试点阶段，一方面，农户对政策形成稳定预期并诱致其流转行为的改变，需要一个知识与经验积累的过程；另一方面，农户对确权之后的农地流转市场做出反应，也需要等待当期合约结束后才能对已流转农地的对象、期限、租金及合约形式等做出调整。可见，确权政策对农户农地流转行为的影响可能存在滞后效应。

但值得关注的是，尽管新一轮确权尚未对农户的转出行为产生显著的影响，但对农户的流转意愿能够产生显著的影响。从鼓励农地流转的层面上来说，讨论确权对农户农地流转的意愿，或许更具政策意义与现实价值。

对比匹配前后的结果，发现多个变量的显著性程度及其系数值都发生了一定变化，这表明采用倾向得分匹配法进行匹配存在必要性。利用匹配后的计量结果，进

一步分析农户的农地流转意愿，有助于准确评估确权政策可能带来的长期影响。

（1）确权对农户的农地流转意愿具有显著的促进作用。匹配后，确权农户比非确权农户在流转意愿强度值上多0.12（ATT值），且在0.1水平上显著。这意味着，长期内确权会刺激农户的农地流转交易行为，这印证了“产权明晰是市场交易的前提条件”的基本理论逻辑。因为确权的本质在于强化地权的明晰性与稳定性，这有利于建构起“秩序观念”的约束规则体系（朱岩，2009），从而有效约束交易双方的机会主义行为，以及防范第三方的侵权行为，进而增加农地流转交易的可预见性，降低交易成本，提升农户农地流转意愿。

（2）确权对农户流转农地的意愿租金提升有显著影响。匹配后，确权农户比非确权农户在意愿租金上多566.91元（ATT值），且在0.05水平上显著。这表明，在排除组别之间协变量的影响后，确权政策依然对农地流转的意愿租金提升具有显著的影响。这与 Dowall 和 Leaf（1991）、Jimenez（1982）、Feder（1987）对菲律宾、印度尼西亚和印度等发展中国家土地确权政策效应研究的结论具有一致性，即产权权利状态显著影响土地价格。课题组对广东东莞确权试点的典型调查进一步证实了上述结论，麻涌镇试点前后的农地流转意愿租金，由之前的每亩700~800元提高到了1 500元左右。

关于确权带来意愿租金提高的一个主流解释：确权从本质上反映了因交易机会增加和产权交易成本降低所产生的价值增量，内生出产权稳定性的溢价效应，是农户对农地产权价值提升的一种理性价格预期。从禀赋效应理论层面来说，意愿租金提高也可以视为由“人—地”剥离过程中的情感价值所驱动的结果。但需要指出的是，后一理论对于解释短期内老一代农民的行为特征是站得住脚的，但随着新一代农民的代际转换以及市场化的转型发展，长期而言其对流转租金的要价将更多由市场价值所驱动。必须重视的是，农地确权推高农地产权价值及其意愿租金，一方面，有利于农户财产性收入的增加，但另一方面，过高的租金诉求可能反过来抑制农地的流转。因此，从长期看，一个公开并不断拓展的农地产权流转市场的发育，会显得尤为重要。

（3）确权对农户选择正式流转合约的意愿有显著促进作用。匹配后，意愿合约形式选择的ATT值为0.09，在0.1水平上显著，这意味着在消除系统差异以后，农户在确权后比确权前更倾向于签订书面的正式合约。农户对合约形式选择意愿的变化，可能是由于确权工作的推进，农地产权的法律保障效应日渐强化，农户作为行动层面的响应者，更容易感受到法律的外在的硬约束功能及其权益保障效应。因此可以预期的是，在“制度-生活”的逻辑视角下，随着土地交易半径与市场规模的扩大，农户将会更倾向于选择相比于口头合约更具正规化、可视化、保障性等优点的正式合约（胡新艳等，2015a），以此约束交易主体的机会主义违约行为，降低可能面临的侵权或违约风险。可见，从长期的影响趋向看，确权促进农户建立更规范的正式合约，这有利于促进农地流转市场的发育。

（4）确权对农户农地流转合约期限选择意愿的影响，尽管不显著，但 ATT 值为–0.04，作用方向为负。这表明：从作用方向看，农户存在合约短期化趋向，只是这种行为选择目前并不是农户的普遍选择意愿，从而导致在统计上不显著。事实上，农地合约长短往往和产权的明晰程度有关，当地权不稳定时，租出者倾向于长期合约，因为这有利于把未来地权不稳定的风险转嫁给转入方（刘文勇等，2013）。相应地，一旦确权，会带来产权稳定性的溢价效应，为防止因长期合约所导致的“锁定”或“套牢”而错失租金调整的灵活性，则会趋向于选择短期化合约。也就是说，从作用方向看，农户表现出试图凭借合约期限的短期化来获取农地流转租金的谈判优势，只是在统计上不显著。

（5）确权对农户农地流转对象选择意愿的影响，尽管不显著，但 ATT 值为 0.04，作用方向为正，这表明确权后，农户的农地交易行为并没有出现普遍化的非“身份交易”转变，但在作用方向上表现出从农村熟人网络走向市场交易网络，存在交易对象多元化及交易半径扩张的态势；也就是说，农地流转交易更多的是对交易价格而不是交易对象做出反应，表现出“价高者得”的市场竞价趋向，传统熟人圈的身份交易开始向市场化的契约交易转型。

11.3.2　实证分析 2：确权影响农地流转的中介效应分析

1. 数据、变量与模型

1）数据来源

数据来自中国健康与养老追踪调查（CHARLS）2011 年的全国基线调查和2013年的全国追踪调查。其中，形成追踪调查的样本分布在28个省（自治区、直辖市）的 150 个县、450 个村庄或社区，共计 8 875 户。本部分主要研究其中的5 481 个农户家庭，其中，农地确权组 1 221 户，未确权组 4 260 户。

需要指出的是，对于单个农户的农地流转行为而言，很大程度上可以将村庄层面的农地确权视为一个政策性外生变量（程令国等，2016）。但是，如果村庄农地流转市场发育较为完善，则其被上级政府选择作为农地确权试点村的可能性会相对较大。因此，为了避免农地确权颁证政策与农地流转存在反向因果关系，采用 2011 年的农地确权、中介变量及控制变量对 2013 年的农户农地流转行为进行回归分析，从而确保了农地确权政策、中介变量及控制变量都早于农户的农地流转决策，并有效地解决了反向因果关系可能引发的内生性问题。

2）模型设定

依据上述，农地确权可能通过农业生产激励、交易费用、交易价格以及农村要素市场联动四种中间传导机制，对农户农地流转行为产生影响作用。因此，根据 Baron 和 Kenny（1986）的方法，可以构建如下中介效应模型：

$$Y_i = \beta_0 + \beta_1 \mathrm{CERT}_i + \sum \beta_2 X_i + \varepsilon_1 \tag{11-1}$$

$$\mathrm{TRAN}_i = \alpha_0 + \alpha_1 \mathrm{CERT}_i + \sum \alpha_2 X_i + \varepsilon_2 \tag{11-2}$$

$$Y_i = c_0 + c_1 \mathrm{CERT}_i + c_2 \mathrm{TRAN}_i + \sum c_3 X_i + \varepsilon_3 \tag{11-3}$$

其中，Y_i 为农户的农地流转行为（包括农地转出和农地转入）；CERT_i 表示农地确权状况；TRAN_i 为中间传导机制（包括农业生产激励、交易费用、交易价格和农村要素市场联动）；X_i 为可能同时影响农地确权和农地流转的控制变量。式（11-1）表示农地确权对农地流转的总效应，式（11-2）表示农地确权对中间传导机制的影响效应，式（11-3）中的系数 c_2 表示中间传导机制对农地流转的直接效应。将式（11-2）代入式（11-3）可以进一步得到中间传导机制的中介效应 $c_2\alpha_1$，即农地确权通过中间传导机制对农地流转所产生的影响作用。

3）指标选择与描述统计

变量和指标选择具体如下：首先，因变量是农户农地流转行为，包括农地转出和农地转入两个方面，分别采用“是否将耕地出租给其他人”和“是否租用耕地”测度。其次，核心变量是农地确权，根据农村土地承包经营权确权登记领证工作，农户是否领取承包经营权证书，采用“是否农地确权”进行测度。再次，中介变量包含农业生产激励、交易费用、交易价格、农村要素市场联动四种中间传导机制，其中，农业生产激励包括务农实物投入和务农时间投入两个方面；交易费用通过村庄农地流转市场发育程度来间接反映；交易价格采用出租耕地能够获得的租金水平进行测度；农村要素市场联动包括农户家庭贷款余额与劳动供给时间两个方面。最后，控制变量包括交通便利性、农地调整、工业收入、资产专用性、土地依附程度、地区变量六个方面（表 11-4）。

表 11-4　变量定义及统计描述

变量名称		变量定义	已确权样本		未确权样本	
			均值	标准差	均值	标准差
因变量	农地转出	是否将耕地出租给其他人（是=1；否=0）	0.129 6	0.336 1	0.132 4	0.339 0
	农地转入	是否租用耕地（是=1；否=0）	0.091 7	0.288 7	0.110 6	0.313 6
核心变量	农地确权	是否农地确权（是=1；否=0）	1.000 0	0.000 0	0.000 0	0.000 0
中介变量	农业生产激励	务农实物投入/元	1 744.630 0	3 389.830 0	1 375.700 0	2 773.740 0
		务农时间投入，即为自家从事种植业、林业、畜牧业和渔业等农业生产活动所投入的时间/小时	1 602.200 0	1 679.130 0	1 326.280 0	1 611.390 0

续表

变量名称		变量定义	已确权样本		未确权样本	
			均值	标准差	均值	标准差
中介变量	交易费用	1–转出市场发育程度，即 1–本村其他农户进行农地转出的比重	0.092 2	0.120 4	0.100 0	0.135 3
		1–转入市场发育程度，即 1–本村其他农户进行农地转入的比重	0.041 6	0.051 3	0.051 3	0.050 4
	交易价格	农地流转租金/（千元/亩·年）	0.347 9	0.485 6	0.288 4	0.359 5
	农村要素市场联动	农户家庭贷款余额（不包括买房、建房、装修贷款）/元	5 042.860 0	22 697.890 0	5 948.270 0	37 653.210 0
		非农受雇的劳动供给时间/小时	155.470 0	595.740 0	231.900 0	709.930 0
		农业受雇的劳动供给时间/小时	23.917 4	191.367 1	28.054 7	211.805 0
控制变量	交通便利性	公交车能到达村庄（是=1；否=0）	0.467 4	0.499 1	0.558 4	0.496 6
	农地调整	二轮承包以来，农地发生过调整（是=1；否=0）	0.180 8	0.385 0	0.155 2	0.362 1
	工业收入	村庄工业收入占村庄工农业总收入的比重	0.078 8	0.212 2	0.122 3	0.279 5
	资产专用性	拖拉机、脱粒机（包括打稻机）、机引农具、抽水机（包括水泵）和加工机械等固定资产的现值/元	1 157	9 119	880	3 273
	土地依附程度	种植业收入占家庭总收入的比重	0.382 9	0.383 5	0.321 6	0.384 0
	地区变量	中部地区（中部地区=1；其他=0）	0.288 2	0.453 1	0.298 9	0.457 8
		西部地区（西部地区=1；其他=0）	0.419 5	0.493 7	0.339 2	0.473 5
		东部地区（东部地区=1；其他=0）	0.141 2	0.348 4	0.029 5	0.169 2

从表 11-4 可知，与未确权农户样本相比，已确权农户样本具有如下特征：农户农地转出和农地转入的可能性都相对较低；务农实物投入和务农时间投入相对较高；农地转出和转入的市场交易费用略低；家庭信贷款项、非农受雇时长及农业受雇时长都相对较低；农地流转租金则相对较高；农地调整、资产专用性及土地依附程度都相对较高；交通便利性和村工业收入比重则相对较低。

2. 计量分析

1）农地确权对农地流转行为的综合影响

考虑到原有地权较为稳定、更适合农地规模经营的村庄，农地确权可能产生差异化作用。对此，根据农地调整（是否发生过农地调整）、交通便利性（是否有公交车到达村庄）以及村庄农业机械化程度（平均值以上及以下）进行分组回归（表 11-5）。

表 11-5　农地确权与农地流转行为

变量/统计量		回归Ⅰ	回归Ⅱ	回归Ⅲ	回归Ⅳ	回归Ⅴ	回归Ⅵ	回归Ⅶ
		全部农户样本	有农地调整	无农地调整	有公交车到达	无公交车到达	农业机械化程度高	农业机械化程度低
因变量（农地转出）	农地确权	0.028 5 （0.055 3）	0.164 6*** （0.064 0）	− 0.049 3 （0.132 6）	0.153 3** （0.076 5）	− 0.151 5* （0.084 1）	0.035 6 （0.086 7）	0.226 9*** （0.083 5）
	观测值	5 350	3 633	1 403	2 878	2 472	2 401	2 620
	对数似然值	−2 026.959 9	−1 361.377 8	− 443.807 7	−1 196.390 6	− 810.881 1	− 920.502 5	− 861.586 8
	卡方检验	97.49***	79.82***	45.05***	37.90***	79.16***	59.04***	70.72***
	Pseudo R^2	0.023 5	0.028 5	0.048 3	0.015 6	0.046 5	0.031 1	0.039 4
因变量（农地转入）	农地确权	− 0.225 5*** （0.061 1）	− 0.191 0*** （0.068 9）	− 0.498 1*** （0.149 3）	− 0.183 8** （0.090 2）	− 0.277 0*** （0.084 8）	− 0.169 4* （0.100 7）	− 0.317 3*** （0.084 2）
	观测值	5 354	3 636	1 404	2 877	2 477	2 402	2 623
	对数似然值	−1 745.862 0	−1 240.839 6	−438.433 5	−927.370 2	−811.643 4	−763.905 2	−905.428 3
	卡方检验	134.62***	88.12***	38.60***	86.41***	61.88***	72.21***	58.51***
	Pseudo R^2	0.037 1	0.034 3	0.042 2	0.044 5	0.036 7	0.045 1	0.031 3

*、**和***分别表示在 0.1、0.05 和 0.01 的水平上显著

注：控制变量估计结果略，括号中为稳健标准误

表 11-5 中的回归Ⅰ是农地确权对农户农地转出和转入行为的总效应，即对应于上文模型设定式（11-1）中的 β_1。回归Ⅱ~Ⅶ分别是基于农地调整、交通便利性及农业机械化程度的分组回归结果。限于篇幅，仅报告核心解释变量（农地确权）影响农户农地流转的估计结果。由卡方检验统计量可知，回归模型的拟合效果很好，都在 0.01 的统计水平上显著，因此具有进一步分析的意义。具体分析如下。

首先，农地确权对农户农地转出不具有统计意义上的显著影响，但对农地转入具有负向作用。其原因可能在于，农地确权对农地转出的直接效应和间接效应的作用方向恰好相反、相互抵消，从而导致其综合影响出现了“遮掩效应”（回归Ⅰ）。由此可见，农地确权在整体上非但无法促进农户转出农地，反而降低其扩大经营规模的可能性。

其次，对于发生农地调整的村庄，农地确权更能显著促进农户农地流转。农地确权不但对农地转出存在显著的正向作用，而且对农地转入的负向影响相对较低（回归Ⅱ和回归Ⅲ）。这说明，农户转出农地和扩大经营规模的可能性都相对较大。村庄曾经发生过农地调整使得农户对地权稳定性的预期相对较低，因此农地确权的促进作用较为明显。

再次，对于交通条件较为便利的村庄，农地确权对农地流转的促进作用较为

显著。农地确权不但促进农地转出，而且抑制农地转入影响作用相对较弱（回归Ⅳ）；与之相反，对于交通条件较差的村庄，农地确权对农地流转具有显著的负向作用（回归Ⅴ）。交通条件便利强化了农地的地理位置专用性，进而更有利于农业规模化经营，因此，农地确权更加能够增加农地交易的可选择范围。

最后，对于农业机械化程度较高的村庄，农地确权产生较为明显的农业生产激励。农地确权不影响农户农地转出，并且对农地转入的负向作用相对较低（回归Ⅵ）；与之相反，对于农业机械化程度较低的村庄，农地确权促进农户转出农地，并且较大地降低其扩大经营规模的可能性（回归Ⅶ）。村庄的农业机械化程度较高，不但有利于发挥农业机械替代农业劳动力和农业用地的比较优势，而且提高了农业生产效率，还降低了农业生产经营成本。因此，农地确权对农户产生较为明显的农业生产激励，从而促使其自行进行农业耕作而不参与农地流转。

2）农地确权影响农地转出的作用机制：中介效应分析

在表 11-6 中，路径Ⅰ、Ⅱ的系数值分别表示农地确权对中间传导机制、中间传导机制对农户农地转出的影响效应，即分别对应式（11-2）与式（11-3）中的 α_1 和 c_2。而表 11-6 中的中介效应则表示农地确权通过中间传导机制对农户农地转出行为所产生的影响作用，即中间传导机制的中介效应 $c_2\alpha_1$。限于篇幅，仅报告核心解释变量（农地确权）影响农户农地转出的估计结果。由表 11-6 中介效应的索贝尔检验（Sobel test）和自抽样检验（bootstrap test）可知，务农实物投入、务农时间投入、交易费用及农地流转租金四个中介变量，至少在 0.1 的统计水平上显著。具体而言，农地确权通过务农实物投入、务农时间投入及交易费用三个中介变量，对农户农地转出具有负向影响，并且通过农地流转租金机制对农地转出产生正向作用。在显著发挥作用的中介效应中，交易费用的中介作用最大（−0.008 3），务农时间投入次之（−0.004 0），而务农实物投入则最小（−0.001 3）。由此可见，农地确权主要通过交易费用机制对农地转出产生负向作用。

表 11-6　农地确权对农地转出影响的中介效应

路径Ⅰ：确权对传导机制的影响	系数	路径Ⅱ：传导机制对转出的影响	系数	确权对转出的中介效应	索贝尔检验（Z 值/p 值）	自抽样检验（Z 值/p 值）	中介效应占比
农地确权→务农实物投入	0.142 6* （0.077 3）	务农实物投入→农地转出	−0.009 1*** （0.002 0）	−0.001 3* （0.000 8）	Z 值：−1.707 5 p 值：0.087 7	Z 值：−1.700 0 p 值：0.090 0	−24.76%
农地确权→务农时间投入	0.304 3*** （0.106 4）	务农时间投入→农地转出	−0.013 3*** （0.001 5）	−0.004 0*** （0.001 5）	Z 值：−2.728 3 p 值：0.006 4	Z 值：−2.760 0 p 值：0.006 0	−77.25%

续表

路径Ⅰ：确权对传导机制的影响	系数	路径Ⅱ：传导机制对转出的影响	系数	确权对转出的中介效应	索贝尔检验（Z 值/p 值）	自抽样检验（Z 值/p 值）	中介效应占比
农地确权→交易费用	$0.009\ 1^{***}$（0.004 4）	交易费用→农地转出	$-0.914\ 4^{***}$（0.034 0）	$-0.008\ 3^{***}$（0.004 1）	Z 值：$-2.045\ 2$ p 值：0.040 8	Z 值：$-2.200\ 0$ p 值：0.028 0	−114.49%
农地确权→农地流转租金	$0.061\ 4^{***}$（0.014 2）	农地流转租金→农地转出	$0.058\ 5^{***}$（0.013 2）	$0.003\ 6^{***}$（0.001 2）	Z 值：3.102 9 p 值：0.001 9	Z 值：2.790 0 p 值：0.005 0	36.66%
农地确权→家庭信贷款项	−0.029 0（0.109 4）	家庭信贷款项→农地转出	−0.001 0（0.001 4）	0.000 3（0.000 1）	Z 值：0.247 4 p 值：0.804 6	Z 值：0.140 0 p 值：0.885 0	0.54%
农地确权→非农受雇时长	−0.125 8（0.079 4）	非农受雇时长→农地转出	$0.003\ 8^{*}$（0.002 0）	−0.000 5（0.000 4）	Z 值：$-1.228\ 1$ p 值：0.219 4	Z 值：$-1.160\ 0$ p 值：0.245 0	−9.18%
农地确权→农业受雇时长	−0.005 1（0.039 7）	农业受雇时长→农地转出	0.003 3（0.003 9）	0.000·2（0.000 1）	Z 值：$-0.128\ 1$ p 值：0.898 1	Z 值：$-0.090\ 0$ p 值：0.932 0	−0.32%

*、***分别表示在 0.1、0.01 的统计水平上显著

注：限于篇幅，其他控制变量的估计结果略；括号中为稳健标准误；bootstrap 的重复次数为 1 000

需要指出的是，尚无证据表明，农地确权通过农村要素市场联动的传导机制，对农地转出产生显著的影响作用。一方面，农地确权不影响家庭信贷款项和农业受雇时长，并且家庭信贷款项和农业受雇时长同样不影响农户农地转出；另一方面，虽然非农受雇时长能够显著促进农户转出农地，但是，农地确权并不影响非农受雇时长。

3）农地确权影响农地转入的作用机制：中介效应分析

在表 11-7 中，路径Ⅰ、Ⅱ的系数值分别表示农地确权对中间传导机制、中间传导机制对农户农地转入的影响效应，即分别对应于上文模型设定式（11-2）与式（11-3）中的α_1和c_2。而表 11-7 中的中介效应则表示农地确权通过中间传导机制对农户农地转入行为所产生的影响作用，即中间传导机制的中介效应$c_2\alpha_1$。限于篇幅，本表仅报告了核心解释变量（农地确权）影响农户农地转入的估计结果。由表 11-7 中介效应的索贝尔检验和自抽样检验可知，务农时间投入和交易费用两个中介变量都在 0.01 的统计水平上显著。具体而言，农地确权通过务农时间投入的作用机制对农户农地转入具有正向作用，并通过交易费用机制对其产生负向影响。在显著发挥作用的中介效应中，交易费用的中介作用最大（−0.015 3），务农时间投入次之（0.002 4）。可见，农地确权主要通过交易费用机制对农地转入产生负向作用。

表 11-7 农地确权对农地转入影响的中介效应

路径Ⅰ：确权对传导机制的影响	系数	路径Ⅱ：传导机制对转入的影响	系数	确权对转入的中介效应	索贝尔检验（Z值/p值）	自抽样检验（Z值/p值）	中介效应占比
农地确权→务农实物投入	0.141 6* （0.077 3）	务农实物投入→农地转入	0.002 6 （0.001 8）	0.000 4 （0.000 3）	Z值：1.117 3 p值：0.263 9	Z值：0.960 0 p值：0.335 0	−0.99%
农地确权→务农时间投入	0.309 5*** （0.106 4）	务农时间投入→农地转入	0.007 7*** （0.001 3）	0.002 4*** （0.000 9）	Z值：2.601 9 p值：0.009 3	Z值：2.700 0 p值：0.007 0	−6.44%
农地确权→交易费用	0.015 0*** （0.001 7）	交易费用→农地转入	−1.016 4*** （0.087 7）	−0.015 3*** （0.002 2）	Z值：−6.930 2 p值：0.000 0	Z值：−7.090 0 p值：0.000 0	41.57%
农地确权→农地流转租金	0.061 3*** （0.014 2）	农地流转租金→农地转入	−0.014 8 （0.012 2）	−0.000 9 （0.000 8）	Z值：−1.165 2 p值：0.243 9	Z值：−1.240 0 p值：0.215 0	2.23%
农地确权→家庭信贷款项	−0.020 6 （0.109 4）	家庭信贷款项→农地转入	0.003 4*** （0.001 3）	−0.000 1 （0.000 4）	Z值：−0.187 8 p值：0.851 0	Z值：−0.180 0 p值：0.859 0	0.19%
农地确权→非农受雇时长	−0.126 4 （0.079 4）	非农受雇时长→农地转入	0.000 01 （0.001 8）	−0.000 001 （0.000 2）	Z值：−0.004 6 p值：0.996 3	Z值：−0.000 0 p值：0.997 0	0.003%
农地确权→农业受雇时长	−0.006 0 （0.039 7）	农业受雇时长→农地转入	0.010 5*** （0.003 6）	−0.000 1 （0.000 4）	Z值：−0.150 9 p值：0.880 0	Z值：−0.130 0 p值：0.893 0	0.17%

*、***分别表示在 0.1、0.01 的统计水平上显著

注：限于篇幅，其他控制变量的估计结果略；括号中为稳健标准误；bootstrap 的重复次数为 1 000

需要指出的是，虽然农地确权能够激发农户增加务农实物投入，但更多地体现在精耕细作上，务农实物投入仍旧不足以促进农户扩大经营规模。同时，农地确权提高了农地流转租金，但交易价格机制还不足以显著抑制农地转入。不仅如此，家庭信贷款项和农业受雇时长能够促进农户转入农地。但是，农地确权通过农村要素市场联动机制（包括家庭信贷款项、农业受雇时长和非农受雇时长）对农地转入产生影响作用，仍然未能得到充分体现。

11.4 结论与讨论

本章就确权是否、何以影响农地流转两个问题展开研究，得到的基本结论如下。

（1）确权是否影响农地流转的研究表明：①从农户转出的实际行为来说，确权尚未产生显著性影响。②从农户的选择意愿而言，第一，确权会显著促进其流转意愿；第二，确权对农户提高流转租金、采用正式合约具有显著性正向影

响；第三，尽管对流转对象、合约期限的影响不显著，但从作用方向看，确权则会诱导农户合约短期化、对象选择非身份化的意愿取向。③从总体上看，确权会促进农户农地流转行为从关系情感转向理性计算，从非市场化转向市场化。可以认为，农地确权对推进我国效率导向的农地流转市场发育，具有重要的制度含义。

（2）确权何以影响农地流转的研究表明：①农地确权对农户农地转出不具有统计意义上的显著影响，但对农地转入具有负向作用。可见，农地确权在整体上非但无法促进农户转出农地，反而降低其扩大经营规模的可能性。对于发生农地调整、交通条件较为便利的村庄，农地确权更能促进农户农地转入和转出。对于农业机械化程度较高的村庄，农地确权产生更大的农业生产激励；与之相反，农地确权促进农户转出农地并抑制农地转入。②农地确权通过交易价格机制促进了农户农地转出，并通过农业生产激励（增加务农实物和务农时间投入）和交易费用等传导机制对农户农地转出发挥抑制作用。其中，交易费用的中介作用最大，务农时间投入次之，而务农实物投入则最小。此外，农地确权尚未能通过农村要素市场联动的传导机制对农户农地转出产生任何影响。③农地确权通过农业生产激励（增加务农时间投入）促进农户农地转入，并通过交易费用机制对农户农地转入产生负向影响。其中，交易费用的中介作用最大，务农时间投入次之。农地确权能够激发农户增加务农实物投入、提高农地流转租金，但是，务农实物投入和交易价格机制仍然不足以对农地转入产生显著影响。此外，农村要素市场联动机制对农户农地转入的作用同样未能得到充分发挥。

上述研究结论所蕴含的政策含义如下。

（1）要将确权工作所诱导的农户农地流转意愿转化为实际效果，需要进一步进行的配套改革。第一，切实维护确权制度的连续性与稳定性。尽管通过新一轮确权政策的推进，农民的土地权利在法律制度文本上被更清晰地界定和赋予了，但是，法律必须被遵守，否则形同虚设。因此，政府必须保障赋权的连贯性和稳定性，不但使地权规则能够成为农民的基本主张，而且使关于土地权利的法律界定能够成为社会的普遍认同，由此所形成的确定性、排他性与合法性并存的产权预期，将是诱致农户农地流转意愿转化成实际行为的重要条件。第二，构建有效的农地流转租金生成机制。农地确权推高农地产权价值及其意愿租金，一方面，有利于农户财产性收入的增加；另一方面，过高的租金诉求可能反过来抑制农地的流转，并进一步加剧农产品成本的提高。最终不仅使现行农业经营格局难以转变，亦会反过来抑制农地流转市场的发育，进而导致农民财产性增收目标的落空。因此，从长期看，一个公开并不断拓展的农地产权流转市场的发育，会显得尤为重要。为此，需结合农地确权工作，因地制宜配套建立区域性、自由进出、规范的农地经营权产权流转交易市场，构建起有效的流转租金价格生成机制。第三，加强农地经营权流转合同的规范化与流程化管理。随着确权工作的推进，农地产权的法律保障效应将日渐强化，农户作为行动层面的响应者，更容易感受到法律的外在的硬约束功能及其权益保障效应。因此，加强农地经营权流转合同的规范化与流程化管理，应该成为地方政府的常态化工作。第四，重视流转合约期限的短期化问题。由于农地确权会带来产权稳定性所诱发的溢价效应与租金看涨预期，农户为防止因长期合约形成的“锁定”或“套牢”而错失租金调整的灵活性，往往趋向于选择短期化合约。因此，除了建立与流转面积相关联的补贴办法外，可以合理选择激励长期流转的政策扶持措施。另外，还可以配套以农地流转租金的“价格指数保险”试点进行诱导性探索。第五，需要指出的是，确权仅仅是农地产权流转市场发育的基础制度条件，并非充分条件。要促进农地要素市场发育，还需要从农地流转市场的治理结构与规范、农地流转市场与劳动力和金融市场的联结与互动，以及社会文化生态等层面寻求多重整合的推动力量。

（2）从确权影响农地流转的中介作用路径看，推动农地流转需要做好以下工作。首先，发挥农地经营权抵押、担保权能，培育农村金融市场。家庭信贷款项能够显著促进农户转入农地，但农地确权未能有效促进家庭信贷款项的增加。因此，应当进一步发挥农地经营权抵押、担保权能，使其真正有效地成为信贷抵押品，并通过投资效应、抵押效应和交易效应促进农户农地流转。其次，强化地权稳定性，促进农村劳动力市场发育。非农受雇时长能够显著促进农户转出农地，但农地确权对非农受雇时长尚未发挥出充分而有效的促进作用。因此，应当通过强化地权安全性和稳定性的方式，打消农户担心长期出租无法收回农地的顾虑，进而促使其安心地外出打工并转出农地。最后，降低农地流转的交易费用，完善农地流转市场。现阶段，农地确权仍然极大地提高了农地流转市场的交易费用，进而抑制农户农地流转。因此，应当进一步稳固甚至增强农地确权在强化地权安全性、增强地权稳定性、减少农地纠纷、确保交易自由化以及降低信息不对称性等方面的积极作用，同时减少其在缔约过程中引发新的纠纷和矛盾、固化农地细碎化格局以及强化禀赋效应等不利影响。

第 12 章　农业劳动力、转移规模与农地流转

本章重点考察农业劳动力的非农转移及转移规模对农地流转的影响。一般来说，“人动”引致“地动”，劳动力流转往往被视为农地流转的前提。但已有研究对此依然存在分歧。本章认为，存在观点分歧的原因在于，农业劳动力的非农转移对农地流转的影响并非是连续且一致的线性关系。分析表明，农户劳动力转移对农地流转行为的影响存在门槛效应，即农户劳动力转移需要达到一定规模才能促进农地流转，由此对应出现“人动、地不动”与“人动、地动”的两种结果。

12.1 研究背景

生产要素的流动与重组具有重要的效率意义，经济发展依赖于市场机制下要素的均衡流动（赵德起和林木西，2014）。伴随中国三十多年的改革历程，农村劳动力转移、农地流转两者的合力，是推动中国经济快速乃至急速发展的重要增长点。劳动力转移和土地流转往往相互作用，因而依靠城市化减少农业人口，通过劳动力转移带动土地流转，由此推进农业规模经营发展与城乡经济一体化进程，一直被我国政界和学界寄予厚望（洪炜杰等，2016）。然而，在我国观察到的一个基本事实：农村人、地两类要素的流动并不匹配，课题组调研数据表明，截至 2016 年我国农民非农转移人数占农村劳动力的 60%，但农地流转率不足 25%，土地流转明显滞后于劳动力转移，农地流转市场发育总体滞后（黎霆等，2009；叶剑平等，2010；罗必良等，2014）。进一步地，侯明利（2013）利用协同思想建立的劳动力流动与农地流转的耦合协调模型结果表明：我国东、中、西部地区均属于农地流转滞后型。这进一步印证了农地流转

与劳动力流转不匹配的问题。

关于农地流转市场发育滞后的原因，早期文献从农户的资源禀赋及其行为特征（Yao，2000；刘克春，2008）、农地的产权状态（何一鸣和罗必良，2012；罗必良，2014a）、土地的保障功能（陈锡文和韩俊，2002；黄祖辉和王朋，2008）以及地区发展水平（徐美银等，2012）等角度进行了分析。然而，越来越多的证据表明要素市场发育不是孤立割裂的（Kung，2002；Feng and Heerink，2008），劳动力流动市场对农地流转市场有着重要的影响（罗明忠等，2016）。如果仅就单一的农地要素流动本身展开研究，会因忽视人、地两类要素流动之间的关联性，而造成理论分析逻辑上的缺陷以及实证估计结果的偏差（杜鑫，2013）。在后续研究中，将劳动力转移与农地流转同时纳入分析视野，考察两者之间的关联性影响成为学界关注的重点问题。但是国内外文献对于“劳动力转移是否促进农地流转”的问题，并未得出一致的研究结论。

目前的主流观点是“劳动力非农转移会促进农地流转”，认为农村劳动力的非农转移是影响和决定农地流转行为最为关键的因素（Yao，2000；Kung，2002）。从经验事实层面的观察看，一方面，部分农民外出打工会将农地租给其他农户耕种，这是农地流转的最初原因（贺振华，2006a）；另一方面，随着中国经济转轨进程中的工业化、城市化快速推进，非农转移的相对高收益诱导农业劳动力向非农领域转移，非农收入增加将降低农户的收入风险并缓解农业生产的资金约束问题，弱化农地的社会保障功能作用，可见，农户非农就业转移机会越多，劳动力转移的障碍与摩擦越小，越有利于促进农地的流转集中（Feng and Heerink，2008）。由此认为，农地流转是农业劳动力转移和非农业劳动参与的结果，农业劳动力有效转移是土地流转市场形成的必要条件，劳动力非农就业转移会促进农地流转（冷智花等，2015）。在实证研究方面，Yao（2000）采用混合面板数据的固定效用模型估计的结果表明，非农劳动力转移市场发展对农地流转市场有着显著的正向影响，农地流转市场的滞后与劳动力市场的不完善相关；在此基础上，Kung（2002）从农地转入方着手研究，指出非农劳动力市场发育会影响农地流转市场的发展。侯明利（2013）建立的劳动力流动与农地流转的耦合协调模型结果显示：非农就业转移和农地流转之间存在协同关系，且随着时间的推移两者之间的相关性会提高。

但是，也有学者指出，非农就业转移机会的增加并不一定带来农地流转市场的活跃（Bloom and Stark，1985）。这一观点主要是从农户家庭内分工角度进行解释的。他们认为，基于家庭收入的最大化，农户会在农内、农外优化配置家庭劳动力资源；他们根据家庭成员所具有的务农、务工的比较优势，选择部分家庭成员留守农村耕种土地，部分家庭成员外出务工就业，在这种家庭内部的分工模式下，尽管存在家庭成员的非农就业转移，但并不意味着农户会放弃所拥有的土地资源从而引发土地流转行为（钱忠好，2008），由此形成“人走地留”的格局，出现农民非农转移与土地流转的无关性结果（李恒，2015）。这也被认为是目前我国农业生产中“半工半耕”“男工女耕”兼业化滞留现象的主要原因。进一步地，有学者研究发现，非农转移劳动力的性别不同会对农地流转产生不同的影响（黄枫和孙世龙，2015）。陈秧分等（2010）在对东南沿海地区的研究中则指出，尽管非农转移与农地流转存在正向影响，但两者之间并非简单的线性关系。

综上，学界对于劳动力转移的增加是否会促进农地流转，尚未形成一致性的结论，而且不同结论阐释的理论视角及其机理分析也不尽相同。事实上，宏观层面的劳动力与农地流转市场发育的问题，是微观农户的人、地要素配置决策行为的结果。因此对于人、地要素市场的研究，关注农户的行为选择具有基础作用和关键意义，这也是目前研究所选择的基本视角，但是现有研究多基于农户人、地要素配置的既定结果进行静态分析，而鲜有学者注意到“劳动力转移”对“农地流转”的影响可能存在阶段性的差异特征。我们猜想两种分歧观点的背后是农户处于非农转移不同阶段的两种人地要素配置的结果。因为农户的劳动力转移是一个渐进的动态过程，随着农户劳动力转移数量的逐步变化，其家庭的要素禀赋结构及其人、地要素投入的边际报酬会发生变化，基于要素收益的比较，他们会相应调整人、地资源的配置方式（王春超，2011），从而使得劳动力转移对土地流转的影响呈现出阶段性的差异特征，可能对应出现“人动、地不动”与“人动、地动”的两种结果。鉴于此，本章虑及农户劳动力转移的动态特征，观察农户不同劳动力转移规模对农地流转行为的响应特征，反思劳动力转移促进土地流转的有效性及其限度问题。

12.2　理 论 线 索

12.2.1　分析起点

假定既定的资本条件，重点讨论农户的劳动力转移与农地流转的联合决策行为。假定理性农户（Schultz，1964）以收益最大化为目的，选择在农业和非农部门之间配置生产要素，农户农业经营投入的资本、土地和劳动力要素分别为 K、S 和 L，农产品价格、劳动力非农转移报酬、农地流转租金均外生给定，分别为 P、w、r，且要素投入符合报酬递减规律；设定农业生产函数为科布–道格拉斯生产函数的基本形式，即

$$R = PK^{\gamma}L^{\alpha}S^{\beta}$$

其中，R 为农业经营收益；γ,α,β 为资本、劳动和土地的产出弹性。

务农劳动投入的边际收益是

$$\frac{\partial R}{\partial L}=\alpha PK^{\gamma}L^{\alpha-1}S^{\beta}$$

农地投入的边际收益是

$$\frac{\partial R}{\partial S}=\beta PK^{\gamma}L^{\alpha}S^{\beta-1}$$

务农劳动投入的边际收益的二阶导数是

$$\frac{\partial^2 R}{\partial L^2}=\alpha\left(\alpha-1\right)PK^{\gamma}L^{\alpha-2}S^{\beta}<0 \tag{12-1}$$

农地投入的边际收益对劳动求导是

$$\frac{\partial^2 R}{\partial S\partial L}=\alpha\beta PK^{\gamma}L^{\alpha-1}S^{\beta-1}>0 \tag{12-2}$$

另外，农户拥有的总劳动力禀赋为 L_0，农户拥有的农地资源总量为 S_0，则农户的目标为实现农业经营、非农就业收入与农地流转租金总收益的最大，可以用式（12-3）表达

$$\max\left[R+\left(L_0-L\right)w+\left(S_0-S\right)r\right] \tag{12-3}$$

对于劳动力、农地投入实现最优配置的均衡条件为

$$\frac{\partial R}{\partial L}=w,\ \frac{\partial R}{\partial S}=r \tag{12-4}$$

即在最优资源配置条件下，务农边际收益和非农转移收入相等，农地投入的边际收益和土地流转租金相等，使得农户获得家庭总收入的最大化。

12.2.2　逻辑推论

根据上述推导中的式（12-1）可知，务农劳动投入的边际收益随着务农劳动投入的增加而递减，随着土地投入的增加而增加；从式（12-2）可知，土地投入的边际收益随着务农劳动的投入增加而增加，随着土地投入的增加而减少。根据上述变量的变化规律，绘制出由左上角向右下角倾斜的务农劳动投入的边际收益曲线，以及由左下角向右上角倾斜的农地投入的边际收益曲线。假定市场上劳动力的非农工资报酬为 w，农地流转市场的租金水平为 r（图 12-1）。

（1）从图 12-1 可知，初始状态下，农户拥有的劳动力总量为 L_0。由于非农就业转移工资 w 高于务农劳动投入的边际收益 $\frac{\partial R}{\partial L}$，基于收益最大化原则，农户选择进行劳动力的非农转移，使得务农劳动力投入不断减少。在 $\left[L_0,L_1\right]$ 区间内，

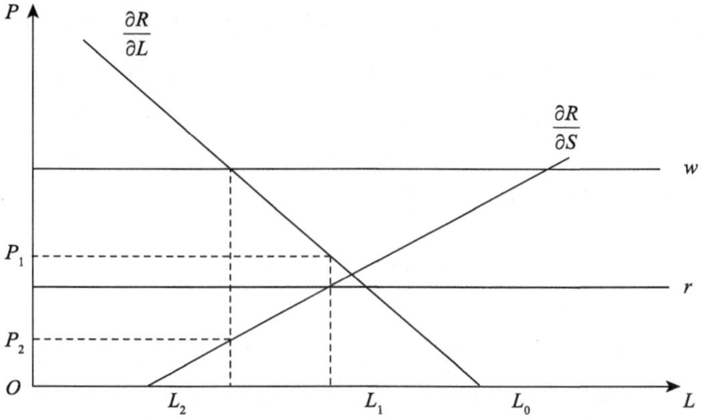

图 12-1　劳动力流动和农地流转之间的关系逻辑

由于农地投入的边际收益 $\frac{\partial R}{\partial S}$ 高于地租水平 r，使得农户没有流转土地的激励，因此尽管发生了劳动力的转移，但并不会引发农户的农地流转行为。其结果将是出现劳动力转移与土地流转的无关性结果，即劳动力转移不会促进农地流转。

（2）当农户务农劳动力的存量减少至 L_1 时，农户务农劳动投入的边际收益为 P_1 点，依然小于非农就业转移工资 w，农户劳动力继续向非农部门转移；但当农户劳动力转移后的务农劳动力存量小于 L_1 时，农户农地投入的边际收益会小于农地流转租金 r，此时，农户基于收益最大化，会选择流转农地，从而会出现劳动力转移与土地流转的相关性结果，即劳动力转移促进农地流转。

从上述“劳动力转移”对“农地流转”影响关系分析可知，“劳动力转移”并不一定促进农地流转，“劳动力转移”对“农地流转”的影响存在阶段性的差异特征。在劳动力向非农部门转移过程中，如果当农户劳动力的非农转移量小于一定比例的规模时，“劳动力转移”不会促进“农地流转”，但当农户劳动力的非农转移量超过一定规模后，“劳动力转移”会促进“农地流转”。由此，劳动力转移对农户农地流转行为的影响存在门槛效应。

12.3　实 证 分 析

12.3.1　数据来源与描述

数据来源于“农村土地与相关要素市场培育与改革研究”项目的专项农户问卷（NSFC-71333004-2015）的 2 704 个样本农户。

从表 12-1 可知，全部样本中发生农地流转的农户占比是 22.71%，非农就业转移的劳动力占全部劳动力总数均值约为 66.33%，即约超过 2/3 劳动力实现了转移。上述人、地要素流动的两个数据表明：农地流转相对滞后于劳动力转移。全部农户的非农收入占总收入比重的均值是 63.27%，表明农户中约 2/3 的收入来自非农就业，农地的生存保障功能可能在下降。

表 12-1 描述统计

变量	赋值	样本量	均值	标准误
是否流出	是=1；否=0	2 704	0.227 1	0.419 0
劳动力转移比例	非农就业转移劳动力/劳动力总数	2 695	0.663 3	0.334 0
农地流转租金	百元	2 704	4.581 4	15.102 7
农地地形特征	按平坦程度从低到高区分为三等级	2 704	2.120 2	0.815 6
农地肥沃程度	从好到差区分为五等级	2 704	2.728 2	0.844 4
交通条件	从差到好区分为五等级	2 704	3.257 8	0.899 2
农地调整程度	没有=1；部分=2；全部=3	2 704	1.196 7	0.498 4
农地是否确权	是=1；否=0	2 704	0.538 4	0.498 6
农户人口数	人	2 704	4.517 8	1.861 0
劳动力人数	人	2 704	3.136 8	1.301 9
16 岁以下人数	人	2 704	0.824 3	1.074 6
70 岁以上人数	人	2 704	0.250 0	0.579 9
妇女劳动力人数	人	2 704	1.410 1	0.755 3
亲朋好友数量	很少=1；一般=2；较多=3	2 704	2.401 3	0.594 0
家庭总收入	按从少到多区分为五等级	2 704	2.667 5	1.125 5
非农收入比	非农收入/家庭总收入×100%	2 704	63.269 9%	33.160 9%
与当地居民社会福利的差距	根据差距从小到大区分为三等级	2 087	2.148 5	0.634 6
签约程度	全部签约=1；大部分签约=2；少部分签约=3；没有签约=4	2 087	2.574 5	1.206 8
工具变量（IV）	工作福利×签合同	2 087	5.614 3	3.329 6

为了更直观地观察劳动力转移和农地流转之间关系，绘制散点图（图 12-2 和图 12-3）。从图 12-2 可知，当农户劳动力转移比例在小于 0.4 时，流转农地累计农户数基本不会随着劳动力转移比例的增加而发生变化，一直在小于 40 户的数值上轻微波动；而当劳动力转移比例大于等于 0.4 之后，随着农户劳动力转移比例的上升，流转农地的累计农户数也在随之上升，两者呈现较为明显的正相关关系。由此我们推测，当农户劳动力转移比例小于 0.4 时，劳动力转移不会促进农地流转，而超过 0.4 这一比例之后，劳动力转移促进农地流转，这和数理推导的结论基本一致，表明劳动力转移比例 0.4 可能是“人动不促进地动”到“人动促进地动”两种不同情况的门槛值。从图 12-3 中可知，在劳动力转移比例未达到

0.4 之前，劳动力转移和农地流转率之间没有关联性的变化特征，但劳动力转移比例达到 0.4 之后，劳动力转移比例和农地流转率均呈现增长的趋势。综合图 12-2 和图 12-3 中两个变量的变化趋势，下文以 0.4 为门槛值把样本农户分成两组，运用 Probit 模型以及工具变量模型进行回归分析，进一步验证“劳动力转移对农户农地流转行为的影响存在门槛效应”的研究假说。

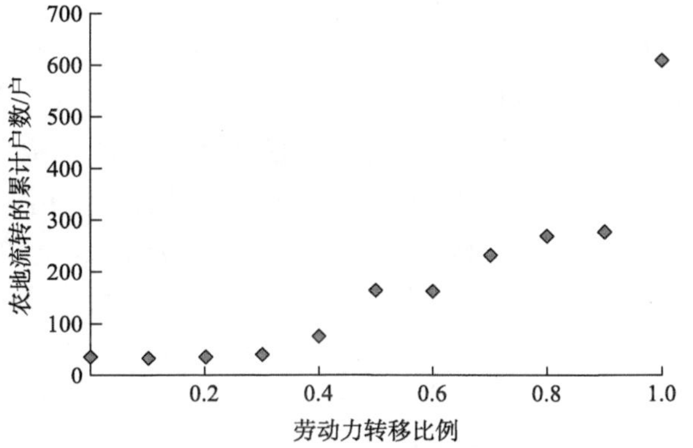

图 12-2　劳动力转移比例和农地流转累计户数的散点图

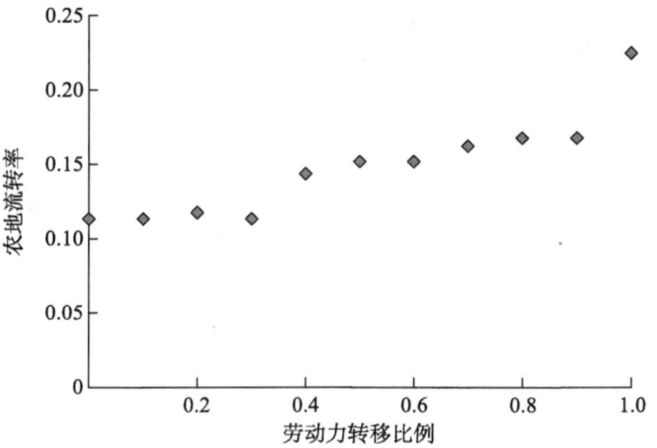

图 12-3　劳动力转移比例和农地流转率的散点图

12.3.2　模型选择计量结果

1. 模型选择

以描述统计分析发现的劳动力转移规模对农户农地流转行为产生影响的门槛值为界，对农户进行分组的计量分析，为此，利用模型（12-5）分析验证劳动力转移比例对农户农地流转行为的影响是否会在门槛值前后发生变化。

$$\text{Transfer}_i = \alpha \text{Migrant}_i + X'\beta + \varepsilon_i \tag{12-5}$$

其中，因变量为Transfer_i，表示农户农地流转与否，是赋值为 1，否则赋值为 0；核心自变量为Migrant_i，表示农户家庭中的劳动力转移比例；X'是其他控制变量。其他控制变量主要包括：①土地条件。由农地流转租金、农地肥沃程度、农地地形特征、农地调整程度、农地是否确权以及交通条件等指标表达。②家庭特征变量。包括农户人口特征的农户人口数、16 岁以下人数、70 岁以上人数、劳动力人数、妇女劳动力人数等指标；农户收入特征的家庭总收入和非农收入比等两个指标，以及表达农户人际网络特征的家庭亲朋好友数量指标。

计量分析分两步进行：首先不考虑变量的内生性问题，根据因变量Transfer_i是（0，1）二元变量的性质，选取 Probit 模型进行估计；之后，在 Probit 模型估计结果的基础上，虑及变量的内生性问题，使用Ⅳ-Probit 模型和 2SLS（two-stage least squares method，两阶段最小二乘法）进行估计。那么，以两组农户的计量结果对研究假说是否得到验证进行判断，基本准则：若在劳动力转移量小于门槛值的农户组计量模型中，劳动力转移量Migrant_i的系数值α不能拒绝原假设，而在劳动力转移量大于门槛值的农户组计量模型中，劳动力转移量Migrant_i的系数值α显著拒绝原假设，则可以认为农户的劳动力转移达到一定规模前，劳动力转移不会促使农地流转，而达到一定规模后，劳动力转移则可以促使农地流转，则研究假说得到验证。否则，研究假说未得到验证。

2. 两组农户的 Probit 模型计量结果

表 12-2 是按劳动力转移比例门槛值 0.4 进行分组的 Probit 模型计量结果。

表 12-2 Probit 模型的计量结果

自变量	因变量：是否转出农地	
	Model1（劳动力转移比例<0.4 的农户）	Model2（劳动力转移比例≥0.4 的农户）
劳动力转移比例	0.539 0（0.547 0）	0.922 0***（0.150 0）
农地流转租金	0.087 2***（0.000 2）	0.005 3***（0.000 0）
农地地形特征	− 0.059 5（0.093 3）	0.033 3（0.040 3）
农地肥沃程度	− 0.097 4（0.093 5）	− 0.086 6**（0.038 4）
交通状况	0.189 2**（0.090 2）	0.144 0***（0.036 5）
农地调整程度	0.375 2**（0.157 0）	0.366 0***（0.055 0）
农地是否确权	− 0.198 9（0.150 9）	− 0.014 6（0.061 3）
农户人口数	− 0.066 3（0.084 8）	− 0.022 4（0.033 5）
劳动力人数	− 0.013 5（0.136 0）	− 0.005 0（0.043 7）

续表

自变量	因变量：是否转出农地	
	Model1（劳动力转移比例<0.4 的农户）	Model2（劳动力转移比例⩾0.4 的农户）
16 岁以下人数	− 0.067 2（0.119 0）	− 0.010 0（0.041 1）
70 岁以上人数	0.102 0（0.119 0）	0.042 5（0.055 6）
妇女劳动力人数	0.293 0*（0.160 0）	− 0.001 8（0.056 5）
亲朋好友数量	− 0.222 0*（0.120 2）	0.071 9（0.052 3）
家庭总收入	0.056 9（0.070 2）	− 0.020 7（0.028 8）
非农收入比	0.005 6**（0.002 2）	0.000 6（0.001 1）
常数项	−2.033 0***（0.651 0）	−2.274 0***（0.289 0）
观测值	526	2 169

*、**和***分别表示 $p<0.1$、$p<0.05$ 和 $p<0.01$

注：括号中数值为稳健标准误

Model1 的结果表明，当劳动力转移比例小于 0.4 时，尽管劳动力转移比例系数为正，但不能拒绝原假设，这表明劳动力转移比例增加不能显著促进农地流转行为。但当劳动力转移比例大于等于 0.4 之后（Model2），劳动力转移比例变量的系数为正，且在 0.01 的水平上显著拒绝原假设，即随着劳动力转移比例增加，会显著提升农户流转土地的可能性。进一步对比 Model1 和 Model2 中其他变量的系数值发现，无论劳动力转移比例是否大于等于 0.4，租金上升都会促进农地流转；就农地肥沃程度来看，当劳动力转移比例小于 0.4 时，其系数不显著，这可能是当劳动力转移比例较小时，农户基本靠以农为生，因而无论农地质量好坏与否，都要耕种；而当劳动力转移比例大于等于 0.4 之后，农地越肥沃为农户带来的收益越高，所以流转可能性减小。农地的交通状况越好，农户越可能流转农地，这可能是由于交通状况好，会因流转交易成本的减少而促进流转。农地调整频繁相当于对农民征收随机税（Besley，1995），这会导致农户耕种的收益不确定，所以农户更愿意流转农地。在Model1 中，劳动力转移比例越低，农户对农地的依赖性越高。农户中妇女劳动力越多，越会促进农户的农地流转行为，这可能是由于务农工作的体力耗费强度大，女性劳动力不但体能相对弱，而且女性也常会因为生育、抚养孩子、照顾老人等中断务农工作，在劳动供给时间和效率上都表现为有折扣的劳动力，导致农户家庭总体上能够耕种的农地较少，反而越可能流转。亲朋好友数量越多，越易于采用互助合作的方式耕种，从而降低了农地流转可能性。非农收入比越高，说明农户对农地的依赖性越低，所以越可能流转农地。而在Model2 中，由于劳动力转移比例较高，导致农户对农地的依赖性减弱，从而导致上述变量变得不显著。

12.3.3　工具变量的计量分析

由于农户的劳动力转移行为和农地流转行为之间可能存在互为因果的内生性关系，这会导致上述模型结果有偏，故进一步使用工具变量法进行估计，以保证模型结果的稳健性。这里的模型对工具变量的基本要求：工具变量和农户劳动力转移行为相关，但和农地流转行为不直接相关；根据工具变量设置要求，并考虑到问卷数据的可得性，由于"家庭成员在外打工是否有签合同"以及"家庭成员在外打工所享受的社会福利与当地人的差别程度"和劳动力转移相关，而和农地流转不直接相关，或者只会通过劳动力转移影响农地流转，所以考虑选取这两个变量设置为工具变量；由于这两个变量密切相关，故进一步引进它们的交互项，经过多次尝试以及工具变量相关检验结果的比较，最后选定两个变量的交互项为工具变量（Ⅳ）。

1）工具变量计量模型Ⅰ：劳动力转移比例小于 0.4 的农户组

工具变量法的使用前提是劳动力转移比例是内生解释变量，表 12-3 中 Model3 利用Ⅳ-Probit 模型进行估计，若 $p \neq 0$ 则意味着存在内生性。通过观察发现，Wald 外生性检验的 p 值高达 0.939，不能拒绝 $p = 0$ 的假设，即拒绝劳动力转移比例是内生变量的假设，所以农户是否流转土地和劳动力转移比例之间不存在内生性问题。表 12-3 中 Model4 利用 2SLS 进行估计，两个衡量内生性的指标 Durbin（score）检验（p=0.768）和 Wu-Hausman 检验（p=0.774）都拒绝了劳动力转移比例是内生解释变量的原假设，所以是否流转土地和劳动力转移比例之间不存在内生性问题，故不需要使用工具变量法进行回归估计，表明 Probit 模型的估计结果是可靠的，即当农户劳动力转移小于一定规模时，劳动力转移不会显著促进农地流转。

表 12-3　工具变量模型Ⅰ的计量结果

变量	因变量：是否转出农地	
	Model3（Ⅳ-Probit）	Model4（2SLS）
劳动力转移比例	1.511（16.450）	−1.155（3.947）
其他控制变量	省略	省略
Wald 外生性检验 p 值	0.939	—
Durbin（score）检验 p 值	—	0.768
Wu-Hausman 检验 p 值	—	0.774
样本量	305	305

注：括号内为稳健标准误

2）工具变量计量模型Ⅱ：劳动力转移比例大于等于 0.4 的农户组

表 12-4 中，2SLS 第一阶段的计量结果表明，工具变量Ⅳ在 0.01 的水平上显著影响劳动力转移比例，且显著性非常高，符合工具变量的基本要求。在 2SLS 第二阶段，第一列利用Ⅳ-Probit 模型进行回归估计，结果显示 Wald 外生性检验的 p 值为 0.018，在 0.05 的显著性水平拒绝劳动力转移比例是外生变量的原假设，即劳动力转移比例是内生变量；第二列利用 2SLS 的工具变量模型，结果显示 Durbin（score）检验和 Wu-Hausman 检验的 p 值分别是 0.019 和 0.019，同样在 0.05 的显著性水平上可以认为劳动力转移比例为内生变量，这表明使用工具变量进行估计是必须的。但是，使用工具变量要谨慎对待所使用的工具变量是弱工具变量的问题。2SLS 模型估计的 F 为 11.812 大于 10，并且最小特征值统计值为 8.133，大于 Stock 和 Yogo（2005）给出的 20%水平上的临界值 6.66，因此可以认为本模型不存在弱工具变量问题。合格的工具变量必须和是否流转农地的扰动项无关（陈强，2014），尽管选取的Ⅳ从逻辑上会直接影响农户的非农转移，而不直接影响农户是否流转农地，或者说只会通过影响农户是否非农转移影响农户是否流转农地，然而为了谨慎起见，进一步检验Ⅳ的外生性。由于工具变量只有一个，为了检验外生性，因此借鉴 Che（2016）的做法，可加入另一个工具变量，即加入签合同变量作为另一个工具变量；第二阶段第三列 2SLS 估计的过度识别检验显示，p 值为 0.535，不能拒绝"所有工具变量都是外生的"原假设，这表明Ⅳ为外生变量，和扰动项无关。综上，Ⅳ不是弱工具变量，并且和是否流转农地的扰动项无关，可以作为工具变量。

表 12-4　工具变量模型Ⅱ的计量结果

第 阶段	劳动力转移比例	第二阶段	是否转出农地		
	OLS		Model5（Ⅳ-Probit）	Model3（2SLS）	Model（2SLS）
工具变量（Ⅳ）	0.004***（0.001）	非农转移比例	4.250***（0.694）	1.921**（0.916）	1.677**（0.728）
其他控制变量	省略	其他控制变量	省略	省略	省略
偏 R^2	0.005	Wald 外生性检验 p 值	0.018	—	—
R^2	0.091	Wald F 统计量	—	11.812	—
—	—	最小特征值统计量	—	8.133	—
—	—	Durbin（score）检验 p 值	—	0.019	—
—	—	Wu-Hausman 检验 p 值	—	0.019	—
—	—	过度识别检验 p 值	—	—	0.535
样本量	1 777	—	1 777	1 777	1 777

和*分别表示 $p<0.05$ 和 $p<0.01$

注：括号内为稳健标准误

从第二阶段的三种估计方法的结果看，劳动力转移比例的系数为正，且分别在 0.01、0.05 和 0.1 的水平上显著，因此认为，当劳动力转移比例大于等于 0.4 之后，劳动力转移显著促进农地流转。

综合 Probit 模型以及工具变量模型的结果可知：当劳动力转移比例小于 0.4 时，劳动力转移不会促进农户的农地流转行为；而当劳动力转移比例大于等于 0.4 之后，劳动力转移会促进农户农地流转行为，可见，0.4 是劳动力转移规模对农地流转行为产生影响的门槛值，因而前述的研究推论得到了验证。

12.4　结论与讨论

已有研究对于劳动力转移是否促进农地流转形成了两种存在分歧的观点。分析表明，造成分歧的原因在于：劳动力转移对农户农地流转行为的影响存在门槛效应，即农户劳动力转移达到一定规模时才能促进农地流转。

从全国大样本的农户调查数据的描述统计中发现，劳动力转移比例和农户农地流转行为之间的关系特征以 0.4 为门槛值而呈现出不同的特征。进一步将样本农户按门槛值分为两组，利用 Probit 模型和工具变量模型对研究假说进行验证分析，计量结果支持了本章提出的研究假说，即非农就业转移比例 0.4 是门槛值，当农户劳动力转移比例小于 0.4 时，劳动力转移并不促进农地流转；而当劳动力转移比例大于等于 0.4 以后，劳动力转移会促进农地流转。

基于本章的分析，得出以下结论。

（1）农户劳动力的规模转移是农地流转市场发育的基本条件。尽管劳动力转移是土地流转的前提条件，但劳动力转移并不必然促进农地流转，劳动力转移促进土地流转是一个累积效果的渐进过程，只有劳动力转移规模达到一个临界值之后，农户才会选择将农地流转出去。

（2）农户劳动力的稳定转移是农地流转市场发育的支持条件。一旦农户的劳动力转移表现出不稳定的特征，即如果劳动力非农转移后又返乡务农，那么对于非农转移规模已超过临界点的农户而言，会由于劳动力的回流而将已流转的农地要回，流转出去的农地又会退出流转市场；相应地，对于劳动力转移规模尚未达到临界点的农户，则意味着会延缓或拖慢其农地进入流转市场的进程。

（3）需要寻找辅助和推进农地流转市场发育的“农外”政策工具。要促进农地流转，不但要保证农村劳动力非农转移达到一定的规模，而且要保证非农转移的稳定性；前者“劳动力转移规模”与我国工业化、城市化深入、快速的推进进程密切相关，这依赖于城市的产业发展空间及其潜力，需要构建推动城乡经济产业发展的保障措施；后者“劳动力转移的稳定性”与我国工业化、城市化进程中农民工的城市融入度密切相关，这需要同工同酬的劳动力市场建设以及社会福利保障机制的完善。

最后需要指出的是，本章得出的劳动力转移规模对农地流转行为产生影响的门槛值是 0.4，但并不具有绝对的数量意义，而是表达农户非农就业转移只有达到一定规模后才有可能推进农地流转。

第13章　农地流转、产权强化与农户融资

13.1　研究背景

生活于东方农耕文明的中国人，有着尤其深厚的恋土情结。不过，这种情况自改革开放以来逐渐发生改变。非农就业机会的增加等，吸引着剩余劳动力转移到城镇（罗必良等，2012）。小规模经营等因素影响下的农业相对低收益，又将农户拉入工业部门。比较之下，对于那些非农业就业（何欣等，2016）、具有较高人力资本（石敏和李琴，2014）和更多兼业机会的农户来说（钟涨宝等，2016），有着转出其土地的强烈意愿。当劳动力转移达到一定规模时，租入农地也变得较为可行，实际的农地流转行为便相应发生。特别是，随着农地确权改革的全面推进和深入实施，农地流转市场步入了一个新的发展阶段。在中国，农地流转，不仅带来生产要素配置结构的变化，还伴随着农村生产和生活方式的巨大变革。这种变化，微观上体现在农户融资模式的变迁，宏观上表现为农村信贷市场微观结构的系统性变迁。农地确权的金融影响，是亟待深入研究的重要问题并引起了学者的浓厚兴趣。

从某种程度上可以说，农地确权是继家庭联产承包责任制之后最为重要的农村改革。相对于后者，农地确权改革所产生的影响，也将更为深远和重要。其基本原因是，家庭联产承包责任制的主要政策目的是解决劳动力的激励问题，农地确权则主要解决的是资本和土地的激励问题。考虑到中国农业的发展阶段已经逐渐从劳动力密集型转变为资本密集型，农地确权这一制度变革的前瞻性和战略性是毋庸置疑的。农地确权使农户的土地权利日趋完整和清晰（魏巍和李万明，2012）。作为财产和资本的土地，其激励功能也将表现得更为显著，并突出地体现在它对农业投资的激励和农户的金融参与方面。对此，许多学者已经在微观上研究了农地确权对农户金融市场参与机会，即农户信贷可得性的影响，甚至也注

意到农地确权在缓解金融排斥方面的作用。

关于农地确权下的农地流转及其对农户融资模式的影响及其内在的作用机制问题，现有文献进行了大量的探索性理论和规范性计量研究。现有研究的主要发现：控制住禀赋效应等其他因素之后，农地确权总体上有利于促进农地流转；农地流转带来了农户要素配置结构和要素获取方面的变革；农地确权可以增加农户在正规金融（信贷）上的参与机会，从而在整体上改善农户的金融状况。但是，由于较短的改革时间和农地自身的复杂性，可能使得农地确权的效果及影响尚未充分展现。特别是，考虑农村金融市场的特殊性等因素，下述问题有待于更深入的研究：农地流转背景下，农户的融资模式是否发生了显著性变化？这种变化是否因农地确权改革而得到强化？农地确权具体是通过哪些渠道和机制来提高农户信贷可得性和促进农村金融发展的量变？进而，农地确权是否以及如何增加了农户的贷款数量并促进了农村金融的质变？在研究方法方面，现有研究大都基于离散因变量（特别是二元选择变量）的数据特征而较多使用逻辑回归模型。计量方法的一些缺陷，往往带来了自选择、内生性和有偏估计等问题，进而也影响到理论检验的稳健性。

基于上述判断，我们将在农地流转的背景下，重点研究如下几个问题：农地流转和农地确权通过哪些因素而改变了农户行为并进而改变了其融资模式；农地确权是如何从广度、宽度、交易环境等方面，提高农户在正规金融市场的信贷可得性，在“量”的方面促进农村金融发展；给定农户的金融参与机会，农地确权如何从缓解交易成本配给、数量配给、风险配给、价格配给等方面，增加农户的贷款数量，进而从“质”的方面促进农村信贷市场的深度发展。通过研究上述问题，既有利于从实践中洞察农地确权下的流动流转、农户融资模式和农村金融市场的变迁等现象，也有利于从理论上和发生机制方面揭开农地确权促进农村金融市场发展的内在奥秘。

13.2　理论线索

13.2.1　农地流转与农户信贷可得性

根据刘易斯二元经济理论不难得知：发展中国家农业中存在边际生产率为零的剩余劳动力，选择转出农地的农户只有通过转变生产方式才能提高其劳动生产率和产出水平。这通常表现为农业资本有机构成的提高。资本有机构成的提高是现代农业发展的基本趋势，但这又依赖于资本深化才得以实现（蔡昉，2008）。

对于转入农地的农户而言，其产出水平的提高取决于两个方面：单位耕地面积劳动力投入量和单位耕地面积的产出水平。由于短时间内劳动力弹性较小，为提高单位耕地面积产出，农户就必须相应增加肥料、农药、良种等土地替代型的不变资本投入或增加固定资本的形成。而对于那些退出农业而选择经商办厂的农户来说，资本对土地和劳动的替代，必然是大量增加资本要素的投入力度，从而产生更为强烈的资金需求（王芳等，2012）。由此可知，转出土地之后，无论是从事农业或工商业，他们均需要选择资本密集型的生产模式，从而衍生出相应的资金需求。有效需求的增加，将缓解需求抑制的信贷配给，有利于农户进入金融市场并获得信贷支持。

农户收入和职业的分化，也将促进融资渠道的变化：从基于人际信任的民间中介转换为基于制度信任的正规中介。基本理由在于，一方面，职业的分化使农户离开农村而就业、生活于城镇，他们的文化、理念和习惯也日益市民化。随着人力资本的增加、收入的增长和抗风险能力的提高，他们具有摆脱社区共同责任的行为能力和内在意愿；而商业银行也因此而更可能将他们视为合格客户。另一方面，民间中介对人际信任的过度依赖，使其融资规模、利率水平及其金融产品质量等难以满足这部分农户的高端需求。两方面综合结果是，农地转出在促进农民生产、生活方式转型的同时，也促进了融资渠道的结构转换。

于是，便可得到如下三个推论。

推论 1：对于转入农地的农户来说，为提高资本有机构成而衍生出资金需求，并提高其信贷可获得性；非农就业程度越高，农地转出强度越高，农户的金融参与程度也越高。

推论 2：转出土地后若转而从事工商业，农户为增加不变资本投入而会新增信贷资金需求，并提高其信贷可获得性，促进他们的金融参与。

推论 3：土地转出促进农户职业分化和生产模式转变，农户融资模式也更倾向于正规金融机构。

13.2.2　农地确权、信用转换与农村金融发展

财产权是一种复杂的制度安排（休谟，1997）。产权制度作为一种影响经济发展的高级要素，具有人造结构的性质（诺斯，2008）。具体就土地产权而言，它的高级功能在于：它可以作为信息显示机制而缓解农民与金融机构之间的信息不对称，减少农户的道德风险和缓解金融机构的信用风险。理论上，土地确权在“标准化”农民信用等基本信息的同时，也弱化了软信息的功能，促进了农村金融发展模式从人际信用转换为制度信任。信用转换既是农村金融发展的关键，也是反映农村金融“现代性”和“内生性”的重要因素。相应地，农地确权在促进

信任机制转换的同时，也能够在广度、宽度、深度和交易环境等方面，提高农户的信贷可得性，促进农村金融发展的量变。

1. 基准模型

1）农户角度

土地产权模糊降低了农地产权的排他性功能，从而使农户的利益难以得到完整体现、权利难以得到充分保障。利益受损在抑制农户投资激励的同时，也降低了农户的资金需求。假设农户的生产函数为 $Y_t = f_t(K_t, L_t, N_t)$；其中 K_t、L_t、N_t 分别代表资本、劳动力和土地。假定劳动力和土地的投入是固定的，产出主要取决于资本。资本是土地权能的隐函数。作为一种资本，土地的价值（价格）等于未来收益的资本化。也就是说，土地价值（价格）是未来收益的贴现值。相应地，K_t 可表示为 $K_t = K(V_t)$；V_t 为土地价值；$V_t = \sum_{i=t}^{T} \frac{Y_i}{(1+r+\eta)^i}$，其中，$i$ 代表第 i 期；T 为承包期；r 为市场利率（或贴现因子）；η 为土地产权权能风险因子。产权越不明确，土地产权权能越弱，土地产权权能风险因子 η 越高，土地价值 V_t 越低；$K'(V_t) > 0$，表示资本是土地价值的增函数。设农户贷款需求为 D_t，资本 K_t 的增加派生出贷款需求的增加。相应地，农户贷款需求函数可表示为 $D_t = D(K_t)$，且 $D'(K_t) > 0$。那么，土地产权权能风险因子对贷款需求的影响可表示为

$$\frac{\mathrm{d}D_t}{\mathrm{d}\eta} = -iD_t' K_t' \sum_{i=t}^{T} \frac{Y_i}{(1+r+\eta)^{i+1}} \tag{13-1}$$

因为 $D'(K_t) > 0$，$K'(V_t) > 0$，$\sum_{i=t}^{T} \frac{Y_i}{(1+r+\eta)^{i+1}} > 0$，则式（13-1）中，$\frac{\mathrm{d}D_t}{\mathrm{d}\eta} < 0$。这意味着，土地产权权能风险因子与贷款资金需求存在反向关系；土地产权权能风险因子越大，农户的资金需求便越低。

2）银行角度

农业的弱质性、有效抵押品的缺乏使农户遭遇正规机构的金融排斥和信贷配给。假设在农村金融市场上存在两个交易主体：银行和农户。为方便分析，假定农户是风险中性的。银行贷款数量为 D_{t_1}，它依赖于农户的信用，利率为 r_{t_1}；农户投资成功的概率为 p，此时农户获得的收益为 R_t，银行获得 $D_{t_1} r_{t_1}$ 的利息支付。农户投资失败的概率为 $1-p$，此时农户无须向银行归还利息，银行发生的贷款损失是 D_{t_1}。当银行首次进入农村市场时，每单位的贷款成本除了支付成熟市场的资金成本 δ_1 之外，还需要承担包括信息成本 α_1、监督成本 β_1、交易成本 λ_1、合

约执行成本 φ_1 等在内的拓荒成本。假设银行的成本函数是如下的线性形式：

$$C_B = \theta_1 + \alpha_1 D_{t_1} + \beta_1 D_{t_1} + \lambda_1 D_{t_1} + \varphi_1 D_{t_1} + \delta_1 D_{t_1} \tag{13-2}$$

其中，θ 为固定成本。银行的利润函数为

$$\begin{aligned}\pi_B = & p\left(D_{t_1} r_{t_1} - \theta - \alpha_1 D_{t_1} - \beta_1 D_{t_1} - \lambda_1 D_{t_1} - \varphi_1 D_{t_1} - \delta_1 D_{t_1}\right) \\ & + (1-p)\left(0 - \theta - \alpha_1 D_{t_1} - \beta_1 D_{t_1} - \lambda_1 D_{t_1} - \varphi_1 D_{t_1} - \delta_1 D_{t_1} - D_{t_1}\right)\end{aligned} \tag{13-3}$$

相应地，农户的收益可表示为

$$\pi_L = p\left(R_t - K_t - L_t - N_t - D_{t_1} r_{t_1}\right) + (1-p)\left(-K_t - L_t - N_t\right) \tag{13-4}$$

银行的利润最优化问题可以表达为

$$\begin{aligned}\max \pi_B = & p\left(D_{t_1} r_{t_1} - \theta - \alpha_1 D_{t_1} - \beta_1 D_{t_1} - \lambda_1 D_{t_1} - \varphi_1 D_{t_1} - \delta_1 D_{t_1}\right) \\ & + (1-p)\left(0 - \theta - \alpha_1 D_{t_1} - \beta_1 D_{t_1} - \lambda_1 D_{t_1} - \varphi_1 D_{t_1} - \delta_1 D_{t_1} - D_{t_1}\right)\end{aligned} \tag{13-5}$$

满足如下约束：

$$\pi_L = p\left(R_t - K_t - L_t - N_t - D_{t_1} r_{t_1}\right) + (1-p)\left(-K_t - L_t - N_t\right) \geqslant \bar{\pi}_L \tag{13-6}$$

其中，$\bar{\pi}_L$ 为农户的保留收益。

式（13-6）为农户的参与约束。为求解银行最优化问题，对式（13-5）进行一阶求导得

$$\frac{\mathrm{d}\pi_B}{\mathrm{d}D_{t_1}} = p r_{t_1} - \alpha_1 - \beta_1 - \lambda_1 - \varphi_1 - \delta_1 - 1 + p = 0 \tag{13-7}$$

则最优的贷款利率：

$$r_{t_1}^* = \frac{\alpha_1 + \beta_1 + \lambda_1 + \varphi_1 + \delta_1 + 1 - p}{p}$$

结合式（13-6），可以得到银行的最优贷款量：

$$D_{t_1}^* = \frac{pR_t - K_t - L_t - N_t - \bar{\pi}_L}{\alpha_1 + \beta_1 + \lambda_1 + \varphi_1 + \delta_1 + 1 - p}$$

2. 农村金融发展的量变：广度与交易环境

首先，土地确权之后，农户的土地权利得到正规制度的有效保障，产权的排他性功能增强，收益的内部化程度提高，进而也激发农户的土地投资激励。投资增加派生出农户融资需求的增长。如前所述，土地产权权能因子与农户借款需求的关系如下。

$$\frac{\mathrm{d}D_t}{\mathrm{d}\eta} = -iD_t' K_t' \sum_{i=t}^{T} \frac{Y_i}{\left(1 + r + \eta\right)^{i+1}} < 0 \tag{13-8}$$

与地权模糊状况比较，土地确权降低了产权权能风险因子，农户的融资需求

因此增加，并促进农村金融市场的内生发展。所以，土地确权可强化农村土地的排他性、激励农户的土地投资，从而增加农户的融资需求、拓展农户的融资渠道，从金融广度维度方面促进农村金融的内生发展。

其次，土地确权后，农户的土地产权便得到正式制度的认可，土地权益的保护便可诉诸基于陌生人社会的第三方强制。相应地，农户在申请贷款时便可降低人际信任的过分依赖，并转向基于制度信任的土地抵押。农村金融市场也因如下两个方面的原因而得到发展。其一，正如 Benjamin（1978）所言，土地确权使农户得以拥有有效抵押品，符合条件的借款者增加，银行的贷款数量也会相应增加。其二，诚如 Jaffee 和 Thomas（1976）所说，土地确权有利于减少银行和农户之间的信息不对称问题，从而降低银行的信息成本，缓解逆向选择和道德风险问题。其作用机制正如 Byamugisha（1999b）所言：当农户违约时，银行可依法处置被抵押的土地。“可置信威胁”不但可促进农户自我履约，而且能减少道德风险，减少惩罚程序，降低银行监督成本和合约执行成本。信息成本、交易成本、契约执行成本和资金成本的降低，反过来有利于贷款利率的下降和贷款条件的改善。基于上述思想，此处拓展基本模型，分析土地确权对银行的最优贷款数量和最优利率的影响。

假设农户拥有价值为 V_t 的土地。土地确权后，农户可以将土地作为抵押品，获得银行贷款为 D_{t_2}，利率为 r_{t_2}，农户投资成功的概率和土地确权前保持一致。投资成功后的收益仍旧为 R_t；投资失败后，其需要把土地交给银行处置，银行将获得价值为 εV_t 的土地，ε 为土地的折现率。土地确权后，土地价值 V_t 影响贷款金额 D_{t_2}，D_{t_2} 可以表示为 $D_{t_2}=D(V_t)$，其反函数可以表示为 $V_t=V\left(D_{t_2}\right)$。土地确权后，银行的单位信息成本、监督成本、交易成本、合约执行成本和资金成本均相应降低，分别表示为 α_2、β_2、λ_2、φ_2 和 δ_2，且 $\alpha_2<\alpha_1$，$\beta_2<\beta_1$，$\lambda_2<\lambda_1$，$\varphi_2<\varphi_1$，$\delta_2<\delta_1$。银行的利润函数可表示为

$$\begin{aligned}\pi_B^*=&p\left(D_{t_2}r_{t_2}-\theta-\alpha_2 D_{t_2}-\beta_2 D_{t_2}-\lambda_2 D_{t_2}-\varphi_2 D_{t_2}-\delta_2 D_{t_2}\right)\\&+(1-p)\left[\varepsilon V\left(D_{t_2}\right)-\theta-\alpha_2 D_{t_2}-\beta_2 D_{t_2}-\lambda_2 D_{t_2}-\varphi_2 D_{t_2}-\delta_2 D_{t_2}-D_{t_2}\right]\end{aligned}\tag{13-9}$$

农户的利润为

$$\pi_L^*=p\left(R_t-K_t-L_t-N_t-D_{t_2}r_{t_2}\right)+(1-p)\left[\varepsilon V\left(D_{t_2}\right)-K_t-L_t-N_t\right]\geqslant\bar{\pi}_L\tag{13-10}$$

则银行的最优化问题为

$$\begin{aligned}\max\pi_B^*=&p\left(D_{t_2}r_{t_2}-\theta-\alpha_2 D_{t_2}-\beta_2 D_{t_2}-\lambda_2 D_{t_2}-\varphi_2 D_{t_2}-\delta_2 D_{t_2}\right)\\&+(1-p)\left[\varepsilon V\left(D_{t_2}\right)-\theta-\alpha_2 D_{t_2}-\beta_2 D_{t_2}-\lambda_2 D_{t_2}-\varphi_2 D_{t_2}-\delta_2 D_{t_2}-D_{t_2}\right]\end{aligned}\tag{13-11}$$

$$\text{s.t. } \pi_L^* = p\left(R_t - K_t - L_t - N_t - D_{t_2} r_{t_2}\right) + (1-p)\left[\varepsilon V(D_{t_2}) - K_t - L_t - N_t\right] \geqslant \bar{\pi}_L \tag{13-12}$$

式（13-12）为农户的参与约束。对式（13-11）进行一阶求导，得到最优化的利率：

$$r_{t_2}^* = \frac{\alpha_2 + \beta_2 + \lambda_2 + \varphi_2 + \delta_2 + 1 - p + p\varepsilon V'\left(D_{t_2}\right) - \varepsilon V'\left(D_{t_2}\right)}{p}$$

结合式（13-12），得到最优的贷款量：

$$D_{t_2}^* = \frac{pR_t - K_t - L_t - N_t - \bar{\pi}_L + \varepsilon V\left(D_{t_2}\right) - p\varepsilon V\left(D_{t_2}\right)}{\theta + \alpha_2 + \beta_2 + \lambda_2 + \varphi_2 + \delta_2 + 1 - p + p\varepsilon V'\left(D_{t_2}\right) - \varepsilon V'\left(D_{t_2}\right)}$$

基于土地产权缺失情况下银行的最优贷款数量 $D_{t_1}^*$ 和贷款利率 $r_{t_1}^*$，结合土地确权后银行的最优贷款数量 $D_{t_2}^*$ 和贷款利率 $r_{t_2}^*$，便可比较土地确权前后的最优贷款利率差：

$$\Delta r^* = r_{t_2}^* - r_{t_1}^* = \frac{\alpha_2 + \beta_2 + \lambda_2 + \varphi_2 + \delta_2 + 1 - p + p\varepsilon V'\left(D_{t_2}\right) - \varepsilon V'\left(D_{t_2}\right)}{p} - \frac{\alpha_1 + \beta_1 + \lambda_1 + \varphi_1 + \delta_1 + 1 - p}{p} \tag{13-13}$$

因为 $\alpha_2 < \alpha_1$，$\beta_2 < \beta_1$，$\lambda_2 < \lambda_1$，$\varphi_2 < \varphi_1$，$\delta_2 < \delta_1$，$0 < p < 1$，则

$$p\varepsilon V'\left(D_{t_2}\right) - \varepsilon V'\left(D_{t_2}\right) < 0 \tag{13-14}$$

那么，$\Delta r^* < 0$，即 $r_{t_2}^* < r_{t_1}^*$。

可见，土地确权后，随着农户贷款模式从人际关系的信用贷款转换为依赖于制度信任的抵押品贷款，农户的借款利率将会降低，其交易环境也相应改善。

相应地，土地确权前后，最优贷款的数量差为

$$\Delta D^* = D_{t_2}^* - D_{t_1}^* = \frac{pR_t - K_t - L_t - N_t - \bar{\pi}_L + \varepsilon V\left(D_{t_2}\right) - p\varepsilon V\left(D_{t_2}\right)}{\theta + \alpha_2 + \beta_2 + \lambda_2 + \varphi_2 + \delta_2 + 1 - p + p\varepsilon V'\left(D_{t_2}\right) - \varepsilon V'\left(D_{t_2}\right)} - \frac{pR_t - K_t - L_t - N_t - \bar{\pi}_L}{\alpha_1 + \beta_1 + \lambda_1 + \varphi_1 + \delta_1 + 1 - p} \tag{13-15}$$

因为 $\alpha_2 < \alpha_1$，$\beta_2 < \beta_1$，$\lambda_2 < \lambda_1$，$\varphi_2 < \varphi_1$，$\delta_2 < \delta_1$，$0 < p < 1$，则

$$p\varepsilon V'\left(D_{t_2}\right) - \varepsilon V'\left(D_{t_2}\right) < 0 \tag{13-16}$$

$$\varepsilon V\left(D_{t_2}\right) - p\varepsilon V\left(D_{t_2}\right) > 0 \tag{13-17}$$

那么，$\Delta D^* = D_{t_2}^* - D_{t_1}^* > 0$，即 $D_{t_2}^* > D_{t_1}^*$。

因此，土地确权后，银行在农村金融市场发放的贷款数量增加了，从金融深

度的维度促进了农村金融的现代化发展。

综合上述，可以认为，土地确权之后，处置违约农户土地所产生的“可置信威胁”使银行减少农户的贷款约束，农户的贷款可获得性提高，从金融宽度方面促进了农村金融发展的量变。

3. 农村金融发展的质变：缓解信贷配给

当农村金融发展在量变方面取得较大成效之际，农村金融发展的深度问题（即质变问题）仍非常突兀。研究发现，仍有超过 70%的农户贷款需求无法得到满足（程郁和罗丹，2010）。这充分表明，信贷配给问题似乎并未出现明显改观。

Stiglitz 和 Weiss（1981）曾给出了信贷配给的经典定义：它是指信贷市场在可贷资金的供求均衡情形下切实存在的一种经济现象。这包括两方面含义：一是资金供不应求，仅有一部分人贷款申请获得批准，剩余的申请人即使愿意承担更高的贷款成本也无法获得贷款；二是尽管资金供给充足，但仍有人在任何利率水平上都无法获得贷款。根据上述定义，Boucher 和 Carter（2001）、赵丙奇（2010）等对信贷配给从供给与需求角度进行分类。供给配给包括价格配给和数量配给，需求配给包括风险配给和交易成本配给。其中，数量配给、风险配给和交易成本配给都归类为非价格配给。有关信贷配给的分类和描述情况，具体见表 13-1。

表 13-1　信贷配给的分类和描述

配给类型	具体描述	
供给配给	价格配给	以贷款利率作为市场出清机制，借款人因利率过高而无法得到贷款
	数量配给	资金需求方受供给方约束，部分或全部贷款申请遭拒的情形
需求配给	风险配给	因担心失去抵押品而放弃贷款申请的情形
	交易成本配给	需求方因无法承担过高的贷款成本而放弃贷款申请的情形

资料来源：根据 Boucher 和 Carter（2001）与赵丙奇（2010）整理所得

信贷配给是农村金融市场的一个重要问题。如贷款数量不能满足实际需要，将严重制约农业经济的发展和农村金融的深度发展。农户所面临的信贷配给问题，存在于供给和需求两个领域，并表现于多个方面。

第一，要逐渐缓解信贷配给问题、促进农村金融的深度发展，既需要外部资金的投入，也需要加快从熟人社会的人际信任向制度保障的条件信任转变的步伐。就此而言，土地确权的作用是不言自明的：被确权之后的农地，作为权能更为完整的财产，更能够间接显示借款者的信用等私人信息；抵押品价值的增加也使得基于第三方的法院强制契约执行机制越来越成为可能。信息不对称和道德风险的缓解，自然在微观上有利于农户的金融参与，宏观上它在缓解金融排斥、促进金融普惠的同时也自然提升了信贷覆盖率，改善了宽度意义上的金融发展。农地确权在为农户提供更多金融参与机会的同时，它也可以因为抵押品价值的增加、交易成本的降低、信用风险缓解对风险溢价的抑制、土地权能增加带来的安全感对转让土地的信心提升等，在某种程度上缓解信贷配给，从而在微观上增加农户的贷款数量，宏观上促进深度意义上的农村金融发展（Feder and Nishio，1998）。因此，农地确权有助于农户获得更多贷款，并有利于农村金融的深度发展。

第二，出于对金融公平的考虑，长期以来政府对农村信贷的利率管制是相对严格的。低利率往往伴随着信贷配给。当然，它还有着更为严重的长期后果。因为难以弥补其成本的低利限制了银行进入农村市场的积极性，从而也减少了农村金融市场的供给（朱喜和李子奈，2006）。此外，利率控制也带来寻租问题，而农户也不得不承受人情支出等额外费用。利率或价格配给问题的解决，固然需要继续推进利率市场化改革，但农地确权的作用也不容小觑。农地确权提高了农户的还贷能力，降低了金融机构的信用风险和道德风险。即使法定利率不变，银行也因为风险的降低而可以向农户提供更低的利率，客户（农户）因为风险溢价的降低也可以支付更低的成本。利率的降低，自然使得农户能够借入更多的贷款。因此，农地确权能够缓解价格配给，提高农户的贷款数量，促进农村金融的深度发展。

第三，所有权的合法性，隐含着对社会公平的考量。这正如卢梭（2003）所言："要认可对于某块土地的最初占有者的权利，须具备下列的条件：……人民只能占有为维持自己的生存所必需的数量。"在穷人的银行家——孟加拉国格莱珉银行创始人尤努斯看来，作为一种基本权利，信贷权（金融服务权）也理应为穷人所共享："贷款不仅是商业交易行为，而且应如同普通食物那样是一种天赋权利。"对农户来说，信贷权的获得又有赖于他们的土地权利。反过来，农地确权也会正面影响到农户的信贷权利。农户，类似于罗尔斯意义上的"最不利者"（least advantaged）。农地确权的信贷功能更为重要：确权提高了农地的稳定性，从而使得他们可以跨越财富门槛而被正规金融市场接受为合格客户。不仅如此，确权的激励功能能够提高土地的生产力并增加土地价值，进而使得依托土地抵押的贷款数量增加（黄惠春等，2015）。再者，确权在便利农地流转、降低土地流动性溢价的同时，也使得处于休眠状态的农地成为可流动和变现能力强的资源而使其拥有者获得更多贷款。相应地，农地确权带来的土地流动性和价值增加，在宏观上促进农村金融的深度发展，在微观上提高农户的贷款数量。

第四，对农户来说，土地不但是他们最基本的生产资料，而且是自我雇用和自我保险的依托。由于这些因素，就农民尤其是贫困农户而言，土地的禀赋效应显得尤其鲜明。也正是因为这些因素，土地被农户赋予了异乎寻常的重要性，被视为幸福和希望的源泉。他们也非常害怕失去土地。即便可以流动，但是农户尤其是那些在"斯科特"式生存线上挣扎的农户，不愿意轻易将土地抵押出去。当然，除禀赋效应之外，中国特色的产权制度也是农户将土地视为“奇货可居”的重要因素。农村土地的模糊产权，作为一种曾经“有意的安排”，固然在某种程度上便利了制度的灵活性（Ho，2014）。但在客观上，它也因为随机税的存在增加农户的不安全感、降低土地价值。产权模糊刺激农户自发攫取农地租金价值，产权制度不完善的情形下导致土地净值逐步消耗甚至为零，租值耗散导致农户更不愿意将土地使用权转让出去。农地确权，作为一种成文法对习惯法的提升和取代，它使得产权得到正式制度的认可和保护，提高了产权保护承诺的“可置信”程度。如果不考虑其他因素，那么农地权利的正规化有利于缓解农户的风险规避，降低他们对失去土地的担忧，自然也会提高他们的贷款意愿。风险配给问题的缓解，也使他们愿意借入更多的银行贷款。

第五，为科斯所发现、为威廉姆斯所正式提出的交易费用，加深了我们对市场有效性的理解。农地确权从外生交易费用和内生交易费用两个方面影响了农户在金融市场的深度参与。在外生交易费用方面，农地确权的影响是多方面的：当土地作为不动产而被用于抵押品时，它就减少了金融机构对软信息的依赖，不但大幅度减少了签约之前的搜寻成本、签约过程中的协议成本（讨价还价的成本）和缔约成本，而且因为第三方制裁的引入而减少了履约成本和监督费用。对资金需求方而言，农地确权使得他们有了能够被银行所接受的有效抵押品。这样一来，交易过程中大量琐碎的环节可以从简或省去。从内生交易费用方面看，农地确权可以在缔约之前减少逆向选择问题；在缔约之后，农户为避免失去作为抵押品的农地承包权经营权，那么就会有更大的生产性激励。农户机会主义行为的减少，也减少了银行的违约风险（Ho，2014）。既然交易成本的减少可以内部化于贷款数量的增加，那么便可以认为，农地确权有利于缓解交易成本配给，增加农户贷款数量，促进农村金融深度发展。

13.3　实证分析

13.3.1　实证分析 1：农地流转、信贷可得性及其融资渠道

1. 数据来源

数据来源于“农村土地与相关要素市场培育与改革研究”项目的专项农户问卷（NSFC-71333004-2015）的 2 704 个样本农户。为了考察农户的农地转出和职业分化对农户信贷可获性及融资渠道的影响，因此，本节选取了满足分析条件的

465 个农户样本进行计量。

2. 变量选取与说明

1）被解释变量

根据问卷中的问项“是否向银行贷款或向私人借钱”，进行“是=1；否=0”赋值。

2）核心自变量

（1）非农就业。按非农化程度，将农户职业划分为务农、兼业、打工和经商四类。农户的融资需求与渠道选择，受其职业类别的深刻影响。不难得知，非农化程度越高，农户的融资需求越旺盛，也越倾向于通过正规机构满足其需求、选择正规化的书面契约。

（2）创业情况与意愿。在非农就业中，经商办厂的创业情况与意愿对融资需求影响最深刻。那些已经创业或意愿创业的农户，其融资需求相对旺盛，也更可能进入金融市场并选择书面契约。

（3）农地转出强度。根据转出对象的属性差异，可以刻画农地转出强度。按照亲戚、邻居、普通农户，村集体，生产大户，农业合作社和龙头企业的顺序，农地转出强度依次增加。一方面，随着农地转出强度的提高，农民越来越难以收回土地，农地转出越彻底，因而也就越能显示出农户较强的农地转出意愿。另一方面，农户转出强度越高，传统社会网络（社会资本）的重要性越小，为了平滑消费波动，农户也就越容易避开民间中介而选择正规金融机构来满足其融资需求并选择证书契约（朱建军等，2016）。

（4）收入水平。收入与融资需求之间的关系，存在门槛效应。较低收入的农户，其生产性融资需求不太旺盛，并主要诉诸内源融资与民间借贷。当收入超过某个临界值之后，农户风险规避程度降低，生产性（包括耐用消费品）的融资需求便会比较旺盛。考虑到民间中介相对有限的融资能力和较高的融资条件，土地转出者会更多通过正规机构满足其融资需求。

（5）信贷配给。信贷配给越严重，再贷款需求越大，农户的资金缺口越大且越有可能融资。

（6）农地转入。土地转入之后，农户生产规模扩大。生产方式也可能从自给自足变为商品生产，从劳动密集型转变为资金密集型，从粗放型转变为集约型。这些都会引发生产性资金的旺盛需求。

3）反映人格特征的控制变量

（1）性别。女性的风险规避程度较高，对风险更为敏感，其融资行为也尤其谨慎。而且，男性作为家庭经营和信贷的决策者，也会比女性有着更强烈的融资需求。

（2）年龄。在生命周期中，年龄对农户融资行为的影响可能是倒“U”形的。从幼年期到青壮年期，随着年龄增长，由于从事生产经营活动，年龄与融资需求是正相关的。步入老年期之后，随着生产经营活动的减少，其生产性投资也会减少，融资需求也会相应降低。

（3）文化程度。文化程度影响农户对金融政策和金融市场的认知、生产经营能力等。文化程度越高，农户获得外部融资的可能性也越大。

4）其他控制变量

其他控制变量是指反映家庭禀赋与区域经济的控制变量。

（1）家庭规模。家庭规模对融资的影响是不确定的。一方面，家庭人口数越多，总收入越多，平衡收入波动的能力也越强，其融资需求可能越低。另一方面，家庭总人口数越多，生产规模可能越大，消费性和生产性的资金需求也可能越强烈。

（2）生产规模。承包规模与种植规模可反映农户生产规模。承包规模和实际耕地面积越大，资本替代劳动的可能性越大，生产的集约化、规模化越高。生产性资金需求扩大更容易引发金融参与。

（3）社会资本。无论在熟人社会还是陌生人社会，社会资本都是影响信贷可获得性的正向因素。在农村地区，干部身份或者村里的大姓，更有可能融资，融资需求也更可能得到满足。

（4）区域经济。在经济发展的初期阶段，农户金融参与程度是较低的（表 13-2）。

表 13-2　各变量的选取与赋值

变量	变量定义	赋值
信贷可得性	是否向银行贷款或向私人借钱？	是=1；否=0
非农就业	将户主职业分成四类并赋值	务农=1；兼业=2；打工=3；经商=4
创业情况	是否进行创业？	是=1；否=0
创业意愿	今后几年是否有创业打算？	是=1；否=0
农地转出强度	农地转出对象，按照其农业生产的商品化程度排列	亲戚、邻居、普通农户=1；村集体=2；生产大户=3；农业合作社=4；龙头企业=5
收入水平	农户家庭全年总收入	1 万元以下=1；1 万~3 万元=2；3 万~5 万元=3；5 万~10 万元=4；10 万元及以上=5
信贷配给	是否还想贷款？	是=1；否=0
农地转入	农地转出的同时是否发生转入行为？	是=1；否=0
性别	农户性别	男=1；女=0
年龄	农户的年龄	如实填写
文化程度	农户的受教育程度	小学=1；初中=2；高中=3；高中以上=4
家庭规模	家庭总人口数	如实填写
生产规模	受调查户的承包规模	如实填写
	受调查户的种植规模即实际耕地面积	如实填写

续表

变量	变量定义	赋值
社会资本	是否有家人或亲戚是村干部?	是=1；否=0
	农户是否是村里的大姓?	小姓=1；一般=2；大姓=3
区域经济	该镇在本县的经济水平	很低=1；较低=2；中游=3；较高=4；很高=5

3. 计量结果分析

1）关于农户的信贷可获性

鉴于被解释变量为 0，1 设计，故选用二元 Logit 模型，利用 SPSS 22 统计软件进行分析。选择向后筛选法（backward Wald：作 Wald 概率统计法，向后逐步选择自变量）建立模型，共经历 10 个步骤得到最终结果。每个步骤的模型整体检验可行。因不同步骤估计结果类似，此处只列出第一个和最后一个步骤的结果（表 13-3）。

表 13-3　农户信贷可获性的模型估计结果

解释变量	模型 1（步骤 1）					模型 2（步骤 10）				
	β	S.E.	Wald	Sig.	Exp（β）	β	S.E.	Wald	Sig.	Exp（β）
非农就业	0.323***	0.121	7.122	0.008	1.381	0.257**	0.106	5.881	0.015	1.293
创业情况	0.830***	0.247	11.269	0.001	2.292	0.864***	0.241	12.815	0.000	2.372
创业意愿	0.516	0.223	5.380	0.020	1.676	0.493**	0.216	5.239	0.022	1.638
农地转出强度	0.206**	0.091	5.103	0.024	1.229	0.208**	0.089	5.534	0.019	1.231
农地转入	0.545	0.435	1.571	0.210	1.725	0.773*	0.412	3.513	0.061	2.166
信贷配给	1.359***	0.257	27.917	0.000	3.892	1.428***	0.247	33.513	0.000	4.171
性别	− 0.348	0.221	2.489	0.115	0.706	—	—	—	—	—
年龄	0.006	0.009	0.485	0.486	1.006	—	—	—	—	—
文化程度	− 0.037	0.138	0.073	0.787	0.963	—	—	—	—	—
收入水平	− 0.024	0.094	0.064	0.801	0.977	—	—	—	—	—
家庭规模	0.026	0.063	0.171	0.679	1.026	—	—	—	—	—
种植规模	0.040	0.029	1.811	0.178	1.040	—	—	—	—	—
承包规模	− 0.011	0.017	0.433	0.510	0.989	—	—	—	—	—
是否有人任村干部	0.064	0.361	0.032	0.858	1.067	—	—	—	—	—
是否为村里大姓	0.061	0.134	0.208	0.649	1.063	—	—	—	—	—
区域经济	0.333**	0.149	5.007	0.025	1.395	0.325**	0.146	4.964	0.026	1.384
常数项	−2.939***	1.101	7.124	0.008	0.053	−2.836***	0.554	26.168	0.000	0.059
预测准确率	71.8%					71.0%				

续表

解释变量	模型 1（步骤 1）					模型 2（步骤 10）				
	β	S.E.	Wald	Sig.	Exp（β）	β	S.E.	Wald	Sig.	Exp（β）
Hosmer&Lemeshow 检验χ^2值	3.064（0.930）					5.074（0.750）				
−2 倍对数似然值	532.055					40.334				
Cox 和 Snell R^2	0.212					0.198				
Nagelkerke 的 R^2	0.283					0.265				

*、**和***分别表示 0.1、0.05 和 0.01 的显著水平

注：向后筛选法设定的系数显著水平标准为 0.05；Exp（β）为发生比率（odds ratio），它可以测量解释变量一个单位的增加所带来的边际效应。Exp（β）大于 1 时，如果变量值增加，那么事件发生的概率也将增加；反之亦然

根据表 13.3 的模型 2（步骤 10）做进一步分析，具体如下。

第一，非农就业。实证分析表明，农户就业的非农程度对金融参与的影响是显著的，其回归系数的 Wald 检验为 5.881。这充分表明：农户的非农就业倾向越明显，农户的金融需求越旺盛，信贷可获得性也越高。农户的土地转出，不单单是生产要素的内部替代，更是职业选择、生产模式乃至于生活方式的深刻转型（温铁军，2010）。这既会影响效用函数的自变量数量，也会影响到其相对权重。无论是在生活或生产领域，他们的资金需求将会变得更强烈（王芳等，2012）。随着职业与身份的转型，农户满足这种需求的能力和条件也在提高。有效需求的增加和需求结构的升级，使得农户获得贷款的机会也随即增加了。

第二，农户的创业情况与创业意愿。创业情况与创业意愿对农户融资行为的影响都为正，回归系数的 Wald 检验为 12.815 和 5.239，分别达到了 0.01 和 0.05 的统计显著水平。这个特征，再结合非农就业变量的回归结果，强烈表明一个共同信息：农户的土地转出行为，不单单是生产要素的内部替代，而是生产、生活和工作方式的根本性变革。

第三，农地转出强度。农地转出对象的市场化程度越高，融资需求也应该越强烈。实证结果表明，二者之间确实存在正相关关系，并且在 0.05 的统计水平上显著。显然，农地转出对象的商业性质，会对农户的融资需求产生实质性影响。

2）关于农户的融资渠道

鉴于农户信贷来源于正规金融与非正规金融，需要做各类别之间独立不相关检验（independence of irrelevant alternatives，IIA）。IIA 假定，被解释变量中的任意两类别的概率比不因其他类别是否存在而发生改变。结果表明，采用多项 Logit 模型进行实证研究是合适的（表 13-4）。

表 13-4　多项 Logit 模型的 Hausman-McFadden 检验结果

去掉的融资渠道	χ^2	结论
非正规金融	−1.89	不能拒绝原假设
	—	
非正规金融与正规金融兼有	− 6.04	不能拒绝原假设
	—	
正规金融	2.93	不能拒绝原假设
	（Prob> χ^2 =1）	

注：χ^2 小于零，说明估计模型不满足渐进性的假设检验。Hausman 和 McFadden（1984）认为，这样的结果同样没有违背 IIA 假定

因难以解释多项 Logit 模型自变量估计系数的经济意义，故报告了“相对风险比”（relative risk ratio）即自然对数底数 e 的“估计系数值”次幂。其含义是：当自变量变化 1 个单位时，相对于参照组，选择项发生的概率。回归结果如表 13-5 所示。

表 13-5　农户融资渠道的多项 Logit 模型

解释变量	非正规金融		非正规金融与正规金融兼有		正规金融	
	系数	相对风险比	系数	相对风险比	系数	相对风险比
非农就业	0.272^{**}	1.312	0.304	1.356	0.474^{***}	1.606
创业情况	0.625^{**}	1.868	0.663^{*}	1.940	1.283^{***}	3.609
创业意愿	0.578^{**}	1.782	0.336	1.399	0.451	1.569
农地转出强度	0.168	1.183	0.398^{***}	1.489	0.139	1.149
农地转入	0.518	1.679	0.873	2.394	0.286	1.331
信贷配给	1.022^{***}	2.779	2.230^{***}	9.301	1.540^{***}	4.662
性别	-0.411^{*}	0.663	− 0.366	0.694	− 0.153	0.858
年龄	0.005	1.005	− 0.013	0.987	0.025	1.025
文化程度	0.029	1.029	− 0.426	0.653	0.055	1.056
收入水平	− 0.83	0.920	− 0.030	0.971	0.183	1.201
家庭规模	0.070	1.073	− 0.031	0.970	− 0.079	0.924
种植规模	0.033	1.033	0.054^{*}	1.055	0.046	1.047
承包规模	− 0.007	0.993	− 0.022	0.978	− 0.012	0.988
是否有人任村干部	− 0.035	0.965	− 0.009	0.991	0.407	1.502
是否为村里大姓	0.079	1.082	0.267	1.306	− 0.149	0.861
区域经济	0.357^{**}	1.429	0.206	1.228	0.351	1.421
常数项	-3.265^{***}	0.038	-3.503^{*}	0.030	-5.928^{***}	0.003
似然比检验：χ^2	159.450					
Prob> χ^2	0.000					
对数似然值	− 457.099					

续表

解释变量	非正规金融		非正规金融与正规金融兼有		正规金融	
	系数	相对风险比	系数	相对风险比	系数	相对风险比
Pseudo R^2	0.149					
观测值	465					

*、**和***分别表示在 0.1、0.05 和 0.01 的统计水平上显著

注：以“没有融资”为参照组

表 13-5 表明：相对于没有进行融资的农户，农户职业的非农化程度越高，越可能通过正规渠道融资。这说明，非农就业后的农户，对正规金融的认可度逐步提高。从供给方看，这可能是非农就业者的收入水平相对较高，抵押担保和资信能力等贷款条件更好，因而他们也就更容易获得正规金融机构的认可。

13.3.2　实证分析 2：农地确权、信用转换与金融发展的量变

1. 数据来源

2014 年我国进行了山东、安徽和四川 3 个省份的农地确权试点，2015 年新增湖南、湖北、江西、江苏、甘肃、宁夏、吉林、河南、贵州 9 个省（自治区），共有 12 个整体推进的试点省（自治区）。我国农村土地确权的试点地区主要位于中部地区。我们因此选择安徽、江西和湖南等主要的中部地区试点省份作为调查对象。考虑到样本的代表性，我们还选择了东部沿海发达省份广东省作为调查对象，于 2014 年 6~9 月先后赴安徽省宿州市埇桥区，江西省的于都县、南城县和乐平县，湖南省的麻阳县、溆浦县和岳阳县，广东省的揭东区和连南县等 9 个县（区）进行了实地调研。课题组共发放问卷 1 800 份，获得有效问卷 1 710 份。

2. 变量选取与说明

（1）被解释变量。金融发展主要包括金融广度、金融交易环境、金融深度和金融宽度等 4 个维度。金融广度是指金融市场参与者的数量、类型及复杂程度等，它所衡量的是投资者可选择性空间。金融交易环境指标通常以“利率”的降低来衡量。金融深度是指金融资产的数量增加，通常以单个家庭贷款数量的增加来衡量。金融宽度是指交易者能够使用更多、更便捷的金融服务，即金融服务的可获得性表示。根据理论分析与中国农村金融的实际，我们选用“土地确权后，是不是更愿意向银行（而不是私人）借钱”来衡量金融广度；选用“土地确权后，贷款利率是否降低”来衡量金融交易环境的改善；选用“土地确权后，贷款数量是否增加”来衡量金融深度；选用“土地确权后，是否更容易获得银行贷

款”来衡量金融宽度。

（2）核心自变量。为衡量土地确权对农村金融发展的影响，此处选择土地确权作为核心自变量。主要指标是“农地使用权有没有确权”“宅基地所有权有没有确权”“林地承包经营权有没有确权”。

（3）控制变量。根据理论分析，选择影响农村金融发展的如下因素作为控制变量：①家庭总收入。农户家庭总收入越高，农户的还贷能力越强，其违约的风险相对较低，银行预期收入高的农户的违约率较低。相对于收入水平低的农户，银行更倾向于向高收入水平的农户发放贷款。相应地，家庭收入能增加农户的有效借贷机会与实际借贷额度（童馨乐等，2011）。可以预期，家庭总收入有助于农户获得机构贷款。②家庭固定资产。农户的固定资产越多表明农户的生产经营能力越强，农户的生活水平越高，其还贷能力也越强。这部分农户更容易得到银行的信任，他们也更容易获得银行贷款（冯旭芳，2007）。据此可以推测，农户的固定资产越多，越容易进入正规金融市场。③社会资本。凭借其抵押品的类似功能（Biggart et al.，2001），社会资本对金融发展有显著推动作用；它对农户的金融参与和贷款数量增加也有着积极影响（张建杰，2008）。④耕地面积。土地确权之后，土地可以转换为抵押品（杨京泽，2014）。耕地面积越大，土地价值越大，抵押品价值也越大，农户也就越容易获得银行贷款，贷款数量也相应增加。⑤信用评级。信用评级是农户信用等软信息的标准化和“硬化”过程。一般来说，农户信用评级越高，越容易获得银行的贷款（张三峰等，2013）。实证分析变量的赋值及定义见表 13-6。

表 13-6　各变量的选取与赋值

变量	变量名称	变量定义	赋值
被解释变量	金融广度	土地确权后，是不是更愿意向银行（而不是私人）借钱？	是=1；否=0
	金融交易环境	土地确权后，贷款利率是否降低？	是=1；否=0
	金融深度	土地确权后，贷款数量是否增加？	是=1；否=0
	金融宽度	土地确权后，是否更容易获得银行贷款？	是=1；否=0
核心自变量	农地确权	土地使用权有没有确权？	是=1；否=0
	宅基地确权	宅基地所有权有没有确权？	是=1；否=0
	林地确权	林地承包经营权有没有确权？	是=1；否=0
控制变量	家庭总收入	农户家庭全年总收入	<2 000 元=1；2 000~5 000 元=2；5 000~8 000 元=3；8 000~15 000 元=4；15 000~30 000 元=5；30 000~50 000 元=6；50 000~70 000 元=7；70 000~100 000 元=8；≥100 000 元=9
	家庭固定资产	农户拥有的固定资产价值	同上
	社会资本	农户是否有家人或者亲戚是村干部？	是=1；否=0

续表

变量	变量名称	变量定义	赋值
控制变量	耕地面积	农户的实际耕作面积	0 亩=1；0~10 亩=2；10~30 亩=3；30 亩及以上=4
	信用评级	农户是否获得银行的信用评级？	是=1；否=0

3. 计量结果分析

利用 SPSS 19.0 统计软件进行二元 Logit 模型估计，结果见表 13-7。

表 13-7　土地确权对农村金融发展的 Logit 模型估计结果

解释变量	被解释变量					
	金融广度（模型 1）			交易环境（模型 2）		
	系数估计	标准误	Wald	系数估计	标准误	Wald
常数项	-3.11^{***}	0.38	65.50	-2.73^{***}	0.37	56.00
农地确权	2.16^{***}	0.22	96.90	1.96^{***}	2.11	86.10
宅基地确权	0.78^{***}	0.18	17.90	0.40^{***}	0.19	4.70
林地确权	0.56^{***}	0.14	17.30	0.67^{***}	0.13	25.80
家庭总收入	0.11^{**}	0.04	7.51	0.11^{***}	0.04	6.90
家庭固定资产	0.04	0.03	1.11	0.01	0.03	0.10
社会资本	0.14	0.16	0.69	0.07	0.16	0.20
耕地面积	0.13	0.14	0.82	0.19	0.14	1.80
信用评级	0.34^{**}	0.13	6.95	0.37^{***}	0.12	8.89
结果评价	Hosmer 和 Lemeshow 检验=7.500 −2 对数似然值=1 598.984 Cox 和 Snell R^2=0.214 Nagelkerke R^2=0.300			Hosmer 和 Lemeshow 检验=11.870 −2 对数似然值=1 667.596 Cox 和 Snell R^2=0.182 Nagelkerke R^2=0.256		

解释变量	被解释变量					
	金融深度（模型 3）			金融宽度（模型 4）		
	系数估计	标准误	Wald	系数估计	标准误	Wald
常数项	-3.11^{***}	0.38	65.50	-0.25^{***}	0.40	71.30
农地确权	2.16^{***}	0.22	96.90	2.14^{***}	0.22	95.30
宅基地确权	0.78^{***}	0.18	17.90	0.29^{***}	0.19	13.70
林地确权	0.56^{***}	0.14	17.30	0.84^{***}	0.14	38.10
家庭总收入	0.11^{**}	0.04	7.51	0.10^{**}	0.04	5.10
家庭固定资产	0.04	0.03	1.11	0.07^{**}	0.04	4.20
社会资本	0.14	0.16	0.69	0.22	0.17	0.20
耕地面积	0.13	0.14	0.82	0.23	0.15	2.36
信用评级	0.34^{**}	0.13	6.95	0.41^{***}	0.13	9.68
结果评价	Hosmer 和 Lemeshow 检验=10.385 −2 对数似然值=1 553.017 Cox 和 Snell R^2=0.232 Nagelkerke R^2=0.329			Hosmer 和 Lemeshow 检验=7.197 −2 对数似然值=1 525.937 Cox 和 Snell R^2=0.232 Nagelkerke R^2=0.329		

和*分别表示在 0.05 和 0.01 的统计水平上显著

从估计结果看，四个模型的 Hosmer 和 Lemeshow 检验、−2 对数似然值、Cox 和 Snell R^2、Nagelkerke R^2 的值都通过显著性检验。模型的整体拟合效果良好，回归结果有可信性。

从模型 1 回归结果看，农地、宅基地和林地确权通过 0.01 的显著性检验且系数为正。显然，土地确权增加了农户的融资渠道，使农户减少了对非正规金融的依赖程度，并扩展了农村的金融广度。家庭总收入、信用评级两个变量在 0.05 置信水平下表现出对金融广度有正的影响。家庭固定资产、社会资本、耕地面积没有通过显著性水平的检验。其主要原因可能是三方面的。第一，交易市场不完善和专用性降低了家庭固定资产对农户贷款的影响。第二，土地确权后转换为抵押品，农户可以将其作为抵押品而获得银行的贷款资金，而不再仅仅依赖于信用贷款。在金融市场上，农户减少了对人际信任和社会资本的依赖。第三，影响金融交易环境的主要因素是信用文化、贷款程序等，小规模生产中的耕地面积的影响则相对较弱。

从模型 2 回归结果看，农地、宅基地和林地确权通过了 0.01 的显著性检验且系数为正。家庭总收入、信用评级在 0.01 置信水平下表现出对金融交易环境有正的影响。家庭固定资产、社会资本、耕地面积没有通过显著性水平的检验。

从模型 3 回归结果看，农地、宅基地和林地的确权均在 0.01 的置信水平上表现出对金融深度具有显著影响，且系数为正。这说明，土地确权后农户贷款数量增加了。这从金融深度方面促进了农村金融的发展。家庭总收入、信用评级在 0.01 水平下显著，系数为正。家庭固定资产、社会资本、耕地面积的系数为正，但没有通过显著性水平的检验。

根据模型 4 的回归结果，农地、宅基地和林地确权通过了 0.01 统计水平的显著性检验，其系数为正值。农地确权对于金融宽度具有显著的正向关系。从控制变量的显著性分析来看，家庭总收入、总固定资产在 0.05 的置信水平上表现出对金融宽度具有正向影响，信用评级在 0.01 的置信水平上表现出对金融宽度具有正向影响。

13.3.3　实证分析 3：农地确权与农村金融发展的质变

1. 数据来源

数据来源于“农村土地与相关要素市场培育与改革研究”项目的专项农户问卷（NSFC-71333004-2015）的 2 704 个样本农户。根据研究需要，通过数据筛选得到实证所需的农户样本 514 个。

2. 变量选取与说明

金融发展的深度（或者说金融发展的“质”变）指金融资产的数量增加，此处用贷款数量的增加来衡量。核心自变量是农地确权、价格配给、数量配给、风险配给及交易成本配给。其中，用“农地是否已经确权”作为农地确权的衡量指标。信贷配给包括价格配给、数量配给、风险配给和交易成本配给四种。以农地承包经营权作抵押将有利于降低贷款利率，因此用“农地承包经营权抵押贷款利率是否降低”来衡量价格配给，观察贷款利率是否降低。数量配给以“土地价值，将租金以一年期存款利率贴现来计算”进行衡量。风险配给以农民“是否同意将土地承包经营权抵押”表示。交易成本配给以农民“是否同意‘要获得银行贷款较难’”表示，即以“农户对从银行（信用社等）获得贷款的难易程度”来判断。

此外，将可能影响贷款数量的控制变量加入模型，包括：劳动力人数、家庭收入水平、固定资产价值、是否有存款、结构型社会资本、认知型社会资本、性别、年龄及受教育程度等。社会资本可根据组成部分、概念研究范围及含义等进行划分。我们选用第三种分类方式。相对于认知型社会资本，结构型社会资本是外部的、客观的、可观察的，表现为通过社会网络去获得外部资源。认知型社会资本由共有的价值、准则、信任、态度和信念表达，主观性更强。不难得知，社会资本是一个主观与客观相结合的概念。结构型社会资本和认知型社会资本均涉及问卷的多个题项，故采用因子分析进行简化合并。考虑上述控制变量的原因如下：劳动力人数较多、收入水平较高的家庭，因其收入来源及还款能力较可靠，违约风险较小，有利于家庭获得更多贷款。拥有固定资产或存款的家庭，其生产经营能力越强，拥有更多流动资金，还款能力较为稳定，银行更愿意提供贷款。社会资本的功能与抵押品类似，拥有丰富的社会资本的农户可凭借充足的社会资本获得更多贷款。至于户主家庭特征，性别、年龄及受教育程度在一定程度上会影响银行等金融机构对农户的信用、还款能力的判断。所有变量说明见表 13-8。

表 13-8　变量选取及指标设定

变量	变量名称	说明
因变量	贷款数量	没有=1；5 万元及以下=2；5 万元以上=3
核心自变量	农地确权	是=1；否=0
	价格配给	农地承包经营权抵押贷款利率是否降低：是=1；否=0
	数量配给	土地价值，将租金以一年期存款利率贴现来计算
	风险配给	是否同意将土地承包经营权抵押：不同意=1；一般=2；同意=3
	交易成本配给	是否同意“要获得银行贷款较难”：不同意=1；一般=2；同意=3

续表

变量	变量名称	说明
控制变量	劳动力人数	劳动力总人数
	家庭收入水平	3 万元以下=1；3 万~5 万元=2；5 万元及以上=3
	固定资产价值	采用农器具和设施价值（万元）
	是否有存款	有=1；否=0
	结构型社会资本	亲戚朋友中是否有村干部：有=1；否=0
	结构型社会资本	亲朋好友数量：没有=1；1 人=2；2 人及以上=3
		户籍人口中是否有党员：有=1；否=0
		户籍人口中是否有村民代表：有=1；否=0
		户籍人口中是否有村干部：有=1；否=0
		户籍人口中是否有村以外干部：有=1；否=0
	认知型社会资本	是否参加农民专业技术协会：是=1；否=0
		是否参加农村土地合作社：是=1；否=0
		是否参加农村金融合作社或金融互助组：是=1；否=0
		是否参加农民劳务输出协会：是=1；否=0
		是否参加农民创业协会：是=1；否=0
	性别	男=1；女=0
	年龄	岁
	受教育程度	小学=1；初中=2；高中及以上=3

注：①将影响结构型社会资本的六项因素进行因子分析。KMO 值为 0.704 0，卡方值为 327.06，p 值近似于 0，因子分析结果较好。②将影响认知型社会资本的五项因素进行因子分析。KMO 值为 0.670 4，卡方值为 581.46，p 值近似于 0，因子分析结果较好

3. 有序多分类变量回归

利用 Stata14.0 进行有序多分类变量回归，得到有序 Logit 回归和有序 Probit 回归的估计结果（表 13-9）。

表 13-9　估计结果

变量	有序 Logit 回归			有序 Probit 回归		
	系数	标准误	p 值	系数	标准误	p 值
农地确权	0.527	0.249	0.035**	0.255	0.138	0.064*
价格配给	1.931	0.868	0.026**	1.185	0.556	0.033**
数量配给	0.011	0.122	0.926	0.036	0.069	0.603
风险配给	0.387	0.185	0.036**	0.226	0.103	0.028**
交易成本配给	0.098	0.169	0.562	0.061	0.095	0.522
劳动力人数	−0.079	0.096	0.410	−0.048	0.054	0.376

续表

变量	有序 Logit 回归			有序 Probit 回归		
	系数	标准误	p 值	系数	标准误	p 值
家庭收入水平	0.149	0.139	0.283	0.086	0.078	0.269
固定资产价值	0.200	0.031	0.000***	0.107	0.017	0.000***
是否有存款	−1.288	0.263	0.000***	− 0.729	0.148	0.000***
结构型社会资本	0.357	0.144	0.013**	0.107	0.083	0.031**
认知型社会资本	− 0.151	0.158	0.337	− 0.729	0.094	0.292
性别	− 0.177	0.243	0.466	− 0.088	0.135	0.513
年龄	− 0.021	0.010	0.033**	− 0.01	0.005	0.057*
受教育程度	− 0.254	0.178	0.153	− 0.115	0.098	0.240
卡方检验	98.030 0	—	—	90.660 0	—	—
卡方检验的 p 值	0	—	—	0	—	—
伪 R^2	0.134 3	—	—	0.124 2	—	—
对数似然值	−315.911 4	—	—	−319.592 9	—	—

*、**和***分别表示在 0.1、0.05 和 0.01 的统计水平上显著

从回归结果来看，两个模型的结果略有不同，但基本结论相似。故以有序 Logit 回归结果为例进行说明：第一，农地确权的系数为正，农户若实现农地确权，获得贷款增加的概率的对数会增加 0.527，且在 0.05 的水平上通过显著性检验。这说明农地确权对农村金融深度发展产生积极影响。第二，价格配给系数为正，说明利率下降，农户贷款增加的概率的对数增加 1.931，且在 0.05 的统计水平上显著。这说明缓解价格配给有利于促进农村金融的深度发展。第三，风险配给系数为正，农民将土地承包权或经营权用于抵押的意愿提高，农户获得贷款增加的概率的对数将增加 0.387，且在 0.05 的统计水平上显著。这表明缓解风险配给也有利于促进农村金融的深度发展。此外，数量配给和交易成本配给二者系数为正，尽管缺乏显著性，但依然能够说明缓解数量配给和交易成本配给有可能提高获得更多贷款的概率。

4. 倾向得分匹配法

在回归模型中，农地确权虽然对农村金融深度发展的影响是正向的，并通过显著性检验。但考虑到变量较多，可能导致统计结果估计误差较大。本节采用倾向得分匹配法估计农地确权对金融深度发展的净影响，进一步判断农地确权与农村金融深度发展是否存在必然关系。排除其他因素干扰，使其他变量保持基本相同，得到的估计结果如表 13-10 所示。

表 13-10　倾向得分匹配法估计结果

匹配方法	指标	系数	标准误	t 值	p 值
一对二近邻匹配	ATT	0.135	0.067	2.02	0.056*
	ATU	0.070	0.084	—	0.404
	ATE	0.113	0.063	—	0.072*
卡尺内最近邻匹配	ATT	0.135	0.070	2.02	0.056*
	ATU	0.070	0.086	—	0.419
	ATE	0.113	0.071	—	0.112
马氏匹配	ATT	0.117	0.056	2.10	0.025**
	ATU	0.045	0.061	0.74	0.456
	ATE	0.093	0.054	1.71	0.058*

*和**分别表示估计结果在 0.1 和 0.05 的统计水平上显著

注：ATE（average treatment effect，总体样本的平均处理效应）；ATU（average treatment effect on the untreated，未参与者平均处理效应）

结果表明，农地确权这一政策确实会对农民从银行获得更多贷款产生促进作用。从以上结果来看，ATT 指标系数分别在 0.05 和 0.1 的统计水平上显著，说明对于已经确权农户群体而言，确权对其获得更多数量的贷款确实有积极影响。第一种及第三种方法的 ATE 指标系数在 0.1 的统计水平上显著，表明对总体样本而言，农地确权也能对农民获得更多数量的贷款产生积极影响。综上所述，排除其他因素干扰，农地确权确实能对农村金融深度发展产生积极影响。与有序回归估计结果的系数相比较，估计结果较小，此前的实证结果中可能存在干扰导致估计结果存在偏差，而排除外部干扰之后，可以发现农地确权与农村金融深度发展确实存在必然关系。

5. 稳健性检验

1）拟合优度检验

由表 13-11 可知，有序 Logit 回归模型中的 AIC 和 BIC 值均小于有序 Probit 回归模型。根据 IC 准则，前者的 ACI 和 BIC 值略小于后者，说明前一个模型的拟合优度稍好。故选择将前者作为实证结果的优先选择。

表 13-11　IC 准则检验

模型	AIC	BIC
有序 Logit 回归	663.822 8	731.698 4
有序 Probit 回归	671.185 8	739.061 4

2）方差稳健性检验

考虑到模型中可能存在异方差问题，在进行有序 Logit 回归时为各个变量选择了稳健标准误，调整之后的实证结果如表 13-12 所示。

表 13-12　稳健标准误下的有序 Logit 回归模型

变量	系数	稳健标准误	p 值
农地确权	0.527	0.256	0.039**
价格配给	1.931	0.522	0.000***
数量配给	0.011	0.118	0.924
风险配给	0.387	0.178	0.030**
交易成本配给	0.098	0.166	0.555
劳动力人数	− 0.079	0.093	0.397
家庭收入水平	0.149	0.138	0.281
固定资产价值	0.200	0.033	0.000***
是否有存款	−1.288	0.259	0.000***
结构型社会资本	0.357	0.137	0.009***
认知型社会资本	− 0.151	0.141	0.282
性别	− 0.177	0.248	0.475
年龄	− 0.021	0.010	0.042**
受教育程度	− 0.254	0.192	0.186
卡方检验	94.410 0	—	—
卡方检验的 p 值	0	—	—
伪 R^2	0.134 3	—	—
对数似然值	−315.911 4	—	—

和*分别表示估计结果在 0.05 和 0.01 的统计水平上显著

从调整后的结果可以看到，虽然 p 值较调整之前的结果有所变化，但部分原先统计显著的变量在采用了稳健标准误之后仍具有较好的显著性水平。核心自变量中，农地确权在 0.05 的统计水平上显著，价格配给和风险配给二者仍分别在 0.01 和 0.05 的水平上通过显著性检验。可见，农地确权自身及缓解价格配给、风险配给确实能促进农村金融的深度发展，提高了农户获得更多贷款的可能性。总体而言，通过拟合优度及方差稳健性调整，结果仍然与调整前的较为接近。

13.4　结论与讨论

基于理论与实证研究，可以得出下列结论及其政策启示。

（1）农地流转市场的发育有助于促进农村信贷市场发展并提高农户的信贷可得性。当农民转出土地时，其人生道路、职业选择与生产模式，也发生根本性变化。他们的融资需求与融资行为，相应发生深刻变化。研究表明：一方面，作为土地转出者的农户，他们在金融市场的参与度及其融资需求的满足情况，更多是取决于就业的非农程度和能否顺利进入工商领域；另一方面，在由陌生人所构建的现代金融体系中，那些曾经发挥重要乃至于核心作用的年龄等人格特征、基于人际信任的社会资本等禀赋特征，对农户信贷可获得性的影响，失去了昔日的重要性。不仅如此，农户的土地转出和职业变迁，也影响着他们对融资渠道的选择。土地转出农户更多通过正规金融机构来满足其金融需求。

（2）农地确权有助于转换农村信贷市场的契约治理机制并促进农村金融发展的量变。土地产权的明晰化具备制度构建和信用文化转换的双重功能。农地确权促进了农地流转；在减轻农村金融发展对人际信任和社区资源过度依赖的同时，也促进了农村金融发展转向为基于制度信任和第三方强制的新古典模式，促进农村金融的现代化发展。研究表明：土地确权不但有利于降低农村金融对人际信用的过分依赖，而且可增加农户的金融参与机会、优化农户的交易环境、增加农户的贷款数量和提高农村的金融覆盖率，既可以从广度、交易环境、宽度三个维度促进农村金融发展的量变，也可以从深度方面促进农村金融发展的质变。

（3）农地确权也可以从多方面促进农村金融发展的质变。农地确权将农户对于土地的权利属性从习惯法上升到成文法。它在强化农户财产权利的同时，也必然对农村金融产生深刻的影响。这种影响已经在信贷市场初现端倪。它可以帮助农户跨越财富等门槛而进入金融市场、缓解金融排斥、促进金融普惠和广度意义的农村金融发展问题。除了这种“量变”效应之外，它还有着更为深刻的“质变”效应。研究表明：尽管实施时间不长，但农地确权已经对农村金融的深度发展，即缓解信贷配给和增加农户的贷款数量方面，发挥了显著性影响。具体来说，农地确权对农村金融深度发展的主要作用机制在于释缓价格配给与风险配给，即确权在对农户私人信息的间接揭示而降低贷款利率和减少农户对失去土地的担忧两方面有着显著作用，并因此而帮助农户获得更多的银行贷款。此外，农地确权对于缓解数量配给，即通过增加土地价值而增加贷款数量的影响力度较小。出现这种情况属意料之中：农地确权对贷款的直接影响在于使农户通过承包权、经营权获得抵押贷款。然而，由于相关法律操作规范的缺乏和农地产权交易市场的不健全、不完善，这种贷款至少在短期内是难以显著增加的。基于类似原因，交易成本配给问题也没有得到很好的释缓。

（4）当前，农地确权对农户贷款数量的主要影响并非是将经营权作为抵押品而获得银行贷款。或者说，农地确权对农户金融深度参与的积极影响主要体现在对农户私人信息的揭示、农户损失规避心理的弱化等间接机制，农地确权在缓解交易成本配给和数量配给方面的效果非常有限。为更好激活农地确权的金融效应，特别是促进农村金融的深度发展，大幅度缓解农户的金融排斥问题，需要在完善农地三权分置基础上，加强农地承包权、经营权抵押贷款的法律规范和操作程序；积极扶持各种农地流转平台、培育农地流转市场，从而使农地承包经营权抵押贷款成为可能；同时继续推进农业产业化和培育新型农业经营主体，将小规模分散农户通过利益联结而纳入现代化的生产体系，以减少因农地承包经营权抵押贷款所带来的交易成本；商业银行等正规金融机构，也需要借助于供给侧的结构转换，通过产品设计、利率结构、流程再造等方面的供给创新，提供与该特殊群体需求相匹配的金融服务；为最大限度地发挥农地确权在提高农户金融参与的深度方面的积极作用，政府应鼓励农户进行长期的人力、物质资本特别是附着于农地之上物质资本的投资。

第14章　地权稳定性、劳动力转移与农户投资激励

14.1　研究背景

稳定而明晰的产权被认为是经济发展的重要基石（Acemoglu et al.，2001；Robinson，2014；Banerjee et al.，2002），原因在于它能够稳定经济主体的预期，并激励长期投资（Furubotn and Pejovich，1972），进而提高整个社会的经济绩效（North and Thomas，1976；Sokoloff and Engerman，2000；de Soto，2000）。在农业生产领域，农地产权通过两方面作用于农业长期投资。一是改善土地的生产性功能并产生直接增收效应。稳定的产权有助于改善农户的行为激励以及对未来产出的预期。相反，不稳定的农地产权则可能会导致农户生产经营被迫中断，前期投资无法收回，这相当于对农户的未来农业产出征收随机税，会抑制农户长期投资的积极性（Besley，1995；姚洋，2004）。二是通过改善土地的交易性功能而产生财产性交易收益效应（姚洋，1999；贺振华，2006b）。安全的农地产权更有利于农地流转市场的发育（程令国等，2016），农户不必担心其现期投资在未来流转中贬值，从而增加农户对其现期投资在未来市场价值实现的信心，并由此增加对农地的长期投资。

关于中国农地产权的稳定性问题，两个方面的事实备受关注。一是来自村庄集体经常发生的农地调整。尽管中央政府反复强调稳定农村土地的承包关系，赋予农民长久而有保障的土地承包经营权。然而，在中国农村，一套关于农地产权的政策法规，往往具体表达为实际运行的乡规民约，两者共同影响着农地调整。在土地集体所有的制度框架内，农户成员权的天赋性与公平性，决定了赋权均分的必然性。由此，正式制度实施的地方化与乡土化，使得农地调整成为发生于农村地区的普遍现象。二是来自中央政府大力推进的农地确权。2009年农业部开始推进农地确权的试点工作，2013年中央一号文件再次明确提出“用5年时间基本

完成农村土地承包经营权确权登记颁证工作”。推进新一轮农地确权工作的基础动因在于我国集体农地产权界定的模糊性，其目的是在既往土地赋权改革成果的基础上，从技术上把每一宗土地的权利义务明晰地界定给每个权利主体，并由此明晰农地产权权利，强化农户农地产权的权利强度及其法律保证。问题是，农地调整和农地确权对农户的农业投资带来了怎样的激励效果，已有研究并未得出一致性结论。本章试图从这两个方面做进一步的深化。

14.1.1　农地调整与农户投资激励：已有研究的偏差

发展中国家普遍存在的产权模糊问题（Janvry et al.，2015）被认为是这些国家投资不足的主要原因（姚洋，2004；Ghatak and Roy，2007）。改革开放以来，我国农户的农地产权有不断强化的趋势（陈锡文等，2009；罗必良，2017b；Luo，2018）。在经营权方面，自 1985 年中央“一号文件”规定“任何单位都不得再向农民下达指令性生产计划”后，农户拥有了较为充足的自主经营决策权。在农地流转权方面，也由原先只能在小组内部流转逐步放开，到现阶段多个一号文件鼓励农地流转，农户能充分自主进行农地经营权的流转。在地权稳定方面，国家政策法规层面做出了持续的努力，如 1993 年 11 月中共中央和国务院发布《中共中央、国务院关于当前农业和农村经济发展的若干政策措施》，要求在第一轮承包到期后，将承包期再延长 30 年，并要求在承包期内实行“增人不增地，减人不减地”；2003 年施行的《中华人民共和国农村承包土地法》更是规定“承包期内，发包方不得调整承包地”。

然而，写在纸上的制度与实施运行的制度并不完全一致（罗必良，2005b）。实践层面，农地调整时有发生，据叶剑平等（2010）2008 年对 17 个省（自治区、直辖市）耕地情况的调研发现，34.6%的农村在“30 年不变”之后进行过农地调整。李尚蒲和罗必良（2015b）根据 2011~2012 年对 26 省（自治区、直辖市）的调查数据表明，土地调整的发生率仍高达 45.39%。中山大学 CLDS2014 年的调研数据表明，2003 年之后有 33%的农户经历过农地调整。Yao 和 Carter（1999）认为，农地调整是村庄为了追求公平而形成的一种制度实践。Brandt 等（2004）认为，农地调整是在缺乏农地流转市场的背景下，农民集体借此提高资源利用效率的一个重要手段。李尚蒲和罗必良（2015b）认为，农地调整来源于长期制度实践下农地保障功能的“均分基因”，他们认为农地调整是村庄自发的产权界定方式，符合传统的土地治理规范和集体行动逻辑，通过农地调整来表达集体成员权是产权稳定性增强的重要表现。更多文献认为农地调整是我国农地产权不稳定的一个重要表征（Kung and Liu，1996；张红宇，2002；叶剑平等，2010）。

有鉴于此，已有文献关注于农地产权调整对改善农业专用性投资的影响。其主要观点认为承包期的延长或者土地调整发生率的降低有利于激励农户向农地投入更多的绿肥（姚洋，1998）或有机肥（Li et al.，1998；Jacoby et al.，2002；马贤磊，2009；何凌云和黄季焜，2001；黄季焜和冀县卿，2012）。但是，许庆和章元（2005）发现，无论是“增人增地”还是“减人减地”对农户农家肥的使用量都没有显著影响。此外，部分研究证明，农地产权及其稳定与否，无论是农户在小规模经营情景下的投资（钟甫宁和纪月清，2009），还是在地块不相连分散经营情景下的投资（Feder et al.，1992；许庆和章元，2005），其影响程度也是有限的。不过要强调的是，部分有机肥（尤其是速效有机肥与复合肥）的施用并不一定表达农户的长期投资行为，绿肥种植与否，也并不完全是产权独立决定的结果。

事实上，在农业领域，表达农户投资经营行为的长期性，不但表现在要素投入方面，而且体现在对不同周期性作物品种的选择。其中，长周期作物的种植不仅是一种生产行为，也是一种投资行为。相对于绿肥和有机肥等要素投入，跨期经济作物初始投入大，回收周期更长。不仅如此，农户对跨期经济作物的选择不仅能够反映农户对产权的稳定预期，同时也是农业生产要素长期配置的一种结果。已有文献注意到农业劳动力非农转移对农户种植结构选择所带来的影响。特别是农业劳动力的刚性约束（Brauw and Rozelle，2008），将导致减少劳动密集型作物的种植，降低对长周期经济作物的选择并由此抑制农户的长期投资，从而诱发种植结构的短周期化（钱文荣和郑黎义，2010；林坚和李德洗，2013；钟甫宁等，2016；罗必良和仇童伟，2018）。

上述文献已经关注于地权稳定与否对农户要素投入的影响，但却没有重视农业要素配置的相互性；即使讨论了农户在劳动力约束下种植行为的选择机理，但却没有顾及农地产权产生作用的依存性条件。

农村劳动力非农就业空间的不断扩展与外出务工工资的不断上涨（林炜，2013；诸竹君等，2017），意味着农户务农的机会成本将不断提升。在这一背景下，农户的理性选择是更多地选择对劳动力需求更低的种植结构，降低务农的劳动力成本，提高家庭总体收入。农户对跨期经济作物种植的选择，不仅取决于投资预期回报的高低，也是基于劳动力务农和非农之间收益比较的结果。考虑到跨期经济作物往往具有劳动密集的特点，使得农户种植跨期作物的种植可能会面临劳动力的非农转移而受到抑制。由此提出的悖论：地权稳定性的提高能够降低未来损失风险，有利于激励农户进行长期作物的种植；而非农转移强化劳动力的刚性约束，则会降低农户种植跨期经济作物的可能性。因此，可以认为，在农业劳动力非农转移背景下，农地产权或许不再是决定农户是否进行长期农业投资的唯一因素，而劳动力的有效配置将成为农户不得不考虑的一个重要因素。本章的目的之一就在于对这一判断进行理论梳理与实证检验。

14.1.2　农地确权与农户投资行为：已有研究的分歧

农地确权颁证的政策效果评估，一直以来是学术界重视的研究领域，尤其是农地确权颁证对农户农业投资行为的影响分析。大多数研究者认为，农地确权颁证对农户农业投资行为具有正向作用。具体表现为以下三个方面：一是增强排他能力而降低地权保护成本，并且提高地权稳定性预期（Galiani and Schargrodsky，2011）；二是强化了地权交易的自由化，增大了农户在未来市场交易中收回投资收益的信心（陈江龙等，2003）；三是提升农地抵押价值而增加农户的信贷可得性，从而提升其农业投资能力（Newman et al.，2015）。在实证研究中，对赞比亚、越南、埃塞俄比亚、印度尼西亚的调查表明，持有农地确权证书的农户，更倾向于进行农业投资（Alston et al.，1996；Smith，2004；Holden et al.，2009；Saint-Macary et al.，2010；Grimm and Klasen，2015）。在国内，叶剑平等（2010）、黄季焜和冀县卿（2012）也发现，通过发放农村土地承包合同和土地承包经营权证书的确权方式，能够显著提高地权稳定性，进而激发农户长期投资意愿和施用有机肥料。

有的研究者则得出了相反的结论，并认为农地确权颁证对农户农业投资行为不具有显著影响，甚至会产生负面效应。具体表现为如下三个方面：首先，原有地权较为稳定（Jacoby and Minten，2007）、个别农户对政府部门不信任（Hombrados et al.，2015）、习惯地权的法律认可受到当地居民的抵制等原因（Green，1987），导致了确权颁证政策非但无法提高地权安全性，反而容易引发新的不确定性和冲突。其次，强化占有权而固化农地零碎格局、农地转让权限制等原因，提高了农地市场的交易费用（贺雪峰，2015）。最后，地块面积小而缺乏抵押价值、丧失抵押品赎回权难以执行等原因，使得金融机构不愿意提供信贷服务（Deininger and Chamorro，2004；Hombrados et al.，2015）。在实证研究中，对马达加斯加岛、乌干达、肯尼亚、津巴布韦的研究发现，农地确权颁证非但对特定地块的投资不具有显著影响（Barrows and Roth，1990；Jacoby and Minten，2007；Deininger and Ali，2008），反而会产生负向的消极作用（Gerezihar and Tilahun，2014）。

综上可知，已有关于确权影响投资的研究结论不一，有必要作进一步探讨。已有文献主要存在三个方面的不足：首先，农地确权颁证影响农业投资行为的理论观点，局限于定性判断而缺少形式化的逻辑证明。其次，鲜有文献实证研究农地确权颁证对中国农户农业投资行为，特别是来自全国范围内的调查证据。再次，农业投资涉及人力、物力和财力三个方面，已有研究侧重于从实物投资的单一角度对其进行测度，而较少涉及农地经营规模扩大、农业劳动力数量与时间投入三个维度。最后，已有文献往往未能有效地解决内生性问题，从而导致其估计结果存在潜在的偏误。

因此，关于农地确权的投资激励效果，本章着重于三个方面的分析：一是构建农地确权颁证影响农户农业投资行为的数理模型，并采用 CLDS2014 年大样本数据对其进行实证分析。二是从人力、物力、财力三个维度综合性地将农户农地投资分为农地经营规模扩大、农业劳动力数量、农业生产时间以及农业经营投入四种类型。三是采用倾向得分匹配法和工具变量法解决潜在的内生性问题，从而尽可能地修正实证分析中的估计偏误。

14.2 理论线索

必须强调，尽管农地调整往往被视为是对地权稳定性的破坏，农地确权则被视为地权稳定性的改善，但两者的激励效果并不能因此表达为正反不同的关系。因为农地调整往往带有村庄社区博弈的性质，而农地确权则属于自上而下的正式制度安排，其各自对农户的农业投资激励效果具有明显不同的情境依赖性与生成机理。因此，本节依然从两个不同的层面进行机理分析。

14.2.1 农地调整的激励机理：引入农业劳动力非农转移

首先构建一个代表性的农户分析模型。由于每个农户的禀赋相同，所以不存在农户之间相互帮工的情况，也不存在农地流转市场，并进一步将农地面积标准化为1。种植跨期经济作物是劳动力密集型的种植行为，也是长期投资行为，因此，对于跨期经济作物，资本和劳动之间具有典型的互补特征，故假设农业生产函数为

$$Y = \min\{I, aL\} \tag{14-1}$$

其中，Y 为农业产出；I 为农业投资，设农业投资的消耗速度是时间的线性函数，简单起见，假设单位时间的消耗速率为 1；L 为劳动力投入；a 为劳动力的边际产出。农地调整的周期为 t，农户根据农地调整的周期进行投资，投资是调整周期的函数：

$$I = I(t) \tag{14-2}$$

农户投资的回报周期和农地的调整周期相等。农地调整之后，农户在农地尚未消耗的投资无法回收。农户的目标函数为

$$U = p\frac{Yt}{I} - cI + w\left(\overline{L} - L_f\right) \tag{14-3}$$

其中，U 为农户家庭总收入；$\overline{L}$ 为家庭总劳动力；L_f 为务农劳动力；p 为农产品价格；c 为投资的单位成本；w 为非农报酬；Y 为农户全部投资 I 消耗完的农业收入。由于资本消耗速率是时间线性函数，且消耗速率为 1，所以当农地发生调整时，农地投资的消耗量为 t，所以农地调整时的产出为 $\frac{Yt}{I}$。由式（14-3）可知，农户收入由农业的总收入 $\left(p\frac{Yt}{I}\right)$，打工收入 $\left[w\left(\overline{L}-L_f\right)\right]$ 和投资成本 $(-cI)$ 三部分构成。如果农地发生调整，农业的总收入会降低，而投资一旦发生，投资的成本就不变，为 cI。

由式（14-1）可知农户在最优决策点上，农业产出、投资和劳动力之间存在如下关系：

$$Y = I = aL \tag{14-4}$$

结合式（14-2）和式（14-4），式（14-3）可转化为

$$U = pt - cI\left(t\right) + w\left(\overline{L} - L\right) \tag{14-5}$$

由此出现：

情形一：在不存在非农就业市场的情形下，即 $w=0$，那么式（14-5）可转变为

$$U_{\text{close}} = pt - cI_{\text{close}}\left(t\right) \tag{14-6}$$

农户选择农地投资的量以最大化家庭总收益，那么，利用 U_{close} 对 I_{close} 求导有

$$\frac{\partial U_{\text{close}}}{\partial I_{\text{close}}} = p\frac{\mathrm{d}t}{\mathrm{d}I_{\text{close}}} - c \tag{14-7}$$

令 $\frac{\partial U_{\text{close}}}{\partial I_{\text{close}}} = 0$，结合反函数的求导法则可得

$$\frac{\mathrm{d}I_{\text{close}}}{\mathrm{d}t} = \frac{1}{\frac{\mathrm{d}I_{\text{close}}}{\mathrm{d}t}} = \frac{p}{c} > 0 \tag{14-8}$$

由式（14-8）可知，随着调整周期的延长，农户会增加对农地的长期投资，意味着农地产权对农户长期投资是重要的，农地产权会激励农户进行长期投资。

情形二：存在非农就业市场的情形下，由于存在非农劳动力市场，农户将部分劳动力进行非农就业可以获得一定的工资收入，此时 $w \neq 0$，结合式（14-4）和式（14-5）可得

$$U_{\text{open}} = pt - cI_{\text{open}}\left(t\right) + w\left(\overline{L} - \frac{I_{\text{open}}\left(t\right)}{a}\right) \tag{14-9}$$

同理，利用U_{open}对I_{open}求导，令导数为0，可以得到农户最优投资条件下有

$$\frac{\partial U_{\text{open}}}{\partial I_{\text{open}}}=p-c\frac{\mathrm{d}I_{\text{open}}}{\mathrm{d}t}-\frac{w}{a}\frac{\mathrm{d}I_{\text{open}}}{\mathrm{d}t}=0 \tag{14-10}$$

整理可得，存在非农市场的情况下：

$$\frac{\mathrm{d}I_{\text{open}}}{\mathrm{d}t}=\frac{p}{c+\dfrac{w}{a}}<\frac{p}{c}=\frac{\mathrm{d}I_{\text{close}}}{\mathrm{d}t} \tag{14-11}$$

由式（14-11）可知，在存在非农就业市场的情况下，农地调整周期的延长对农地投资的激励效应要小于不存在非农就业市场的情况。由此说明，在非农就业情形下，农地产权的稳定性对农户长期投资的激励效应被削弱了。

14.2.2 农地确权的影响机理：中间传导机制

1. 内在机理

农地确权颁证通过提高地权安全性、地权可交易性以及信贷可得性三种中间传导机制，对农户农业投资行为产生促进作用。首先，农地确权颁证强化了地权安全性，进而产生农户农业投资激励。具体表现为以下两点：一是增强排他能力而降低地权保护成本。通过法律赋权的农地确权颁证政策，不但强化了农户的排他功能进而降低其地权保护性投资，而且有助于解决潜在的农地纠纷，从而产生了农业生产经营的投资激励（陈江龙等，2003；Galiani and Schargrodsky，2011；米运生等，2015）。二是提高地权稳定性预期。农地确权颁证意味着农地产权的固化和不可调整，从而有利于农户对其未来收回农地投资收益形成稳定性预期（黄季焜和冀县卿，2012）。

其次，农地确权颁证增强了地权交易的自由程度，从而提高了农户收回农地投资收益的可能性。具体表现为以下两点：一是强化地权可交易性而扩大农地经营规模，进而促使农户通过增加农业投资的方式，实现其农业资源的有效配置（陈江龙等，2003）。二是提高了农地的未来可交易性，从而增强了农户对当前农地投资在未来农地交易中获得投资增值的信心。

最后，农地确权颁证提升了农地经营权的抵押价值，进而提高了农户获得正规信贷的可能性，并强化其农业投资能力。为了降低信息不对称性所产生的信贷风险，金融机构往往追求安全性较高的抵押贷款方式。农地确权颁证赋予农地经营权抵押、担保权能，有助于农户通过农地经营权抵押方式提高信贷可得性和减少信贷配给问题，从而提高其投资能力和增加投资行为（Feder，1987；Newman et al.，2015）。

2. 数理模型

为了进一步厘清农地确权颁证政策影响农户农业投资行为的作用机理，并为计量分析的变量选择提供理论依据，我们借鉴了 Chankrajang（2015）的理论分析框架。具体而言，假定所有农民都具有同质性，并且某地区农业总生产函数为$Y_{at}=\theta A_a L_a K_{at}^{\alpha} N_a^{1-\alpha}$。其中，$L_a$表示固定的土地面积，将其标准化为 1；$K_{at}\left(K_{at}>0\right)$表示农业投资总量；$A_a$表示农业生产的技术水平；$N_a$表示农业劳动力数量；$\alpha\in[0,1]$表示生产要素投入的产出弹性；$\theta\in[0,1]$表示该地区进行农地确权颁证的概率。显然，农地确权颁证不但影响农户当期的投资决策，而且对农户长期的农业投资行为具有持久影响。在长期，农业投资函数为$K_{at+1}-K_{at}\equiv\dot{K}_{at}$，并且农业投资的长期累积水平为$K_{at+1}=qY_{at}+(1-\delta)K_{at}$。其中，$qY_{at}$表示农业投资总量；$q$ 表示当期农业产出用于下一期农业生产投资的比例；δK_{at}表示当期农业投资在农业生产过程中所遭受的资本折旧。

假定每个农户的平均农业产出数量$y_{at}^{i}=Y_{at}/N_a$，并且每个农户的平均农业投资为$k_{at}=K_{at}/N_a$。由于固定不变的农地已经标准化为 1，因此，每个农户 i 平均生产农业产出为$y_{at}^{i}=Y_{at}/N_a=\theta A_a K_{at}^{\alpha}N_a^{1-\alpha}/N_a=\theta A_a\left(K_{at}/N_a\right)^{\alpha}=\theta A_a k_{at}$。

考虑到投资总量的长期均衡应当满足$K_{at+1}-K_{at}\equiv\dot{K}_{at}=0$，又因为$K_{at+1}=qY_{at}+(1-\delta)K_{at}$，因此$K_{at+1}-K_{at}=qY_{at}-\delta K_{at}=q\theta A_a L_a K_{at}^{\alpha}N_a^{1-\alpha}-\delta K_{at}=0$。对$K_{at}$求一阶导数，并令其为零。因此，该地区的最优农业投资总量为$K_{at}^{*}=\left(\dfrac{\alpha q\theta A_a}{\delta}\right)^{\frac{1}{1-\alpha}}N_a$。相应地，由$qY_{at}+(1-\delta)K_{at}=0$可以得到，最优农业产出为$Y_{at}^{*}=\left(\dfrac{q}{\delta}\right)^{\frac{\alpha}{1-\alpha}}\left(\theta A_a\right)^{\frac{1}{1-\alpha}}N_a$。根据$k_{at}=K_{at}/N_a$可以得到，平均每个农户的最优农业投资为$k_{at}^{*}=\left(\dfrac{\alpha q\theta A_a}{\delta}\right)^{\frac{1}{1-\alpha}}$。

将K_{at}^{*}和k_{at}^{*}分别对θ求一阶导数，并令其为零。可得

$$\frac{\partial K_{at}^{*}}{\partial\theta}=\frac{\alpha qA_a}{(1-\alpha)\delta}\left(\frac{\alpha q\theta A_a}{\delta}\right)^{\frac{1}{1-\alpha}-1}N_a=\frac{\alpha qA_a}{(1-\alpha)\delta}\left(\frac{\alpha q\theta A_a}{\delta}\right)^{\frac{\alpha}{1-\alpha}}N_a>0$$

$$\frac{\partial k_{at}^{*}}{\partial\theta}=\frac{\alpha qA_a}{(1-\alpha)\delta}\left(\frac{\alpha q\theta A_a}{\delta}\right)^{\frac{1}{1-\alpha}-1}=\frac{\alpha qA_a}{(1-\alpha)\delta}\left(\frac{\alpha q\theta A_a}{\delta}\right)^{\frac{\alpha}{1-\alpha}}>0$$

由此可见，农地确权颁证对农户农业投资行为具有正向的影响作用。

14.3 实 证 分 析

14.3.1 实证分析 1：农地调整与农户跨期作物种植

1. 数据、变量与模型

1）数据来源

数据来自中山大学社会科学调查中心 2014 年完成的 CLDS。CLDS 采用多阶段、多层次、与劳动力规模成比例的概率抽样方法，通过对中国城市和农村的村居进行入户调查，建立以劳动力为调查对象的综合性数据库。该项目同时对劳动力所在社区的政治、经济、社会发展，对劳动力所在家庭的人口结构、家庭财产与收入、家庭消费、家庭捐赠、农村家庭生产和土地等众多议题开展了调查，包含了劳动力个体、家庭和社区三个层次的追踪和横截面数据，该数据覆盖 27 个省（自治区、直辖市），401 个村居，14 214 户家庭，其中城市家庭为 6 183 户，农村家庭为 8 031 户。本节仅使用农村样本，同时由于部分重要变量存在缺失值，经过数据清理后，最终使用的农户样本量为 7 217，样本分布如表 14-1 所示。

表 14-1　样本分布情况

省（自治区、直辖市）	样本数	占比	省（自治区、直辖市）	样本数	占比
北京	34	0.47%	河南	462	6.40%
天津	33	0.46%	湖北	239	3.31%
河北	248	3.44%	湖南	341	4.72%
山西	138	1.91%	广东	986	13.66%
内蒙古	67	0.93%	广西	367	5.09%
辽宁	215	2.98%	重庆	71	0.98%
吉林	84	1.16%	四川	371	5.14%
黑龙江	132	1.83%	贵州	169	2.34%
江苏	426	5.90%	云南	176	2.44%
浙江	377	5.22%	陕西	282	3.91%
安徽	428	5.93%	甘肃	456	6.32%
福建	341	4.72%	宁夏	70	0.97%
江西	158	2.19%	新疆	83	1.15%
山东	463	6.42%			

2）变量与描述

因变量：本节以农户果园种植面积为主要因变量。考虑到各个省（自治区、直辖市）农户拥有农地大小差异较大，在模型中控制省（自治区、直辖市）虚拟变量的基础上，本节使用的另一个因变量为农户家庭果园种植面积占家庭经营总面积的比值。

核心自变量：一是地权稳定性，以 2003 年以来农地是否发生调整进行衡量，若农地没有调整过赋值为 1，否则赋值为 0；二是非农就业机会。由于本节考察的是存在非农就业机会背景下农地产权对长期投资的影响，以农户所在村庄是否有第二、第三产业进行衡量。如果农户所在村庄有非农就业机会则赋值为 1，否则赋值为 0，使用是否存在有非农就业机会进行衡量的另一个原因是该变量是村庄层面的变量，能够降低内生性问题对回归系数的影响。

其他控制变量：①家庭基本情况。包括人员构成，以及农地总面积。②村庄情况。包括本村是否有机耕服务，是否实行统一灌溉以及水果种植面积占比。此外，考虑到我国各省（自治区、直辖市）情况区别比较大，在模型中控制省（自治区、直辖市）虚拟变量。各个变量的基本情况见表 14-2。

表 14-2 变量赋值及基本情况

变量	赋值	均值	标准误	最小值	最大值
果园种植面积	亩	0.273	2.233	0	70
地权稳定性	农地不调整=1；否则=0	0.671	0.470	0	1
非农就业机会	有第二、第三产业=1；否则=0	0.354	0.478	0	1
学生人数	人	0.184	0.543	0	7
老年劳动力	人	1.951	1.822	0	17
妇女劳动力	人	2.261	1.319	0	16
家庭劳动力	人	3.367	2.190	0	17
农地总面积	亩	7.289	19.049	0	806.2
机耕服务	有=1；否则=0	0.361	0.480	0	1
统一灌溉	有=1；否则=0	0.448	0.497	0	1
村庄水果种植面积占比	水果种植面积/村庄总农地面积	0.051%	0.162%	0	1%

3）模型选择

本节使用的基本模型如下：

$$\text{investment}_i = \alpha_0 + \alpha_1\text{secure}_i + \alpha_3\text{industry}_i + D\sum\text{control}_i + \varepsilon_i \qquad (14\text{-}12)$$

$$\begin{aligned}\text{investment}_i = &\ b_0 + b_1\text{secure}_i + \delta\text{secure}_i \times \text{industry}_i + b_3\text{industry}_i \\ &+ D\sum\text{control}_i + \varsigma_i\end{aligned} \qquad (14\text{-}13)$$

其中，i 表示第 i 个农户；investment 表示果园种植面积；secure 表示地权安全性；industry 表示村庄是否有第二、第三产业；control 表示其他控制变量。式（14-12）用于分析总体上，地权稳定性和非农就业机会如何影响农户水果种植面积。式（14-13）重点关注交互项的系数，用于观察存在非农就业机会的情况下，农地产权对农户种植水果的影响会如何发生变化。

2. 实证结果分析

1）地权稳定性、非农就业机会和农业长期投资

计量结果见表 14-3。其中，模型 1 分析地权稳定性、非农就业机会对农户果园种植面积的影响。考虑各个区域情况差异较大，模型 2 在模型 1 的基础上控制区域虚拟变量。可以发现，两个模型各个变量回归系数的方向和显著性基本一致，计量结果稳健。从模型 1 和模型 2 知，相对 2003 年以来经历过农地调整的农户，没有经历农地调整的农户种植果园面积多 4.31%~6.34%。这说明，地权稳定性的提高能够诱导农户在农地上进行长期投资，种植跨期经济作物。相反，如果农地进行了调整，农户会减少对农地的长期投资。尽管本章使用果园种植面积这种跨期作物衡量农地的长期投资，不过这个研究结论和以往对有机肥和绿肥的研究结论基本上是一致的（Li et al.，1998；马贤磊，2009；黄季焜和冀县卿，2012），即地权稳定性的提高能够激励农地长期投资。

表 14-3　地权稳定性对果园种植面积的影响

变量	果园种植面积（+1 取对数）			
	模型 1	模型 2	模型 3	模型 4
地权稳定性	0.043 1*** （0.007 4）	0.063 4*** （0.009 2）	0.078 8*** （0.009 9）	0.091 3*** （0.012 3）
地权稳定性×非农就业机会	—	—	− 0.087 8*** （0.014 9）	− 0.068 8*** （0.016 6）
非农就业机会	− 0.006 3 （0.008 1）	− 0.003 1 （0.011 2）	0.049 2*** （0.010 9）	0.040 3*** （0.014 2）
统一灌溉	− 0.014 9* （0.008 0）	− 0.033 2*** （0.010 3）	− 0.014 7* （0.008 0）	− 0.032 9*** （0.010 2）
学生人数	− 0.004 9 （0.007 8）	− 0.007 0 （0.007 8）	− 0.004 4 （0.007 8）	− 0.006 5 （0.007 7）
老年劳动力	0.001 9 （0.003 2）	0.003 2 （0.003 1）	0.001 8 （0.003 2）	0.003 2 （0.003 1）
妇女劳动力	− 0.001 6 （0.004 6）	− 0.004 3 （0.004 5）	− 0.002 0 （0.004 6）	− 0.004 5 （0.004 5）
家庭劳动力	0.005 0* （0.002 7）	0.006 2** （0.002 6）	0.005 2* （0.002 7）	0.006 3** （0.002 6）
农地总面积	0.002 5*** （0.000 9）	0.002 8*** （0.001 0）	0.002 5*** （0.000 9）	0.002 8*** （0.001 0）
机耕服务	− 0.017 8** （0.008 8）	− 0.009 3 （0.009 3）	− 0.018 0** （0.008 8）	− 0.008 9 （0.009 4）
村庄水果种植面积占比	0.273 0*** （0.045 8）	0.237 0*** （0.048 2）	0.277 0*** （0.045 7）	0.242 0*** （0.048 1）
常数项	0.011 3 （0.011 1）	− 0.011 5 （0.012 1）	− 0.015 1 （0.011 7）	− 0.054 9*** （0.015 2）

续表

变量	果园种植面积（+1 取对数）			
	模型 1	模型 2	模型 3	模型 4
区域虚拟变量	不控制	控制	不控制	控制
观测值	7 217	7 217	7 217	7 217
R^2	0.037	0.096	0.040	0.098

*、**和***分别表示 0.1、0.05 和 0.01 的显著水平

注：括号中的数字为稳健标准误

非农就业机会对农户果园种植面积的影响不显著。如果村庄存在第二、第三产业等非农就业机会，并不会显著影响到农户对农地的长期投资。村庄存在非农产业可以为农户提供离家比较近的就业机会，非农收入的增加可能会缓解农户农地投资的资金约束，但是非农就业转移同时强化农户的劳动力约束，降低种植对劳动力需求较大的跨期经济作物的可能性。在上述两种相反方向作用效果的共同影响下，非农就业机会的对农地长期投资没有显著影响。

其他变量中，统一灌溉的系数为负，说明如果村庄的水利条件比较好，可能会导致农户种植对水源需求的其他作物（如水稻），而降低果树的种植面积。家庭劳动力越多，农户种植果园的面积越大，这意味着类似果树这类长期投资对劳动力的需求较大，非农就业背景下，随着劳动力的非农就业，这类长期投资可能由于劳动力的刚性约束而受到抑制。农地总面积越大种植果树的面积越大，农地面积增加 1 亩，农户种植果树面积会增加 0.25%~0.28%，果树这类投资对农地规模同样存在要求。此外，村庄种植果园的面积占比越多，农户种植果树的面积也会增加。

模型 3 和模型 4 重点分析存在非农就业的情况下，农地安全性的提高对农户果园种植面积的影响。模型 4 在模型 3 的基础上控制了区域虚拟变量。两个模型变量方向和显著性水平基本一致，结果稳健。从计量结果看，村庄在没有第二、第三产业的情况下，地权稳定性显著提高果园种植面积 9.13%，比模型 2 所报告的均值高约 1/2。地权稳定性×非农就业机会的系数为−0.068 8，系数为负，在 0.01 的水平上显著，说明如果存在非农就业机会，地权稳定性仅会促进农户果园种植面积增加 2.25%（9.13%−6.88%）。地权稳定性对农户长期投资的激励效果大大降低，这和数理模型推导的结果是一致的。这意味着，由于类似果树种植这类长期投资对劳动力存在一定的需求，在存在非农就业机会的情况下，劳动力务农的机会成本上升。这种情况下，地权稳定尽管可以提高农户长期投资的预期回报，但是由于长期投资的成本还需要包括与之相匹配劳动力的成本，这导致长期投资的成本也上升了。所以在其他条件不变，存在非农就业机会的情况下，地权稳定性对农户长期投资的重要性可能下降。特别地，随着城镇化的不

断推进，劳动力不断非农转移的情况下，仅通过提高地权稳定性来诱导农户进行长期投资的效果可能有限。

2）内生性讨论

地权稳定性和非农就业机会都是村庄层面的变量，对于农户果园的种植是外生的。但是存在一种可能情况是，农户通过种植果树来对抗村庄的农地调整。Brasselle 等（2002）等发现在非洲存在农户通过种树强化其农地产权的现象。种植果树等跨期经济作物会抑制农地调整，同时农地调整会反过来抑制农户种植跨期作物。换而言之，农地调整和跨期作物种植之间存在双向因果的内生性问题。如果这种可能性存在，则本章的估计结果可能是有偏差的。本节试图使用工具变量法对该问题进行分析。

合意的工具变量需要满足相关性和排他性原则（伍德里奇，2016）。可选取同一个县其他村是否进行农地调整作为工具变量。实际上，2003 年后各个地方应该执行 30 年不变的农地政策，但是在实践上很多地方依然会进行调整，例如样本中超过 33%的农户在 2003 年之后经历过农地调整，这可能是地方相关部门政策执行力度不足所导致的。逻辑上，同一个县各个村 30 年不变的政策由同一个部门执行，同县各个村 30 年不变是否执行和落实情况是高度相关的，也就是说各个村之间地权稳定性是相关的。同时，同一个县其他村农地调整情况并不直接影响本村某一个农户的种植行为，也就是相对于农户的种植行为，该变量是外生的，符合排他性原则。

利用 2SLS 进行估计（表 14-4）。模型 A 第一阶段工具变量对地权稳定性的系数为−0.313 0，在 0.01 的水平上显著，说明同县其他村发生农地调整，本村农地也发生调整的可能性更大，农地产权安全性会显著降低，符合逻辑预期。DWH 检验显示有使用工具变量的需要，最小特征值统计量远远大于 10，故该工具变量不是弱工具变量（weak instrument variables）。第二阶段显示，地权稳定性的系数为 0.137 0，在 0.01 的水平上显著，且比模型 1 和模型 2 中的估计系数大。这说明在考虑内生性以后，地权稳定性对农户果园种植面积的影响效果更大，地权稳定能够提高农户果园种植面积 13.70%。

表 14-4　内生性讨论的计量结果

变量	第二阶段	
	模型 A	模型 B
	果园种植面积	果园种植面积
地权稳定性	0.137 0***（0.033 1）	0.350 0***（0.065 3）
地权稳定性×非农就业机会	—	−0.328 0***（0.058 1）

续表

变量	第二阶段		
	模型 A	模型 B	
	果园种植面积	果园种植面积	
非农就业机会	0.009 5（0.012 1）	0.230 0***（0.042 3）	
常数项	− 0.024 2*（0.013 5）	− 0.245 0***（0.043 9）	
控制变量	控制	控制	
R^2	0.089 0	0.044 0	
观测值	7 217	7 217	
—	第一阶段		
—	地权稳定性	地权稳定性	地权稳定性×非农就业机会
工具变量	− 0.313 0***（0.012 8）	− 0.217 0***（0.016 8）	0.010 4***（0.003 3）
工具变量×非农就业机会	—	− 0.250 0***（0.024 8）	− 0.555 0***（0.016 6）
DWH	5.959 0**	28.080 0***	
最小特征值统计量	748.175 0***	192.193 0***	

*、**和***分别表示 0.1、0.05 和 0.01 的显著水平

注：括号中的数字为稳健标准误

模型 B 中，由于相互项“地权稳定性×非农就业机会”包含地权稳定性这个可能存在内生性的变量，所以交互项本身可能存在内生性。故此，进一步利用同县其他村是否有土地农地调整和非农就业机会相乘构造另一个交互项作为工具变量。从第一阶段看，两个工具变量对两个内生变量都有显著影响。DWH 检验显示有使用工具变量的必要，最小特征统计量显示不存在弱工具变量问题。从第二阶段看，在不存在非农就业机会的情况下，地权稳定性的提高能够显著促进农户果园种植面积 35%，而非农就业机会的存在会抑制这种激励作用。在存在非农就业机会的情况下，地权稳定性的提高仅能导致农户增加果园种植面积 2.3%。这和表 14-3 中的模型 4 结论基本一致。

3）替换关键变量

不同村庄的地域范围存在差异。在幅员范围狭小的村庄，即使全部承包地用于果树的种植，其总的种植规模也相对有限。如果这些地方更倾向于调整土地的话，则前文以绝对的种植面积来衡量农户果树种植行为则可能会导致研究结论出现偏差。表 14-5 中，模型Ⅰ和模型Ⅱ将因变量由果园种植面积替换为果树种植面积占比，即以农户家庭果树种植面积占全家总农地面积的比值来衡量农户长期投资行为。其中模型Ⅰ使用分位数回归（fractional logit regression）进行估计，

模型Ⅱ使用 2SLS 进行估计，估计的结果和前文一致，说明前文的结论是稳健的。

表 14-5　替换关键变量的计量结果

变量	果园种植面积占比		果园种植面积	
	模型Ⅰ	模型Ⅱ	模型Ⅲ	模型Ⅳ
地权稳定性	0.693 0*** （0.106 0）	0.130 0*** （0.019 6）	0.086 3*** （0.012 5）	0.321 0*** （0.057 8）
地权稳定性×非农就业机会	－0.8710*** （0.154 0）	－0.156 0*** （0.018 9）	－0.054 0*** （0.018 3）	－0.311 0*** （0.064 4）
非农就业机会	0.578 0*** （0.129 0）	0.106 0*** （0.014 1）	0.041 5*** （0.014 3）	0.213 0*** （0.043 6）
其他控制变量	控制	控制	控制	控制
区域虚拟变量	控制	控制	控制	控制
常数项	－6.509 0*** （0.150 0）	－0.110 0*** （0.025 5）	－0.056 1*** （0.015 0）	－0.227 0*** （0.074 8）
DWH	—	70.508 0***	—	19.980 0***
最小特征值统计量	—	192.193 0***	—	196.765 0***
观测值	7 217	7 217	7 217	7 217
R^2	—	0.017 0	0.097 0	0.056 0

***表示 0.01 的显著水平

注：括号中的数字为稳健标准误

此外，上文中使用的非农就业机会是以村庄是否有第二、第三产业进行衡量，显然农户非农就业范围不仅仅局限于本村。模型Ⅲ和模型Ⅳ使用农户所在县是否有非农就业机会进行衡量。模型Ⅲ使用 OLS 进行估计，模型Ⅳ使用 2SLS 进行估计。结果和前文一致，结论稳健。

4）进一步讨论

如前所述，地权稳定性能够诱导农户进行长期投资，即增加果树的种植面积。但是，非农劳动力市场的存在加强了农户家庭劳动力刚性约束，增加了农户种植跨期作物的劳动力成本，从而降低了地权稳定性对农户农地投资的激励效应。如果该逻辑成立，就可以推断：如果农户务农成本降低，则劳动力非农转移对地权投资激励的削弱效应会减缓，而提高劳动力非农就业能力则会加大非农转移对地权投资激励的削弱效应。

为此，进一步引进问卷中“村庄统一防治病虫”“村庄统一购买生产资料”“组织安排劳动力外出务工”三个变量（表 14-6），并分别构造模型 a、模型 b 和模型 c。为了便于对比，模型 d 则没有考虑这些新的控制变量。从模型 a、模型 b 和模型 c 中可以发现，地权稳定性的提高可以显著促进农户扩大果园种植面积，但是非农就业机会削弱这种激励效应，这和前文是一致的。进一步在模型 a、模型 b 加入交互项“地权稳定性×非农就业机会×防治病虫”和“地权稳定性×非农就业机会×购买生产资料”发现这两个变量系数显著为正。而在模型 c 中加入交互变量“地权稳定性×非农就业机会×组织务工”发现该变量的系数显著为负。这说明，如果村庄统一为农户提供生产资料的采购或者防治病虫害的服务以降低农户务农成本，那么非农就业机会就有可能弱化产权的投资激励效应，而降低农户外出务工成本则会强化非农就业的抑制作用。

表 14-6　公共服务如何影响产权激励效应

变量	果园种植面积			
	模型 a	模型 b	模型 c	模型 d
地权稳定性	0.086 3*** （0.012 3）	0.084 2*** （0.012 2）	0.084 5*** （0.012 2）	0.084 4*** （0.012 2）
地权稳定性×非农就业机会	− 0.096 8*** （0.017 5）	− 0.095 8*** （0.016 1）	− 0.036 6** （0.016 7）	− 0.064 2*** （0.016 0）
地权稳定性×非农就业机会×防治病虫	0.061 1*** （0.020 0）	—	—	—
地权稳定性×非农就业机会×购买生产资料	—	0.177 0*** （0.032 5）	—	—
地权稳定性×非农就业机会×组织务工	—	—	− 0.198 0*** （0.034 5）	—
防治病虫	− 0.029 1** （0.013 8）	− 0.022 2* （0.012 2）	− 0.018 0 （0.012 2）	− 0.018 0 （0.012 3）
购买生产资料	− 0.036 5*** （0.011 9）	− 0.085 8*** （0.011 2）	− 0.030 5** （0.012 3）	− 0.032 0*** （0.012 3）
组织务工	− 0.046 5*** （0.014 6）	− 0.046 5*** （0.014 7）	− 0.014 8 （0.015 0）	− 0.046 4*** （0.014 6）
非农就业机会	0.049 3*** （0.014 1）	0.049 0*** （0.014 1）	0.044 3*** （0.014 0）	0.046 8*** （0.014 0）
常数项	− 0.063 3*** （0.015 2）	− 0.062 7*** （0.015 2）	− 0.058 6*** （0.015 2）	− 0.061 2*** （0.015 1）
其他控制变量	控制	控制	控制	控制
区域虚拟变量	控制	控制	控制	控制
观测值	7 217	7 217	7 217	7 217
R^2	0.101 0	0.104 0	0.104 0	0.100 0

*、**和***分别表示 0.1、0.05 和 0.01 的显著水平

注：括号中的数字为稳健标准误

14.3.2　实证分析 2：农地确权与农户投资行为

1. 数据、变量与模型

1）数据来源

本节数据依然来源于 CLDS。鉴于 2014 年在全国范围内启动农地确权工作，以及本节采用的计量分析方法，本节最终使用的样本包含 199 个村庄，共计 6 727 个样本农户。

2）变量与描述

因变量农户农业投资行为从人力、物力、财力三个维度，主要包括农地规模扩大、家庭农业劳动力、家庭务农时间以及农业投入四个方面，分别采用“租用

他人耕地（亩）、务农人数（人）、务农时间（天）以及农业经营总成本（元）”进行测度。

核心变量农地确权颁证采用“是否领到《农村土地承包经营权证书》”测度。同时，为了解决反向因果关系可能引发的内生性问题，采用“本县域其他n_i-1被调查农户领到《农村土地承包经营权证书》的占比”作为农地确权颁证的工具变量。

控制变量包括家庭情况、村庄特征和地区虚拟变量三个方面。其中，家庭情况分别采用“家庭农业收入”“家中有拖拉机”测度；村庄特征分别采用“男性外出务工”“村庄灌溉服务”“村庄非农经济”“村庄外出务工服务”“村庄土壤改造”“地理位置专用性”测度；地区变量以“东部地区”作为参照组，分别设置“中部地区”和“西部地区”两个地区虚拟变量。

从表 14-7 可知，与未确权组农户样本相比，已确权组农户样本具有如下特征：农户耕地租入规模较大；家庭农业收入较多，家中有拖拉机的占比较高；村庄男性季节性外出务工的占比、村集体提供灌溉排水服务的可能性较高；村庄有非农经济（第二、第三产业）的占比较低、村集体提供外出务工服务和村庄进行土壤改造的可能性较低，并且村庄距离最近乡镇政府/街道较远。

表 14-7　样本农户的描述统计

变量名称		变量定义	总体样本		已确权组		未确权组	
			均值	标准差	均值	标准差	均值	标准差
因变量	农地规模扩大	租用他人耕地/亩	1.72	24.15	3.30	36.35	0.53	3.81
	家庭农业劳动力	务农人数/人	1.64	0.95	1.75	0.96	1.55	0.92
	家庭务农时间	务农时间/天	183.24	218.30	224.46	232.76	150.00	197.35
	农业投入	农业经营总成本/元	7 697	25 983	8 890	28 989	6 841	24 103
核心变量	农地确权颁证	领证=1；否=0	0.48	0.50	1.00	0.00	0.00	0.00
控制变量	家庭农业收入	家庭农业毛收入/元	9 858	25 218	13 212	30 546	7 316	20 223
	家中有拖拉机	有=1；无=0	0.13	0.34	0.18	0.388	0.10	0.30
	男性外出务工	外出务工男性占比	0.09%	0.11%	0.10%	0.11%	0.08%	0.10%
	村庄灌溉服务	有=1；否=0	0.47	0.50	0.48	0.50	0.45	0.50
	村庄非农经济	有=1；无=0	0.36	0.48	0.28	0.45	0.43	0.50
	村庄外出务工服务	有=1；无=0	0.11	0.32	0.09	0.285	0.13	0.34
	村庄土壤改造	有=1；否=0	0.09	0.28	0.08	0.26	0.10	0.30
	地理位置专用性	本村到镇府距离/千米	5.43	5.48	5.72	5.90	4.90	4.39
	东部地区	东部地区=1；其他=0	0.44	0.50	0.367	0.48	0.53	0.50
	中部地区	中部地区=1；其他=0	0.26	0.44	0.26	0.44	0.27	0.44
	西部地区	西部地区=1；其他=0	0.30	0.46	0.39	0.49	0.20	0.40

3）模型选择

已有研究指出，农地确权颁证对农业投资行为的影响，可能由于存在内生性问题而导致有偏差的估计结果。具体表现为以下两个方面：一方面，农地确权颁证并非随机分配，而是受到土地质量（肥沃程度、面积大小）、农户家庭财富以及村庄基础设施建设等家庭和村庄特征的影响（Deininger and Chamorro，2004；Jacoby and Minten，2007）。在我国，新一轮农地确权试点的时间和地点选择主要是方便于政府组织实施确权试点工作和积累经验（程令国等，2016；胡新艳和罗必良，2016）。另一方面，农地投资对农地确权颁证存在反向因果关系问题。由于原先的农业投资增加了农地价值，农户倾向于对其土地申请确权颁证。农户可能为了获得农地确权颁证而投资于多年生作物（Hare，2008；Koo，2011）。对此，本节分别采用倾向得分匹配法和工具变量法克服潜在的内生性问题。

一是倾向得分匹配法。由于我国农地确权政策实施是政府选择的结果，直接对已确权组农户样本与未确权组农户样本进行比较分析，很难保证两组农户样本的概率分布保持一致。对此，我们采用 Rosenbaum 和 Rubin（1983）所提出的通过控制协变量和“反事实”情景假设的倾向得分匹配法，从而尽可能地消除样本非随机分布所导致的估计偏误。根据农户是否领到《农村土地承包经营权证书》，将农户样本分为处理组和对照组。由于无法获得已确权颁证的农户样本在未确权颁证时的农业投资行为，因此需要构造一个反事实的情景假设框架，并找到与其尽可能相似的对照组，从而有效地降低样本选择偏误。在给定一组协变量的情况下，通过将处理组（已确权颁证）和对照组（未确权颁证）的农户样本进行匹配，计算每个样本农户进入处理组的倾向得分值，从而使得形成配对的农户样本的协变量分布相同。此时，给定一组协变量，处理变量（确权颁证）与结果变量（农户农业投资行为）之间是相互独立的，并且可以得到农地确权颁证的平均干预效应。

二是采用工具变量法建立 IV-Tobit 模型。为确保计量结果的稳健性，本节借鉴许庆等（2017）的做法，采用“是否已经领到《农村土地承包经营权证书》”测度农地确权状况，并将其对因变量农户农业投资行为进行回归分析。由于部分被调查农户没有进行农业投资，模型的因变量 INV^* 在“0”处估计存在数据截取问题（左截尾）。为避免选择性样本偏误问题，并克服遗漏变量、反向因果关系所引发的内生性问题，故采用工具变量法建立 IV-Tobit 模型：

$$INV^* = \beta_1 X_1 + \alpha CRET + \upsilon_1 \tag{14-14}$$

$$CRET = \delta_1 X_1 + \delta_2 X_2 + \upsilon_2 \tag{14-15}$$

其中，因变量 INV^* 为农户农业投资行为；核心变量 CRET 为农地确权颁证；X_1 为影响农地确权颁证和农户农业投资行为的控制变量，X_2 为农地确权颁证的工具变量；β_1、α、δ_1、δ_2为待估计系数；υ_1和υ_2是随机误差项。

本节借鉴丰雷等（2013）的做法，选取“本县域其他n_i-1个被调查农户领到《农村土地承包经营权证书》的占比”作为农户农地确权颁证的工具变量。其选择依据如下：首先，由于同一县域其他被调查农户领到《农村土地承包经营权证书》的占比反映了该县域的确权颁证状况，这显然与该农户是否同样领到土地证书密切相关。其次，由于剔除了该被调查农户，工具变量与该农户农业投资行为没有直接的联系。因此，可以采用同一县域其他n_i-1个被调查农户领到《农村土地承包经营权证书》的平均占比作为农户农地确权颁证的工具变量。

2. 实证结果分析

1）平衡性检验

为了尽可能地降低不同分组农户样本的概率分布的差异性，本节分别对样本匹配前后已确权组、未确权组农户样本的协变量进行平衡性检验。从表 14-8 可知，农地确权颁证与家庭特征（如家庭农业收入、家中有拖拉机）和村庄特征（如男性外出务工、村庄灌溉服务、村庄非农经济、村庄外出务工服务、村庄土壤改造和地理位置专用性）密切相关。在样本匹配之前，已确权组与未确权组的协变量之间至少在 0.05 的统计水平上存在显著的系统差异。但是，对样本进行匹配之后，出现了如下三点变化：第一，在家庭农业生产时间中，男性未出务工比例和地理位置专用性的组间差异性明显下降。虽然上述两者在匹配前后仍然存在显著的组间差异，但是，男性外出务工比例的 t 值从匹配前的 8.02 下降到匹配后的2.60；地理位置专用性的t值从匹配前的6.08下降到匹配后的2.01（绝对值）。第二，在农业经营投入中，男性外出务工比例、村庄灌溉服务以及存在土壤改造的组间差异性同样显著下降。具体而言，男性未出务工比例的 t 值从匹配前的3.97 下降到匹配后的 1.68；存在灌溉服务的 t 值从匹配前的 2.12 下降到匹配后的1.70；村庄土壤改造的 t 值从匹配前的 3.28（绝对值）下降到匹配后的 2.14。第三，其他协变量在样本进行匹配之后的差异性则变得不再显著。可见，倾向得分匹配法能够有效地降低已确权组、未确权组之间农户样本的组间异质性。

表 14-8　最近邻匹配的平衡性检验

变量	匹配前后	农地经营规模扩大			家庭农业劳动力		
		均值		t值	均值		t值
		已确权组	未确权组		已确权组	未确权组	
家庭农业收入	前	6.08	4.35	15.02***	7.16	6.06	8.80***
	后	6.08	6.21	−1.13	7.16	7.28	−1.04
家中有拖拉机	前	0.18	0.10	9.68***	0.22	0.14	6.84***
	后	0.18	0.18	0.31	0.22	0.23	−1.31

续表

变量	匹配前后	农地经营规模扩大			家庭农业劳动力		
		均值		t 值	均值		t 值
		已确权组	未确权组		已确权组	未确权组	
男性外出务工	前	0.10	0.08	7.98***	0.10	0.09	4.01***
	后	0.10	0.09	0.83	0.10	0.09	1.54
村庄灌溉服务	前	0.48	0.45	2.06**	0.49	0.45	2.11**
	后	0.48	0.47	0.78	0.49	0.46	1.55
村庄非农经济	前	0.28	0.43	−11.99***	0.27	0.36	−5.91***
	后	0.28	0.28	− 0.10	0.27	0.27	− 0.10
村庄外出务工服务	前	0.09	0.13	−5.61***	0.09	0.12	−3.52***
	后	0.09	0.10	−1.30	0.09	0.09	−0.34
村庄土壤改造	前	0.07	0.10	−3.43***	0.08	0.10	−3.26***
	后	0.07	0.07	−0.69	0.08	0.08	0.08
地理位置专用性	前	5.70	4.89	6.04***	5.23	4.88	2.89***
	后	5.70	5.62	0.48	5.23	5.12	0.89

变量	匹配前后	家庭农业生产时间			农业经营投入		
		均值		t 值	均值		t 值
		已确权组	未确权组		已确权组	未确权组	
家庭农业收入	前	6.50	4.67	15.49***	7.16	6.07	8.76***
	后	6.50	6.50	− 0.03	7.16	7.16	0.01
家中有拖拉机	前	0.19	0.10	9.33***	0.22	0.14	6.81***
	后	0.19	0.19	0.10	0.22	0.22	− 0.55
男性外出务工	前	0.10	0.08	8.02***	0.10	0.09	3.97***
	后	0.10	0.09	2.60***	0.10	0.09	1.68*
村庄灌溉服务	前	0.46	0.44	1.96**	0.49	0.45	2.12**
	后	0.46	0.46	0.30	0.49	0.46	1.70*
村庄非农经济	前	0.28	0.43	−11.99***	0.27	0.36	−5.93***
	后	0.28	0.28	0.09	0.27	0.27	0.05
村庄外出务工服务	前	0.09	0.13	−5.47***	0.09	0.12	−3.49***
	后	0.09	0.09	0.43	0.09	0.09	− 0.10
村庄土壤改造	前	0.07	0.10	−3.22***	0.08	0.10	−3.28***
	后	0.07	0.07	− 0.23	0.08	0.06	2.14**
地理位置专用性	前	5.64	4.83	6.08***	5.23	4.88	2.85***
	后	5.64	5.96	−2.01**	5.23	5.34	− 0.92

*、**和***分别表示 0.1、0.05 和 0.01 的显著水平

2）模型结果分析

为了更加有效地获取农地确权颁证对农户农业投资行为的影响效应，进一步通过对样本进行倾向得分匹配的方式进行分析，以尽可能地消除不同类型农户样本的组间差异性对估计结果产生影响（表 14-9）。

表 14-9 农地确权颁证的平均干预效应（ATT）

变量	匹配方法	样本	均值		平均干预效应（ATT）	标准误（S.E.）	t 值（t-stat）
			已确权组	未确权组			
农地经营规模扩大	—	匹配前	0.236 8	0.096 7	0.140 1	0.016 9	8.31***
	最近邻匹配	匹配后	0.236 8	0.147 3	0.089 5	0.026 2	3.42***
	半径匹配	匹配后	0.188 1	0.124 0	0.064 1	0.020 6	3.12***
	核匹配	匹配后	0.236 8	0.140 6	0.096 2	0.017 7	5.44***
家庭农业劳动力	—	匹配前	1.753 1	1.551 4	0.201 6	0.028 9	6.97***
	最近邻匹配	匹配后	1.753 1	1.644 0	0.109 1	0.039 1	2.79**
	半径匹配	匹配后	1.674 8	1.618 8	0.056 0	0.047 4	1.18
	核匹配	匹配后	1.753 1	1.632 2	0.120 8	0.029 9	4.04***
家庭农业生产时间	—	匹配前	3.719 0	2.736 2	0.982 7	0.074 0	13.28***
	最近邻匹配	匹配后	3.719 0	3.477 8	0.241 2	0.112 2	2.15*
	半径匹配	匹配后	3.420 4	3.234 8	0.185 6	0.118 9	1.56
	核匹配	匹配后	3.719 0	3.432 6	0.286 3	0.078 9	3.63***
农业经营投入	—	匹配前	7.294 0	6.499 9	0.794 1	0.086 5	9.18***
	最近邻匹配	匹配后	7.294 0	7.063 9	0.230 1	0.115 0	2.00*
	半径匹配	匹配后	7.000 6	6.905 9	0.094 7	0.145 6	0.65
	核匹配	匹配后	7.294 0	6.932 2	0.361 7	0.090 8	3.98***

*、**和***分别表示 0.1、0.05 和 0.01 的显著水平

在表 14-9 中，从系数值大小和变量显著性水平两个方面都可以看出，农地确权颁证在样本匹配前后对农户农业投资行为的影响作用存在显著差异。可见，采用倾向得分匹配法修正样本选择偏误是十分必要的。不仅如此，如果不消除组间协变量差异所产生的估计偏误，实证结果将极大地高估农地确权颁证的正向促进作用。模型估计结果具体如下。

首先，农地确权颁证对农地经营规模扩大存在显著的正向影响。在进行样本匹配之前，农地确权颁证的平均干预效应为 0.140 1，并且都在 0.01 的统计水平上显著。但是，在样本匹配之后，其效应下降到 0.064 1 和 0.096 2 之间。由此可见，若不排除组间协变量差异的影响作用，将大大高估农地确权颁证对农户耕地租入规模的促进作用。

其次，农地确权颁证对家庭农业劳动力具有显著的正向作用。在样本匹配之前，农地确权颁证的平均干预效应为 0.201 6，并且在 0.01 的统计水平上显著。但是，在样本进行匹配之后，其影响效应值大小和显著性都变得更小，主要介于 0.109 1 和 0.120 8 之间。可见，在排除不同类别的组间协变量差异性之后，农地确权颁证能够增加家庭农业劳动力数量。

再次，农地确权颁证对家庭农业生产时间具有显著的正向影响作用。在样本

进行匹配之前，农地确权颁证的平均干预效应为 0.982 7，并且在 0.01 的统计水平上显著。但是，在样本匹配之后，其效应下降到 0.241 2 和 0.286 3 之间。这同样表明，掺杂了组间协变量的差异性影响，将极大地高估农地确权颁证的正向促进作用。同时，在消除组间协变量的差异之后，农户在确权颁证后将倾向于增加农业生产时间。

最后，农地确权颁证对农业经营投入具有显著的正向作用。在样本匹配之前，农地确权颁证的平均干预效应为 0.794 1。但是，在样本匹配之后，其效应下降到 0.230 1 和 0.361 7 之间。这同样表明，掺杂了组间协变量的差异性影响，将极大地高估农地确权颁证的正向促进作用。同时，在消除组间协变量差异之后，农户在确权颁证后将倾向于增加农业经营投入。

3）基于工具变量法的稳健性检验

为了检验上述计量结果的稳健性，进一步采用基于工具变量的 IV-Tobit 模型进行回归分析（表 14-10）。

表 14-10　稳健性检验

变量	农地经营规模扩大		家庭农业劳动力	
	模型Ⅰ	模型Ⅱ	模型Ⅲ	模型Ⅳ
	Tobit	IV-Tobit	Tobit	IV-Tobit
农地确权颁证	0.085 3*** （0.027 8）	0.287 8** （0.116 5）	0.283 9 （0.196 0）	1.050 5* （0.566 9）
家庭农业收入	0.015 0*** （0.002 6）	0.012 3*** （0.002 6）	0.479 3*** （0.028 3）	0.468 0*** （0.028 1）
家中有拖拉机	0.441 8*** （0.094 7）	0.418 3*** （0.087 2）	0.686 8*** （0.211 4）	0.603 3*** （0.215 2）
男性外出务工	− 0.203 0 （0.226 7）	− 0.254 4 （0.250 1）	1.525 9 （1.094 3）	1.339 6 （1.098 2）
村庄灌溉服务	− 0.035 6 （0.039 5）	− 0.044 3 （0.039 7）	− 0.423 2 （0.289 3）	− 0.447 8 （0.291 0）
村庄非农经济	− 0.032 0 （0.031 0）	− 0.021 8 （0.032 3）	−1.078 4*** （0.333 0）	−1.041 1*** （0.340 4）
村庄外出务工服务	− 0.011 8 （0.037 3）	0.011 6 （0.039 9）	0.044 4 （0.523 6）	0.136 0 （0.525 8）
村庄土壤改造	0.088 6 （0.077 6）	0.101 8 （0.072 8）	0.806 6 （0.585 2）	0.853 0 （0.601 7）
地理位置专用性	0.000 6 （0.002 8）	− 0.000 7 （0.002 9）	0.012 1 （0.031 5）	0.007 0 （0.032 1）
中部地区	0.134 4** （0.061 5）	0.124 1** （0.057 6）	0.388 2 （0.349 8）	0.347 8 （0.358 4）
西部地区	− 0.029 8 （0.037 1）	− 0.074 3 （0.048 0）	1.621 9*** （0.337 6）	1.452 3*** （0.354 1）
常数项	− 0.006 2 （0.045 2）	− 0.063 0 （0.057 1）	−1.207 9** （0.477 9）	−1.421 6*** （0.530 8）
观测值	5 964	5 964	5 528	5 528
工具变量 F 值	5.83***	237.13***	37.41***	229.48***

续表

变量	农地经营规模扩大		家庭农业劳动力	
	模型Ⅰ	模型Ⅱ	模型Ⅲ	模型Ⅳ
	Tobit	IV-Tobit	Tobit	IV-Tobit
伪 R^2	0.054 0	—	0.096 8	—
伪对数似然比	−5 615.141 6	−8 829.269 3	−10 299.942 0	−13 262.156 0
Wald chi^2	—	66.86***	—	421.25***
内生性 Wald 检验	—	4.53**	—	2.77*

变量	家庭农业生产时间		农业经营投入	
	模型Ⅴ	模型Ⅵ	模型Ⅶ	模型Ⅷ
	Tobit	IV-Tobit	Tobit	IV-Tobit
农地确权颁证	0.211 7*** （0.061 4）	0.465 6*** （0.165 7）	0.825 5*** （0.219 3）	2.140 2*** （0.580 0）
家庭农业收入	0.169 0*** （0.009 2）	0.165 5*** （0.009 3）	0.669 1*** （0.034 1）	0.650 7*** （0.033 9）
家中有拖拉机	0.429 6*** （0.072 8）	0.399 9*** （0.073 5）	1.330 5*** （0.247 8）	1.176 6*** （0.243 9）
男性外出务工	0.465 4 （0.372 8）	0.413 6 （0.375 1）	2.593 4* （1.347 5）	2.320 9* （1.384 2）
村庄灌溉服务	0.031 5 （0.088 4）	0.022 3 （0.088 7）	0.184 3 （0.314 7）	0.136 5 （0.318 6）
村庄非农经济	− 0.098 6 （0.100 2）	− 0.086 5 （0.102 3）	− 0.635 7* （0.346 9）	− 0.572 5 （0.350 9）
村庄外出务工服务	0.041 2 （0.176 6）	0.072 0 （0.177 9）	− 0.222 8 （0.597 1）	− 0.064 7 （0.605 4）
村庄土壤改造	0.072 0 （0.168 4）	0.085 4 （0.171 3）	0.699 4 （0.561 4）	0.771 8 （0.579 0）
地理位置专用性	− 0.018 7 （0.012 0）	− 0.020 5* （0.012 1）	− 0.059 5 （0.037 5）	− 0.069 4* （0.038 5）
中部地区	0.093 0 （0.111 4）	0.081 7 （0.115 2）	0.066 2 （0.393 4）	0.007 7 （0.402 8）
西部地区	0.270 5*** （0.090 8）	0.213 9** （0.090 5）	0.558 1 （0.340 5）	0.265 1 （0.354 7）
常数项	− 0.243 3 （0.151 4）	− 0.314 2* （0.167 9）	− 0.316 5 （0.547 8）	− 0.680 8 （0.598 7）
观测值	5 320	5 320	5 320	5 320
工具变量 F 值	40.52***	218.36***	43.90***	218.36***
伪 R^2	0.122 1	—	0.094 3	—
伪对数似然比	−7 194.251 4	−10 054.384 0	−11 548.118 0	−14 400.182 0
Wald chi^2	—	453.95***	—	505.94***
内生性 Wald 检验	—	3.72*	—	7.92***

*、**和***分别表示 0.1、0.05 和 0.01 的显著水平

注：括号中为调整了“村庄”cluster 的聚类稳健标准误

从表 14-10 可知，Wald 内生性均显著，说明回归模型存在内生性问题，因此采用工具变量法是有效的。同时，模型Ⅱ、模型Ⅳ、模型Ⅵ、模型Ⅷ的工具变量 F 值均远远大于 10（经验法则）[①]，并且都在 0.01 的统计水平上显著。可见，采用本县域其他被调查农户领到土地证书的占比作为工具变量，并不存在弱工具变量问题。由此再次证明了农地确权颁证对农地经营规模扩大、家庭农业劳动力、家庭农业生产时间以及农业经营投入都具有显著的正向作用。不仅如此，与“是否领到《农村土地承包经营权证书》”的测度方法相比，不采用工具变量法解决潜在的内生性问题，则估计结果将大大低估农地确权颁证的正向促进作用。

此外，其他控制变量同样对农户农业投资行为产生显著影响。具体表现为以下四个方面：首先，家庭农业收入和家中有拖拉机对农户农业的生产时间与经营投入均具有显著的正向作用，并且都在 0.01 的统计水平上显著（模型Ⅴ~模型Ⅷ）。可见，农地依附性和农业实物的资产专用性促进了农户农业投资行为。其次，村庄男性外出务工的比例对农业经营投入具有显著的正向作用。其系数值为 2.320 9，并且在 0.1 的统计水平上显著（模型Ⅷ）。再次，村庄非农经济对家庭农业劳动力具有显著的负向作用。其系数值为−1.041 1，并且在 0.01 的统计水平上显著（模型Ⅳ）。可见，村庄非农经济水平抑制了家庭农业劳动力投入。最后，地理位置专用性对家庭农业生产时间和农业经营投入具有显著的负向作用，并且在 0.1 的统计水平上显著（模型Ⅵ和模型Ⅷ）。可见，地理位置专用性降低了家庭农业劳动力和农业经营投入。

14.4　结论与讨论

1. 重视劳动力非农转移的情境依赖性

随着城镇化和工业化的不断推进，务农不再是农村劳动力谋生的唯一选择。在要素流动的背景下，农地产权的稳定性会如何影响农户对农地的长期投资？本章通过数理模型，将农户务农的机会成本约束纳入分析框架，并结合 CLDS2014 年的农户样本数据实证分析发现：总体上，地权稳定性的提高能够促进农户种植跨期经济作物，增加对土地的长期投资。但是，在农户所在村庄或所在县第二、第三产业比较发达的情况下，地权稳定性对农地投资激励效应会减弱。这意味着，随着城镇化的不断推进，农地产权对小农户是否进行长期投资的重要性有减

① 模型Ⅰ、模型Ⅲ、模型Ⅴ、模型Ⅶ没有采用工具变量，因此不需要考虑“工具变量 F 值均远远大于 10（经验法则）”的问题。

缓的趋势。进一步分析表明，增加农业领域的公共服务能够缓解这种趋势，而强化非农就业公共服务的供给，则会加速这一进程。

本章以跨期经济作物（即果园种植）来表达农户的长期投资。如此处理的原因在于，一方面是以往研究较少涉及，另一方面则有利于对农业经营格局进行预判。因为跨期经济作物这类农业投资往往对劳动力的需求比较大，随着农户家庭劳动力不断进行非农转移，农户可能越来越倾向于种植劳动力需求少，种植周期短的作物，这意味农户种植结构的"趋短化"可能是我国农业经营格局一种值得关注的新趋势。

研究表明，农户是否对农地进行长期投资，一方面和农地产权有着重要关系，另一方面却与其他约束条件密切相关，如前面所讨论的非农就业市场及其要素配置。可见，众多文献所推崇的改善地权稳定性会促进农业投资的结论是值得商榷的。

本章有助于深化对农地确权颁证工作制度含义的认识。应该说，农地确权是重要的，但仅仅试图通过农地确权以提高农地产权的稳定性来强化农户对农地的长期投资，其激励效果将是有限的，必须辅助于其他措施，特别是对农业基础设施的投资和改善。

2. 理解地权安全的重要性及其关联性

农地确权颁证对农业投资行为的影响尚无统一定论。但根据本章的研究可得出以下结论。

（1）农地确权颁证不但增强地权的排他能力、降低地权保护成本以及提高地权稳定性预期，而且强化了当期和未来的地权可交易性，还提升农地抵押价值而增加农户的信贷可得性，从而增大了农户的农业投资能力。

（2）农地确权颁证的农户样本并非随机分布。家庭特征（如家庭农业收入、家中有拖拉机）与村庄特征（如男性外出务工、村庄灌溉服务、村庄非农经济、村庄外出务工服务、村庄土壤改造和地理位置专用性）都会影响农户获得农地确权颁证的可能性。

（3）通过解决样本选择偏误、遗漏变量和反向因果关系引发的内生性问题，可以发现农地确权颁证对农业经营规模扩大、家庭农业劳动力、家庭农业生产时间以及农业经营投入都具有显著的正向作用，并且其估计结果较为稳健。反之，如果不消除组间协变量差异、反向因果关系等内生性问题所产生的估计偏误，将会高估或者低估农地确权颁证的影响效应。

前文的理论分析指出，农地确权颁证主要通过地权安全性、地权可交易性及信贷可得性三种中间传导机制，对农业投资行为产生促进作用。需要说明的是，首先，目前我国农地经营权具有抵押和担保权能只存在于极少数试点地区，显然，农地确权颁证尚不可能通过抵押信贷的渠道来促进农户农业投资行为。其次，对 1999~2010 年 5 次我国 17 省（自治区、直辖市）的调查研究表明，通过发放土地承包经营权证书的土地确权方式能够减少土地调整的次数，进而增进了地权稳定性（丰雷等，2013）。再次，对 2011 年我国 28 省（自治区、直辖市）5 920 个农户的研究发现，农地确权颁证能够有效地增加农户参与土地流转的可能性及其流转规模（程令国等，2016）。综上可知，我国农地确权颁证政策主要通过强化地权安全性和地权可交易性两种渠道，对农业投资产生正向的促进作用，而通过地权抵押增加信贷可得性的影响作用则尚未得到充分的发挥。

令人感兴趣的问题是，在世界范围内特别是发展中国家，为什么已有文献对农地确权效应会产生截然不同的研究结论？我们的分析如下。

第一，确权颁证政策能否有效地强化地权安全性是决定其影响作用的关键。农地确权颁证只有通过增强排他能力、降低地权保护成本以及提高地权稳定性预期等方式，才能更好地强化当期和未来的地权可交易性，并提升农地抵押价值而增加农户的信贷可得性，从而产生农业投资激励。与之相反，如果法律赋权无法得到有效实施，那么拥有农地确权颁证则并不意味着更高水平的地权稳定性。不仅如此，原有地权较为稳定、确权颁证政策不可实施或者侧重于追求发证数量而非质量、法律赋权与习惯地权之间产生冲突，都将导致农地确权颁证政策非但无法有效增强地权安全性，反而容易引发新的不确定性和冲突。

第二，农地确权效应的发挥需要某些特定的配备条件。农地确权颁证政策只是农地投资行为的必要条件，而绝非充分条件。不同国家的法制环境、要素市场发育程度都会影响农地确权颁证政策的实际有效性。农地确权颁证政策之所以对农业投资行为产生不同的影响效应，主要是因为缺少必备条件而导致某些传导机制无法有效地发挥作用（Grimm and Klasen，2015）。具体表现为如下两点：一是需要具备与农业产业发展相关联的基础设施，如灌溉系统、储存设备、电力设施及交通网络等，才能在需求层面对农业投资行为产生激励作用（Domeher and Abdulai，2012）。二是需要发展较为完善的农村要素市场。Fort（2008）发现，97%的农户农业投资资本主要来源于自有资金，并且确权颁证对原先地权稳定性较差的地区的投资影响效应较为明显，从而证明了农地确权颁证主要通过改变地权稳定性而非抵押效应的方式促进了农户农地投资。与之相反，泰国原有的农地产权安全性普遍较高，并且农户几乎不会遭受被驱逐的风险，因此，农地确权颁证主要通过提高信贷可得性的渠道促进农户农业投资行为（Feder and Feeny，1991）。

第三，部分文献忽视了样本选择、反向因果关系及不可观测变量所产生的潜在的内生性问题，从而导致已有估计结果存在偏误。本章的实证结果再次表明，如果不消除组间协变量差异、反向因果关系等内生性问题所产生的估计偏误，将会高估或者低估农地确权颁证的影响效应。

第15章　要素配置、要素替代与农业规模经营

15.1　研究背景

农地的流转集中及其规模化经营是国际农业发展的一个基本趋势。在美国，从1935年到2013年，其农场数从680万个减少到210万个，农场的农地经营规模在80年的时间里增长了3倍（倪国华和蔡昉，2015）。同样，无论是发达国家（如德国、法国、澳大利亚以及日本等），还是发展中国家（如印度、巴西、乌克兰等），其农地经营规模均呈不断集中的趋势。因此，农地经营的集中化与规模化已成为人类工业化与城镇化发展的必然结果（Goetz and Debertin，2001；Lucas，2004）。在我国，由均田承包制度所决定的小规模分散化农业经营格局，已引发众多问题。促进农地流转与集中，加快农业的适度规模经营，成为现阶段我国农业基本的政策选择。

农业生产必须依赖于土地，但是土地生产率的高低并不单一地由土地本身决定，而是由土地质量、种子种苗、栽培技术、植保与田间管理，特别是灌溉条件等多种要素共同表达的生产函数。不同特性的资源相互配置，无疑会决定经营组织形式。比如，干旱地区的土地产出率，可能首先不是由土地质量决定，而是更多地依赖于灌溉条件。第一，如果灌溉具有可分性（如每个农户在自己的承包地里打井），并不会产生特别的规模要求。但导致的问题是使相对土地资源更加稀缺的水资源的利用，既存在投资的不经济，也存在利用效率的低下；第二，如果灌溉设施不具有可分性，就会对农户的土地经营规模提出要求。从这个角度来说，干旱地区选择分散化的小规模经营并不一定是最适宜的经营方式；第三，如果存在良好的公共灌溉服务（中间性产品），并且存在用水量的考核技术以及相应的激励与约束机制，那么家庭经营规模就转换为灌溉的服务规模问题。

即使不考虑要素配置，仅仅就土地的性质而言，推进规模经营也将是困难重重：第一，农业土地及其经营的立地条件，决定了地理上的不可移动性，农地的

流转及其相对的集中面临技术约束；第二，农地的流转只能是经营权的流转，而规模的形成依赖于多个不同的农户，面临着租赁成本、缔约及其监督执行等交易费用的限制；第三，规模经济是成本与收益的对比，而成本与收益高低对于不同的农户或者行为主体来说是不同的。因为行为能力的不同，使得适度规模并不具有一致性与同质性。显然，已有文献忽视了资源特性所包含的产权含义，同时也夸大了农地规模扩大所隐含的经济性。

到目前为止，对于如何推进我国农业的规模经营，学界已初步形成了“农地规模经营”和“服务规模经营”两派观点。其中，主张农地规模经营，强调的是通过农地流转市场培育适度规模化的农地经营农户，由此实现源于农场规模扩张的内部规模经济性，政策策略的重点在于推动农地的流转集中。主张服务规模经营，强调的则是通过培育专业化的服务经营农户或组织，将农户与外部服务市场联系起来，由此实现农户外部服务需求聚合而成的外部规模经济性，政策策略的重点在于推进支持符合小农多样化生产的服务体系的建立。

但是，无论持有怎样的观点或政策主张，都必须强调：第一，宏观层面的规模经营路径必然有其微观基础。中央政策文件反复强调要“坚持家庭经营在农业中的基础性地位”，并将之提升到“党的农村政策基石”的高度。这决定了农户是研究中国“三农”问题的微观基础，因此需要关注农户行为选择所起的基础作用和关键意义，从而为已有的宏观发展路径选择研究建立起“微观基础”。第二，规模经营的本质是分工经济。从这一角度看，农业规模经营研究关注和强调分工深化的报酬递增机制，是一个更为恰当的理论视角和立足点。事实上，从一个广泛的视角看，农业规模经营两条路径在一定程度上对应于农业产业内的生产经营、服务经营之间的专业化分工及其依存合作关系，两者共同表达了农户超越封闭的“小而全”经济状态，走向“生产经营、服务经营”的分工合作格局。因此，站在规模经营的分工本质角度看，应关注两类规模经营路径之间的分工整合效应；如果仅仅单纯地讨论选择何种发展路径，将服务规模经营抑或农地规模经营视为外生或割裂式的研究，都可能会失之偏颇。

15.2　理 论 线 索

15.2.1　逻辑起点

既真实又易于处理的前提性假设（Coase，1937），是保证研究的演绎推理严密性、研究结论的客观真实性以及可检验性的重要基础。我们以农户的禀赋异质性和行为经济理性为前提性假设，由此深化对农业经营主体的认识。

禀赋异质性表明每个市场参与者是作为不计其数的分立而独特的个体而存在，他们对同一要素存在差异性的利用效率，进而会形成具有比较优势或比较劣势的分散决策个体（哈耶克，2000）。行为经济理性表明农户更倾向于按理性投资者的原则行事，总是试图在给定的目标函数及特殊约束条件下增进自身的福利。即使是传统农民也能就采用何种调整措施以有效地配置其资源做出最佳判断。也就是说，农户会在既定的约束条件下，相应调整其内在的经济逻辑以谋求收益最大化①。

从微观农户主体角度看，农地规模经营、服务规模经营发展路径对应分化出专业化的规模经营农户和服务经营农户，由此促进农业产业内的专业化生产活动、服务活动的纵向分工深化。任何生产活动都是一种投入生产要素并实现产出的经济行为。进一步地，生产活动的分工在微观个体层面表现为将生产要素向较少活动上集中配置的经营过程（赖宾斯坦，1970）。按此逻辑，农户分工问题就转化为：农户差异化的要素配置及其经营形式的选择问题。一般而言，农户要素配置决策受自身拥有的内部资源禀赋与外部环境因素的共同影响。内部资源禀赋主要包括劳动力、资金和土地要素。外部环境主要包括市场发育程度和政府政策环境。不过，农户对于生产要素的配置并非是一个静态的概念。开放经济条件下的要素流动，必然会改变农业生产要素结构及其相对价格，由此原先的均衡状态就会被打破，农户在进入生产要素重组的再匹配过程中，经营方式也会不断调整。对于要素禀赋特征正在发生深刻变化的中国而言，从要素禀赋视角来思考我国农户间分工动因及其发展具有重要意义。基于此，本节以“要素流动、动态配置与农户间分工发展”为理论线索，由此理解微观层面的农户在追求收益最大化过程中如何选择要素配置方式及其经营形式，揭示农户分工演进及其经营方式转型的结构性条件。

15.2.2 作用机理：从要素配置到两类规模经营

小农经济是在我国刚性资源禀赋条件下人地关系紧张的自然结果（李谷成等，2009）。在劳动力无限供给且缺乏非农就业机会的条件下，农户在不足的土地上密集地投入劳动，被困于“内卷化”（黄宗智，2000）的小规模、低报酬的稳态均衡之下，农业停留于“无发展的增长”状态。显然，如果农业劳动力素

---

① 关于农户的行为特征，一直存在“生存伦理”（Scott，1977）与“经济理性”（Schultz，1964）之争。在我国“没有市场发展”的计划经济时期，农户在人民公社的集体农地、个人的自留地上的劳动生产率每工作日分别0.47元、3.5元。这表明市场并未充分发展起来时或者即使农民对于市场价格并非十分敏感，仍然存在充分的行为一致性证据，表明农民总是试图在给定的约束条件下增进自身的福利。由此认为，经济理性贯穿于我国农户的经济行为决策。

质、农户生产能力以及农业经营规模都远在现代生产力水平所要求的底线之下，以其为基础的科技应用、产品质量、市场准入、维生收入、从农热情等都将日益变得难以为继，现代农业也就因此而成为一个可望而不可即的奢望。在很大程度上可以说，分散化的经营格局是近 30 多年来我国现代农业建设的主要障碍（何秀荣，2009）。但随着中国经济转轨与工业化、城市化的快速推进，城乡二元分割格局被打破，非农就业的相对高收益诱致农业劳动快速大规模向非农转移，引发了农民对土地依赖程度的分化，导致农户间形成日益显著的“留农经营”和“离农转移”的分化格局。在开放市场及其要素流动条件下，农户原有的要素配置状态必然发生根本性变化，进而导致农户经营方式的转变并卷入社会化分工格局之中。

1. “人—地”要素不匹配与农地转入：农场规模扩大

在“均田承包”的家庭承包经营改革制度背景下，不同能力的农户赋予了同样的土地资源，这必然使农户难以发挥比较优势，造成“均分”的土地禀赋与异质人力资本的非均衡配置问题（胡新艳等，2016a）。随着农业劳动力的非农转移，人地矛盾将逐步缓解，由此所诱导的农地流转市场发育，将为不同比较优势农户的土地资源供（转出）需（转入）交换提供了可能性空间。在开放市场条件下，具有农业比较优势的农户基于农业生产增收目标，相应于土地资源的短缺，会倾向于依托市场转入农地来扩大经营规模，使其自身经营能力与土地规模达成匹配均衡。

但是，农户农地转入意愿要转化为实际的流转行为，受到土地可获得性的影响。一方面，农户越具有农业经营比较优势而分得的承包地面积越匮乏时，土地流转的行为动机越强。另一方面，土地规模扩大涉及土地的租赁成本与土地流转的交易费用。在农地流转市场构成的交易特性约束下，农地流转市场发育水平越高，农地流转价格的生成机制越有效，农户转入农地的租金及其交易成本会越低，就越发能够促进农户的农地流转行为。显然，依赖于农地转入的农户农场土地规模改善，会促成传统意义上劳动力填充型的农业“过密化”（黄宗智，2012）转向“去过密化”（杨成林，2015），由此改善农场规模扩张的内部规模经济及其分工经济，并在一定程度上推进宏观层面的农地规模经营发展。我国农业发展的现实情况也基本印证了这一理论推演结果。随着大量农民进城务工，在农村自发土地流转的基础上形成了一批种植面积成一定规模的新“中农阶层”（贺雪峰，2011；杨华，2012；陈柏峰，2009）[①]。

① 需要指出的是，如果农户仅仅局限于小规模的土地要素存量增加及其优化配置，则可能并不足以改变农地经营规模过小的基本状态，无法转换为生产大户，其结果可能是“小农”替代“小农”的低水平复制，所获得的规模经济与分工经济依然是相对有限的。这被称为“简单劳动力的外延扩张”型农场扩张模式（温铁军，2010）。

如果农户不转入农地，意味着其保持原来既定的经营状态。如果基于农业比较优势而转入农地，且土地规模与其自身经营能力处于适度匹配状态，则表明农户从小农经营状态转向“规模改善”的相对均衡状态。进一步地，在国际农业竞争和国内产业竞争格局下，农业本身已经成为一种经营型的活动，有能力的农户具有向最佳经营规模发展的扩张性；在规模扩张中，农户需要相应调整农业要素配置及其经营方式。

2. 劳动力不足与机械替代：农地规模经营与服务规模经营

1）应对劳动力不足：农业雇工抑或机械替代

在实现利润最大化的生产规模扩张中，农户必然会面临自有劳动力不足的硬性约束，也意味着更高的经营成本。应对劳动力的短缺问题，农户可以采用从外部市场雇用劳动力而加以补充，也可以采用机械替代劳动的要素替代方式。伴随我国农业劳动力的工业化“择优”配置（陈超等，2012），全国总量劳动力增长速度放慢与人口红利的逐渐消失（蔡昉，2007），以及农民收入增长引致的闲暇需求上升（黄宗智，2012）等三种因素交汇影响[①]，引致我国农业劳动力供给的“量”短缺和“质”弱化问题日益突出，其结果是农业雇工影子工资水平持续攀升，相对价格远高于其他生产要素（胡瑞法和黄季焜，2001）。与此同时，农业生产特性决定了农业劳动必然分散在广阔的田野上，而且农业生产是人力劳动过程与生物自然生长过程相互交织渗透的复杂过程，使得劳动努力和报酬获得之间计量联系困难，农业雇工必然要面对高昂的劳动监督及衡量等交易成本（罗必良，2008b）。再者，在短期内，劳动力单位时间内的劳动供给是刚性的，他们无法在既定的工资水平上出售任意数量的劳动时间（Lewis，1954），而农业生产又具有季节集中性，这会使得农忙时节通过农业雇工确保获得充足的劳动力具有不确定性，产生了“时间挤兑”问题。受上述因素影响，农业生产中的劳动力雇工市场是相对“稀薄”的，我国农内雇工多局限于亲友邻居间的换工方式，而且很多地区由于农业劳动力的大量外流使得换工机制也越来越难以维系。

农业生产的多种投入要素在一定限度内是可以相互替代的。农业机械技术是对劳动力的一种替代[②]。控制其他变量条件，农户转向机械替代劳动意味着使用

---

① 在严酷的生存压力下，农业劳动“辛苦度”考虑不那么明显，但在收入不断增长的今日已逐渐成为决定劳动投入与否的显著因素，也就是说，闲暇在农户劳动供给函数中的作用权重明显上升，拉高了农业雇工影子工资水平。

② 机械可以替代劳动，但劳动有两种类型：一类是同质的一般劳动，即简单重复劳动；另一类是异质的复杂劳动，如企业家精神等。同质劳动是机械可替代的劳动；异质劳动是机械不可替代的劳动。这里仅讨论机械与同质劳动的可替代问题。此外，低劳动密集作物品种选育、温室栽培技术等在一定程度上也能起到节约劳动力的作用，但节约劳动力的最关键的技术是机械技术。

相对便宜的资本（机械）替代较贵的劳动力，而且与农业劳动相比，机械操作的“标准化、规范化”的技术性质特征使其更易于被考核①，也能减少农忙季节劳动雇用的不确定性。显然，随着农户土地面积的扩张，借助机械化和资本化要素替代劳动是合理的选择。但机械技术投资具有资本密集型特征，农民作为投资主体，如何能获得扩大再生产的经营性技术投入资本？农户资金投入来源于自有资金、借贷资金或政策补贴支持三条渠道。一般而言，农户自有资金量越丰富，农村金融市场发育水平越高，政府补贴越多，越能够激励农户的农机购买行为。从我国农户汇总数据看，已经表现出以节省劳动力为目标的农业机械化与资本化趋势。1990~2011 年，我国三种主要粮食作物的单位面积用工量平均减少了 32%，与此同时，农机总动力增加了 2.4 倍（钟甫宁等，2016）。《中国统计年鉴》的数据显示，2002~2011 年，东部地区农户拥有的生产性固定资产平均增长了 1.18 倍，中部地区增长了 1.76 倍，西部地区增长了 2.04 倍。事实上，黄宗智（2012）所谓的“农业隐性革命”已经逐渐地显性化。以机械技术为载体的技术方法和工业因子的引入，即使农业依然保留家庭经营模式，但因被赋予了现代技术内容，从而与传统的小农经营有着质的区别。

如图 15-1 所示，在规模扩张中，为应对劳动力的相对不足问题，越是具有资金可得性的农户，越会购置农机以替代高企的劳动力投入成本，由此实现收益最大化并赢得农业生产竞争优势。但农业机械技术投资和利用具有不可分性，要使农业投入中其他所有要素按同比例变化基本上不可能，因而易造成机械资本投入与土地规模的非均衡配置状态，衍生出机械与规模匹配的经营要求，进而诱发农户进一步调整要素配置方式及其经营方式。

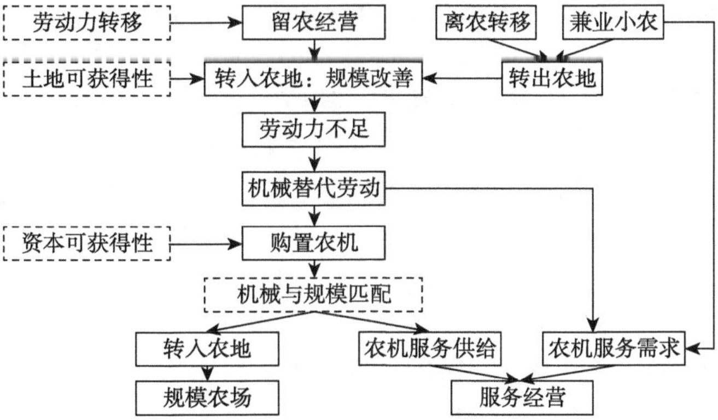

图 15-1　规模经营生成机理

① 例如，使用拖拉机耕种与使用锄头手工耕种相比，能更好地评估劳动努力。如 Alston（1981）所阐释，同一类机器的运作绩效是完全一样的。一旦采用拖拉机的机器力，生产的标准化就产生了：劳动成果的变化性很小，因而使用拖拉机就容易度量劳动力投入量。

2）机械规模利用的匹配方式：规模经营抑或服务经营

机械技术投资和利用具有不可分性，会对土地利用产生“集约性”与“规模性”要求（邓宏图和崔宝敏，2007），并且，农机具作业对象的针对性强，在利用上也存在季节性，农户必须为农机匹配足够的运作空间和使用频率，保证投资达到最低资本收益率底线。因此，对农户来说，农机投资是一把双刃剑，一方面机械化作业无疑会要求土地经营规模的匹配，另一方面有限的使用频率必然导致投资效率的低下。为了破解这一困境，农户有两种要素匹配方式可以选择：一是转入农地，扩大农场的土地经营规模，实现土地规模与农机利用的匹配格局。二是为市场提供机械服务，通过将众多小农户的机械服务需求聚合为社会化服务的交易规模，从而实现服务规模与农机利用的匹配格局。从分立的异质性农户角度看，其面临要素成本及其约束条件不同，会选择不同的农机规模利用匹配方式，这无疑会导致农户经营形式的分化。

对农户而言，如果农地可获得性高，那么他就会通过扩大土地规模来实现“土地规模经济性”。但是转入农地扩大经营规模以匹配农机规模性运作，需要支付土地租金成本，土地流转交易成本以及配套的化肥、农药、其他农机设备等生产性成本，而且大规模农场面临机械资产专用性及其所带来的“套牢”风险（周文，2009）。这意味着，土地和资本设备所需的资金和负债是巨大的，易产生难以接受的财务风险（夏益国等，2015）。因此，激励农户进一步农地转入扩张经营规模，除了土地可获得性外，也与其农业经营比较优势、投资能力以及市场交易能力等密切相关。如果对于农户而言，农地流转的效率相对低，农地可获得性小，那么，农场土地规模的扩大将受到约束，农户就会转为以提供经济性服务为主，其前提条件是作为中间性市场的农机服务具有较大的市场容量与较高的交易效率，使得中间品服务主体进入成为可能。事实上，对于我国广泛存在的小农户而言，除自身拥有一小部分机具外，其他配套的系列化购买及其维护费用的投资门槛较高（钟甫宁等，2016），且存在对农机资产专用性所造成的投资锁定风险顾虑，他们普遍认为自购农机并不划算，不可能也没有必要购置“小而全”或“大而全”的农业机械，尤其是那些投资大、使用技术要求高、利用率低的机械。这客观上为农业机械服务创造了市场需求。此外，“需求创造供给”，因此，在资金可得性的前提条件下，并不排除一些对市场机会敏感的“机会捕捉”农户，以营利为目标购买农机具提供经济性服务，也就是说，这部分农机服务农户的产生发展与土地可获得性及其规模扩张无关，仅与资金可得性及其机械购置行为相关。

当农户选择进一步转入农地以匹配机械使用时，会促进规模经营农户的生成与发展。规模经营农户集中于农业生产活动，由此深化农场组织的内部分工经济和规模经济的发展，推进宏观层面的农地规模经营发展。如果农户以提供经济性服务为主，则会促进农机服务市场的发展，此时的分工经济就转换为通过机耕、机收等农业生产性服务的纵向分工、迂回投资与服务外包来实现“服务规模经济性”。随着农机服务市场的发育，农户购买农机服务的费用下降，与此同时，农机服务供给将使得具有农业比较优势但受制机械投入资金约束农户的农地规模扩张变得现实可行，进一步地促进农地经营规模的扩张。不过，这部分农户机械替代及其规模扩张的实现依赖于与农机服务农户之间的分工合作，是“供给决定需求”的被动替代方式下的规模扩张，不同于农户自购农机的主动替代及其规模扩张。但是无论是农户自己投资购买农机，还是采用购买农机服务的方式，都有利于农户土地经营规模的扩张。此外，在外部农机服务具备可得性的前提下，规模经营农户也会根据“成本—利润”原则，在农机“投资自购”与“服务购买”之间进行优化配置，合理购买农机服务，将农场内部的非关键业务流程外包出去，进而促成规模经营农户与服务农户之间的分工合作，由此朝着专业化方向发展，内生形成动态比较优势。根据杨格定理，由最终产品生产规模扩大引起的中间产品生产专业化及其生产效率提高，是最终产品生产效率提高的主要原因。事实上，任何发达国家的家庭农场总是同一个巨大而有效率的社会化服务网络密切联系在一起（中国农村发展问题研究组，1984）。可见，图 15-1 所显示的农户经营形式及其分工演进状态并非最后的终结点，依然存在进一步发展的空间。

3. 小结

从微观农户行为机理看，规模经营农户、服务经营农户发展共同的触发点在于城乡劳动力市场发育。在要素流动和开放市场条件下，尊重农户自身意愿并借助于市场力量，农户会动态调整优化农业生产要素组合，内生出一种农场规模扩张、服务经营发展的机制。微观农户分化发展的累积效应，能够表达为农地规模经营、服务规模经营的发展图景。应该说，两类模式均能够在不同方面获得规模经济与分工经济的比较优势，有利于形成农户的专业化分工及其依存合作关系。基于这样的理论判断，有关农业经营规模的基本共识——“农地规模经营、服务规模经营”应成为并行不悖的双重策略。

从规模经营农户生成演进逻辑看，农户农业比较优势、土地与资金要素可获得性以及机械购置数量、农机服务购买等是关键影响因素；对于服务经营农户而言，资金的可得性，农机购置数量以及农机服务市场容量是关键影响因素，但土地可得性及其规模扩张的影响是不确定的。如果农机服务农户主要源自市场机会敏感的“机会捕捉”农户，则土地可得性及其规模扩张的影响会不显著；如果农机服务农户更多地源自规模扩张农户中机械规模利用而转向农机服务，则土地获得性及其土地规模扩张的影响是显著的。

15.3 实 证 分 析

15.3.1 实证分析 1：行为能力、要素替代与规模农户生成

1. 分析视角

众多研究已经关注到农业规模经营的若干方面：①农户农地流转的决定因素。一是从宏观定性角度，分析现行的户籍制度、农村土地流转制度、农村社会保障制度、农业金融制度等制度因素对农地流转的影响（Kung and Bai，2011；罗必良等，2012；田传浩和贾生华，2004；游和远和吴次芳，2010；包宗顺等，2009）；二是从微观定量角度，分析农户家庭特征、制度环境、市场特征、区域环境等因素对农户农地流转及其规模经营意愿的影响（罗必良，2013a；张兰等，2015；许恒周和郭忠兴，2011）。②适度规模经营的效率作用。主要是揭示农业规模经营对农业经营效率的影响，并由此提出规模经营的适宜标准（郭庆海，2014；刘凤芹，2006）。③农户最优农地经营规模区间的测算。既包括加总数据的处理（Fleisher and Liu，1992；Lin，1992），也包括分区域、分农作物品种的规模效益分析（倪国华和蔡昉，2015；蔡瑞林和陈万明，2015；李文明等，2015）。

从农户层面来说，农地规模经营具有十分重要的行为发生学含义：第一，在农地家庭承包的制度约束下，农地规模经营必然依赖于农地经营权的流转，或者，更准确地说，依赖于部分农户对其经营权的退出；第二，部分农户的经营权退出与另一部分农户经营规模的扩大，一定意味着农户在农地经营中的分化，只有那些具有农地经营比较优势的农户，才可能走向农地的规模经营；第三，更为重要的是，经营规模的扩大，必然要求农户投入要素的结构性转换及其调适性匹配。其典型情形是，家庭农业劳动力的总量约束通常难以满足较大规模土地的劳动用工需求。一方面，为了消除这类不平衡性，农户可能会通过劳动力市场来解决；另一方面，考虑到农业劳动质量的考核成本、农业用工旺季雇工的较高成本及其不确定性，规模农户则可能寻求资本对劳动的替代。可见，农户的农地规模经营并非是由农地要素及其流转所独立决定的，由此也就意味着，农户的农地流转行为与农户的规模经营行为隐含着重大差异。显然，现有文献对农地规模经营的讨论，并未对上述问题予以足够的关注。

本节侧重于考察种植农户的农地规模经营行为。为了阐明小农演化为规模农

户的内在逻辑，特构建“行为能力—要素匹配—规模农户”的分析框架。其分析步骤：第一，由于农户规模的扩大一定源于农地的转入，所以必须首先识别农户转入农地并扩大规模的影响因素。按照前述逻辑，我们将这些影响因素表征为农户具有农业经营比较优势或者行为能力的决定因素。第二，基于因素识别，进一步考察规模农户的要素匹配机理，并阐明在推进农地规模经营的进程中，要素市场的发育及其优先次序。

2. 逻辑推论

假定农户是异质的。在农业经营中，这类异质不仅包括资源禀赋与偏好的差异，还包含行为能力的差异。由此可以假定存在能力优势与能力劣势的两类农户。在均田承包的初始情景下，对于农地经营，行为能力不足的农户可能会放弃部分有价值的产权权能，如粗放经营、撂荒等，从而导致租金耗散与效率损失（何一鸣和罗必良，2009），从逻辑上来说，这类农户有转出农地的意愿。具有行为能力优势的农户，相对其农地产权赋权而言，可能存在能力过剩与浪费，显然这类农户有转入农地的意愿。为了从机理层面分析农户农业经营的行为能力如何决定农地转入及农地规模经营行为，必须先构建农户农业经营能力的分析维度。

进一步地，我们将农户家庭经营或家庭农场视为一个“企业”。制度经济学的代表人物康芒斯（1934）从两个方面认识企业的本质：一是从“人—物”关系出发，认为企业是利用资源的协同效应，从而将分散资源集结并向市场提供产品和服务，着重体现为生产决策属性；二是从“人—人”关系出发，认为企业是利用“权威”代替市场价格机制，对企业内各要素的所有者进行协调，即具有交易选择属性（杜晶，2006）。为此，可以将农户的经营能力细分为生产经营能力与交易经营能力两个层面。

1）生产经营能力：基于企业理论的梳理

以奈特（Knight，1921）为源头的企业家理论，以及以钱德勒（Chandler，1978）为源头的管理协调理论深化了对企业性质的认识。在奈特看来，企业不是别的东西，而仅仅是一种装置，通过它，企业家自愿承担风险，并保证厌恶风险者得到确定的收入，以换取对后者的支配权力。奈特指出，在不确定性下，“实施某种具体的经济活动成了生活的次要部分；首要的问题或功能是决定干什么以及如何去干”。这“首要的功能”即企业家功能。此外，熊彼特（Schurnpeter，1934）视企业家为创新者，能够改革和革新生产的方式；卡森（Casson，1982）则认为“企业家是擅长于对稀缺资源的协调利用做出明智决断的人”。钱德勒则通过对美国企业发展史的考察，分析了企业内部管理协调取代市场协调的历史过程。他以大量的企业史资料论证了在大量生产和大量分配的条件下，管理协调具有比市场机制更高的生产力和更低的单位产品成本。

如果我们将经营决策能力定义为奈特所说的“决定做什么以及如何去做”的能力，而将所有涉及贯彻这一决策的其他活动定义为“生产活动”，那么我们就可接受张维迎（1995）的下述判断：尽管每一个人都可能掌握某些经营决策能力，但观察表明，各个人的经营决策能力是不同的。这不仅仅是因为不同的人会面对不同的搜集与加工信息的费用，同时还由于经营决策能力很大程度上取决于各个人的“机灵”、“想象力”和“判断力”。所有这些个人特点，起码有部分是先天的、无法教育的。此外，尽管各个人在他们的生产活动能力上也有不同，但生产活动能力的分布并不需要与经营活动能力的分布相一致。为了简单起见，我们假设，个人之间在生产活动能力上是完全相同的，但是在经营决策能力上有差别，这种差别为人们创造了一个合作的机遇，这种合作导致“企业”的出现。在企业中，那些具有高经营决策能力的人负责经营决策，而那些并不擅长经营决策的人则负责生产活动，以此代替每个人都是既负责经营决策又负责生产活动的个体实业家。

基于上述分析，我们可以得到如下推论。

第一，农户生产经营能力的差异，必然导致其在农地经营中的分化，一个基本表现就集中体现为农地的流转。显然，没有农户的农地经营权的退出，就不可能有规模农户的形成。

推论 1：那些具有农业经营决策能力优势的农户倾向于扩大农地经营规模，从而寻求能力与规模的匹配；相反，那些具有农业经营决策能力劣势的农户则倾向于转出农地，甚至退出农户家庭经营。

第二，农业生产经营可以包含生产决策及多种农事活动。随着经营规模的扩大，如果所有的农事活动均由一个家庭经营主体独自处理，那么现场处理的复杂性及其多样性，必定超出农户的劳动行为能力。由此，农地与劳动力的要素匹配及其结构性矛盾，必将伴随农地规模的扩大而加剧。从短期来看，农业生产的季节性决定着农业用工旺季与淡季的交替，势必引发时间上过剩与不足的结构性矛盾；从中长期来说，家庭人口与劳动力的变化，也必然导致农户经营过程中劳动力需求与供给总量上的结构性问题。因此，结构性矛盾能够内生出农业劳动力要素市场的发育。

推论 2：随着农地经营规模的扩大，农户往往会选择雇工进行经营作业。

2）交易经营能力：基于交易费用理论的考察

在科斯（Coase，1937）看来，市场和企业是资源配置的两种可以相互替代的手段。它们的不同表现在：在市场上，资源的配置是非人格化的价格来调节的，而在企业内，相同的工作则通过权威关系来完成。二者之间的选择依赖于市场定价的成本与企业内管理协调成本之间的平衡关系。所以企业的显著特征是

“以权威替代价格机制”。企业之所以产生，根源在于它能够节省交易费用。

基于科斯的基本思想，杨小凯和黄有光（1999）建立了一个关于企业的一般均衡模型。假定在一个经济系统中，每个人都可以生产两种产品：面包和生产面包过程中的管理知识。再假定专业化的经济性，人们会选择分工组织生产。组织分工的方式有三种：第一种组织分工的方式是，管理专家将管理知识卖给生产面包的专家以换取他所需要的面包。这种组织分工方式意味着两个产品市场，一个是管理知识市场，另一个是面包市场，分工的双方以产品交换产品，权威和剩余权是对称分配的，所以不存在企业。第二种组织分工的方式是，生产面包的专家开家工厂，雇用管理专家的劳动。第三种组织分工的方式是，生产管理知识的专家开设工厂，雇用生产面包的工人。这后两种组织分工的方式都是剩余权与权威的不对称分配，而且都是以劳力的买卖代替中间产品的买卖，都需要建立企业。由于第一种组织分工方式必须交易管理知识，第二种组织分工方式必须交易用来生产管理知识的劳动，两者的交易费用均很高。第三种组织分工方式只需交易面包和生产面包的劳动，面包的数量和质量以及生产面包的劳动均较容易测定，交易费用相对较低。所以，一般情况下，劳动分工将以第三种组织方式出现。因此，企业是一种巧妙的交易方式，它可以把一些交易费用极高的活动卷入分工，同时又可以避免对这类活动的直接定价和直接交易。在第三种组织分工方式中，管理专家拥有企业的剩余收益权与剩余控制权，剩余收益权就是管理知识的间接定价。

基于上述，我们可以得到另外的推论。

第一，对于农业而言，与农地规模经营相匹配的劳动要素流动隐含着高昂的交易成本。首先，我国已进入“刘易斯拐点”转折区间或到达“刘易斯拐点”（蔡昉，2007），与此同时，大量农业劳动力转移引发的农业雇工的搜寻成本与雇用成本不断上升；其次，农业生产活动的季节性与周期性特性，往往会使得农忙季节无工可雇的现象时有发生，从而加剧了农业雇工的不确定性与风险成本；最后，农业的生命节律特性，决定了农事操作者必须根据生物需要的指令来做出有效的现场处置（中国农村发展问题研究组，1984），必然导致劳动质量的监督困难，内生高昂的考核成本。因此，随着农地规模的扩大，农户通过采用机械替代劳动力，成为改善要素匹配效率最恰当的选择。

推论 3：实施农地规模经营的农户，往往会选择机器替代劳动进行经营作业。

第二，作为专用性资产的投资，农机具不但具有作业对象的针对性，而且会因农业长周期性所决定的较低使用频率，产生投资锁定与沉淀成本。由此，当家庭农场尚未达到足够规模水平时，农户会倾向于将资产专用性较高的生产活动卷入分工体系当中（胡新艳等，2015b），即通过购买生产性服务替代直接购买农机，以降低生产费用并改善经营效率。可见，对于规模农户而言，投资农机或者购买生产性社会服务，是两种可替代的经营策略。

推论 4：如果农户的经营规模尚未达到一定水平，会倾向于选择购买生产性服务进行经营作业。

第三，农业机械对土地利用有着“集约性”与“规模性”要求（邓宏图和崔宝敏，2007），具有投资额相对较大的特点。尽管存在机械小型化的技术可能性，但作为固定投资，农机购置依然存在投资门槛。此外，农地规模的扩大，不但需要以支付农地流转价格为代价，同时也要求农田水利设施与配套装备等附着于土地的资产与之相匹配（Cheung，1969）。可见，农地规模经营对农户有一定的资金要求。当农户自有资金不能满足农业生产的投入要求时，必然需要通过信贷市场获得资金借贷，以满足生产需要。

推论 5：农户的信贷可获性越大，其实施农地规模经营的可能性越大。

第四，农地在农业用途上的生产力取决于以各种形式形成的互补性投资，如灌溉排水设施、大棚钢管设施等。与其他行业相比，农业专用性投资行为所形成的资产不但易于“沉淀”，即缺乏流动性（钟文晶和罗必良，2014），而且具有明显的收益时滞性特征，前期承担的成本要经过较长一段时间后才会形成经济收益。由此，生产周期内的农地稳定性预期将会显著影响农户的农业生产投资行为，进而影响规模经营行为。

推论 6：地权的稳定性预期决定农户的投资行为，地权稳定性越高，农户越会加大投资力度，实施农地规模经营的可能性越高。

3. 计量分析之一：行为能力、农地转入与经营规模扩大

一般来说，农户农地经营规模的扩大，必然依赖于农地经营权的转入。因此，揭示规模农户的生成机理，有必要首先识别农地转入行为与农户的规模经营行为的差异，从而阐明农户行为能力所隐含的行为发生学意义。

1）数据来源

数据来源于“农村土地与相关要素市场培育与改革研究”项目专项农户问卷（NSFC-71333004-2015）所获得的 2 704 个样本农户数据。

2）变量设置及其说明

（1）被解释变量。农地转入是农户规模经营的前提，因此首先设置“农地转入”为第一个被解释变量。同时，实际经营规模有助于直观表达农户经营的规模，因此将其设置为第二个被解释变量。

（2）解释变量。根据前文逻辑，将农户的经营能力细分为生产经营能力与交易经营能力两个层面，同时依照推论，设计出刻度农户在生产与交易两方面的经营能力指标。

第一，农户的生产经营能力包括两个维度。

一是生产能力。农户农业生产经营能力的优劣，外在表现为与其他农户生产经营的效率与效益比较，可用题项“单产水平与周围其他农户相比”来测度。

二是雇工水平。用“劳动用工来源”（分别包括“自家”“帮工与换工”“雇请零工”“雇请专业服务组”）来测度农户的雇工可获性。

第二，农户的交易经营能力包括四个维度。

一是农机投资。用农户所拥有的农用机械物质资本表达，测度题项为“是否购买农机”以及“农机价值”。

二是购买生产性服务。指农户的农内生产性机械服务需求，用题项“是否购买农业机械服务”表达。

三是农业信贷。用题项“农业贷款额”测度。

四是地权稳定性。用“土地是否调整”“土地是否确权”两个题项测度。

（3）控制变量。由于农户的承包面积、劳动力数量及所处地域特征会影响农户农地流转决策以及农机投资决策，故将其作为控制变量。

变量设置与说明见表 15-1。

表 15-1　变量说明及其描述性统计结果（N=2 704）

变量名称			测度题项	变量赋值	均值	标准差	最小值	最大值
被解释变量	农地转入		是否农地转入	否=0；是=1	0.12	0.33	0.00	1.00
	实际经营规模		种植面积	无耕种=0；<1 亩=1；1~3 亩=2；3~5 亩=3；5~10 亩=4；10~15 亩=5；15~30 亩=6；>30 亩=7	3.05	1.57	0.00	7.00
解释变量	生产经营能力	生产能力	单产水平与周围其他农户相比	低=1；差不多=2；高=3	2.52	0.85	1.00	3.00
		雇工水平	A.自家；B.帮工与换工；C.雇请零工；D.雇请专业服务组	A=1；B=2；C=3；D=4 将得分累加	1.56	1.59	0.00	10.00
	交易经营能力	农机投资	是否购买农机	否=0；是=1	0.67	0.47	0.00	1.00
			农机价值	净现值/万元	0.56	3.015	0.00	100.00
		购买生产性服务	是否购买农业机械服务	否=0；是=1	0.25	0.43	1.00	0.00
		农业信贷	农业贷款额	没有=1；<1 万元=2；1 万~5 万元=3；5 万元及以上=4	1.41	0.89	1.00	4.00
		地权稳定性	土地是否调整	否=1；部分=2；全部=3	1.19	0.50	1.00	3.00
			土地是否确权	否=0；是=1	0.54	0.50	0.00	1.00
控制变量	承包面积		承包耕地面积	实际数据/亩	7.14	20.53	0.00	680
	劳动力数量		家庭劳动力数量	实际数据/个	3.14	1.30	0.00	20.00
	地域特征		您村所处的地形	山区=1；丘陵=2；平原=3	2.12	0.82	1.00	3.00

3）模型构建与计量结果

所构建模型的被解释变量为农户是否转入农地以及农户的种植面积。前者为0~1 变量，选择 Probit 模型进行计量分析，后者则选择 OLS 模型估计。回归结果表明，“农地转入”Probit 模型预测准确度高达 87.98%，“种植面积”模型的 R^2 达到 33.79%，两个模型的拟合程度均较好，重要的解释变量都通过显著性检验，有进一步讨论的价值（表 15-2）。

表 15-2　回归结果（N=2 704）

变量	农地转入的 Probit 模型			种植面积的 OLS 模型	
	系数 β	边际效应	标准误	系数 β	标准误
生产能力	0.237^{***}	0.043	0.047	0.335^{***}	0.031
雇工水平	0.049^{**}	0.009	0.021	0.157^{***}	0.017
农机购买	0.398^{***}	0.073	0.120	0.434^{***}	0.091
农机价值	0.037^{***}	0.007	0.011	0.063^{***}	0.008
购买农机服务	0.197^{*}	0.036	0.104	0.240^{***}	0.084
农业信贷	0.113^{***}	0.021	0.035	0.144^{***}	0.028
土地是否调整	0.121^{*}	0.022	0.064	− 0.069	0.049
土地是否确权	− 0.069	− 0.013	0.066	0.109^{**}	0.049
承包耕地面积	0.003^{**}	0.001	0.001	0.021^{***}	0.001
家庭劳动力	0.016	0.003	0.025	0.035^{*}	0.019
村庄地形	-0.116^{***}	− 0.021	0.041	0.121^{***}	0.031
模型评价	R^2= 0.087 9 LR chi^2（8）=175.00^{***} Correctly classified=87.98%			R^2=0.337 9 F（11，2 692）=126.39^{***}	

*、**和***分别表示 0.1、0.05 和 0.01 的显著水平

4）结果分析

观察表 15-2，可以得到如下判断。

第一，农户的行为能力对于农户的农地转入及其经营规模的扩大均具有显著影响。值得注意的是，农户的农地转入与农户种植规模的扩大具有大体一致的行为发生学特征。或者说，农户的行为能力既决定农户的农地转入行为，也决定着农户经营的规模化。

第二，农户的农地转入，是农户走向规模经营的必要条件。其中，农户生产经营能力及其比较优势，是农户农地转入的重要前提；农户的投资能力、信贷可获性、农业生产性服务的外包，及其所内含的交易成本的降低，是农户倾向于扩大经营规模的决定因素。

第三，农地调整有利于农户的农地转入，但农地确权所表达的稳定性预期，则有助于强化农户选择规模化经营的倾向。

第四，农户所处的村庄地形越是平坦，越不利于农户的农地转入，但却有助

于规模化的农地流转。

4. 计量分析之二：规模农户的生成逻辑

表 15-2 的回归结果已经证明，农户行为能力对农户的农地转入及其规模扩大具有决定性作用。但是，规模扩大并不必然转向为规模经营。为此将农户种植规模做进一步细分，以考察不同规模情景下的行为特征，并由此揭示规模农户的生成机理与内在逻辑。

1）统计描述

依然采用 2 704 个样本农户的数据，并按照农户的种植规模进行分类。其中，将经营规模在 0~3 亩的农户视为“超小规模农户”；将经营规模在 3~8 亩的农户视为“小规模农户”；经营规模在 8~15 亩的农户视为“一般规模农户”；经营规模在 15~20 亩的农户视为“初步规模农户”，并进一步将“规模农户”分为 20 亩以上与 30 亩以上两种类型（表 15-3）。

表 15-3　农户种植规模的样本分布

经营规模	≤3 亩	3~8 亩	8~15 亩	15~20 亩	20 亩以上	30 亩以上
农户类型	超小规模	小规模	一般规模	初步规模	较大规模	大规模
样本数/户	1 411	781	315	78	119	84
占比	52.18%	28.89%	11.65%	2.88%	4.40%	3.11%

对全部样本农户的统计测算表明，尽管有 22.71%的农户转出了农地，转出的农地面积为 3 570.05 亩，占全部承包面积的 18.49%，但从表 15-3 可以发现，农地流转并未根本改变小规模的经营格局。其中，“超小规模”样本农户占到 52.18%；“小规模”及以下样本农户占比则高达 81.07%；30 亩以上的规模农户仅占 3.11%。可见，农地流转并不必然导致规模化经营。

2）计量模型与结果

进一步考察农户规模扩大及规模经营的生成机理。基于前述的分类，可将农户经营规模选择视为一个二分类变量，对其分别赋值 1、0 变量，采用 Probit 模型进行计量，结果如表 15-4 所示。六个模型的拟合程度均较好。

表 15-4　农户规模类型及回归结果

变量	模型Ⅰ 超小规模农户		模型Ⅱ 小规模农户		模型Ⅲ 一般规模农户	
	系数 β	边际效应	系数 β	边际效应	系数 β	边际效应
生产能力	−0.338	-0.090^{***}	0.220	0.070^{***}	0.188	0.035^{***}
雇工水平	−0.097	-0.026^{***}	0.052	0.017^{***}	0.053	0.010^{**}
农机服务	−0.227	-0.060^{**}	0.228	0.072^{***}	−0.157	−0.029

续表

变量	模型Ⅰ 超小规模农户		模型Ⅱ 小规模农户		模型Ⅲ 一般规模农户	
	系数 β	边际效应	系数 β	边际效应	系数 β	边际效应
农机购买	− 0.431	− 0.114***	0.341	0.108***	− 0.007	− 0.001
农机价值	− 0.055	− 0.014***	− 0.017	− 0.005	0.009	0.002
农业信贷	0.032	0.008	0.003	0.001	0.032	0.006
土地是否调整	0.265	0.070***	− 0.141	− 0.045***	0.044	0.008
土地是否确权	− 0.069	− 0.018	0.079	0.025	0.112	0.021*
承包耕地面积	− 0.192	− 0.051***	− 0.012	− 0.004***	0.004	0.001***
家庭劳动力	− 0.051	− 0.014**	0.066	0.018***	0.022	0.004
村庄地形	− 0.095	− 0.025***	0.073	0.023**	0.106	0.020***
模型评价	R^2=0.351 8 LR chi^2（8）=1 317.05***		R^2=0.066 6 LR chi^2（8）=216.42***		R^2– 0.043 3 LR chi^2（8）=84.27***	

变量	模型Ⅳ 初步规模农户		模型Ⅴ 较大规模农户		模型Ⅵ 大规模农户	
	系数 β	边际效应	系数 β	边际效应	系数 β	边际效应
生产能力	0.063	0.004	0.121	0.007	0.073	0.003
雇工水平	0.120	0.007***	0.041	0.002	0.006	0.002
农机服务	0.102	0.006	0.132	0.007	0.258	0.010
农机购买	0.418	0.025**	0.488	0.026***	0.591	0.024**
农机价值	− 0.022	− 0.001	0.073	0.004***	0.063	0.003***
农业信贷	0.005	0.0003	0.174	0.009**	0.185	0.007***
土地是否调整	0.120	0.007	0.004	0.000 2	− 0.040	− 0.002
土地是否确权	− 0.041	− 0.002	0.117	0.006	0.160	0.006
承包耕地面积	0.004	0.000 2***	0.048	0.003***	0.042	0.002***
家庭劳动力	0.005	0.000 3	0.001	0.000	0.060	0.002
村庄地形	0.188	0.011***	− 0.004	− 0.000 2	− 0.079	− 0.003
模型评价	R^2= 0.079 3 LR chi^2（8）=56.05***		R^2= 0.421 6 LR chi^2（8）=411.52***		R^2= 0.419 7 LR chi^2（8）=314.22***	

*、**和***分别表示 0.1、0.05 和 0.01 的显著水平

从表 15-4 可得出以下结论。

第一，无论是农户的生产经营能力、交易经营能力，还是农户拥有的资源禀赋，均表明具有比较优势的农户拒绝选择超小规模经营。在全部样本中，超过52%以上的农户进行超小规模经营，意味着“弱者种地”是农户家庭经营的普遍现象。并且，农地承包经营权频繁调整所内生的经营不稳定性预期，往往会加剧

超小规模的经营倾向。

第二，从禀赋资源来看，农户家庭所拥有的承包地越多以及劳动力越多，能够促使其超越超小规模的经营状态。其中，家庭劳动力的数量、农户所处的村庄地形，并不构成农户走向规模经营的重要约束；但农户家庭所拥有的承包地面积的大小，则对农户规模经营选择具有明显的路径依赖特征。由此再次验证了，农村土地的“均包制”是我国农户分散化细小化经营格局的制度性基因（李尚蒲和罗必良，2015b）。

第三，值得重视的是，农地调整与农地确权对于小规模经营农户的选择行为能够产生影响，但对农户走向规模化经营的影响甚微。从而表明，农地产权的界定与调整尽管对产权主体行为具有重要的机理性作用，但对以经营权流转为基础的产权流转契约及其所形成的规模经营，能够规避产权不确定性引发的行为预期不足。或者说，“纸面上”的产权安排，与实际实施的产权交易，是能够相对独立行使的。可见，在规模经营格局下，适当的流转契约安排能够使得“权动”不影响“地动”。应该说，以往的研究或许夸大了产权制度安排对农业规模经营的影响。

第四，生产经营能力是农户扩大规模经营的关键因素，但并非是规模农户形成的决定因素。在此再一次证明了一个基本判断：农户的生产经营能力是决定农户初始选择扩大经营规模的前置因素，而农户的交易经营能力则是决定农户规模化经营的决定因素。

3）进一步的分析：要素匹配与规模农户的生成路径

观察表 15-4 可以发现，农户在不同的经营规模，会呈现不同的要素匹配特征。

第一，一旦超越超小规模经营，具有比较生产优势的农户就会选择雇工经营、购买必要的农机设备等固定资产或者购买与之相对应的农机社会化服务。其中，农业劳动力市场的发育与农业生产性服务市场的发育，是破解小规模经营格局、诱导农户通过农地经营权市场扩大种植规模的必要条件。

第二，从小规模演变为一般规模与初步规模，农户会倾向于以劳动替代农业资本以及社会化服务。因此，农业劳动力市场的发育，是农户进行经营规模转型并过渡到大规模经营的前提条件。

第三，当农户经营规模超过 20 亩以上，农户对土地的资本投入就变得重要，且农业信贷市场的发育与农户贷款的可获性越发具有决定性作用。其中，通过农业信贷市场所诱导的投资增加以及由此形成的资产专用性（农机净资产价值越高可视为专用性程度越高）的提升，有助于推进规模农户的生成。

基于上述逻辑，可以发现农户不同的经营规模水平，与农业劳动力、生产性服务与农业信贷三大市场发育，具有明显的匹配演化路径（图 15-2）。

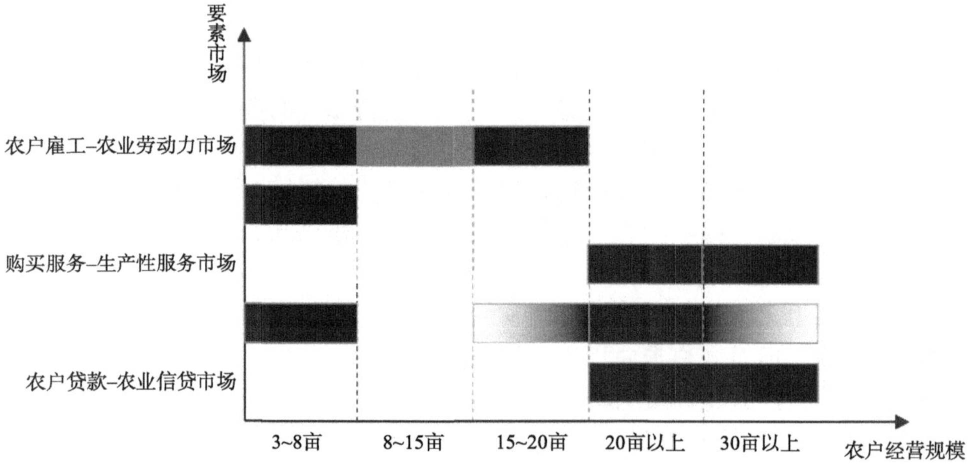

图 15-2　要素匹配与农户经营规模的演化路径

图中颜色的深浅表达不同要素对农户不同经营规模选择的作用强度

15.3.2　实证分析 2：要素替代中的雇工经营抑或服务外包

1. 分析视角

中国农业目前面临“五化”（农村空心化、要素非农化、务农老龄化、农业副业化、农民兼业化）、“双高”（高风险、高成本）、“双紧”（资源环境约束趋紧、青壮年劳动力紧缺）的严峻形势。在此情景下，如何突破制约农村要素市场发育的瓶颈，破解“小规模、分散化”农地经营格局的困境，有效解决“谁来种地”的难题，是农业经营亟待解决的“关键”问题。农地流转有助于实现规模经营，降低劳动成本，具有资源配置效应、边际产出拉平效应及交易收益效应（姚洋，1998）。农地流转的本质是推动土地要素的市场化，从而改善土地的资源配置效率，激励农业剩余劳动力的非农转移（姚洋，2000a）。在人口流动和土地流转的过程中，必须构建与行为主体匹配的土地“退出机制”和“进入机制”。不同禀赋特征和行为能力的农户，依据比较优势引入专业化分工，并通过“人动”促进“地动”，改变现有的农业经营格局，发展农业规模化经营，这是农地制度与政策调整的基本方向（罗必良等，2012）。综上所述，在农村要素市场中，土地要素和劳动力要素发生流动，农户经营规模逐步扩大，必然导致要素配置格局发生重大调整。其中，两个方面的特征尤为关键。

一是要素的匹配关系。随着经营规模扩大，农户要素投入将发生结构性转换及其调适性匹配。一方面，“小而散”的农地经营规模，释放农村剩余劳动力非农转移，必然导致农村劳动力的弱质化和兼业化（秦雯，2012）；另一方面，随着土地的集中流转，推动农户土地规模的扩大，决定着农户要打破可支配劳动力的约束，必然采用劳动力市场的雇工经营。

二是要素的替代关系。要素比价的变化，决定着要素的匹配关系（江雪萍，2014）。一方面，农业劳动力的非农转移，导致农业劳动的供给总量下降，引起农业雇工空间的收缩；另一方面，随着规模农户对雇工的需求增多，加剧了农业雇工市场的竞争。由此，供给下降和需求过剩，共同决定着农业劳动的成本上升。其典型的情形是，为突破劳动力的总量约束，满足规模经营的用工需求，农户通过雇用人工作业来进行农业生产。

因此，要素的匹配关系和替代关系，对农业生产的要素配置，起着至关重要的作用。然而，农业生产的要素配置存在一定的局限性。一方面，受农业生产季节性的影响，在农忙时雇工困难且成本高昂，在农闲时又存在雇工闲置；另一方面，由于农业的生命特性，存在农业劳动监督与质量考核难的问题（罗必良，2008b）。因此，考虑到质量考核成本、用工的季节性，农业雇工隐含着高昂的交易费用。规模农户为规避风险、降低高昂成本，为此，农户可能寻求资本对劳动的替代。

鉴于机械操作的规范性与标准化，用机械替代人工是农业要素配置的重要技术路线。但同样存在的问题是，随着生产环节的专业化和机械化操作，必然提升资产专用性及其锁定效应。为了降低农业机械投入引发的投资约束，以及因资产专用性及低利用频率导致的机会成本，一个可替代的策略：通过外部的“迂回投资”来获取机械操作的生产性服务外包（胡新艳等，2015c）。

于是，本节关注的问题是，随着农地经营规模的扩大，农户是选择“土地雇用劳动”还是“土地雇用资本”？为此，基于比较优势理论和交易费用理论，试图构建“要素禀赋—要素匹配—农业规模经营”的分析框架。包含两大内容：第一，识别要素禀赋的差异化条件，剖析农户选择“雇工经营抑或服务外包”的决定因素；第二，基于要素识别，进一步考察规模农户的要素匹配机理，阐明农业规模经营演化路径的内在逻辑。

2. 逻辑推论

1）比较优势与交易成本

斯密提出，分工源于具有不同行为能力的人（斯密，1997）。在此基础上，李嘉图的比较优势理论演化为分工理论的核心（李嘉图，2009）。杨小凯和黄有光（1999）认为分工后行为主体形成事后比较优势。不论是古典、新古典或新兴古典经济学派，都一致认同“比较优势推动分工深化”（胡新艳等，2015b）。

农户的比较优势推动农内分工包括两层含义：一方面，就农户而言，不同的资源禀赋条件形成各自的比较优势。农业生产经营分离为多种生产环节，具有比较优势的农户进入农业生产的中间环节形成“迂回生产”，演化为生产性服务市场的“生产性服务”商品。商品的多样性推动市场规模的扩大，市场范围的扩大进一步推动分工水平，最终规模经济表达为分工经济。另一方面，就比较优势成本而言，随着农村要素市场的发育和交易空间的拓展，农户家庭为获取规模经济报酬，集中有限的资源到具有比较优势的经营活动，从而降低生产成本。农业生产选择具有比较优势的行为主体，专业化分工经济由此产生（江雪萍和李尚蒲，2015）。综上，由规模经济转向分工经济，必定要依据行为主体的比较优势来发挥分工经济的效益。

依据上述逻辑，农户比较“服务外包”与“雇工经营”的成本，选择交易成本最低的生产方式。可见，降低交易成本，是推动农业规模经营和分工深化的重要途径。农户的要素禀赋差异和要素配置的行为能力都是关键的影响因素。农业生产资料的禀赋差异，引起各生产要素相对成本的变化，进而影响农业分工。要降低农业生产环节活动的成本，必定要匹配资源禀赋下的条件。因此，降低交易成本的重要路径，就是通过要素比价的变化来进行要素匹配。

第一，对于土地雇用劳动。假定雇工工资一定，农户面临的问题：农业季节性所决定的用工不均衡问题，即在农闲期间农户会支付“沉淀工资”；农业雇工面临高昂的监督考核成本，且监督成本是农地规模的增函数。

第二，对于土地雇用资本。假定农业生产性服务外包不存在监督成本（资产专用性的套牢、外包服务市场隐含的声誉激励），农户面临的问题是服务价格的谈判成本。一般来说，考虑到农机服务的规模性特征，农户的土地规模越大，获取较低服务费用的可能性越大。

综上，基于比较优势理论和交易费用理论，依循“要素禀赋—要素匹配—农业规模经营”的理论逻辑，梳理出要素匹配的实现路径。

2）演化路径：农业规模经营的要素匹配

第一，农户要素禀赋条件的差异，导致其在农地经营中的分化，集中体现在农地的流转。具备农业生产经营优势的农户倾向于“转入农地”，扩大农地经营规模。而农业生产经营存在劣势的农户，更倾向于“退出农地”，向非农领域转移。在农户的农地经营权流动中，产生了规模农户，促使了兼业化。

路径一：农地的流转、农村劳动力的转移，使得农村的要素配置格局发生重大调整。

第二，伴随着农地规模的扩大，农地与劳动力的要素匹配存在结构性的失衡。就供给而言，劳动力的转移使得可支配的家庭劳动力空间收缩。从需求来说，经营规模的扩大需要的劳动用工量增大。农业生产的季节性导致用工存在旺季和淡季的不平衡性，引发时间上的过剩和不足。因此，农地与劳动力的结构性失衡，能够引发农业劳动力要素市场的发育。

路径二：随着农地经营规模的扩大，规模农户倾向于选择雇工经营。

第三，考虑农业的生产特性与农地规模经营相匹配的劳动力要素流动，其背后是交易成本的上升。其一，农村劳动力的非农转移导致雇工空间的收缩，引发农业雇工成本的上升；其二，农业生产活动的季节性和周期性，加剧了农业雇工的不确定性和风险成本；其三，农业分工难的特性，导致劳动质量的监督困难。因此，要避免过高的交易成本，必然采用机械替代劳动力。

路径三：农户为实现农地的规模经营，选择机器作业替代人工作业。

第四，机械作业要求专用性资产的投资，并且农业机械对土地有“规模”要求，投资门槛较高。农业投入的长周期性和较低的使用频率、较高的投资门槛，共同引发“锁定效应”和“沉淀成本”。由此，在农户未达到足够的农地经营规模时，农户倾向于购买生产性服务来替代直接投资农机具。当农地规模逐步扩大，需要支付农地流转的租金、相关的基础设施与土地规模相匹配时，农户选择投入农业机械。因此，农户的农地经营规模与生产性服务外包之间的关系，存在一个临界水平（拐点），呈倒“U”形关系。

路径四：在临界值之前，随着农地规模的扩大，农户倾向于选择购买生产性服务进行生产作业；在临界值之后，农户的经营规模越大，就越倾向于选择投资农业机械。

3）研究假说：要素禀赋与要素匹配

在比较优势理论和交易成本理论基础上，基于上述的要素匹配路径，本节从要素禀赋和要素匹配两方面对农户的生产经营行为进行研究。据此，提出本节的相关假设如下。

每块土地都各有不同，石块的多少、坡度的大小、土壤的肥力、细碎化的程度、是否有地下水都反映了土地资源禀赋特征的不同（Barzel，1989）。因此，利用这些特征的难易程度各有不同。要素的禀赋会导致农户比较优势的差异，从而影响经营方式的选择。

假说 15-1：要素禀赋显著正向影响农户的生产经营行为。

农地规模是本节考察的重要指标，种植规模越大，交易空间面临的可拓展性越强。农地的地块数反映了土地的细碎化程度，地块数越多，土地细碎化程度越高，农业活动的选择空间和利用途径就越窄，意味着实现机械化操作的难度就越大。

假说 15-1a：种植规模大且集中连片的土地，有利于实现机械化操作，推动规模经营。

非农转移导致农业的弱质化和兼业化，雇工空间的收缩引起农业劳动力投入结构失衡。首先，农户家庭的老龄人口比例和妇女人口比例反映了农业生产主体的弱质性。弱质化的比例越高，劳动力转移的机会成本越高，从事农业经营的人力资产专用性就越强，固定锁定效应就越强。其次，在非农转移背景下，非农就业比例和兼业程度越高，可支配的农业劳动力供给总量收缩，必然导致农户雇工空间的缩小。

假说 15-1b：农业劳动力的老龄人口比例和妇女人口比例越大，劳动力的弱质性和农业生产的锁定效应就越强。

农业投入要素的结构性失衡和要素的比价变化，导致农户面临的雇工经营和服务外包的交易成本不同。基于上述要素匹配的路径，考虑从雇工质量的考核难度、机械作业的资产专用性、机械作业的投资门槛这三个指标，来反映“雇工经营”或“服务外包”的交易成本，以期回答要素匹配路径的决定机理。

假说 15-2：劳动质量的考核成本高，易导致农户使用机械作业替代人工作业；机械作业的专用性越强，投资门槛越高，农户越倾向于选择生产性服务外包。

3. 计量分析

1）数据来源

数据来源于“农村土地与相关要素市场培育与改革研究”项目的专项农户问卷（NSFC-71333004-2015）。鉴于广东、江西已获取了相对较多的水稻种植农户样本，本节以此进行分析。赣粤两省各发放600份问卷，最终获得1 134份有效问卷，问卷有效率为 94.5%。鉴于粮食生产与土地规模关联较大，故采用两省进行水稻生产的 734 个农户样本。剔除掉“水稻经营规模”存在异常值的样本，最终得到农户样本为 732 个。

2）样本特征

进一步对不同的种植规模与是否选择“雇工经营”抑或“服务外包”进行交叉列联分析。水稻种植环节主要包括整地、育秧、栽插、施肥、病虫防治和收割。由表 15-5 可知，总体来说，小规模经营是稻农的普遍特征。在各类农户中，种植面积超过 3 亩的农户占比不足 29%。从农户是否雇用人工作业的情况看，当水稻种植规模较小时，尚有一定数量的农户是自我作业，随着种植规模扩大，进行雇用人工作业的农户数量相对增加，说明农地经营规模越大，雇工程度越高。从雇用机械作业与种植规模的交叉情况，两者之间的比例呈现出倒“U”形特征。随着种植规模的扩大，雇用机械作业的比例不断提升。当规模达到一定水平，雇用机械作业的比例下降。

表 15-5　种植规模与农户生产经营行为

变量	定义		是否雇用人工作业		是否雇用机械作业		合计
			否	是	否	是	
水稻种植规模/亩	(0,1]	样本数	64	111	48	127	175
		占比	29.1%	21.7%	29.3%	22.4%	23.9%

续表

变量	定义		是否雇用人工作业		是否雇用机械作业		合计
			否	是	否	是	
水稻种植规模/亩	(1,3]	样本数	103	262	84	281	365
		占比	46.8%	51.2%	51.2%	49.5%	49.9%
	(3,5]	样本数	35	67	23	79	102
		占比	15.9%	13.1%	14.0%	13.9%	13.9%
	(5,10]	样本数	15	51	7	59	66
		占比	6.8%	10.0%	4.3%	10.4%	9.0%
	大于 10	样本数	3	21	2	22	24
		占比	1.4%	4.1%	1.2%	3.9%	3.3%
合计		样本数	220	512	164	568	732

3）变量设置与说明

基于上述理论框架和研究假设，分别设定“雇请人工作业的环节数”和“雇用机械作业的环节数”为因变量，分别反映雇工程度、外包程度，来考察稻农的规模经营行为。围绕所关注问题和研究假设，选取了相关自变量（表 15-6）。

表 15-6　变量的定义、符号、描述

变量名称		赋值及说明	均值
因变量	雇工环节数	雇请人工作业的环节数	1.09
	外包环节数	雇用机械作业的环节数	1.11
土地要素	农地经营规模	实际种植水稻的面积	3.11
	农地规模的平方	农地规模×农地规模	23.99
	农地块数	（0，2]=1；（2，5]=2；大于 5=3	2.10
劳动力要素	老龄人口比例	50 岁以上劳动力人数/劳动力人数	0.26
	妇女人口比例	妇女的劳动力人数/劳动力人数	0.44
	非农就业比例	非农就业人数/劳动力人数	0.68
要素匹配	雇工质量的考核难度	不放心机械作业与不放心雇工的环节数之差	0.01
	机械作业资产专用性	（0，100]=1；（100，1 000]=2；（1 000，3 000]=3；（3 000，5 000]=4；5 000 以上=5	2.10
	机械作业的投资门槛	农机具与设备费用较高的环节数	1.72
	商品化率	没有生产=0；自家消费=1；两者兼顾=2；市场销售=3	1.52
	村庄地形	山区=1；丘陵=2；平原=3	1.92
	交通与经济条件	交通条件与经济发展条件的交互项	10.06

4）模型设定

由于研究对象为农户的规模经营情况，因此，考察水稻生产农户“雇请人工作业的环节数”和“雇用机械作业的环节数”两个因变量来对比“土地雇用劳动”抑或“土地雇用资本”的要素匹配关系和替代路径。因变量是连续型变量，适合采用多元线性回归模型，分析可能的影响因素。基于要素禀赋和要素匹配的维度，考虑“雇工经营”和“服务外包”两组模型进行对比分析，设定的 Logit 模型如下：

$$Y_{it}=\beta_0+\beta_1 X_{it}+\varepsilon$$

其中，Y_{it} 表示因变量（“雇工经营”“服务外包”）发生的概率；X_{it} 表示自变量；β_1 表示解释变量对经营行为的影响程度；ε 为随机扰动项。

5）模型估计结果

采用 SPSS21.0 软件，进行多元线性 Logit 回归，计量结果如表 15-7 所示。从模型检验结果可知，拟合效果良好，通过显著性检验，有进一步的研究价值。表 15-7 分别反映“雇工经营”程度（模型 1）和“服务外包”水平（模型 2）的估计结果，具体分析如下。

表 15-7　农户经营行为的模型估计结果

变量名称	雇工经营（模型 1）		服务外包（模型 2）	
	系数	标准误	系数	标准误
农地经营规模	0.018	0.019	0.041**	0.017
农地规模的平方	－0.001	0.001	－0.001*	0.001
农地块数	－0.040	0.047	－0.091**	0.040
老龄人口比例	0.179	0.126	0.031	0.108
妇女人口比例	－0.327*	0.195	0.099	0.168
非农就业比例	0.427***	0.113	0.069	0.097
雇工质量的考核难度	－0.163***	0.043	0.094**	0.037
机械作业资产专用性	0.141***	0.028	－0.013	0.024
机械作业的投资门槛	0.208***	0.039	0.233***	0.034
商品化率	0.096*	0.058	0.122**	0.050
村庄地形	－0.112**	0.050	0.056	0.043
交通与经济条件	－0.003	0.008	0.013**	0.007
模型评价	χ^2=85.365*** F 值=9.777 df=12；Sig=0.000		χ^2=43.389 F 值=6.695 df=12；Sig=0.000	

*、**和***分别表示 0.1、0.05 和 0.01 的显著水平

土地要素。农地经营规模在模型 1 中不显著，在模型 2 中显著。农地经营规模对农户“服务外包”行为有促进作用，而农地规模的平方则存在负向影响，表明农户农地经营规模与外包行为存在倒“U”形关系，进一步的测算表明，其临界值为 20.5 亩。农地块数对模型 2 产生显著负向影响。农地块数越多，就越不会选择“雇工经营”和“服务外包”。这说明土地的细碎化，不利于推动机械化生产或雇工考核，会面临更高的考核成本和监督成本。同时，雇用机械作业对土地利用的“集约性”和“规模性”要求很强。由此可见，土地流转市场化的发育，有利于促进土地的集中连片程度，从而降低交易成本，促进农地规模经营。

劳动力要素。非农就业比例在模型 1 中有显著正向影响，而妇女人口比例在模型 1 中有显著负向影响。由此可见，农业生产中女性比例越高，留在农业生产的人力资产专用性就越强。农村劳动力的弱质化，导致有效的劳动投入不足，需要通过雇工来化解劳动力供给不足的约束。非农就业的转移，导致农业劳动力供给空间的收缩，农业雇工市场的竞争加剧，可替代的策略就是用资本替代劳动力，通过迂回投资、服务外包解决劳动力供给不足的问题。

要素匹配。雇工质量的考核难度在模型 1、模型 2 中均显著，表明雇工考核难度对“雇工经营”有显著抑制作用，对“服务外包”有促进作用。这与假设吻合，劳动质量的监督难问题导致交易成本的上升，促使农户采用“机械作业”替代“人工作业”。机械作业的资产专用性在模型1中呈显著正向影响，而在模型2中不显著。说明资产专用性越强，套牢效应就越明显。机械作业的投资门槛在模型 1 和模型 2 中都显著，且呈正向影响。投资门槛越高，农户更倾向于选择“服务外包”，以避免陷入“资金套牢”和“沉淀成本”的问题。

控制变量。商品化率在模型 1 和模型 2 中均显著，表明商品化水平越高，越有利于促进农户的规模经营，从而选择“雇工经营”和“服务外包”。村庄地形在模型 1 中显著，呈负向相关。说明地形条件越恶劣，农户更倾向于选择人工作业。地形越是接近平原，则更利于进行机械化操作。交通与经济条件在模型 2 中显著，呈正向影响。这表明交通条件和经济发展水平越好，空间可通达性就越强。那么，交通运输成本越低，市场的容量就越大，则有利于工序分工和空间可分离性，从而激励农户的外包行为。

15.3.3　实证分析 3：农业生产性服务的自主供给抑或市场供给

1. 分析视角

早在 1987 年中共中央发布的《把农村改革引向深入》中就提到，应“有计划地兴办具有适度规模的家庭农场或合作农场，也可以组织其他形式的专业承包，以便探索土地集约经营的经验”和“大力组织机耕、灌溉、植保、籽种等共同服务，以实现一定规模效益”。该文件实际指出了提升生产要素配置效率的两条道路：前者基于经营主体内部分工，由农户自主供给农业生产服务；后者基于社会化分工，由市场供给农业生产服务。由此可以看出，生产服务的供给来源决定了要素配置的方式：当生产服务主要由农户自主供给时，要素配置主要在家庭农场、农业企业或者是合作社内部实现；当生产服务主要由市场供给时，要素则通过广阔的社会化服务市场来配置。

从农业生产特性来看，决定农户选择自主供给还是市场供给最重要的因素是农作物的生产环节。农业具有生产环节复杂性和多样性的特点，使生产环节间的分工活动安排多种多样（罗必良，2014b）。农业生产的生产环节特性对农机的应用有着较大的约束，由此进一步对供给方式选择的成本—收益产生影响。在农业生产中，有的环节适合大型农机，而有的环节只适合小型农机。对于社会化服务商来说，因为大型农机的生产率更高，他们会倾向于只服务可以应用大型农机的生产环节。而且，因为大型农机的应用能大大降低生产过程中的监督与计量成本，因此农户在诸如整地、收割等环节获取市场供给服务的可能性要远远高于其他环节（王志刚等，2011）。在农户获取这些市场供给的服务后，将不会在这些环节再购置农机，此时自主供给与市场供给之间存在替代效应。与之不同的是，对于那些难以应用大型农机的生产环节来说，一方面社会化服务商因供给成本过高而不愿意提供服务，另一方面也因为劳动的监督和计量成本较高而导致农户不去选择市场供给的服务，代之以自主供给小型农机。但是，自主供给必须匹配其他获得市场供给的生产环节，此时自主供给与市场供给之间存在互补效应。

种植品种在很大程度上决定了生产环节的复杂性，由此作用于自主供给与市场供给之间的关系。小麦和水稻是中国最重要的粮食作物，两个品种的生产特性相差极大。作为旱作粮食作物，小麦的生产基本可以实现大规模的全程机械化，但水稻则不然，其某些生产环节的大规模机械化技术尚未取得突破（周晶等2013）。实证研究也表明，小麦有利于机械化的推进（周晶等，2013；刘玉梅和田志宏，2009）；小麦种植户选择市场供给的比重明显高于自主供给（宋海英和姜长云，2015）。相反，水稻则不利于机械化水平的提高（薛亮，2008；张宗毅等，2009）。

总的来说：第一，农户可以通过自主供给和市场供给来获得农业生产服务，两种供给方式都能对农业生产要素进行配置；第二，自主供给和市场供给之间存在替代关系或互补关系；第三，种植的品种结构会对这种替代关系或互补关系产生影响。可见，现有研究并未对上述三个问题进行专门的讨论，农业生产服务的自主供给和市场供给之间的关系仍然有待进一步厘清。

2. 计量分析

1）数据来源

数据来源于“农村土地与相关要素市场培育与改革研究”项目的专项农户问卷（NSFC-71333004-2015）。在全部 2 704 个农户样本中，本节选取其中从事了水稻和小麦种植的农户，在删除有缺失值的样本后，共获取研究样本 1 288 个，其中水稻生产农户 999 个，小麦生产农户 289 个。

2）变量选择

因变量。农户对农机投资的多寡决定了农机服务的自主供给水平，因此本节以农户的农机投资作为其获得自主供给水平的代理变量。现有研究大都用农户持有的农机价值来刻画自有农机投资水平，且一般取自然对数以便于回归分析（卢建新，2015；陈飞和翟伟娟，2015）。本节参考上述方法，以农户拥有的农机总价值取自然对数来刻画农户的农机服务自主供给水平。对于没有持有任何农机的农户，将其赋值为 0。

自变量。本节以农机服务为例，从农户的需求角度来讨论农业生产服务自主供给与市场供给的关系。农业生产因其产业特性可以将生产过程区分为整地、播种、育秧（苗）、栽插、灌溉、施肥、病虫防治和收获等多个环节。正因为此，现有研究大都从生产环节角度来刻画农户所获取的生产服务市场供给水平。例如，将生产环节区分为劳动密集型和技术密集型，并讨论农户获取农机服务市场供给的影响因素（王志刚等，2011）；分析耕地、播种和收割等三个生产环节获取农机服务市场供给的水平（宋海英和姜长云，2015）；分析交易特性和行为能力对获取农机服务市场供给的影响（王志刚等，2011）。具体来说，研究者主要以虚拟变量来刻画农户所获取的生产服务市场供给，即农户只要在某个生产环节获得了市场供给的服务则赋值为 1，否则为 0（王志刚等，2011；应瑞瑶和徐斌，2014；宋海英和姜长云，2015）。也有以获取的农机服务市场供给数量来刻画的，即若某个生产环节获取了市场供给的服务则赋值为 1，否则为 0，再将各生产环节的取值求和（胡新艳等，2015c）。鉴于连续变量的刻画方法能够保留更多信息，因此本节以农户所获取的农机服务市场供给数量来刻画市场供给。此外，当农户可以获取多个主体（如专业大户、农机服务队、合作社、农业龙头企业等）的服务供给时，意味着该农户可以在多个主体间进行选择，其获取市场供给的能力也更强。因此，若单个生产环节能获取多个主体的服务供给，则首先对服务提供商的个数求和，再对所有生产环节的服务商求和。

调节变量与控制变量。对于种植品种，本节构建一个虚拟变量，即若农户种植的主要品种是水稻则赋值为 1，否则为 0。在控制变量方面，土地规模与农户的农机投资正相关（曹阳和胡继亮，2010；周晶等，2013），也有利于获取市场供给的服务（应瑞瑶和徐斌，2014；谢琳和钟文晶，2016），因此本节控制了土地经营面积。劳动力的非农化促进农机的应用（Krishnasreni and Thongsawatwong，2004；周晶等，2013），机械化的提高也推进了劳动力转移，由此提高非农劳动力比例（吕炜等，2015）。与此同时，劳动力的非农化也是社会化服务得以发展的主要原因（罗必良等，2014），因此，控制了务农劳动力数量和务农劳动力占劳动力总数的比例。收入水平越高，农户进行机械投资和购买社会化服务的能力越强，而农业收入占收入比例越高，意味着农业对农户越重要，农户也更愿意投资于机械。研究也表明，收入水平与农户的机械化水平正相关（周晶等，2013），因此控制了农户家庭收入与农业收入比例。交通条件是分工与经济发展的重要影响因素（Smith，1776），社会化服务实际是产业内的分工，有赖于交通条件的改善（谢琳和钟文晶，2016）。实证研究也发现，交通条件与农业生产服务外包有正相关关系（胡新艳等，2015c），因此控制了农户所在村庄的交通条件。关系网络可以帮助个体获得稀缺的资源，也具有促进交易的作用（Granovetter，1985），作为农村中的“高位置”者，村干部更容易获得农机补贴和享有社会化服务，因此控制了农户的村干部身份。此外，地貌特征是影响农业机械化水平的主要因素（曹阳和胡继亮，2010；周晶等，2013），同时，控制了地形虚拟变量。最后，本节还控制了区域虚拟变量。变量定义如表 15-8 所示。

表 15-8　变量定义

变量名称	问项	定义
自主供给	您家的农机具和设施现在大约值多少钱?	取自然对数，对无农机农户赋值为 0
市场供给	①由专业大户提供有偿服务的环节有? ②由服务组织（队）提供有偿服务的环节有? ③由合作社提供有偿服务的环节有? ④由农业龙头企业提供有偿服务的环节有?	对整地、播种、育秧（苗）、栽插、灌溉、施肥、病虫防治和收获等八个环节所获取的社会化服务主体个数求和
水稻种植	种植的主要作物	种植水稻则赋值为 1；否则为 0
经营面积	农户实际种植的耕地（含流转转入的）有多少亩?	所填数值
务农劳动力数量	①您家在家纯粹务农的人数为? ②您家在家既务农还兼业的人数为?	纯粹务农人数+兼业人数
务农劳动力占比	①您家庭劳动力总数为? ②您家在家纯粹务农的人数为? ③您家在家既务农还兼业的人数为?	（纯粹务农人数+兼业人数）/家庭劳动力总数
家庭收入	2014 年您家的家庭总收入?（A.1 万元以下；B.1 万~3 万元；C.3 万~5 万元；D.5 万~10 万元；E.10 万元及以上）	选 A 赋值 1；选 B 赋值 2；选 C 赋值 3；选 D 赋值 4；选 E 赋值 5
农业收入比例	2014 年您家的家庭总收入中农业收入比例?	所填数值
交通条件	您村交通条件?（A.很差；B.较差；C.一般；D.较好；E.很好）	选 A 赋值 1；选 B 赋值 2；选 C 赋值 3；选 D 赋值 4；选 E 赋值 5
村干部	您家户籍人口中是否有村干部（包括曾经做过）?（A.有；B.没有）	选 A 赋值 1；选 B 赋值 0

续表

变量名称	问项	定义
地形	您村所处的地形？（A.山区；B.丘陵；C.平原）	山区为基组，生成 2 个虚拟变量
省份	农户所在地？	江苏为基组，生成其他区域虚拟变量

3）区域特征分析

本节首先考察了各省（自治区）农户所获的农机自主供给和市场供给状况。如表 15-9 所示，自主供给水平较高的省（自治区）包括河南、江苏、辽宁、宁夏、四川和山西等，与自主供给较低的广东、贵州和江西比起来，共同的特征是地形相对比较平坦。对于八个生产环节，各省（自治区）市场供给的均值最高为 2.524，最低仅为 0.412，说明总体来说，农户获得的市场供给水平较低，市场供给可能存在不足。市场供给较高的地区同样是地形较为平坦的河南、江苏、宁夏和山西，除江苏外，其他三个省主要是旱作区，其作物品种决定了更适合大型机械，因此更适合社会化服务市场的发育与发展。而辽宁和四川两省虽然农户获取的自主供给较高，但农户获取的市场供给水平却相对较低，其原因可能在于两省都是水稻的主产区，一方面社会化服务市场发育不完善，另一方面则是大量农户通过自购农机实现生产服务的自主供给。

表 15-9　各省（自治区）农户持有农机与获取社会化服务情况表

省（自治区）	N	自主供给		市场供给	
		均值	标准差	均值	标准差
广东	247	1 857.692	9 118.664	1.057	1.597
贵州	119	1 681.092	2 180.703	0.412	1.092
河南	138	6 293.986	24 809.220	1.841	2.235
江苏	145	5 340.345	18 697.067	2.524	2.500
江西	372	2 764.355	12 408.165	1.051	1.765
辽宁	29	4 131.034	5 971.845	1.414	2.276
宁夏	89	6 524.607	16 445.929	1.989	2.092
四川	105	3 816.095	14 909.341	1.143	3.556
山西	44	4 506.818	11 247.582	2.159	1.613

4）回归分析

本节的因变量存在 285 个 0，占所有数据的 22.127%。同时，因变量的非零部分的均值为 7.123，标准误为 0.048；偏度为 0.216，峰度为 0.165，均小于 1。从图 15-3 来看，观测值近似围绕着一条直线，可以认为因变量的非零部分近似服从正态分布。

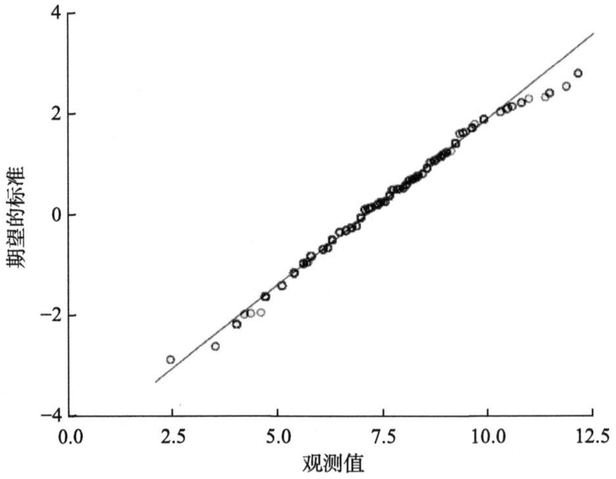

图 15-3　因变量非零部分观测值的 Q–Q 图

有鉴于此，本节采用 Tobit 模型来估计回归模型，其结果如表 15-10 所示。

表 15-10　回归分析结果

变量	自主供给					
	全样本				水稻样本	小麦样本
	（1）	（2）	（3）	（4）	（5）	（6）
常数	7.326*** （0.871）	7.232*** （0.875）	7.341*** （0.871）	7.776*** （0.885）	6.977*** （0.742）	8.234*** （1.396）
经营面积	0.017*** （0.005）	0.017*** （0.005）	0.016*** （0.005）	0.016*** （0.005）	0.019*** （0.006）	0.006 （0.011）
农业劳动力数量	0.517** （0.206）	0.520** （0.206）	0.521** （0.205）	0.531*** （0.204）	0.310 （0.234）	1.193*** （0.398）
农业劳动力占比	−2.419*** （0.662）	−2.436*** （0.662）	−2.369*** （0.659）	−2.404*** （0.658）	−1.861** （0.760）	−3.924*** （1.261）
家庭收入	0.228** （0.110）	0.224** （0.110）	0.206* （0.110）	0.219** （0.110）	0.155 （0.121）	0.324 （0.250）
农业收入比例	0.007* （0.004）	0.007* （0.004）	0.007* （0.004）	0.007* （0.004）	0.008* （0.004）	0.011 （0.008）
交通条件	− 0.562*** （0.129）	− 0.563*** （0.129）	− 0.574*** （0.128）	− 0.552*** （0.128）	− 0.514*** （0.145）	− 0.586** （0.263）
村干部	0.323 （0.330）	0.315 （0.330）	0.302 （0.328）	0.295 （0.327）	0.321 （0.351）	1.174 （0.846）
地形	Yes	Yes	Yes	Yes	Yes	Yes
省份	Yes	Yes	Yes	Yes	Yes	Yes
市场供给	—	0.056 （0.053）	0.057 （0.053）	− 0.204* （0.115）	0.150** （0.059）	− 0.225** （0.115）
水稻	—	—	2.139*** （0.587）	1.334** （0.664）	—	—

续表

变量	自主供给					
	全样本				水稻样本	小麦样本
	（1）	（2）	（3）	（4）	（5）	（6）
市场供给×水稻	—	—	—	0.332** （0.130）	—	—
sigma _cons	3.869*** （0.093）	3.869*** （0.093）	3.847*** （0.093）	3.837*** （0.092）	3.777*** （0.103）	3.737*** （0.189）
对数似然值	−3 106.338	−3 105.776	−3 099.120	−3 095.840	−2 388.414	−683.422
N	1 288	1 288	1 288	1 288	999	289

*、**和***分别表示 0.1、0.05 和 0.01 的显著水平

注：模型（1）~模型（4）中因变量有 285 个左删失数据，模型（5）中因变量有 221 个左删失数据，模型（6）中因变量有 64 个左删失数据；括号中数据为稳健标准误

模型（1）的回归结果表明，在控制变量中，经营面积的回归系数为正，具备统计显著性（μ=0.017，p<0.01），说明农户的经营面积越大，就越倾向于自主供给。农业劳动力数量的回归系数也为正，具备统计显著性（μ=0.517，p<0.05），说明农户家庭农业劳动力越多，农户将购置更多的农机以匹配劳动力，实现生产服务的自主供给。不过有意思的是，农业劳动力比例的回归系数为负，具备统计显著性（μ=−2.419，p<0.01），说明家庭农业劳动力占所有劳动力比例越大，农户购置的农机越少。其原因可能在于，农业劳动力占所有劳动力的比例越大，意味着该农户的非农就业程度比较低，劳动力形成了对农机的替代——当然，这实质上是劳动力的自主供给。家庭收入和农业收入比例的回归系数均为正，均具备统计显著性（μ=0.228，p<0.05；μ=0.007，p<0.1），说明家庭收入越高和农业收入比重大的家庭倾向自主供给生产服务。交通条件的回归系数为负，具备统计显著性（μ=− 0.562，p<0.01），说明交通条件越好的地区，农户自主供给数量就越少，其原因可能在于，交通条件更好的地区更容易获取市场服务，由此导致对自主供给的替代。此外，虽然村干部的回归系数为正，但并不显著，说明在农机服务的自主供给方面村干部并未有明显的优势。

模型（2）在模型（1）的基础上加入市场供给变量。结果显示，在控制了相关变量后，市场供给的回归系数并不具备统计显著性，说明在控制相关变量的基础上，农户选择自主供给还是市场供给并没有相互关系。模型（3）在模型（2）的基础上加上调节变量，即水稻虚拟变量。回归结果显示，水稻的回归系数为正，且具备统计显著性（β=2.139，p<0.01），说明在控制了相关变量后，水稻种植农户通过自主供给获得的农机服务要明显高于小麦种植农户。其原因在于，小麦的生产活动更适合大型农机，单个农户的投资额过大，且农户也更容易获得

市场供给的服务来实施生产活动，而没必要自己购置农机。

模型（4）在模型（3）的基础上加入市场供给与水稻的交互项。结果显示，市场供给与水稻的交互项的回归系数为正，具备统计显著性（γ=0.332，p<0.05），而此时市场供给的回归系数变为负数，具备统计显著性（γ=– 0.204，p<0.1）。这说明，虽然总体上自主供给和市场供给之间并不存在替代效应或互补效应，但水稻却正向调节了它们之间的关系：或许在只有小麦样本时，自主供给与市场供给之间存在替代作用，但因为有水稻样本的存在，使这种替代效应消失了。为了进一步探寻其中的关系，本节将总样本分成水稻样本和小麦样本分别进行了回归，其中模型（5）中只有水稻样本，而模型（6）中只有小麦样本。回归结果表明：在模型（5）中，市场供给的回归系数为正，具备统计显著性（α=0.150，p<0.05），说明自主供给与市场供给之间存在正向的关系，即两者为互补效应；在模型（6）中，市场供给的回归系数为负，具备统计显著性（α=– 0.225，p<0.05），说明自主供给与市场供给之间存在负向的关系，即两者为替代效应。

为了更直观地观察种植品种在自主供给与市场供给之间的调节效应，本节研究给出了调节效应图示。如图 15-4 所示，当农户种植的是水稻时，自主供给与市场供给之间的关系为一条斜率为正的直线。相反，当农户种植的是小麦时，自主供给与市场供给之间的关系为一条斜率为负的直线。这个结果意味着：虽然从全样本来看，自主供给与市场供给之间似乎不存在显著的相关关系，但种植品种将改变这种“不存在”的关系。实际上，当种植的是水稻时，自主供给与市场供给之间存在互补效应，即当农户获得市场供给的农机服务时，他必须购置更多的农机来匹配。但是，如果种植的是小麦，因为市场供给完全可以更有效率地完成自有农机的工作，所以当农户获取的市场供给增加时，他将没必要新增农机，甚至将已有农机出售。也就是说，农户种植的品种是水稻还是小麦决定了自主供给和市场供给之间是替代效应还是互补效应。

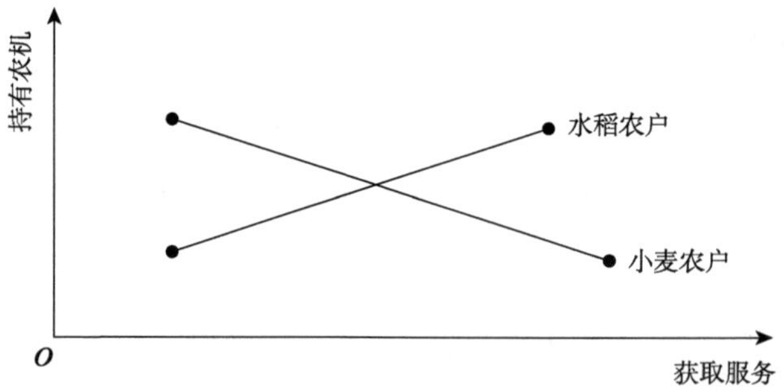

图 15-4　种植品种的调节效应图示

15.4　结论与讨论

总结本章的理论与实证分析，可以得出下列结果及其政策含义。

（1）基于“行为能力—要素匹配—规模农户”的分析线索，阐明了农户从农地转入走向农地规模经营的行为逻辑，揭示了从小农演化为规模农户的内在机理。

第一，农地产权安排及其稳定性有助于促进农地流转，但对规模农户的形成并不具有决定意义。从鼓励农业规模经营的角度来说，政府的政策重点应该在关注农地确权工作的同时，加大力度推进农业要素市场的发育。鉴于业已发生的农地流转并未形成明显的集中化趋势，并且，中小规模的农户经营不但是农业经营的基本格局，而且会在未来存留相当长的时间，因此，培育新型农业服务主体，扩展农业生产性服务市场，尤具实践价值。

第二，农业劳动力市场的发育，对于农户超越小规模走向规模化经营，具有显著性影响作用。问题是，目前农户的农业雇工大多局限于农户间的帮工与换工及零工雇请。因此，推进农业劳动力市场的转型升级，培育职业化、专业化、组织化的农业劳动力雇工队伍，推进农业生产经营的劳动分工，是形成新型职业农民群体的重要内容。

第三，农户经营规模 20 亩具有重要的行为发生学意义。计量模型的比较分析表明，20 亩以上的农户不仅具有了初步的经营规模，更关键的是其农业固定资产的投入及其资产专用性的形成，能够强化其规模经营的稳定性。因此，经营规模 20 亩应该是实施差异化政策的分界点，加大对经营规模超过 20 亩以上农户的政策扶持力度，有助于加快规模农户的形成与农业经营方式的转型。

第四，我们的前期研究表明，我国农业劳动力市场的发育程度略高于农地要素市场的发育程度，而农地要素市场的发育程度又高于农业信贷市场的发育程度（陈思羽和罗必良，2016）。因此，农业信贷市场的发育迟缓，会成为制约农地流转和农业劳动力市场化的瓶颈。不仅如此，一旦农户走向规模化经营，农业信贷市场发育的重要性会进一步提升。推进家庭农场尤其是规模农户的发展，必须加快以农业信贷为主要内容的多元化金融支持体系建设。

应该要强调的是，由于我国的农业规模经营尚处于发展转型之中，能够观察到 30 亩以上规模的农户样本十分有限，因此，对于更多“长期”的规模扩展及要素匹配的演化关系，本章未能进行有效的刻画。

（2）基于比较优势理论和交易成本理论，沿用“要素禀赋—要素匹配—农业规模经营”的分析框架，实证考察农户规模经营的影响因素，梳理出农业规模经营的要素匹配路径。其政策含义如下。

第一，农业规模经营的演化路径，必然呈现出“以雇工缓解可支配劳动力约束—生产性服务外包替代雇工—自购机械替代农机服务外包”的要素匹配趋势。一是随着经营规模的扩大和可支配劳动力的约束，从而决定必然采用雇工经营；二是非农转移导致农业雇工空间的收缩，加剧雇工市场的竞争和劳动成本的上升，引发资本对劳动的替代；三是农业技术进步和农业生产环节的分离，用机械操作替代人工操作成为农业发展的重要技术路径；四是机械替代人工面临较高的投资门槛、较高的资产专用性，由此，推动农户购买生产性服务外包来获得机械操作。

第二，农户经营规模在 20.5 亩这一临界水平上具有重要的意义。计量结果表明，农户的经营规模与服务外包的倒“U”形曲线的拐点值为 20.5 亩。因此，农户的经营规模 20.5 亩是要素匹配差异化路径的分界点。20.5 亩以上的农户具有初步的经营规模，并形成了农业固定资产的投入及其资产专用性的形成。当农户经营规模小于 20.5 亩时，农户经营规模与服务外包呈正向促进作用，这与“人多地少”的资源约束和“分工经济”处于初级阶段有关。经样本统计，小于 10 亩的农户有 708 户，占 96.72%，由此判断：农户尚未达到规模制约生产外包的临界点，处于土地规模扩大、激励服务外包行为的阶段。在此阶段，应该激励农户进行土地流转，推动土地的集中度和规模度来实现机械化操作。

第三，随着农村要素市场的发育和完善，商品化和市场化程度不断提高，通过农地流转来调整改善土地的“规模性”和“集约性”，由此，将根据农户生产活动匹配要素比价的变化，形成“土地规模+服务规模”的经营格局。改善交通条件和经济条件，进一步地拓展服务交易的市场半径和交易空间，将农户分化为不同比较优势的经营主体，培育职业农民，为农业生产活动提供“专业化”和“标准化”的生产性服务，降低交易成本。

（3）以农机服务为例，基于 9 省（自治区）农户调查数据进行实证研究，结果表明：虽然从总体上看，自主供给与市场供给不存在显著关系。但是，种植品种改变了两者之间的关系：当农户种植水稻时，两者之间是互补关系；当农户种植小麦时，两者之间是替代关系。其原因在于，水稻和小麦的生产环节特性不一样，和水稻比起来，小麦生产基本可以实现大规模的全程机械化，其生产过程极易监督和计量，农户与社会化服务商之间的谈判和监督成本较低，因此，若农户能够获取完善的市场供给，他们将减少对农机的投资，由此自主供给与市场供给之间表现为替代效应。与之不同的是，水稻的生产过程繁杂，更兼水田特性，某些生产环节的大规模机械化技术尚未取得突破，这些生产环节的监督和计量也比较难，外包过程中面临着过高的服务价格和监督、计量成本。于是，他们会在市场上为整地、收割等易于大规模机械化的生产环节购买服务，而自购小型农机用于其他生产环节的生产活动。自主供给部分需要与市场供给相匹配，即如果获取的市场供给服务越多，意味着需要为那些难以外包出去的生产环节购置更多的小型农机，于是自主供给与市场供给之间就出现了互补效应。

这一研究的理论贡献在于：交易成本经济学中的威廉姆森范式假定技术条件一定的情况下，交易成本决定了生产活动的合约选择。分析表明，由品种结构决定的生产环节特性导致各生产环节不同的技术条件，并进一步决定了交易成本的高低，最终形成农业生产活动中灵活多样的合约选择——某些环节通过自主供给完成生产活动，而有的环节则由市场供给的服务完成，由此形成一条“品种结构—环节特性—技术条件—交易成本—合约选择”的理论逻辑。这条理论逻辑表明，合约理论应该动态地看待技术条件与交易成本之间的关系，一项生产活动完全可能因为各个生产环节的特性不同而采用不同的技术，并签订多样化的合约，而且随着技术进步，这些合约可能也会随之变化。

在政策层面上，分析表明，“农业供给侧结构性改革”的顺利推进有赖于农业生产服务的有效供给，而农业生产服务本身也是一个供给侧问题，只有在其供给的数量与结构契合农户的需求时，才能达到资源的合理配置。同时，虽然加大对优质农业生产服务的自主供给和市场供给都是中国农业政策的重点，但是对于两者之间的关系以及适用条件，现有政策并没有具体说明。本章研究的结果显示，自主供给和市场供给会按作物种类，甚至是按生产环节表现为互补效应或替代效应，因此，在实践中，政府可以根据两个准则来制定具体的农业生产服务扶持政策：①作物品种准则，即对小麦等适合大规模机械化的作物品种，主要扶持生产服务的市场供给，而对水稻等只有部分生产环节适合大规模机械化的作物品种，则应兼顾自主供给与市场供给。②生产环节准则，即对整地、收割等易于大规模机械化的生产环节，主要扶持生产服务的市场供给，而对其他环节则主要扶持自主供给，并根据各环节在整个生产活动中的成本比例来分别确定对自主供给和市场供给的扶持力度，以实现“精准”扶持。

第 16 章　市场发育、服务外包与农户卷入分工经济

16.1　研究背景

农地流转集中及其规模化经营是国际农业发展的一个基本趋势。无论是发达国家，如美国、德国、法国、澳大利亚以及日本等，还是发展中国家，如印度、巴西、乌克兰等，其农地经营规模均呈不断扩大的趋势。近年来中国农地流转率也不断提升，但其产权交易在本质上表现为依附于农户对集体土地承包权而派生出的农地经营权的流转。由此面临的问题：①如果农地经营权流转局限于在农户之间进行，普遍的情形将是“小农”的复制，从而隐含着效率风险；②如果农户退出农地经营权尤其是承包权并流转给其他经营主体，则意味着家庭经营主体地位的被替代，势必导致农业基本经营制度的弱化，从而隐含着政治风险；③农户农地经营权的流转，不但与其农内经营能力相关，而且与其农外就业可能性以及对土地的情感偏好相关，由此隐含着社会风险（罗必良，2016）。

党的十九大报告提出要“实现小农户和现代农业发展有机衔接”[①]。这是一个重要的理论命题。中国有 2.3 亿承包经营农户，小农大量且长期存在是我国的基本国情，发挥其比较优势并使之成为现代农业发展的积极因素与重要组织资源，则有着重要的实践意义。但是，正如本书已经指出的，关于小农改造及其存续问题，历来存在两种不同的理论传统。一派以马克思主义者为代表，认为小农经济最终会被资本主义所改造。另一派则以恰亚诺夫为代表，强调小农经济能以其“农民生产方式”抵御资本主义的渗透。已有文献对中国农业家庭经营制度的讨论，大体是对上述理论传统的继承与延续（陈义媛，2013）。一方面，主张大

① 引自 2017 年 10 月 28 日《人民日报》中的文章：《决胜全面建成小康社会　夺取新时代中国特色社会主义伟大胜利——在中国共产党第十九次全国代表大会上的报告》。

力倡导以龙头企业等各类新型经营主体带动农业转型与产业化经营。其中，龙头企业被视为是现代农业经营体系中最有活力、最具创新能力的经营主体（陈晓华，2015）。在黄宗智（2012）看来，这条道路可能会走向全盘资本主义化的农业，产生越来越多的无地雇工农民，这与经典马克思主义的观点相一致。另一方面，强调小农家庭经营具有强韧的竞争力，应当作为未来农业发展的主要力量。他们认为，随着大量农民的非农转移，农村土地的自发流转将形成一批新“中农阶层”，这种经营规模适度的小农家庭农场将是中国未来农业发展的基本趋势（贺雪峰，2011；姜长云和郭志芳，2014）。可见，两类观点——前者主张通过农地集中来推进企业化的规模经营，后者主张通过农地的流转来推进家庭农场化的规模经营——均着眼于农地规模来讨论家庭经营的生存空间与转型。

鉴于农地流转及规模经营面临的约束，早在 1987 年中央文件就强调，“有计划地兴办具有适度规模的家庭农场或合作农场”；“大力组织机耕、灌溉、植保、籽种等共同服务，以实现一定规模效益”[①]。该文件实际上已经提出了“土地规模经营”与“服务规模经营”的双重路径。与此同时，理论界也逐步形成了关于农业规模经营的两大派别（胡新艳等，2016a；罗必良等，2017a）。其中，“农地规模经营论”主张通过农地的流转与集中，改变中国“均包制”背景下分散化小规模的农户经营格局；“服务规模经营论”则主张通过农户经营权的产权细分及分工交易，一方面形成外包主体规模化的服务供给（刘守英，2015），另一方面将农户卷入社会化分工并使其分享分工经济。

本章关注的问题：规模经济的本质是什么？为什么农业分工问题一直没有得到中国农业经济学界的重视？农户参与分工的内在逻辑何在？一旦农户卷入分工与生产性服务外包，那么，农业中的纵向分工与横向分工具有怎样的相互关系？农业服务规模经济的决定性机制是什么？通过对这些问题的回答，本章还希望增进对“斯密定理”“杨格定理”及交易成本理论相互关联性的理解。

16.2　理 论 线 索

16.2.1　分工经济论：一个简要的农户模型

斯密（1997）早在 1776 年就提出了著名的“斯密定理”。它包含三个方面的重要含义：①分工能够通过市场来协调；②分工程度取决于市场范围的大

① 见中共中央政治局：《把农村改革引向深入》，中发〔1987〕5 号。

小；③市场范围的大小又取决于运输条件。杨格（Young，1928）拓展了“斯密定理”。他认为，企业的规模经济事实上只是在社会分工体系既定的条件下观察单个企业规模扩大而带来的经济节约，它的前提是社会分工体系或者说经济网络已经形成。内部经济扩大的只是单个企业的规模，却不能改变既定分工网络模式的构成。分工不但取决于市场范围的大小，而且由分工引发的专业化生产环节的多少及其网络效应也会影响分工，由此，揭示报酬递增的自我实现机制的“分工一般地取决于分工”的“杨格定理”得以形成。

不过，分工理论并未重视分工所隐含的交易成本。科斯（Coase，1960）指出，企业之所以能取代市场价格机制来协调劳动分工，原因在于企业内部的管理成本可能低于市场交易成本。由此，企业的规模经济由企业外部（市场）交易费用与企业内部管理成本共同决定。分工及其水平的高低，能够由交易成本来解释。盛洪（1994）曾经指出，在专业化程度较低的情况下，生产一种产品必然有许多该产品的零部件或工艺阶段没有达到最适生产规模。于是，人们努力推进专业化生产，以享受零部件或工艺阶段的最适规模带来的规模收益。当农业技术进步使得某些环节得以分离，且这些环节的最适规模大于农场整体所决定的规模时，将其外包并进行迂回交易则是有利可图的。然而，生产技术因素只能解释人们推进专业化的动机，真正决定专业化能否实现的原因在于能否降低交易成本——实际上，正是交易成本决定了分工的边界，也就决定了农业家庭经营的边界。

与上一章类似，可以将农户家庭经营或家庭农场视为一个“企业”，并将农户的经营能力细分为生产经营能力与交易经营能力两个层面，前者倾向于扩大农地经营规模（内部一体化，表达为土地要素的聚合），后者倾向于参与社会化分工或生产性服务外包（外部市场化，表达为中间性服务产品的交易）。那么，在开放条件下农户分化所形成的演化逻辑如下。

第一，在家庭联产承包责任制背景下，农地经营规模扩大必然依赖于农地经营权流转。对于农户而言，只有那些具有比较经营能力优势的农户，才可能走向农地规模经营（假定不存在产品市场容量的约束）。显然，农户生产经营能力的差异及其分化，是农地流转及规模经营实现的前提条件。

第二，随着农地经营规模扩大，如果所有农事活动均由一个家庭独自处理，那么，现场处理的复杂性和多样性，必定超出农户的行为能力。从短期来看，生产季节性决定着农业用工旺季与淡季的交替，势必引发时间上过剩与不足的结构性矛盾；从中长期来说，家庭劳动力的变化，也必然导致农户经营过程中劳动力需求与供给总量上的结构性问题。因此，随着农地经营规模的扩大，结构性矛盾将内生出农户的雇工经营与农业劳动力要素市场的发育（朱文珏和罗必良，2016）。

第三，由于农业的经营特性，与农地规模经营相匹配的劳动要素配置隐含着高昂的交易成本。一是大量农业劳动力非农转移引发的农业雇工成本不断上升；二是农业生产季节性与劳动用工的不平衡性，会加剧农业雇工的不确定性与风险成本；三是农业的生命节律与现场处置特性，必然导致对劳动质量的监督困难，内生出高昂的考核成本。因此，随着农地经营规模的扩大，通过采用机械替代劳动力以节省生产成本和交易成本，势必成为农户改善要素匹配效率的恰当选择。

第四，作为专用性资产的农机具投资，因农业的长周期性与生产环节的异质性所决定的较低利用频率，必将导致投资锁定与沉淀成本。所以，当家庭农场尚未达到足够的规模水平时，农户会倾向于将资产专用性程度较高的生产活动卷入社会分工体系当中，即通过购买生产性服务替代直接购买农机具，以降低生产费用并提高经营效率。

第五，农户的服务需求若有限，不可能诱导专业化的服务供给（市场容量约束分工）；当多个农户的服务外包需求总量达到一定规模时，具有比较交易经营能力优势的农户就可能成为专业化服务经营主体（市场容量促进分工）；当专业化服务具有比较成本优势时，则能够诱导农户外包服务需求的扩大（分工反过来增进市场容量）①。因此，农户的生产经营能力及其组织管理成本是农户土地经营规模的决定因素，而农户的交易经营能力及其分工交易成本则是农户服务经营规模的决定因素。

可见，对于农业经营而言，通过流转土地以扩大农地经营规模，或者通过购买生产性社会服务的规模化供给，是两种相互关联的规模经营策略（罗必良和李玉勤，2014）。随着市场化和专业化分工的演进，农业生产性服务的交易效率无疑会高于土地经营权的交易效率，农户能够以服务规模经营替代土地规模经营（胡新艳等，2015c）。农户生产经营活动卷入外部分工以及社会化分工网络扩展，能够更显著地改善农业的外部分工经济与规模经济（Yang and Zhao，2003）。因此，从土地规模经营转向服务规模经营是农业经营方式转型发展的重要路径。

16.2.2　农业分工：从自然分工到服务外包

1. 农业特性、家庭经营与自然分工

既然规模经济的本质在于分工，而分工水平的高低才是经济增长的决定力

① 为了保证逻辑的一致性，这里仅仅从农户层面讨论生产性服务主体的内生机制，而没有考虑其他服务主体。显然，拓展这一逻辑线索能够包含其他经营主体。

量，那么，为何分工深化问题一直没有受到中国农经学界重视？必须追溯三个方面的理论假说及其影响。

一是家庭经营假说。中国农村发展问题研究组（1984）撰写的《农村经济变革的系统考察》一书，系统考察了家庭联产承包责任制所引发广泛的制度效应。令人印象深刻的是该书对农业家庭经营合理性的阐述——可将其称为“家庭经营假说”（罗必良等，2017a）。由于农业活动是一种以生命适应生命的复杂过程，并且这一不容间断的生命连续过程所发出的信息，不但流量极大，而且极不规则。由此，家庭经营所包含的自然分工以及所内生出来的灵活决策机制、行为响应的自觉性和激励相容的自我执行机制，使其在农业生产活动中具有了天然的合理性与得天独厚的组织优势。

二是斯密猜想。如前所述，斯密最早发现了分工与专业化的发展是经济增长的源泉。但他特别强调，农业劳动生产力的增进，总也赶不上制造业劳动生产力增进的主要原因，也许就是农业不能采用完全的分工制度，从而揭示了农业生产力滞后于制造业的原因。关键在于，农业生产领域的分工深化有着与其产业特性相关的天然的内生性障碍——这就是著名的“斯密猜想”。

三是舒尔茨假说。舒尔茨（Schultz，1964）对传统农业的解释也诱导了后续研究对分工问题的忽视。舒尔茨认为，由于生产要素和技术状况不变，传统农业中对原有生产要素增加投资的收益率低，因而农户不会内生出投资需求①。由此他主张向农业投资，只有通过引进新的现代农业生产要素来打破原有的生产均衡，传统农业才能得以改造。问题是，在舒尔茨的理论中，改造传统农业的力量或者说新要素的进入，却是外生决定的。他将每个农户视为同质的自然经济体，忽视了小农参与分工交易的可能性。如果将小农置于开放且参与分工的情景下，舒尔茨思想则需要做出重大修正。

上述三类理论假说，无意中诱导了后续研究者乃至理论界两个根深蒂固的判断，影响着人们对家庭经营性质的正确认识。具体论述如下。

第一，基于生产特性，已有文献认为农业家庭经营与专业化生产难以相容，小规模分散化的经营特征下无法内生出规模经济。其主要依据在于：①农业生命节律及其生物信息不规则所内生出的相机决策与灵活性处理的要求，决定了家庭经营不可能是大规模的；②农业生产的区域环境与立地条件往往是千差万别的，以生命适应生命的生命连续过程必须要求“因地制宜”以及“分散化”处理，使得家庭经营必然伴随着分散化、多样化与小规模；③家庭可支配劳动力的刚性约束，以及农业活动的复杂性与综合性所隐含的劳动监督与考核成本，也决定了家

① 但 Boserup（1965）的研究表明：与舒尔茨不同，“传统农业”存在各种不同的形态与变迁；人口增长与人地矛盾加剧，能够推动传统农业生产技术的演变（甚至诸多其他社会乃至政治方面的变迁）。

庭经营的规模有限性。尽管还可以罗列更多的理由，但由此得出的基本判断是，农业并不是一个具有显著规模经济性的产业，农业家庭经营与规模经济存在着天然的矛盾（罗必良，2008b）。

第二，基于交易特性，已有文献认为农业家庭经营难以产生分工经济。其主要依据是：①生命节律所要求的灵敏性与灵活性处理，决定了与之相对应的劳动分工不可能是单一的，进而导致农业作业“标准化”分工的困难；②在一个农艺活动周期中，不同生产流程或生产环节所需要的劳动力数量是不同的，导致其用工出现“农忙”与“农闲”的季节性交替，使得生产流程上的分工具有不完全性；③由于农业中的迂回生产程度及中间产品的使用程度远低于工业，农业难以形成明显的迂回经济效果；④农业不但被视为一个自然经济体，而且是一个需要外生性因素干预的被动的部门。由此形成的基本判断是，以家庭为主要生产组织形式的农业，仅会停留在自然分工层面，农业家庭经营与分工经济存在着内生矛盾。

2. 产权细分、农业分工与服务外包

“家庭经营假说”、“斯密猜想”与“舒尔茨假说”均内含这样的假设前提：①农业采用手工劳动并封闭经营；②农业技术进步缓慢甚至处于静态。这样，三个假说在封闭经营（非要素流动）、劳动力“有效供给”（精耕细作）及产量最大化（温饱压力）的情景下，都有可能在理论上是成立的。但是，局限于封闭情景下对家庭经营的静态考量，既忽视了技术进步、劳动替代与考核成本的动态可能性，也忽视了开放性情景下农户参与市场交易的现实可能性。现代农业技术的发展，尤其是现代装备技术与人工智能的进步，将有助于改善农艺环节的可分性、农事活动的可交易性以及质量监督的可考核性。由此，农业生产的迂回程度亦随之增加，农业分工空间得到拓展与深化。

在很多情形下，一种物品或者一类财产，进行整体的产权交易可能是困难的。幸运的是，物品或财产的价值属性并非单一，而是多维的。农民的土地即如此[①]。在中国农地所有权、承包权、经营权“三权分置”的背景下，从农户土地承包经营权分离出的经营权，还可做进一步的产权细分。事实上，在保障农户对承包土地在位控制权的前提下，农业生产经营中的多数农艺与活动环节是可以分离的（或者说可以作为中间产品而存在）。例如，水稻的育秧活动是可以独立分离的，能够由专业化的育秧服务组织提供；整地、栽插、植保、收割等生产环节亦可由专业化的服务组织外包。因此，经营权细分为不同主体进入农业提供了可

---

① 农民土地的人格化财产特性以及由此引发的农地流转的禀赋效应，并不利于农地的流转。由此，产权细分及其交易就显得尤为重要（罗必良，2014a，2016）。

能性空间。最具制度潜力的是，经营权细分有利于形成多样化的委托代理市场，农事活动的分工有利于外包服务市场的发育，由此扩展了产权交易的选择空间（罗必良和胡新艳，2015）。因此，一旦小农的土地经营权存在产权细分的可能性，其内含的盈利机会就能够被企业家发现。由此，一方面形成提供“管理知识”这种中间产品（服务）的经营性主体，从而改善农业的知识分工与经营效率；另一方面形成提供“专业生产”为中间产品（服务）的生产性主体，从而改善农业的技术分工与迂回生产效率。所以，即使农户不直接使用新要素进行生产，但当这种具备企业家能力的主体为农户提供上述服务时，农户就可以通过购买服务的迂回方式将新要素与新技术引入经营之中，从而达到改造传统农业的目的。

在农地规模经营面临困境的现实格局下，农业服务规模经营的发展能够成为农业分工深化的重要表现形式（胡新艳等，2016b；罗必良等，2017a）。已有实践表明，日本在直接扩大土地经营规模进展迟缓时，开始重视和扶持“迂回”分工的生产模式，即不直接触动小农户的土地产权，而是鼓励农户将过去由自己从事的耕种、植保、收割等生产环节外包给外部的专业化服务组织，使众多小农户的服务需求聚合为社会化需求，既形成匹配于专业化服务组织的交易规模需求，又能改善农户的分工效率（胡霞，2009）。在中国经济相对发达的地区，农业生产环节外包现象亦日渐普遍（刘守英，2015）。罗必良等（2017b）对我国 9 省区农户的抽样调查数据显示，在2 088个水稻种植样本农户中，有42.49%的农户在水稻生产过程中至少有一个环节获得专业服务组织、合作社或农业龙头企业提供的有偿服务。可见，农户参与分工与服务外包已成为农业经营方式转型的重要趋势。

16.2.3　纵向分工、市场容量与农户专业化

农户生产环节的分工外包具有典型的纵向分工特征。如果农户对生产环节的服务需求是离散的，分工不可能产生；只有聚合多个农户需求并形成服务市场容量，分工才可能发生。

如前所述，斯密提出了著名的“劳动分工受市场容量所限”命题，他主要关注企业内分工，对整个社会的产业分工及其相互关系则很少论及。杨格（Young，1928）的重要贡献就是将企业内分工与产业分工的交互作用联系起来，并由此发现了分工与市场容量的相互性。在杨格看来，“分工”这一概念包含着三个方面的内容：一是个人的专业化水平；二是不同专业的种类数；三是生产的迂回度。因此，分工产生的报酬递增一方面来源于每个个体专业化程度加深而带来的生产率提高（专业化经济），另一方面必然要求不同个体或产业之间形

成相互联系和交换关系，通过产业间的相互协调、合作以及迂回生产链条的不断加长，提高最终产品的生产效率（分工经济与网络效应）。

同样地，农业领域纵向分工与服务外包的形成，既受市场容量的限制，又反向促进市场容量的生成。具体而言，农户对任一环节的外包服务需求所决定的市场容量，既是农业纵向分工的前提条件（需求），也是纵向分工的结果（供给）。由此提出的问题是，作为农业纵向分工形成过程中最为关键的变量，服务外包的市场容量应当如何表达？

假定区域内有 n 个农户，每个农户 i 进行多样化生产，其种植的品种数量为 $j(j=1,2,\cdots,J)$，每个品种的生产环节数为 $x(x=1,2,\cdots,X)$。鉴于作物的生产特性，不同的生产环节在同一生产周期内所需重复作业的次数 $w(w=1,2,\cdots,W)$ 不同。

假定农户 i 种植的耕地总面积 S_i 一定，每个品种均等种植的面积为 $s_{ij}=S_i/j$。一旦农户 i 的第 j 个品种的生产卷入纵向分工，并对需要重复作业 w 次的环节 x 构成外包服务需求，则此时 x 环节的服务需求量 s_{ijxw}（即农户 i 的作业面积 $s_{ijxw}=xw$）存在。

（1）与 w 正相关。生产周期内环节 x 所需的重复作业次数是 w，w 越大，将环节 x 外包（参与纵向分工）的交易次数越多，即交易频率越高，其服务需求量 s_{ijxw} 越大；或者，尽管 w 值小，但人工作业的劳动强度大，在机械替代劳动的情形下，亦会增加服务需求量 s_{ijxw}。

（2）与 j 负相关。一个农户 i 种植的品种数 j 越多，j 品种的种植面积越小，将 j 品种的生产环节 X 进行外包的服务需求量 s_{ijxw} 就会越少；反之，品种数 j 越少，外包服务需求量越大，直至 $j=1$，亦即 $s_{ij}=S_i$，意味着农户参与横向分工并走向专业化①。

（3）与 n 正相关。区域内参与横向分工的农户数目 n 越多，n 个农户同时将品种 j 的生产环节 x 外包出去所形成的服务需求量会越大（意味着同向专业化）。从而对 x 而言，其市场容量 $\sum_{i=1}^{n}s_{ijxw}$（此时 $j=1$）将达到最大化。

由此可推出三个命题。

命题 16-1：农户将作物生产周期内需要多次重复或者可降低劳动强度的作业环节进行服务外包，有助于增加服务需求量，从而增加外包服务的市场容量（图 16-1，以水稻种植为例）。

---

① 不同作物具有不同的生产环节，从而决定着外包服务的资产专业性。即使是相类似的作物，因其生产的季节性特征不同，尽管可以增加部分环节外包服务的交易频率，但难以增加同一时点上的服务需求与市场容量。

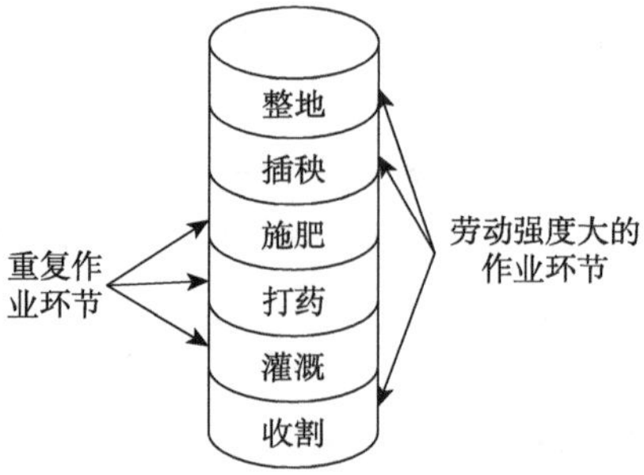

图 16-1　作业环节与外包交易

命题 16-2：单个农户参与横向分工走向品种生产专业化，有助于通过增加服务需求量来扩大交易范围，从而增加外包服务的市场容量（图 16-2）。

（a）农户多品种种植　　（b）农户专业化种植

图 16-2　农户专业化生产与市场容量

命题 16-3：多个农户参与区域横向分工，选择同方向的专业化，有助于通过增加服务需求量来扩大交易密度，从而增加外包服务的市场容量（图 16-3）。

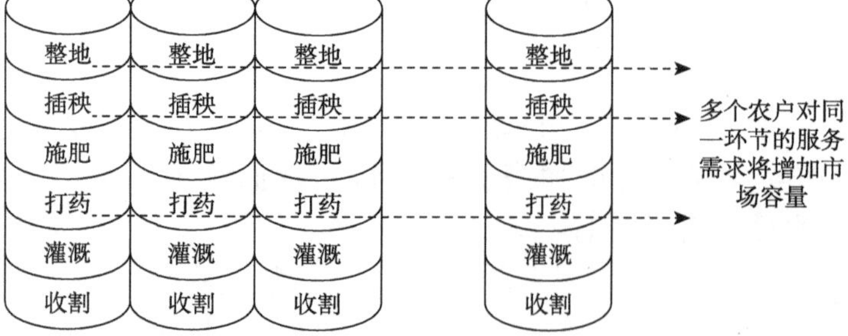

图 16-3　多个农户同向专业化

从以上命题可知，市场容量包括两个方面的含义。

（1）纵向分工中的可交易频率。同一种作物的不同生产环节在一个生产周期内需要劳作的频率不同，如整地是一次性的，而打药与施肥等植保活动则可能是多次的。假定不存在作业质量的考核问题，也不考虑劳动强度，那么，在播种面积不变的条件下，低劳作频率意味着将此环节外包所能形成的交易频率相对较低，反之，高劳作频率则意味着高交易频率。高交易频率意味着较大的市场容量，从而缓解市场容量对分工的约束。

（2）横向分工中的可交易密度。其一，对单个农户而言，一旦参与横向分工进行专业化种植，即意味着该农户某一作物的种植面积达到其经营面积的极值，此时将该作物的某一生产环节外包，能够增加此环节服务交易密度，扩大此环节服务的市场容量；其二，对区域内多个农户而言，当同时专业化种植某一作物，并将该作物的同一生产环节外包出去时，能够有效增加服务外包的交易密度，扩大市场容量。前者表达农户专业化，后者表达区域（同向）专业化①。

16.2.4　服务规模经营的关键：横向分工与区域连片专业化

1. 已有研究的不足：一个理论说明

在关于分工的文献中，产业组织与企业理论主要关注于纵向分工，而区域经济学与国际贸易领域则更多关注于横向分工，但两类分工理论是相互分离的。杨小凯（2003）的分工理论不但没有对其做区分，而且试图将产业间的横向分工与产业内的纵向分工视为一个同质的分工逻辑。

Krugman（1979）利用 D-S 模型解释了为什么国际贸易主要发生在先天条件相近的发达国家之间，而不是主要发生于差异较大的发达国家与欠发达国家之间，从而揭示了贸易依存度及规模经济所具有的意义。我们的追问是，“条件相近”所隐含的“规模经济”的本质是什么？这显然是斯密与杨格意义上的“市场规模”或“市场容量”。因此，规模经济来源于“条件相近”的地区（国家）所选择的同方向横向分工。笔者推测，横向分工及其所决定的交易规模或市场容量，是纵向分工的前提。

从“斯密定理”和“杨格定理”可知，分工与市场容量是相互关联且相互决定的。进一步的问题是，农户对生产环节外包服务的需求，能否与外包服务的市场供给具有一致性。考虑到外包服务的供给具有资产专用性和投资迂回性的特征，从而隐含着生产服务的交易成本（科斯意义上的交易成本），因此，如果农

---

① 在杨格（Young，1928）和杨小凯（2003）的分工理论中，专业化只包括前者，而没有考虑后者。

户对生产环节外包服务的需求所形成的市场规模有限，那么，外包服务的供给主体是不可能产生的。在农业领域，由于土地的不可移动与不可“叠加聚集”的特性，区域上的同向横向分工与专业化，将是纵向分工及其深化的内生性要求。

在农业领域，纵向分工与横向分工是相互关联的。没有横向分工基础上的区域专业化与组织化，就不可能有外包服务市场容量的生成，农户参与的纵向分工也就难以深化，从而揭示农业生产性服务规模经营的决定机理。

2. 服务规模经营的含义：交易半径与交易密度

如前所述，市场容量由交易频率与交易密度所决定。交易频率由作物生产特性所决定，不易改变，于是，交易密度成为唯一能够有效增加市场容量的运作维度。提升交易密度不仅取决于农户的专业化，还取决于多个农户的同向专业化。问题是，区域内农户数量的增多，意味着服务交易的半径增大，必然会增加交易成本。可见，在扩大交易密度来增加市场容量的过程中，会因为交易半径的扩大而产生不可忽略的服务交易成本，当服务交易成本过大时，分工带来的经济性将被耗散。于是，一旦把服务交易成本考虑在内，交易半径对市场容量乃至分工深化就是一个两难选择。

假定在n个农户中因比较优势而出现了一个提供生产性外包服务的农户（简称“外包服务商”，以p表示）[①]。假定一个区域，区域内每个农户的生产经营地点是外生给定的，而每一对相邻农户的距离是一个常数。所以，当每个农户的专业化水平上升时，其购买服务的可能性会增加，因此，p的交易对象会向外扩展。假定以p为圆心，那么，p的交易密度（外包农户数及其作业面积）N与交易区域的半径R成正比（按“圆形”面积计算公式，$N=\pi R^2$），p与其他农户的平均距离A与R成正比，其交易的平均距离与N成正比。

进一步假定交易服务效率k只与交易量有关，且交易服务受到诸如交通、通信等有关便利程度的影响而产生交易费用（用$1-K$表示，K为便利交易效率系数）（杨小凯，2003）。于是可以得出下列结论。

第一，交易半径R越大，服务规模越大，p所面临的搜寻、缔约及空间移动等方面的交易成本也越高（与交易密度同样具有圆周扩展的性质，从而产生倍增效应）。对于生产环节x而言，农户购买服务量x^d时能够实际得到的好处是Kkx^d，而$(1-K)kx^d$却因不便利因素而在交易中耗散掉了[②]。

① 杜志雄和刘文霞（2017）的实地调查表明，越来越多的家庭农场开始发挥重要的农业生产性服务功能。

② 交易成本系数$1-K$可视为科斯理论中的交易成本。农业分工与服务交易由于受到地域限制，内生着交易容量与交易成本的“两难冲突”。可以认为，在农业分工领域，“斯密定理”、“杨格定理”以及“科斯定理”是相互关联的。

第二，p 服务于农户的地块[假定每个农户种植的地块均整合为 1 块，如图 16-2（b）是外生给定的，各农户所耕种地块之间的相邻距离（d）能够表达市场密度，市场密度越高（图 16-3），其移动成本与交易成本则越低。

第三，R 扩大，d 缩小，当 $\theta_1'(d) > \theta_2'(R)$，即当 d 缩小的速度快于 R 延伸的速度时，服务交易成本才会下降。与此同时，农户所分摊 p 的服务成本也会随之下降，从而表现出服务规模经济性。所以，服务规模的扩大以及服务成本的降低，将诱导更大范围的农户产生外包服务需求并参与分工。

第四，R 进一步扩大，此时单个 p 的服务效率可能将降低，存在 $\theta_1''(d) < \theta_2''(R)$，而区域内足够的服务需求市场容量会诱使新的服务主体的形成（图 16-4，由一个交易圈变为多中心的交易圈）。并且，多个服务商的竞争将有助于降低交易成本。

第五，在一个区域范围内，如果 R 较大，d 很小（趋向于 0），当足够多的农户选择同样的品种时 $(j=1)$，其每个生产环节 $x(x=1,2,\cdots,X)$ 所形成的外包服务的市场交易密度，均可能诱导相应环节的生产性服务主体的进入，从而外包服务的专业种类数增加（市场容量促进分工深化），由此，生产性服务及其交易将呈现多样化（图 16-4）。当然，不同生产环节所形成的服务交易圈具有不同的“适度规模”性质。

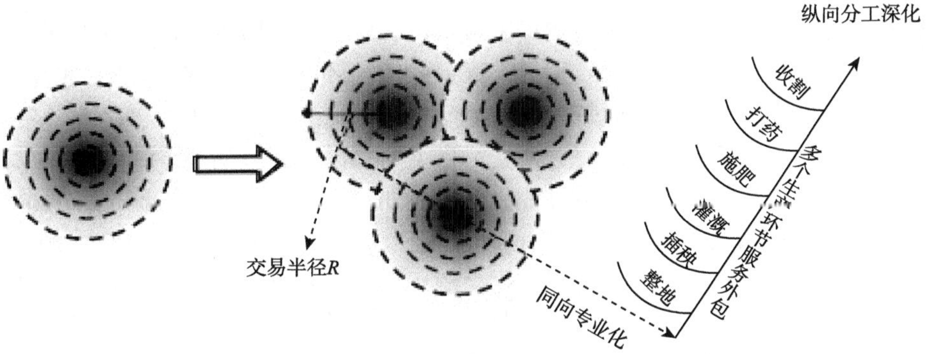

图 16-4　市场密度、交易半径与服务多样化

3. 交易情景与区域连片专业化

根据不同服务类型及其交易特性，可以将农业生产环节外包服务分为不同的情形。

1）“异地”交易的情形

农业生产的部分环节与农地具有可分离特征。当环节生产与农地是可分离的时候，服务商与农户可进行“异地”交易，如工厂化育秧。育秧服务商可以通过在固定地点售卖秧苗来提供外包服务，此时不存在服务场地的转换。但是，考虑到单个农户对秧苗的需求量是有限的，必须有足够多的稻农进行育秧环节的委托代理，育秧服务商才可能进行“大规模生产”。因此，考虑到秧苗服务商的进入门槛及规模经济性，育秧环节应该是相对统一且“专业化”的；考虑到秧苗的生命特性以及运输成本，其外包服务的区域范围应该是相对集中的（可交易的市场半径之内）。可见，在“异地”交易的情境下，如果育秧服务商具有明显的比较成本优势，其“大规模生产”将能够倒逼或诱导区域内更多农户因分享规模经济性而卷入横向分工与专业化。

2）“现场”交易的情形

由于农业生产的多数情形是现场作业或现场处置，因此，大多数生产环节与农地现场有着不可分离的特征，如插秧、田间管理、收割等。服务商需进入田间地头进行“现场”交易（作业），这必然意味着较高的场地转换成本。农户分布越分散，交易成本越高，由分工带来的经济性将被耗散。因此，如果说在“异地”交易情景下，农户各自尚可在“区域专业化”所形成的市场容量中进行小块土地的“零散”种植经营，那么，一旦考虑到现场服务的规模经济性以及地块之间转移的作业成本，区域集中且专业化的种植经营将成为必然选择。

3）适度交易规模与多中心交易圈

如果实行外包服务的生产环节具有“劳动密集型”的特性，考虑到人力资本的可分性与可流动性，其所要求的市场密度可以相对较低，服务主体或许能够容忍农地间一定程度的分散。但如果实行外包服务的生产环节是“资本密集型”的机械作业，较高的投资门槛以及由此带来的地域专用性、环节作业专用性，必然要求有足量且连续不断的服务交易密度。这个交易密度可能是具有空间连续性的，即区域内农地间存在连片服务的可能；也可能是具有时间连续性的，即通过地理纬度及布局组织化来匹配（如麦客的连续跨区作业）①。但是，一旦考虑到交易半径所隐含的交易成本，服务交易在空间与时间维度上的延伸并非是可以无限扩展的，由此，形成多环节、多中心、规模适度的专业服务交易圈（及其交易平台），就能够达成分工经济与交易成本的均衡。其中，多中心交易圈具有重要的分工网络效应：第一，交易圈相互竞争所形成的声誉机制有助于农户获得优质的专业化服务；第二，尽管存在服务质量考核的困难，但专业服务形成的资产专用性与服务市场的竞争，能够有效缓解监督成本问题；第三，尽管农业生产存在信息的不规则性，但专业化服务组织具有信息搜集与处理的比较优势；第四，外包服务商之间的竞争，有助于为各

① 考虑到作物生长的季节性与时令性特征，外包服务在同一经度上进行大跨度的现场作业（交易），几乎是不可能的。所以，从生产性外包服务市场发育的角度来说，农业种植的区域专业化应该呈纬度布局而非经度布局，从而能够有助于节省交易成本并改善分工经济性。

类社会化服务的市场拓展、服务品牌建设、分工深化提供可持续发展的动力。

可见，要达成从“增加交易范围”到“扩大市场容量”同时“降低服务交易成本”，就不仅意味着多个农户要进行同向专业化生产，还意味着在“异地”交易情境下的区域专业化生产、在“现场”交易情景下的集中化与连片化生产，以及考虑到交易半径与交易成本而形成的多中心交易圈，从而蕴含着区域专业化与生产布局组织化的含义（图 16-5）。

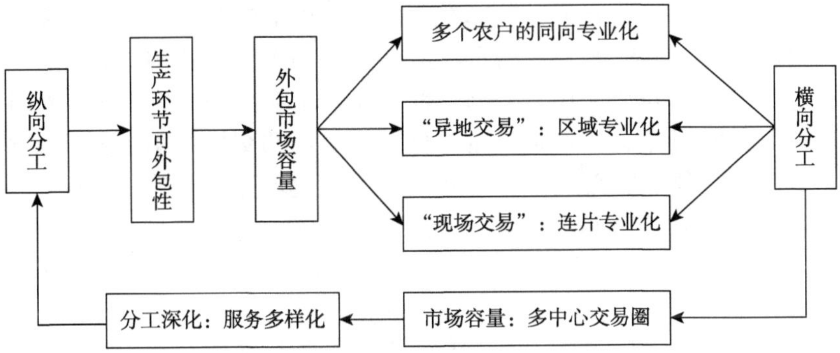

图 16-5　纵向分工与横向分工的相互关联性

进一步地，通过改善生产组织形式、改变或者部分改变农业的产业特性，可以扩大生产与交易范围，从而有效增加农业分工深化的可能性：①改变农业的生产特性（产品结构调整、标准化生产等），能够拓展农产品的市场交易半径；②增加中间品投入，既可以缓解农业劳动的监督协调问题，也可以改善迂回经济；③在空间布局组织方面，鼓励农户种植的区域专业化，同时倡导多个农户之间连片种植，能够在缓解分工深化所面临的市场容量约束的同时，降低服务交易成本对分工经济的耗散；④在时间连续性方面，通过农作物在地理纬度上连续布局，在匹配作物的生长季节性与时间延后性的基础上，扩大外包服务作业的时间跨度与交易期限，从而增加市场容量。

16.3　实 证 分 析

16.3.1　研究对象与推论

1. 研究对象

斯密早在 1776 年就提出了著名的“劳动分工受市场容量所限”命题（即“斯

密定理”），但他主要关注企业内分工，对整个社会的产业分工及其相互关系则很少论及。Young（1928）的重要贡献在于，将企业内分工与产业分工的相互作用联系起来，并由此发现了分工与市场容量的相互性（即“杨格定理”）。遗憾的是，农业分工问题一直未能受到应有的重视。

将分工理论应用于农业领域，能够发现其理论的严重不足。第一，已有文献并未重视分工所隐含的交易成本问题。Coase（1960）指出，企业之所以能取代市场价格机制来协调劳动分工，原因在于，企业内部的管理成本可能低于市场交易成本。由此，企业的规模经济由企业外部（市场）交易费用与企业内部管理成本共同决定。因此，分工及其水平的高低，能够由交易成本来解释（杨小凯和黄有光，1999）。但问题是，农业领域的分工所内含的交易费用是如何生成和表达的？第二，在关于分工的文献中，产业组织与企业理论主要关注于纵向分工，而区域经济学与国际贸易领域则更多关注于横向分工（Dixit and Stiglitz，1997；Krugman，1979），但两类分工理论是相互分离的。杨小凯（2003）的分工理论不但没有对其做区分，而且试图将产业间的横向分工与产业内的纵向分工视为一个同质的分工逻辑。但问题是，由农业的横向分工与区域专业化及其所决定的交易规模或市场容量，与农业生产环节的纵向分工深化，具有怎样的相互关联性？上述两个方面的问题在经典分工理论中尚未予以说明。

本章以小麦种植为例，基于中国小麦主产区 134 个地级市 2005~2015 年的面板数据，利用空间计量模型，分析种植结构布局与农业社会化服务的互动关系及其空间溢出效应。为便于表述，特做如下界定。

（1）鉴于农户是小麦生产的主体，因此，小麦种植面积越大，意味着越多的农户参与了横向分工并进行专业化生产；就一定的区域而言，其小麦种植规模越大，意味着连片专业化的程度越高。并且，小麦种植规模越大，意味着进行农业机械外包作业的规模越大，因而能够表达生产性服务的市场容量。

（2）一般来说，农业机械的使用包括两个方面，一是农户的自有农机具，二是农机的租赁使用或服务外包。后者意味着农户购买生产性服务而将生产活动卷入社会分工体系。2004 年全国小麦的农机跨区收割面积为 1 201.2 万公顷，2013 年增加到 1 442.6 万公顷，10 年时间增加了 20.10%。本课题组 2017 年对河南省 3 987 个样本农户的问卷表明，在农户小麦生产过程中，分别有 94.24%的农户在整地环节、78.92%的农户在播种环节、97.32%的农户在收割环节雇用了机械作业。因此，农业机械化水平（本章用“农业机械总动力”测度）能够代表农户小麦生产环节的服务外包水平，进而能够表达小麦生产纵向分工的深化程度。

2. 研究推论

在 Young（1928）看来，“分工”这一概念包含着三个方面的内容：一是专业化水平（本章中表征为小麦种植规模，即区域专业化程度）；二是不同专业的种类数（本章中表征为生产环节）；三是生产的迂回度（可表征为作为迂回投资的农业机械总动力及其外包服务）。因此，报酬递增一方面来源于每个人（农户）专业化程度加深而带来的生产率提高，另一方面必然要求不同生产环节形成相互联系和交换关系，并通过迂回生产链条的不断加长，进而实现最终产品生产效率不断提高的效果（分工经济与网络效应）。

农业领域的分工深化与服务外包的形成，既受市场容量的限制，又会反向促进市场容量的生成。具体而言，农户对任一环节的外包服务需求所形成的市场容量，既是农业纵向分工的前提条件（需求），也是纵向分工的结果（供给）。Dixit 和 Stiglitz（1997）发现，即使两国（或地区）的初始条件完全相同，或者没有李嘉图所说的比较优势，但如果存在规模经济，两国仍可以选择不同的专业，从而形成内生的（后天的）绝对优势。Krugman（1979）则进一步利用 D-S 模型解释了为什么国际贸易主要发生在先天条件相近的发达国家之间，而不是主要发生于比较差异较大的发达国家与欠发达国家之间，从而揭示了贸易依存度及规模经济所包含的意义。我们的追问是，“条件相近”所隐含的“规模经济”的本质是什么？这显然是斯密与杨格意义上的“市场规模”或“市场容量”。因此，规模经济来源于“条件相近”地区（国家）所选择的同方向的横向分工。

尽管“斯密定理”和“杨格定理”表明，分工与市场容量是相互关联且相互决定的。但问题是，农户对生产环节外包的服务需求，是否与外包服务的市场供给具有一致性呢？考虑到外包服务的供给具有资产专用性和投资迂回性的特征，从而隐含着生产服务的交易成本。因此，如果农户对生产环节的外包需求所形成的市场规模有限，那么外包服务的供给主体是不可能出现的。由此可以推断，在农业领域，由于农地经营的不可移动与不可“叠加聚集”的特性，区域上的横向分工与专业化及其连片布局，将是纵向分工及其深化的内生要求。

基于上述，可以做如下推断。

（1）假定外包服务环节是“资本密集型”的机械服务，较高投资门槛以及由此带来的地域专用性、环节作业专用性，必然要求有足量且连续不断的服务交易容量。该交易容量既可能表达为空间连续性，即服务主体在一定的区域范围内对多个农户进行连片的服务作业；也可能表达为时间连续性，即服务主体基于地理纬度及布局组织化的配合，可在相对较长的时间内对不同区域的农户进行连续跨区作业服务。特别地，考虑到农作物生长的季节性与时令性特征，外包服务在同一经度上进行大跨度的现场作业（交易），其可能性要小得多（除非匹配足够的服务能力，或者是海拔落差引发季节差异）。所以，从有助于农业社会化服务市场发育的角度来说，农业种植的区域专业化应该呈纬度布局而非经度布局，这将有助于节省交易成本并改善分工经济性。

（2）农业横向分工及区域专业化所表达的市场容量，是众多分散农户（或小农场）的种植行为一致性选择的结果。但农户专业化于单一农作物的种植，不仅面临自然风险与产品市场风险，也面临生产性服务可获性的不确定性。鉴于农户参与服务外包的关键在于规避专用性投资风险，因此，农机投资及其服务可获性是决定小麦种植及市场容量的关键。由此可见，优先投资农机装备，着力培育外包服务市场，能够有效诱导小农卷入分工，并将小农生产引入现代农业发展轨道。

16.3.2　数据来源与描述

1. 数据来源

中国小麦的种植范围十分广泛，但冬小麦主要分布在长城以南，春小麦主要分布在长城以北（赵广才，2010）。考虑到中国小麦品种以冬小麦为主（据《中国农村统计年鉴》，2006~2015 年冬小麦播种面积均占全国小麦播种总面积的92%以上），因此，我们以中国冬小麦主产区为研究对象（后文简称为“小麦主产区”。2015 年，小麦主产区播种面积占全国小麦播种总面积的82.80%），主要包括河南省、山东省、安徽省、河北省、江苏省、湖北省、四川省、陕西省、山西省和重庆市，总计 10 个省市 134 个地级样本市。

核心变量包括小麦播种面积和农业机械总动力。数据来源于《中国统计年鉴》（2006~2016 年）和样本省市相应年度的统计年鉴。

2. 小麦种植与农机总动力的变化趋势

中国小麦主产区的播种面积从 2005 年 1 950.6 万公顷增加到 2015 年的 1 998.8 万公顷，增幅为 2.47%。农业机械总动力则呈持续上升态势，从 2005 年的 41 075 万千瓦增长到 2015 年 63 075 万千瓦，增幅为 53.56%。小麦种植主要集中在河南、山东、安徽和河北等地，其中河南省占主产区小麦播种面积的 26.49%；农业机械主要集中在山东、河南、河北、安徽等地。从样本省小麦播种面积与农业机械总动力的对应关系来看，在高纬度地区，如河北、山西、山东等省份，其农业机械总动力持有率明显高于小麦播种面积占比；在中低纬度的地区，如河南、安徽、江苏等省份，其农业机械总动力持有率要明显低于小麦播种面积占比。

对比各样本市 2005 年和 2015 年小麦播种面积和农机总动力的空间变化特征，能够发现，农业机械化水平较高的地区，该区域及其周边区域的小麦播种面积亦较大。由此可以推测：农业机械化发展水平不但对本区域的小麦种植有影响，而且对其他区域的小麦种植业也会产生推动作用，即农业机械化服务的跨区作业对小麦连片种植存在空间溢出效应。为验证这一推测，我们从空间匹配度与空间自相关性两个层面进行描述性检验。

3. 小麦种植与农业机械的空间匹配特征

小麦生产布局与地理气候密切相关。一方面，我国小麦的成熟期随纬度增加而向后推移，从而为农机跨期与跨区服务作业提供了可能。另一方面，处于同一经度的区域，其成熟期大体同步，会限制农机沿经度的跨区作业范围。2015 年小麦播种面积与农机总动力的空间分布格局显示：①从纬度上看，小麦播种面积随纬度增加呈先升后降的倒“U”形分布趋势；农机总动力则沿纬度呈不断上升的趋势。这表明，小麦播种面积与农机总动力沿纬度表现出弱匹配关系，隐含着农机跨区作业服务的可能性。②从经度上看，小麦播种面积与农机总动力呈现明显的区域对应特征，表现出强匹配关系。

进一步的分析表明，2015 年各样本市单位农机总动力所匹配的小麦播种面积沿纬度呈倒“U”形变化趋势，即南北区域中单位农机总动力覆盖的小麦播种面积低，中部地区高。显然，沿纬度的小麦连片种植为农机服务的跨区作业提供了充足的市场容量；沿经度则未呈现出规律性特征。

4. 小麦种植与农业机械的空间自相关分析

进一步分析小麦播种面积和农业机械总动力的空间自相关性。Moran’s I 指数被广泛应用于测度空间自相关，以检验相同指标在不同位置上的空间相关性，进而度量两个指标的集聚程度和空间溢出效应。该指数的取值范围是$[-1,1]$，取值越接近 1，表示区域间的指标存在正向空间自相关；相反，取值越接近−1，则表示负向空间自相关；若取值为 0，则表示不存在空间自相关。全域 Moran’s I 指数定义如下。

$$\text{Moran' s I}=\frac{\sum_{i=1}^{n}\sum_{j=1}^{n}\boldsymbol{W}_{ij}\left(Y_i-\frac{1}{n}\sum_{i=1}^{n}Y_i\right)\left(Y_j-\frac{1}{n}\sum_{i=1}^{n}Y_i\right)}{\frac{1}{n}\sum_{i=1}^{n}Y_i\left(Y_i-\frac{1}{n}\sum_{i=1}^{n}Y_i\right)^2\sum_{i=1}^{n}\sum_{j=1}^{n}\boldsymbol{W}_{ij}}$$

其中，$\boldsymbol{W}$ 为空间权重矩阵，是 $\boldsymbol{n}$ 阶对称矩阵。考虑到小麦种植和农机跨区服务可能存在空间溢出效应，故采用邻接矩阵构建空间权重矩阵。

图 16-6 分别为 2005 年和 2015 年的空间自相关系数图，表明小麦种植布局与农业机械空间存量均已形成空间依赖关系与空间溢出效应。

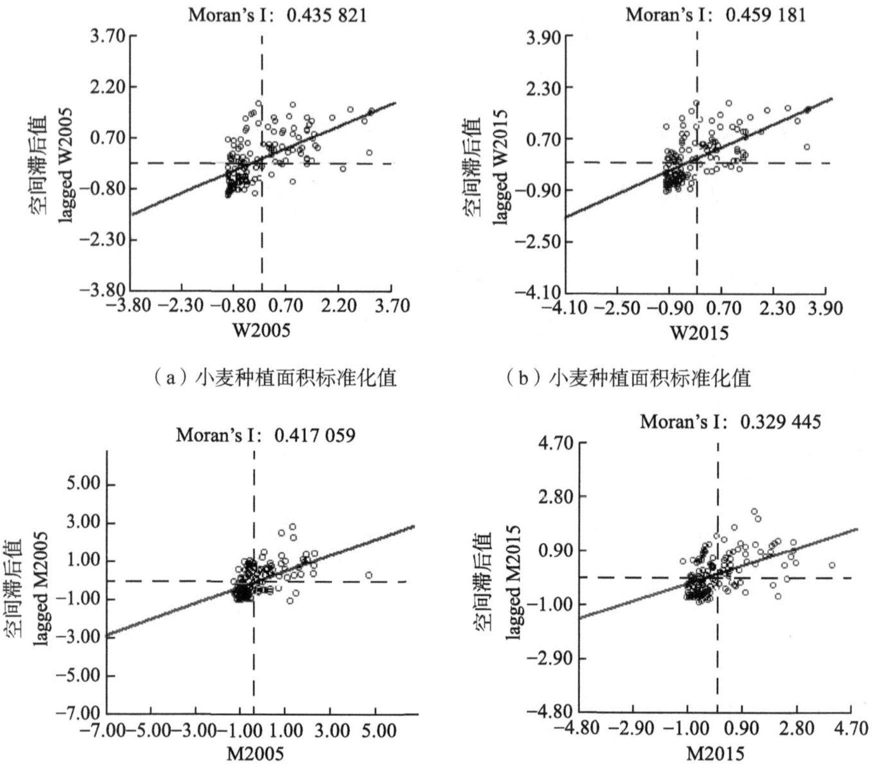

（a）小麦种植面积标准化值　（b）小麦种植面积标准化值

（c）农机总动力标准化值　（d）农机总动力标准化值

图 16-6　2005 年和 2015 年小麦种植与农业机械的 Moran's I 指数

W2005 和 W2015 分别表示 2005 年和 2015 年的小麦播种面积；M2005 和 M2015 分别表示 2005 年和 2015 年的农业机械总动力

表 16-1 的分年度计算结果进一步说明，在 2005~2015 年，小麦播种面积和农业机械总动力均存在空间自相关性。尽管全域 Moran's I 指数存在一定的波动性，但均大于零，且 p 值显示均在 0.01 水平上显著。不同的是，随着时间的推移，小麦播种面积的空间相关程度大体在 0.45 的水平上下波动，而农业机械总动力的空间相关程度则在逐步减小。前者表明，小麦种植布局具有较为稳定的空间依赖关系；后者表明，农业机械总动力的布局具有空间聚集的特点，但相关性相对减弱。

表 16-1　全域 Moran's I 指数及显著性水平

年份	小麦播种面积的空间自相关分析			农业机械总动力的空间自相关分析		
	Moran's I	Z 值	p 值	Moran's I	Z 值	p 值
2005	0.436	7.655	0.000	0.417	7.574	0.000
2006	0.368	7.318	0.000	0.410	7.353	0.000

续表

年份	小麦播种面积的空间自相关分析			农业机械总动力的空间自相关分析		
	Moran's I	Z 值	p 值	Moran's I	Z 值	p 值
2007	0.461	8.252	0.000	0.399	7.483	0.000
2008	0.463	8.585	0.000	0.384	6.890	0.000
2009	0.464	8.087	0.000	0.382	7.572	0.000
2010	0.463	8.494	0.000	0.368	6.848	0.000
2011	0.462	8.484	0.000	0.360	6.589	0.000
2012	0.460	8.723	0.000	0.356	6.780	0.000
2013	0.465	8.476	0.000	0.344	6.307	0.000
2014	0.450	8.470	0.000	0.342	6.690	0.000
2015	0.459	8.332	0.000	0.329	6.019	0.000

资料来源：根据 Geoda 软件计算所得

16.3.3　模型估计与结果分析

本部分的模型估计包括两个方面：①分析农业机械总动力对小麦播种面积的空间影响，目的是揭示在农业种植领域，农业分工是否有助于扩展服务市场容量；②分析小麦播种面积对农业机械总动力的空间影响，重点在于阐明市场容量的扩大是否有助于深化农业分工。

1. 农业机械对小麦种植的影响：分工决定市场容量

1）模型与变量选择

为考察农业机械总动力在空间上对小麦播种面积的影响，即分工如何影响市场容量，特将空间滞后项引入计量模型，构建空间 Durbin 模型。无论真实的数据生成过程是空间滞后还是空间误差形式，该模型均能保证系数的无偏估计，且在不施加任何限制的条件下，能够较好地捕捉空间溢出效应（Lesage and Pace，2009；Beer and Riedl，2012；Elhorst，2014；伍骏骞等，2016）。为了降低数值波动对模型稳健性的影响，可对小麦播种面积和农业机械总动力等变量进行对数化处理。空间 Durbin 模型的基本表达式如下。

$$\begin{aligned}\ln(\text{wheatarea}_{it}) = {} & a_0 + \delta \boldsymbol{W} \times \ln(\text{wheatarea}_{it}) + a_1 \ln(\text{fmp}_{it}) + a_2 \ln(\text{crain}_{it}) \\ & + a_3 \ln(\text{ctemp}_{it}) + a_4 \ln(\text{price}_{it}) + a_5 \ln(\text{landcost}_{it}) \\ & + a_6 \ln(\text{producost}_{it}) + a_7 \ln(\text{labourcost}_{it}) + \beta_1 \boldsymbol{W} \times \ln(\text{fmp}_{it}) \\ & + \beta_2 \boldsymbol{W} \times \ln(\text{crain}_{it}) + \beta_3 \boldsymbol{W} \times \ln(\text{ctemp}_{it}) + \beta_4 \boldsymbol{W} \times \ln(\text{price}_{it}) \\ & + \beta_5 \boldsymbol{W} \times \ln(\text{landcost}_{it}) + \beta_6 \boldsymbol{W} \times \ln(\text{producost}_{it}) \\ & + \beta_7 \boldsymbol{W} \times \ln(\text{labourcost}_{it}) + u_i + \gamma_t + \varepsilon_{it}\end{aligned}$$

其中，i表示 134 个市$(i=1,2,\cdots,134)$；因变量$\ln(\text{wheatarea}_{it})$，表示$i$市在$t$年小麦播种面积的自然对数；$\ln(\text{fmp}_{it})$表示$i$市在$t$年农业机械总动力的自然对数；$\boldsymbol{W}$表示空间权重向量，采用邻接矩阵来测度空间权重，$\boldsymbol{W}\times\ln(\text{wheatarea}_{it})$和$\boldsymbol{W}\times\ln(\text{fmp}_{it})$为变量与空间权重矩阵的乘积，分别表示小麦播种面积和农机总动力的空间滞后变量。此外，还选取了影响小麦播种面积的其他控制变量：首先，鉴于自然条件对小麦生产的影响，选取年均降水量$[\ln(\text{crain})]$和年均气温$[\ln(\text{ctemp})]$表征气候因素、用海拔高度表征地理因素；其次，粮食价格也会对小麦产生影响，故采用价格指数修正后的每公斤小麦价格$[\ln(\text{price})]$表征价格因素；最后，小麦种植成本也被引入模型，并采用亩均小麦的土地成本$[\ln(\text{landcost})]$、生产成本$[\ln(\text{producost})]$和人工成本$[\ln(\text{labourcost})]$共同刻画。其中，土地成本包括流转租金和自营地折租；生产成本包括生产小麦而投入的实物和现金；人工成本为小麦生产过程中的雇工成本。变量选择与说明见表 16-2。

表 16-2 变量选择与说明

符号	变量名	单位	指标说明
wheatarea	小麦播种面积	万公顷	各地级市小麦播种面积
fmp	农业机械总动力	万千瓦	各地级市农业机械总动力
crain	年降水量	毫米	各地级市年降水量
ctemp	年均气温	摄氏度	各地级市年均气温
price	价格	元/公斤	各地级市小麦价格
landcost	土地成本	元/亩	各地级市每亩小麦种植土地成本消耗
producost	生产成本	元/亩	各地级市每亩小麦种植生产成本消耗
labourcost	人工成本	元/亩	各地级市每亩小麦种植人工成本消耗
longitude	经度	度	各地级市地理中心的代表性经度
latitude	纬度	度	各地级市地理中心的代表性纬度
altitude	海拔高度	米	各地级市地理中心的代表性海拔高度

2）空间 Durbin 模型估计：总体影响

首先，与普通面板数据分析不同，空间杜宾面板估计出的系数不能直接反映因变量与自变量的关系。这是因为，空间面板回归存在外溢与再反馈效应，直接进行参数估计易造成结果误差，只有通过计算空间计量模型中的直接效应和间接效应，并加总获得总效应，才能全面刻画因变量与自变量的互动关系。其次，利用 Hausman 检验固定效应模型估计和随机效应模型估计的系统性差异。进一步的计算结果显示，Hausman 统计量为 57.845 9，且在 0.01 水平上显著，拒绝个体效应与解释变量无关的原假设，因此本部分将给出固定效应模型的估计结果。

表 16-3 汇报了空间 Durbin 模型的估计结果，表 16-4 则汇报了农业机械对小麦种植的直接效应、空间溢出效应和总效应。

表 16-3　空间 Durbin 模型估计结果（一）

变量	系数	t 值	p 值
ln(fmp)	0.243***	4.097	0.000
ln(crain)	0.056	1.030	0.303
ln(ctemp)	− 0.168	− 0.861	0.389
ln(price)	− 0.111	−1.073	0.283
ln(landcost)	0.189*	1.899	0.058
ln(producost)	− 0.974*	−1.824	0.068
ln(labourcost)	0.778**	2.100	0.036
$\boldsymbol{W}\times$ln(fmp)	0.280**	2.177	0.030
$\boldsymbol{W}\times$ln(crain)	− 0.077	− 0.929	0.353
$\boldsymbol{W}\times$ln(ctemp)	0.160	0.496	0.620
$\boldsymbol{W}\times$ln(price)	0.115	0.887	0.375
$\boldsymbol{W}\times$ln(landcost)	0.066	0.549	0.583
$\boldsymbol{W}\times$ln(producost)	− 0.579	− 0.925	0.355
$\boldsymbol{W}\times$ln(labourcost)	− 0.362	− 0.816	0.415
$\boldsymbol{W}\times$ln(wheatarea)	0.446**	14.661	0.000
R^2	0.979		
sigma^2	0.099		
wald_spatial lag	20.835***		
LR_spatial lag	20.796***		
wald_spatial error	35.350***		
LR_spatial error	36.379***		
N	1 474		

*、**和***分别表示 0.1、0.05 和 0.01 的显著水平

表 16-4　农业机械对小麦种植的直接效应、空间溢出效应和总效应

变量	直接效应		空间溢出效应		总效应	
	系数	t 值	系数	t 值	系数	t 值
ln(fmp)	0.284***	4.587	0.648***	3.031	0.932***	3.937
ln(crain)	0.056	1.084	− 0.079	− 0.661	− 0.023	0.194
ln(ctemp)	− 0.162	− 0.826	0.167	0.328	0.005	0.009

续表

变量	直接效应		空间溢出效应		总效应	
	系数	t 值	系数	t 值	系数	t 值
ln(price)	−0.180	−1.134	0.112	0.723	0.004	0.034
ln(landcost)	0.212**	2.246	0.242*	1.688	0.454***	4.573
ln(producost)	−1.118**	−2.285	−1.656**	−2.364	−2.773***	−5.415
ln(labourcost)	0.795**	2.336	−0.074	−0.140	0.721*	1.776

*、**和***分别表示 0.1、0.05 和 0.01 的显著水平

结果表明，农业机械总动力对小麦种植面积具有显著的直接效应、空间溢出效应和总效应。这说明，农业机械化服务对小麦种植具有显著的空间溢出效应，即一个区域的农业机械化水平越高，将会对其他区域小麦的种植规模产生显著的正向影响。正如罗必良（2017b）所指出的，农业社会化服务市场的发育，可以通过降低农业生产的机会成本、释放农业劳动力和提高农业经营绩效，进而促进农作物的连片种植。从空间溢出的角度来看，农业社会化服务市场不仅局限于单一区域，还可能借助小麦在纬度上成熟期的差异，进一步拓展社会化服务的市场容量。这表明，中国农业社会化服务市场的时空特性已经开始形成。此外，土地成本对小麦种植面积具有较为显著的直接效应和空间溢出效应；而生产成本对小麦种植面积具有显著的负向直接效应和空间溢出效应；人工成本对小麦种植面积具有显著的直接效应，但空间溢出效应不显著。

3）空间溢出效应的分区比较

为进一步分析不同区域农业机械对小麦种植的空间溢出效应，我们构建一个“纬度—经度—生态高度”的比较分析框架。

具体的划分标准：一是将小麦主产区按照纬度范围进行四等分，即从北到南依次为 A1（37.40°~40.97°）、A2（33.80°~37.39°）、A3（30.19°~33.79°）和 A4（26.58°~30.18°）；二是同样将小麦主产区按照经度范围进行四等份，即从东到西依次为 B1（117.05°~122.15°）、B2（111.94°~117.04°）、B3（106.83°~111.93°）和 B4（101.72°~106.82°）；三是按照生态高度（考虑平原与丘陵的划分标准以及主产区域的纬度范围），以 4 000 度·米为界线，从低到高依次为 C1（33.35 度·米~4 000.00 度·米）、C2（4 000.00 度·米~76 687.60 度·米）。

其一，纬度层面的空间溢出效应。如前所述，按纬度将小麦主产区等分为四类区域：高纬度（A1）、中高纬度（A2）、中低纬度（A3）和低纬度（A4）地区。表 16-5 报告了引入农业机械总动力沿纬度的空间滞后变量的固定效应模型估计结果。

表 16-5　按纬度划分不同区域的固定效应模型估计结果（一）

变量	高纬度（A1）		中高纬度（A2）		中低纬度（A3）		低纬度（A4）	
	系数	t 值	系数	t 值	系数	t 值	系数	t 值
ln(fmp)	1.709***	5.106	− 0.107	− 0.915	0.194***	4.124	0.026	0.213
$W\times\ln(\text{fmp})$	−1.027	0.181	0.633***	3.207	− 0.146	−1.467	0.496	1.258
R^2	0.983		0.981		0.980		0.980	

***表示 0.01 的显著水平

结果显示：①在低纬度 A4 区，农业机械总动力对小麦播种面积的影响不显著，空间溢出效应也不显著。②在中低纬度 A3 区，农业机械总动力对小麦播种面积的直接影响显著，但空间溢出效应不显著。其原因在于，A3 区农业机械化水平不如北方高，但其小麦播种面积最大，因而表现为区域内农业社会化服务。③在中高纬度 A2 区，农业机械对小麦播种面积的空间溢出效应显著，但直接影响不显著。该区农业机械化水平较高，但其小麦播种面积所表达的市场容量不能与服务能力相匹配，从而为其跨区外包服务提供了可能。④在高纬度 A1 区，农业机械对小麦播种面积的直接影响显著，但空间溢出效应不显著。上述分析表明，当农业社会化服务的供给能力超过本区域的市场容量时，跨区作业必然诱发服务市场半径的扩大与农作物的连片种植。

其二，经度层面的空间溢出效应。根据前述标准，按经度将小麦主产区等分为四类区域：东部（B1）、中东部（B2）、中西部（B3）和西部（B4）地区。表 16-6 汇报了引入农业机械总动力沿经度的空间滞后变量的固定效应模型估计结果。

表 16-6　按经度划分不同区域的固定效应模型估计结果（一）

变量	东部（B1）		中东部（B2）		中西部（B3）		西部（B4）	
	系数	t 值	系数	t 值	系数	t 值	系数	t 值
ln(fmp)	0.390***	4.013	0.121	0.236	0.216*	1.715	0.212	0.986
$W\times\ln(\text{fmp})$	− 0.161	− 0.846	0.891***	3.680	0.489***	2.629	− 0.021	− 0.066
R^2	0.963		0.985		0.974		0.963	

*和***分别表示 0.1 和 0.01 的显著水平

结果显示：①东部（B1）农业机械总动力对小麦播种面积具有显著的正向影响，但其空间溢出效应不显著。这表明，该区域农机服务与市场容量匹配度较高，农机装备具有自我服务的特征。②中东部（B2）和中西部（B3）的空间溢出效应显著。这两个区域的小麦播种面积相对较少，但农业机械总动力相对较高。因此，B2 和 B3 是提供农机跨区作业服务的核心区域。③西部（B4）由于小麦播种面积和农业机械总动力均相对较低，即农机服务既缺乏跨区作业的动力，又难以引致本区域农作物连片种植。

其三，生态高度层面的空间溢出效应。我国小麦种植不但纬度差异大，而且由于地形复杂，海拔差异也很显著。由于我国海拔呈现西高东低且与经度变化趋势较为一致，因此，我们使用“生态高度”概念（曹广才等，1993），分析纬度和海拔叠加作用下小麦播种面积与农业机械的空间溢出效应。其中，用各地级市市中心的海拔高度与纬度的乘积项来表征生态高度。表 16-7 汇报了引入农业机械沿生态高度的空间滞后变量的固定效应模型的估计结果。

表 16-7　按生态高度划分不同区域的固定效应模型估计结果（一）

变量	低生态高度（C1）		高生态高度（C2）	
	系数	t 值	系数	t 值
ln(fmp)	0.103**	2.309	0.796***	3.761
$\boldsymbol{W}\times$ln(fmp)	－0.070	－0.969	1.731***	4.392
R^2	0.977		0.970	

和*分别表示 0.05 和 0.01 的显著水平

结果显示：①低生态高度区域（C1）农业机械总动力对小麦播种面积具有显著的正向影响，但空间溢出效应不显著；②在高生态高度区域（C2），农业机械总动力对小麦种植面积具有显著的直接效应和空间溢出效应。可以认为：第一，与经度格局相一致，低生态高度区域具有区域自我服务的特征。该区域的农业分工深化能够扩展区内市场容量。第二，在高生态高度区域，农业分工深化不仅能够增加区内市场容量，其跨区服务也能够扩大其他地区的小麦种植规模。

综合上述，三个维度的溢出效应分析表明：①农业分工与市场容量具有相互性，而且，农业分工有助于扩展市场容量，尤其是当农业分工进一步深化，能够进一步产生扩展市场容量的空间溢出效应（A2）；②农业分工促进市场容量的扩展，主要是通过沿纬度路径的服务外包来表达的，其中 B2 和 B3 是小麦主产区提供农机跨区作业服务的核心区域；③优化 B2 和 B3 区域的小麦种植布局，有助于农机跨区服务市场的发育；④强化 A2 区、B2 区与 B3 区、C2 区三类交集区域的农机投资，降低其跨区作业服务的交易成本，进而在纵向分工中发育生产性服务市场，不但有助于农户参与横向分工以扩大小麦种植面积，而且能够形成重要的空间溢出效应或外部经济性。

2. 小麦种植对农业机械的影响：市场容量诱导农业分工

1）模型选择与说明

进一步考察小麦种植影响农业机械的空间溢出效应，即市场容量如何影响农业分工及服务市场的发育，同样构建空间 Durbin 模型。模型表达式为（变量含义与数据处理同前面）

$$\begin{aligned}\ln(\mathrm{fmp}_{it}) = {} & a_0 + \delta \boldsymbol{W} \times \ln(\mathrm{fmp}_{it}) + a_1 \ln(\mathrm{wheatarea}_{it}) + a_2 \ln(\mathrm{crain}_{it}) \\ & + a_3 \ln(\mathrm{ctemp}_{it}) + a_4 \ln(\mathrm{price}_{it}) + a_5 \ln(\mathrm{landcost}_{it}) + a_6 \ln(\mathrm{producost}_{it}) \\ & + a_7 \ln(\mathrm{labourcost}_{it}) + \beta_1 \boldsymbol{W} \times \ln(\mathrm{wheatarea}_{it}) + \beta_2 \boldsymbol{W} \times \ln(\mathrm{crain}_{it}) \\ & + \beta_3 \boldsymbol{W} \times \ln(\mathrm{ctemp}_{it}) + \beta_4 \boldsymbol{W} \times \ln(\mathrm{price}_{it}) + \beta_5 \boldsymbol{W} \times \ln(\mathrm{landcost}_{it}) \\ & + \beta_6 \boldsymbol{W} \times \ln(\mathrm{producost}_{it}) + \beta_7 \boldsymbol{W} \times \ln(\mathrm{labourcost}_{it}) + u_i + \gamma_t + \varepsilon_{it}\end{aligned}$$

2）空间 Durbin 模型估计：总体效果

表 16-8 显示了小麦播种面积对农业机械总动力的影响，表 16-9 则显示了该影响的直接效应、空间溢出效应和总效应。Hausman 统计量为 72.004 5，且在 0.01 水平上显著，拒绝个体效应与解释变量无关的原假设，因此本部分将给出固定效应模型的估计结果。

表 16-8　空间 Durbin 模型估计结果（二）

变量	系数	t 值	p 值
ln(wheatarea)	0.044***	3.803	0.000
ln(crain)	0.059**	2.489	0.013
ln(ctemp)	− 0.145*	−1.705	0.088
ln(price)	0.066	1.458	0.145
ln(landcost)	− 0.031	− 0.700	0.484
ln(producost)	0.513**	2.178	0.029
ln(labourcost)	− 0.227	−1.394	0.163
$\boldsymbol{W}$×ln(wheatarea)	0.019	0.808	0.419
$\boldsymbol{W}$×ln(crain)	− 0.073**	−2.024	0.043
$\boldsymbol{W}$×ln(ctemp)	0.107	0.761	0.447
$\boldsymbol{W}$×ln(price)	− 0.069	−1.208	0.227
$\boldsymbol{W}$×ln(landcost)	− 0.063	−1.213	0.225
$\boldsymbol{W}$×ln(producost)	0.639**	2.417	0.016
$\boldsymbol{W}$×ln(labourcost)	− 0.804***	−4.232	0.000
$\boldsymbol{W}$×ln(fmp)	0.152***	4.074	0.000
R^2	0.976		
sigma^2	0.019		
wald_spatial lag	33.969***		
LR_spatial lag	33.852***		
wald_spatial error	40.343***		
LR_spatial error	41.076***		
N	1 474		

*、**和***分别表示 0.1、0.05 和 0.01 的显著水平

表 16-9 小麦种植对农业机械的直接效应、空间溢出效应和总效应

变量	直接效应		空间溢出效应		总效应	
	系数	*t* 值	系数	*t* 值	系数	*t* 值
ln(wheatarea)	0.045***	3.962	0.029	1.088	0.074***	2.970
ln(crain)	0.056**	2.373	− 0.073*	−1.818	− 0.016	− 0.465
ln(ctemp)	− 0.142*	−1.665	0.096	0.621	− 0.046	− 0.300
ln(price)	0.064	1.438	− 0.067	−1.069	− 0.002	− 0.062
ln(landcost)	− 0.033	− 0.755	− 0.077	−1.439	− 0.109***	−3.771
ln(producost)	0.540**	2.280	0.822**	3.072	1.362***	11.304
ln(labourcost)	− 0.257	−1.553	− 0.958***	−5.012	−1.216***	−13.973

*、**和***分别表示 0.1、0.05 和 0.01 的显著水平

估计结果表明，小麦播种面积对农业机械总动力具有显著的直接效应和总效应，但空间溢出效应不显著。具体来说：①市场容量对农业社会化服务的影响具有较强的地域性，或者说，一定区域范围内市场容量的增加将首先诱导本地外包服务主体的进入。②农机投资具有需求拉动的特点，且一定区域内市场容量变动的信息被异地服务主体进行响应（农机跨区服务），则具有时滞性。③生产成本对农业机械具有显著的直接效应和空间溢出效应；人工成本对农业机械具有显著的负向空间溢出效应，直接效应不显著。

3）空间溢出效应的分区比较

依照前文的比较分析框架，进一步对小麦种植如何影响农业机械进行分区比较。

其一，按纬度分区的估计结果（表 16-10）。在 A1 区，小麦播种面积对农业机械总动力的影响显著，但空间溢出效应不显著；在 A2 区，小麦播种面积对农业机械的影响不显著，而空间溢出效应显著；在 A3 区，小麦播种面积对农业机械的影响显著，但空间溢出效应不显著；在 A4 区，小麦播种面积对农业机械无显著影响。其原因在于，小麦播种面积表征的市场容量会同时影响本区和跨区的农业社会化服务市场的发育。但是，A2 区与其他三个区域相比，其市场容量最大，但自身农机能提供的服务量又相当有限，由此形成的市场缺口会吸引大量的跨区农机社会化服务，由此表现出显著的空间溢出效应。不同的是，A1 区和 A3 区的市场容量都相对较小，小麦播种面积的扩大可被本区外包服务主体消化，不存在空间溢出效应。A4 区市场容量过低，对本区和跨区域社会化服务均不产生显著影响。

表 16-10　按纬度划分不同区域的固定效应模型估计结果（二）

变量	高纬度（A1）		中高纬度（A2）		中低纬度（A3）		低纬度（A4）	
	系数	t 值	系数	t 值	系数	t 值	系数	t 值
ln(wheatarea)	0.056***	4.764	−0.018	−1.001	0.134***	3.758	−0.006	−0.128
$W\times$ln(wheatarea)	0.015	0.595	0.205***	4.763	−0.057	−1.010	−0.174	−1.171
R^2	0.985		0.995		0.934		0.965	

***表示 0.01 的显著水平

其二，按经度分区的估计结果（表 16-11）。首先，东部（B1）小麦播种面积对本地农业机械有显著的正向影响，但空间溢出效应显著为负。其原因在于，东部地区小麦播种面积和农业机械总动力均显著高于其他地区，充足的市场容量和较强的服务能力具有良好的区域匹配性。但是，考虑到农业机械的充分使用问题，东部地区的农业社会化服务在市场竞争过程中会抑制邻近地区跨区外包服务市场的发育。其次，中东部（B2）和中西部（B3）的空间溢出效应显著。一个重要的原因是，该地区自身的社会化服务不及东部发达，其市场容量的增加必然诱使东部地区服务能力更强的组织进入，表现出显著的空间溢出效应。最后，西部（B4）小麦播种面积对农业机械的影响不显著，但存在显著的负向溢出效应。可以发现，西部地区的农业机械不足以消化本地市场容量的增加，由此会吸引服务能力较强的东部服务商进入市场。但是，这势必会抑制其他区域农业社会化服务的发育。

表 16-11　按经度划分不同区域的固定效应模型估计结果（二）

变量	东部（B1）		中东部（B2）		中西部（B3）		西部（B4）	
	系数	t 值	系数	t 值	系数	t 值	系数	t 值
ln(wheatarea)	0.128***	4.666	0.012	0.761	0.143***	3.357	0.019	0.948
$W\times$ln(wheatarea)	−0.101**	−2.150	0.101***	3.105	0.308***	4.187	−0.164***	−3.649
R^2	0.970		0.975		0.970		0.990	

和*分别表示 0.05 和 0.01 的显著水平

其三，按生态高度分区的估计结果。表 16-12 的估计结果表明，无论是在低生态高度地区（C1），还是在高生态高度地区（C2），小麦播种面积对本地农业机械均有显著的正向影响，但空间溢出效应不显著。相比之下，在低生态地区，小麦播种面积对农业机械的正向影响更大。

表 16-12　按生态高度划分不同区域的固定效应模型估计结果（二）

变量	低生态高度（C1）		高生态高度（C2）	
	系数	t 值	系数	t 值
ln(wheatarea)	0.073**	2.204	0.047***	5.098
$\boldsymbol{W}\times$ln(wheatarea)	−0.039	−0.717	0.013	0.746
R^2	0.970		0.979	

和*分别表示 0.05 和 0.01 的显著水平

综合三个维度的分析，可以认为：①市场容量的增加能够诱导农业分工，特别是能够促进本地外包服务市场的发育；②扩大 A2 区的小麦种植面积，不但有助于农业的分工深化，而且将有效诱导农机跨区服务的空间溢出效应；③部分区域农业服务的过度发育（如 B1 地区），有可能抑制其他区域农业分工的深化，从而牺牲宏观层面的空间溢出效应；④沿纬度扩大小麦播种面积，尤其是扩大 B2 地区和 B3 地区的小麦播种面积，有助于改善农业的分工经济性；⑤低生态高度地区的小麦种植能够诱导农业分工的深化，但空间溢出效应的不显著，表明沿生态高度布局小麦生产，并不利于跨区服务市场的发育。

16.3.4　稳健性检验：基于 PVAR 模型的分析

1. 模型选择与说明

为考察本节估计结果的稳健性，采用面板向量自回归模型（panel vector auto regression，PVAR）考察小麦播种面积与农业机械总动力的互动关系。PVAR 模型不仅有助于解决系统的内生性问题，还能有效反映变量之间的动态变化关系（Holtz-Eakin et al.，1988）。为此，构建如下模型：

$$y_{it}=\sum_{j=1}^{p}\boldsymbol{\beta}_j y_{it-j}+\eta_i+\gamma_t+\mu_{it}$$

其中，$y_{it}=\left[\ln\left(\text{wheatarea}_{it}\right),\ln\left(\text{fmp}_{it}\right)\right]$代表内生变量，分别为小麦播种面积和农业机械总动力的对数形式；i 表示不同地区；j 表示滞后阶数；t 表示不同年份；$\boldsymbol{\beta}_j$ 表示待估参数矩阵；η_i 表示个体固定效应；γ_t 表示时间效应；μ_{it} 表示服从正态分布的随机误差项。PVAR 模型是一个反馈系统，内生变量 $\ln\left(\text{wheatarea}_{it}\right)$ 和 $\ln\left(\text{fmp}_{it}\right)$ 均受到自身和对方滞后项的影响，并由一组回归方程来表示变量间的互动关系。

2. 平稳性检验与模型参数估计

在进行面板数据回归时，如果存在单位根问题，将引起模型的有偏估计。为此，在估计 PVAR 模型之前，需进行单位根检验，以判断系统变量的时序特征。表 16-13 汇报了采用 LLC 检验方法和 Fisher 检验方法的平稳性检验结果。结果表明，在 0.01 的显著性水平上，小麦播种面积与农业机械总动力为均为平稳序列。即面板数据回归不存在单位根问题。

表 16-13　面板数据的平稳性检验

变量	LLC 检验	Fisher 检验
ln(wheatarea)	−28.275***	7.666***
ln(fmp)	−17.080***	12.631***

***表示 0.01 的显著水平

建立 PVAR 模型需要选择适合的滞后阶数，滞后阶数过长会损失自由度，过短则会使得检验结果不可靠。按照以下原则选择滞后阶数：①根据 AIC、BIC 和 HQIC 准则选择滞后阶数；②根据变量的时间跨度，选择滞后阶数，以避免滞后阶数过大影响样本量。我们最终选择了滞后三阶。在此基础上进行 PVAR 模型的 GMM（generalized method of moments，广义矩估计）（表 16-14）。

表 16-14　PVAR 模型的 GMM 结果

变量	ln(wheatarea)	ln(fmp)
h_ln(wheatarea)：滞后一期	0.843***（0.189）	− 0.004（0.023）
h_ln(wheatarea)：滞后二期	0.049（0.099）	− 0.128（0.009）
h_ln(wheatarea)：滞后三期	− 0.048（0.121）	0.030**（0.015）
h_ln(fmp)：滞后一期	− 0.078（0.155）	0.695***（0.039）
h_ln(fmp)：滞后二期	− 0.018（0.057）	0.143**（0.072）
h_ln(fmp)：滞后三期	0.037（0.049）	− 0.079（0.062）

和*分别表示 0.05 和 0.01 的显著水平

注：括号内为稳健标准误

表 16-14 表明，小麦播种和农业机械的滞后一期对自身都具有显著的正向影响。而小麦播种面积的滞后三期对农业机械具有显著正向影响。这表明，市场容量对农业机械服务具有时滞特征，只有当市场容量达到一定规模且稳定后，服务主体才会进入更大范围的农业社会化服务市场。这也解释了表 16-9 中当期小麦播种面积对农业机械总动力的空间溢出效应为何不显著。

需要说明的是，PVAR 模型参数的 GMM 只能较为宏观地反映变量之间的动态模拟过程，不能具体说明经济变量之间的因果逻辑关系、动态传导机制和影响路径以及冲击变量的贡献度，因此接下来利用格兰杰因果检验、脉冲响应函数和方差分解等计量工具对上述经济变量之间的动态关系做进一步考察。

3. 格兰杰因果检验

表 16-15 汇报了格兰杰因果检验的结果，表明小麦播种面积对农业机械总动力不存在格兰杰因果关系，农业机械总动力对小麦播种面积则存在格兰杰因果关系。因此对于小麦而言，农机投资与外包服务市场的发育，是决定小麦种植及市场容量的关键。

表 16-15　格兰杰因果检验

Equation	Excluded	chi^2	df	Prob>chi^2
h_ln(wheatarea)	h_ln(fmp)	0.821	3	0.844
h_ln(wheatarea)	All	0.821	3	0.844
h_ln(fmp)	h_ln(wheatarea)	11.319	3	0.010
h_ln(fmp)	All	11.319	3	0.010

4. 脉冲响应函数

面板模型估计虽然可以识别变量之间的直接关系，但动态变化关系则需要通过脉冲响应函数来识别。为此，采用蒙特卡罗 500 次定义脉冲响应函数的标准差，对应生成 5%~95%的置信区间。脉冲响应函数图如图 16-7 所示。

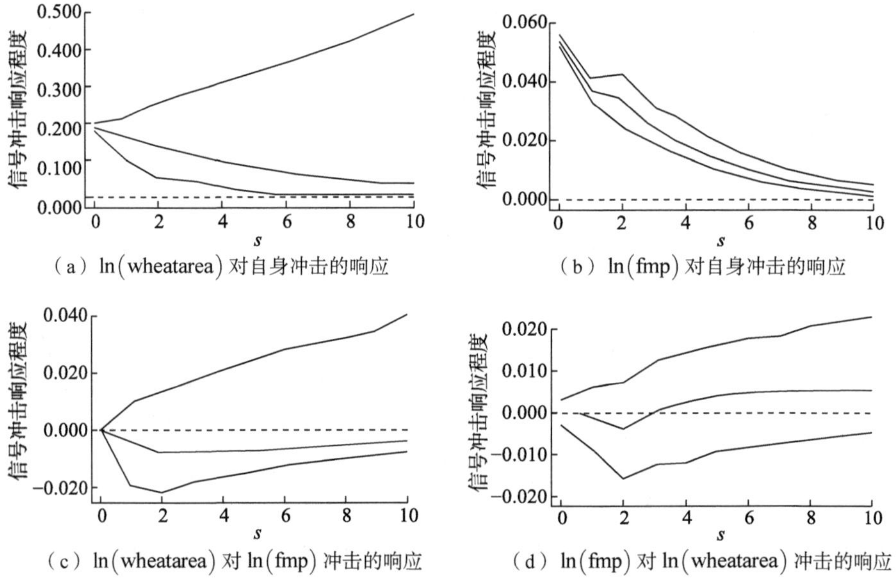

图 16-7　小麦播种面积与农业机械总动力的脉冲响应函数

横轴为滞后期数，纵轴为脉冲响应程度；曲线为 500 次蒙特卡罗模拟的 5%~95%的置信区间

结果表明：①小麦播种面积和农业机械总动力对自身信号冲击的响应都较为

迅速，且显著为正。这说明，小麦播种面积和农业机械总动力的增长都具有一定的经济惯性。②小麦播种面积对农业机械总动力的冲击有负响应，但随着时间的推移，这种负响应逐渐减小。③随着时间推移，农业机械总动力对小麦播种面积的冲击由负响应变为正响应。

5. *方差分解*

在脉冲响应函数的基础上，本节进一步对其进行方差分解，以分析单个变量对系统中各变量变化的贡献度，分解结果如表 16-16 所示。

表 16-16　PVAR 模型的方差分解结果

变量	ln(wheatarea)	ln(fmp)	ln(wheatarea)	ln(fmp)	ln(wheatarea)	ln(fmp)
s	1	1	5	5	10	10
ln(wheatarea)	1.000 0	0.000 0	0.997 0	0.000 0	0.993 0	0.000 0
ln(fmp)	0.000 0	1.000 0	0.003 0	1.000 0	0.007 0	1.000 0

结果表明：①小麦播种面积和农业机械总动力对自身冲击的响应反应分别在第 1 期、第 5 期和第 10 期，都达到 50%以上，这表明，过去的小麦播种面积或农业机械总动力能较大程度上解释当期的小麦播种面积或农业机械总动力的增长，从而意味着小麦种植与农机投资均存在路径依赖性。②在第 1 期，农业机械总动力对小麦播种面积的冲击为 0，第 5 期的冲击为 0.3%，第 10 期的冲击为 0.7%。这表明，小麦连片种植表征的市场容量对农机外包作业表达的农业社会化服务市场的响应具有明显的滞后性。原因在于，农户进行专业化生产而扩大小麦种植规模，面临着种植结构专用性所隐含的风险与服务外包的交易成本，因此，只有在农业机械化服务具有可获性且相对稳定的情况下，农户才会选择进行连片种植。可见，外包服务市场的发育，是农户分享分工经济进行专业化种植以扩大市场容量的关键，或者说，农业服务的纵向分工是扩展农业横向分工进而将更大范围的农户卷入分工的前提条件。

16.4　结论与讨论

农地规模经营与服务规模经营是实现农业规模经营的两类重要方式，而从农地规模经营转向服务规模经营，通过发育农业社会化服务市场，并将农业家庭经营卷入分工经济，则是现阶段顺应中国农业经营方式转型发展的重要路径。研究表明：①市场容量是诱导农业生产性服务主体生成的关键。②市场容量概念具有交易频率与交易密度两个方面的含义。前者表达农户参与纵向分工而实行服务外包，后者表达多个农户选择同类横向分工并形成同向专业化种植。③在农业领域，没有横向分工以及在此基础上的区域专业化与生产组织化，农户参与的纵向分工也就难以深化。横向分工是纵向分工的前提。④区域内横向分工越是同向，农业生产布局将越是集中化与连片化，由此形成的市场交易密度则会诱导不同生产环节的外包服务主体进入，生产性服务及其交易将呈现多样化，并反过来促进农业纵向分工的深化。

本章以小麦种植为例，利用全国小麦主产区 134 个地级市 2005~2015 年的面板数据，分析了农业机械与小麦种植的互动关系及其空间溢出效应。研究结果表明：①在一定的区域范围内，市场容量（小麦种植面积）决定着农业分工水平（农业机械化水平），但对区域外的农机投资不产生激励效果；②农业机械化水平的提高不但直接导致区域内小麦种植面积的扩大，而且会诱导相邻区域小麦种植面积的扩展，存在显著的空间溢出效应；③由农业机械化水平所表达的纵向分工深化，通过跨区作业而拓展社会化服务市场，并因区域的季节性差异而沿纬度将更大区域范围内的农户卷入横向分工（农户专业化），并进一步反过来诱导市场范围的扩大。一方面表现为以增加交易密度的方式扩大本区域种植面积，另一方面表现为以扩展交易半径的方式而扩大相邻区域的种植面积。值得重视的是，农业的纵向分工以及农业社会化服务市场的发育，具有典型的时空特性。沿纬度诱导农作物的连片种植，既能够扩展市场容量，又有助于降低交易费用，进而形成跨区域和具有辐射性的农业分工网络经济。

本章研究的理论意义：①由农业的横向分工与区域专业化及其所决定的交易容量，与农业生产环节服务外包所表达的纵向分工深化，具有相互关联性；②沿纬度布局小麦种植带，与农业机械的跨区服务相匹配，能够有效降低交易成本，从而表达了农业布局与要素匹配所隐含的经济学含义；③将“斯密定理”“杨格定理”与交易成本理论结合，将纵向分工理论与横向分工理论进行整合，能够深化对市场容量、分工深化、交易成本及其相互关联性的理解。

现实意义：利用全国层面的经验数据梳理农业社会化服务市场与农业种植结构的空间互动关系，有助于进一步明确农业社会化服务市场的发展思路和方向。当前中国的农业种植结构已经出现沿纬度布局的发展趋势，这与核心区域农机服务的空间溢出效应密切相关。它表明，农业社会化服务市场并不是一个局限于空间概念的市场，也具有时间维度的内涵，从而揭示了农业生产特性所决定的市场特殊性。这意味着，随意地布局农业种植结构和缺乏指向性地推进农业社会化服务的政策支持，均存在违背市场内在运行逻辑的潜在风险。

政策启示：第一，将农业家庭经营卷入分工，需要鼓励农户的专业化种植，在此基础之上培养不同生产环节的外包服务经营主体；第二，改善农业生产布局的组织化，支持区域性的农户参与的横向分工以及连片种植的同向专业化；第三，构建区域性、多种类、多中心的具有适度交易半径的各类农业生产性服务交易平台；第四，农地规模经营与服务规模经营是实现农业规模经营的两条并行不悖的路径，从土地规模经营转向服务规模经营是现阶段顺应中国农业经营方式转型发展的重要路径。

本章研究还表明，农业机械与小麦种植不仅具有相互关联性，其空间溢出效应还具有严重的时滞性。这意味着，如果市场容量不足，抑或农业社会化服务的供给缺乏稳定性，或者它们的年度波动过大，都将对农业的分工深化造成很大的不确定性。鉴于农业的横向分工及区域专业化所表达的市场容量，是由众多分散农户种植行为对外包服务可获性的选择性响应，因此，优先投资农机装备，着力培育外包服务市场，构建农机跨区作业服务的绿色通道，并由此促进农业生产布局的连片化与组织化，能够有效诱导小农卷入分工经济，从而将小农生产引入现代农业的发展轨道。

第六篇　产权制度、要素匹配与农业发展

第 17 章　资源特性、产权匹配与农业绩效

产权类型对经济绩效到底有何影响，是学界颇有争议的一个问题。本章从资源特性的三个维度切入，构建一个“资源特性—行为能力—产权匹配”的理论框架，说明资源特性对产权类型选择的影响机制。在其他条件不变时，资源特性在现实产权安排的选择与变迁中起着间接性作用，其所引发的产权主体间行为能力的差异将进一步衍生出不同的制度匹配关系。同时，1949~2009 年中国农地制度变迁的省级面板数据回归结果表明：资源的专用性越高、风险越强、规模越大，则交易费用越高；在一定的交易费用约束下，集体产权的制度绩效要高于私人产权与国有产权。因此，政策制定者应推行与制度约束条件相匹配的农地改革政策。

17.1　研 究 背 景

17.1.1　理论背景：私产、国有抑或其他

产权对于经济绩效的重要性已经成为经济学家普遍关注的课题（North，1981；O’Driscoll and Hoskins，2003），如阿西莫格鲁和约翰逊（Acemoglu and Johnson，2005）发现产权对于长期经济绩效有着一阶影响。实证结果也证明，对于发展中国家而言，产权是实现经济体制成功转轨的充要条件（Johnson et al.，2002）。换言之，要实现经济绩效的提高就需要一套完整的产权安排作为保障（Acemoglu，2003）。问题是，哪类产权更有效率？是私人产权、国有产权抑或其他？

然而，传统的产权经济学家往往认为“私人产权是最有效的制度安排”。阿尔钦（Alchian，1965）列举的证据如下：第一，私人产权下的财产市价能充分反映其他社会成员的价值偏好和需求；第二，私人产权能够避免人们因争夺对经济

资源的控制而造成的内耗损失；第三，私人产权被界定得越完整，其市场交换价值将变得越高。德姆赛茨（Demsetz，1967）从产权能够内部化外部性的视角与前者站在同一立场。Alchian 和 Demsetz（1972）进一步指出，古典企业赋予中心监督者以私人剩余索取权，能抑制他在监督活动中偷懒的动机。若把剩余索取权平均分配给各团队成员，则团队的生产效率会大幅下降。博洛克（Block，2000）则认为私人产权是人们获得经济自由与市场交易的基础，而自由的市场体系是提高社会福利水平的重要平台（Besley and Ghatak，2009）。

具体地，现有文献对私人产权效率的解释大致可分为以下三种。

第一种较为直接的解释是，私人产权的排他性激励着产权主体将之用于带来最高价值的用途，其可转让性促使资源从低生产率所有者向高生产率所有者转移（Anderson and Bandiera，2005）。而国有产权制造了一些独特的激励和交易费用，进一步导致资源配置的两大失误：一方面，资源配置不当源自社会偏好的产出与计划的产出组合之间存在明显差异（Hayek，1988）；另一方面，社会机会集合的缩小产生负面的激励机制和高昂的交易费用，尤其是为收集中央计划所要求的大量信息而付出的巨额费用所导致的浪费与低效率（Pejovich，1990）。

第二种替代的直观解释是，集体产权比私人产权效率低（Bouckaert，2010），原因在于：第一，每个人都参与非生产性攫取集体资源的竞赛而导致租金耗散；第二，为了减少租金耗散，就需要制定和实施严密的约束与规则，而这将意味着极高的制度执行成本；第三，由于在集体产权下对个人行为的准确考核十分困难，这往往表现为个人努力程度与实际报酬的关联性较差，因此每个人就有“搭便车”和偷懒的行为倾向，从而导致整个经济效率大幅下降（Olson，2000）。

第三种相关的解释是，如果签约成本为零，那么私人产权与国有产权之间不会有什么区别（Zax and Malcolm，2005）。因为在这两种情况下，政府都将与企业签订包括一切的契约，它将预测到将来所有可能发生的事情。相反，在不完全契约情况下，两者就不同了，因为此时政府拥有企业资产的剩余控制权，而在另一种情况下，这种权利就由私人拥有。但这种国有——私人产权问题并不是纯粹私人产权模型的简单延伸。政府不像私人主体，它可以随时改变目标函数，而且它是代表着官员、政客及公民不同目标主体的集合，因此它可能选择符合政治目标而偏离经济目标的产权结构（Hart，1995）。

诚然，关于产权的效率比较始于科斯在 1960 年发表的《社会成本问题》。他通过若干法律案例表明，在交易费用大于零的条件下，不同的产权结构或类型会产生不同的行为效应。在他看来，选择哪种产权主要取决于其交易费用的大小，私产并不是绝对有效率的，关键在于对约束条件的刻画。Cheung（1970）认为产权结构可以采取各种不同的形式，私人产权为一个极端，国有产权为另一个极端，大多数产权安排都处于这两者之间。在非私人产权下，任何人都无权排斥他人使用资源，人人竞相使用导致租金净价值变为零。这样，一项财产之所以被非私有，是因为它可获得的租金低于实施排他权利的成本。他进一步指出，所有产权安排都是要付出界定成本的，这种成本是国有产权最低、私产最高，但其收益却正好相反，因此最终选择哪种安排取决于收益和成本的权衡。巴泽尔（Barzel，1989）也认为先验的推理不能表明私人产权一定比非私人产权更有效率。因资源具有多种属性且都是可变的，人们要充分界定这些资源的权利需要耗费高昂的测量和监督成本。当该成本超过其收益时，人们只好把它置于“公共领域”。因此，非私有财产的利用并不意味着是一种效率浪费，或者说，选择怎样的产权安排是基于交易费用最小化的理性选择（Williamson，1985）。

本章沿着交易费用最小化的研究范式，认为产权效率具有显著的“情境依赖”特征，涉及产权对象的资源特性、产权本身的制度功能以及由此产生的交易费用等诸多方面。不同的资源具有不同的特性，与之相关联，不同的产权类型具有程度不同的制度功能，进而会衍生出性质一致但大小各异的交易费用，最终导致不同的产权效率生成，因而不存在任何情景下“总是有效率”的产权形式。不同的产权类型代表着不同的激励结构。效率条件可以被视为在既定约束条件下某种产权结构的均衡解。这样，如果行为主体面临的约束条件不同，一个产权体系的解就会不同，关键是如何进行约束条件的特征化处理（de Alessi，1983）。本章推断，看似低效率的产权类型如果考虑了约束条件后就可能找到其存在的理由，而过去的“最优产权安排”可能是忽略甚至剔除了约束条件才成立的。因此，本章的目的是引入资源特性并将之作为产权类型选择的约束条件，以期揭示各种产权类型存在及变迁的内在机理与逻辑规律。

17.1.2　现实背景：中国农地产权制度的历史演进

本章将运用 1949~2009 年中国农地产权制度变迁的省级面板数据验证上文的理论推导。就中国农地产权的变迁历史而言，恰好经历了私产、国有到集体产权的三种类型，因此我们可以运用其中的经验数据对推导出的相关理论假说进行验证。首先简单回顾一下这一段历史变迁的演化轨迹。

1. 中华人民共和国成立初期的农地制度（1949~1957 年）：国家制造的私人产权

中华人民共和国成立以前，中国农村社会建立在土地私有制度的基础上，少量地主、富农加上大量的自耕农与佃农，构成了当时农村的基本经济形态

（Cheung，1969）。国家在1950年6月颁布的《中华人民共和国土地改革法》消灭了地主所有权，实行农民的土地私人产权。1952 年底，全国基本上完成了土地改革、生产资料和劳动者直接结合的社会主义改造（刘广栋和程久苗，2007）。不过，自 1953 年起，国家逐渐开始展开农业合作化运动，但农地产权到 1958 年末仍然属于农户个人所有。土地改革的结果是国家通过政治运动制造出一种农民土地私人产权，但这种私人产权既不是产权市场长期自发交易的产物，也不是土地产权自发交易所产生的结果（罗必良，2008a）。从产权主体的排他能力看，国家制造的产权，其执行和保护的私人成本要比通过市场交易自然演化而成的私有制的运行成本高得多。尤其是，由农业资源本身特殊的专用性、风险性和土地经营规模性所决定的交易费用是个人无力单独承担的，而只能依赖国家的“暴力潜能”维持这种制度（何一鸣和罗必良，2012）。

2. 人民公社的制度安排（1958~1983 年）：全面管制的国家产权

为实现快速工业化的国家战略目标，国家以“统购统销”的交易方式结合人民公社的生产组织形式获取工农业之间的“价格剪刀差”（林毅夫等，1999）。其中，国家为了把农业租税统一集中起来，于1958年通过《关于在农村建立人民公社问题的决议》，把农民生产组织从互助组到初级社再到高级社最后全部变为人民公社，土地因而由农民个体所有制变为集体所有制（Lin，1990）。在该产权类型下，国家垄断了农产品的全部收购，严禁长途贩运和限制自由商业贸易，关闭农村要素市场，以及隔绝城乡人口流动，从而成为所有制经济要素（土地、劳动和资本）的第一决策者、支配者和受益者，集体在合法的范围内，仅仅是国家意志的贯彻者和执行者（周其仁，2002）。如果说“大跃进”和公社化导致的“三年困难时期”，使得集体经济的产权结构不得不退回到“三级所有，队为基础”，那么，1962 年制定和实施的《农村人民公社工作条例草案》则把社员的自留地和宅基地也变成了国家产权（何一鸣和罗必良，2009）。不过，人民公社的生产队制度直到 1983 年前仍然是当时基本的农地制度，只是到了 1983 年末，中国有 94.4%的农户采用了以家庭为基础的农地制度，从而取代前者成为新的基本农地制度（Lin，1992）。

3. 改革开放后的农地制度（1984 年之后）：家庭承包的集体产权

肇始于 20 世纪 70 年代末的中国农村改革使农业生产组织形式恢复到以家庭为核心的传统模式（姚洋，1998）。与此同时，农地制度也由以往的、全国统一的人民公社国家产权转变为以自然村为基础的、形式各异的新型集体产权（Liu et al.，1998）。家庭联产承包责任制并未改变农村土地产权的集体性质，其基本格局是“交够国家、留足集体、剩下归已”。特别是2006年农业税取消后，这种家庭承包制下的集体产权虽然保留集体对大部分资源使用权和转让权的部分管制，但赋予了农民完整的剩余索取权，让家庭成为自身经济活动的剩余索取者，不但使劳动偷懒问题得到了有效解决，租金耗散的大幅下降也提高了农业经济制度绩效（何一鸣和罗必良，2012）。基于此，政府把以家庭承包为主的责任制和统分结合的双层经营体制作为我国的一项基本制度，并且采取了一系列措施使之长期稳定和不断完善（冀县卿和钱忠好，2010）。其中最重要的是延长承包期限，1993 年政府决定在第一轮承包到期以后再延长 30 年，到 2008 年又提出了长久不变。这样，承包制就变成了永佃制（张曙光和程炼，2012）。

综上所述，如果从产权而非所有权的角度看，中国农地经历了从国家制造的私人产权到全面管制的国有产权再到家庭承包的集体产权的三种制度变迁。

本章分为四个部分。除本节的评论外，17.2 节将通过一个简单的 3×3×3 的产权匹配逻辑模型，揭示资源特性约束条件下的产权选择行为，并据此提出若干命题。17.3 节是实证分析。17.4 节是结论及其相应的政策含义。

17.2　理论线索

产权是由法律约束机制、国家暴力潜能、社会风俗习惯或等级地位来确立的（Alchian and Demsetz，1973）。或者说，产权是一种通过社会强制而实现的对某种资源多种用途进行选择的权利（Alchian and Woodward，1987）。它是一个集合概念，包括转让权、收益权和使用权。

值得注意的是，本章讨论的不是所有权而是产权：前者反映的仅是人与物之间的归属关系，是国家赋予个人的法律权利（Furubotn and Pejovich，1972），而后者却是因物的存在而引起的人与人之间相互认可的利益分配关系，取决于各分散决策主体的行为能力（何一鸣和罗必良，2012），即所有权是写在法律文件上的名义制度，与资源配置无关；产权才是实际运行的制度安排，其赋予方式和管制程度均影响资源配置的效率，因此，新制度经济学家更加关心产权的运作（何一鸣和罗必良，2011）。

在经济系统中，能够进行产权配置的行为主体往往分为三种，分别是国家、社团（集体）和私人。由此，产权形式可分为国有产权、集体产权和私人产权。这三类产权主体又分别在排他、分割和交易这三个行为能力上存在差异：国有在产权的每个行为能力上都最弱，私人的行为能力却均最强，而集体的行为能力则位于两者之间。

显然，三类产权主体在行为能力上的排序结果，是建立在不考虑资源特性约束的前提之上。一旦把产权客体的三种特性——专用性、风险性和规模性引入上述的产权主体行为能力排序分析当中，结果将变得复杂且不确定，甚至可能完全相反。

基于上述，本章便可以初步得到一个简单的 3×3×3 产权匹配逻辑模型。即产权的选择取决于各类产权主体的三个行为能力，而资源的三种特性又限制这三种能力的发挥。其中，产权选择的最终变量是资源的三种特性，产权主体的三种行为能力则是产权选择函数的中间变量。三种资源特性决定了每一种行为能力的大小，而三种行为能力又决定了产权的匹配空间，从而使由三类产权向量组成的产权选择集出现 3×3×3 的制度匹配情形。

17.2.1 产权类型、行为能力与资源特性

1. 产权的三种类型

从行使与实施产权的角度来划分，可以认为私人产权是一个极端，国有产权为另一个极端，而集体产权或俱乐部产权便处于它们之间。

私人产权是分散决策个人单独拥有并自由操控的财产权利。在该产权安排下，每个人都有一个不需要他人允许便可自由选择的机会集合，如 A 可以决定某项资源的用途，而若 B 不想 A 这样做，则必须与 A 进行谈判。但 A 的这种选择自由仅涉及资源用途，而不包括对交换价值的影响，更不包括 B 认为 A 的不当行为使 B 承担痛苦而给 B 带来心理或情感上的负效应。

作为私人产权的镜像，国有产权意味着拥有“暴力潜能”的“利维坦”可以在权利的使用、获益和转让中删除任何个人的因素而按照国家目标行事，但决策程序不一定是全体公民的一致同意。这种产权形式是由国家人为管制所造成的。它意味着个人对资源的使用权、获益权和转让权被国家全部或部分地剥夺。

处于上述两者之间的集体产权是两个或以上的个人在合作剩余的驱动下通过正式或非正式的自由缔约方式组织在一起共同行使的权利。在这种产权类型下，集体成员参与对相同资源的决策，需全体成员一致同意才能对资源进行实际运用，但这仅限于集体成员，外部人将遭到排斥。这种“选择性排他”促使集体产权的租金耗散程度大于私人产权但小于国有产权。

2. 主体的三种行为能力

从产权主体的行为能力来看，所有有效率的产权类型的配置主体均具有排他能力、分割能力和交易能力，它们共同构成产权主体的行为能力集。

第一个是排他能力。它决定谁有能力使用某种稀缺资源。产权主体行使其财

产权利时所表现出来的排他能力在很大程度上依赖于：一是初始产权界定的充分程度。产权界定越充分或越清晰，那么在资源及其产权的交易中就越容易被度量，排他能力就越强，进而交易契约就越完备。二是资源特性的复杂程度。一项资源可能存在多种有价值的用途或特性。如果产权主体关于资源的相关信息或知识不足、交易谈判技巧欠缺、行使产权保护的力量有限等，均会使得资源的一些有价值的特性因度量成本高昂被置于公共领域而被有竞争优势的人所攫取。因此，资源特性越复杂，其权利界定就越困难，产权主体的信息就越不完全，产权主体的排他能力就必然不能充分表现出来。

第二个是分割能力。分割能力与资源本身的可分性和资源各种特性的可分性密切相关。一般地，资源特性越复杂，可以被分割出来以及可以被利用的子权利的选择空间就越大，但权利的分割与产权界定所面临的难度也随之增大，因为这些活动都需要耗费一定的信息资源，信息成本又会随资源属性的复杂程度的增强而提高。产权被分割得越细，则交易费用越高，即产权主体分割能力的发挥在一定程度上受交易费用的约束。

第三个是交易能力。产权界定在相当的程度上是为了促成交易进而改善资源配置效率，因此，产权主体的交易能力尤为重要。它涉及产权以抵押、出售或租赁等方式造成所有者身份和资格的改变，并表现为原产权主体根据资源的用途差异把权利通过契约形式与潜在产权主体进行转让和交换的频率和规模。这样，资源的专用性越强，其退出原用途而转移到其他用途的代价就越高，进行转让的频率和规模必然受到限制；如果资源只能在特定的空间范围、组织规模和资金门槛上运行，产权主体就可能因找不到具备这些特定条件的交易对象而使其交易能力受到限制。

3. 资源的三类特性

资源特性是指某项资源能够满足人们某种需要的特殊属性，即资源的有价值特性。对资源特性的刻画是困难的。在完全信息的世界里，商品的所有方面都可以无成本地被度量和定价，于是我们可以理解为什么标准的经济理论迄今为止仍然忽视物品特性问题（Eggertsson，1990）。因此，资源特性直接影响交易费用的性质与规模。为便于对产权类型及其主体的行为能力分析，本章集中讨论专用性、风险性和规模性三个方面的资源特性（何一鸣和罗必良，2011）。

首先，专用性导致资源的产权束被“套牢”于某个用途上，若其中的某项子权利被分离出来并转让到其他地方，则不但使产权主体无法收回其沉没成本，而且导致原产权主体的各项整体性行为能力减弱从而造成经济价值损失。因此，专用性越强，产权主体的交易及分割能力便越弱。与此同时，资源的专用性越强，所需的专用知识和对特殊技能的要求越高，从而能够较容易地排斥非专业人员的使用。

其次，风险性是指自然或人文环境状况变动对资源预期使用水平的扰动。在规避风险的假定下，人们通过搜寻相关信息以增强对其资源的控制程度，但这样做的代价往往非常高。产权主体的三个行为能力均涉及信息问题，所以，风险性会削弱各种产权主体的行为能力。

最后，规模性指的是某些资源，无论使用多还是少，都需要在一个很大的平均产量水平和活动空间以及一定的资本设备支撑条件下才能正常运行。资源利用的规模性越大，个人单独使用的难度就越大，这在排斥他人使用和侵犯等方面显得更为突出。此外，规模性其实质乃技术上的不可分割性，它对产权主体的分割及其交易能力也产生影响。

17.2.2　产权匹配及其命题

按照上述逻辑，本章进一步将资源的三类特性和三类产权形式及其主体的三种行为能力结合起来讨论产权类型的匹配问题（表 17-1）。

表 17-1　基于资源特性的产权匹配矩阵

状态	资源特性			行为能力			产权匹配		
	专用性	风险性	规模性	排他能力	分割能力	交易能力	私人产权	集体产权	国有产权
Z_1	1	1	1	1/3	0	0	—	—	√
Z_2	1	1	0	0	1/3	1/3	—	—	√
Z_3	1	0	1	2/3	1/3	1/3	—	√	—
Z_4	1	0	0	1/3	2/3	2/3	—	√	—
Z_5	0	1	1	2/3	1/3	2/3	—	√	—
Z_6	0	0	1	1	2/3	2/3	√	—	—
Z_7	0	0	0	2/3	1	1	√	—	—
Z_8	0	1	0	1/3	2/3	2/3	—	√	—

在表 17-1 中，资源特性以“大、小”刻画（以“1”表示大，“0”表示小）；行为能力以“强、弱”描述，它依赖于所对应的资源特性，分别以“0、1/3、2/3、1”表示“很弱、较弱、较强、很强”。

在资源特性相同前提下，产权类型的选择根据三种行为能力的综合得分来确定，具体如下。

（1）三类产权主体的排他能力比较。私人产权主体拥有完整产权的排他资格，财产的权能和利益界定清晰，没有重叠之处，且运用产权的成本与收益均落在私人所有者身上，因而具有足够的“生产性努力”；集体产权主体尽管有能力排斥集体外部成员利用其产权，但集体成员内部则可能存在“分配性努力”；国有产权主体具有显著的“分配性努力”，其排他能力几乎荡然无存。

（2）三类产权主体的分割能力比较。国有产权主体的分割能力是最差的。国有产权主体（名义上的或宪法意义上的）或全体公民只能作为不可分割的产权所有者整体性地存在，它不可以具体对象化到各个公民身上。集体产权主体的分割能力要比国有产权主体强但不如私人产权主体，因为其在进行权利分割时需要其他集体成员的同意方可完成；私人产权下则允许产权主体自由分割其私有财产的各种子权利。

（3）三类产权主体的交易能力比较。其强弱的排序结果依然是私人产权主体最强，国有产权主体最弱，集体产权主体居中。因为私人产权主体能够将其资源自由投入对其评价最高之处，但没有哪个公民能取走国有财产中属于自己的份额。

按此逻辑，私人产权主体的综合行为能力得分最高，且从上面的评分标准来看，它在每个行为能力的得分等于 2/3 或 1；国有产权主体的综合行为能力得分最低，它在每个行为能力的得分等于 0 或 1/3；集体产权主体的综合行为能力得分居中，它在每个行为能力的得分等于 1/3 或 2/3。这里，以 1 作为最高分，且把 1 平均分为 3 段：第一段是[0，1/3]。此时，各个行为能力均属于“很弱”或“较弱”的是国有产权主体；第二段是[1/3，2/3]，各个行为能力属于“较弱”或“较强”，这是集体产权主体的情况；私人产权分布在第三段[2/3，1]，行为能力属于“较强”或“很强”等级。

必须强调，上面关于产权主体行为能力的评分结果是在不考虑资源特性的前提下得到的。当重新引入资源特性并按照不重复的 0–1 随机性原则再进行赋值计算，由组合论可知，三种具有两类强度的资源特性应该拥有八种不同的组合。因此，表 17-1 分别表达了八种不同的资源特性组合状态（$Z_1,\cdots,Z_8$）。例如：表中 Z_1，在资源三种特性的赋值都较高情况下：均赋值为 1，根据行为能力与资源特性的对应关系转换首先得到排他能力的各项得分分别是 1（专用性为 1）、0（风险性为 1）和 0（规模性为 1），再以 1/3 的权重进行加权平均得到综合得分 1/3，这表示排他能力“较弱”；其次得到分割能力的各项得分分别是 0（专用性为 1）、0（风险性为 1）和 0（规模性为 1），再以 1/3 的权重进行加权平均得到综合得分 0，这表示分割能力“很弱”；接着得到交易能力的各项得分分别是 0（专用性为 1）、0（风险性为 1）和 0（规模性为 1），再以 1/3 的权重进行加权平均得到综合得分 0，这表示交易能力“很弱”；最后根据三类产权主体的行为能力大小确定与这种排他能力较弱、分割能力和交易能力都很弱的资源相匹配的产权类型应该是国有产权，其他七种情况如此类推。具体计算公式将在 17.2.3 小节的数值模拟中详细介绍。现在，通过表 17-1 的推导过程，可以得出四个重要命题。

命题 17-1：资源特性决定产权主体的行为能力且行为能力与相应的产权类型相匹配。这样，产权主体的行为能力就成为产权类型匹配函数的中间函数，产权类型则是资源特性的复合函数，即资源的产权类型应该根据其对象化的各种特性进行相应的选择和限定。如表 17-1 中的 Z_1 所示，当资源的专用性很强、风险性和规模性又很大时，就应该在产权集合中选择国有产权而不是其他安排予以匹配。

命题 17-2：当作为约束条件的资源特性发生变化时，产权主体的行为能力便发生改变，从而间接导致与行为能力相匹配的产权类型也发生改变。这是一个关于产权变革或制度变迁的资源特性决定论。若资源的专用性和风险性从强变弱但其规模性保持不变，如从表 17-1 中的 Z_1 状态转换到 Z_6 状态，则此时应该在产权集合中选择私人产权相匹配以取代原来的国有产权。

命题 17-3：资源特性的差异程度会引起同类产权主体的行为能力强弱不一致的现象。这是由约束条件的差异性所引起的行为能力的非均匀性。如表 17-1 中的 Z_1 和 Z_2 都适合选择国有产权，但 Z_1 状态下的国有产权主体的行为能力综合得分要低于 Z_2 状态下的国有产权主体的行为能力综合得分，因为除了排他能力之外，Z_1 状态下的国有产权主体的其他两个行为能力得分都低于 Z_2 状态下的国有产权主体的行为能力，而这些行为能力的不一致性又是由资源特性的差异程度所引起的。

命题 17-4：任何社会现存的或历史上曾经出现过的产权类型，都可以从资源特性方面找到其存在的理由。若某项产权与资源特性匹配，则可能长期存在；相反，若它与资源特性不相互匹配，则可能被其他适合现存约束条件和制度环境的产权类型所取代。

17.2.3　资源特性对行为能力的影响及其数值模拟

根据前文的 3×3×3 制度匹配模型，可以得到产权主体的行为能力函数表达式：$S=S\left(E,D,T\right)$。这意味着，行为能力 S 由产权主体的排他能力 E、交易能力 T 和分割能力 D 共同构成，且每一种能力又是专用性（SPECIFIC）、规模性（SCALE）与风险性（RISK）的函数，且 $E,D,T\in\left[0,1\right]$。

从前文的分析可以得到：$E_1'>0$，$E_2'<0$，$E_3'<0$；$D_1'<0$，$D_2'<0$，$D_3'<0$；$T_1'<0$，$T_2'<0$，$T_3'<0$。

为了分析方便，本章设定：

$$E=\frac{1}{3}\left[\text{SPECIFIC}+(1-\text{RISK})+(1-\text{SCALE})\right]$$

$$D=\frac{1}{3}\left[(1-\text{SPECIFIC})+(1-\text{RISK})+(1-\text{SCALE})\right]$$

$$T=\frac{1}{3}\left[(1-\text{SPECIFIC})+(1-\text{RISK})+(1-\text{SCALE})\right]$$

那么，$\frac{\partial E}{\partial \text{SPECIFIC}}>0$、$\frac{\partial D}{\partial \text{SPECIFIC}}<0$ 和 $\frac{\partial T}{\partial \text{SPECIFIC}}<0$，则 $\frac{\partial^2 E}{\partial D \partial T}<0$ 和 $\frac{\partial D}{\partial T}>0$。

为方便分析，不妨设 $E=\frac{TD^2}{T^2+D^2}$，通过软件 Matlab 2009a 编程得到基于三种资源特性的三类产权主体的行为能力模拟图形（图 17-1）。

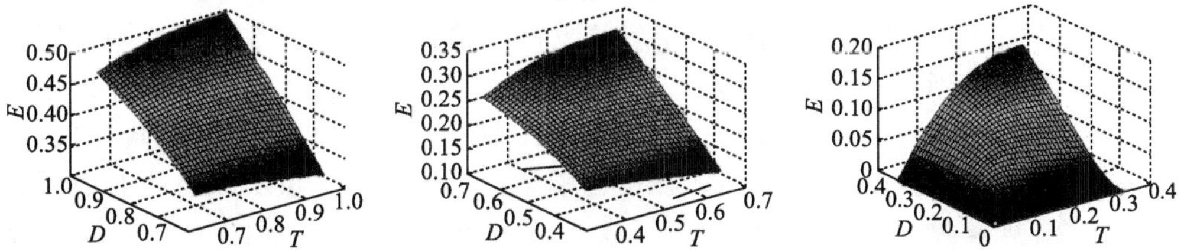

（a）私人产权情形：$2/3 \leqslant E,D,T \leqslant 1$

（b）集体产权情形：$1/3 \leqslant E,D,T \leqslant 2/3$

（c）国有产权情形：$0 \leqslant E,D,T \leqslant 1/3$

图 17-1　三种产权主体的行为能力模拟三维图形

17.3　实 证 分 析

17.3.1　实证分析 1：农地资源属性与交易费用

1. 假说与数据

根据本节的理论逻辑，资源特性会产生各种交易费用，同时，产权主体行为能力的发挥又受到交易费用的约束。考虑到行为能力测度的困难，本章把资源特性通过行为能力而间接影响产权类型选择的制度匹配问题转换为一个交易费用的实证问题。这样，本章提出四个可检验的假说。

假说 17-1：农地资源的专用性对交易费用具有正效应。

假说 17-2：农地资源的风险性对交易费用具有正效应。

假说 17-3：农地资源的规模性对交易费用具有正效应。

假说 17-4：在一定的交易费用约束下，农地集体产权的制度绩效最高。

根据上述假说，本章选取的变量如表 17-2 所示。

表 17-2　变量的指标设计

变量	定义
经济绩效指数（*Y*）	农业总产值/乡村从业人员
交易费用指数（TC）	1−经济效率
风险性指数（RISK）	省级粮食产量与全国粮食产量的协方差/全国粮食产量方差
规模性指数（SCALE）	农户平均人数×农村居民人均经营耕地面积
专用性指数（SPECIFIC）	有效灌溉面积/农作物总播种面积

本章沿用黄少安等（2005）的数据处理方法进行实证分析。不过，前者仅对中国 1949~1978 年的土地制度变迁绩效进行考察，而本章的数据资料则扩展为 1949~2009 年中国 31 个省（自治区、直辖市）（不包括港澳台地区）中的 29 个省（自治区、直辖市）的面板数据。因为海南在 1988 年从广东行政区划分出来，而重庆 1997 年才成为直辖市，所以在进行模型估计的时候把重庆和海南的数据剔除了。数据来源于《新中国六十年统计资料汇编》、各年的《中国统计年鉴》、《中国农村统计年鉴》和《新中国农业 60 年统计资料》。

表 17-3 给出了变量的描述性统计，变量的其他处理方式如下。

第一，使用数据包络分析方法（data envelopment analysis，DEA）的非参数方法估算农业低效配置产生的交易费用（Hu and Wang，2006；叶浩和濮励杰，2011）。其中，以乡村从业人员数（单位：万人）、农作物总播种面积（单位：万公顷）和农用机械总动力（单位：万千瓦）作为投入变量。考虑到研究的时间跨度较长，为了避免其间价格波动较大引致的测算偏误，本章选取 1990 年不变价格作为基期价格并根据农业总产值缩减指数进行各年可比价格的换算（Yang et al.，2010；刘玉海和张丽，2012）。最后运用软件 DEAP2.1 计算出中国农业经济效率，然后用 1 减去它可得到效率损失值，由此将农业资源扭曲配置的效率损失描述为交易费用（何一鸣和罗必良，2010）。

第二，规模性用农户平均人数与农村居民人均经营耕地面积的乘积表示，它代表户均耕地经营面积（游和远和吴次芳，2010）。

第三，风险性用省级粮食产量与全国粮食产量的协方差除以全国粮食产量方差。

第四，专用性用有效灌溉面积与农作物总播种面积的商表示，以间接表达地理专用性特征和农田水利设施的专用性投资所占比重。

表 17-3　变量的描述性统计

变量	均值	标准差	最小值	最大值	样本数
Y	0.114 8	0.168 5	0.007 8	1.921 3	1 769
TC	0.879 5	0.158 0	0.000 1	0.992 0	1 769
RISK	0.114 8	0.168 5	0.007 8	1.921 3	1 769
SCALE	0.002 8	0.009 8	0.014 4	0.154 9	1 769
SPECIFIC	0.390 1	0.760 1	0.000 3	6.563 8	1 769

2. 面板单位根检验

为了避免造成伪回归的问题，本章先对数据做相关的面板单位根和协整检验。

在面板数据中，主要有五种单位根检验方法，它们分别是：LLC 检验、IPS 检验、Breitung 检验、Fisher 检验（包括 ADF 检验和 PP 检验）及 Hadri 检验。其中，LLC 检验、Breitung 检验的原假设是“都存在单位根，都是非平稳的”，备择假设是“都是平稳的”；IPS 检验、Fisher 检验的原假设是“所有序列都是非平稳的”，备择假设是“只有一部分是平稳的”；Hadri 检验的原假设是“都是平稳的”，备择假设是“部分是非平稳的”。由于时间跨度比较长，在检验时，选择了较长的滞后期，结合样本等多方面的因素，在这里滞后阶数选择采用 AIC 自动选择，最大滞后阶数为 2。由表 17-4 可知，从该结果可以发现，*Y* 与 TC、RISK、SCALE、SPECIFIC 各变量都存在单位根，其一阶差分变量都是平稳的，这说明它们都是 *I*（1）。为了检验其在长期中是否存在均衡关系，还有必要对上述变量继续进行协整检验。

表 17-4　面板单位根检验结果

变量	LLC 检验		IPS 检验		Breitung 检验	
	统计值	*P* 值	统计值	*P* 值	统计值	*P* 值
Y	16.472 4	1.000 0	29.759 9	1.000 0	13.544 4	1.000 0
Δ *Y*	8.411 8	1.000 0	−6.968 6	0.000 0	9.429 8	1.000 0
TC	15.962 3	1.000 0	26.479 3	1.000 0	15.171 0	1.000 0
Δ TC	− 0.484 5	0.314 0	−11.776 9	0.000 0	7.060 8	1.000 0
RISK	903.707 1	1.000 0	18.414 4	1.000 0	9.706 9	1.000 0
Δ RISK	423.671 7	1.000 0	36.759 2	0.000 0	11.034 9	1.000 0
SCALE	1.271 3	0.898 2	1.177 7	0.880 5	2.456 7	0.993 0
Δ SCALE	−22.982 0	0.000 0	−27.309 6	0.000 0	−10.505 2	0.000 0
SPECIFIC	3.424 5	0.999 7	7.332 6	1.000 0	6.477 2	1.000 0
Δ SPECIFIC	−25.301 4	0.000 0	−27.093 8	0.000 0	−6.061 6	0.000 0
Y	1.135 8	1.000 0	1.077 0	1.000 0	19.388 4	0.000 0
Δ *Y*	258.049 4	0.000 0	382.469 0	0.000 0	2.299 0	1.000 0
TC	1.536 4	1.000 0	2.855 7	1.000 0	19.641 8	0.000 0
Δ TC	327.457 1	0.000 0	371.002 0	0.000 0	0.919 7	0.178 9

续表

变量	ADF 检验		PP 检验		Hadri 检验	
	统计值	*P* 值	统计值	*P* 值	统计值	*P* 值
RISK	5.311 9	1.000 0	12.589 5	1.000 0	14.765 1	0.000 0
Δ RISK	0.797 8	0.000 0	613.009 0	0.000 0	5.972 1	1.000 0
SCALE	73.888 7	0.077 9	97.062 8	0.001 0	12.690 0	0.000 0
Δ SCALE	668.568 0	0.000 0	739.809 0	0.000 0	8.305 0	1.000 0
SPECIFIC	19.913 7	1.000 0	20.762 6	1.000 0	18.157 2	0.000 0
Δ SPECIFIC	597.325 0	0.000 0	663.166 0	0.000 0	2.470 3	0.006 8

注：①滞后阶数选择采用施瓦茨（Schwarz）法则自动选择，最大滞后阶数为 2；②窗宽采用纽维-维斯特（Newey-West）方法自动选择，最大窗宽值为 3

3. 面板协整检验

为了检验这些变量在长期中是否存在均衡关系，进一步对它们进行协整检验。这里，我们首先采用考（Kao，1999）提出 ADF 检验和修正的 ADF 检验同质面板协整，然后运用 Pedroni 协整检验方法同时进行异质面板的协整检验，这种方法可以允许截距及时间趋势，并适用于非平衡面板数据，相比前者的方法有很大的改进。值得注意的是，这两者协整方法都是基于残差的面板协整检验，其统计量隐含着一个重要的假设条件：长期误差修正系数（变量的水平值）等于短期动态调整系数（变量的差分值），即所谓的“同要素限制”（common factor restriction）。但 Banerjee 协整检验法表明，当这一假设无法满足时，以残差为基础的面板协整检验的检定效果会大幅下降。因此，以 ECM 为基础进行协整检验可避免这一限制，它是基于 Pedroni（1999）协整检验的参数估计。这一方法既考虑了截面异质性（长期误差修正关系和短期动态调整关系），又考虑了截面内的序列相关性和截面间的相关性。此外，上述方法的原假设均是无协整关系的（表 17-5~表 17-8）。

表 17-5　*Y* 与 TC 的面板协整检验结果

同质面板的 ADF 检验及其修正的 ADF 检验			
ADF 统计量值	*P* 值	修正 ADF 统计量值	*P* 值
297.200 0	0.000 0	−2.981 6	0.001 4

基于异质面板的结构突变 Banerjee 检验		
统计量名	统计量值	*P* 值
Gt	− 66.251 0	0.000 0
Ga	− 6.697 0	1.000 0
Pt	−18.568 0	0.000 0
Pa	−15.348 0	0.000 0

同质与异质面板结合的 Pedroni 检验		
统计量名	统计量值	*P* 值
panel v 检验	3.314 3	0.000 5
panel rho 检验	−2.321 9	0.010 1
panel PP 检验	−1.212 9	0.012 6
panel ADF 检验	−6.948 2	0.000 0
group rho 检验	1.364 1	0.913 7
group PP 检验	3.668 9	0.999 9
group ADF 检验	−4.445 7	0.000 0

注：①Pedroni 检验的前四个统计量主要检验同质面板的协整关系，后三个统计量主要检验异质面板的协整关系；②Banerjee 检验采用 AIC 选择滞后和超前结束，有常数项和时间趋势模型，Bartlett 谱密度窗口为 3，Gt 和 Pt 统计量不考虑序列相关，Ga 和 Pa 统计量考虑序列相关

表 17-6　TC 与 RISK 的面板协整检验结果

同质面板的 ADF 检验及其修正的 ADF 检验				同质与异质面板结合的 Pedroni 检验		
ADF 统计量值	*P* 值	修正 ADF 统计量值	*P* 值	统计量名	统计量值	*P* 值
270.900 0	0.000 0	−3.064 7	0.001 1	panel v 检验	17.322 0	0.000 5
基于异质面板的结构突变 Banerjee 检验				panel rho 检验	3.682 0	0.010 1
统计量名	统计量值		*P* 值	panel PP 检验	−2.356 8	0.012 6
Gt	−25.818 0		0.000 0	panel ADF 检验	1.987 3	0.000 0
Ga	−7.350 0		1.000 0	group rho 检验	4.772 0	0.000 0
Pt	−19.544 0		0.000 0	group PP 检验	−2.452 9	0.007 1
Pa	−27.683 0		0.000 0	group ADF 检验	5.236 5	0.000 6

注：同表 17-5

表 17-7　TC 与 SCALE 的面板协整检验结果

同质面板的 ADF 检验及其修正的 ADF 检验				同质与异质面板结合的 Pedroni 检验		
ADF 统计量值	*P* 值	修正 ADF 统计量值	*P* 值	统计量名	统计量值	*P* 值
92.950 0	0.002 4	−2.694 5	0.003 5	panel v 检验	−556.331 0	0.000 5
基于异质面板的结构突变 Banerjee 检验				panel rho 检验	4.139 0	0.010 1
统计量名	统计量值		*P* 值	panel PP 检验	−7.309 0	0.012 6
Gt	−85.325 0		0.000 0	panel ADF 检验	0.130 0	0.000 0
Ga	−6.785 0		1.000 0	group rho 检验	107.500 0	0.000 1
Pt	−17.653 0		0.000 0	group PP 检验	−2.445 9	0.007 2
Pa	8.810 0		0.552 0	group ADF 检验	5.365 6	0.000 2

注：同表 17-5

表 17-8　TC 与 SPECIFIC 的面板协整检验结果

同质面板的 ADF 检验及其修正的 ADF 检验				同质与异质面板结合的 Pedroni 检验		
ADF 统计量值	*P* 值	修正 ADF 统计量值	*P* 值	统计量名	统计量值	*P* 值
139.200 0	0.000 0	− 5.968 1	0.000 0	panel v 检验	−115.814 0	0.000 5
基于异质面板的结构突变 Banerjee 检验				panel rho 检验	5.702 0	0.010 1
统计量名	统计量值		*P* 值	panel PP 检验	−22.133 0	0.012 6
Gt	−19.628 0		0.000 0	panel ADF 检验	−1.316 0	0.000 0
Ga	−4.854 0		1.000 0	group rho 检验	164.600 0	0.000 0
Pt	−30.380 0		0.000 0	group PP 检验	−2.808 2	0.002 5
Pa	−10.414 0		0.009 4	group ADF 检验	4.962 4	0.000 1

注：同表 17-5

可以从表 17-5 看出，group rho 和 group PP 检验的伴随概率值（0.913 7 和 0.999 9）并不支持TC与Y存在协整关系，但是，其余检验方法下的伴随概率值都表明它们之间存在协整关系。与此同时，表 17-6~表 17-8 表明 TC 分别与 SCALE、SPECIFIC 和 RISK 之间存在协整关系。

4. 对资源特性理论假说的检验：面板 ECM

在稳健性和协整检验之后，进一步对前面三个资源特性理论假说进行检验。考虑到 TC、RISK、SCALE 和 SPECIFIC 的回归系数可能对于 1949~2009 年的全国省级面板数据存在显著性差异的特征，本章利用面板似不相关回归（panel seemingly unrelated regression，PSUR）方法进行广义OLS估计得到ECM。此外，本章的面板 ECM 估计还将采用一阶差分的误差修正实现，运用合并均值组（pooled mean-group，PMG）、均值组（mean-group，MG）和动态固定效应（dynamic fixed-effects，DFE）模型方法。①PMG 模型：采用 MLE（maximum likelihood estimation，最大似然估计）估计方法，假设所有地区的长期弹性系数相等，但短期动态系数和误差修正速度具有截面异质性。②MG 模型：采用 OLS 获得每个截面的估计系数，假设所有地区的长期误差修正系数和短期系数都不同，具有完全的截面异质性。③DFE 模型：考虑截面相关性，采用固定效应动态面板估计方法，假设每个地区具有相同的短期和长期系数，但具有不同的截距项。

由表 17-9~表 17-11 可知，TC 与 RISK、SCALE 和 SPECIFIC 无论在短期还是长期内均存在正方向均衡变动关系，这检验了本小节的前三个理论假说。

表 17-9　Δ TC 与 Δ RISK 的面板 ECM（被解释变量为 Δ TC）

解释变量	PSUR 模型	PMG 模型	MG 模型	DFE 模型
Δ RISK	0.016 6***（8.226 0）	0.018 8***（8.280 0）	0.029 1***（5.350 0）	0.020 6***（4.930 0）
ECM（t−1）	3.814 8*（2.214 3）	−0.287 0***（−9.690 0）	−0.369 0***（−12.880 0）	−0.263 0***（−8.700 0）
RISK（t）	—	0.032 4***（4.780 0）	0.031 4***（4.360 0）	0.026 4***（5.580 0）
常数项	0.878 2***（9.123 6）	0.633 0***（6.360 0）	0.737 0***（6.340 0）	0.565 0***（8.260 0）
Hausman 检验 P 值	0.349 6（FE）	0.950 8（RE）	0.905 2（RE）	0.911 0（RE）
组内 R^2	0.683 7	0.786 6	0.512 6	0.696 2
Prob（F 检验）	0.000 0	0.000 0	0.000 0	0.000 0
样本数	1 769	1 769	1 769	1 769

*和***分别表示 0.1 和 0.01 的显著水平

注：表格括号中报告的是z统计量；Hausman 检验选择相应估计形式，其中，FE 表示固定效应模型，RE 表示随机效应模型

表 17-10　Δ TC 与 Δ SCALE 的面板 ECM（被解释变量为 Δ TC）

解释变量	PSUR 模型	PMG 模型	MG 模型	DFE 模型
Δ SCALE	1.150 2*** (0.017 7)	0.005 1*** (6.540 0)	0.006 5*** (6.680 0)	0.005 1*** (5.880 0)
ECM (t−1)	2.667 9** (1.362 9)	−0.594 0*** (−18.950 0)	−0.611 0*** (−17.790 0)	−0.613 0*** (−15.130 0)
SCALE (t)	—	0.010 5*** (4.650 0)	0.010 3*** (3.390 0)	0.010 1*** (4.310 0)
常数项	−0.035 4** (0.014 1)	0.753 0*** (18.490 0)	0.811 0*** (12.330 0)	0.783 0*** (14.970 0)
Hausman 检验 P 值	0.000 0 (FE)	0.996 5 (RE)	0.963 2 (RE)	0.942 0 (RE)
组内 R^2	0.845 7	0.563 8	0.569 3	0.632 2
Prob（F 检验）	0.000 0	0.000 0	0.000 0	0.000 0
样本数	1 769	1 769	1 769	1 769

和*分别表示 0.05 和 0.01 的显著水平

表 17-11　Δ TC 与 Δ SPECIFIC 的面板 ECM（被解释变量为 Δ TC）

解释变量	PSUR 模型	PMG 模型	MG 模型	DFE 模型
Δ SPECIFIC	1.840 5*** (2.820 0)	0.004 9*** (4.130 0)	0.005 7*** (5.140 0)	0.004 4*** (3.290 0)
ECM (t−1)	−1.035 4* (32.490 0)	−0.481 0*** (−16.220 0)	−0.494 0*** (−15.500 0)	−0.474 0*** (−11.670 0)
SPECIFIC (t)	—	0.004 1 (0.990 0)	0.002 9 (0.640 0)	0.005 4 (1.870 0)
常数项	0.855 9*** (0.003 8)	0.609 0*** (15.100 0)	0.631 0*** (11.340 0)	0.594 0*** (11.030 0)
Hausman 检验 P 值	0.000 0 (FE)	0.973 9 (RE)	0.952 1 (RE)	0.932 4 (RE)
组内 R^2	0.898 9	0.758 6	0.598 5	0.638 9
Prob（F 检验）	0.000 0	0.000 0	0.000 0	0.000 0
样本数	1 769	1 769	1 769	1 769

*和***分别表示 0.1 和 0.01 的显著水平

17.3.2　实证分析 2：农地产权、交易费用与长期经济绩效

1. 内生性问题处理

在对假说 17-4 进行验证之前，还需要处理好 TC 和 Y 之间的内生性问题。因为从制度经济学的理论逻辑上讲，经济绩效的提高是源于交易费用的减少。但是，威尔斯和诺斯（Wallis and North，1986）的实证研究表明，随着经济增长，商品和服务的交易频率和规模都会增大。所以，如果处理不好这个内生性问题，

得到的结果可能是有偏差的。对此，本章采用2SLS。为了消除个体效应，还需要对变量进行一阶差分。而对于差分模型来说，被解释变量的滞后一期 Y（t-1）可以作为解释变量 TC 的工具变量（Anderson and Hsiao，1982）。具体见表 17-12。

表 17-12　Δ Y与 Δ TC 的面板 ECM（被解释变量为 Δ Y）

解释变量	2SLS 模型	PMG 模型	MG 模型	DFE 模型
Δ TC	−496.695 7***（24.720 0）	− 0.003 3***（−4.410 0）	− 0.004 4***（−4.860 0）	− 0.003 6***（−4.140 0）
ECM（t−1）	−331.947 0***（23.940 0）	− 0.528 0***（−13.570 0）	− 0.544 0***（−12.420 0）	− 0.527 0***（−13.910 0）
TC（t）	—	0.017 6***（6.090 0）	0.017 7***（5.240 0）	0.012 3***（6.020 0）
常数项	−496.650 0*（44.720 0）	0.647 0***（12.960 0）	0.689 0***（12.230 0）	0.663 0***（13.960 0）
Hausman 检验 P 值	0.000 0（FE）	0.985 6（RE）	1.000 0（RE）	0.969 4（RE）
组内 R^2	0.817 6	0.904 6	0.720 3	0.651 3
组间 R^2	0.910 3	—	—	—
Wald 检验值	89.740 0	—	—	—
Sargan-Hansen 检验 P 值	0.652 2	—	—	—
Arellano-Bond 一阶检验 P 值	0.797 6	—	—	—
Arellano-Bond 二阶检验 P 值	0.078 0	—	—	—
Prob（F 检验）	0.000 0	0.000 0	0.000 0	0.000 0
样本数	1 769	1 769	1 769	1 769

*和***分别表示 0.1 和 0.01 的显著水平

注：表格括号中报告的是 z 统计量；Hausman 检验选择相应估计形式，其中，FE 表示固定效应模型，RE 表示随机效应模型

表 17-12 表明：TC 与 Y 之间存在单向的相反运动关系，即交易费用越高，经济绩效就越低。

2. 农地产权制度绩效假说：基于边际交易费用系数的比较

要验证假说 17-4，就必须准确估算出中国农地产权变革三个历史阶段的回归系数。于是，结合本节考虑的在 1949~2009 年出现的两次明显的农地产权制度变革历史事件，假定在 1958 年和 1984 年以后方程参数结构发生改变。因此，以这两突变点为分水岭，把中国农地产权制度绩效与交易费用的关系划分为三个阶段并分别再对它们进行面板按截面取权数（panel cross section weight，PCSW）的 2SLS 误差修正，估计结果见表 17-13。

表 17-13　中国农地产权变革三阶段的 PCSW-2SLS 误差修正估计结果

变量	方程Ⅰ（1949~1957 年）	方程Ⅱ（1958~1983 年）	方程Ⅲ（1984~2009 年）
	Δ *Y*	Δ *Y*	Δ *Y*
Δ TC	−256.486 2***（0.062 5）	− 651.289 4***（12.758 4）	−1 053.110 0***（17.958 5）
ECM（*t*−1）	− 0.031 5*（0.019 9）	0.002 4***（0.010 8）	0.025 1**（0.010 0）
常数项	0.574 7***（0.062 5）	0.844 9***（0.092 4）	4.597 9***（0.589 9）
Hausman 检验 *P* 值	0.007 1（FE）	0.000 1（FE）	0.000 0（FE）
组内 R^2	0.551 4	0.803 9	0.866 6
组间 R^2	0.652 1	0.853 7	0.785 2
Wald 检验值	72.560 0	89.530 0	80.470 0
Sargan-Hansen 检验 *P* 值	0.565 1	0.652 7	0.663 9
Arellano-Bond 一阶检验 *P* 值	0.599 5	0.689 8	0.607 3
Arellano-Bond 二阶检验 *P* 值	0.158 6	0.254 3	0.201 8
Prob（*F* 检验）	0.000 0	0.000 0	0.000 0
样本容量	290	725	754

*、**和***分别表示 0.1、0.05 和 0.01 的显著水平

注：括号内是面板稳健性标准差；Hausman 检验选择相应估计形式，其中 FE 表示固定效应模型

最后，通过表 17-13 可以计算三个时期的农地制度绩效，具体结果如表 17-14 所示。

表 17-14　中国农地产权制度绩效比较（1949~2009 年）

产权类型对应的制度绩效评价	回归系数 *a*	边际交易费用 *b*
国家制造的私人产权（1949~1957 年）	−256.486 2	0.003 9
全面管制的国有产权（1958~1983 年）	− 651.289 4	0.001 5
家庭承包的集体产权（1984~2009 年）	−1 053.110 0	0.000 9

注：*a* 的数值为表 17-13 中 Δ TC 的回归系数；*b* 是 *a* 的绝对值的倒数，因为回归系数是 TC 作自变量、*Y* 作因变量的一阶导数值，其倒数的绝对值就是交易费用的边际值

表 17-14 的结果表明，集体产权的边际交易费用最小（0.000 9）、国有产权次之（0.001 5）、私人产权最高（0.003 9）。换言之，在考虑了资源特性的约束条件下，集体产权的制度绩效最高。这也验证了假说 17-4。

3. 计量结果的制度含义

第一，在农地私人产权阶段，政治运动背景使分得土地的农民形成一种不知国家何时又将土地收回去的不确定性“理性预期”，此时私人产权的政治风险性相当高，从而大大弱化了私人产权主体的行为能力发挥。尽管该阶段的农地私人产权租金耗散程度不高，但风险性带来的高昂交易费用使其制度绩效变得极为低下。

第二，农业生产本身不能集中在一个点上，需要连续从一种类型的农活向另一种农活转变，且依赖单个劳动者在生产中必须对湿度、气温和其他气候条件做出相应的迅速决策，因此，要进行密切的监督成本极高。再加上在一个大规模生产和组织的人民公社内部，对劳动投入努力程度的监督与评价难度大且成本高，"搭便车"现象盛行。农地规模越大，对生产和组织进行监督的代价也越高，从而造成该时期农业生产效率大幅下滑。

第三，至于现行的农地集体产权安排，在维护农户承包权和稳定承包关系的政策导向下，使农地产权主体的排他能力几乎接近于经市场交易自然演化而成的私人产权。显然，与过去的国家制造的私人产权和全面管制的国有产权相比，现在的农地集体产权无论在生产效率还是在交易费用上都是一种有效的改进和节约，因而其制度绩效也是最高的。

此外，表 17-14 最后一列的数据递减趋势表明，中国农地产权制度变迁是交易费用最小化的理性选择。

17.4　结论与讨论

本章考察了资源特性对产权类型选择的影响，从而得到一个 3×3×3 的制度匹配理论模型（资源特性→行为能力→产权类型）。基本结论：选择哪种产权安排主要取决于不同资源特性下交易费用的大小，私产并不总是绝对有效率的。

第一，资源的风险性、规模性与专用性对产权安排的选择起决定性作用，它们所引起的产权主体的行为能力差异导致不同的制度匹配关系。进一步地，资源特性的差异程度会导致相同产权安排下行为能力的不一致；当资源特性发生变化时，产权主体的行为能力变化进而产权类型的选择也将随之改变。因此，资源特性为解释产权的类型选择及其变迁提供了一个新的视角。

第二，各种产权类型都可以从资源特性入手而寻找其存在的理由。若某项产权与资源特性匹配，则能够长期存在；相反，若它与资源特性不相匹配，则可能被其他适合现存约束条件和制度环境的产权类型所取代。

第三，在理论上，市场在完全竞争的假设条件下会实现资源的最优配置。一旦资源配置偏离帕累托最优条件，就被判断是一种次优结果或者是所谓的"低效率"。"黑板经济学"的逻辑就是假定资源同质从而交易费用为零的世界，得出"私产必最优"的谬论。但是，真实世界里的情形是，不同的资源特性、不同的行为能力，必然意味着不同的产权类型匹配。没有任何一种产权形式在任何情形下总是有效率的。中国的农地产权制度及其绩效对此已提供了明显的例证。

第四，基于资源特性的产权匹配理论为重新评价我国过去的农地制度与未来的顶层设计提供了另一条逻辑思路。农地资源的利用具有季节性、空间分散性以及活动的连续性和长周期性等特殊属性，这些特性会在不同的制度环境中产生不同的交易费用。因此，在设计和选择新的农地产权安排时，应该从节约交易费用的角度充分考虑各种组织形式、治理机制和缔约模式对约束条件的适应性和相容性。或者说，不同的农村地区应根据其要素禀赋与资源特性等约束条件来匹配不同的产权类型，从而形成一个多元化的农地产权制度变革路径分岔演进的新格局。最重要的是，对于中国这样的农业大国，不能仅仅以单纯的私有化抑或国有化作为农地改革政策的唯一选择模式。

第 18 章　要素品质、契约匹配与效率差异

传统佃农理论之所以认为分成契约低于定额租约的效率，是因为忽视了风险因素。本章将证明，如果将风险问题转换为交易费用约束并使工资率满足一定条件，则分成契约与定额租约将具有相同效果。进一步放松要素同质的假设，利用博弈模型分析发现，低质量土地和高能力佃农的要素组合与分成契约匹配，定额租约则适用于高质量土地和低能力佃农的要素组合；并且，定额租约和分成契约分别是信息对称和不对称结构下的最优制度选择。因此，本章将基于“要素品质—契约匹配—效率差异”的分析线索，并运用20世纪初中国的农户调查数据对理论模型进行检验。

18.1　研究背景

关于土地租约安排与资源配置效率问题，一直是学界经久不衰的热门话题。其中，尤受重视的是有关分成租佃制度及其效率的研究。长期以来，古典和新古典的经济学家，包括亚当·斯密和马歇尔，大多认为这种制度的效率低于工资契约和定额租约。当代主流经济学家甚至将第三世界国家的经济停滞与其农业中盛行的分成契约联系起来（Rey，1998）。

古典经济学创始人 Smith（1776）认为分成契约下土地得不到改良。因为该制度安排类似于佃农上交什一税，即产出的十分之一被抽掉，从而成为土地改良的极大障碍。更为严重的是，地主甚至可以分享土地产出的一半，留给佃农的剩余是如此有限，以致彻底打击了佃农改良土地的任何积极性。Jones（1831）曾经指出，分成契约会使得佃农在佃田面积较小的情形下，将承担相对更多的公共负担，得到的产出份额相对更少。沿袭古典的“税收-对等”思路，以 Marshall（1920）为首的新古典经济学家进一步强调分成契约缺乏效率的根源在于，如果佃农必须将土地收益的半数交给地主，那么，一旦佃农进行资本与劳动投入

的总收益少于其所获报酬的两倍，则不可能从事土地投资。之后，Schickele（1941）、Heady（1947）、Johnson（1950）把 Marshall（1920）的分析进行了更仔细的形式化处理。

尽管 Sismondi（1815）赞扬过分成租佃制度，Mill（1901）企图以"习惯"来解释分成契约下土地改良不足的根源，但由于分成租佃契约规定了每一时期佃农需按其产出的多少缴纳一定比例的地租与从价税相似，分成契约一直被认为是低效率的（Chen，1961）。

Cheung 在 1968 年发表"Private property rights and sharecropping"（《私有产权与佃农分成》）一文，对上述长期延续的"定论"提出了质疑，他用微积分及几何方法证明，在竞争和私产的约束下分成契约与定租契约效率相同，从而开创了契约理论意义上的佃农理论。该文作为博士学位论文的一部分，即 1969 年出版的专著 *The Theory of Share Tenancy*（《佃农理论》）的第二章。本章将其称为"佃农理论Ⅰ"。应该说，"佃农理论Ⅰ"是没有考虑风险因素的佃农理论。

1969 年，Cheung 获得芝加哥大学经济系的政治经济学博士后奖学金，之后跟约翰逊教授合作，继续从事农业契约研究。不过，他大部分时间都是到法学院找科斯教授学习新制度经济学。幸运的是，Cheung 在芝加哥大学的图书馆里面发现有 20 世纪 50 年代的佃农契约样本以及当时的大米和小麦的产量数据。于是，他把大米和小麦产量的标准差作为衡量风险的指标，并在原博士学位论文基础上增加了一章"交易费用、风险规避与契约选择"，从而正式地把风险作为佃农分成契约选择的解释变量。这篇论文发表在科斯主编的《法和经济学杂志》第十二卷的第一期，并作为其专著《佃农理论》的第四章，此乃"佃农理论Ⅱ"。所以，佃农理论Ⅱ是考虑了风险因素的佃农理论。

可见，Cheung（1969）对分成租佃理论的开拓性研究提出了两个与传统观点相反的理论假说：第一，与 Coase（1960）定理相一致，认为在交易费用为零时，分成契约与其他契约形式一样，会产生有效的资源配置结果（佃农理论Ⅰ）；第二，中国的经验证据表明分成契约已经存在有相当长的历史，因而即使放松零交易费用的假设，分成契约下的资源配置也并不必然无效率，这可能是交易费用约束条件下分散风险而实现了收益最大化（佃农理论Ⅱ）。

自 Cheung 之后，土地租约问题重新吸引了学者们的关注。Barzel（1989）认为，任何契约安排都存在非最优利用问题，没有一个单独的契约在所有情况下都是最优的，随着情况的变化，契约形式也会发生改变。这就是说，在某种环境条件下，分成契约也可能是有效率的，这和佃农理论Ⅰ并无二致。富有启发意义的是，他认为佃农理论Ⅱ中关于风险规避的解释难以令人满意，并特别强调：由于监督土地肥力的变化非常困难，地主和佃农才倾向于接受分成契约。于是，对资源可变性特征的考核成本才是选择分成契约的关键性解释变量（Barzel and

Suen，1992）。

信息激励学派通过“道德风险”模型（Stiglitz，1974）和“逆向选择”模型（Hallagan，1978）证明定额租约和分成契约的选择取决于不同信息结构下的自我甄别机制。对于“佃农理论Ⅱ”的解释，Newbery（1977）提出过反对意见。后来，学者们从风险成本的共同分担（Roumasset，1976）、地主和佃农之间的双重激励（Eswaran and Kotwal，1985）以及有限责任（Shetty，1988；Basu，1992；Sengupta，1997）等多个角度，对分成契约的效率问题做出了进一步的讨论。值得注意的是，Stiglitz在1974年运用委托代理模型构造的新佃农分成理论并不是沿着传统的“税收-对等”方法展开的，而是基于阿罗的信息经济学范式。

除了上述的规范分析外，近十几年来也出现了不少关于分成契约的实证研究。例如，Ackerberg 和 Botticini（2000）的经验证据就推翻了“在黑死病导致缺乏劳动力时期地主采用分成契约吸引风险规避型佃农”的“风险分成假说”，同时也证实了分成契约能够保证地主发现佃农偷懒和监督他们对农场有价值资产的保护。在此基础上，Ackerberg 和 Botticini（2002）又进一步对佃农和地主的特性与契约选择做回归分析发现，如果某些特性无法观察或只能部分观察，那么，能够被估算出来的那些可观察特性的回归系数可能存在偏差，从而产生内生性伪回归问题。当内生性匹配问题得到控制后，他们发现，佃农的风险规避态度对契约选择有显著性影响。此外，Bellemare（2009）研究了一个穷地主与富佃农之间的“反佃农理论”，他通过马达加斯加的数据发现，当地主和佃农都是风险规避者或者存在高昂的交易费用时，分成契约要优于定额租约和工资契约。在传统的佃农理论假设下，地主是风险中性而佃农是风险规避，分成契约则是约束条件下的帕累托效率安排。不过，Bellemare（2012）基于马达加斯加的普通法和习惯法的约定，通过经验数据验证了“不安全产权是影响契约选择的主要因素”的理论假说，从而推翻了“分成契约会增加地主风险承担”的传统观点。事实上，上述关于要素与契约内生匹配假说的文献只是收集部分地区的数据进行计量分析，并没有构建严谨的数理模型。

此外，经济史学家也从实证的角度对分成契约下佃农收入和工资契约下的雇农收入进行比较，发现18世纪中叶和20世纪初长江中下游佃农的收入是雇农工资的 2~3 倍（Pomeranz，2008）。因为近代中国佃农已经具备较大的独立生产性质，他们支配剩余索取权，通过人格化与市场化的渠道将家庭的、地主的和市场的不同生产要素组合起来创造财富，在不确定性中获取企业家才能报酬和土地投资风险收益；相反，雇农则没有独立经营的权利，所以既不能创造属于自己的剩余财产也难以获得在市场上的套利机会（龙登高和彭波，2010）。所以，在中国历史上，就制度安排对农户行为主体产生的收益而言，分成契约要优于工资契约。

基于现有文献的梳理，本章提出以下问题：第一，Cheung（1969）的佃农理论 I 的分成契约有效性数学证明是在交易费用为零的条件下成立的，若该前提不成立，则其最优化模型推导出来的结论是否发生改变？尽管他的佃农理论 II 在逻辑推论上已经考虑了交易费用。第二，佃农理论 I 是在要素同质的前提下成立的，若假定要素是非同质的，那么分成契约是否依然有效率？第三，进一步地，把真实世界中的交易费用和要素品质考虑进来，佃农理论还会成立吗？

本章的可能性贡献在于：第一，Cheung（1969）的佃农理论是两个相对独立的部分，也就是说，"佃农理论 II"的风险因素并没有整合到"佃农理论 I"的模型中。本章将证明，在"佃农理论 I"数理模型基础上，运用博弈论方法把风险因素统一到交易费用范畴当中，而无须借助私产竞争的前提，仅加入交易费用这个唯一的约束条件就可证明分成契约的有效性。第二，Cheung 的佃农理论隐含着要素（土地和劳动力）同质的假设。本章将放松这一假定，将要素异质性问题纳入佃农理论，并尝试对农业内生匹配假说进行数理模型的构建。第三，Stiglitz（1974）的委托代理模型与传统的"税收-对等"方法是分离的。本章在修正的"税收-对等"方法基础上，结合委托代理模型重新求出佃农分成的博弈均衡解，并得到新的结论：信息对称下，分成契约效率低；信息不对称下，分成契约效率高。

本章分为六个部分：除本节外，18.2 节把风险费用引入传统的"税收-对等"图解法中重新证明分成契约的有效性；18.3 节放松模型中的要素同质性假设，基于土地和劳动力质量的非均匀特性，提出制度选择的博弈模型；18.4 节将风险因素与要素品质考虑进不同的信息结构中，解释分成契约与定额租约的效率差异；18.5 节基于卜凯（1936）收集的数据，运用现代计量经济学的自举法（bootstrap method）对模型假说做分位数回归检验；18.6 节是一个简短的结论。

18.2　基准模型：风险费用和契约效率

18.2.1　基本假设

我们不改变 Cheung（1969）佃农理论中的变量设定：假设有两种同质的生产要素 h 和 t。每户佃农的生产函数均是 $q(h,t)$，$\partial q/\partial h>0$，$\partial q/\partial t>0$ 且 $\partial^2 q/\partial h^2<0$，$\partial^2 q/\partial t^2<0$。其中，$h$ 代表每户佃农所承租的土地；t 代表每户佃农所投入的劳动。为方便讨论，不妨设生产函数为一次齐次，于是有 $y=q/h=q(1,t/h)=f(1,k)$，其中，$k=t/h$。

从上节的文献简述可知，Cheung（1969）批评传统分成租佃理论所使用的“税收-对等”方法并没有明确解释为什么在分成均衡点上仍会存在佃农的剩余收入，因为“佃农的这种剩余收入的存在，是与均衡状态不相一致的”。按此逻辑，他认为传统分析方法所推导出来的分成均衡点并不是最终的均衡点，因此认为分成契约无效率的观点存在逻辑上的矛盾。于是，他把私产和竞争两个约束条件引入地租最大化问题中，发现只有把分成比例和要素比率加进分成契约的规定中才能满足均衡解的要求，从而推翻了分成契约无效率的传统观点。但是，本章的模型认为，传统观点的不严谨之处主要是未能考虑真实世界中的交易费用。尽管 Cheung（1969）的佃农理论Ⅱ已考虑了风险规避和交易费用，但他未能把这两个约束条件同时放进佃农理论Ⅰ的最优化数学方程组中。所以，本章将沿用传统的“税收-对等”图解法重新证明：只要佃农工资契约的工资率 w 满足一定条件，则分成契约与定额租约具有相同的效率。不过，与 Cheung（1969）不同，本章尝试把风险因素统一到交易费用范畴当中，且无须借助私产竞争的前提仅加入唯一的交易费用约束条件就可证明分成契约的有效性（图 18-1）。

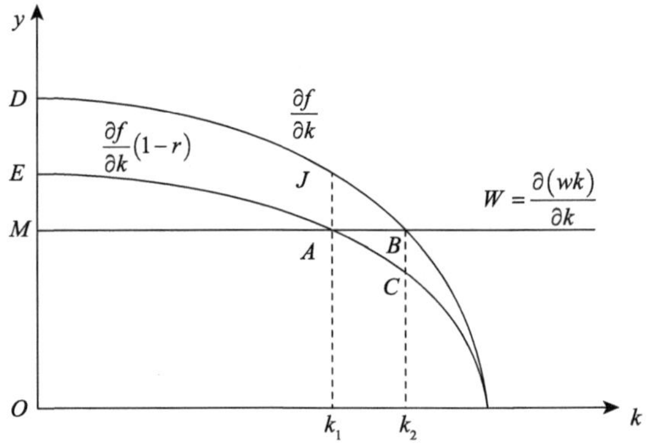

图 18-1　修正的“税收-对等”方法的图解

在图 18-1 中，本章在传统的图解法基础上仅修改了横轴的变量，即把传统做法中的佃农劳动 t 改为单位土地的劳动投入比例 k，其余变量和符号含义均不改变。

18.2.2　传统佃农理论谬误：忽略风险因素

在不考虑交易费用的前提下，若按传统的“税收-对等”方法，均衡点为 B，即当地主雇用工人来耕作土地时，所雇用农业工人的单位土地劳动比例将是 k_2。此时，若地主自己耕种土地也能获得同样的结果，而不管地主是工作到 k_2 并在其他方面工作，还是工作少于 k_2 而按 w 雇用他人来耕作。作为土地的回报，地主所获得的地租用面积 S_{MDB} 来表示，这一地租额等于定额租约安排下的租金。如果用 Y_F 表示由地主和佃农构成两人社会的总产出水平，那么，它应该是地主净收益 $\pi_F^l=\int_0^{k_2}\left(\frac{\partial f}{\partial k}-w\right)\mathrm{d}k$ 和佃农净收益 $\pi_F^P=wk_2$ 之和，即面积 $S_{ODBk_2}:Y_F=\int_0^{k_2}\left(\frac{\partial f}{\partial k}-w\right)\mathrm{d}k+wk_2=\int_0^{k_2}\frac{\partial f}{\partial k}\mathrm{d}k$。

但是，在分成契约安排下，扣除分成租金后佃农的边际收益曲线 $\frac{\partial f}{\partial k}$ 根据分成率 r 的大小向下移动到 $\frac{\partial f}{\partial k}(1-r)$ 上。此时，均衡点变为点 A，相应的单位劳动投入为 k_1。在这种条件下，总产出 Y_S 用面积 S_{ODJk_1} 来表示，地主获得的净租金收益 π_S^l 等于面积 S_{EDJA}：$\int_0^{k_1}\frac{\partial f}{\partial k}\mathrm{d}k-\int_0^{k_1}\frac{\partial f}{\partial k}(1-r)\mathrm{d}k=r\int_0^{k_1}\frac{\partial f}{\partial k}\mathrm{d}k$，佃农分得的净收益自然是面积 S_{OEAk_1}：$\int_0^{k_1}\frac{\partial f}{\partial k}(1-r)\mathrm{d}k=\int_0^{k_1}\left[\frac{\partial f}{\partial k}(1-r)-w\right]\mathrm{d}k+wk_1$。其中，面积 S_{MEA} 即 $\int_0^{k_1}\left[\frac{\partial f}{\partial k}(1-r)-w\right]\mathrm{d}k$ 表示佃农得到的收益 $\left(S_{OEAk_1}\right)$ 超过他从事其他经济活动可能得到的收益（面积 $S_{OMAk_1}=wk_1$）。

Cheung（1969）的佃农理论 Ⅰ 对传统观点的反驳就在于，均衡点 A 上不可能存在这笔超额收益，因此 A 点不是分成的最终均衡点。事实上，分成契约除了规定了每一时期关于总产出在佃农和地主之间的分配比例外，还划分了协约双方实际分担的风险大小。若把面积 S_{OMAk_1} 理解为佃农在既定工资率为 w 下愿意付出 k_1 的单位土地劳动投入而获得的固定收益为 wk_1，则超额收益 $\int_0^{k_1}\left[\frac{\partial f}{\partial k}(1-r)-w\right]\mathrm{d}k$ 应该被视为佃农因承担农业生产风险而获得的报酬。尽管 Cheung（1969）的佃农理论 Ⅱ 也提及“人们选择分成契约是为了从分散风险中获得最大收益”，但他全盘抛弃传统观点，认为 A 点不是均衡点。我们将证明，只要把面积 S_{MEA} 视为风险回报，则 A 点仍是分成的最终均衡点，从而可以继续沿用传统的分析方法。

一般来说，地主和佃农都会通过有关农业生产的经验与信息来预测未来以控制和降低风险，但这些行为需要耗费大量资源。那些用于防范风险所耗费的资源的价值就是风险费用，它是交易费用的一部分。进一步地，我们可以知道，在风险决策的均衡点上，佃农控制风险的报酬在边际上一定等于因此而付出的费用。所以，在均衡点 A 上，佃农的风险收益最终会被交易费用所抵消。此时，佃农的超额收益便会消失，则真实世界中（考虑了风险因素的状态）分成契约下的佃农净收益为

$$\pi_s^p = \int_0^{k_1} \frac{\partial f}{\partial k}(1-r)\,\mathrm{d}k - \int_0^{k_1}\left[\frac{\partial f}{\partial k}(1-r) - w\right]\mathrm{d}k = wk_1$$

此时的总产出为

$$Y_S' = Y_S - \int_0^{k_1}\left[\frac{\partial f}{\partial k}(1-r) - w\right]\mathrm{d}k = \int_0^{k_1}\frac{\partial f}{\partial k}\mathrm{d}k - \int_0^{k_1}\left[\frac{\partial f}{\partial k}(1-r) - w\right]\mathrm{d}k = r\int_0^{k_1}\frac{\partial f}{\partial k}\mathrm{d}k + wk_1$$

传统观点之所以认为分成契约效率低下，是因为它会引发：一是经济上的浪费，即面积 $S_{AJB} = \int_{k_1}^{k_2}\left(\frac{\partial f}{\partial k} - w\right)\mathrm{d}k$；二是佃农劳动投入积极性减弱造成的产出下降，即面积 $S_{k_1ABk_2} = (k_2 - k_1)w$。

由于

$$Y_S = \int_0^{k_1}\frac{\partial f}{\partial k}\mathrm{d}k$$

$$Y_F = \int_0^{k_2}\frac{\partial f}{\partial k}\mathrm{d}k = \int_0^{k_1}\frac{\partial f}{\partial k}\mathrm{d}k + \int_{k_1}^{k_2}\frac{\partial f}{\partial k}\mathrm{d}k$$

且

$$\int_{k_1}^{k_2}\frac{\partial f}{\partial k}\mathrm{d}k = \int_{k_1}^{k_2}\left(\frac{\partial f}{\partial k} - w\right)\mathrm{d}k + (k_2 - k_1)w > 0$$

分成契约下的总产出 Y_S 小于定额租约下的总产出 Y_F。

问题是，该结论明显忽略了佃农在定额租约下需要承担所有农业生产风险的这一事实。因此，若在扣减因规避风险而额外支付的风险费用之后，原定额租约下的总产出有可能恰好下降到分成契约下的总产出水平。按此逻辑，传统观点的错误在于没有考虑真实世界的风险费用，如果将风险费用视为交易费用，则可得到与 Cheung（1969）相一致的结论。与 Cheung（1969）不同的是，依然可以保留“税收-对等”方法。

18.2.3　交易费用：对分成契约等效性命题的重新证明

命题 18-1：当工资率 $w^* = \dfrac{\int_{k_1}^{k_2}\frac{\partial f}{\partial k}\mathrm{d}k}{k_2 - k_1}$，则分成契约下的总产出 Y_S' 等于定额租约的总产出 Y_F'。

我们知道，在定额租约安排下，地主定期获得佃农上交的固定租金 $\int_0^{k_2}\left(\frac{\partial f}{\partial k} - w\right)\mathrm{d}k$，但与分成契约相比，地主不再承担风险，这相当于佃农为地主购买了一份保险契约。由于佃农此时承担了全部风险且假设两类契约下的农业生产风险总水平不变，则佃农的风险费用即为自身在原分成契约下控制风险的支出$\left(S_{MEA}=\int_0^{k_1}\left[\frac{\partial f}{\partial k}(1-r)-w\right]\mathrm{d}k\right)$，加上为地主支付的保险费用（$\Delta\mathrm{RC}=S_{AJB}=\int_{k_1}^{k_2}\frac{\partial f}{\partial k}\mathrm{d}k$），即

$$\mathrm{TRC}=\int_0^{k_1}\left[\frac{\partial k}{\partial k}(1-r)-w\right]\mathrm{d}k+\int_{k_1}^{k_2}\frac{\partial f}{\partial k}\mathrm{d}k$$

因此，佃农此时的净收益为

$$wk_2-\left\{\int_0^{k_1}\left[\frac{\partial f}{\partial k}(1-r)-w\right]\mathrm{d}k+\int_{k_1}^{k_2}\frac{\partial f}{\partial k}\mathrm{d}k\right\}$$

又由于

$$\begin{aligned}Y_F'&=\int_0^{k_2}\left(\frac{\partial f}{\partial k}-w\right)\mathrm{d}k+wk_2-\int_0^{k_1}\left[\frac{\partial f}{\partial k}(1-r)-w\right]\mathrm{d}k-\int_{k_1}^{k_2}\frac{\partial f}{\partial k}\mathrm{d}k\\&=\int_{k_1}^{k_2}\frac{\partial f}{\partial k}\mathrm{d}k+r\int_0^{k_1}\frac{\partial f}{\partial k}\mathrm{d}k-(k_2-k_1)w+k_1w\end{aligned}$$

所以当$w^*=\dfrac{\int_{k_1}^{k_2}\frac{\partial f}{\partial k}\mathrm{d}k}{k_2-k_1}$时，有

$$\begin{aligned}Y_F'&=\int_{k_1}^{k_2}\frac{\partial f}{\partial k}\mathrm{d}k+r\int_0^{k_1}\frac{\partial f}{\partial k}\mathrm{d}k-(k_2-k_1)\frac{\int_{k_1}^{k_2}\frac{\partial f}{\partial k}\mathrm{d}k}{k_2-k_1}+k_1\frac{\int_{k_1}^{k_2}\frac{\partial f}{\partial k}\mathrm{d}k}{k_2-k_1}\\&=r\int_0^{k_1}\frac{\partial f}{\partial k}\mathrm{d}k+\frac{k_1}{k_2-k_1}\int_{k_1}^{k_2}\frac{\partial f}{\partial k}\mathrm{d}k=Y_S'\end{aligned}$$

可见，若工资率满足上述特定条件，则分成契约与定额租约具有相同效率。传统观点认为分成契约无效率是因为忽视了真实世界中的风险费用或交易费用的影响（此处是以工资率作为风险费用的基准刻画单位），只要把交易费用作为约束条件而引入模型中，那些原来看似“无效率”或“非均衡”的状态就有可能变得有效率且实现均衡。

18.3　模型扩展：要素品质及其博弈均衡解

在上述模型的基础上，我们放松要素同质的假设条件，进一步考察要素品质差异对契约选择的影响。特别地，以定额租约为备选契约安排，通过分成契约与定额租约的效率比较，提出一个基于要素品质的契约选择理论。

18.3.1　土地异质性与契约选择

我们知道，尽管一个佃农可以控制其自身的劳动投入t，但最终产出水平仍然在相当程度上取决于土壤肥力、灌溉条件等因素。为便于讨论，我们将这些因素影响均表达为土地的质量维度。于是，本章分别用h_H表示高质量土地和h_L表示低质量土地（$h_L<h_H$），且$h=h_H$的概率是p，$h=h_L$的概率为（$1-p$）。本章此处借助离散型概率分布函数F（p）反映农业生产风险。

首先考虑土地所有者的契约选择策略。在定额租约安排下，不管土地质量如何，地主都获得大小为$\bar{\pi}_F^l$的总地租数额。但在分成契约下，其租金收益便跟土地质量的高低有关，此时的期望租金为$E\left(\pi_F^l\right)=prq\left(h_H,t\right)+\left(1-p\right)rq\left(h_L,t\right)$。那么，当$E\left(\pi_F^l\right)=\bar{\pi}_F^l$时，便可得到地主的分成比例：

$$r=\frac{\bar{\pi}_F^l}{pq\left(h_H,t\right)+\left(1-p\right)q\left(h_L,t\right)}$$

据此，我们得到佃农在不同契约安排下的净收益函数：分成契约下的是

$$E\left(\pi_S^p\right)=p\left(1-r\right)q\left(h_H,t\right)+\left(1-p\right)\left(1-r\right)q\left(h_L,t\right)$$

而定额租约下的收益则以分段函数形式出现：

$$\pi_S^p=\begin{cases}q\left(h_H,t\right)-\bar{\pi}_F^l,\ p\\ q\left(h_L,t\right)-\bar{\pi}_F^l,\ 1-p\end{cases}$$

进一步比较在土地质量较高（$h=h_H,p\to1$）时佃农的协约行为：

$$\begin{aligned}E\left(\pi_S^p\right)-\pi_S^p&=\left(1-r\right)q\left(h_H,t\right)-\left[q\left(h_H,t\right)-\bar{\pi}_F^l\right]\\&=\bar{\pi}_F^l-rq\left(h_H,t\right)\\&=\bar{\pi}_F^l-\frac{\pi_F^l q\left(h_H,t\right)}{pq\left(h_H,t\right)+\left(1-p\right)q\left(h_L,t\right)}\\&=\frac{\left(1-p\right)\bar{\pi}_F^l\left[q\left(h_L,t\right)-q\left(h_H,t\right)\right]}{pq\left(h_H,t\right)+\left(1-p\right)q\left(h_L,t\right)}<0\end{aligned}$$

同理，当$h=h_L,p\to0$时，有$E\left(\pi_S^p\right)-\pi_S^p>0$。从而得到以下命题。

命题 18-2：在低质量土地上，佃农选择分成契约；在高质量土地上，佃农选择定额租约。

该命题的直观解释是，在低质量土地上，农业产出水平较低，佃农需要与地主一起分担效率损失的风险，从而选择分成契约；但在定额租约下，佃农拥有剩余收益的全部索取权，所以佃农会在高质量土地上与地主签订定额租约以获得更

高的剩余产出。

由于这里假设地主对分成契约和定额租约是无差异的，[（分成契约，分成契约）；$p \to 0$]和[（定额租约，定额租约）；$p \to 1$]均是该博弈的两个贝叶斯纯策略纳什均衡解且达到帕累托最优。

18.3.2　地主与异质性佃农的契约匹配博弈

进一步分析存在能力差异的佃农与地主之间的协约行为。假定存在两类行为能力不同的佃农向地主承租土地，分别是强能力佃农 t_H 和弱能力佃农 t_L。其中，$t = t_H$ 的概率为 x 且对应的收益为 π^p，反之为 $1-x$ 且相应的收益为 0。假设 x 在 $[0,1]$ 上密度函数为 $g(x)$、分布函数为 $G(x)$，并以连续型变量 x 来刻画风险。当佃农需要向地主上交的租金为 π^l 且地租率为 R 时，则佃农在“承租”与“不承租”两种策略的期望收益分别为 $x\left[\pi^p - (1+R)\pi^l\right] + (1-x)\left[0-(1+R)\pi^l\right]$ 和 0。因此，存在一个临界点 $\left(\pi^p\right)^* = \dfrac{(1+R)\pi^l}{x}$。当且仅当 $\pi^p \geqslant \left(\pi^p\right)^*$ 时，佃农才会承租土地。该结论也意味着，存在一个关于强能力佃农出现的临界概率值 $x^* = \dfrac{(1+R)\pi^l}{\left(\pi^p\right)^*}$。由此，所有愿意承租土地的佃农的平均能力概率为

$$\bar{x} = \frac{\int_0^{x^*} xg(x)\mathrm{d}x}{\int_0^{x^*} g(x)\mathrm{d}x} = \frac{\int_0^{x^*} xg(x)\mathrm{d}x}{G\left(x^*\right)}$$

所以有

$$\frac{\partial \bar{x}}{\partial R} = \frac{\dfrac{\pi^l}{R} x^* g\left(x^*\right)\int_0^{x^*} g(x)\mathrm{d}x - g\left(x^*\right)\dfrac{\pi^l}{R}\int_0^{x^*} xg(x)\mathrm{d}x}{\left[\int_0^{x^*} g(x)\mathrm{d}x\right]^2} = \frac{\pi^l g\left(x^*\right)}{R\left[G\left(x^*\right)\right]^2}\int_0^{x^*} G(x)\mathrm{d}x > 0$$

从该不等式可以得到以下命题。

命题 18-3：当佃农对于分成契约和定额租约无差异时，如果地租率较低，弱能力佃农才有可能承租土地，那么，地主将会倾向于选择定额租约；反过来，如果地租率较高，高能力佃农才会可能承租土地，那么，地主将会倾向于选择分成租约。由此，[（定额租约，定额租约）；$x \to x_L$]和[（分成契约，分成契约）；$x \to x_H$]均是该博弈的两个贝叶斯混合策略纳什均衡解且实现帕累托效率。

18.4　模型综合：要素品质、信息结构与契约选择

本节的工作是进一步将风险费用与要素品质问题结合起来，考察不同信息结构条件下分成契约与定额租约的制度效率差异。

18.4.1　信息对称结构下的最优安排：定额租约

由 $y=f(1,k)$ 的经济学性质 $\frac{\partial y}{\partial k}>0$ 且 $\frac{\partial y^2}{\partial^2 k}<0$ ，可令 $y=\ln k+\varepsilon=K+\varepsilon$ 。这里， $K=\ln k$ ， ε 为均值等于 0 的外生扰动参数。

因此， $E(y)=E(K+\varepsilon)=E(K)+E(\varepsilon)=E(K)=K$ 。用分段函数表示分成契约和定额租约两种制度安排： $s(y)=(1-r)y-\bar{\pi}^p$ 。即

$$s(y)=\begin{cases} y-\bar{\pi}^p, \bar{\pi}^p>0, r=0; \text{ 定额租约} \\ (1-r)y, \bar{\pi}^p=0, r>0; \text{ 分成契约} \end{cases}$$

此外，进一步假设佃农的生产费用函数为 $C(K)=\frac{1}{2}\beta K^2$ 且生产费用系数 $\beta>0$ 。这样，佃农此时的期望净收益：

$$\begin{aligned} E(\pi^p) &= E\left[s(y)-C(K)-\mathrm{RC}\right] \\ &= (1-r)K-\bar{\pi}^p-\frac{1}{2}\beta K^2-\int_0^{k_1}\left[\frac{\partial f}{\partial k}(1-r)-w\right]\mathrm{d}k \end{aligned}$$

那么，地主的期望净收益最大化问题为

$$\max_{K,k_1} E(\pi^l)=E\left[y-s(y)\right]=\bar{\pi}^p+rK$$

$$\text{s.t.}(1-r)K-\bar{\pi}^p-\frac{1}{2}\beta K^2-\int_0^{k_1}\left[\frac{\partial f}{\partial k}(1-r)-w\right]\mathrm{d}k \geqslant w$$

即佃农的期望净收益函数成为地主争取自身期望净收益最大化的约束条件。由于在最优条件下，地主无须支付佃农更多，约束条件的等号成立。于是，将 $\bar{\pi}^p=(1-r)K-\frac{1}{2}\beta K^2-\int_0^{k_1}\left[\frac{\partial f}{\partial k}(1-r)-w\right]\mathrm{d}k-w$ 代入地主的目标函数 $E(\pi^l)=\bar{\pi}^p+rK$ ，有

$$E(\bar{\pi}^p)=K-\frac{1}{2}\beta K^2-\int_0^{k_1}\left[\frac{\partial f}{\partial k}(1-r)-w\right]\mathrm{d}k-w$$

因 $\dfrac{\partial E\left(\bar{\pi}^{p}\right)}{\partial K}=1-\dfrac{1}{2}\beta\times 2K=0$，解得

$$K^{*}=\frac{1}{\beta},\quad \frac{\partial E\left(\pi^{p}\right)}{\partial k_{1}}=w-\frac{1}{2}\frac{\partial f}{\partial k}(1-r)=0$$

又根据生产函数的齐次性质得 $\dfrac{\partial q}{\partial t}=\dfrac{\partial f}{\partial k}$ 和均衡工资率 $w^{**}=\dfrac{\partial q}{\partial t}$，所以，$r^{*}=1-\dfrac{w^{**}}{\dfrac{\partial f}{\partial k}}=0$。

这表明，当佃农劳动力市场为完全竞争状态时，佃农与地主之间的信息对称博弈结果是双方选择定额租约作为最优制度安排。

18.4.2　信息不对称结构的最优制度选择：分成契约

当地主对佃农的单位土地劳动投入比例或劳动质量进行考核的费用过高时，佃农将选择 t 进而选择 k 以最大化其自身期望净收益，其一阶条件意味着

$$\frac{\partial E\left(\pi^{p}\right)}{\partial K}=1-r-\frac{1}{2}\beta\times 2K=0$$

即

$$K^{**}=\frac{1-r}{\beta}$$

这是信息不对称结构下地主面临的额外约束条件。若给定 $r=1$，佃农收入与产出无关，他将选择 $t=0$ 从而 $k=0$，即该等式是地主激励佃农投入劳动力的约束条件。那么，地主的最优化问题变为

$$\max_{r} E\left(\pi^{l}\right)=\bar{\pi}^{p}+rK$$

$$\text{s.t.}\,(1-r)K-\bar{\pi}^{p}-\frac{1}{2}\beta K^{2}-\int_{0}^{k_{1}}\left[\frac{\partial f}{\partial k}(1-r)-w\right]\mathrm{d}k\geqslant w$$

$$K=\frac{1-r}{\beta}$$

构建拉格朗日函数：

$$L(r,\gamma,\eta)=\left(\bar{\pi}^{p}+rK\right)+\gamma\left\{(1-r)K-\bar{\pi}^{p}-\frac{1}{2}\beta K^{2}-\int_{0}^{k_{1}}\left[\frac{\partial f}{\partial k}(1-r)-w\right]\mathrm{d}k-w\right\}$$
$$+\eta\left(K-\frac{1-r}{\beta}\right)$$

由 Kuhn-Tucker 定理得

$$\frac{\partial L}{\partial r}=K+\gamma\left(\int_0^{k_1}\frac{\partial f}{\partial k}\mathrm{d}k-K\right)=0$$

$$\frac{\partial L}{\partial \gamma}=(1-r)K-\bar{\pi}^p-\frac{1}{2}\beta K^2-\int_0^{k_1}\left[\frac{\partial f}{\partial k}(1-r)-w\right]\mathrm{d}k-w=0$$

$$\frac{\partial L}{\partial \eta}=K-\frac{1-r}{\beta}=0$$

合并整理得

$$r^{**}=\beta\int_0^{k_1}\frac{\partial f}{\partial k}\mathrm{d}k>0$$

可见，分成契约是地主与佃农在信息不对称结构下博弈的最优选择。

18.4.3　不同信息结构的契约效率比较

在信息对称结构下，$r^*=0$ 且 $\bar{\pi}^p>0$，则定额租约为最优选择，即它要优于分成契约。此时，不存在由信息问题引起的资源配置扭曲，因而无损害经济效率的内生性交易费用（$\mathrm{RD}_F=0$），即信息对称下定额租约的总交易费用仅包含外生性的风险（交易）费用：

$$\mathrm{TCC}_F^c=\mathrm{RD}_F+\mathrm{RC}_F=\int_0^{k_1}\left(\frac{\partial f}{\partial k}-w\right)\mathrm{d}k$$

当信息不对称时，$r^{**}>0$ 且 $\bar{\pi}^p=0$，则分成契约取代定额租约，此时的外生性交易费用为

$$\mathrm{RC}_S=\int_0^{k_1}\left[\frac{\partial f}{\partial k}\left(1-\beta\int_0^{k_1}\frac{\partial f}{\partial k}\mathrm{d}k\right)\right]\mathrm{d}k$$

而内生性交易费用则是期望产出的净损失与生产费用的节约之差：

$$\begin{aligned}\mathrm{RD}_S&=\Delta E(y)-\Delta C=\Delta E(K)-\Delta C\\&=\left(K^*-K^{**}\right)-\left[C\left(K^*\right)-C\left(K^{**}\right)\right]=\frac{\beta}{2}\left(\int_0^{k_1}\frac{\partial f}{\partial k}\mathrm{d}k\right)^2\end{aligned}$$

信息不对称下分成契约的总交易费用为

$$\mathrm{TCC}_S^n=\mathrm{RD}_S+\mathrm{RC}_S=\int_0^{k_1}\left[\frac{\partial f}{\partial k}\left(1-\beta\int_0^{k_1}\frac{\partial f}{\partial k}\mathrm{d}k\right)\right]\mathrm{d}k+\frac{\beta}{2}\left(\int_0^{k_1}\frac{\partial f}{\partial k}\mathrm{d}k\right)^2$$

对上述两种总交易费用进行比较，得到由要素品质差异性所引起的额外制度费用：

$$\Delta \mathrm{TCC} = \mathrm{TTC}_S^n - \mathrm{TTC}_F^c$$
$$= \frac{1}{2}\int_0^{k_1}\left[\beta \frac{\partial f}{\partial k}\left(1 - \int_0^{k_1}\frac{\partial f}{\partial k}\mathrm{d}k\right)\right]\mathrm{d}k + wk_1$$

由此，可以得到命题 18-4。

（1）若 $\int_0^{k_1}\frac{\partial f}{\partial k}\mathrm{d}k = \int_0^{k_1}\left(\int_0^{k_1}\frac{\partial f}{\partial k}\mathrm{d}k\right)\mathrm{d}k - \frac{2wk_1}{\beta}$，则信息不对称下分成契约无差异于信息对称下定额租约，但优于信息不对称下定额租约。

（2）若 $\int_0^{k_1}\frac{\partial f}{\partial k}\mathrm{d}k > \int_0^{k_1}\left(\int_0^{k_1}\frac{\partial f}{\partial k}\mathrm{d}k\right)\mathrm{d}k - \frac{2wk_1}{\beta}$，则信息对称下定额租约优于信息不对称下分成契约，且后者又优于信息不对称下定额租约。

（3）若 $\int_0^{k_1}\frac{\partial f}{\partial k}\mathrm{d}k < \int_0^{k_1}\left(\int_0^{k_1}\frac{\partial f}{\partial k}\mathrm{d}k\right)\mathrm{d}k - \frac{2wk_1}{\beta}$，则信息不对称下分成契约优于信息对称下定额租约，且后者又优于信息不对称下定额租约。

18.5　实 证 分 析

18.5.1　假说、变量选取与数据来源

根据前面的讨论，分成契约下佃农的单位土地劳动投入均衡值 k_1 小于定额租约或工资契约下的均衡值 k_2。于是，本章提出以下假说。

假说 18-1：随着 k 值的减少，土地租约会更多地表现为分成契约，反之，则为定额租约。

假说 18-2：随着要素异质性引起的风险增加，土地租约也会更多地偏向于分成契约。

本章选取的变量如表 18-1 所示。其中，我们用劳动力差异性 WORKERSTD 与土地差异性 LANDSTD 分别表示劳动与土地要素的异质性引起的风险大小。标准差反映每个观察值偏离均值的程度，标准差越大，表明要素异发性风险越大。标准差越大，越需要采用分成契约分担风险，因而分成契约比重 TENANCY 越大。同时，我们使用农业劳动力人数与作物种植面积之商表示要素禀赋比例，即为 k 值。该值越大，选择分成契约的比重就越高。

表 18-1 变量的指标设计

变量	代码	定义	预期符号
分成契约比重	TENANCY	分成契约农家数/总农家数	
要素禀赋比例	k	农业劳动力人数/作物种植面积	负号
区位虚拟变量	REGION	中国北部取 1，其他取 0	不确定
劳动力差异性	WORKERSTD	务农劳动力标准差 $\left(\sqrt{\sum_{i=1}^{n}(t-\mathrm{Et})^2}\right)$	正号
土地差异性	LANDSTD	种植面积标准差 $\left(\sqrt{\sum_{i=1}^{n}(h-\mathrm{Eh})^2}\right)$	正号

注：Et 为劳动力数量的均值；Eh 为土地面积的均值

为了提高估计效率，使用自举法进行重复抽样 100 次，构成 100 个样本。其描述统计如表 18-2 所示。

表 18-2 主要变量的描述统计

变量名称	自举后的样本值	平均值	方差	最小值	最大值
分成契约比重	100	62.66	1 907.69	0.00	100.00
要素禀赋比例	100	0.72	2.98	0.07	2.04
区位虚拟变量	100	0.53	0.27	0.00	1.00
劳动力差异性	100	1.12	0.19	0.59	2.08
土地差异性	100	2.67	2.51	0.89	6.66

18.5.2 分位数回归的实证检验

分位数回归是对以古典条件均值模型为基础的 OLS 的延伸，用多个分位函数来估计整体模型，不同的分位数回归采用各种相应的非对称权重进行残差最小化处理（Koenker and Bassett，1978）。基于该方法，本章将 TENANCY 作为被解释变量，将影响它的因素作为解释变量，建立如下分位数回归模型：

$$Q_\tau\left[\mathrm{TENANCY}\middle|X\right]=A_\tau+B_\tau^1 k+B_\tau^2\mathrm{REGION}+B_\tau^3\mathrm{REGION}\times k$$
$$+B_\tau^4\mathrm{WORKERSTD}+B_\tau^5\mathrm{LANDSTD}$$

对 TENANCY 在分位数 20%~80%采用自举法做分位数回归，结果如表 18-3 所示。

表 18-3　bootstrap 技术下的分位数回归分析结果

分位数	常数项	k	REGION	K×REGION	WORKERSTD	LANDSTD
0.20	104.637*** (1.344)	−2 824.662*** (38.181)	−45.176*** (3.315)	− 9 047.911*** (610.779)	0.039*** (0.005)	− 0.152 (0.384)
0.25	86.658*** (18.650)	−2 777.741*** (18.650)	−61.313** (20.111)	−5 076.901 (3 444.075)	0.150* (0.114)	0.190 (5.275)
0.30	86.658*** (12.096)	−2 777.741*** (520.100)	−61.313** (24.451)	−5 076.901 (4 193.972)	0.150** (0.054)	0.190 (4.023)
0.35	56.706** (18.423)	−1 902.297* (865.346)	−101.689** (40.458)	4 394.123 (5 603.182)	0.188** (0.061)	7.239 (6.712)
0.40	56.706*** (15.903)	−1 902.297** (663.539)	−101.689** (42.455)	4 394.123 (6 084.988)	0.188** (0.072)	7.239 (8.290)
0.45	56.706*** (16.280)	−1 902.297*** (511.883)	−101.689*** (26.079)	4 394.123 (3 993.113)	0.188* (0.098)	7.239 (5.024)
0.50	56.706** (18.581)	−1 902.297*** (511.883)	−101.689*** (28.291)	4 394.123 (4 360.160)	0.188* (0.134)	7.239 (6.010)
0.55	41.272** (21.504)	−2 054.626** (864.308)	−102.616** (48.393)	5 490.049 (8 248.770)	0.324** (0.081)	4.851 (8.623)
0.60	41.272** (13.769)	−2 054.626** (764.341)	−74.785 (42.969)	2 483.386** (7 991.656)	0.324** (0.120)	4.851 (7.918)
0.65	41.272* (17.588)	−2 054.626* (938.747)	−74.785 (41.130)	2 483.386 (7 505.947)	0.324* (0.120)	4.851 (9.910)
0.70	42.801* (19.469)	−2 370.586* (1 417.750)	−70.833 (54.504)	2 157.427 (8 970.642)	0.374* (0.119)	1.785 (7.893)
0.75	75.218*** (16.270)	−3 796.199* (1 226.350)	−92.306 (66.865)	2 676.961 (11 023.12)	0.360** (0.118)	0.393 (9.547)
0.80	78.411** (29.786)	−2 637.224 (35.709)	−72.797 (62.337)	−579.471 (16 410.080)	0.093 (0.178)	15.932 (12.654)

*、**和***分别表示 0.1、0.05 和 0.01 的显著水平

注：表中的括号内数值为回归系数的标准差

从表 18-3 可以观察分成契约比重分位数回归的结果。

（1）在分位数 20%上，k、REGION、k×REGION 和 WORKERSTD 这四个因素的参数估计结果都在 99%置信区间以内，说明农地耕作的劳动密集程度、南北地区差异以及劳动力的异质性是影响分成契约比重的主要因素。

（2）在分位数 25%~75%，k、REGION 和 WORKERSTD 这三个参数的估计结果都具有不同程度的显著性，说明大部分分成契约选择受农地耕作的劳动密集程度、南北地区差异以及劳动力的风险性的影响。

（3）在高分位数 80%，各参数均不显著，这是其他契约安排与分成契约的效率边界及临界值。

综上所述，我们发现 k 和 WORKERSTD 这两个指标在大部分分位数水平段都是影响分成契约比重的重要因素，说明劳动与土地要素品质及其差异在决定制度选择中起了至关重要的作用：一方面，k 反映的是劳动力和土地两种要素的比例大小，它与 TENANCY 呈负相关关系，即 k 越小，人们越普遍采用分成契约。这

与本章的假说 18-1 相一致；另一方面，WORKERSTD 与 TENANCY 呈正方向运动关系，它代表了务农劳动力供给的可变化性，该值越大，表明一个风险规避的地主更愿意选择分成契约，同时，拥有部分土地剩余索取权和剩余控制权的佃农会选择分成契约以分散风险获得企业家报酬，从而验证了假说 18-2。

18.6　结论与讨论

本章的研究表明，Cheung（1969）基于批评传统分成租佃观点所推导出来的分成均衡点并不是最终的均衡点，因为在该分成均衡点上仍存在佃农的剩余收入，这显然与均衡定义相矛盾。另外，他发现只要把私产和竞争两个约束条件引入地租最大化问题就能证明分成契约是有效率的，但本章认为，传统观点的不严谨之处主要是未能考虑真实世界中的交易费用，若将因规避风险而额外支付的风险费用转换为交易费用作为契约选择的约束条件，则无须借助私产竞争的前提就可以沿用“税收–对等”方法得到与佃农理论 I 相一致的结论。

佃农理论 I 是在要素同质的前提下得到的，若把它变为异质性要素假设，我们能够发现：在低质量土地上，佃农选择分成契约；在高质量土地上，佃农选择定额租约。相反，佃农耕作能力低，地主选择定额租约；佃农耕作能力高，分成契约被地主采用。此外，当佃农劳动力市场为完全竞争状态时，佃农与地主之间的信息对称博弈结果是双方选择定额租约作为最优制度安排，而分成契约是地主与佃农在信息不对称结构博弈中的最优选择。

运用卜凯（1936）的数据得到的计量结果进一步表明，随着佃农的单位土地劳动投入比例的减少，土地租约会更多地偏向于分成契约；而且，随着要素异质性引起的风险增加，土地租约将较多地表现为分成契约。

最后，需要强调的是，要素品质与比例结构的差异会引起不同的风险或交易费用，相同的行为动机在不同的交易费用约束条件下将产生不同的制度绩效。农业生产具有季节性、空间分散性以及活动的连续性和长周期性等特殊属性，这些属性会在不同的制度环境中产生不同的交易费用。尽管本章利用 20 世纪 20 年代卜凯教授的调研数据进行了实证，但并不意味着分成租约在任何时期总是有效率。中国历史上曾出现过不同的人地关系变化，且不同的时期有不同的自然风险态势，因此，农地契约选择会表现出不同的“情境依赖性”及趋势。

第19章 产权强度、行为激励与农业要素匹配

19.1 研究背景

完备且明晰的农地产权有助于提高农业生产绩效（Ghatak and Roy，2007），而农业生产绩效的实现则取决于要素的生产效率和配置效率。已有研究表明，随着地权稳定性的提高，小农户倾向于转出农地，有利于农地要素向经营效率更高的主体集中（Holden et al.，2011）。Feng 等（2010）、Ma 等（2013）则发现，地权稳定性的提高也会使得农户增加对农地的长期性投资，包括有机肥和水渠等，并减少对农地的耗竭性使用。Besley（1995）通过识别农地产权引致的借贷可获性效应，指出地权稳定性的提高可增加农户对农地上物质资本的投入，并改善农业生产绩效。而就中国农村紧张的人地关系来看，农村剩余劳动力的非农转移对于优化农业要素的配置结构具有重要意义。Rupelle 等（2009）、Mullan 等（2011）发现，地权稳定性的提高通过降低农地侵权风险，进而激励了农村劳动力的非农转移，这又会促进农地流转市场的发育，并优化农地要素的配置结构。由此可见，农地产权对农业生产绩效的改善是通过要素配置实现的，但已有研究大多只是将农地产权作为整体性概念，而未对农地产权所内含的维度加以区分。

仇童伟和李宁（2016）认为，农地产权具有公共治理和村庄自治的不同实施方式，其作用路径也具有政府管制性行使和村庄非正式治理的双重逻辑。在此基础上，他们引述罗必良（2014a）从 Alchian（1965）的产权强度理论中提出的农地产权强度概念，并根据治理层次区分了农地产权治理中存在的合法性、合理性和合意性。而在以往的研究中，学者们对农地产权的刻画大多是以产权安全性的概念出现的，一般做法是采用农地调整和农地承包经营权证书持有状况表征农地产权安全性（Ma et al.，2013；Rupelle et al.，2009）。采用这种指标刻画方式，

其实就是将农地产权视作一个整体概念而未加区分，由此忽视了农地产权实施的多维性以及非正式规范对农业生产要素配置的影响。

此外，Barzel（1989）还认为，人们对资产的权利不是永久不变的，人们对资产的权利是产权主体自己直接加以保护、他人企图夺取和任何“第三方”所做的保护这项权利的努力程度的函数。任何对产权施加的约束，都会导致产权的“稀释”。也就是说，农地产权强度受到主体行为能力的直接影响（罗必良，2014a）。而且，即使从国家赋权和村庄治理两个维度去探讨农地产权对主体行为的影响，也必然要涉及主体自身的权能行使能力，这在 Hayek（1999）关于秩序建构的自由与主体能力自由互动的阐述中可以得到验证。换言之，从农地产权强度的三个维度出发，不仅有助于在公共治理和村庄治理两个层面阐明农地产权对农业生产要素配置的影响，还能够辨析农地产权实施效果的主体性差异。这无论是对进一步提高农地产权制度设计的科学性，还是弥补已有研究在治理结构和主体异质性层面的不足，均具有一定价值。

19.2　理论线索

19.2.1　逻辑起点

农地产权强度最早是由罗必良（2013a）在分析产权强度与农地流转的关联性时提出来的。其实，Alchian（1965）在阐述产权强度的刻画标准时，就已将产权强度界定为产权实施的成本问题，并从法律层面的界定、非正式的社会行动和通行的伦理或道德规范，以及主体自身对产权的保护能力三个维度定义了产权实施的有效性。借助这一理论概念，可以将农地产权的治理结构区分为宏观、中观和微观三个层次，依次对应于国家赋权、村庄治理和主体行为能力。其中，村庄治理又是以村庄内的农户对产权界定的普遍认同和习惯构成，并形成了非正式治理的重要组成部分。就本章的研究问题和情景设定来说，从农地产权强度内含的治理结构到农业生产要素的配置，其本质体现了一种从权能界定、权能实施到主体依据自身行为能力进行策略选择的逻辑。这种策略选择又是基于农地产权的治理特征形成的，要使其能够与农业生产要素配置所体现的市场逻辑相契合，必然需要从市场的属性及其运行规律出发，对农地产权强度内含的制度性因素和主体性因素加以区分。

为此，本章研究中引入 Hayek（1999）的秩序概念，将社会秩序分为自生自发秩序和组织秩序，前者指由人类实践或行动留存下来的并具有自我进化特征的抽象而非具体的秩序，后者则属于一个组织或群体依靠特定的权威和命令组织实施的，并为特定目的而采取的人类理性构造的行为规范。农地产权强度中的国家赋权和社会认同，构成了农地产权界定和实施的组织秩序和自生自发秩序的重要部分。由此，国家赋权对农业生产要素配置的影响属于组织干预，即通过政策或法律层面的秩序构建，干预农业生产要素的配置或市场运行。村庄自发的地权治理模式则建构了村庄要素配置的人格化特征，或是基于传统习惯的差异化资源配置模式。就市场的本质来看，它是作为一种发现过程的竞争出现的，属于自生自发的秩序，并通过最大化主体行为空间来提高交易效率和经济绩效。农地产权的国家赋权就是通过法律层面的产权界定，为农业生产要素的市场配置提供制度性保障。但在法律意识淡薄和社会非正式安排认可度较高的乡土农村中，社会认同源自农户实践的特征将使其对村庄内部的要素配置更具影响力。当然，国家赋权和社会认同对于产权界定的方式和理念并非完全对立，前者可以通过吸收和维持后者的规范，从而确保农业生产要素配置在农户自发、组织规范和市场主导的原则下展开。

但 Wootton（1945）认为，真实的自由乃指力量或能力，能力层面自由的观点也得到了伏尔泰的支持。罗必良（2014a）和 Barzel（1989）也认为，除了法律和社会普遍的认同外，产权强度也受到主体对产权对象保护能力的影响。对于行为能力更强的主体，他们能够更多地享有产权赋权所带来的好处，并能更有效地配置和利用市场资源，这也是为什么科斯认为，应该将产权赋予那些行为能力更强的主体。此外，Hayek（1999）也认为，人们先天的禀赋或行为能力会对他们利用秩序所提供的行为空间存在重要影响。从农地产权行使过程中的主体行为能力来看，一个对农地产权行使能力较强的农户，基于比较收益目标，在利用国家赋予的农地权能来配置农业生产要素上更具优势。相反，对于那些行为能力不足的农户，一方面，他们对国家赋权的行使能力不足，很难从农地要素的配置中获得足够的效益。另一方面，他们还可能受制于村庄的权力关系网络，缺乏对农地等生产要素的吸纳能力，从而选择在政策允许的情况下进行非农转移。也就是说，农地产权强度除了制度性（包括国家赋权和社会认同）约束，农户对农地产权的行使能力也会影响国家赋权和社会认同对他们的农业生产要素配置的作用方式，即农地产权的实施具有主体性“歧视”。

19.2.2　影响机理

1. 国家赋权对农业生产要素配置的影响机理

本章研究中的农业生产要素指农地和农业劳动力，选择这两个指标的原因是中国农村面临的紧张的人地矛盾。国家赋权表征了组织治理，尤其考虑到中国农地制度改革具有典型的强制性变迁特征，国家赋权构成了农地要素配置的主导因素。随着农地产权改革的深化或农地产权结构的细分，农户将在组织治理中不断调整自己的行为规则。目前普遍的做法是按照比较收益的原则，利用农地流转权来处置农地。必须提及的是，将农地产权的国家赋权归入组织秩序的范畴，主要是考虑到农地产权实施具有的政策导向性和行政指令性特征。但组织秩序与自发秩序的转化机制则表明，强制性的农地制度变迁也会将农村自发形成的地权治理传统合法化。当农地产权在法律层面被不断赋权，农户对农地进行市场化配置的空间也在扩大。如果假定农地作为一种单纯的物质资产，当农户对其的处置权能不断强化时，农地流转市场的完善将提高农地使用权的交易价值。尤其考虑到细碎化的农地经营缺乏规模效益时，基于比较优势的农户也倾向于将农地流转出去。但农地所内含的非正式保障机制和身份表达又会使得农地产权强度的提高带来农地禀赋效应的增加，从而抑制农地转出（罗必良，2014a）。

农村劳动力配置方面，农村劳动力非农转移一直面临着户口合法化，以及户籍制度关于农业户口和非农户口的区分（Chan and Zhang，1999），只有少数农业人口有机会实现向城市户口的转移。由此，与融入城市的基本社会保障分离必然导致农村劳动力的循环迁移。如果再考虑到城市劳动力市场内部的分割状态，不稳定的非农就业也会导致农地保障功能的长期存在。因此，国家赋权的强化意味着农户对农地处置权的增强，借助要素的重新配置和农地流转市场的发育，将在农村劳动力非农就业不稳定状况下提高农业生产的比较优势。同时，在论及国家赋权的作用发挥时，对农地配置的能力（包括社会关系网络、家庭物质资产等）的差异也会改变制度环境对不同农户行为空间或主观规范的影响，呈现典型的主体性“歧视”。由此可见，一方面，国家赋权对农业生产要素配置的影响受制于农地流转市场和劳动力非农就业市场的发育程度，另一方面，随着农村社会年龄超过50岁的务农劳动力比例增加，农地所内含的社会保障功能和对农民身份的表达也会在制度化的地权改革中被强化。在此背景下，行为能力较强或对组织秩序利用能力更强的农户将倾向于减少农地转出。

2. 社会认同对农业生产要素配置的影响机理

农地产权的社会认同是人们根据地权治理实践形成的共享信念，而且基于非正式社会组织和道德形成的认同感也是基于特定的概念系统和道德观念，进而影响村庄的地权治理。村庄自发的地权治理完全依赖于建构在村庄范围内农户群体的共享信念和产权行为规范，这就意味着脱离乡村治理的过程中社会认同表征的意义系统将丧失其行为规范和引导的功能。以农村劳动力的非农转移为例，自1953 年以来，城乡二元格局的形成主要依赖于户籍制度及与之协同发挥效力的农地制度，农村劳动力的非农转移大致经历了完全禁止、部分放松和全面开放等阶段，但制度性保障在农村劳动力非农转移的过程中从来都是严重匮乏的。而且，农村劳动力的非农转移还是在农地产权制度不断改革的过程中有序实现的。这无疑表明，城乡土地制度对政治制度的依附性及城市对农村的“绑架”，构成了农村劳动力跨部门流动的主导因素。也就是说，作为表征非正式地权治理规则的社会认同，其表征的语义由于社会交换域的隔离和体制依附，对完全依赖于政治体制的资源配置形式难以产生直接影响。

相反，在村庄内部的资源配置和行为规范建构方面，由于农村固有的一套自我治理模式的长期实践，非正式的地权治理规范在农地配置方面发挥着重要作用。随着村庄农户对农地处置权能的认同增强，村庄内部农地产权排他的共识和农地治理规则也会发生相应调整。这意味着，社会认同和国家赋权对应的非正式治理和公共治理在村庄内部将同时发挥效力，而且后者必须借助前者以改变农户行使农地产权的内在规范，从而实现组织目标。但就社会认同与农地配置的关系而言，农地作为农村主要的生产资料和社会保障机制，其配置具有典型的村庄关系网络依附性。换言之，农户距离村庄权力结构中心的位置越近，他们对集体行动的影响和对信息及生产性资料的获取更具优势。尤其在村民自治制度得到普遍认同的情况下，较强的行为能力将提高农户获取农地要素的可能性，具体表现为禀赋差异和权能空间扩展过程中，农户的农地经营计划实施及绩效实现的差异。此外，在村庄农地禀赋一定的前提下，农地的配置属于“零和博弈”。这就意味着，农地产权行使能力较弱的农户将转出农地以获取农地交易带来的物质、货币或社会资本等补偿，并通过劳动力等流动性要素的优化配置，最大化家庭收益。

19.3　实证分析

19.3.1　数据与变量

1. 数据

数据来源于“农村土地与相关要素市场培育与改革研究”项目的专项农户问卷（NSFC-71333004-2015）的 2 704 个农户样本。

2. 变量定义

1）因变量

本章的因变量包括是否转出农地、农地转出率、农业劳动力规模和农业劳动力比重。

2）主要自变量

本章的主要自变量为农地产权强度，包括国家赋权、社会认同和行为能力。根据 Ma 等（2013）的研究，农民对农地产权的认知较之法律层面的产权界定和实际层面的产权实施，对农户的行为具有更直接的影响。为此，本章研究中分别利用农民对农地产权政策实施的满意度表征国家赋权，利用农民对自身所持有的农地权能的认知表征社会认同，以及利用农民对农地确权后自身农地产权行使的预期表征行为能力。各变量涉及的二级指标如下。

国家赋权是让农户对问卷中有关农村土地制度安排的题项（包括继续坚持农村土地集体所有制、继续坚持农村土地的家庭承包、继续坚持农村土地的农户家庭经营、已经实施的有关农地流转政策、调整农村承包地、农村土地确权颁证、农村土地征用制度）的满意度分别进行 1~5 打分，值越大表示国家赋权的强度越高。

社会认同是让农户对问卷中有关农户土地权益的题项（包括承包的土地应该属于农民所有、应该允许农民用土地承包权进行地质贷款、应该允许农民用土地经营权按年限进行抵押贷款、应该允许农民用种植的庄稼和养殖产品进行抵押贷款、应该允许农民自由买卖承包地）的认可度分别进行 1~5 打分，值越大表示村庄对产权强度的社会认同越高。

行为能力是让农户对是否同意“土地确权后，农户会更愿意转出土地”“土地确权后，农户转出农地会提高租金”“土地确权后，农户更愿意长时间转出农地”“土地确权后，农户转出农地一定会签订合同”进行 1~5 的评分，值越大表示主体行为能力越强。由于各二级指标的重要性不明确，方法 1 根据各二级指标的变异性并采用熵权法进行处理，方法 2 将各二级指标视作同等重要并做均值处理。

3. 控制变量

控制变量包括农户特征、家庭特征、农地特征和村庄特征。农户特征变量选取了农户年龄和农户受教育程度（Ma，2013）；家庭特征变量选取了家庭党员数（仇童伟和李宁，2016）、是否村庄大姓和家庭亲戚数（Feng and Heerink，2008）；农地特征变量选取了承包地地块数和承包地地块间距；村庄特征变量选取了村庄交通状况和村庄位置。本章也控制了省（自治区）的虚拟变量。具体变量定义及描述参见表 19-1。

表 19-1　变量定义与说明

变量名		定义与说明	均值	标准差	样本量
因变量	是否转出农地	1=转出农地；0=未转出农地	0.227	0.419	2 704
	农地转出率	农地转出面积/家庭承包地面积	0.691	0.303	610
	农业劳动力规模	家庭纯务农的劳动力数量/人	1.033	1.047	2 704
	农业劳动力比重	家庭纯务农劳动力数量占总劳动力的比重	0.337	0.334	2 695
农地产权强度	国家赋权	方法 1：二级指标经熵权法处理的结果	0.674	0.085	2 704
		方法 2：二级指标经均值处理的结果	3.540	0.603	2 704
	社会认同	方法 1：二级指标经熵权法处理的结果	0.684	0.113	2 704
		方法 2：二级指标经均值处理的结果	3.691	0.769	2 704
	行为能力	方法 1：二级指标经熵权法处理的结果	0.679	0.109	2 704
		方法 2：二级指标经均值处理的结果	3.525	0.766	2 704
农户特征	农户年龄	实际受访者的年龄/岁	43.457	15.140	2 704
	农户受教育程度	4=高中以上；3=高中；2=初中；1=小学	2.079	0.988	2 704
家庭特征	家庭党员数	3=大于 2 人；2=1 人；1=没有	1.207	0.465	2 704
	是否村庄大姓	3=大姓；2=一般；1=小姓	2.295	0.786	2 704
	家庭亲戚数	3=较多；2=一般；1=很少	2.401	0.594	2 704
农地特征	承包地地块数	二轮承包期时分配农地的块数/块	5.083	4.786	2 704
	承包地地块间距	3=都比较远；2=一般；1=都比较近	1.783	0.758	2 704
村庄特征	村庄交通状况	5=很好；4=较好；3=一般；2=较差；1=很差	3.258	0.899	2 704
	村庄位置	指农户住宅距最近城镇的距离/千米	5.699	6.031	2 704
区域虚拟变量		贵州、河南、江苏、江西、辽宁、宁夏、山西和四川的区域虚拟变量	NA	NA	2 704

19.3.2　实证结果及分析

1. 实证模型

为考察农地产权强度对农业生产要素配置的影响，本节首先识别了未引入交叉项的模型。由于农地转出行为包括是否转出农地和农地转出率，属于典型的两阶段决策。依据 Greene（1993）的建议，当两阶段决策关联时，由 Probit 模型和 Tobit 模型组成的 Double Hurdle 模型最为合适。此外，农业劳动力配置的指标为农业劳动力规模和比重，选择 OLS 估计比较合适。其次，为考察行为能力对国家赋权和社会认同作用的调节效应，本章也识别引入“国家赋权×行为能力”和“社会认同×行为能力”变量的模型。模型的基本表达式如下：

$$Y_i = a_0 + a_1 X_i + a_2 M_i + a_3 Z_i + \sum_{n=1} a_4 D_{ni} + \varepsilon_i \qquad (19\text{-}1)$$

式（19-1）识别了四组基本模型。第一组模型中，Y_i 表示第 i 个农户是否转出农地；X_i、M_i 和 Z_i 分别表示第 i 个农户的国家赋权、社会认同和行为能力变量；D_{ni} 则表示第 i 个农户的农户特征、家庭特征、农地特征和村庄特征等变量；a_0 为常数项；$a_1 \sim a_4$ 为待估计系数；ε_i 为误差项。第二组模型中，Y_i 表示第 i 个农户的农地转出率。第三组模型中，Y_i 表示第 i 个农户的农业劳动力规模变量。第四组模型中，Y_i 表示第 i 个农户的农业劳动力比重变量。其余变量定义与第一组模型中一致。

$$Y_i = a_0 + a_1 X_i + a_2 M_i + a_3 Z_i + a_4 X_i Z_i + a_5 M_i Z_i + \sum_{n=1} a_6 D_{ni} + \varepsilon_i \qquad (19\text{-}2)$$

式（19-2）也识别了四组基本模型。第一组模型中，$X_i Z_i$ 和 $M_i Z_i$ 表示交叉项；其余变量定义与式（19-1）中的第一组模型一致。其余三组模型的因变量依次对应于式（19-1）中的第二组到第四组模型，其余变量定义与式（19-2）中第一组模型的界定一致。

2. 结果分析

表 19-2 汇报了农地产权强度对农业生产要素配置的影响。结果表明，国家赋权会抑制农地转出和农地转出率，也抑制了农村劳动力的非农转移。这是因为，国家政策的实施虽然可以通过行政命令引致某些特定行为发生，但政府往往容易忽视政策或行政命令只有在合乎社会自发秩序和产权对象的自然及社会属性时才能达到预期效果。例如，已有研究大多在强调通过深化农地产权改革，以激励农地流转（Ma et al.，2013），但罗必良（2014a）认为，农地产权强度的增加有可能提高农户对农地的禀赋效应，从而抑制农地转出。由此可见，国家赋权在意图促进农地市场与劳动力市场发育的过程中出现了作用效果的异化。

表 19-2　农地产权强度对农业生产要素配置的影响

变量	是否转出农地		农地转出率		农业劳动力规模		农业劳动力比重	
	方法 1	方法 2	方法 1	方法 2	方法 1	方法 2	方法 1	方法 2
国家赋权	−0.785** (0.336)	−0.144*** (0.050)	−0.276** (0.136)	−0.032* (0.019)	0.964*** (0.220)	0.165*** (0.033)	0.275*** (0.073)	0.052*** (0.011)
社会认同	0.081 (0.230)	−0.036 (0.038)	0.239** (0.118)	0.024 (0.018)	−0.141 (0.185)	−0.002 (0.030)	0.003 (0.054)	0.005 (0.009)
行为能力	0.816*** (0.289)	0.103*** (0.039)	0.010 (0.120)	−0.006 (0.016)	−0.178 (0.201)	−0.021 (0.027)	−0.027 (0.062)	−0.005 (0.009)
控制变量	引入	引入	引入	引入	引入	引入	引入	引入
常数项	−1.645*** (0.119)	−1.332*** (0.289)	0.736*** (0.156)	0.782*** (0.125)	0.615** (0.243)	0.595*** (0.197)	0.192** (0.079)	0.196** (0.066)
观测值	2 704	2 704	610	610	2 704	2 704	2 695	2 695

*、**和***分别表示在 0.1、0.05 和 0.01 的水平上显著

注：括号内为稳健标准误

此外，社会认同总体上对农地要素和劳动力要素的配置无显著影响。其原因是，第一，目前大规模的农地流转基本上是由政府或村委会组织实施的，弱化了非正式社会治理对农地流转的作用。第二，社会认同与农业劳动力非农就业市场不具有语义系统的一致性，即农业劳动力的非农转移主要受国家政策和劳动力部门收益差距的影响。第三，较高的行为能力激励了农户的农地转出行为，但对农地的流转规模和农业劳动力的非农转移无显著影响。这一方面表明，农户对农地产权的行为能力在缺乏匹配机制或受到组织制度约束的情形下，难以发挥作用；另一方面则表明，作为农地产权强度中的非制度因素，行为能力的作用仍然主要表现为对正式和非正式制度的调节。

3. 行为能力调节效应的分析

表 19-3 汇报了引入了国家赋权、社会认同与行为能力交叉项变量的模型估计结果，表 19-4 汇报了不同行为能力下国家赋权和社会认同的偏效应①。

表 19-3　行为能力对国家赋权和社会认同的调节效应

变量	是否转出农地		农地转出率		农业劳动力规模		农业劳动力比重	
	方法 1	方法 2	方法 1	方法 2	方法 1	方法 2	方法 1	方法 2
国家赋权	− 0.201 （0.506）	− 0.094 （0.070）	0.015 （0.254）	− 0.028 （0.027）	0.764** （0.329）	0.160*** （0.048）	0.234** （0.106）	0.053*** （0.015）
社会认同	0.940** （0.405）	0.106** （0.052）	0.100 （0.194）	− 0.009 （0.024）	− 0.161 （0.302）	0.032 （0.044）	− 0.023 （0.086）	0.012 （0.012）
行为能力	1.572*** （0.510）	1.608*** （0.389）	0.127 （0.241）	− 0.181 （0.166）	− 0.148 （0.361）	0.249 （0.268）	− 0.052 （0.111）	0.076 （0.087）
国家赋权×行为能力	− 0.880 （0.660）	− 0.100 （0.098）	− 0.419 （0.292）	− 0.008 （0.037）	0.263 （0.431）	0.005 （0.065）	0.054 （0.145）	− 0.004 （0.021）
社会认同×行为能力	−1.313** （0.513）	− 0.292*** （0.074）	0.214 （0.230）	0.059* （0.033）	− 0.024 （0.371）	− 0.079 （0.057）	0.034 （0.110）	− 0.017 （0.017）
控制变量	引入	引入	引入	引入	引入	引入	引入	引入
常数项	−2.107*** （0.439）	−1.722*** （0.342）	0.639*** （0.226）	0.861*** （0.149）	0.065** （0.315）	0.426* （0.238）	0.217** （0.097）	0.153** （0.078）
观测值	2 704	2 704	610	610	2 704	2 704	2 695	2 695

*、**和***分别表示 0.1、0.05 和 0.01 的显著水平

注：括号内为稳健标准误

① 为辨别不同行为能力下国家赋权和社会认同对农业生产要素配置的偏效应，表 19-4 中根据主体行为能力的均值将其区分为大于均值（行为能力较强）和小于均值（行为能力较弱）。

表 19-4　不同行为能力下国家赋权和社会认同的偏效应

行为能力	是否转出农地		农地转出率		农业劳动力规模		农业劳动力比重	
	方法 1	方法 2	方法 1	方法 2	方法 1	方法 2	方法 1	方法 2
国家赋权的偏效应								
行为能力较强	−0.320** (0.129)	−0.060*** (0.022)	−0.404*** (0.154)	−0.037 (0.027)	1.027*** (0.287)	0.166*** (0.045)	0.288*** (0.099)	0.048*** (0.015)
行为能力较弱	−0.056 (0.141)	−0.026 (0.019)	0.015 (0.254)	−0.028 (0.027)	0.764** (0.329)	0.160*** (0.048)	0.234** (0.106)	0.053*** (0.015)
社会认同的偏效应								
行为能力较强	−0.110 (0.094)	−0.057*** (0.015)	0.314** (0.139)	0.050** (0.024)	−0.184 (0.221)	−0.047 (0.038)	0.011 (0.069)	−0.006 (0.012)
行为能力较弱	0.263** (0.114)	0.029** (0.017)	0.100 (0.194)	−0.009 (0.024)	−0.160 (0.302)	0.032 (0.044)	−0.023 (0.086)	0.012 (0.012)

和*分别表示 0.05 和 0.01 的显著水平

注：括号内为稳健标准误

分析表 19-4，可得出以下结论。

首先，国家赋权会抑制行为能力较强的农户的农地转出行为，但对行为能力较弱的农户影响不显著。同时，国家赋权对行为能力较强的农户的劳动力非农转移的抑制作用大于对行为能力较弱农户的作用。这表明，国权赋权会使得行为能力较强的农户更易获得农地并实施规模经营，由此引致的农地经营结构优化和劳动生产率的提高，又会造成劳动力要素和农地要素在农业部门的聚集。国家赋权虽然会提高农地产权结构的细分程度，但权能的强化则具有主体“歧视”性作用。

其次，社会认同分别促进和抑制了行为能力较弱和较强的农户的农地转出行为，但对劳动力的非农转移无显著影响。这表明，在资源配置依附于社会关系网络的乡土村庄中，非正式社会力量的存在会使得村庄治理结构产生权力分化特征。处于权力中心的主体，更易吸纳村庄资源，这也解释了为什么社会认同会抑制行为能力较强的农户转出农地。但如果这类农户发生流转，较强的行为能力与非正式治理权的匹配就会使得他们更有能力，也更放心地转出农地。

最后，农业劳动力的非农转移与社会认同的关联性不显著。这一方面是因为，农地要素和劳动力要素的自然属性决定了前者的配置更容易受到村庄地权治理规范的约束，劳动力的流动性则决定其配置或转移主要受制于城乡户籍制度和要素在不同部门中的生产率。另一方面，农地作为农村重要的生产要素，其配置与市场的逻辑并不完全一致。或者说，作为一种人格化财产，农地的配置更多地依赖于血缘和地缘关系网络，这也决定了它的配置更易受到镶嵌在村庄关系网络中的非正式规范的影响。

19.4　结论与讨论

本章利用我国 9 个省（自治区）2 704 户农户调查数据，分析了农地产权强度对农业生产要素配置的影响。研究表明：第一，国家赋权抑制了农地转出和农村劳动力的非农转移，且对行为能力较强农户的抑制作用更强；第二，社会认同总体上对农地转出和农村劳动力的非农转移无显著影响，但分别抑制和激励了行为能力较强和较弱的农户的农地转出行为；第三，行为能力不会显著影响农村劳动力的非农转移，但会激励农地转出，且其效果主要体现为对国家赋权和社会认同作用的调节。

本章研究表明，农地产权强度在对农户的要素配置行为的影响中，其实隐含了秩序与能力的互动。虽然诱导农地流转和鼓励适度规模经营是目前农业政策的重要矛盾点，但如果不考虑与农地和劳动力两类要素市场相关联的其他交换域的限制，必然面临市场失灵和政府失灵的潜在风险。以村庄中农地产权社会认同的影响为例，对地权社会认同的提高并不会引致农地转出的普遍发生。这不仅与农地的社会功能有关，也与非农就业市场内部的割裂有关。由此表明，部分地方政府试图强行推动农地流转的做法存在本末倒置的嫌疑，同时也违背了构建和完善要素市场的政策初衷。

此外，本章研究也发现，法律维度的地权界定在融入村庄治理的过程中发生了“异化”，并表现为与社会认同结合，进而抑制农地转出。但就非农就业市场的政策导向性而言，国家政策法规基本上主导了农户对劳动力非农转移的策略安排。总之，农地市场与农村劳动力非农就业市场既有体制层面的关联性，又有市场属性的差异，由此造成国家赋权和社会认同的作用发挥既有协同性，又有差异性，并表现为在村庄特殊的地权治理环境中，非正式规范与政策法律对农地流转作用效果的趋同，农村劳动力的非农转移则主要受政策法律的影响。

第 20 章　农地产权、要素匹配与中国粮食安全

20.1　研 究 背 景

2016 年中央经济工作会议提出，推动“藏粮于地”和“藏粮于技”战略加快落地，保护和提高粮食综合生产能力。但反观现实，随着工业化和城镇化进程的加快，农村劳动力大规模转移，农地抛荒、农地“非粮化”等现象普遍发生（张鸣鸣，2013）。已有研究表明，农村劳动力非农转移会带来农地的流转与集中（钟甫宁和纪月清，2009），但那些转入农地实行规模生产的经营主体在粮食生产效益较低的状况下往往会进行“非粮化”生产（易小燕和陈印军，2010；张茜等，2014）。由此，近年来种植结构调整及其“非粮化”成为各级政府和理论界普遍关注的议题。

一个值得关注的判断是，对于农村改革初期粮食产量的快速增长，学者们普遍将其归因于家庭承包制的实施（McMillan et al.，1989；Lin，1992）；而对于 1984 年之后粮食生产下滑和农业经济增长疲软，学者们则将其归因于农地产权内在激励的释放殆尽（Lin，1992；Ma，2013）。具体的解释是，一方面，不稳定的农地产权会削弱农户对农地的生产性投资，那么，其必然也会抑制农业生产绩效的改善（Jacoby et al.，2002）；另一方面，农地转让权的不完善又会降低农地的配置效率（Kimura et al.，2011）和农业绩效（Ma，2013）。但是，冀县卿和钱忠好（2010）对 1978~2008 年中国农业绩效增长的分析表明，与第一轮承包相比，第二轮承包时农地产权的完善对农户生产积极性的激励作用更大。何一鸣和罗必良（2010）则从产权管制的角度发现，农地产权管制放松会提高农业绩效。这表明，在家庭承包及其小规模分散格局并未发生根本性变化的背景下，稳定的地权依然使得农业经济回归景气。由此推断，农地产权对粮食生产可能并不存在唯一的决定性影响。

已有研究结论与实际情形的反差更是强烈。一方面，2004~2015 年，中国粮食生产实现了“十二连增”，这显然不能用 McMillan 等（1989）、Lin（1992）的观点加以解释；另一方面，从《中华人民共和国土地管理法》、《中华人民共和国农村土地承包法》、《中华人民共和国物权法》到《中华人民共和国农村土地承包经营纠纷调解仲裁法》的颁布实施来看，中国农地产权也是在不断完善的。这表明，前述关于种植结构调整与农地产权激励弱化的研究文献并不具有足够的解释能力。

事实上，从 1978 年以来中国种植结构的演变历程来看，“非粮化”并不是一种常态，粮食生产也没有呈现很大的波动性。例如，1978~1984 年粮食产量的快速增长，1984 年后农产品价格“双轨制”引致的种植结构调整，到 2004 年农业税减免和农业补贴政策实施诱导的粮食播种面积增加，以及随后的粮食生产疲软，都说明种植结构总是反复转换的。

问题在于，在农业经营性收入占农户总收入比重与乡村农林牧渔从业人员占比两个指标双双下降的背景下，农民的种粮行为为何重新且持续地变得活跃起来？钟甫宁等（2016）对此做出的解释是，外出务工会促使农户增加机械要素投入以替代农业劳动力，并由此提高了粮食播种面积。因为粮食生产中的劳动投入更易于被机械所替代。

很显然，农业生产要素的相互替代或配置方式的调整，依赖于农户对要素相对价格及其潜在收益的有效反应，而一个不减弱的产权是农户做出有效反应的前提。可以认为，农民外出务工与种植结构调整都是产权管制放松的结果。没有要素流动管制的放松，农村劳动力的非农转移就不可能持续增加；没有产权激励结构的变化，要素配置以及种植结构也不会发生持续性转变。因此，有必要讨论促使农户要素投入结构和种植结构调整的产权逻辑。

Hayek（1999）认为，经济发展和要素流动源自知识分工，而知识分工要转化为劳动分工和市场经济，则需要一套社会秩序，以保证每个主体都能够根据自己所积累的知识与信息制订计划并实施。换言之，行为自由和完善的财产处置权构成了分工经济的制度保障，而要素配置对生产结构或产出结构的影响只是一种表象。从上文来看，农地产权确实对种植结构调整存在重要影响。而且，农地产权对农业绩效的影响是通过要素配置实现的（李宁等，2017）。由此，从农地产权和要素配置两个方面考察种植结构调整，或许有助于在动因和实现路径两个方面解释粮食生产为何会重新受到小农户青睐①。

本章拟采用“农村土地与相关要素市场培育与改革研究”项目的专项农户问

① 这里是与 1978~1984 年相比而言的，该阶段国家采取粮食征订和粮食价格补贴政策诱导农户种植粮食，在劳动力流动性不足和经济作物市场受限的状况下，种植粮食自然受到农户青睐。

卷（NSFC-71333004-2015）的 2 704 个样本农户的调查数据，分析要素流动对种植结构的影响，并在此基础上，进一步探讨不同要素配置方式下农地产权作用的差异，由此揭示农户种粮行为背后的要素配置逻辑与产权机理。

20.2　理论线索

20.2.1　逻辑起点

新古典经济学中的厂商理论认为，生产者是依据自身的技术禀赋和行为能力对市场价格做出反应。在技术条件不变的情况下，他们通过改变要素配置结构，以实现经营利润最大化。但这里有一个隐含的约束条件，即产权是完全且不减弱的。也就是说，在纯市场行为中不考虑对资源使用和行为能力的管制。很显然，在现实的农业生产中，这一前提难以成立。例如，1957~1978 年的人民公社时期，农民对土地的使用、收益和处分权利就被完全剥夺了，这使得农业生产沦为计划经济的附庸。1978~1984 年，虽然国家开始实施家庭承包制，但农村劳动力流动和农户对农地的处分权及收益权依然受到较大程度的管制。由此造成的结果是，农业生产依附于国家政策方针，经营主体缺乏自主决策权。

产权作为制度的重要组成部分，旨在界定基于主体与物品归属关系背后不同主体间的财产关系（North，1994）。但产权经济学不仅关注产权的成文规定，更关注它的实际运行与操作，其中，产权主体的行为能力是一个重要方面。Barzel（1989）指出，人们对资产的权利不是永久不变的，它是人们自己直接加以保护、他人企图夺取和任何“第三方”所做的保护这项权利的努力程度的函数。任何对产权施加的约束，都会导致产权的“稀释”。在此基础上，罗必良（2014a）将农地产权强度归纳为国家赋权、社会认同和行为能力的三维表达。而从 Hayek（1999）关于秩序的界定来看，产权其实就是一系列“自由权项”，参与主体行为能力的发挥很大程度上受制于组织对产权行使空间的干预。也就是说，生产者基于自身禀赋和行为能力的经营行为，只有置于产权管制的视角下，才能真实地反映他们是如何以及为何会调整要素配置结构并改变生产布局的。

在农业生产中，产权管制也是约束种植结构调整和农业绩效的重要情景因素（Lin，1992；何一鸣和罗必良，2010）。根据张五常（2000）的说法，产权具有一系列内部结构，其结构的完整性决定了主体行使权能的自由空间。杨小凯和黄有光（1999）、张五常（2000）从农地产权的多维性入手，将其细分为农地使用权、收益权和处置权。与之相对应，农地产权管制大致可以分为要素配置权管制（农地租赁、农业劳动力非农转移、农业雇工）、农地处置权管制（使用方式、农作物品种选择）以及产品处置权与收益权管制（限市、限价，如人民公社时期的统购派购制度取消了农民对农产品的自由售卖权）等。依据这一分类，产权管制约束下的农户不但缺乏与农地经营相关的农地配置自由和采纳社会化服务的机会，而且在选择农作物品种和调整种植结构方面也缺乏自由选择权。与此伴随的是，农产品的销售管制和价格管制，以及家庭劳动力流动的体制约束。国家或组织采用产权管制的方式干预农业生产，将形成巨大的产权公共领域，并导致产权租值的无谓耗散。其中，组织监督或命令传达的交易成本也是一项重要的效率损失。换句话说，由农地产权管制造成的价格信号失灵，不仅压缩了农业经营主体依据市场价格调整经营结构或配置要素的自由空间，也会在产权公共域和交易费用巨大的情形下约束农业分工和社会化服务市场等的发展，由此形成了一个“管制—低效率—管制”的“正反馈”农业发展困局。

农地产权管制放松则意味着，农户的要素配置权、农地处置权以及产品处置权与收益权都将得到强化。由此，他们依据自身禀赋和行为能力配置家庭生产要素以实现收益最大化的自由空间也是在同步扩大的①。此时，理性的农户在配置要素进行农业生产时，不仅会考虑农业生产的投入产出问题，也会在劳动力流动性增强和部门要素价格差异扩大的情形下考虑最小化农业生产的机会成本。具体来说，农业生产一般具有长周期性，但种植不同农作物所表达的周期性含义是不同的。如果农户种植的是水果或药材等经济作物，由于前期需要对基础设施进行较高的固定投入，加之该类型作物的生长周期较长，这会造成种植品种的专用性与资本套牢。如果再将学习生产技术、要素采购与产品销售的信息搜寻等投入考虑进来，调整种植结构将造成更多的沉淀成本无法收回，套牢的情形也会更加严重。相反，如果农户种植的是粮食作物（如水稻、玉米、小麦等），由于该类型农作物生长不存在跨年度的路径依赖问题，农户能够根据市场与要素价格的变化及时做出适应性调整，并不会形成明显的资本套牢现象。

此外，在家庭经营格局下，农业生产中可支配的劳动力也存在刚性约束的风险。一旦农地经营规模突破家庭劳动力的预算约束，雇工经营就成为必然。但正如本节所述，不同的农作物在经营中的可套牢程度是不同的，而且不同农作物在生产过程中的雇工所隐含的劳动监督成本也是不同的。相对来说，经济作物种植尤其具有劳动密集、劳动质量难以考核的特点，而生产粮食作物的劳动消耗主要集中在整地、插播与收割等环节，并易于采用机械作业，劳动监督成本相对较低，这决定了粮食作物的生产在农业分工上更具优势（仇童伟和罗必良，2017）。一旦非农就业机会的增加以及非农就业工资率超过农业劳动力生产率，

① 这里假定农户的偏好同质，而且他们在择业和农作物品种选择方面仅考虑利润最大化问题。

农户必然会在劳动力非农转移的过程中最小化农业劳动投入，同时也会尽量避免在农业生产中形成结构性套牢。随着农村劳动力非农转移与农业用工成本的上升，农户在经营农业时不仅需要考虑家庭劳动力投入的机会成本，也需要通过雇工或参与农业分工来提高家庭的要素配置效率。因此，作为理性决策者的农户，一方面会选择以机械替代劳动，另一方面也会选择种植更易于进行分工的农作物。特别是在农业分工与社会化服务成为一种大趋势的背景下（向国成和韩绍凤，2007），农户在种植结构的调整中转向“趋粮化”具有必然性。

20.2.2　机理分析

农业绩效是由要素的生产效率和配置效率共同决定的，农地产权通过影响生产要素的配置而影响农业绩效（李宁等，2017）。为了从新古典假设来探讨要素配置与种植结构调整的关系，并过渡到在不同产权管制状态下对种植结构进行比较静态分析，下文将首先构建农户生产决策的理论模型，探讨要素配置与种植结构调整之间的关系，然后分析不同产权管制情形下的种植结构格局，并由此揭示农地产权与要素配置的内在关联。

1. 农户要素配置、“非粮化”行为及其转换

一个基本的推断是，在封闭或要素流动性不足的农业经营环境中，充裕的农业劳动力和发育滞后的农业社会化服务，会促使农地转入户在提高农业劳动力使用程度和追求利润最大化的过程中，扩大经济作物的种植规模，从而引发种植结构“非粮化”。但当农地转入规模超越农业劳动力的刚性约束后，种植结构“非粮化”将趋缓，这与2004年之后粮食生产回暖现象一致。如果该推断成立，那么就可以认为，种植结构“非粮化”具有情境依赖性，情境及约束条件的变化将诱致农业种植结构的进一步转换。

要强调的是，我们将农地流转与劳动力非农转移视为要素配置的两个相互关联的问题。假定农户的农地经营规模与农业劳动力投入具有匹配性，那么，一旦农户转入农地达到一定阈值，或者农户劳动力非农转移达到一定阈值，农户农业经营均会面临劳动力刚性约束问题。

1）初始的农户决策模型

农户如何进行农产品的生产决策，类似于新古典经济学中的鲁滨逊模型。假定农户的生产决策满足瓦尔拉斯条件（杨小凯和黄有光，1999）。为克服新古典经济学无法解决角点解的不足，我们借鉴杨小凯（2003）的超边际分析工具，由此构建基于分工与一般均衡的新兴古典经济学框架。

假定农业部门中有 M 个农户，他们生产和消费两种农产品，即粮食作物（x）和经济作物（y）。农户的生产决策包括：一是同时种植两种农作物；二是专业化种植一种农作物。

考虑到农产品的生产既要投入劳动，又要投入土地，粮食作物和经济作物的生产函数可分别设置为

$$x^p = x + x^s = (\theta l_x - a)(ts_x - A)$$

$$y^p = y + y^s = (\theta l_y - b)(ts_y - B)$$

其中，x^p 和 y^p 分别表示经济作物和粮食作物的产量，且农户自己消费的农产品量满足 $x, y \geqslant 0$，市场供给量满足 $x^s, y^s \geqslant 0$；l_x 和 l_y 分别表示农户用于生产粮食作物和经济作物的劳动；s_x 和 s_y 分别表示用来种植粮食作物和经济作物的土地规模；θ 表示劳动利用效率；a 和 b 分别表示农户种植经济作物和粮食作物的技能学习和配置劳动时间等的成本；t 表示土地利用效率；A 和 B 表示种植两种农作物的土地成本（包括地租、由合约不稳定性带来的交易成本等）。

农户的土地规模约束为

$$s_x + s_y = s_0$$

农户的劳动禀赋约束为

$$l_x + l_y = 1$$

农户的效用函数设置为

$$U = (x + kx^d)(y + ky^d)$$

其中，x^d 和 y^d 分别表示农户对粮食作物和经济作物的需求量；k 表示交易效率系数，即扣除交易中损失的物品后，农户的有效购买量为 kx^d 和 ky^d。

2）种植结构“非粮化”的行为分析

在农户土地禀赋达到能够满足家庭成员口粮需求的规模之前，农户的土地经营行为是很难以商业化（即利润最大化）为基本导向的。当农户转入土地后，土地经营规模的扩大使得经营目标跨过了满足基本口粮的种植需求。考虑到小规模的土地转入规模并不会超越家庭农业劳动力的刚性约束，此时农户的种植决策将以提高劳动生产率和土地产出率，进而实现经营利润最大化为基本目标。如此一来，农户将在种植粮食作物和经济作物上选择劳动和土地的配置规模，并由此形成家庭内部的自然分工。此时，农户效用最大化的目标函数可表示为

$$\max U = xy$$

其约束条件为

$$x=(\theta l_x-a)(ts_x-A)$$
$$y=(\theta l_y-b)(ts_y-B)$$
$$s_x+s_y=s_0$$
$$l_x+l_y=1$$

由目标函数和约束条件可解得

$$l_x=\frac{\theta+a-b}{2\theta},\ l_y=\frac{\theta-a+b}{2\theta}$$
$$s_x=\frac{ts_0+A-B}{2t},\ s_y=\frac{ts_0-A+B}{2t}$$
$$U_{xy}=\frac{(\theta-a-b)^2(ts_0-A-B)^2}{16}$$

若假定单位经济作物的市场价格高于粮食作物，那么在单位土地产量不变的前提下，单位土地上经济作物的总收益要高于粮食作物的总收益。由此，在相同的土地租赁成本下，种植粮食作物的机会成本要明显高于种植经济作物，即 $A>B$。即小农租入土地后，种植粮食作物的相对收益比种植经济作物低。通过粮食作物种植规模 s_x 对土地利用效率 t 求导可得

$$\frac{\mathrm{d}s_x}{\mathrm{d}t}=\frac{B-A}{2t^2}$$

由于 $A>B$，$\frac{\mathrm{d}s_x}{\mathrm{d}t}<0$。其经济学含义是，粮食作物的种植比例将随土地利用效率的增加而减少。换言之，为提高土地利用效率，降低家庭农业劳动力的闲置率，农户将选择生长周期较短，更便于进行轮作或套种的农作物，这显然不利于生长周期相对较长的粮食作物的种植。

同时，与种植生长周期较短且劳动投入密度较大的经济作物相比，种植粮食作物的劳动效率较低，即 $a>b$。通过 l_x 对劳动利用效率 θ 求导可得

$$\frac{\mathrm{d}l_x}{\mathrm{d}\theta}=\frac{b-a}{2\theta^2}$$

由于 $a>b$，$\frac{\mathrm{d}l_x}{\mathrm{d}\theta}<0$。其经济学含义是，种植粮食作物的劳动投入将随着劳动利用效率的增加而减少。换言之，为了提高家庭劳动利用效率，增加劳动使用频率，实现劳动生产率的最大化，农户将选择把更多的劳动投入种植劳动需求程度更高的经济作物中。

上述分析表明，农户转入土地后，经营目的的转变会使得他们更加注重提高劳动生产率和土地产出率。而经济作物较粮食作物具有的更高的经济价值、更加密集的劳动需求等特征，会提高家庭劳动力的使用程度和土地利用效率，并由此

造成种植结构的“非粮化”。可见，在不考虑要素流动的封闭情境下，农户仅在种植经济作物和粮食作物之间选择配置劳动和土地要素时，进行农地转入的农户将提高经济作物的种植比例。

3）农户种植结构调整及其转换

假定农业部门与非农部门存在工资差异，且前者明显低于后者，那么农业劳动力的非农转移将成为必然趋势。在此情境下，土地经营规模 s_0 的扩大一方面会使得农户的农业劳动力刚性约束持续增加，另一方面将促使农户购买社会化服务以释放家庭劳动力，于是，农户的种植行为将走向横向专业化。

假定 p_x 和 p_y 分别为粮食作物和经济作物的市场价格，且农户生产决策满足供需平衡，那么农户的预算约束可表示为

$$p_x x^s + p_y y^s = p_x x^d + p_y y^d$$

首先，考察农户专业化种植粮食作物 (x/y)，用于自己消费并销售，并购入经济作物用于消费 $(x, x^s, y^d, l_x > 0)$。此时，农户效用最大化的目标函数可表示为

$$\max U = kxy^d$$

其约束条件为

$$x + x^s = (\theta l_x - a)(ts_x - A),\ s_x = s_0,\ l_x = 1,\ p_x x^s = p_y y^d$$

将约束条件代入目标函数，并由一阶条件 $\frac{\mathrm{d}U}{\mathrm{d}x^s} = 0$ 可得

$$x = x^s = \frac{(\theta - a)(ts_0 - A)}{2},\ y^d = \frac{p_x}{p_y}\frac{(\theta - a)(ts_0 - A)}{2}$$

从而有

$$U_{x/y} = k\frac{p_x}{p_y}\frac{(\theta - a)^2 (ts_0 - A)^2}{4}$$

其次，同理可推出专业化种植经济作物 (y/x) 的效用为

$$U_{y/x} = k\frac{p_y}{p_x}\frac{(\theta - b)^2 (ts_0 - B)^2}{4}$$

由 $U_{x/y} = U_{y/x}$ 可知，当粮食作物和经济作物的相对价格满足 $\frac{p_x}{p_y} = \frac{(\theta - b)(ts_0 - B)}{(\theta - a)(ts_0 - A)}$ 时，农户专业化生产粮食作物的效用为

$$U_{x/y} = \frac{k(\theta - a)(\theta - b)(ts_0 - A)(ts_0 - B)}{4}$$

根据分工出现的条件，即专业化种植的效用大于多样化种植的效用，可得农户从多样化种植走向专业化种植需要跨越的“门槛”为

$$k_0=\frac{(\theta-a-b)^2(ts_0-A-B)^2}{4(\theta-a)(\theta-b)(ts_0-A)(ts_0-B)}$$

即必须满足交易效率 $k>k_0$。而由 $\frac{\partial k_0}{\partial s_0}>0$、$\frac{\partial k_0}{\partial t}>0$ 和 $\frac{\partial k_0}{\partial \theta}>0$ 可知，随着交易效率的改善，通过生产环节服务外包提高劳动利用效率，通过机械替代劳动提高土地利用效率等方式，均会使得扩大土地经营规模的农户倾向于专业化种植。至于哪种作物会被专业化种植，取决于交易效率改善带来的经济效益与农作物价格的比较①。当然，如果将分析情境置于封闭的农业部门，且无农业社会化分工，那么 $k<k_0$ 会造成种植结构的多样化，且农户更倾向于种植经济价值更高的经济作物，由此势必造成种植结构的“非粮化”。反之则呈现“趋粮化”行为。

2. 无产权管制与种植结构调整

新古典经济学中的供需理论假设产权完全且不减弱，以及交易费用为零。为此，图 20-1（a）和图 20-1（b）中也假设农地产权界定完全且不存在交易费用，同时假定粮食作物生产和经济作物生产不存在技术异质性。图 20-1（a）中，Q^* 表示农户承包地总规模；P_1 和 P_2 分别为单位粮食作物和经济作物的价格；L_1 和 L_2 分别表示务农劳动力和外出务工劳动力；$L_1/(L_1+L_2)$ 表示务农劳动力比重。如果在劳动力转移过程中，始终有 $P_1>C_1$ 和 $P_2>C_2$（C_1 和 C_2 分别为种植粮食作物和经济作物的单位成本），那么，随着外出务工劳动力比重的提高，种植劳动投入高的经济作物的机会成本将不断增加，此时粮食作物和经济作物种植规模的变化趋势分别为 Q_1 和 Q_2。需要指出的是，在家庭农业劳动力较多的情况下，种植经济作物较高的劳动需求所引致的机会成本问题，在这里可以忽略；相反，劳动力转移规模的扩大则会提高农业生产中劳动投入的机会成本。正是考虑到这点，当 $P_1<C_1$ 和 $P_2<C_2$ 时，Q_1' 和 Q_2' 将同时趋向于 0（Q_1' 和 Q_2' 分别表示粮食作物和经济作物的种植规模）。此时，种植粮食作物和经济作物的成本已超过预期收益，农户的最优决策是粮食作物和经济作物的种植规模均为 0（即“弃耕”）。

---

① 关于交易效率改善引致的农业社会化服务发展，以及由此引发的种植结构调整问题，将在后续章节做进一步分析。本节重点考察种植结构“非粮化”的情境约束及形成机制。

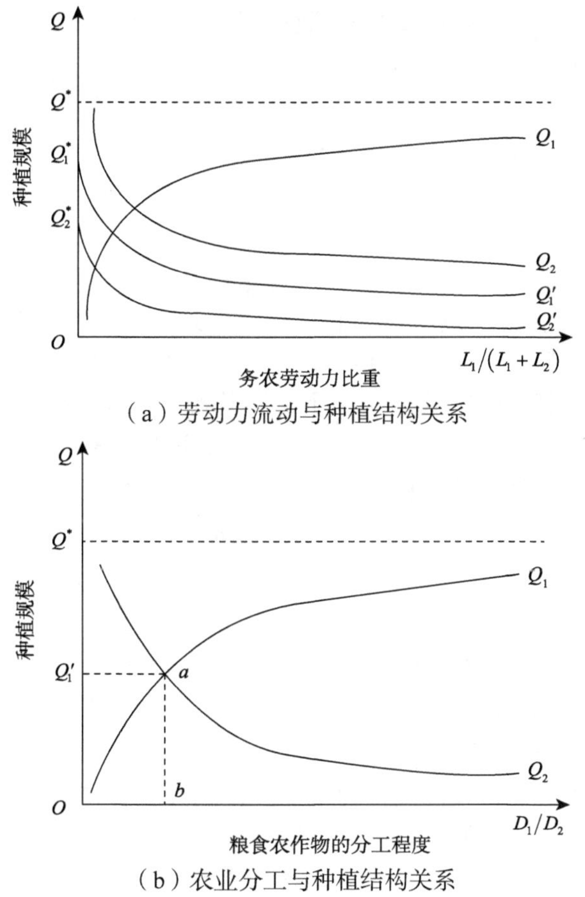

图 20-1　劳动力流动与种植结构关系及农业分工与种植结构关系

图 20-1（b）分析了农业分工对种植结构的影响，其中，D_1 和 D_2 分别表示粮食作物和经济作物生产环节的分工程度，D_1/D_2 表示粮食作物与经济作物的分工程度比。

在产权完全且不减弱的情形下，农业生产要素配置将按照分工进行，而农业生产环节的可分工程度则决定了要素的替代弹性。假定两种农产品的市场预期稳定，且仅考虑分工经济带来的规模效益。在不考虑农业生产机会成本大于预期收益的情况下，随着粮食生产环节分工程度的提高（显著快于经济作物），曲线 Q_1 和 Q_2 的变化趋势意味着农业生产中粮食作物的比重将越来越大。值得注意的是，在 Ob 区间内，$Q_2 > Q_1$，此时粮食作物由分工经济带来的收益还不足以抵消经济作物的价格优势。而且，如果农业劳动力长期滞留在农业部门，那么，b 点将向右边平移。其原因是，一方面，农业劳动力闲置会降低农业生产的机会成本；另一方面，农业生产中劳动力就业需求也会降低机械对劳动的替代率。这样，生产

曲线 Q_1 斜率将下降，Q_2 斜率将增加。数据表明①，2010~2015 年，三种粮食亩均用工量为 6.30 个工日，花生、油菜籽和棉花每亩用工量分别为 9.20 个、7.75 个和 19.54 个工日，而且经济作物的生产环节大多难以参与分工，也就容易导致曲线 Q_2 斜率的下降，即经济作物种植规模将加速下降。

3. 农地产权管制与种植结构调整

图 20-2 描述了农地产权管制和管制放松时农户调整种植结构的过程。首先，考察产权管制下的种植结构。假设：①农地产权管制决定了农户只能种植粮食作物或经济作物；②粮食作物生产和经济作物生产不存在技术异质性。如果不考虑由产权管制风险造成的市场不稳定状态，Q_1 和 Q_2 仅由 P_1-C_1 与 P_2-C_2 决定。当 $(P_1-C_1)/(P_2-C_2)>1$ 时，$Q_1=Q^*$，即农户将承包地全部用于种植粮食作物。如果考虑产权管制造成的产品市场风险 r_1 和 r_2（r_1 表示粮食作物产品市场风险，r_2 表示经济作物产品市场风险），那么，两类农作物产品价格比为 $(1-r_1)(P_1-C_1)/(1-r_2)(P_2-C_2)$。在这种情况下，如果经济作物的管制风险大于粮食作物，那么，Q_1 和 Q_2 将分别变为 Q_1' 和 Q_2'，即农户在 a 点之后就会将承包地全部用于种植粮食作物；如果粮食作物的产品市场风险大于经济作物，那么，Q_1 和 Q_2 将分别变为 Q_1'' 和 Q_2''，即农户在 e 点之后将承包地全部用于种植粮食作物。在 ab、cd 和 ef 三条虚线上，有 $(1-r_1)(P_1-C_1)=(1-r_2)(P_2-C_2)$，即经济作物和粮食作物的预期净收益相等，此时种植经济作物和粮食作物对农户的经营收益是无差异的。其实，从中国的经验可知，管制风险与农产品价格（受限制的农产品市场）是具有政策依赖性的。在 1978~1984 年、1985~1993 年和 1994~2003 年，粮食产品价格具有保护价的性质，但经济作物种植不仅受到粮食征购量和订购量的约束，其价格也被粮食产品挤压，并受到来自政策层面的“歧视”，形成了较大的价格管制风险。尤其是在 1978~1984 年，粮食作物更是占据了种植结构的主导地位。可以这样说，1978~1993 年国家对种植经济作物的管制较强，1993 年之后对种植经济作物的管制才逐渐放松。

其次，假定农地产权管制的约束放松，即农户可以自由选择种植粮食作物和经济作物，或在农业和非农行业配置资源，上述假设②仍成立。情形 1：如果 $P_1<C_1$ 和 $P_2<C_2$，农户的最优种植结构为 $Q_1=Q_2=0$，即家庭劳动力全部非农转移。情形 2：如果 $P_1>C_1$ 和 $P_2>C_2$，那么农户的最优种植结构取决于 P_1-C_1 与

① 参见《全国农产品成本收益资料汇编 2016》。

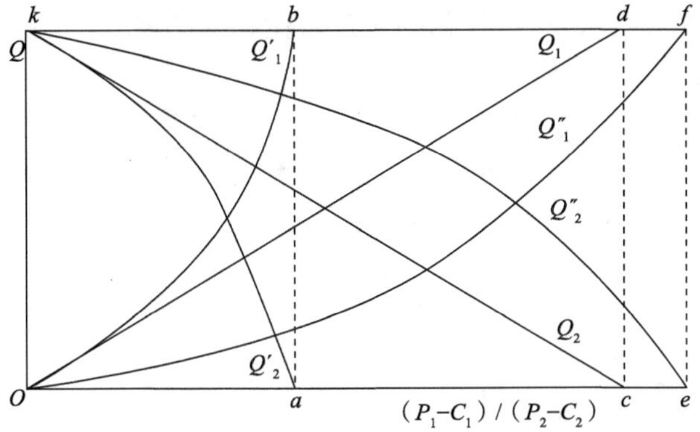

图 20-2　产权管制与管制放松下农作物产品净收益与种植结构

P_2-C_2的比值。图 20-2 中，*Od* 和 *kc* 曲线表示，在不考虑农产品市场风险时粮食作物种植规模和经济作物种植规模的关系。当$(P_1-C_1)/(P_2-C_2)>1$时，$Q_1=Q^*$（Q^*表示农地禀赋，图 20-2 中并未给出）。如果考虑农产品市场风险，农户的生产决策将取决于$(1-r_1)(P_1-C_1)$与$(1-r_2)(P_2-C_2)$的比值。但如果粮食作物产品的预期价格不稳定，即$r_1>r_2$，那么，*Od* 曲线将转变为 *Ob* 曲线。而且，产权管制放松提高了劳动力的流动性，使得C_1和C_2不再只是生产成本，而更多地体现为农业生产的机会成本。因此，在农业部门与非农部门中单位劳动力价格差距不断扩大的前提下，*cd* 曲线会向左平移。这样一来，种植结构也越可能被粮食作物主导。

20.3　实 证 分 析

20.3.1　数据来源与样本描述

数据来源于“农村土地与相关要素市场培育与改革研究”项目专项农户问卷（NSFC-71333004-2015）的 2 704 个样本农户数据。

表 20-1 汇报了样本的基本特征。在个体特征方面（主要分析受访者特征），男性占 63.72%，年龄在 26~65 岁的占 75.63%；从事兼业或非农务工的比例为 67.46%，有非农就业经历的占 59.10%；受教育程度为初中及以下的占 72.15%，说明当前农村居民整体受教育水平不高。在家庭特征方面，家庭人口数在 4 人及以上的农户占比为 72.34%，家庭中有老人或小孩的农户占比为 58.36%；家庭年收入在 5 万元以下的农户占比达到 76.29%；在农作物种植方面，种植粮食作物的

农户占比为 77.22%，种植经济作物的农户占比为 36.61%。

表 20-1　样本基本特征

个体特征	选项	人数/人	比例	家庭特征	选项	户数/户	比例
受访者性别	男	1 723	63.72%	家庭规模	1 人	32	1.18%
	女	981	36.28%		2 人	220	8.14%
受访者年龄	25 岁及以下	472	17.46%		3 人	496	18.34%
	26~35 岁	381	14.09%		4 人	789	29.18%
	36~45 岁	583	21.56%		4 人以上	1 167	43.16%
	46~55 岁	673	24.89%	家庭成员结构	无小孩及老人	1 126	41.64%
	56~65 岁	408	15.09%		有小孩或老人	1 578	58.36%
	65 岁以上	187	6.92%	家庭年收入水平	1 万元以下	385	14.24%
受访者职业	农业	880	32.54%		1 万~3 万元	963	35.61%
	兼业	1 071	39.61%		3 万~5 万元	715	26.44%
	非农业	753	27.85%		5 万~10 万元	448	16.57%
受访者受教育程度	小学及以下	880	32.54%		10 万元以上	193	7.14%
	初中	1 071	39.61%	家庭是否种植粮食作物	是	2 088	77.22%
	高中	412	15.24%		否	616	22.78%
	高中以上	341	12.61%	家庭是否种植经济作物	是	990	36.61%
受访者是否有非农就业经历	是	1 598	59.10%		否	1 714	63.39%
	否	1 106	40.90%	—	—	—	—

注：小孩是指年龄在 16 岁以下的家庭成员，老人是指年龄在 70 岁以上的家庭成员；受教育程度的各选项中均包含在该阶段肄业

20.3.2　计量分析 1：农地流转与农户种粮行为

1. 农地流转与种植结构：描述性证据

鉴于粮食品种的多样性，为了保证实证结果的一致性，且考虑到 9 个样本省（自治区）有 8 个省（自治区）均有水稻种植（山西省除外），故采用水稻播种面积及其占农作物播种面积的比例来刻画农户的粮食种植行为。

表 20-2 汇报了不同农地转入规模农户的种植结构状况。初步发现：①与未流转农户相比，转入农地的农户具有更高的可能性种植粮食作物和经济作物，但随着农地转入规模的增加，种植经济作物的农户比例总体呈下降趋势，尤以 8 亩以

上的降幅最大；②随着农地转入规模的增加，农户的粮食播种面积不断提高，转入规模大于 8 亩的农户的粮食播种面积出现大幅提高。与之相对应的是，此时的粮食播种面积占比也达到了最高水平。这表明，小规模农地转入户更倾向于种植经济作物，表现出种植结构的“非粮化”。

表 20-2　农地转入与农户种植结构

变量	总样本	未转入	农地转入规模/亩				
			（0，2）	[2，4）	[4，6）	[6，8）	≥8
样本量	2 704	2 378	64	95	46	25	96
种植粮食作物农户比例	0.772	0.842	0.922	0.905	0.913	0.880	0.875
种植经济作物农户比例	0.366	0.375	0.625	0.505	0.565	0.560	0.385
粮食播种面积/亩	8.179	5.625	2.270	3.623	5.704	7.340	84.354
粮食播种面积占比	0.711	0.783	0.616	0.614	0.605	0.681	0.706

注：粮食播种面积是指水稻播种面积，粮食播种面积占比是指水稻种植面积占农作物播种面积的比例

2. 变量与计量模型选择

1）变量说明

（1）因变量。包括是否种植经济作物和经济作物播种面积占比。

（2）主要自变量。主要包括未转入农地、较小转入规模、较大转入规模三类虚拟变量，以及农业劳动力占比和农机服务使用程度。考虑到农地流转中存在无流转、农地转入规模较大和较小等情形，这些区分有助于识别不同转入规模农户的行为差异，并与理论模型相对应。为此，以样本农户中农地转入规模的中位数为界限，区分了较小转入规模和较大转入规模两类农户①，并与未转入农地的农户共同组成三类分析样本。此外，识别了农户家庭的农业劳动力占比和农机服务使用程度，一方面表征劳动力约束程度；另一方面表征农户参与社会分工的水平②。

（3）其余控制变量。控制了家庭老年人口占比、水田占比、村庄粮食作物种植状况、村庄经济作物种植状况、土地肥力、村庄灌溉条件、村庄经济水平、村庄位置及地形。需要说明的是，表 20-3 中的土地肥力、村庄灌溉条件、村庄经济水平、村庄地形均为分类变量，而非连续变量，故以虚拟变量的形式将它们引入模型估计中。此外，为控制区域等其他无法观测的因素的影响，设

① 鉴于样本中存在少数转入规模的奇异值，故选择农地转入规模的中位数（3.8 亩）作为转入规模大小的分类标准，以保证不同类型农户样本量的均衡和估计结果的稳健性。

② 样本农户的问卷数据表明，在水稻的整地和收割环节，分别有 31.66%和 60.43%的农户雇用了农机作业，而水稻生产中完全没采用农机外包作业的农户占比仅为 10.75%。因此，可以将农业机械的使用水平表达为农户进行生产性服务外包或参与分工的水平。

置了省（自治区）的区域虚拟变量。

表 20-3　变量选择和说明

变量	变量说明	均值	标准差
是否种植经济作物	种植经济作物=1；未种植经济作物=0	0.366	0.482
经济作物播种面积占比	经济作物播种面积占家庭总播种面积的比例	0.229	0.280
未转入农地	未转入农地=1；其他=0	0.879	0.326
较小转入规模	农地转入规模小于等于中位数=1；其他=0	0.059	0.235
较大转入规模	农地转入规模大于中位数=1；其他=0	0.062	0.241
农业劳动力占比	纯务农劳动力占家庭劳动力的比例	0.336	0.333
农机服务使用程度	粮食生产各环节使用机械的程度（赋值 0~5）	2.601	1.034
家庭老年人口占比	家庭 70 岁以上人口占总人口的比例	0.056	0.149
水田占比	水田面积占家庭承包地面积的比例	0.501	0.432
村庄位置	村庄距最近镇中心的距离/千米	5.699	6.031
村庄粮食作物种植状况	村庄其他种植粮食作物的农户占比	0.856	0.222
村庄经济作物种植状况	村庄其他种植经济作物的农户占比	0.357	0.360
土地肥力	很好=5；较好=4；一般=3；较差=2；很差=1	2.732	0.856
村庄灌溉条件	很好=5；较好=4；一般=3；较差=2；很差=1	2.919	1.049
村庄经济水平	很低=5；相对低=4；中游=3；比较高=2；很高=1	3.035	0.772
村庄地形	平原=3；丘陵=2；山区=1	2.120	0.816
区域虚拟变量	各省（自治区）虚拟变量	NA	NA

2）模型选择与说明

（1）基础模型。为考察农地流转以及其他要素约束对农业种植结构的影响，需分析不同情境下农地转入的差异化影响，这决定了模型估计中需引入交互项。首先设立一个独立的估计方程，基本表达式如下：

$$y_i = a_0 + a_1 \text{landrentin}_{2i} + a_2 \text{landrentin}_{3i} + \sum_{n=1} b_n z_{ni} + \varepsilon_i$$

其中，y_i 表示第 i 个农户的农业种植结构，采用是否种植经济作物和经济作物播种面积占比共同表征；landrentin_{2i} 和 landrentin_{3i} 分别表示“较大转入规模”和“较小转入规模”的虚拟变量，并以“未转入农地”作为参照组；z_{ni} 表示控制变量，包括家庭人口、土地、村庄经济与自然特征等变量；a_0 表示常数项；a_1、a_2 和 b_n 表示待估计系数；ε_i 表示误差项。

（2）引入交互项的模型。为进一步考察农地转入诱发种植结构“非粮化”的情境依赖特征，在上式基础上引入“较小转入规模”和“较大转入规模”变量分别与“农业劳动力占比”或“农机服务使用程度”变量的交互项，估计模型为

$$y_i = a_0 + a_1\text{landrentin}_{2i} + a_2\text{landrentin}_{3i} + a_3\text{restrict}_i + a_4\text{landrentin}_{2i} \times \text{restrict}_i + a_5\text{landrentin}_{3i} \times \text{restrict}_i + \sum_{n=1} b_n z_{ni} + \varepsilon_i$$

其中，restrict_i 表示种植结构“非粮化”的约束条件，采用农业劳动力占比和农机服务使用程度共同表征；$\text{landrentin}_{2i} \times \text{restrict}_i$ 和 $\text{landrentin}_{3i} \times \text{restrict}_i$ 为“较小转入规模”和“较大转入规模”变量与“农业劳动力占比”或“农机服务使用程度”变量的交互项。考虑到两个估计模型中的因变量分别为是否种植经济作物和经济作物播种面积占比，前者为二元变量，后者为连续变量，故分别采用 Probit 和 OLS 两种估计方法进行估计。

3. 实证结果及分析

1）农地转入对种植结构的影响

表 20-4 汇报了农地转入影响种植结构的模型估计结果。其中，估计 1 和估计 3 为未引入控制变量的模型估计结果，估计 2 和估计 4 为引入控制变量的模型估计结果。

表 20-4　农地转入对种植结构的影响

变量	因变量：是否种植经济作物		因变量：经济作物播种面积占比	
	估计 1	估计 2	估计 3	估计 4
农地转入规模（以“未转入农地”为参照组）				
较小转入规模	0.528***（0.103）	0.458***（0.123）	0.178***（0.032）	0.057**（0.024）
较大转入规模	0.296***（0.101）	0.440***（0.116）	0.120***（0.038）	0.046**（0.019）
家庭老年人口占比	—	−0.108（0.207）	—	−0.067*（0.040）
水田占比	—	0.011（0.081）	—	−0.637***（0.034）
村庄位置	—	−0.002（0.005）	—	0.001（0.033）
村庄粮食作物种植状况	—	−0.161（0.115）	—	−0.021（0.024）
村庄经济作物种植状况	—	2.273***（0.088）	—	0.109***（0.016）
土地肥力（以“很差”为参照组）				
较差	—	0.080（0.132）	—	0.052*（0.031）
一般	—	−0.139（0.132）	—	0.056*（0.030）
较好	—	−0.013（0.160）	—	0.080**（0.035）
很好	—	0.121（0.226）	—	0.036（0.048）
村庄灌溉条件（以“很差”为参照组）				
较差	—	−0.206（0.132）	—	0.035（0.027）
一般	—	−0.215*（0.134）	—	0.018（0.026）
较好	—	−0.221（0.148）	—	0.045（0.030）
很好	—	−0.241（0.169）	—	0.036（0.033）
村庄经济水平（以“很高”为参照组）				
比较高	—	−0.135（0.198）	—	0.020（0.023）

续表

变量	因变量：是否种植经济作物		因变量：经济作物播种面积占比	
	估计 1	估计 2	估计 3	估计 4
村庄经济水平（以“很高”为参照组）				
中游	—	−0.177（0.190）	—	0.014（0.021）
相对低	—	−0.152（0.200）	—	0.019（0.025）
很低	—	−0.249（0.234）	—	0.036（0.030）
村庄地形（以“山区”为参照组）				
丘陵	—	0.042（0.087）	—	0.025*（0.013）
平原	—	−0.110（0.093）	—	−0.003（0.018）
区域虚拟变量	未控制	控制	未控制	控制
常数项	−0.394***（0.026）	−0.747***（0.261）	0.207***（0.008）	0.605***（0.053）
观测值	2 704	2 704	1 256	1 256
VIF	1.00	3.09	1.01	2.96
伪对数似然值	−1 759.609	−1 239.727	—	—
Pseudo R^2	0.009	0.302	—	—
R^2	—	—	0.038	0.608
F-value	—	—	19.48***	96.13***

*、**和***分别表示 0.1、0.05 和 0.01 的显著水平

注：括号中是稳健标准误；VIF 为 variance inflation factor，即膨胀系数

估计 1 和估计 2 汇报了农地转入影响农户是否种植经济作物的模型估计，估计 3 和估计 4 汇报了农地转入影响经济作物播种面积占比的模型估计。估计结果具有一致性，即与未转入农地的农户相比，农地转入均会强化农户种植经济作物的概率从而表现为“非粮化”特征。正如理论分析所述，如果农户的农地转入不受家庭农业劳动力的刚性约束，那么，为提高农业劳动力利用率和土地生产率，往往会选择经济价值更高和劳动需求更密集的经济作物。进一步的比较可以发现，较大转入规模的农户相比于较小转入规模的农户，其种植经济作物的倾向有减弱的趋势。从而表明，随着农地转入规模的增加，农户可支配的农业劳动力将出现刚性约束，这显然不利于农户种植经济作物。可见，种植结构“非粮化”是在特定的小规模经营格局下才更为显著，从而具有情境依赖特征。

在控制变量的影响方面，家庭老年人口占比越高，将越难以满足种植经济作物需要的密集型劳动投入，农户会降低经济作物播种面积占比；水田占比越高，因其资产专用性而越不利于经济作物的种植；村庄其他农户种植经济作物的比例越高，表明种植经济作物的技术扩散程度越高，农户进入种植的技术门槛越低，也越可能激励农户种植经济作物；土地肥力越好越有利于经济作物的种植；与处于山地和平原地区的农户相比，处于丘陵地区的农户更可能种植经济作物。其余控制变量的影响不显著。

2）农地转入影响种植结构的约束条件分析

在检验了农地转入对种植结构的独立影响后，需要进一步考察理论部分所述的种植结构“非粮化”的情境依赖特征，即在农业劳动力充裕和缺乏社会化服务的情形下，转入农地的农户将如何调整种植结构。为此，表 20-5 汇报了引入不同农地转入规模的虚拟变量与农业劳动力占比和农机服务使用程度变量交互项的模型估计结果。

表 20-5　农地转入影响种植结构的约束机制分析

变量	因变量：是否种植经济作物				因变量：经济作物播种面积占比			
	估计 5	估计 6	估计 7	估计 8	估计 9	估计 10	估计 11	估计 12
未转入农地	—	—	−0.025 （0.199）	−0.252 （0.306）	—	—	0.001 （0.034）	−0.163*** （0.060）
较小转入规模	0.025 （0.199）	0.252 （0.049）	—	—	−0.001 （0.034）	0.163*** （0.060）	—	—
较大转入规模	0.454** （0.195）	0.692* （0.388）	0.429 （0.270）	0.440 （0.473）	0.038 （0.038）	0.039 （0.054）	0.039 （0.045）	−0.123 （0.077）
农业劳动力占比	0.308*** （0.095）	—	1.435*** （0.358）	—	0.155** （0.076）	—	0.175** （0.074）	—
农机服务使用程度	—	0.049 （0.038）	—	0.064 （0.114）	—	−0.003 （0.006）	—	−0.047** （0.024）
未转入农地×农业劳动力占比	—	—	−1.127*** （0.370）	—	—	—	−0.155** （0.076）	—
较小转入规模×农业劳动力占比	1.127*** （0.370）	—	—	—	0.155** （0.076）	—	—	—
较大转入规模×农业劳动力占比	−0.098 （0.334）	—	−1.225*** （0.478）	—	0.013 （0.053）	—	−0.142* （0.089）	—
未转入农地×农机服务使用程度	—	—	—	−0.015 （0.119）	—	—	—	0.044* （0.025）
较小转入规模×农机服务使用程度	—	0.015 （0.119）	—	—	—	0.044* （0.025）	—	—
较大转入规模×农机服务使用程度	—	−0.155 （0.127）	—	−0.170 （0.167）	—	0.003 （0.016）	—	0.047* （0.028）
控制变量	控制	控制	控制	控制	控制	控制	控制	控制
常数项	−0.825*** （0.262）	−0.440 （0.330）	−0.801*** （0.322）	−0.188 （0.434）	0.597*** （0.053）	0.634*** （0.054）	0.596*** （0.063）	0.797*** （0.073）
观测值	2 704	2 088	2 704	2 088	1 256	1 247	1 256	1 247
VIF	3.12	3.85	4.43	5.24	3.01	3.84	4.13	5.29
伪对数似然值	−1 227.818	−932.998	−1 227.820	−932.998	—	—	—	—
Pseudo R^2	0.309	0.320	0.309	0.320	—	—	—	—
R^2	—	—	—	—	0.611	0.614	0.611	0.614
F-value	—	—	—	—	83.83***	90.02***	89.83***	90.02***

*、**和***分别表示 0.1、0.05 和 0.01 的显著水平

注：为节省篇幅，本表未汇报控制变量的估计结果。括号中为稳健标准误

观察表 20-5 可以发现以下几点。

首先，估计 5 和估计 9 以未转入农地的农户为参照组，考察了农业劳动力占比对农地转入的调节效应。结果显示，随着农业劳动力占比的提高，较小转入规模的农户更倾向于种植经济作物并会提高经济作物播种面积占比。这意味着，在家庭农业劳动力充裕的情形下，为提高劳动利用效率和土地产出率，较小转入规模的农户必然会扩大经济作物的种植规模，由此造成种植结构的“非粮化”。由此，农地转入诱导“非粮化”的一个重要前提是：不存在农业劳动力的刚性约束。这也是为什么较大转入规模的农户与未转入农地的农户相比，未表现出随着农业劳动力占比增加而扩大其经济作物种植规模的原因。

为比较不同转入规模的农户在调整种植结构上的行为差异，估计 7 和估计 11 在估计 5 和估计 9 的基础上，将参照组替换为较小转入规模的农户。结果显示，与较小转入规模的农户相比，随着农业劳动力占比的增加，较大转入规模的农户具有更小的激励去种植经济作物。其原因是，当农业劳动力的增加无法完全抵消经济作物规模种植扩大引致的劳动需求，较大转入规模的农户会选择减缓扩大经济作物规模的速度。很显然，对于较小规模转入的农户则不存在这个问题，一方面，其初始的农业劳动力并未得到充分使用，另一方面，农业劳动力规模的增加又会进一步降低其种植经济作物的劳动约束。这也再次说明，在农业劳动力充裕的情形下，较小转入规模的农户具有更大的动力进行“非粮化”生产。

其次，估计 6 和估计 10 以未转入农地的农户为参照组，考察了农机服务使用程度对农地转入的调节效应。结果显示，虽然在对是否种植经济作物的估计中，农地转入的影响不显著，但随着农机服务使用程度的提高，较小转入规模的农户会降低经济作物的播种面积占比。这表明，农业社会化服务的发展会使得农地转入规模较小农户进行“趋粮化”生产，从而也就意味着，在封闭且缺乏农业社会化服务的情境中，较小转入规模的农户会在不突破家庭农业劳动力约束的前提下，进一步提高经济作物播种面积占比。

估计 8 和估计 12 在估计 6 和估计 10 的基础上，将参照组替换为较小转入规模的农户，比较了较大转入规模农户与其的行为差异。结果表明，如果不存在劳动力约束，加之农机服务使用程度提高对劳动力的替代，那么较大转入规模的农户比较小转入规模的农户更有动力提高经济作物的播种面积占比。相反，如果社会化服务发育滞后，较大转入规模的农户必然面临农业劳动力的刚性约束，由此导致其比较小转入规模的农户具有更低的可能性去扩大经济作物的播种面积占比。

上述分析表明，种植结构“非粮化”主要出现在小规模农地转入户之中，并具有情境依赖特征。一旦情境发生变化，农地流转造成的“非粮化”现象也将随之发生转换。

20.3.3　计量分析 2：农地产权、要素配置与种植结构调整

与20.3.2小节一致，本节依然考察8个样本省（自治区）农户的水稻种植行为。

1. 变量选择

（1）因变量。包括是否种植粮食作物、是否种植经济作物、粮食播种面积占比和粮食亩产量。

（2）主要自变量。包括农地产权满意度、纯务农劳动力占比、兼业劳动力占比、粮食生产的劳动用工量和机械使用量。其中，农地产权满意度是依据农户对土地所有权、承包权和经营权落实的满意度来衡量的①。家庭劳动力可具体区分为纯务农劳动力、兼业劳动力和完全非农劳动力，但如果将这三个指标作为变量同时引入模型，必然产生共线性问题，故仅保留纯务农劳动力占比和兼业劳动力占比。此外，为了进一步阐明劳动投入和机械使用如何影响种植结构，识别了粮食生产劳动用工量和机械使用量（分为五个等级：很低=1；较低=2；一般=3；较高=4；很高=5），并将“一般”及以上水平赋值为1，低于“一般”水平赋值为0②。

（3）其余控制变量。除上述变量外，控制了农户的农地特征和流转行为以及村庄特征。对于不同的土地类型，其适合种植的作物和实现的比较收益也是不同的。当水田面积较大时，粮食作物尤其是水稻的种植可能更具优势。对于不同的农地流转行为，农户选择种植的农作物种类和目的也有所不同。不同位置、地形、交通状况以及经济水平的村庄，劳动力非农转移的难度、就业机会以及地势导致的耕作难度的不同，会造成种植结构的差异。此外，种植粮食作物的利润也是影响农户农作物选择的重要原因。我们利用《全国农产品成本收益资料汇编 2015》的数据，计算了各省（自治区）亩均粮食净利润及亩均水稻净利润来表征粮食生产收益。是否转入农地、是否转出农地、村庄地形、村庄交通状况和村庄经济水平均为分类变量，故本节将它们以哑变量的形式引入模型。变量定义与描述性统计见表 20-6。

表 20-6　变量定义与描述性统计

变量		定义	均值	标准差	样本量
因变量	是否种植粮食作物	种植了粮食作物=1；未种植粮食作物=0	0.772	0.419	2 704
	是否种植经济作物	种植了经济作物=1；未种植经济作物=0	0.366	0.482	2 704

① 本节用熵权法首先对三类农地产权落实满意度进行赋权，然后再加总。此外，将农户对土地所有权、承包权和经营权落实的满意度用均值进行处理，其结果与采用熵权法处理的结果无显著差异。

② 作者也尝试将 1~5 的等级变量作为连续变量引入模型估计，与引入哑变量的估计结果无显著差异。

续表

变量		定义	均值	标准差	样本量
因变量	粮食播种面积占比	水稻播种面积占当年总播种面积的比重	0.771	0.280	1 256
	粮食亩产量	每亩水稻产量/千克	496.818	144.922	1 256
主要自变量	农地产权满意度	农户对土地所有权、承包权和经营权满意度熵权值	0.696	0.100	2 704
	纯务农劳动力占比	家庭纯务农劳动力占总劳动力的比重	0.336	0.334	2 704
	兼业劳动力占比	家庭兼业劳动力占总劳动力的比重	0.286	0.338	2 704
	粮食生产劳动用工量	大于等于一般水平=1；小于一般水平=0	0.652	0.476	2 088
	粮食生产机械使用量	大于等于一般水平=1；小于一般水平=0	0.598	0.490	2 088
农地特征与流转行为	水田比重	当年实际经营水田面积占总经营面积的比重	0.471	0.436	2 388
	是否转入农地	转入农地=1；未转入农地=0	0.121	0.326	2 704
	是否转出农地	转出农地=1；未转出农地=0	0.227	0.419	2 704
村庄特征	村庄地形	平原=3；丘陵=2；山区=1	2.120	0.816	2 704
	村庄交通状况	很好=5；较好=4；一般=3；较差=2；很差=1	3.258	0.899	2 704
	村庄位置	村庄距最近镇中心的距离/千米	5.699	6.031	2 704
	村庄经济水平	很低=5；相对低=4；中游=3；比较高=2；很高=1	3.035	0.772	2 704
	粮食净利润	各省（自治区）主粮（谷物、小麦、玉米）每亩净利润/元	335.180	548.648	2 704
	水稻净利润	各省（自治区）水稻亩均净利润/元	347.577	385.310	1 256
	区域虚拟变量	各省（自治区）区域虚拟变量	—	—	2 704

注：在 2 704 个样本农户中，种植水稻的农户为 1 256 个；粮食生产的劳动用工量和机械使用量则是针对粮食种植户而言的，故样本为 2 088 个；水田比重是采用当年实际经营水田面积占总经营面积的比重计算的，当年未经营农地的农户不在样本范围内，故样本量为 2 388 个

2. 模型选择

本节旨在考察农地产权与要素配置对种植结构的影响，以及不同要素配置状况下农地产权作用的差异。因此，首先给出未引入交互项的独立方程，以估计农地产权和要素配置对种植结构的影响，然后引入农地产权与要素配置的交互项。未引入交互项模型的基本表达式如下：

$$Y_i = \alpha_0 + \alpha_1 \text{Landproperty}_i + \alpha_2 \text{Factor}_{1i} + \alpha_3 \text{Factor}_{2i} + \sum_{n=1} \alpha_n D_{ni} + \xi_i$$

因种植结构涉及农作物选择、种植面积及产量，式中的 Y_i 分别表示是否种植粮食或经济作物，以及粮食播种面积占比和粮食亩产量。其中，对粮食亩产量进

行取对数处理。i 表示第 i 个农户。Landproperty_i 表示农户的农地产权满意度。当 Y_i 表示是否种植粮食作物或经济作物时，Factor_{1i} 和 Factor_{2i} 分别表示纯务农劳动力占比和兼业劳动力占比；当 Y_i 表示粮食播种面积占比和粮食亩产量时，Factor_{1i} 和 Factor_{2i} 分别表示粮食生产劳动用工量和机械使用量。D_{ni} 表示第 i 个农户的农地特征、流转行为及其所处村庄的特征等控制变量。α_0 表示常数项。$\partial_1 \sim \partial_3, \partial_n$ 表示待估计系数。ξ_i 表示误差项。

引入交互项模型的基本表达式如下：

$$Y_i = \alpha_0 + \alpha_1 \text{Landproperty}_i + \alpha_2 \text{Factor}_i \times \text{Landproperty}_i + \sum_{n=1} \alpha_{3n} D_{ni} + \xi_i$$

其中，$\text{Factor}_i \times \text{Landproperty}_i$ 表示交互项。

3. 工具变量选取的说明

Jacoby 等（2002）认为，农户对农地产权的认知很可能被那些观测不到的生产行为强化，即农户的农地产权满意度存在内生性问题。Deininger 和 Jin（2009）认为，农户的农地产权认知与农地产权实施高度相关，而且农地产权实施要通过农户的农地产权认知才能影响他们的生产决策。从已有研究来看，农地产权实施涉及两方面：一是公共治理层面。农户对农地产权的不安全认知主要源于地方政府的行政性农地征收。但农地征收及其高额补偿有可能是农户所期待的，因而难以表达产权安全的概念。为此，本节选择农户的征地满意度来刻画公共治理层面的产权实施状况。第一，它能够表征公共治理层面农地被侵权的程度，而且农户的评估更可能反映征地对其地权稳定性预期的影响；第二，它需要通过作用于农户对产权安全的预期来影响他们的行为决策。于是，征地满意度可以作为农地产权满意度的工具变量。二是村庄自治层面。村庄经常性的农地行政性调整被认为是农户农地产权不安全认知的主要来源，并可能抑制农户对农地的生产性投资，进而降低农业绩效。因此，农地调整可以作为农地产权满意度的工具变量。

4. 实证结果分析

1）工具变量检验

将征地满意度和农地调整两个工具变量同时引入模型，需要进行过度识别和弱工具变量检验（结果略）。检验结果如下：①在过度识别检验中，表 20-7 中各对应的工具变量检验的 p 值分别为 0.133 9、0.904 2、0.823 3 和 0.803 9，故接受“所有工具变量均外生”的原假设；②在工具变量与内生变量的相关性检验方面，工具变量检验所对应的 F 统计量分别为 13.695 7、13.695 7、14.120 5 和 14.120 5，故接受“不存在弱工具变量”的原假设。同时，对比 IV 估计和普通估计的结果表明，采用工具变量方法后农地产权满意度变量的估计系数明显下降，且显著性发生明显变化。这说明，遗漏重要变量确实会造成主要自变量出现内生性问题。此外，采用工具变量方法前后，其他控制变量估计系数的正负性和显著性未发生明显变化。这说明，工具变量的选取是恰当的。

2）农地产权、要素配置对种植结构的影响

计量结果如表 20-7 所示。

表 20-7　农地产权、要素配置对种植结构的影响

变量	是否种植粮食作物		是否种植经济作物		粮食播种面积占比		粮食亩产量	
	Probit 估计	IV 估计	Probit 估计	IV 估计	OLS 估计	IV 估计	OLS 估计	IV 估计
主要自变量								
农地产权满意度	−0.052 (0.064)	−1.412** (0.727)	0.054 (0.097)	−2.320*** (1.178)	0.066 (0.056)	−0.343 (0.381)	0.047 (0.090)	−0.664 (0.613)
纯务农劳动力占比	0.120*** (0.026)	0.130*** (0.028)	0.119*** (0.036)	0.136*** (0.041)	—	—	—	—
兼业劳动力占比	0.115*** (0.025)	0.116*** (0.027)	0.090*** (0.034)	0.092** (0.039)	—	—	—	—
粮食生产劳动用工量	—	—	—	—	−0.002 (0.012)	0.000 (0.012)	−0.017 (0.016)	−0.012 (0.017)
粮食生产机械使用量	—	—	—	—	0.021** (0.011)	0.022** (0.012)	0.055*** (0.018)	0.057*** (0.018)
农地特征与流转行为								
水田比重	0.292*** (0.021)	0.295*** (0.023)	−0.244*** (0.025)	−0.238*** (0.029)	0.673*** (0.033)	0.681*** (0.035)	−0.004 (0.030)	0.009 (0.032)
是否转入农地	0.030* (0.017)	0.039** (0.019)	0.093*** (0.027)	0.109*** (0.032)	−0.059*** (0.017)	−0.058** (0.017)	−0.006 (0.024)	−0.004 (0.024)
是否转出农地	−0.095*** (0.021)	−0.088*** (0.023)	0.012 (0.026)	0.025 (0.031)	0.044** (0.019)	0.046** (0.020)	−0.001 (0.023)	0.001 (0.025)
村庄特征								
村庄地形（以“山区”为参照组）								
丘陵	−0.043** (0.019)	−0.059*** (0.023)	0.104*** (0.029)	0.076** (0.035)	−0.034** (0.014)	−0.035** (0.014)	0.045* (0.021)	0.043** (0.022)
平原	−0.096*** (0.020)	−0.122*** (0.025)	−0.024 (0.030)	−0.070* (0.040)	0.012 (0.019)	0.009 (0.019)	−0.049 (0.034)	−0.053 (0.036)
村庄交通状况（以“很差”为参照组）								
较差	−0.023 (0.032)	0.025 (0.045)	0.008 (0.055)	0.092 (0.079)	−0.017 (0.032)	−0.002 (0.038)	0.072 (0.060)	0.098 (0.065)
一般	−0.020 (0.029)	0.027 (0.042)	−0.001 (0.051)	0.081 (0.074)	−0.013 (0.031)	−0.002 (0.035)	0.148*** (0.054)	0.167*** (0.057)
较好	0.032 (0.031)	0.036 (0.051)	0.079 (0.053)	0.199** (0.086)	−0.034 (0.031)	−0.015 (0.041)	0.148*** (0.054)	0.180*** (0.062)

续表

变量	是否种植粮食作物		是否种植经济作物		粮食播种面积占比		粮食亩产量	
	Probit 估计	IV 估计	Probit 估计	IV 估计	OLS 估计	IV 估计	OLS 估计	IV 估计
村庄交通状况（以“很差”为参照组）								
很好	−0.078** (0.040)	−0.009 (0.058)	0.131** (0.061)	0.251*** (0.095)	−0.003 (0.036)	0.016 (0.045)	0.175*** (0.059)	0.206*** (0.068)
村庄位置	−0.001 (0.001)	0.000 (0.001)	0.001 (0.002)	0.003 (0.002)	−0.001 (0.001)	−0.001 (0.001)	0.002 (0.002)	0.002 (0.002)
村庄经济水平（以“很高”为参照组）								
比较高	0.036 (0.048)	0.065 (0.053)	−0.090 (0.065)	−0.038 (0.083)	0.001 (0.024)	0.008 (0.027)	−0.068 (0.064)	−0.056 (0.071)
中游	0.029 (0.047)	0.025 (0.049)	−0.109* (0.062)	−0.116 (0.076)	0.007 (0.021)	0.005 (0.021)	−0.065 (0.062)	−0.069 (0.068)
相对低	0.072 (0.049)	0.085 (0.052)	−0.081 (0.066)	−0.058 (0.080)	−0.000 (0.026)	0.003 (0.026)	−0.076 (0.066)	−0.071 (0.072)
很低	0.065 (0.053)	0.074 (0.056)	−0.072 (0.076)	−0.055 (0.092)	−0.007 (0.031)	−0.010 (0.033)	−0.068 (0.074)	−0.073 (0.081)
粮食净利润	0.000 (0.000)	0.000** (0.000)	−0.000*** (0.000)	−0.000* (0.000)	—	—	—	—
水稻净利润	—	—	—	—	0.000 (0.000)	0.000 (0.000)	0.000*** (0.000)	0.000*** (0.000)
区域虚拟变量	控制	控制	控制	控制	控制	控制	控制	控制
常数项	0.765*** (0.074)	0.165*** (0.478)	0.494*** (0.109)	2.038*** (0.774)	0.255*** (0.057)	2.611*** (0.808)	6.019*** (0.104)	5.320*** (1.156)
观测值	2 388	2 388	2 388	2 388	1 246	1 246	1 246	1 246

*、**和***分别表示 0.1、0.05 和 0.01 的显著水平

注：括号内数字为稳健标准误；对是否种植经济作物或粮食作物的估计采用 IV-Probit，对粮食播种面积和粮食亩产的估计采用 2SLS

从要素配置的影响看，纯务农劳动力占比和兼业劳动力占比的提高均会激励农户种植粮食作物和经济作物，粮食生产机械使用量的增加也显著提高了粮食播种面积占比和粮食亩产量。其原因是，纯务农劳动力占比和兼业劳动力占比越高的农户，越有动力从事农业生产。但从其系数估计值来看，纯务农劳动力占比较高的农户，其种植经济作物的可能性显著大于种植粮食作物的可能性；而兼业劳动力占比越高的农户，则越有可能种植粮食作物。这表明，随着农村劳动力非农转移规模的增加，农户种植粮食作物的可能性也会提高。具体到粮食生产，粮食生产机械使用量对粮食播种面积占比和粮食亩产量均具有显著的正向影响，但粮食生产劳动用工量的影响并不显著。这说明，随着粮食生产机械化程度的提高，农业生产的机会成本也在下降，这使得粮食作物种植受到小农户青睐。在此过程中，劳动投入在粮食生产中的作用将不断下降。

此外，农地产权满意度对农户是否种植粮食作物和是否种植经济作物均存在显著的负向影响，但对粮食播种面积占比和粮食亩产量无显著影响。其原因可能是，目前农业生产对农户的重要性在逐渐下降。由农地产权满意度表征的地权稳定性改善，通过赋予农户更多处置农地和配置家庭要素的自由空间，使得他们更多地选择外出务工。但从农地产权满意度变量的估计系数来看，农地产权满意度对种植经济作物的抑制效果大于对种植粮食作物的抑制效果。正如理论分析部分所述，农业生产对流动性要素的束缚必然提高务农的机会成本。因此，种植预期收益稳定且有利于家庭劳动力非农转移的粮食作物种植是相对更好的选择。而且，农地产权满意度对粮食种植户的粮食播种面积占比和粮食亩产量均无显著影响。或者说，地权稳定性的改善有助于粮食生产的稳定。由此说明，在农村劳动力非农转移的大背景下，农户从事农业生产的目标已经从利润最大化转向成本最小化。

其余控制变量方面，第一，水田面积越大，农户种植粮食作物的可能性越高，这说明水田更有利于水稻的种植。第二，农户转入农地尽管在一定程度上有增加种植粮食作物的可能，但种植经济作物的可能性更大，这是转入户基于比较收益对种植结构进行的调整。第三，农地转出户很可能进行非农转移，此时从事农业生产的概率在下降。但对于还在进行农业生产的农户，一个更优的策略是经营人工消耗更少和机械使用率更高的粮食作物。但转出农地并不会造成粮食亩产量的下降，这说明，精耕细作的小农经营已经逐渐被资本投入型的经营模式所替代。第四，村庄地形越平整，农户种植粮食和经济作物的可能性越小，即地处平原地区，非农就业的机会可能更多，农户更可能进行非农转移。第五，村庄交通水平越便利，农户更容易接触农业要素和销售市场，此时他们可能更倾向于种植经济作物。但如果农户仍在种植粮食作物，那么要素的可获性将有利于粮食产量的增加。第六，生产粮食的净利润越高，农户越可能种植粮食作物，并减少经济作物的种植规模。

3）农地产权与要素配置交互项对种植结构的影响

模型估计结果如表 20-8 所示。考虑到表 20-7 中的估计结果已表明 IV 估计优于 Probit 估计和 OLS 估计，故表 20-8 仅汇报 IV 估计的结果。

表 20-8　不同要素配置下农地产权作用的差异

变量	是否种植粮食作物		是否种植经济作物		粮食播种面积占比		粮食亩产量	
农地产权满意度	−1.641** (0.755)	−1.473** (0.756)	−2.630** (1.265)	−1.910* (1.004)	−0.244 (0.582)	0.485 (0.347)	−0.633 (0.527)	−0.602 (0.424)
农地产权满意度×纯务农劳动力占比	0.108*** (0.035)	—	0.136** (0.054)	—	—	—	—	—
农地产权满意度×兼业劳动力占比	—	0.045 (0.035)	—	0.016 (0.048)	—	—	—	—

续表

变量	是否种植粮食作物		是否种植经济作物		粮食播种面积占比		粮食亩产量	
农地产权满意度×粮食生产劳动用工量	—	—	—	—	0.015 （0.018）	—	0.002 （0.025）	—
农地产权满意度×粮食生产机械使用量	—	—	—	—	—	0.020 （0.017）	—	0.060** （0.012）
控制变量	引入	引入	引入	引入	引入	引入	引入	引入
常数项	1.848*** （0.493）	1.776*** （0.463）	2.280*** （0.829）	1.858*** （0.664）	0.450 （0.372）	− 0.012 （0.230）	6.456*** （0.351）	6.425*** （0.288）
观测值	2 388	2 388	2 388	2 388	1 246	1 246	1 246	1 246

*、**和***分别表示 0.1、0.05 和 0.01 的显著水平

注：括号内数字为稳健标准误

分析表 20-8 可得出以下几点。

首先，纯务农劳动力占比越高，地权稳定性的改善会提高农户种植经济作物或者种植粮食作物的可能性，但对种植经济作物的激励更强。相反，随着兼业劳动力占比的增加，地权稳定性的改善对农户的作物种植并不产生显著影响。其原因是，在纯务农劳动力占比较高的情形下，为了降低从事农业生产的机会成本，农户的目标是农业生产利润最大化。因此，地权稳定性的改善会激励该类型农户更倾向于种植经济作物。但随着兼业劳动力占比的增加，家庭劳动力从事农业生产的机会成本也在不断提高。而且，家庭劳动力兼业化水平越高，它们与完全非农的农户在务农成本最小化的目标上就越一致，这会使得农地产权满意度变量的影响在农户兼业化和非农化两类情境中无显著差异。

其次，农地产权满意度与粮食生产劳动用工量交互项的估计结果不显著，表明农业劳动投入已不是决定粮食种植规模以及增产与否的主要原因。此外，农地产权满意度与粮食生产机械使用量交互项对粮食播种面积占比的影响不显著，但对粮食亩产量有显著的正向影响。从逻辑上来说，一方面，长期稳定的农地产权能够激励农户加大投入，有助于粮食增产；另一方面，农地产权满意度的提升能够改善农户的预期稳定性，从而促使他们选择种植生长周期较长的农作物（特别是附加值较高的多年生经济作物），而地权的不稳定则会激励农户种植短周期的粮食作物（仇童伟和罗必良，2017）。并且，农户对机械的使用程度（尤其在参与分工进行服务外包的情形下）仅仅与农作物种类有关，而与地权稳定与否关系不大，由此导致交互项对粮食播种面积占比的影响不显著。此外，在计量模型中同时纳入农地产权满意度变量和粮食生产机械使用量变量时，农地产权满意度变量的估计不显著已说明了这一点。

20.4　结论与讨论

1. 研究结论

在农村劳动力大量非农转移的背景下，农地“非粮化”和抛荒现象已受到各级政府和学界的普遍关注。本章从农户行为、农地产权和要素配置的视角出发，利用我国 8 个省（自治区）的农户调查数据，考察了农地产权、要素配置对种植结构的影响，发现以下几点。

（1）种植结构“非粮化”主要发生于小规模农地转入户之中，这与其充分利用家庭农业劳动力和提高土地产出率的动机密切相关。进一步的分析表明，只有置于农业劳动力充裕和缺乏农业社会化服务的封闭农业经济中，小规模农地转入户才更有动力去提高经济作物的种植规模，以此实现农业劳动力约束下的经营效益最大化。因此，种植结构“非粮化”的形成具有严格的情境依赖特征。一旦农业劳动力大规模非农转移、农业社会化服务持续发展，种植结构调整的方向也会随之改变。

（2）地权稳定性的改善并不能有效激励农户种植农作物的热情，且对经济作物种植的抑制作用显著大于对粮食作物种植的抑制作用。但是，地权稳定性的改善使得农户家庭能够在农业部门和非农部门之间自由配置要素，并更可能种植市场风险较低和分工程度较高的粮食作物。追求务农收益最大化的纯农户，倾向于种植经济作物；而追求务农成本最小化的兼业农户，则选择种植粮食作物的可能性更高。农业机械化程度的提高，尤其是农业社会化服务市场的发育，能够有效激励兼业农户通过采用机械以节省劳动投入并增加粮食播种面积。由此表明，农业劳动投入已经不再是决定粮食种植与否的主要要素。本章的结论是，农村劳动力的非农转移、地权稳定性的提高以及农业机械使用程度的增加，均会诱导农户更倾向于种植粮食作物，从而表现出种植结构的“趋粮化”。

2. 进一步讨论

本章将地权稳定性的改善作为诱发农村劳动力非农转移和农业分工的动因，并基于产权的作用路径，阐述了农户自由决策空间的扩展是如何导致要素配置优化和种植结构调整的。不言而喻，农户所能做的决策是受限制的，从农地产权管制到劳动力流动约束、从城乡户籍制度约束到劳动力市场歧视，当这些条件形成特定的外部情景时，农户的行为选择也必然趋于均衡，而这种均衡状况也是农户基于比较收益最大化的目标建构起来的。因此，钟甫宁等（2016）关于农村劳动力非农转移与农户种粮行为关系的阐述，其实是将农村劳动力非农就业市场的发育和农户从事农业生产的比较劣势作为外部情景，探讨农户在优化家庭要素配置结构过程中种植结构新均衡的形成。本章则以农户的行为自由为出发点，将其作为农户识别外部约束和行为发生的前提，并暗含了农地产权管制放松诱发农村劳动力非农转移和农业分工深化的理论线索。

本章研究对于理解中国农地产权制度的作用，正确认识种植结构“非粮化”和合理制定相应政策，均具有一定意义。首先，农地产权作用的发挥并不是一个静态过程，它在引致城乡要素流动和社会分工的过程中，有助于推动种植结构的演变。尤其是在农户与农地的社会关系发生巨大变化的今天，对农地产权的定位应该更多地从物权和财产权等方面进行探讨，强化农地产权在要素配置、分工拓展和农业结构调整等方面的作用，从以往单纯的生产性激励和增加劳动投入，转向产权主体跨行业配置资源和比较收益最大化等维度，由此重新审视农地产权作用的阶段性差异。其次，种植结构“非粮化”也属于阶段性和结构性现象，是伴随农产品价格市场化和城乡要素流动而形成的。一旦农地产权完善引发要素投入结构的变化和家庭内部分工模式的调整，基于目标最大化的家庭决策将根据要素价格的部门差异，调整要素投入和种植结构。换言之，随着农村劳动力非农转移规模持续扩大，原先粮食生产的低效益劣势将向效益稳定和机械化程度高的比较优势转变。应该说明的是，本章所述种植结构的“趋粮化”仅针对家庭承包农户或小农户，新型农业经营主体的生产决策并不在讨论范围内。这显然是需要进一步关注的问题。

第21章　科斯定理、交易装置与农业转型发展

农地流转是一个特殊的市场，加之新一轮农地确权中“生不增、死不减”的身份产权固化与地块“四至”的空间产权界定，有必要将科斯的思想范式进一步拓展到农地产权的交易问题——当存在交易成本时，如果不能通过产权的重新调整来改善效率，那么就有必要选择适当的产权交易装置进行匹配来改善总的福利效果。本章从科斯定理出发，考察了产权交易制度结构对于要素市场化的重要作用。在此基础上，本章基于“农业共营制”案例，分析了如何推进土地经营权细分交易、企业家能力交易与农业生产性服务交易的相互匹配，以及如何拓展农户获取“土地规模经济性”、“服务规模经济性”与“分工经济性”，由此讨论交易装置对中国农业转型发展的重要意义。

21.1　两个传统：从庇古到科斯

“庇古传统”已众所周知。同样，科斯理论也已经成为一个传统。不同的是，前者是一个过时的传统，后者则成为新的主流传统。

我们先进入 Coase（1960）在 *The problem of social cost*（《社会成本问题》）中所举的一个例子，即学界所熟知的养牛和种麦子的故事。假定牛肉价格和小麦价格由市场决定，那么一个养牛者养多少牛，一个农夫种多少麦，则由他们各自的边际成本和边际收益决定，并通过市场来决定各自的最佳生产规模。此时，养牛者和农夫都是独立的经营主体，他们自行对市场价格进行反应。

现在将一个相关性问题考虑进来。假定养牛者和农夫在毗邻的两块土地上经营各自的产品，但他们之间没有栅栏。没有阻隔就一定会出现一个现象：牛是走动的，牛会吃小麦。因此，牛的走动或者牛群规模扩大，一定会损害相邻农户的

利益，导致农夫遭受损失。这就是通常所说的外部性问题。由此，养牛者就会多养牛（生产过剩），而农夫就会减少小麦生产（生产不足），市场均衡会遭到破坏。在这一情形下，可以发现在存在外部性的生产过程中，实际上生产了三类“产品”——不仅生产小麦，也不仅生产牛或者牛肉，同时还生产出来另外一个副产品，我们不妨将这个“产品”称为“外部损害”（相当于工厂的“污染物”）。于是，当出现外部性问题时，就可以将“外部性”这个词替换掉，将之视为第三种产品即“外部损害”。

如何解决“外部损害”？庇古（2007）主张在处理外部性过程中，应引入政府干预力量，对外部性生产者课税、惩罚或给予津贴以减少生产，外部性受影响者则被补偿。这就是所谓的庇古处理范式或曰“庇古传统”。在庇古的处理范式中，我们不但看到了三种产品，而且出现了三个主体。在市场均衡条件下，一般只有两个生产主体，一个是养牛者，一个是麦农。但在校正外部性问题时，则出现了第三个主体，即作为“干预者”的政府。由此引发的一个关键问题是，这个干预者并非价格的接受者，而是价格的制定者，这显然破坏了马歇尔均衡。

庇古传统的核心是，将外部不经济性视为甲给乙造成损害，于是要决定“如何制止甲造成损害”。科斯则是将问题转化为：必须决定的真正问题是，是允许甲损害乙？还是允许乙损害甲？关键在于避免较严重的损害。谁是（负）外部性的制造者就给谁以处罚或者制止谁，显然是一种“线性”的思维方式。由此，基于这种“损害具有相互性”的判断，科斯主张从庇古的研究传统中解脱出来，寻求方法的改变，“在设计和选择社会格局时，我们应当考虑总的效果”（Coase，1960）。也就是说，要以社会产值最大化为出发点来观察和研究问题。科斯的创新之处就在于将“干预者”剔除。笔者将其称为“科斯处理范式”（以对应于“庇古处理范式”）。

科斯的突破是将市场形态进行转换，既不讨论产品市场，也不讨论第三种产品即“外部损害”。他假定产品市场价格一定，重点讨论要素（土地）市场。在科斯的范式里，土地的产权既可以界定给养牛者，也可以界定给农夫，如何界定呢？按照科斯的准则就是取决于社会总产值最大化。于是有：如果交易成本为零，产权赋予谁都不重要，都可以达到最优效果；如果交易成本不为零，就取决于产权如何界定才能够使产值最大化或者社会总福利达到最大化。讨论要素市场，就必然涉及产权及其制度安排——将研究重点从产品市场转向要素市场，是科斯的一个“惊险的思想跳跃”。这一跳跃使经济学范式发生了深刻变化[①]。如果说庇古传统是一个公平道义的外生性取向，那么，科斯处理范式

① 按照科斯（1994）自己的说法，他一直认为其1960年论文的目的是要暴露庇古传统的弱点，直到后来通过与张五常的多次交流，才意识到该文的思想对于经济学理论应该具有的更为深远的影响。

就是一个典型市场效率的内生性取向。

科斯定理可以有不同层次的表达，Felder（2001）将其视为一个定理组。

科斯第一定理：权利的初始界定是重要的吗？如果交易成本等于零，回答是否定的。权利的任意配置可以无成本地得到直接相关产权主体的有效率的纠正。因此，从经济效率的角度看，权利的一种初始配置与另一种初始配置无异。

科斯第二定理：权利的初始界定是重要的吗？如果交易成本为正，回答是肯定的。当存在交易成本时，可交易权利的初始配置将影响权利的最终配置，也可能影响社会总体福利。由于交易成本为正，交易的代价很高。因此，交易至多只能消除部分而不是全部与权利初始配置相关的社会福利损失。

科斯第三定理：当存在交易成本时，通过重新分配已界定权利所实现的福利改善，可能优于通过产权交易实现的福利改善。该定理假设政府能够近似估计并比较不同权利界定的福利影响，同时它还假定政府至少能公平、公正地界定权利。

笔者认为理论界并没有深刻理解科斯的思想。科斯定理与其说强调了在交易成本为零条件下效率与产权无关的结论，还不如说是道明了存在交易成本时产权制度是如何影响经济效率的。第一定理并不是科斯思想的核心，但被经济学家进行了广泛的讨论，却将“真实世界”的科斯定理忽略了，偏离了科斯的核心指意，令晚年的科斯深感失望（Shirley 和蔡素贞，2013）。在科斯（1994）看来，零交易成本假定是通往分析正交易成本的真实世界的起点或曰“参照系”。笔者推测，科斯的本意并不局限于讨论外部性及其处理，而是“借用”外部性问题，一方面批评主流经济学的弊端，另一方面阐明制度的重要性——如果制度重要，那么原有经济学的分析结构就要发生重大变化。这才是科斯真正要表达的东西。所以，有必要重新认识科斯定理。

科斯定理的核心含义：第一，一旦交易成本大于零，产权就是重要的；第二，不同的产权界定，隐含的交易成本是不同的；第三，尽管可以选择不同的交易方式，但只能消除部分而不是全部与权利初始配置相关的社会福利损失（Coase，1988）。因交易成本为正，产权交易的代价会很高。如何降低交易成本呢？必须寻求交易成本相对较低的产权制度安排。也就是说，如果产权初始界定导致较高的交易成本，就应该重新界定产权。

科斯定理暗含了几个前提：第一，市场交易是有成本的；第二，行为主体的能力是不同质的，不同的产权主体使用同一资源的效率是有差异的；第三，产权应该界定给更有能力或者更有利于降低交易成本的主体，即科斯所说的“权利应该配置给那些能够最富有生产性地使用它们的人”，这样总福利才会最大化（科斯，1994）。所以科斯的核心思想就是：关于稀缺要素的产权应该赋予或界定给更有能力的主体。这样，交易成本才可能由此降低，甚至省去交易，这就是他所关注的“生产的制度结构”。

受其影响，大量文献遵循科斯思想并关注于生产的制度结构。相较于产权交易，科斯及其追随者更为重视产权界定与产权安排问题（Alchian and Demsetz，1972；Cheung，1983；德姆塞茨，1999；Williamson，1985；Hart and Moore，1990）。科斯晚年为《哈佛商业评论》撰写的专栏文章仍然强调，在当今的经济学研究中，生产活动已经被边缘化，有关生产的问题在零交易成本的非真实的范式下变成了静态的资源配置问题（Coase，2012）。正是由于科斯强调产权界定的重要性，强调产权界定在资源配置中的基础性作用，笔者将其称为“科斯传统”。

21.2　两个疑问：对科斯定理的审视

科斯定理存在多个不同版本的表述（Medema，1995），且围绕着它的种种质疑层出不穷（Shapiro，1996；Thaler，1980；Glaeser et al.，2016）。但众多的质疑集中于科斯第一定理，偏离了科斯的核心思想。与之不同，本节主要关注两个方面的问题。

21.2.1　第一个疑问：交易成本的替代问题

科斯强调产权应界定给有能力的人或者有助于降低交易成本的主体。问题是，谁是这样的主体？难道发现更有能力的产权主体就是免费的？事实上，科斯在放弃了“零交易成本”的不真实假设之后，却用一个“发现成本为零”（甚至是“界定成本为零”）的假设替代了。

类似缺陷也同样存在于哈特的不完全合约理论中。哈特通过将交易成本转化为不完全合约，强调不完全合约中那些没有被界定的权利应该赋予缔约方中更有能力的人。但内含的问题是：第一，谁是这样的人？哈特（1998）的回答是，在多数情形下只能是资产的所有者。这显然将问题绝对化了。典型的例子是，在强制性的奴隶制度中，尽管奴隶是其主人的私产，但依然能够在劳动产品上获得一定程度的自主权。Barzel（1989）注意到，农业劳动难以控制与监督，必然导致奴隶主对拥有奴隶的所有权不可能得到充分界定，奴隶就能够借此占得一些未被界定的支配他们自己的权利。第二，假定能够将剩余控制权界定给缔约中的某一方，不完全合约似乎就变成了完全合约。这无疑是一个悖论。

交易成本是科斯理论的核心。科斯曾经明确指出，“在《企业的性质》一文中，我指出当不存在交易成本时，企业的存在就失去了经济基础。在《社会成本问题》一文中，我表明当不存在交易成本时，法律为何物（即可交易权利的初始界定如何）这个问题并不重要”（Coase，1988）。但我们质疑的关键在于，前者讨论企业的产生是内生决定的，后者讨论政府界定产权则是外生决定的（与其外部性内生化的处理范式未能保持一致）。遗憾的是，尽管科斯看到了通过产权界定来提高效率的可能性，也看到了相关经济主体通过产权交易来提高社会福利的限制条件，但他将希望寄托于政府。他认为通过政府来界定初始权利，将优于私人之间通过交易来纠正权利的初始配置（Coase，1960）。产权界定在本质上也是一种交易活动，与其他商业交易并无区别。在没有政府介入的情形下，产权界定是通过当事人之间的自愿谈判与缔约实现的，政府的出现并不表明产权的界定就是免费的。从效率角度而言，自愿缔约与界定至少还有“一致性同意”的效率标准，但政府裁决则可能因信息不充分而导致偏差甚至“歧视”，既失公平又损效率。

庇古将外部性问题的解决寄期望于政府的干预是不恰当的，同样，科斯将降低交易成本寄期望于政府的产权界定也是不恰当的。科斯一方面批判了在解决外部性问题上依赖政府干预的庇古传统，强调受到外部性影响的双方可以经由自由交易而实现帕累托改进，但另一方面又主张通过政府产权界定以替代私人自愿交易来解决产权配置问题，显然缺乏逻辑的一致性。关键在于，科斯并未明确告诉我们发现进而降低交易成本的内生机制。

21.2.2 第二个疑问：产权界定的关联性问题

科斯理论不但将交易成本问题的产权处理外生化，而且进一步将交易成本及其产权界定单一化，忽视了产权界定的相互性问题。

其一，不同的产权主体，对于不同的产权客体，所隐含的潜在交易成本是不同的。即使假定能够免费发现不同主体行为能力的差异，进而能够形成有效率的产权界定与安排（暂且不考虑赋权的公平性问题），但其所谓的“有效率”却是“静态”的。由此引发的动态问题是，节省交易成本的初始安排能够适应新的情况吗？按照科斯定理，不同的产权安排隐含着不同的交易成本，因此，用一种安排替代另一种安排是恰当的。问题是，在产权已经界定的情形下，随着时间的推移，由于环境条件的变化（资源多种价值属性的相对重要性发生变化）与学习机制（如对资源价值属性与市场机会的新发现）的作用，人们会发现原有的产权安排可能隐含着非常高的交易成本，从而会面临“两难”

问题—— 不断变更产权会引发预期的不稳定性，维护原有安排则牺牲潜在收益（或租值耗散）①。产权具有重要的行为预期功能，产权稳定和产权明晰同等重要。即使产权明晰，产权不稳定导致的预期不足必然会引发对资源的掠夺性使用。因此，节省交易成本的努力显然不能过度依赖于产权主体及其权利边界的经常性调整。

其二，单纯从物理属性来说，农地显然具有技术可分性，并便于进行灵活多样的产权配置。一般地，从化解监督成本与改善自我激励的角度来讲，农户家庭是土地经营最有效率的行为主体。问题是，土地资源利用涉及要素的相互匹配。土地本身并不是决定产量的唯一因素，土地生产率是众多因素的函数。例如，在某些地区或者对某些种类农作物来说，灌溉是更为重要的决定因素。由此，在农业经营中，农户必然面临地块处置私人性与农地灌溉公共性的矛盾。所以，对于某些可分性差的物品而言，有能力的主体不一定是私人。由此提出的质疑是，当一项资源不是独立地被利用，而是多种资源一起配置的时候，产权界定给谁是恰当的呢？科斯并未关注这一情景。

其三，在科斯的“牛—麦故事”中，其产权主体是明确的（养牛者与麦农）。即使存在外部性，其受益或受损的主体也是明确的。假定能够识别行为主体的能力，产权调整与配置或许能够使“社会总产值”最大化。问题是，如果主体行为能力是不明确的呢？比如前述的作为公共物品的灌溉问题。又比如说，环境污染的受损主体是谁？生态保护的受益主体又是谁？在受益与受损主体不清楚或者无法识别的情景下，产权如何界定？怎样发现更有能力的主体？科斯亦未予讨论。

所以，科斯在发现市场存在交易成本之后，就撇开了交易问题，而直接关注于生产制度安排，这也是笔者认为有必要深化的课题。要特别强调的是，产权界定与产权交易是两个不同的问题。科斯尽管没有否定产权界定的交易含义，但主要是强调生产的制度结构及其重要性。他之所以没有过多关注产权交易，是因为在正统的新古典经济学中，市场机制及其交易总是被视为处于资源配置的中心地位，其市场交易所内含的交易成本一直是被漠视的。科斯的重点是要强调产权界定是如何决定交易成本进而如何决定资源配置的，从而揭示产权在经济学中的中心地位。

① 即使产权能够界定给有行为能力的主体，但不同界定方式会导致不同的绩效。Libecap 和 Lueck（2011）对土地划界的矩形法与界标界限法的比较分析表明，采用前者划界的区域其土地价值上升更高、引发的纠纷更少。

21.3　中国情景、农地产权及交易特性：对科斯定理的反思

除了上述疑问，真正需要讨论的问题是，将产权界定给有行为能力的人之后，就能够有效降低交易成本吗？交易及其交易制度就可以弃之不顾了吗？之所以提出这样的疑问，是笔者基于以往对中国情景下农地制度的研究所得出的认识。本节以中国农地制度为例作进一步的讨论。

21.3.1　中国情景：农地产权制度的特殊性

西方的大陆法传统是从物的“完整所有权”开始的。科斯理论所讨论的产权更多的是私权体制下的产权问题。在这一情境下，产权是指财产所有权。其关键在于：第一，一个人所拥有的不是资源，而是该资源的权利，这些权利就是财产；第二，所有权不是对该物的具体权利的有限列举，而是所有可能的权利。一份财产就是一种可以由法律界定与保护的土地利益（刘守英和路乾，2017）。既然市场能够通过价格机制配置资源，那么如果能够从产权界定上使其交易成本最小化，即可达成福利的最大化（Coase，1960）。与之不同，中国农地权利结构的实际状况是所有权与使用权的分离，中国农民所拥有的土地产权并不是“所有可能的权利”。

周其仁（1995）区分了三类土地产权的获取途径：一是经过自由交换契约获得产权（产权市场长期自发交易的产物）；二是通过国家干预的土地市场在形式上获得产权；三是通过国家强制的制度安排而完全不经过市场途径获得土地产权。在第一种情形下，农民有独立的谈判地位，能够根据成本收益的合理预期决定是否继续持有使用或让渡产权。但是，农民的谈判地位在第二种情形下打了折扣，在第三种情形下几乎荡然无存。显然，这三种情形下的产权强度具有依次弱化的特点。由此人们可以合乎逻辑地判断，完全可以有不同的土地制度安排，不同的制度安排具有不同的产权强度及其稳定性，并且具有进一步改变的可能性。

家庭联产承包责任制下农民所持有的平均地权，是经由国家强制的制度安排而完全不经过市场途径获得的。其内在逻辑为：①由于地权是国家强制界定且无偿赋予的，其权利边界及可实施内容必须受制于国家。一旦国家意志发生改变，

土地产权安排就有变动的可能，从而决定了农地制度的不确定性。②国家的代理人是政府，政府既是产权界定和产权保护最有效的实施者，也是产权残缺和产权歧视的主要制造者，隐含着产权模糊的风险（罗必良，2005a）。③集体所有制所决定的农户成员权的同质性以及对地权的均等性，决定着保障地权稳定的效率目标必须让位于公平目标，使得因人地关系变化而进行的产权调整无休无止，内生着土地细碎化与预期不稳定的制度缺陷。④国家对产权的随意干预以及由此形成的产权模糊，可能导致社会伦理与道德规范的改变。首先，当政府强制进行产权界定并随意变更产权使农民预期不稳定时，农民的短期行为势必盛行，导致对土地的滥用与破坏，由此引发土地伦理的沦落。其次，对土地的肆意使用，必定会引致利益相关主体对土地产权的不尊重，而政府产权模糊化的示范效应会进一步加剧这种相互不尊重，使得产权侵蚀与地权纠纷成为普遍现象，这又反过来成为政府进行产权干预的借口。

由上可见，中国农地制度的特殊性，决定着科斯定理所表达的产权界定并不能保证交易成本的最小化。更重要的是，对于农地承包经营权的流转来说，由于农地经营权依附于农户集体成员的身份权，不仅要关注产权界定问题，同样也需要关注产权交易问题。

21.3.2　农地流转：产权界定与交易的悖论

应该承认，尽管家庭承包制取得了举世瞩目的成就，但与之伴随的土地均分却留下了较多后遗症。其中，农地经营的小规模、分散化及细碎化是尤为突出的问题。正是基于这样的背景，中国农地制度正在发生两个重要转变，一是在维护农户主体地位的基础上，通过延长承包期与农地确权颁证来提升农民土地产权强度，二是在农地所有权、承包权、经营权三权分置前提下，通过鼓励农地经营权的流转与集中，以期改善农地规模经济性，推进农业经营方式转型。

从 1984 年中央一号文件开始，各级政府一直在努力推进中国农业的规模经营。但是经过长达 30 多年的政策努力，农业分散经营格局并没有发生根本性改变，甚或有恶化的趋势。第 4 章的数据表明，1996 年，土地经营规模在 10 亩以下的农户占家庭承包户总数的 76%，2015 年这一比例增加到 85.7%；1996 年经营规模在 10~30 亩的农户占农户总数的 20.2%，2015 年则下降为 10.3%。

已有文献讨论了农地产权界定（确权）对农户生产性行为的影响，但大多忽视了对确权所隐含交易含义的研究。之所以如此，一个重要的原因是主流产权理论通常假定在产权明晰与稳定的前提下，市场能够自动解决交易问题①。所以主流观点认为农地确权能够有效保障农民的土地权益，并有助于农民放心地把土地流转出去。但是，农地确权真的能够自动解决流转交易问题吗？已有研究并未取得一致性结论（罗必良，2016）。对越南（Do and Iyer，2008）、埃塞俄比亚（Holden et al.，2011）、阿根廷（Galiani and Schargrodsky，2011）等的众多的实证研究表明，土地确权与登记并不能对土地租赁和买卖市场产生促进效果。

第4章利用本书研究的专项农户问卷（NSFC-71333004-2015）2 177个样本农户数据的分析结果表明，农地确权并未明显促进土地流转：①在农地的实际转出中，与未确权农户相比，已确权农户的参与率并无明显差异，但转出农地的面积比例却大幅减少，确权农户获得的租金水平更高（提高 32.20%），流转期限则具有明显的短期化趋势；②从农地转出的意愿来看，与未确权农户相比，确权农户的参与流转意愿只有小幅提高，流转的意愿期限也并未显著延长，但其期望租金却大幅增加（提高 41.46%）。

上述事实无疑削弱了科斯定理在中国情景下的有效性。对于农地流转来说，产权界定并不必然诱导产权交易。农地确权在改善农户产权排他性的同时，有可能因过高租金门槛而加剧对经营权流转的抑制。由这一悖论可以推测，农地确权政策并不能获得农户在农地流转方面的一致性响应。显然，现行政策设计以及相应的理论主张夸大了农地流转的可能性及规模经济性。必须重视农地特性所包含的产权含义及交易逻辑。Hayami 和 Otsuka（1993）曾抱怨说，农业经济学文献严重忽视了对土地市场的分析。现在看来，他的抱怨依然没有受到学界重视。

21.3.3 人格化财产及其交易的特殊性

赋予土地一种情感的和神秘的价值是农民所特有的态度（熊彼特，2009），因此农民对土地往往存在一种“价值幻觉”，总认为自己土地的价值要比别人土地的价值高。行为经济学将这类现象称为禀赋效应。Thaler（1980）将禀赋效应定义为：与 WTP 相比，WTA 通常更高。换言之，人们对其拥有的物品倾向给予它更高价值评价。禀赋效应被认为是行为经济学领域浮现的最稳健的现象之一（Boven et al.，2003）。Radin（1982）进一步强调，若一项财物损失所造成的痛苦不能通过其他替代物得到减轻，那么该财物就与其持有者的人格密切相关。进

① 这差不多是科斯传统及其追随者的共识。例如，产权理论大师 Alchian（1965）曾经指出，所有定价问题都是产权问题。价格如何决定的问题，就成了产权如何界定、交换以及以何种条件交换的问题。正如前文所说明的，国内学界的讨论显然忽视了西方主流文献的体制语境。

而，她将财产分为人格化财产和可替代财物。这意味着，同一产权主体对不同产权客体的价值评价是不一样的，人格化财产相比于可替代财物，具有更为强烈的禀赋效应。

相比于为了出售而持有的物品（如储藏的谷物），农地产权表现出强烈的人格化财产特性。第一，从赋权角度来说，农户持有的承包地是凭借其集体成员权而被赋予的，具有强烈的天赋性、身份性及其“人格化财产”特性；第二，从产权交易角度来说，经营权流转只有得到承包农户的同意才能实施，农户对其承包地具有“产权身份垄断”特性；第三，农地确权必然地对象化到每块具体的土地上，土地经营权流转也必然地表现为具体宗地使用权的让渡，农户对其所承包地块就天然地具有“产权地理垄断”的特性。由此可以判断：提升可替代财产的产权强度，可能促进市场化交易；强化人格化财产的产权强度，则可能抑制市场化交易。

第 4 章利用 2 704 个样本农户参与农地流转的意愿价格进行了禀赋效应的测算，结果表明：①无论何种情形，农户的禀赋效应（WTA/WTP）均高于 1，表明农户在农地流转中高估其拥有的经营权的价值，是普遍现象；②确权农户的禀赋效应明显高于未确权农户，验证了保护农民土地权益与农地流转抑制之间的悖论；③农户承包的土地越是稀缺，越是自给性生产，务农者年龄越大，其禀赋效应会越强；④农户普遍关注农地流转中的在位控制问题。可见，农地确权加剧了农民对土地的禀赋效应，不仅未能有效促进农地流转，还加剧了农地流转的抑制程度。不仅如此，农民将土地转给不同的对象主体，其禀赋效应是不同的，表现出明显的差序化特点。可以判断，土地流转市场不是单纯的要素流动市场，农地的人格化财产交易也不同于一般的产权交易。因此，农地流转有着特殊的市场逻辑。

21.3.4　反思科斯定理：交易制度问题

在中国情景下，农地承包经营权赋予农户家庭，尽管能够大大超越公社体制的生产性激励（Lin，1992），但却不能化解禀赋效应及其产权交易所包含的高昂交易成本。应该说，科斯范式，即产权界定及其生产制度安排，并非是解决“现实问题”的唯一方式。

有必要进一步关注科斯定理暗含的几个基本假定：第一，产权主体和产权客体具有良好的可分性。该定理排除了人格化产权交易的情景，未能顾及人格化财产的不可分性问题。第二，产权主体对其拥有的产权客体是“冷酷无情”的。一方面，产权主体对物品（或产权属性）潜在价值的发现仅仅依据其排他能力与处置能力所决定的产权租金；另一方面，产权主体只对物品市场价格做出反应（持有或买卖）。该定理没有考虑到“人—物”“人—人”的相互关系、禀赋效应及其交易性质问题。第三，产权是重要的，产权的重新界定有可能实现潜在的利益，但忽视了产权固化不可调整的情形。例如，我国新一轮农地确权按照地块“四至”所形成的空间产权固化与“生不增、死不减”原则所形成的身份产权固化。

值得指出的是，禀赋效应理论主要关注交易过程中“人—物”关系，忽视了不同交易主体之间（“人—人”）情景差异。就同一产权客体而言，产权主体面对不同交易主体的交易倾向是不同的。正如 Barzel（1989）所言，个人权利的实现程度与他人如何使用其自己的权利紧密相关。因此，同一个产权主体所拥有的物品，面对不同交易主体时的禀赋效应是有差异的（表 21-1）。

表 21-1　交易情景与禀赋效应

交易情景		人与物	
		可替代财物	人格化财产
人与人	非熟人之间	纯市场交易	人格化物品的市场交易
	熟人之间	熟人间的物品交易	人格化物品在熟人间的交易

根据表 21-1 可以将交易情景分为四种类型。在新古典经济学传统中，关于市场性质及其机理的研究，大多是围绕“纯市场交易”情景展开的①。即使是现代产权理论，亦忽视了人格化财产的交易性质问题。应该说，无论是对交易主体来说，还是对交易客体而言，并不存在一个统一的同质化市场。显然，农地作为人格化财产以及农户对农地的在位控制权偏好，相对易于在熟人之间进行交易；而在非熟人之间，因较高的禀赋效应，其交易会受到抑制。

所以，关注中国情景下的农地流转市场，有两个非常重要的意义：一是能够发现与科斯定理强调产权界定不一样的市场逻辑；二是能够发现人格化财产的特殊交易性质。因此，有必要寻找人格化财产的产权交易路径。

21.4　科斯定理拓展与产权交易装置

21.4.1　两个概念：“产权赋权”与“产权实施”

Barzel（2015）将产权分为“法定权利”和“经济权利”两个层面。法定权利涉及国家所承认的属于特定主体的资产，经济权利指主体可以如何处置资产

① 诺贝尔经济学奖得主罗斯（2015）亦对此持批评态度。他指出，很多经济学家特别是理论经济学家，往往是从抽象的意义上来谈论市场和市场经济，但却忽视了对产品特性、交易特性及交易过程的研究。

的各种属性。法定权利既不是经济权利的必要条件，也非充分条件。因为，法定权利既不必然带来充分的排他性保护，也不必然带来产权租金的最大化[①]。相反，即使产权边界在法律上是模糊的，相关产权主体依然能够有效地利用其边界上的资源。一般来说，对于经济权利，法律是一种重要的保护形式，但在不同的环境下，法定权利并不总是优于其他方式。由此，巴泽尔进一步指出，科斯以来的文献所使用的“产权”概念是含糊不清的。

我们将上述分类转述为“产权赋权”与“产权实施”。一般而言，财产所有权是指财产占有的法律形式，体现了赋权主体的意志和支配力量，具有法律赋予的强制力。为了说明产权实施，可借用Barzel（2015）列举的电影票例子说明：①购买一张电影座位票，就意味着电影院所有者与顾客之间缔结了一份“授权顾客在剧院中拥有一个座位”的合同。如果持票顾客没有找到空座位，那么他有权控告所有者违约。这就是法律赋予产权主体的排他性权利。②由于电影院票价一样，但不同座位的观影效果不尽一样，基于效用与时间成本的比较，有些人就可能尽早到达以便于找到一个更为合适的座位。这就是产权主体对产权的实际处置权利。③如果不存在特定的约束，持票人可以将其电影票转让，也可用较差位置的电影票外加一定的经济补偿来换取更好的座位。这当然依赖于不同顾客对潜在收益成本的评价。这就是对产权进行转让与交易的权利。可见，其中的①是指法律层面的产权赋权；②、③是指产权的实施。应该说，明晰的产权赋权与界定是重要的，但产权主体是否具有行使其产权的行为能力或许是更为重要的。

21.4.2　人格化财产与交易装置：科斯定理拓展

产权界定并不能决定产权实施。不仅如此，产权实施尤其是产权交易，不仅依赖于产权客体特性，还依赖于产权主体和产权客体的可分离程度。现实的难题就在于，如何改善具有“不可分性”的产权配置效率，如何促进人格化财产的流转交易？

改善人格化产权的交易效率，我们需要借鉴科斯范式，并由此将科斯定理从生产的制度结构拓展到交易的制度结构。如前所述，科斯定理的核心思想是，市场存在交易成本，而产权界定可以节省交易成本，但不同的产权界定隐含的交易成本是不同的，因此应该寻求交易成本相对较低的产权制度安排来改善总的福利效果。鉴于新一轮农地确权不再存在产权重新界定与调整的空间，我们将科斯的

---

① 典型情形：第一，由于法律界定有成本，资产的一部分有价值的属性被置于公共领域；第二，当所有权在法律上界定以后，考虑到可能的司法成本，所有者会因其行为能力不足而容忍一定程度的产权模糊与租值损耗。

思想范式进一步拓展到产权交易——可称为“扩展的科斯定理”[①]：由于存在交易成本，如果不能通过产权的重新调整来改善效率，且不同的交易方式隐含的交易成本是不同的，那么就应该寻求恰当的产权交易装置进行匹配来改善总的福利效果。

庞巴维克（1997）最早提出“迂回生产”概念，并由杨格（Young，1928）发展为报酬递增的重要解释机制。迂回生产是相对直接生产而言的，它是指为了生产某种最终产品，先生产某种中间产品，然后通过使用中间产品再去生产最终产品时，生产效率会得到提高。与之相对应，也可以使用“迂回交易”（roundabout transaction）概念，即为了进行A交易，先进行B交易，然后通过B交易来促进 A 交易，交易效率会改善。但是，“交易装置”（transaction configuration）的概念要比“迂回交易”的内容更为广泛，它包含三重含义：①通过B交易来改善A交易，即迂回交易；②由于A交易的交易成本过高，可以选择 B 交易进行替代，即替代交易；③A 交易难以独立运行，通过 B 交易的匹配，能够改善交易效率，即匹配交易。

产权细分与交易方式是保障交易装置有效匹配的两个重要方面。

第一，产权细分及其交易空间的扩展尤为重要。在很多情形下，一个物品或者一类财产进行整体的产权交易可能是困难的。幸运的是，物品或财产的有价值属性并非单一的，而是多维的。如果存在产权细分的可能性，那么就能够扩展交易空间。这类赢利机会显然能够被企业家发现。科斯等将产权明晰作为市场交易（解决外部性）的前提，显然忽视了企业家才能及作用机制[②]。事实上，从土地承包经营权分离出的经营权，还可做进一步的产权细分。一方面，农地经营权并不是一个单一的权利，而是可以表达为对经营权的主体选择、权利范围以及享益权分配等各种权利（权利束）的进一步细化，于是经营权的细分及其交易就可以有不同的类型与形式；另一方面，农业生产环节与农事活动具有多样性，同样可以有不同的产权交易及其主体进入，农业的分工活动安排也可以多种多样。最具制度潜力的是，经营权的细分有利于形成多样化的委托代理市场，农事活动的分工有利于发育外包服务市场，由此扩展产权交易装置的选择空间。

第二，交易效率与分工格局紧密相关：①如果土地交易效率改进得比劳务交易效率快，农场会通过规模扩张来改善内部分工（专业种类增加），由此走向土地规模经营；②如果劳务（服务）交易效率改进得比土地交易效率快，分工通过服务市场在农场之外发展，农场外提供专业服务的种类增加，农场土地规模可以

---

① 张曙光（2016）认为，科斯并没有讨论人格化产权的交易问题，所以应该称为“罗氏定理”。

② 这显然是令人困惑且惊奇的。企业家的“身影”在科斯的《企业的性质》一文中无处不在，但在《社会成本问题》中却无影无踪了。

不变，但其生产经营种类减少，效率却上升。随着农业社会化服务市场的发育，农业中的服务交易效率无疑会高于土地经营权的交易效率，因此，农业能够以服务规模经营替代土地规模经营，农户则通过卷入分工能够分享外部规模经济性与分工经济。

因此，对于人格化农地产权市场而言，新的交易装置必须能够满足下述要求：稳定农村土地承包关系，尊重农民土地的人格化财产特征，在此基础上盘活农地经营权，吸纳有能力的经营主体及其现代市场要素的进入，并改善农业的规模经济性与分工经济性。

21.5　"农业共营制"的案例分析

在农地流转及其规模经营的实践中，如何避免土地均分与调整所内生的产权不稳定，且规避人格化产权及其禀赋效应，是必须重视的现实问题。四川省崇州市所进行的"农业共营制"试验有助于深化前述的理论认识①。

21.5.1　背景说明

我国农地产权的交易，既不包括集体的所有权，也不包括农户的土地承包权，能够运作的只能是经营权。实践中的农地经营权流转，如农户之间的互换、土地租赁，或是将土地承包经营权入股成立合作社等，都是盘活农地产权的不同方式，并由此形成了丰富而多样的探索。关键问题在于，无论是农户间的土地流转，还是企业承租与土地信托模式，都是依赖于农户土地经营权转出基础上的土地租赁经营。其中，农户之间的土地互换，并不能有效扩大经营规模，存在以"小农"替代"小农"的低水平复制问题；租赁经营尽管是农地流转的主要方式，但在性质上是生产要素的交易，不能满足农民作为人格化财产主体对土地经营的在位控制，面临着严重的禀赋效应约束与契约不稳定问题②。对此，崇州的试验或许能够为我们提供新的启迪。

① 案例的详细分析见罗必良（2016）。为避免过多重复，此处重点揭示案例所表达的交易装置及其制度含义。

② 依附于土地承包权的经营权出租，决定了一个基本的事实，即农地租约具有显著的不完全性。但关于土地租约的终极控制权总是属于农户（如出租哪块地、出租多久，甚至是否提前终止租约等），而对土地的现场控制权通常属于土地承租者，并且，剩余索取权甚至也是在两者之间分配的。所以，对于农地租约，并不是如哈特（1998）所说是一个简单的剩余控制权分配问题，而是涉及剩余控制权与剩余索取权的结构性安排问题。

崇州市是隶属于四川省的县级市，是农业大县。2012 年，全市常住人口 67 万人，其中农村劳动力 36.95 万人，但外出劳动力占比高达 73.40%。随着农村劳动力外出流动，“地碎、人少、钱散、缺服务”格局不断加剧，“农业边缘化”问题越发严重。农业发展不仅要面对“谁来种田”的现实问题，还要面对“种怎样的田”和“怎样种田”的深层难题。为此，崇州市做出了多方面的探索。从早期诱导生产大户的农地流转，到随后引进农业龙头企业进行农地租赁经营与订单合作，以及鼓励农民土地合作社的自主经营，多种尝试均未取得预期效果。2010 年，崇州“被逼着”进行新的探索，通过组建土地股份合作社，动员和引进种田能手进行水稻生产经营，由此形成的“职业经理人”及其试验的成功，极大地鼓励了新的实践。

“崇州试验”的核心内容：以维护土地集体所有为前提，以盘活农地经营权为线索，推进土地股份合作社、农业职业经理人、社会化服务组织等多元主体的共同经营。运作重点：①引导农户以土地经营权入股，成立土地股份合作社；②聘请种田能手担任职业经理人，负责农业生产经营管理；③扶持和培育生产性社会化服务体系，打造“一站式”农业服务超市平台。随着职业经理人、合作社以及服务组织等专业化、规模化与组织化运行机制的逐步完善，形成了“1+1+1”（土地股份合作社+职业经理人+农业综合服务）三位一体的“农业共营制”模式。

21.5.2　禀赋效应与规模经济：经营权入股与地权交易装置

崇州市运用农村土地承包经营权确权颁证的改革成果，按照农户入社自愿、退社自由、利益共享、风险共担原则，引导农户以土地经营权折资折股，组建土地股份合作社。运作特点：①坚持土地股份合作社的开放性，即农户自主协商自主组建、自由进入与退出，且不要求与社区或行政区域重叠，以规避社区政府的行政干预；②社员农户直接参与理事会及监事会选举、农业生产计划安排、成本预算以及利益分配方案等决策过程，成为经营管理的决策者和控制者；③理事会代表全体社员公开招聘农业职业经理人，通过签订经营合同对产量指标、生产费用、收益分享、奖赔规定等进行约定；④职业经理人负责“怎样种田”的生产经营，提出具体经营计划执行与预算方案，交由社员代表会议讨论，通过后按照方案执行，并在执行中接受社员和监事会监督。截至 2016 年底，全市已组建土地股份合作社 226 个，入社面积 31.6 万亩（占全市耕地面积的 61%），入社农户 9.23 万户（占全市农户的 61%）。

从人格化财产所决定的交易主体与客体的不可分性及禀赋效应来说，通过农户的农地经营权入股的方式组建土地股份合作社，可能是最具潜力的交易制度安排。崇州的土地股份合作社并不同于通常的自主经营的农业合作社，而是如前所述的一种农地经营权交易的替代机制。这一交易装置既不是出于农业生产合作也不是出于产品销售的目的，而主要表达为农地经营权的集中机制；它既不涉及集体资产及其权益的分享，也不谋求与社区经济组织的重叠，而是在于促使相邻农户土地形成连片的经营规模。其有效性在于，一方面，尊重了农民的人格化财产特性，保留了产权主体与产权客体的紧密联系，既保障了农地产权的稳定性，又规避了农地租赁流转中普遍存在的禀赋效应抑制；另一方面，在降低农地流转交易成本的同时，促进了农业的规模经营，改善了规模经济性。对国家统计局江苏定点观测行政村的研究表明，在 294 个样本村中，成立土地股份合作社的样本村（114 个）的农地流转率平均为 37.60%，未成立土地股份合作社的村（180 个）平均仅为 17.00%（包宗顺等，2015）。可见，土地股份合作能够有效降低农地流转的交易成本。崇州的实践表明，土地集中与规模经营能够使每亩水稻平均增产 10%约 110 斤（1 斤=0.5 千克），生产成本下降 15%约 90 元。

已有研究表明，“中间性选择”能够降低禀赋效应。中间性选择可以分为两种形式：一是中间性物品。这类物品具有原有物品和目标替代物两者的某些共同特征，由此将物品持有者的参照点从目标替代物那里转移开，就算最终的替代物没有被接受，但将持有物作为参照点的程度也被弱化了（Paolacci et al.，2011）。二是中间性交易。它通过一种间接交易的方式，能够弱化原有物品直接交易的货币期望。土地股份合作就是这样的一类替代机制，除了农户社员能够以股东大会、选举董事会与监事会维护其终极控制权之外，一个重要的原因是通过迂回方式来改善农地流转集中。其中，对农户收入的保底承诺（不低于农户自我经营的收入水平，每亩 500 元左右）与 70%剩余索取权的除本分红，能够形成稳定预期与合作激励。已有研究证明，由于禀赋效应，年薪制度可能比绩效奖励制度产生更高的生产效率（Hossain and List，2012）。这意味着，从行为经济学视角来看，有保障和承诺的土地股份合作制能够在禀赋效应情景下改善交易效率。

21.5.3　内部人控制与企业家能力：职业经理人与知识交易装置

如果单纯扩大农地经营规模，却不能同时保证资本、技术、管理等相关要素的匹配，土地规模扩张带来的好处则可能被抵消。因此，改善农业生产效率及其可能性边界，必须考虑多样化要素间的投入匹配问题，其中，企业家能力是一个关键的要素。

在奈特（Knight，1921）看来，企业不是别的东西，而仅仅是一种装置，通过它，企业家自愿承担风险，并保证厌恶风险者得到确定的收入，以换取对后者的支配权。土地股份合作社的普遍不足是企业家能力缺乏。尽管从机制设计看，土地股份合作社模式下的农户具有“社员、股东、终极控制者”的“三位一体”身份，有利于保障农户的主体地位，从效率角度看，土地股份合作有助于土地资本化与适度规模经营，但已有实践结果并不令人满意。一方面，由于农地的不可移动性，规模经营所要求的连片集中往往会导致以农地经营权所组建的土地股份合作制具有强烈的社区封闭性特征；另一方面，合作社的成功高度依赖于核心领导人的个人能力与人格感召力，而能人依赖意味着缺乏“进入退出”的市场制衡机制，极易产生内部人控制问题。此外，封闭的社区型土地股份合作并不能内生企业家能力，更不可能形成企业家能力的竞争机制。

崇州试验的重要突破是，在组建土地股份合作社的同时，诱导了农业职业经理人企业家群体的形成。通过土地股份集中所形成的规模经济潜在获利空间，能够吸引农业职业经理人的竞争性进入以替代“内部人”，合作社由此成为农户经营权细分与企业家人力资本的迂回交易装置，一方面达成企业家能力与其经营规模的匹配；另一方面实现产权细分与分工深化的紧密结合。第一，通过农地经营权进一步产权细分，将决策控制权与经营管理权分离，使土地经营的决策控制权依然掌握在农户手中，确保了其经营主体地位。第二，生成和俘获了农业企业家能力，形成了提供管理知识这种中间产品（服务）的企业家主体，改善了农业的知识分工与经营效率。具体来说：一是通过职业经理人市场的发育与竞争机制的形成，有效降低了合作社寻找有经营能力的代理主体的搜寻成本；二是多个职业经理人竞标准入机制，能够大大降低代理人进入的谈判、签约与接管成本；三是激励优秀职业经理人竞争性进入，化解了传统合作社面临的内部人控制与能人依赖的弊端。第三，改善迂回交易效率。一是通过对农户收入的保底承诺，能够有效甄别职业经理人的风险分担能力；二是通过对经营管理权的委托代理，能够将企业家及管理知识这类交易成本极高的经营性活动卷入分工，同时又可以避免对这类活动的直接定价和直接交易；三是作为对管理知识的间接定价，赋予职业经理人以剩余收益权（一般为当年纯收入的 20%），不仅能够降低企业家价格生成成本，更重要的是还能够激励职业经理人扩大土地股份合作规模、改善农业标准化与品牌化经营水平，提升农业合作社市场竞争能力。截至 2016 年底，崇州市已培养农业职业经理人 1 887 人，拥有初、中、高级资格证书的分别为 338 人、115 人、19 人，通过竞争上岗的有 823 人，初步建立起一支有知识、懂技术、善经营、会管理的竞争性职业经理人队伍。

21.5.4 分工效率与监督成本：竞争性迂回投资与服务交易装置

产权细分以及多种经营主体进入，无疑会增加交易成本。由此，盘活土地经营权还有赖于交易组织与交易方式的改进。农业的生产特性决定了农场内部分工所隐含的高昂成本。一是成员集体劳动的不可监督性与退出威胁机制的缺乏，易于导致偷懒、“搭便车”等机会主义行为；二是以机械操作替代人工尽管能够节省监督成本，但由此带来的资产专用性与农业季节性决定的低使用频率必然引发过高的沉淀成本。因此，通过农地经营权的进一步细分，形成农业经营的终极控制权、经营管理权、生产操作权的三重分离，将内部分工转换为市场分工与服务外包，诱导以提供专业生产为中间性产品（服务）的生产性主体，能够改善农业的技术分工与生产操作效率。对此，山东省大范围试验的农业托管服务已经收到良好效果。2016 年，崇州市已分片建立农业服务超市 10 个，分别联结 225 人的科技推广队伍、22 个农机专业合作社或大户、生产资料供应商 15 家、植保专业服务组织 16 个、劳务合作社 6 个、工厂化育秧中心 2 个与育秧基地 25 个，服务范围遍布全市 25 个乡镇、231 个行政村，并带动了大约 4 800 人新型职业农民队伍的成长。

其交易装置的有效性在于：第一，降低交易成本。通过服务超市交易平台，能够有效降低服务交易的搜寻成本，改善服务价格的生成效率。尽管农业生产存在信息的不规则性，但专业化组织具有信息搜集与处理的比较优势；尽管存在服务质量的考核困难，但专业服务形成的资产专用性与服务市场的竞争，能够有效缓解监督成本问题。第二，稳定交易预期。一方面通过需求的集合，不但化解了专业服务组织因“专用性投资”而被“要挟”的风险，而且能够提升扩大服务交易范围的规模经济性；另一方面通过供给的聚合，农户与合作社能够通过服务超市所形成的声誉机制获得优质服务，并分享服务主体由规模经济与分工经济所决定的优惠服务。第三，改善迂回投资。专业服务组织能够获得机械装备等方面的融资与专项补贴，化解了农户与合作社的投资约束，改善了农业的迂回经济效果。第四，促进农业技术进步。农业的技术受体由农户转为专业组织，有助于农业技术的自主创新。

21.5.5 交易装置的互动：竞争、自我执行与可持续发展能力

一是合作社之间的竞争。“农业共营制”的开放性使得合作社的运营绩效与土地规模、企业家能力、社会化服务质量紧密相关。一方面，合作社的土地规模相对较大，通过竞争能够聘任更有能力的企业家，购买外包服务的成本较低，从而经营绩效更好；另一方面，经营绩效较高，对周边农户土地入股的吸引力更大，能够获得更大的规模经营优势。可见，多重竞争是改善合作社治理与绩效的重要机制。

二是职业经理人之间的竞争。职业经理人的企业家能力越强，能够代理优质合作社的可能性越大，获得低成本与高质量社会化服务的竞争力越高，也越有利

于获得财政与金融支持、推进品牌化经营与提高市场竞争力。职业经理人之间的市场竞争及其评价有助于优胜劣汰自我执行机制的形成。

三是专业服务组织的竞争。农业服务“超市”的构建，既降低了服务主体与经营主体之间的搜寻、判断与监督成本，又能够成为服务质量的有效评价机制。投资能力越强、专业化水平越高、服务质量越好、服务收费越合理，越有助于提升其竞争力（包括改善社会声誉，实施服务规模扩展，以及获得现代支持与政府支持），从而为社会化服务的市场拓展与分工深化提供了可持续发展的动力。

崇州“农业共营制”所探索的交易装置如图 21-1 所示。“农业共营制”构建起来的农地产权交易装置、管理知识交易装置和生产服务交易装置拓展了农户卷入分工经济的空间，有着重要的理论与现实意义。

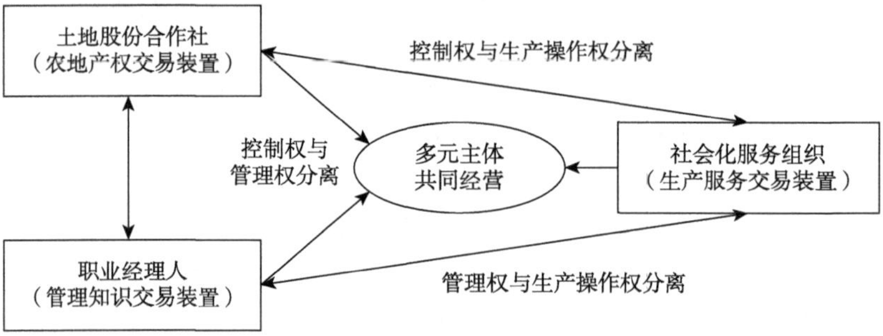

图 21-1　“农业共营制”及其交易装置

21.6　结论与讨论

第一，科斯定理还有进一步讨论和完善的必要性。其中，对于产权主体与产权客体不可分所引发的交易制度问题应被重视。如果产权安排已经固化且又隐含着较高的交易成本，那么，科斯提出的通过重新调整产权来改善处置效率与交易效率的空间并不存在。由此，从产权界定转向交易组织构造则是可能的理论选择。

第二，交易装置是改善产权实施效率的重要机制。企业是一种巧妙的交易机制，它可以把一些交易成本极高的活动卷入分工，又可以避免对这类活动的直接定价和直接交易。同样，农地经营权细分和迂回交易促进了农业分工深化，规避了人格化财产交易中产生的禀赋效应对农地流转的约束以及直接交易所面临的高昂成本。由此，降低产权的实施成本，依赖于有效的生产组织和交易组织的选择与匹配。因此，广义的市场机制不仅包括价格机制、产权分立机制，还要有合乎要求的分工交易的组织机制以及与之相匹配的交易方式。正是基于这样的角度，农地经营权的交易装置与之相互匹配，能够扩展人格化财产的交易空间，有着重要的理论内涵与现实价值。

第三，进一步拓展产权理论的研究。首先，从一般性的纯市场理论转向多元化市场理论。主流经济学通常讨论的是一种冷酷无情的市场交易，关注一种人与人之间不存在差异、人与物之间不存在情感的产品或要素市场。其实，市场面临更多的是不同质的人、不同质的物，以及人与物不同情感的多样化交易情景。对此，经济学的人文情怀与人性关注还有待进一步提升。其次，从生产制度转向交易制度的研究。新古典经济学更多关注资源配置与生产组织，而非交易与交易组织。今天众多新经济形态大多与交易有关，如互联网经济等。最后，将生产制度结构和交易制度结构结合起来进行研究。两类制度的相互关系及其作用机理还有进一步探索的可能性。

第四，崇州“农业共营制”所探索的三大主体及其交易装置，通过将土地流转转换为土地经营权细分交易、企业家能力交易与农业生产性服务交易的匹配，拓展了农户获取“土地规模经济性”、“服务规模经济性”与“分工经济性”的空间，在一定程度上回答了“谁来种地”、“种怎样的地”和“地怎么种”的现实难题。由此，将科斯定理从产权的生产制度结构拓展到产权的交易制度结构，有着重要的理论与现实意义。

第七篇　主要结论和未来政策取向

第 22 章　主要研究结论和观点

22.1　关于农地产权及其交易性质

中国农村改革取得的巨大成就首先源于农地制度改革，源于农地产权的管制放松。正是因为产权的管制放松，才赋予了农民剩余索取权与剩余控制权，从而诱导了农业要素市场的启动与逐步发育。其中，农业家庭经营主体地位的确立、对农民择业权的开放与农地处置权的落实，是农地产权及相关要素市场发育的重要制度激励。

鉴于要素流动与资源配置方式成为市场化的重要判据，讨论中国农地产权及其市场化的潜力就格外重要。但问题是，我们的研究表明，中国的农地市场是一个典型的不完全要素市场，这并不仅仅是由农地的不可移动性所决定的，也不因产权管制的放松而发生根本性改变。

1. 农地经营权流转的依附性

在所有权、承包权与经营权三权分置前提下，我国农地产权的交易，既不包括集体的所有权，也不包括农户的土地承包权，能够运作的只能是依附于农户承包权的农地经营权。实践中的农地经营权流转，如农户之间的互换、土地租赁，或是将土地承包经营权入股成立合作社等，都是盘活农地产权的不同方式，并由此形成了丰富而多样的探索。关键问题在于，无论是农户间的土地流转，还是企业承租与土地信托模式，都是依赖于农户土地经营权转出基础上的土地租赁经营。其中，农户之间的土地互换，并不能有效扩大经营规模，且存在以“小农”替代“小农”的低水平复制问题；租赁经营尽管是农地流转的主要方式，但在性质上是生产要素的交易。依附于土地承包权的经营权出租，决定了一个基本的事实，即农地租约具有显著的不完全性。但关于土地租约的终极控制权总是属于农户（如出租哪块地、出租多久，甚至是否提前终止租约等），而对土地的现场控制权通常属于土地承租者，剩余索取权甚至也是在两者之间分配的。

2. 人格化特征及其禀赋效应

产权界定及其强化并不必然保证促进农地的产权交易。熊彼特（2009）曾经指出："农民可能首先把土地的服务设想为土地的产品，把土地本身看作是真正的原始生产资料，并且认为土地的产品的价值应该全部归属于土地。"赋予土地一种情感的和神秘的价值是农民所特有的态度，从而在农地流转中存在过高评估WTA的倾向，使得农户的禀赋效应不但具有普遍性，而且具有显著性。

第一，人地关系严酷的历史遗产，决定了土地对于农民兼具生产资料与社会保障的双重功能。土地均分往往是小农克服生存风险与安全压力的一种集体的理性回应（Scott，1977）。在村落集体中，农户凭借其天然的成员身份，是集体土地的"准所有者"。从"均权"到"均包"，农地已经成为农民一种不可替代的人格化财产，而赋权的身份化（成员权）、确权的法律化（承包合同）、持有的长久化（长久承包权）更不断增强土地的人格化财产特征。

第二，农村土地集体所有与家庭承包的制度安排，决定了土地经营权必然依附于承包权，而承包权来源于农民的集体组织成员身份权。在承包权与经营权分离的情形下，基于业已普遍的社会认同，任何进入农地经营的主体，只有得到承包农户的同意才能实施经营权流转。因此，稳定土地承包关系并保持长久不变，使得农户的承包土地具有"产权身份垄断"的特性。

第三，农地承包经营权在空间上的界定与确权，必然对象化到每块具体的土地上（宗地的"四至"地界），土地经营权的流转也必然地表现为具体宗地使用权的让渡。因此，对于任何进入农地经营的主体而言，农户所承包的具体地块就天然地具有"产权地理垄断"特征。

3. 产权不可分及其交易成本

禀赋效应的大小与产权形式有直接的关系，产权形式可以分为完全占有和部分占有两种。完全占有情况下产生的禀赋效应较强；部分占有情况下，由于产权面临他人如何分享的不确定性，不产生禀赋效应或产生的禀赋效应较弱。本书研究证明，人格化财产的产权强度的提升，会增强其禀赋效应。农地确权在提升农户产权强度的同时，将进一步强化其禀赋效应并加剧对经营权流转的约束。就我国目前的农地流转来说，由于没有满足农地产权的特殊性要求，从而表现出下列特征。

第一，产权主体与产权客体的不可分性，决定着农地的流转必然表现为财产性资本的配置，如果不能满足这一要求，农地流转必然从契约化交易转变为以地缘、亲缘与人情为依托的关系型契约交易。

第二，由于土地租约的不完全性，农地流转势必隐含着高昂的交易成本。一方面，土地租用者可能会利用土地质量信息的不可观察性与不可考核性，而采用掠夺性经营行为。为了降低这种风险，农户可能倾向于采用短期租赁合约，或者即使签订长期合约亦有可能利用其控制权而随时中断合约的实施。另一方面，由于合约的短期性以及预期的不足，土地租用者为了避免投资锁定与套牢，一般会尽量减少专用性投资，更多种植经营周期较短的农作物，从而加剧短期行为。如果说隐蔽信息与隐蔽行为难以观察，那么以种植方式表达的短期行为则是易于观察的，于是会形成农户土地出租的“柠檬市场”，即租约期限越短，租用者的行为将越发短期化，行为越短期化，租约期限将越短，由此导致土地租约市场消失。这或许是农地租赁市场难以发育的重要原因。必须注意的是，农户土地的出租主要表现为生产性要素的交易，没有满足农民作为人格化财产主体对土地经营的在位控制。

第三，由租约不稳定引发的预期不足与机会主义行为，必然反过来约束着农业的劳动、资本以及相关的资源配置，进而抑制甚至扭曲相关要素市场的发育。

可以认为，农地流转市场不是单纯的要素流动市场，而农地的人格化产权市场也不同于一般的产权市场。农地流转有着特殊的市场逻辑。因此，推进农地流转市场的发育，既要兼顾到乡土社会人地关系的特殊性，又要改善流转交易的规范化与契约化。不考虑到前者，显然会违背农户的心理意愿，忽视后者，则可能将有经营能力的行为主体隔离于农业之外，使得小规模、分散化的农业经营格局难以改变。

因此，农地产权市场特性有着特殊且重要的制度含义。有必要寻找人格化财产的产权交易路径。

22.2　关于农业要素市场的互动逻辑

尽管学界普遍将农业劳动力非农转移视为发育农地流转市场的前提条件，但大多将“人动”带动“地动”的逻辑过于简单化了。本书研究表明以下几个方面。

1. 要素市场发育的不完全性

尽管经过了 40 多年市场化的改革历程，但我国农业要素市场依然具有显著的不完全性。第一，家庭承包制是一个农地所有权由集体占有、农地承包权由村民垄断与农地经营权流转受用途管制的制度安排，尤其是农地所有权与承包权在法律上禁止交易，因此，农地市场的发育往往表达为土地经营权的流转（以租赁市场为主），并受到禀赋效应的明显抑制。第二，农业劳动力的转移受到二元户籍制度、城乡社会保障非均等化和农地退出权法律准备不足的约束，农村劳动力市场的长足发展也因而受到限制，并反过来制约农地市场规模的扩大。第三，由于农户承包经营权的财产化与资本化进程严重滞后，加上农业投资的高风险性以及金融发展的歧视性，农业金融市场也无法有效出清。

2. 要素市场发育的不均衡性

总体来说，在农业要素市场的发育中，劳动力市场的发育是前提，农地市场的发育是关键。因此，农业要素市场是一个以农地市场为中心并与农业劳动力市场和农业金融市场相互联动的交易网络体系。只要不断完善农地流转市场，其他两个局部市场就会相应做出有效率的改进与正反馈，农地市场的均衡价格信号即"地租熵"会最终驱动整个要素市场达到一般均衡状态，从而实现要素市场改革的帕累托最优效率。但由于前述的要素市场发育的不完全性，中国农业要素市场并未呈现均衡的帕累托改进格局，而是表现出明显的不均衡性。

第一，从时空角度来说，尽管中国的土地市场呈现明显的二元市场特征，但随着时间的推移，城乡土地要素市场越发具有互动性。由于国家对一级市场的垄断，一方面导致了地方政府对土地财政的路径依赖，另一方面使得农地流转市场发育严重滞后，但长期而言，城市土地市场化进程在一定程度上能够促进农地市场的发育。特别地，构建城乡土地市场之间的互动机制以及土地增值的共享机制，不但有助于保障农民土地的财产权益，而且能够抑制地方政府的土地财政冲动。事实上，并不存在一个与城市土地市场相分离的独立的农地流转市场，更不存在可以独立发育的农地流转市场。

第二，从互动关系看，尽管农业要素市场的发育有不断上升的趋势，但从全国范围看，劳动力市场的发育程度略高于农地要素市场的发育程度，而农地要素市场的发育程度又高于信贷市场的发育程度。农业信贷市场发育成为短板。然而，农地要素市场与劳动力市场的进一步发育，离不开资金的投入。因此，信贷市场的发育迟缓，会成为制约土地流转和劳动力市场化的瓶颈。可以认为，农业信贷市场的发育具有更为重要的市场化比较优势。因为，土地要素具有位置固定的特点，其流转空间及其交易规模受到天然限制；大规模的劳动力迁徙不但受到户籍政策的限制，而且农民的就业能力及其村庄文化所决定的交易费用均会构成农业劳动力市场发育的重要约束。显然，相对来说，农业资金具有良好的流动性和操作性。因此，强化农业信贷市场的发育，对于推进农业要素的市场化进程具有重要的政策意义。问题是，农户信贷的可获性，农业投资渠道的有限性，依然是重要的现实约束。研究表明，农业现代投资并不仅仅是一个简单的可抵押问题，也不仅仅是一个单纯的政策支持问题，而与本书所关注的农业分工深化、迁回投资方式及其组织化紧密相关。

第三，从农户的行为响应来看，劳动力、土地和资金三大基本生产要素的市场发育，不但具有关联性，而且具有不一致性。分析表明，非农就业转移与土地转出行为之间存在正向互动关系但却不具有一致性，非农就业转移与资金借贷行为之间存在显著的负向抑制关系，农地转入与资金借贷行为之间存在显著的正向促进关系。值得注意的是，随着农业社会化服务市场的发育，农业劳动力非农转移对农地流转的促进作用趋减。可见，农业要素市场呈现相互关联、相互牵制甚至存在相互消长的关系特征。

3. 生产性服务市场发育的重要性

中国的特殊农情所表达的农地产权的特殊性，城乡体制分割以及一定程度的要素管制，决定了农业要素市场变得不完全。在这一格局尚无法在短期内进行根本性解构的背景下，通过要素契约替代产品契约的方式，让农业中介服务组织成为中心签约者并获得剩余权利，不仅有利于交易费用的节约，也能够有助于缓解农业要素市场失灵问题。作为中心签约者的中介服务组织通过一系列要素契约把整个农业要素市场体系中的所有供给者与消费者联系在一起。由于农业的土地、劳动力与资本的三个要素市场之间是相互联系的，而中介服务组织及其服务要素市场能够在整个市场的一般均衡形成过程中起到“黏合剂”的作用。由此，将三大市场进一步扩展到包括农业生产性服务在内的四大市场，不但能够化解农业家庭经营中的信贷可获性及其投资约束，缓解农地经营权流转中的禀赋效应问题，而且能够进一步诱导农户将封闭经营状态中的那些资产专用性较高的生产活动卷入开放的分工体系当中，即以迂回投资和迂回交易的方式通过购买生产性服务来替代直接投资与土地规模扩大，由此将家庭经营卷入社会化分工并扩展其效率生存空间，实现小农生产与现代农业发展的有机衔接。

22.3　一些重要问题与关键变量

1. 农地确权与农地流转

2009 年中国开始试点推行农地确权登记颁证工作。2013 年中央“一号文件”提出，要在 5 年时间内基本完成农村土地承包经营权的确权工作。农地确权并非是“确权、登记、颁证”的单一事件，实质上是以“产权证”作为权利载体所表达的农民对于农地的权利边界，由此进一步明晰农地产权权利，强化农户农地产权的权利强度及其法律保证。鉴于农户家庭经营的分散化与承包地块的细碎化难以满足中国农业现代化的发展要求，人们对确权及其可能引致的农地流转效应寄予厚望。事实上，确权是农地流转的基础，成了基本共识甚至信条。对农地确权与农地流转关系的研究表明以下几点。

第一，从实际行为来说，农地确权对农户农地转出不具有统计意义上的显著影响，但对农地转入具有负向作用。可见，农地确权在整体上非但无法促进农户转出农地，反而降低其扩大经营规模的可能性。不仅如此，试图通过提升农民对土地的产权强度，赋予土地经营权抵押、担保权能的方式，也不能有效地提高农户的信贷可得性。

第二，农地确权通过交易价格机制促进了农户农地转出，并通过农业生产激励（增加务农实物和务农时间投入）和交易费用等传导机制对农户农地转出发挥抑制作用。其中，交易费用的中介作用最大，务农时间投入次之，而务农实物投入则最小。此外，农地确权尚未能通过农村要素市场联动的传导机制对农户农地转出产生任何影响。

第三，农地确权通过农业生产激励（增加务农时间投入）促进农户农地转入，并通过交易费用机制对农户农地转入产生负向影响。其中，交易费用的中介作用最大，务农时间投入次之。农地确权能够激发农户增加务农实物投入、提高农地流转租金，但是，务农实物投入和交易价格机制仍然不足以对农地转入产生显著影响。此外，农村要素市场联动机制对农户农地转入的作用同样未能得到充分发挥。

第四，值得重视的是，从农户的选择意愿来说，农地确权会显著促进其流转意愿，并对农户采用正式合约具有显著性正向影响，尤其是表现出流转对象选择的非身份化的意愿取向。这意味着，农地确权会促进农户农地流转行为从关系情感转向理性计算，从非市场化转向市场化。

应该强调，农地流转市场的培育是“一连串的事件”，不仅需要完善农地流转的产权权益保证机制，发展出弱化、替代农地保障功能的社会保障机制，构建提升农民就业型转移、创业型转移的稳定机制，也需要实施促使农民“离地”“退地”的心理干预机制。

2. 劳动力转移与农地流转的关系

农业劳动力转移和土地流转往往相互作用，因而依靠非农产业与城市化发展减少农业人口，通过劳动力转移以带动土地流转，由此推进农业规模经营发展与城乡经济一体化进程，一直被我国政界和学界寄予厚望。但事实证明，我国土地流转明显滞后于劳动力转移，呈现出明显的不匹配与失衡现象。

本书研究表明，劳动力转移比例和农户农地流转行为并不具有一致性，而是以 0.4 为门槛值而呈现出不同的特征，即当农户劳动力转移比例小于 0.4 时，劳动力转移并不促进农地流转，而当劳动力转移比例达到 0.4 以后，劳动力转移会促进农地流转。当然，劳动力转移比例以 0.4 为门槛值应该理解为一个“逻辑性观念”，即当农户的劳动力非农转移达到一定的阈值后，劳动力市场的发育将有效促进农地流转市场的扩展。由此，我们能够得到如下的基本认识。

第一，农户劳动力的规模转移是农地流转市场发育的基本条件。尽管劳动力转移是农地流转的前提条件，但劳动力转移并不必然促进农地流转，劳动力转移促进土地流转是一个累积效果的渐进过程，只有劳动力转移规模达到一个临界值之后，农户才会选择将农地流转出去。

第二，农户劳动力的稳定转移是农地流转市场发育的支持条件。一旦农户的劳动力转移表现出不稳定的特征，即如果劳动力非农转移后又返乡务农，那么对于非农转移规模已超过临界点的农户而言，会由于劳动力的回流而将已流转的农地要回，流转出去的农地又会退出流转市场；相应地，对于劳动力转移规模尚未达到临界点的农户而言，则意味着会延缓或拖慢其农地进入流转市场的进程。

第三，需要寻找辅助和推进农地流转市场发育的“农外”政策工具。要促进农地流转，不但要保证农业劳动力非农转移达到一定的规模，而且要保证非农转移的稳定性。前者与我国工业化、城市化的发展进程密切相关，依赖于城市与非农产业的就业空间及其潜力，后者与我国城乡一体化进程中尤其是农民工的城市融入度密切相关，依赖于非歧视的劳动力市场建设以及社会福利保障机制的完善。

3. 农地产权与农业投资的关系

稳定而明晰的产权被认为是经济发展的重要基石。中国的现实为我们观察农地产权对农业投资的影响提供了极好的对比试验。一是普遍存在的农地调整，能够表达产权不稳定；二是不断推进的农地确权，能够表达产权稳定性的改善。

第一，总体来说，农地流转市场的发育有助于促进农村信贷市场发展并提高农户的信贷可得性。不仅如此，农户的土地转出和职业变迁，也影响着他们对融资渠道的选择。土地转出农户更多通过正规金融机构来满足其金融需求，从而能够改善其农外的融资空间。

在农业经营方面，如前所述，尽管农地确权确实不能通过强化农民的土地产权进而将经营权作为抵押品而获得银行贷款，但却能够有效降低农村金融对传统人际信用的过分依赖，而且可增加农户的金融参与机会、优化农户的交易环境、增加农户的贷款数量和提高农村的金融覆盖率，从广度、交易环境、宽度三个维度促进农村金融发展的量变，也可以从深度方面促进农村金融发展的质变。其中，农地确权通过对农户私人信息的间接揭示，能够在降低贷款利率、减少农户对失去土地的担忧两方面有显著的支持作用。

第二，如果以跨期经济作物（即果园种植）来表达农户的长期投资，那么就能够发现，农地调整将诱导农户选择短期经济作物而放弃跨期作物的长期投资行为。研究表明：①总体上，地权稳定性的提高会促进农户进行长期投资，强化对跨期经济作物的种植倾向；②非农就业机会的增加则削弱地权的投资激励效应；③强化农业公共服务能够缓解非农就业对产权投资激励效应的负向影响。因此，在农业劳动力非农转移的情景下，在稳定地权的同时改善农业公共服务，能够有效诱导农户的长期投资，促进农业的可持续发展。需要强调的是，农户是否对农地进行长期投资，一方面和农地产权有着重要关系，但另一方面却与其他约束条件密切相关，如非农就业市场及其要素配置。这一研究结论有助于深化对正在大力推进的农地确权颁证工作的制度含义的认识。应该说，农地确权是重要的，但仅仅试图通过农地确权的单一策略来强化农户对农地的长期投资，其激励效果将是有限的。必须辅之以其他措施，特别强化农业基础设施投资的政策匹配。

第三，农地确权所表达的产权稳定性，并不直接激励农户的投资行为，而主要通过提高地权安全性、地权可交易性以及信贷可得性三种方式，间接促进了农户的农业投资。农地确权颁证对农地经营规模扩大、农业劳动力数量、农业生产时间以及农业经营投入都具有显著的正向作用，并且其估计结果较为稳健。不过，通过地权抵押增加信贷可得性的影响作用则尚未得到充分的发挥。

4. 农业特性、要素品质与农业契约选择

农业要素流动与市场发育并不是一个独立的事件。其中，农业与农业要素市场的特殊性有着重要的制度经济学含义。

第一，传统产权理论与主流经济学往往认为“私人产权是最有效的制度安排”。因为私人产权是人们获得经济自由与市场交易的基础，而自由的市场体系是提高社会福利水平的重要平台。本书研究表明，产权效率具有显著的情境依赖特征，涉及产权对象的资源特性、产权本身的制度功能以及由此产生的交易费用等诸多方面。不同的资源具有不同的特性，与之相关联，不同的产权类型具有程度不同的制度功能，进而会衍生出性质一致但大小各异的交易费用，最终导致不同的产权效率生成，因而不存在任何情景下“总是有效率”的产权形式。不同的产权类型代表着不同的激励结构，进而诱导着不同方式的要素流动与要素配置。

农地资源的利用具有季节性、空间分散性以及长周期性等特殊属性，这些特性会在不同的制度环境中产生不同的交易费用。因此，在设计和选择新的农地产权安排时，应该从节约交易费用的角度充分考虑各种组织形式、治理机制和缔约模式对约束条件的适应性和相容性。或者说，不同的农村地区应根据其要素禀赋与资源特性等约束条件来匹配不同的产权类型，从而形成一个多元化的农地产权

制度变革路径分岔演进的新格局。最重要的是，对于中国这样的农业大国，不能仅仅以单纯的私有化抑或国有化作为农地改革政策的唯一选择模式。

第二，要素品质与配置结构的差异会引起不同的风险或交易费用，相同的行为动机在不同的交易费用约束条件下将产生不同的制度绩效。由于农地流转往往以土地租约的方式表达，有必要重新讨论土地租约安排与资源配置效率问题。研究表明，传统佃农理论之所以认为分成契约低于定额租约的效率，是因为忽视了风险因素。但如果将风险问题转换为交易费用约束并使工资率满足一定条件，则分成契约与定额租约将具有相同效果。进一步放松要素同质的假设，博弈模型分析表明，低质量土地和高能力佃农的要素组合与分成契约匹配，定额租约则适用于高质量土地和低能力佃农的要素组合。定额租约和分成契约分别是信息对称和不对称结构下的最优制度选择。中国历史上曾出现过不同的人地关系变化，且不同的时期有不同的自然风险态势，因此，农地契约选择会表现出不同的情境依赖性及趋势。

22.4　生产制度结构与产权交易制度结构

完备且明晰的农地产权有助于提高农业生产绩效，而农业生产绩效的实现则取决于要素的生产效率和配置效率。以往关于农地产权影响农业生产要素配置的研究大多借助地权稳定性或安全性概念，从而忽视了农地产权实施的层次性及其对农户行为规范的建构性。

1. 农地产权强度对农业生产要素配置的影响

农地产权强度可区分为国家赋权、社会认同和行为能力。研究表明，在农业要素市场发育与要素配置过程中，国家赋权和社会认同因农地要素和劳动力要素的属性差异对农业生产要素配置存在差异化影响，行为能力则发挥着重要的调节作用。具体而言，国家赋权会抑制农地转出和农村劳动力的非农转移，并对行为能力较强的农户具有更为显著的影响。相反，社会认同总体上对农地转出无显著影响，但会抑制行为能力较强的农户转出农地，并激励行为能力较弱的农户转出农地。由此可见，国家赋权与社会认同在配置农地要素上的效果趋同，但非农就业市场的政策主导决定了农村劳动力非农转移更多地受国家赋权的影响。

可见，强化农地产权并不必然促进农地流转，也不存在对农业要素市场发育的一致性影响。

2. 产权界定在中国情境下面临的问题

已有文献讨论了农地产权界定（确权）对农户生产性行为的影响，但大多忽视了对确权所隐含交易含义的研究。之所以如此，一个重要的原因是主流产权理论通常假定在产权明晰与稳定的前提下，市场能够自动解决交易问题。产权理论大师 Alchian（1965）曾经指出，所有定价问题都是产权问题。价格如何决定的问题，就成了产权如何界定、交换以及以何种条件交换的问题。这清晰地表达了科斯（Coase，1960）的思想，即强调产权界定是如何决定交易成本进而如何决定资源配置的。

按照科斯定理，不同产权安排隐含了不同交易费用，因此用一种安排替代另一种安排是恰当的。问题是，在产权已经界定的情形下，随着时间的推移，由于环境条件的变化，以及学习机制所决定的识别能力，人们会发现原有的产权安排可能隐含着非常高的交易成本，或者可能存在尚未实现的潜在利益。这显然会面临“两难”问题——变更产权会引发预期的不稳定性；维护原有安排则会牺牲潜在收益。由此，在农地已经确权（即产权已经界定）的情形下，如何降低运行成本或减少交易费用，显然是科斯没有完成的工作。产权是重要的，但降低产权交易费用，并不唯一地由产权安排及其调整所决定。

中国农地流转面临的主要约束如下：①产权的不可分割性，即产权主体与产权客体具有不可分割性，这是由农户对土地的人格化财产特征所决定的；②产权的不可变更性，农地产权通过确权已经明确且固化，不存在承包权重新调整的空间，即不可能像科斯定理所表达的那样通过产权的重新配置来降低交易费用；③产权交易的特殊性，即农地流转存在显著的禀赋效应。

产权界定并不能决定产权实施。不仅如此，产权实施尤其是产权交易，不仅依赖于产权客体特性，还依赖于产权主体和产权客体的可分离程度。现实的难题就在于，如何改善“不可分性”的产权配置效率，如何促进人格化财产的流转交易。

3. 人格化财产与交易装置

改善人格化产权的交易效率，我们需要借鉴科斯范式，并由此将科斯定理从生产的制度结构拓展到交易的制度结构。如前所述，科斯定理的核心思想是，市场存在交易成本，而产权界定可以节省交易成本，但不同的产权界定隐含的交易成本是不同的，因此应该寻求交易成本相对较低的产权制度安排来改善总的福利效果。鉴于新一轮农地确权不再存在产权重新界定与调整的空间，我们将科斯的思想范式进一步拓展到产权交易——可称为“扩展的科斯定理”：由于存在交易成本，如果不能通过产权的重新调整来改善效率，且不同的交易方式隐含的交易成本是不同的，那么就应该寻求恰当的产权交易装置进行匹配来改善总的福利效果。

对人格化农地产权市场而言，新的交易装置必须能够满足这样的要求：稳定农村土地承包关系，尊重农民土地的人格化财产特征，在此基础上盘活农地经营权，吸纳有能力的经营主体及其现代市场要素，并改善农业的规模经济性与分工经济性。

交易装置是改善产权实施效率的重要机制。企业是一种巧妙的交易机制，它可以把一些交易成本极高的活动卷入分工，又可以避免对这类活动的直接定价和直接交易。同样，农地经营权细分和迂回交易促进了农业分工深化，规避了人格化财产交易中产生的禀赋效应对农地流转的约束以及直接交易所面临的高昂成本。降低产权的实施成本，依赖于有效的生产组织和交易组织的选择与匹配。因此，广义的市场机制不仅包括价格机制、产权分立机制，还要有合乎要求的分工交易的组织机制以及与之相匹配的交易方式。正是基于这样的角度，农地经营权的交易装置与相互匹配，能够扩展人格化财产的交易空间，有着重要的理论内涵与现实价值。

22.5　要素流动、规模经济与农业分工经济

如何改变我国农业的分散化小规模经营格局，推进农地流转集中并实现规模经营，一直是学界关注的重点，也是国家相关政策的基本方向。已有研究夸大了农地流转及其规模经营的有效性。我们的研究表明，在三权分置背景下，以农地经营权流转为基础的农地规模经营，易于内生高昂的交易成本，而通过经营权细分及交易实现的农业服务规模经营，能够显著提升农业的外部规模经济性和分工效率。在满足农户对土地的身份财产权和在位控制权的刚性约束条件下，推进农业服务规模经营是我国农业适度规模经营发展的重要方向，将成为我国农地规模经营模式发展不足的重要补充与匹配策略。

1. 农地经营规模扩大及其要素匹配

从农户层面来说，农地的规模经营是一个要素匹配的过程：第一，在农地家庭承包的制度约束下，农地规模经营必然地依赖于农地经营权的流转，或者，更准确地说，依赖于部分农户对其经营权的退出；第二，部分农户的经营权退出与另外一部分农户经营规模的扩大，一定意味着农户在农地经营中的分化，只有那些具有农地经营比较优势的农户，才可能走向农地的规模经营；第

三，更为重要的是，经营规模的扩大，必然要求农户投入要素的结构性转换及其调适性匹配。其典型情形是，家庭农业劳动力的总量约束通常难以满足较大规模土地的劳动用工需求。一方面，为了消除这类不平衡性，农户可能会通过劳动力市场来解决，另一方面，考虑到农业劳动质量的考核成本、农业用工旺季雇工的较高成本及其不确定性，规模农户可能寻求资本对劳动的替代。对农户样本的实证分析表明，农地规模经营的实现过程是“以雇工缓解家庭劳动力约束－农机外包服务替代雇工－自购机械替代农机服务外包－以信贷投入契合规模经营”的匹配演化过程。可见，农户的农地规模经营并非是由农地要素及其流转所独立决定的。

2. 规模经营中的要素替代与卷入分工

农户经营规模逐步扩大，必然导致要素配置格局发生重大调整。其中，两个方面的特征尤为关键。一是如前所述的要素匹配关系。因为随着经营规模扩大，农户要素投入将发生结构性转换及其调适性匹配。二是要素的替代关系。要素比价的变化，决定着要素的匹配关系。一方面，农业劳动力的非农转移，导致农业劳动的供给总量下降，引起农业雇工空间的收缩；另一方面，规模农户对雇工的需求增多，加剧了农业雇工市场的竞争。由此，供给下降和需求过剩共同决定着农业劳动的成本上升。因此，考虑到质量考核的成本、用工的季节性，农业雇工隐含着高昂的交易费用。规模农户为规避风险、高昂成本，可能寻求资本对劳动的替代。

鉴于机械操作的规范性与标准化，用机械替代人工是农业要素配置的重要技术路线。但同样存在的问题是，随着生产环节的专业化和机械化操作，必然提升资产专用性及其锁定效应。为了降低农业机械投入引发的投资约束，以及由资产专用性及低利用频率导致的机会成本，一个可替代的策略是：通过外部的“迂回投资”来获取机械操作的生产性服务外包。

研究表明：①农户的农地经营规模与其服务外包行为存在倒“U”形关系。②农地块数及其细碎化抑制农户雇用劳动力和资本服务。③劳动力弱质化和非农就业转移能够促进农户的雇工行为。④监督考核难度、投资门槛都促进要素替代和匹配行为的发生，其中，雇工质量的监督考核难度抑制雇工经营，激励农户的服务外包；机械作业的资产专用性促进雇工经营；投资门槛促进雇工经营和服务外包。⑤农户生产的市场化程度以及良好的地理与基础环境均有助于改善服务外包行为。因此，随着农地规模的扩大，有必要强化农业生产性服务市场的发育，进而实现农业经营方式的转型。

3. 地权稳定、分工深化与粮食安全

农业生产要素的相互替代或配置方式的调整，依赖于农户对要素相对价格及其潜在收益的有效反应，而一个不减弱的产权是农户做出有效反应的前提。理性的农户在配置要素进行农业生产时，不仅会考虑农业生产的投入产出问题，也会在劳动力流动性增强和部门要素价格差异扩大的情形下最小化农业生产的机会成本。农业生产一般具有长周期性，但种植不同农作物所表达的周期性含义是不同的。如果农户种植的是水果或药材等经济作物，由于前期需要对基础设施进行较高的固定投入，加之该类型作物的生长周期较长，这会造成种植品种的专用性与资本套牢现象。相反，如果农户种植的是粮食作物（如水稻、玉米、小麦等），由于该类型农作物生长不存在跨年度的路径依赖问题，农户能够根据市场与要素价格的变化及时做出适应性调整，并不会形成明显的资本套牢现象。一旦农地经营规模突破家庭劳动力的预算约束，雇工经营或者服务外包就成为必然。相对来说，经济作物种植尤其具有劳动密集、劳动质量难以考核的特点，而生产粮食作物的劳动消耗主要集中在整地、插播与收割等环节，并易于采用机械作业，劳动监督成本相对较低，这决定了粮食作物的生产在农业分工上更具优势。

研究表明，地权稳定性的改善并不能有效激励农户种植农作物的热情，且对经济作物种植的抑制作用显著大于对粮食作物种植的抑制作用。但是，地权稳定性的改善使得农户家庭能够在农业部门和非农部门之间自由配置要素，并更可能种植市场风险较低和分工程度较高的粮食作物。追求务农收益最大化的纯农户，倾向于种植经济作物；而追求务农成本最小化的兼业农户，则选择种植粮食作物的可能性更高。农业机械化程度的提高，尤其是农业社会化服务市场的发育，能够有效激励兼业农户采用机械以节省劳动投入并增加粮食播种面积。由此表明，农业劳动投入已经不再是决定粮食种植与否的主要要素。可见，农村劳动力的非农转移、地权稳定性的提高以及农业机械使用程度的增加，均会诱导农户更倾向于种植粮食作物，从而表现出种植结构的“趋粮化”。

应该强调，推进农业规模经营，应该关注四个维度的路径拓展，即从强调单一的土地要素转向多要素投入的均衡匹配；从仅关注生产成本拓展到关注交易成本；从关注规模经济的成本节约转向关注分工深化的报酬递增机制；从农地规模经营拓展到农业服务规模经营的多样化选择。农业规模经营的本质，在于将我国“小而全”的农户纳入分工经济范围，形成报酬递增的分工深化机制。其中，以经营权的产权细分及其交易为基础的农业服务规模经营，既能满足农户土地的身份财产性的权益诉求，又能增加产权交易匹配组合的选择空间，更有利于显著提升农业的外部规模经济性和分工效率。

22.6　家庭分散经营与融入现代农业的可能性

在赋予农户长久而稳定的承包权的背景下，无论发生怎样的产权细分与经营主体的分离，农村土地的家庭承包所决定的“资格垄断性”，意味着我国农业家庭经营的性质均不会发生根本性变化。家庭经营基础性地位的关键在于农户的承包经营权主体地位。因此，公社集体经营中以家庭为单位的“大包干”、承包权与经营权合一的农户经营，以及承包权与经营权分离后的家庭经营等，均可视为家庭经营。不能将家庭经营视同于小农经营，因为前者既可以通过扩大土地规模走向规模经营，也可以发挥其比较优势参与农业分工而成为现代农业发展的积极因素与重要组织资源。农业家庭经营具有适应要素市场发育而融入现代农业发展的制度潜力。

本书研究将农户家庭经营或家庭农场视为一个“企业”，一方面具有利用资源的协同效应功能，从而表现为生产决策属性，另一方面具有利用“权威”代替市场价格机制的功能，从而具有交易选择属性。为此，可以将农户的经营能力细分为生产经营能力与交易经营能力两个层面，前者倾向于扩大农地经营规模（内部一体化，表达为土地要素的聚合），后者倾向于参与社会化分工或生产性服务外包（外部市场化，表达为中间性服务产品的交易）。一旦假定农户的异质性，那么，小农户融入现代农业就会呈现出如下的演化图景。

第一，在家庭联产承包责任制背景下，农地经营规模扩大必然依赖于农地经营权流转。对于农户而言，只有那些具有比较经营能力优势的农户，才可能走向农地规模经营（假定不存在产品市场容量的约束）。显然，农户生产经营能力的差异及其分化，是农地流转及规模经营实现的前提条件。

第二，随着农地经营规模扩大，如果所有农事活动均由一个家庭独自处理，那么，现场处理的复杂性和多样性必定超出农户的行为能力。从短期来看，生产季节性决定着农业用工旺季与淡季的交替，势必引发时间上过剩与不足的结构性矛盾；从中长期来说，家庭劳动力的变化也必然导致农户经营过程中劳动力需求与供给总量上的结构性问题。因此，随着农地经营规模的扩大，结构性矛盾将内生出农户的雇工经营并诱导农业劳动力要素市场的发育。

第三，由于农业的经营特性，与农地规模经营相匹配的劳动要素配置隐含着高昂的交易成本。一是大量农业劳动力非农转移引发的农业雇工成本不断上升；二是农业生产季节性与劳动用工的不平衡性会加剧农业雇工的不确定性与风险成本；三是农业的生命节律与现场处置特性必然导致对劳动质量的监督困难，内生出高昂的考核成本。因此，随着农地经营规模的扩大，采用机械替代劳动力以节省生产成本和交易成本，势必成为农户改善要素匹配效率的恰当选择。

第四，作为专用性资产的农机具投资，因农业的长周期性与生产环节的异质性所决定的较低利用频率，必将导致投资锁定与沉淀成本。所以，当家庭农场尚未达到足够的规模水平时，农户会倾向于将资产专用性程度较高的生产活动卷入社会分工体系当中，即通过购买生产性服务替代直接购买农机具，以降低生产费用并改善经营效率。

第五，农户的服务需求若有限，不可能诱导专业化的服务供给（市场容量约束分工）。当多个农户的服务外包需求总量达到一定规模时，具有比较交易经营能力优势的农户就可能成为专业化服务经营主体（市场容量促进分工）；当专业化服务具有比较成本优势时，则能够诱导农户外包服务需求的扩大（分工反过来增进市场容量）。因此，农户的生产经营能力及其组织管理成本是农户土地经营规模的决定因素，而农户的交易经营能力及其分工交易成本则是农户服务经营规模的决定因素。

可见，对农业经营而言，通过流转土地以扩大农地经营规模，或者通过购买生产性社会服务的规模化供给，是两种相互关联的规模经营策略。随着市场化和专业化分工的演进，农业生产性服务的交易效率无疑会高于土地经营权的交易效率，农户能够以服务规模经营替代土地规模经营。农户生产经营活动卷入外部分工以及社会化分工网络扩展能够更显著地改善农业的外部分工经济与规模经济。因此，从土地规模经营转向服务规模经营，并由此形成小农生产与现代农业发展的衔接，是农业经营方式转型发展的重要路径。

第 23 章　未来政策取向

23.1　制度变革：从土地的福利保障转向土地财产功能

土地一直被视为农民的“命根子”。土地是生产要素，又具有福利保障功能，这两者在传统的农耕社会并不矛盾。但对于处于转型中的中国农村来说，情形正在发生变化。一方面，在中国城乡公共服务不均等的背景下，对于大多数处于以农为生、以农为业、以地立命生存状态的农民而言，土地依然提供着重要的社会保障功能；另一方面，随着工业化与城镇化的发展，农民的农外就业机会增加，土地对农民的就业与收入保障功能逐步弱化。通常认为土地对于农民承担着就业、养老等多重社会保障功能。从逻辑上来说，通过替代性保障功能的供给，一般能够弱化农民对土地的依赖。

然而研究表明，替代性保障品的供给并不能改善农民对土地的流转态度。同样，无论是医疗保障、养老保障的改善，抑或是家庭老龄劳动力、务农劳动力以及农业收入比例等，均未对农户流转的关系型交易产生显著影响。在社会保障不健全和外出务工不稳定的情况下，农户生存保障离不开对土地和亲友邻居的依赖。一方面，农户对土地的依赖性使得土地保障功能属性与农地流转缔约对象选择紧密联系在一起，从而意味着农户农地流转具有收益最大化和风险最小化的双重决策目标，村庄社会成为重要的生存风险规避机制；另一方面，特殊的人地关系引发了特殊的交易关系，土地可以作为连接社区和加强熟人间社会关系的工具，从而意味着农地流转并非简单的经济利益权衡，并表达为社会关系网络的投资和积累。

因此，农民的土地流转及其租约选择并不是一个简单的福利保障功能及其替代问题，而是表达了农民对土地财产权利及其情感的诉求。由此，家庭承包制如果仅仅满足于农民对土地保障功能的制度取向，那么小规模、分散化、细碎化的农业经营格局难以发生根本的改变。所以，必须推进土地功能的转换，并从强化土地的福利保障功能转向强化土地的财产功能。其基本的政策取向是：①在现有土地承包关系保持稳定并长久不变的前提下，赋予农民更加充分而有保障的土地承包权；②盘活农民的土地经营权，构建农地流转的产权市场；③推进土地的资本化，促进农民的财产性增收。

农民收入大体来源于四个方面：一是产品性收入（来源于农产品的销售）；二是工资性收入（务工收入）；三是财产性收入；四是转移性收入。事实上，我国农民的收入一直依靠前面的“两条腿”走路。问题是，新的形势下，第一，农民依靠农产品产量与价格进一步增加收入的空间已经十分狭小。在农产品进入买方市场后，大幅度提高价格的市场机遇不多，单纯地增加产量对农民收入增长的带动作用将越发有限。第二，依靠工资性收入增加农民收入亦面临诸多困难。一方面，粗放的工业经济增长方式在吸纳廉价劳动力的同时存在压低工资的倾向；另一方面，大中城市的产业结构升级有排挤劳动力就业的趋势。

中国 40 多年来的农村改革，最重要的成就之一就是推进了市场化取向的改革。然而，从产品市场和要素市场两个方面看，要素市场的改革相对滞后于产品市场的改革。其中，以土地要素市场的滞后最为显著。土地不仅是一种生产性要素，还是一种财产性要素。因此，无论是出于公平的角度缩小城乡差距，还是出于效率的角度增加农民的购买力，让农民获得财产性收入都是必然的选择。其中，农地所有权的资本化有利于增强农民集体的经济实力的同时稳定农村基本经营制度；农民土地承包权的资本化有利于保障农民的土地权益，并强化耕地保护；农民土地经营权的资本化有利于农地的流转与集中，关键是能够构建起“小农”（经营能力弱）的退出机制与“大农”（经营能力强）的进入机制。因此，保障农民的土地权利，推进农村土地的资本化，是增加农民财产性收入，带动农村金融市场发育，并由此启动农村消费市场的核心战略。

23.2　要素市场：从推进农地流转转向多要素市场互动

农地流转并非是一个独立的市场发育过程，应协同推进“人动、地动、钱动”，三类市场协调发展和良性互动，实现多重政策目标的有效整合。

一是借助于“人动、地动”的互动机制，构建一个开放并不断拓展的农地流转市场。在农政措施上，一方面应配合强有力的农村社会保障制度建设，消解农地上保障功能与市场机能之间的矛盾，促使农地成为扩大农村经济产出的最为重要的生产要素，从而既促进农民的非农就业转移，又逐步实现土地交易的商品化，为开放的农地流转市场提供支撑条件；另一方面，应当加大对适度规模区间内农场发展的政策支持，减少撒芝麻式的普惠性政策支持，更有效地促进规模经营。

二是从“人动、钱动”的角度看，需要解构两者之间的负向抑制关系，关注如何引导农民从简单的非农就业型转移转向创业型转移，构建农民创业型转移与创业型金融资本借贷的正向促进机制。农民创业型转移依赖于农民的异质性人力资本以及投资能力，前者需要加大对农民企业家才能的培训力度，后者的重点在于国家对土地的赋权从福利性转向财产性，推进土地资本化，使得离地农民具备财产性资本和金融资本，由此形成“人动、钱动”的互动发展格局。

三是利用“地动、钱动”的互动机制，进一步撬动两大市场的发展。鉴于当前农村金融市场滞后，需要政府积极完善农村金融信贷体系结构，为农户提供可靠的信贷资源以及相应的便利服务，进一步促进农村金融市场与农地市场发展的匹配均衡。

四是挖掘农地确权的制度红利。第一，构建有效的农地流转租金生成机制。农地确权推高农地产权价值及其意愿租金，一方面，有利于农户财产性收入的增加，另一方面，过高的租金诉求可能反过来抑制农地的流转，并进一步加剧农产品成本的推高，进而导致农民财产性增收目标的落空。因此，从长期看，一个公开并不断拓展的农地产权流转市场的发育，会显得尤为重要。应因地制宜配套建立区域性、自由进出、规范的农地经营权产权流转交易市场，构建有效的流转租金价格生成机制。第二，加强农地经营权流转合同的规范化与流程化管理。随着确权工作的推进，农地产权的法律保障效应将日渐强化，农户作为行动层面的响应者，更容易感受到法律的外在的硬约束功能及其权益保障效应。因此，加强农地经营权流转合同的规范化与流程化管理，应该成为地方政府的常态化工作。第三，发挥农地经营权抵押、担保权能，培育农村金融市场。家庭信贷款项能够显著促进农户转入农地，但农地确权未能有效促进家庭信贷款项的增加。因此，应当进一步发挥农地经营权抵押、担保权能，使其真正有效地成为信贷抵押品，并通过投资效应、抵押效应和交易效应促进农户农地流转。

23.3　服务交易：从农户直接投资转换为外包迂回投资

农业规模经营与规模农户的生成并不仅仅由农地经营权流转市场所单独决

定，更是与相关要素市场的发育与匹配密切关联。其基本的优先次序为：农户的农地转入与规模的初始扩大，依赖于以土地产权明晰化、稳定化为前提的农地经营权流转市场的发育；进一步扩大经营规模，有赖于农业劳动力市场与生产性服务外包市场的发育；实现规模经营则进一步取决于农业信贷市场的发育与完善。

第一，农地产权安排及其稳定性有助于促进农地流转，但对规模农户的形成并不具有决定意义。从鼓励农业规模经营的角度来说，政府的政策重点应该在关注农地确权工作的同时，加大力度推进农业要素市场的发育。鉴于已发生的农地流转并未形成明显的集中化趋势，并且，中小规模的农户经营不但是农业经营的基本格局，而且会在未来存留相当长的时间，培育新型农业服务主体，扩展农业生产性服务市场，尤具实践价值。

第二，农业劳动力市场的发育对于农户超越小规模走向规模化经营具有显著性影响。问题是，目前农户的农业雇工大多局限于农户间的帮工与换工及零工雇请。因此，推进农业劳动力市场的转型升级，培育职业化、专业化、组织化的农业劳动力雇工队伍，推进农业生产经营的劳动分工，应该是造就新型职业农民群体的重要内容。

第三，盘活农地经营权有赖于交易组织与交易方式的改进。尽管农业生产存在信息的不规则性，但专业化组织具有信息搜集与处理的比较优势；尽管存在服务质量的考核困难，但专业服务形成的资产专用性与服务市场的竞争能够有效减缓监督成本问题。如果农地流转的效率很高，那么农场组织（或者农户）就会通过扩大土地规模来实现土地规模经济性。但其直接投资所决定的资产专用性和低使用频率必然带来较高的交易费用与沉淀成本。如果农地流转的效率很低，农场土地规模的扩大将受到约束，农业分工将转换为市场组织分工，中间产品的生产与劳动（服务）交易效率就具有重要作用。从农场的角度来说，意味着分工经济转换为通过农业生产性服务（如代耕、代种、代收，甚至是职业经理人的“代营”等中间性服务产品）的纵向分工、迂回投资与服务外包来实现服务规模经济性。

第四，发展农业生产性服务市场，政府可根据两个准则来制定扶持政策：①作物品种准则，如小麦等适合全程大规模机械化的作物品种，主要扶持生产服务的市场供给，而对水稻等只有部分生产环节适合大规模机械化的作物品种，则应兼顾自主供给与市场供给。②生产环节准则，即对整地、收割等易于大规模机械化的生产环节，主要扶持生产服务的市场供给，而对其他环节则主要扶持自主供给，并根据各环节在整个生产活动中的成本比例来分别确定对自主供给和市场供给的扶持力度，以实现精准扶持。

23.4 生产组织：从纵向分工到横向分工及连片专业化

对农业分工及服务规模经营的机理研究表明：①市场容量是诱导农业生产性服务主体生成的关键。②市场容量概念具有交易频率与交易密度两个方面的含义。前者表达农户参与纵向分工而实行服务外包，后者表达多个农户选择同类横向分工并形成同向专业化种植。③在农业领域，没有横向分工以及在此基础上的区域专业化与生产组织化，农户参与的纵向分工也就难以深化。横向分工是纵向分工的前提。④区域内横向分工越是同向，农业生产布局将越是集中化与连片化，由此形成的市场交易密度则会诱导不同生产环节的外包服务主体进入，生产性服务及其交易将呈现多样化，并反过来促进农业纵向分工的深化。

当前中国的农业种植结构已经出现沿纬度布局的发展趋势，这与核心区域农机服务的空间溢出效应密切相关。因此，农业社会化服务市场并不是一个局限于空间概念的市场，也具有时间维度的内涵，从而揭示了农业生产特性所决定的市场特殊性。这意味着，随意地布局农业种植结构和缺乏指向性地推进农业社会化服务的政策支持，均存在违背市场内在运行逻辑的潜在风险。

以小麦种植为例的实证研究表明：①在一定的区域范围内，市场容量（小麦种植面积）决定着农业分工水平（农业机械化水平），但对区域外的农机投资不产生激励效果。②农业机械化水平的提高不但直接导致区域内小麦种植面积的扩大，而且会诱导相邻区域小麦种植面积的扩展，存在显著的空间溢出效应。③由农业机械化水平所表达的纵向分工深化，通过跨区作业而拓展社会化服务市场，并因区域的季节性差异而沿纬度将更大区域范围内的农户卷入横向分工（农户专业化），并进一步反过来诱导市场范围的扩大。其一方面表现为以增加交易密度的方式扩大本区域种植面积，另一方面表现为以扩展交易半径的方式而扩大相邻区域的种植面积。值得重视的是，农业的纵向分工进而农业社会化服务市场的发育具有典型的时空特性。沿纬度诱导农作物的连片种植，既能够扩展市场容量，又有助于降低交易费用，进而形成跨区域和具有辐射性的农业分工网络经济。

鉴于农业的横向分工及区域专业化所表达的市场容量是由众多分散农户种植行为对外包服务可获性的选择性响应，优先投资农机装备，着力培育外包服务市场，构建农机跨区作业服务的绿色通道，并由此促进农业生产布局的连片化与组织化，能够有效诱导小农卷入分工经济，从而将小农生产引入现代农业的发展轨道。

23.5　粮食安全：从要素流动转向农户行为的内在激励

农业劳动力的非农转移与农地流转的快速提升，以及农户种植行为的“非粮化”引发了人们对中国粮食安全问题的担忧。来自历年《中国统计年鉴》的数据表明，中国的粮食播种面积占总播种面积比例确实从 1978 年的 80.34%降至 2003 年的 66.17%。但众所周知，这个时期粮食种植比例的下降并不能完全被视为“非粮化”，是在相对程度上农业种植结构主动调整的结果。粮食种植占比的下降与农地流转并不存在多大的关系，因为直到 2003 年转入耕地的农户占农户总数的比例只有 3.81%。真正应该关注的是，2004~2015 年，中国农地流转率从 4.5%升至 33.3%，增幅达到 6.4 倍。但同期，中国的粮食播种面积占总播种面积比例并未下降，而且从 66.17%升至 68.14%，并带来了令人鼓舞的粮食产量“十二连增”（如果没有 2016 年开始实施的农业供给侧改革，我国粮食产量还有可能会进一步增长）。

我们的研究表明，种植结构的“非粮化”是在农业劳动力非农转移滞后的阶段才成立的。或者说，在封闭或要素流动不足的农业经营环境中，充裕的农业劳动力和供给滞后的农业社会化服务会促使农户在提高要素利用效率和追求利润最大化的过程中，扩大经济作物种植规模，从而引发种植结构的“非粮化”。但农业劳动力的非农转移一旦达到一定规模，尤其是农地转入规模超越农户劳动力的刚性约束后，必将诱致经济作物种植比例的下降。这或许表明，中国的种植结构调整存在阶段性特征并具有情境依赖性，而约束条件的变化将诱致种植结构的进一步转换，因此，“非粮化”并非常态。显然，不宜过度夸大要素流动及其结构调整所引发的“非粮化”问题（当然，这并不意味着可以对粮食安全问题掉以轻心，相反，任何时候任何情形下都必须对粮食安全问题予以足够的重视）。

三个“常识”尤为重要。一是与粮食作物相比，经济作物更具有劳动密集的特点。在农业劳动力刚性约束下，农户应该更倾向于种植粮食作物。二是农业中劳动力刚性约束不断增强与劳动力机会成本不断提高，必然诱导资本替代劳动。与经济作物相比，粮食作物更适宜于机械作业。三是一旦农业卷入分工经济，农业生产性服务市场的发育与农户生产环节的服务外包将进一步凸显粮食作物的比较优势，进而推动种植结构的“趋粮化”。

在上述三个“常识”下，我们能够发现小农在要素流动与融入分工的过程中具有偏好粮食种植的自我激励与内在动力。

第一，从农地承包期的延长到农地的“四至”确权，农民土地的产权强度不断提升，但地权的稳定性改善并不必然诱导农民对土地的投资热情。从学理上来说，如果地权不稳定（如频繁地进行农地调整），农户为了规避投资风险，往往倾向于短生长周期类作物的种植，由此，粮食作物往往成为优先选择；如果改善地权的稳定性，那么在要素管制放松与市场开放的情景下，农户家庭就能够在农业部门和非农部门之间自由配置要素，并更可能种植市场风险较低和分工程度较高的诸如粮食一类的大田作物。我们将其称为农户种粮的“产权逻辑”。

第二，随着农业劳动力非农转移规模的扩大，农业中劳动力的刚性约束不断增强，农业生产的机会成本会不断提高，于是，那些需要较少劳动投入或者在耕作上更易于用机械替代劳动的农作物品种（如粮食作物）将在种植结构调整中具有比较优势；那些具有劳动密集型、需要精心管护或者人工操作难以被机械替代的农作物（如经济作物）则会在种植结构调整中处于劣势。我们将其称为农户种粮的“配置逻辑”。

第三，一旦农户卷入分工经济，农业生产环节的服务外包以及农业生产性服务市场的发育将进一步推动种植结构的“趋粮化”。其中，提高农业的机械化水平具有双重效应，一方面通过机械对劳动的替代以及外包服务能够进一步释放剩余劳动力的人口红利，另一方面不但可以规避扩大农地经营规模造成的“非粮化”问题，而且可以借助农地流转市场来优化要素配置结构，促进农作物的连片种植，进而在提高市场容量的过程中进一步深化农业纵向分工。我们将其称为农户种粮的“分工逻辑”。

基于这样的逻辑，我们能够发现中国的粮食安全具有自我修复的内生机制，“大国小农”有着特殊的运行逻辑，中国人能够将“饭碗牢牢端在自己手中”。

上述逻辑隐含的政策含义是：①农业的劳动投入已经不再是决定粮食种植与否的关键要素，因此开发劳动力市场和鼓励农民的非农转移并不构成粮食安全的隐患。②农地经营规模扩大会造成种植结构“非粮化”，不仅在小规模经营主体层面上是一个“伪命题”，在农地经营规模较大的农户层面上也是一个“伪命题”。③强化对农户种粮行为的政策支持是重要的，但构建与农户行为逻辑相一致的匹配政策更为重要。其中，加快推进农业社会化服务市场的发育和完善农业分工体系将具有事半功倍的效果。一个重要的操作策略是，沿纬度优化粮食作物的布局结构，加快粮食生产全程机械化与全程社会化服务，将有助于诱导农户卷入分工，而一旦农户参与分工并将其生产环节进行服务外包，那么农户的种粮行为不但具有必然性，而且具有外溢性与扩展性。

23.6　机制创新：从封闭运行转向开放竞争的自我实施

合作社历来被视为弱小群体寻求互助合作的一种组织形式，其主要目的在于资源共享并规避风险，并力图将家庭农业经营的积极性与合作的规模优势有机结合在一起。在我国农地流转及其规模经营的试验中，土地股份合作社的运作模式已经受到了社会的广泛重视。其基本做法是：依据土地折股，合理设置股权，明确股权分配方式；设立治理机构，入股土地由集体统一经营。其土地入股红利主要源于集体的非农经营收益。从制度设计看，合作社模式下“农户、社员、经营者、股东”的“四位一体”身份有利于保障农户的主体地位；从效率角度看，农地的股份合作有助于土地资本化与适度的土地规模经营。但从已有的实践及其内在机理来说，存在着重要隐患：①社区封闭性。集体统一经营的股份合作制往往与村（小组）集体的行政区域同构，股权依赖于土地的“天赋”成员权及其“均包”，具有强烈的社区封闭性特征。这种对外的排他性难以吸纳外来资本，弱化了土地股份合作社的融资功能。②分配性努力。股权安排在本质上是一种分享集体资产增值收益的享益机制或分利机制，易于形成分红“刚性”，从而诱导分配性努力，抑制生产性努力。在经营绩效欠佳的情形下容易解散，缺乏稳定性与可持续性。③能人依赖。合作社的成功高度依赖于核心领导人的个人能力与人格感召力，因此一些成功的样本具有个案性、不可复制性与不稳定性。④内部人控制。能人依赖意味着缺乏能人“进入退出”的市场制衡机制，极易产生内部人控制问题，滋生寻租、腐败以及侵犯农民利益等问题。

从保障农地产权的稳定性、维护农户经营主体地位、降低土地集中交易成本的层面来说，最具目标兼容性的制度安排或许是土地股份合作社。如何化解股份合作所内含的社区封闭性及其内部人控制问题，是决定其制度潜力的关键所在。

基于本书所讨论的崇州试验，我们设计一种以土地股份合作社为基础，兼具开放性与竞争性的多元主体合作经营运作模式。为了阐明我们的目标模式，可以假定在一定区域范围内存在三类相互关联的经营主体。一是存在多个农户自主协商自主组建、自由进入与退出，且不与社区或行政区域重叠的股份合作社；二是存在一支“有知识、懂技术、善经营、会管理”的竞争性职业经理人队伍；三是存在多样化的以提供专业生产为中间性产品（服务）的服务组织。具体的操作重点如下。

1. 产权细分的基本方式

在我国农地所有权、承包权、经营权三权分置格局下，假定存在上述三类相互经营的主体，将经营权在操作层面细分为控制权、管理权和生产操作权等三种权能支，并相应赋予于合作社、职业经理人和农业服务组织三大经营主体，由三者共同拥有并实施农地经营权。借鉴已有经营模式的发展经验，在具体实践操作中，经营主体间的权能配置及其运行机制的关键点在于：一是农户按照“入社自愿、退社自由、利益共享、风险共担”的原则，将农地入股流转，成立规范运作的土地股份合作社。入社农户直接参与理事会和监事会选举，并由社员大会表决通过合作社的生产计划以及预算方案等，由此“种什么由农户说了算”，赋予农户经营控制权。二是职业经理人受聘于合作社，承担类似企业 CEO（chief executive officer，首席执行官）的管理职能，由其负责合作社的农业生产计划、生产开支预算方案等的制订和执行，赋予经营管理权。三是各类服务组织体系包括金融服务体系、科技推广体系、公共品牌服务体系和社会化服务体系等，承担农业产前、产中、产后的一站式全程“保姆式”的服务功能，实施生产操作权。

在上述产权细分结构下，形成了合作社、职业经理间的控制权与管理权分离，合作社、服务组织之间的控制权、生产操作权的分离，以及职业经理人与服务组织间的管理权与生产操作权的分离，由此既构建出多元主体的进入空间，又避免合作社内部监督与内部人控制治理内含的高昂组织成本；既能维护农户终极控制权及其土地权益，又能有效保障农户的经营主体地位。

2. 分工深化的实现路径

分工结构在特定的产权制度下发生演进或蜕化。农地经营权细分为控制权、管理权和生产操作权，将不同的权能匹配给异质性的比较优势行为主体，形成农业经营的终极控制者、管理者、生产操作者的三重分离，是推进农业分工深化的有效途径，这主要表现在以下三个方面。

一是合作社的土地规模维护与要素整合。农户将农地入股流转，将各自原来单个零碎的要素产权集聚，融通为组织内成员共同拥有的规模更大的联合产权。合作社对内协调农户关系，完成土地的入股整合，从而满足产权多元属性在生产经营过程中所要求的“统一经营”的自然性质；合作社对外作为经营权细分及分工交易的中心决策者与缔约者，以规模土地引导企业家能力、资金技术等生产要素的交易与集聚。也就是说，合作社通过对内联合与对外整合，由此内生出土地经营的规模性、协作性和稳定性，以规模土地寻求外部主体生产要素的投资交易。

二是职业经理人的企业家能力与知识服务。职业经理人进入经营的激励源于获取企业家能力回报。土地股份合作社的发展，一方面衍生出农业规模经营对企业家能力的需求，另一方面也为有效配置企业家专用性人力资产提供了规模空间。职业经理人进入，形成了能人的进入、退出竞争机制，能提供以管理知识为中间性产品的“代营”服务，由此促使农业的劳动分工转向知识分工。这有利于改善农业经营的决策能力，促进农业管理的精细化、知识化和专业化，拓展农田经营的盈利空间，从而解决“谁来种田”的难题，更能实现“能者种田”的潜在效率。

三是外包服务组织的迂回投资与专业化操作。在规模经营的条件下，农业职业经理人执行合作社的经营计划，必然要采购众多的社会化服务。多个合作社生产权的细分与农事活动的外包服务需求必然会拓展农业生产性专业服务的规模经济空间与分工经济范围，为各类专业化服务组织进入提供盈利空间。外包服务组织进入，提供以种苗、整地、栽插、植保、收割等为中间性产品的“代耕”（或者“托管”）服务，促使农业分工从产品分工拓展为产品内的工序分工，推进农业产业链的纵向解构。合作社通过农业生产性服务的纵向分工与服务外包，能最大限度地利用第三方的机械化、标准化、技术化、集约化生产手段，整合外部的现代技术要素，带动科学种田，实现外部服务规模经济性。

3. 开放与竞争的交易机制

从交易角度看，上述产权细分及其分工拓展构建出了三大交易平台：一是土地股份合作社形成土地的适度集中并达成土地经营与企业家经营的合作交易平台。二是经理人进入的市场竞标机制与集体谈判机制形成了管理知识的交易平台，既有利于降低经理人进入的交易成本，又避免社区型合作社模式的能人依赖弊端。三是各类生产服务组织的进入形成了生产服务的交易平台，有利于化解农户与合作社的投资约束，改善农业的迂回投资经济效果，促进农业技术进步。

更为重要的是，三大交易平台间的互动形成竞争与可持续发展能力。一是合作社之间的竞争所形成的开放性使得合作社的运营绩效与土地规模、企业家能力、社会化服务质量紧密相关。一方面，合作社土地规模相对较大，通过竞争能够聘任更有能力的企业家，购买外包服务的成本更低，从而经营绩效更好；另一方面，经营绩效较高，对周边农户土地入股的吸引力就更大，能够获得更大的规模经济优势。可见，农户土地入股的竞争、企业家能力的竞争、农业优质服务的竞争是改善合作社治理及其绩效的重要机制。二是职业经理人之间的竞争使得企业家能力越强的职业经理人越能代理优质合作社，获得低成本与高质量社会化服务的竞争力越高，也越有利于获得财政金融支持、推进品牌化经营与提高市场竞争力，由此形成职业经理人的优胜劣汰自我执行机制。三是专业服务组织之间的竞争促使技术能力与投资能力越强、专业化水平越高、服务质量越好、服务收费越合理的专业服务组织将具有更为明显的比较竞争力优势，从而为社会化服务的市场拓展、服务品牌建设、分工深化提供了可持续发展动力与可自我执行机制。

从理论上来讲，这种兼具开放性与竞争性的多元主体合作经营的运作模式，不但能够化解农地流转及其人格化财产的交易约束，而且能够将直接的农地流转转换为迂回交易，并实现生产性服务以及企业家能力的交易匹配，可以大大拓展农户获取服务规模经济性与分工经济性的空间，在一定程度上回答了“地怎么种”的现实难题。

因此，基于“要素流动、股份集中、产权细分、分工深化、多元经营”的逻辑线索所表达的“集体所有、家庭承包、多元经营”的农地经营制度的目标模式，有可能是破解我国农业经营方式转型的重要突破口，是中国农业经营体制机制创新的重要方向。

参 考 文 献

巴泽尔 Y. 1997. 产权的经济分析[M]. 费方域，段毅才译. 上海：上海三联书店，上海人民出版社.

包宗顺，徐志明，高珊，等. 2009. 农村土地流转的区域差异与影响因素——以江苏省为例[J]. 中国农村经济，（4）：23-30，47.

包宗顺，伊藤顺一，倪镜. 2015. 土地股份合作制能否降低农地流转交易成本？——来自江苏300 个村的样本调查[J]. 中国农村观察，（1）：59-70.

北京大学国家发展研究院综合课题组. 2010. 还权赋能——成都土地制度改革探索的调查研究[J]. 国际经济评论，（2）：54-92.

庇古 A C. 2007. 福利经济学[M]. 金镝译. 北京：华夏出版社.

伯尔曼 H J. 2003. 法律与宗教[M]. 梁治平译. 北京：中国政法大学出版社.

卜凯. 1936. 中国农家经济[M]. 张履鸾译. 北京：商务印书馆.

布鲁斯 V W. 1984. 社会主义经济的运行问题[M]. 周亮勋，荣敬本，林青松译. 北京：中国社会科学出版社.

步德茂 T. 2008. 过失杀人、市场与道德经济：18 世纪中国财产权的暴力纠纷[M]. 张世明，刘亚丛，陈兆肆译. 北京：社会科学文献出版社.

蔡昉. 1993. 论农业经营形式的选择——着重于社区合作组织的经济学分析[J]. 经济研究，（1）：26-32.

蔡昉. 2007. 中国经济面临的转折及其对发展和改革的挑战[J]. 中国社会科学，（3）：4-12，203.

蔡昉. 2008. 中国农村改革三十年——制度经济学的分析[J]. 中国社会科学，（6）：99-110，207.

蔡昉，都阳，高文书. 2004. 就业弹性、自然失业和宏观经济政策——为什么经济增长没有带来显性就业？[J]. 经济研究，（9）：18-25，47.

蔡昉，林毅夫，张晓山，等. 2018. 改革开放 40 年与中国经济发展[J]. 经济学动态，（8）：4-17.

蔡昉，王美艳. 2016. 从穷人经济到规模经济——发展阶段变化对中国农业提出的挑战[J]. 经济研究，（5）：14-26.
蔡根女. 2009. 农业企业经营管理学[M]. 2 版. 北京：高等教育出版社.
蔡瑞林，陈万明. 2015. 粮食生产型家庭农场的规模经营：江苏例证[J]. 改革，（6）：81-90.
曹广才，吴东兵，李家修，等. 1993. 纬度和海拔对小麦生长发育的影响[J]. 西南农业学报，6（2）：1-11.
曹海涛，朱美玲，杨俊孝. 2010. 农地流转农户行为因素实证分析——基于沙湾县 1 050 户农户农地流转行为现状的调研[J]. 广东土地科学，9（1）：40-44.
曹力群，庞丽华. 2000. 改革以来农户生活消费的变动特征及近期的发展趋势[J]. 中国农村经济，（11）：12-19.
曹阳，胡继亮. 2010. 中国土地家庭承包制度下的农业机械化——基于中国 17 省（区、市）的调查数据[J]. 中国农村经济，（10）：57-65，76.
陈柏峰. 2009. 土地流转对农民阶层分化的影响——基于湖北省京山县调研的分析[J]. 中国农村观察，（4）：57-64.
陈超，李寅秋，廖西元. 2012. 水稻生产环节外包的生产率效应分析——基于江苏省三县的面板数据[J]. 中国农村经济，（2）：86-96.
陈飞，翟伟娟. 2015. 农户行为视角下农地流转诱因及其福利效应研究[J]. 经济研究，（10）：163-177.
陈剑波. 1994. 人民公社的产权制度——对排它性受到严格限制的产权体系所进行的制度分析[J]. 经济研究，（7）：47-53.
陈江龙，曲福田，陈会广，等. 2003. 土地登记与土地可持续利用——以农地为例[J]. 中国人口·资源与环境，13（5）：46-51.
陈强. 2014. 高级计量经济学及 Stata 应用[M]. 2 版. 北京：高等教育出版社.
陈思羽，罗必良. 2016. 农业要素市场发育程度的区际比较[J]. 新疆农垦经济，（3）：1-8，41.
陈锡文. 2004. 资源配置与中国农村发展[J]. 中国农村经济，（1）：4-9.
陈锡文，韩俊. 2002. 如何推进农民土地使用权合理流转[J]. 中国改革·农村版，（9）：35-37.
陈锡文，赵阳，陈剑波，等. 2009. 中国农村制度变迁 60 年[M]. 北京：人民出版社.
陈晓华. 2015. 推进龙头企业转型升级　促进农村一二三产业融合发展[J]. 农村经营管理，（12）：6-9.
陈欣欣，史清华，蒋伟峰. 1998. 不同经营规模农地效益的比较及其演变趋势分析[J]. 农业经济问题，（12）：6-9.
陈秧分，刘彦随，王介勇. 2010. 东部沿海地区农户非农就业对农地租赁行为的影响研究[J]. 自然资源学报，25（3）：368-375.
陈义媛. 2013. 资本主义式家庭农场的兴起与农业经营主体分化的再思考——以水稻生产为例[J]. 开放时代，（4）：137-156.
陈银娥，孙琼，徐文赟. 2015. 中国普惠金融发展的分布动态与空间趋同研究[J]. 金融经济学研究，30（6）：72-81.
陈钊，万广华，陆铭. 2010. 行业间不平等：日益重要的城镇收入差距成因——基于回归方程的分解[J]. 中国社会科学，（3）：65-76，221.
陈宗胜，陈胜. 1999. 中国农业市场化进程测度[J]. 河北学刊，（2）：3-8.
程国强. 2015. 农业共营制是中国农业发展值得关注的制度方向[J]. 农村工作通讯，（15）：46.
程令国，张晔，刘志彪. 2016. 农地确权促进了中国农村土地的流转吗？[J]. 管理世界，（1）：88-98.
程郁，罗丹. 2010. 信贷约束下中国农户信贷缺口的估计[J]. 世界经济文汇，（2）：69-80.
德姆塞茨 H. 1999. 所有权、控制与企业——论经济活动的组织[M]. 段毅才，等译. 北京：经济科学出版社.
邓大才. 2007. 农地流转的交易成本与价格研究——农地流转价格的决定因素分析[J]. 财经问题研究，（9）：89-95.
邓宏图，崔宝敏. 2007. 制度变迁中的中国农地产权的性质：一个历史分析视角[J]. 南开经济研究，（6）：118-141.
邓建鹏. 2005. 私有制与所有权？古代中国土地权利状态的法理分析[J]. 中外法学，17（2）：181-202.
迪克西特 A K. 2007. 法律缺失与经济学：可供选择的经济治理方式[M]. 郑江淮译. 北京：中国人民大学出版社.
都阳，朴之水. 2003. 劳动力迁移收入转移与贫困变化[J]. 中国农村观察，（5）：2-9，17.
杜晶. 2006. 企业本质理论及其演进逻辑研究[J]. 经济学家，（1）：115-120.
杜鑫. 2013. 劳动力转移、土地租赁与农业资本投入的联合决策分析[J]. 中国农村经济，（10）：63-75.
杜志雄，刘文霞. 2017. 家庭农场的经营和服务双重主体地位研究：农机服务视角[J]. 理论探讨，（2）：78-83.
樊纲，王小鲁. 2004. 中国市场化指数——各地区市场化相对进程2004年度报告[M]. 北京：经济科学出版社.
樊纲，王小鲁，马光荣. 2011a. 中国市场化进程对经济增长的贡献[J]. 经济研究，（9）：4-16.
樊纲，王小鲁，朱恒鹏. 2011b. 中国市场化指数——各地区市场化相对进程 2011 年报告[M]. 北京：经济科学出版社.
费孝通. 2001. 江村经济[M]. 北京：商务印书馆.
丰雷，蒋妍，叶剑平. 2013. 诱致性制度变迁还是强制性制度变迁？——中国农村土地调整的制度演进及地区差异研究[J]. 经济研究，（6）：4-18，57.
丰雷，魏丽，蒋妍. 2008. 论土地要素对中国经济增长的贡献[J]. 中国土地科学，22（12）：4-10.
冯旭芳. 2007. 贫困农户借贷特征及其影响因素分析——以世界银行某贫困项目监测区为例[J].

中国农村观察，（3）：51-57.
弗里德曼 M. 2000. 中国东南的宗族组织[M]. 刘春晓译. 上海：上海人民出版社.
福山. 1998. 信任——社会道德与繁荣的创造[M]. 李苑蓉译. 呼和浩特：远方出版社.
付江涛，纪月清，胡浩. 2016. 新一轮承包地确权登记颁证是否促进了农户的土地流转——来自江苏省 3 县（市、区）的经验证据[J]. 南京农业大学学报（社会科学版），16（1）：105-113，165.
傅晨. 2013. 中国农业改革与发展前沿研究[M]. 北京：中国农业出版社.
高静，张应良，贺昌政. 2013. 基于分工理论的农民创业促进农村经济增长的内在机理探析[J]. 华中农业大学学报（社会科学版），（4）：30-35.
高圣平. 2014a. 农地金融化的法律困境及出路[J]. 中国社会科学，（8）：147-166.
高圣平. 2014b. 新型农业经营体系下农地产权结构的法律逻辑[J]. 法学研究，（4）：76-91.
郜亮亮. 2014. 中国农地流转发展及特点：1996~2008 年[J]. 农村经济，（4）：51-54.
郜亮亮，黄季焜，冀县卿. 2014. 村级流转管制对农地流转的影响及其变迁[J]. 中国农村经济，（12）：18-29.
郭剑雄. 2014. 从马尔萨斯陷阱到内生增长：工业化与农业发展关系再认识[J]. 中国人民大学学报，（6）：77-87.
郭亮. 2012. 土地“新产权”的实践逻辑：对湖北 S 镇土地承包纠纷的学理阐释[J]. 社会，32（2）：144-170.
郭庆海. 2014. 土地适度规模经营尺度：效率抑或收入[J]. 农业经济问题，（7）：4-10.
国务院发展研究中心农村经济研究部课题组. 2013. 稳定和完善农村基本经营制度研究[M]. 北京：中国发展出版社.
哈特 O. 1998. 企业、合同与财务结构[M]. 费方域译. 上海：上海三联书店，上海人民出版社.
哈耶克 F A. 1989. 价格制度是一种使用知识的机制[J]. 柳欣译. 经济社会体制比较，（5）：58-64.
哈耶克 F A. 2000. 法律、立法与自由（第一卷）[M]. 邓正来，张守东，李静冰译. 北京：中国大百科全书出版社.
韩长赋. 2015. 明确总体要求 确保工作质量 积极稳妥开展农村土地承包经营权确权登记颁证工作[J]. 农村经营管理，（3）：6-9.
郝爱民. 2009. 制度变迁对中国农户经营行为影响研究[M]. 北京：知识产权出版社.
何凌云，黄季焜. 2001. 土地使用权的稳定性与肥料使用——广东省实证研究[J].中国农村观察，（5）：42-48.
何欣，蒋涛，郭良燕，等. 2016. 中国农地流转市场的发展与农户流转农地行为研究——基于 2013~2015 年 29 省的农户调查数据[J]. 管理世界，（6）：79-89.
何秀荣. 2009. 公司农场：中国农业微观组织的未来选择？[J]. 中国农村经济，（11）：4-16.
何一鸣，罗必良. 2009. 新中国农村土地制度变迁的经验证据研究[J]. 河南社会科学，（4）：

16-19.
何一鸣，罗必良. 2010. 产权管制、制度行为与经济绩效——来自中国农业经济体制转轨的证据（1958~2005年）[J]. 中国农村经济，（10）：4-15.
何一鸣，罗必良. 2011. 中国农地制度改革阐释：以所有权、产权为肯綮[J]. 改革，（5）：79-86.
何一鸣，罗必良. 2012. 产权管制范式[J]. 制度经济学研究，（2）：111-125.
何一鸣，罗必良，高少慧. 2014. 农业要素市场组织的契约关联逻辑[J]. 浙江社会科学，（7）：47-53.
贺雪峰. 2011. 取消农业税后农村的阶层及其分析[J]. 文中博览（理论），（4）：41-47.
贺雪峰. 2015. 农地承包经营权确权的由来、逻辑与出路[J]. 思想战线，（5）：75-80.
贺振华. 2006a. 农户外出、土地流转与土地配置效率[J]. 复旦学报（社会科学版），（4）：95-103.
贺振华. 2006b. 劳动力迁移、土地流转与农户长期投资[J]. 农业经济导刊，（10）：51-58.
洪建国，杨钢桥. 2012. 生产要素市场发育与农户生产行为决策——基于江汉平原与太湖平原的农户调查[J]. 华中农业大学学报（社会科学版），（2）：23-28.
洪名勇，尚名扬. 2015. 地权认知、资源禀赋、信任与农地流转的实证研究[J]. 中国农学通报，31（26）：274-278.
洪炜杰，陈小知，胡新艳. 2016. 劳动力转移规模对农户农地流转行为的影响——基于门槛值的检验分析[J]. 农业技术经济，（11）：14-23.
洪银兴. 2018. 基于完善要素市场化配置的市场监管[J]. 江苏行政学院学报，（2）：47-56.
侯明利. 2013. 劳动力流动与农地流转的耦合协调研究[J]. 暨南学报（哲学社会科学版），（10）：150-155.
胡必亮，刘强，李晖. 2006. 农村金融与村庄发展——基本理论、国际经验与实证分析[M]. 北京：商务印书馆.
胡初枝，黄贤金，张力军. 2008. 农户农地流转的福利经济效果分析——基于农户调查的分析[J]. 经济问题探索，（1）：184-186.
胡方勇. 2009. 完善我国农村金融体系的经济学研究[J]. 金融与经济，（9）：71-74.
胡瑞法，黄季焜. 2001. 农业生产投入要素结构变化与农业技术发展方向[J]. 中国农村观察，（6）：9-16.
胡霞. 2009. 日本农业扩大经营规模的经验与启示[J]. 经济理论与经济管理，（3）：61-65.
胡新艳，洪炜杰，王梦婷，等. 2017. 中国农村三大要素市场发育的互动关联逻辑——基于农户多要素联合决策的分析[J]. 中国人口·资源与环境，27（11）：61-68.
胡新艳，罗必良. 2016. 新一轮农地确权与促进流转：粤赣证据[J]. 改革，（4）：85-94.
胡新艳，罗必良，谢琳. 2015b. 农业分工深化的实现机制：地权细分与合约治理[J]. 广东财经大学学报，（1）：33-42.

胡新艳，杨晓莹，罗锦涛. 2016a. 确权与农地流转：理论分歧与研究启示[J]. 财贸研究，（2）：67-74.

胡新艳，朱文珏，刘恺. 2015c. 交易特性、生产特性与农业生产环节可分工性——基于专家问卷的分析[J]. 农业技术经济，（11）：14-23.

胡新艳，朱文珏，罗锦涛. 2015a. 农业规模经营方式创新：从土地逻辑到分工逻辑[J]. 江海学刊，（2）：75-82.

胡新艳，朱文珏，罗必良. 2016b. 产权细分、分工深化与农业服务规模经营[J]. 中国经济问题研究，（4）：93-98.

胡亦琴. 2008. 农地市场的制度缺失与政府规制研究[J]. 宏观经济研究，（11）：25-32.

黄宝连，黄祖辉，顾益康，等. 2012. 产权视角下中国当前农村土地制度创新的路径研究——以成都为例[J]. 经济学家，（3）：66-73.

黄枫，孙世龙. 2015. 让市场配置农地资源：劳动力转移与农地使用权市场发育[J]. 管理世界，（7）：71-81.

黄惠春，祁艳，程兰. 2015. 农村土地承包经营权抵押贷款与农户信贷可得性——基于组群配对的实证分析[J]. 经济评论，（3）：72-83.

黄季焜，冀县卿. 2012. 农地使用权确权与农户对农地的长期投资[J]. 管理世界，（9）：76-81，99.

黄佩民，孙振玉，梁艳. 1996. 农业社会化服务业与现代农业发展[J]. 管理世界，（5）：175-182.

黄少安，孙圣民，宫波明. 2005. 中国土地产权制度对农业经济增长的影响——对 1949-1978 年中国大陆农业生产效率的实证分析[J]. 中国社会科学，（3）：38-47，205-206.

黄少安，赵建. 2010. 土地产权、土地金融与农村经济增长[J]. 江海学刊，（6）：86-93，238-239.

黄贤金，哈瑞柯，卢本，等. 2001. 中国农村土地市场运行机理分析[J]. 江海学刊，（2）：9-15.

黄宗智. 2000. 华北的小农经济与社会变迁[M]. 北京：中华书局.

黄宗智. 2012. 《中国新时代的小农经济》导言[J]. 开放时代，（3）：5-9.

黄宗智，高原，彭玉生. 2012. 没有无产化的资本化：中国的农业发展[J]. 开放时代，（3）：10-30.

黄祖辉，王建英，陈志钢. 2014. 非农就业、土地流转与土地细碎化对稻农技术效率的影响[J]. 中国农村经济，（11）：4-16.

黄祖辉，王朋. 2008. 农村土地流转：现状、问题及对策——兼论土地流转对现代农业发展的影响[J]. 浙江大学学报（人文社会科学版），38（2）：38-47.

冀县卿，钱忠好. 2010. 中国农业增长的源泉：基于农地产权结构视角的分析[J]. 管理世界，（11）：68-75，187-188.

翦伯赞. 1983. 中国史纲要（下册）[M]. 北京：人民出版社.
江雪萍. 2014. 农业分工：生产环节的可外包性——基于专家问卷的测度模型[J]. 南方经济，（12）：96-104.
江雪萍，李尚蒲. 2015. 农户参与横向分工：测度及其比较——来自广东的农户问卷[J]. 华中农业大学学报（社会科学版），（2）：2-9.
姜长云，郭志芳. 2014. 新型经营体系与中国农业的未来——对美国公司农场最新发展的思考[J]. 人民论坛·学术前沿，（15）：84-91.
靳光华，孙文生. 2000. 影响农村经济增长的资本分析[J]. 中国农村观察，（6）：53-58.
阚立娜，李录堂，薛凯文. 2016. 农地流转背景下新型农业经营主体信贷需求及约束研究——基于陕西杨凌农业示范区的调查分析[J]. 华中农业大学学报（社会科学版），（3）：104-111.
康来云. 2009. 乡土情结与土地价值观——改革开放 30 年来中国农村土地的历史变迁[J]. 河南社会科学，17（5）：46-48.
康芒斯 J R. 1934. 制度经济学（2009 年译本）[M]. 于树生译. 北京：商务印书馆.
科斯 R H. 1994. 论生产的制度结构[M]. 盛洪，陈郁，等译. 上海：上海三联书店.
克莱因 B. 1998. 自我实施合同[C]//菲吕博顿 E G，瑞切特 R. 新制度经济学. 孙经纬译. 上海：上海财经大学出版社：108-115.
孔祥智，伍振军，张云华. 2010. 我国土地承包经营权流转的特征、模式及经验——浙、皖、川三省调研报告[J]. 江海学刊，（2）：87-92.
孔祥智，徐珍源. 2010. 转出土地农户选择流转对象的影响因素分析——基于综合视角的实证分析[J]. 中国农村经济，（12）：17-25，67.
匡远配. 2013. 我国城乡收入差距：基于要素收入流的一个解释[J]. 农业经济问题，（2）：76-84.
匡远配，唐文婷. 2015. 中国农业资本深化问题研究[J]. 农业经济问题，（10）：60-68，111-112.
赖宾斯坦 H. 1970. 经济落后与经济成长[M]. 赵凤培译. 台北：台湾银行出版社.
兰格 O R. 1981. 社会主义经济理论[M]. 王宏昌译. 北京：中国社会科学出版社.
冷智花，付畅俭，许先普. 2015. 家庭收入结构、收入差距与土地流转——基于中国家庭追踪调查（CFPS）数据的微观分析[J]. 经济评论，（5）：111-128.
黎霆，赵阳，辛贤. 2009. 当前农地流转的基本特征及影响因素分析[J]. 中国农村经济，（10）：4-11.
李稻葵. 1995. 转型经济中的模糊产权理论[J]. 经济研究，（4）：67.
李谷成，冯中朝，范丽霞. 2009. 小农户真的更加具有效率吗？来自湖北省的经验证据[J]. 经济学（季刊），9（1）：95-124.
李恒. 2015. 农村土地流转的制度约束及促进路径[J]. 经济学动态，（6）：87-92.
李嘉图 D. 2009. 政治经济学及赋税原理[M]. 丰俊功译. 北京：光明日报出版社.

李克，杨小凯. 2005. 劳动分工、专业化与侵占行为——“霍布斯丛林法则”的一般均衡分析[J]. 南大商学评论，（4）：74-94.
李孔岳. 2006. 信念，权威与制度选择——基于中国人民公社制度的思考[J]. 中山大学学报（社会科学版），46（4）：88-93，127.
李龙，翟振武. 2018. 农地流转如何影响家庭化流动——理论探析与来自三类地区的经验证据[J]. 南方人口，33（1）：1-9.
李宁，何文剑，仇童伟，等. 2017. 农地产权结构、生产要素效率与农业绩效[J]. 管理世界，（3）：44-62.
李启宇，张文秀. 2010. 城乡统筹背景下农户农地经营权流转意愿及其影响因素分析——基于成渝地区 428 户农户的调查数据[J]. 农业技术经济，（5）：47-54.
李尚蒲，罗必良. 2015a. 地方政府竞争：财政赤字扩张及其攀比效应——来自县域的证据[J]. 学术研究，（9）：66-75.
李尚蒲，罗必良. 2015b. 农地调整的内在机理及其影响因素分析[J]. 中国农村经济，（3）：18-33.
李绍荣. 2002. 帕累托最优与一般均衡最优之差异[J]. 经济科学，（2）：75-80.
李涛，叶依广，孙文华. 2004. 农村集体土地所有权流转的交易成本分析[J]. 中国农村经济，（12）：10-15.
李文明，罗丹，陈洁，等. 2015. 农业适度规模经营：规模效益、产出水平与生产成本——基于 1552 个水稻种植户的调查数据[J]. 中国农村经济，（3）：4-17，43.
李显刚. 2013. 现代农机专业合作社是创新农业经营主体的成功探索[J]. 农业经济问题，（9）：25-29.
李祎雯，张兵. 2016. 非正规金融对农村家庭创业的影响机制研究[J]. 经济科学，（2）：93-105.
李周. 2013. 中国农村发展的成就与挑战[J]. 中国农村经济，（8）：4-15.
李祖佩，管珊. 2013. “被产权”：农地确权的实践逻辑及启示——基于某土地产权改革试点村的实证考察[J]. 南京农业大学学报（社会科学版），13（1）：80-87，102.
廖洪乐. 2003. 农村承包地调整[J]. 中国农村观察，（1）：46-54.
廖洪乐. 2012. 农户兼业及其对农地承包经营权流转的影响[J]. 管理世界，（5）：62-70，87.
廖沛宗. 1989. 我国政策效果滞后成因初探[J]. 探索，（2）：8-11.
林坚，李德洗. 2013. 非农就业与粮食生产：替代抑或互补——基于粮食主产区农户视角的分析[J]. 中国农村经济，（9）：54-62.
林乐芬，王军. 2011. 农村金融机构开展农村土地金融的意愿及影响因素分析[J]. 农业经济问题，（12）：60-65.
林炜. 2013. 企业创新激励：来自中国劳动力成本上升的解释[J]. 管理世界，（10）：95-105.
林文声，罗必良. 2015. 农地流转中的非市场行为[J]. 农村经济，（3）：27-31.

林文声，秦明，郑适，等. 2016. 资产专用性对确权后农地流转的影响[J]. 华南农业大学学报（社会科学版），（6）：1-9.

林文声，杨超飞，王志刚. 2016. 农地确权对中国农地经营权流转的效应分析——基于 H 省 2009–2014 年数据的实证分析[J]. 湖南农业大学学报（社会科学版），17（1）：15-21.

林毅夫. 1994a. 90 年代中国农村改革的主要问题与展望[J]. 管理世界，（3）：139-144.

林毅夫. 1994b. 制度、技术与中国农业发展[M]. 上海：上海三联书店，上海人民出版社.

林毅夫. 2005. 制度、技术与中国农业发展[M]. 上海：上海人民出版社.

林毅夫. 2018. 改革开放创 40 年经济增长奇迹[J]. 中国中小企业，（6）：57-59.

林毅夫，蔡昉，李周. 1999. 中国的奇迹：发展战略与经济改革（增订版）[M]. 上海：上海三联书店，上海人民出版社.

刘冬梅. 2012. 现阶段我国农户家庭经营基本现状分析[J]. 农业与技术，32（12）：148.

刘芬华. 2011. 究竟是什么因素阻碍了中国农地流转——基于农地控制权偏好的制度解析及政策含义[J]. 经济社会体制比较，（2）：26-34.

刘凤芹. 2006. 农业土地规模经营的条件与效果研究：以东北农村为例[J]. 管理世界，（9）：71-79，171-172.

刘广栋，程久苗. 2007. 1949 年以来中国农村土地制度变迁的理论和实践[J]. 中国农村观察，（2）：70-80.

刘红梅，王克强. 2001. 浙江省农村土地市场实证研究[J]. 中国农村经济，（2）：33-37.

刘克春. 2008. 农户要素禀赋、交易费用与农户农地转出行为——基于江西省农户调查[J]. 商业研究，（8）：164-168.

刘克春，林坚. 2005. 农地承包经营权市场流转与行政性调整：理论与实证分析——基于农户层面和江西省实证研究[J]. 数量经济技术经济研究，（11）：99-111.

刘民权，徐忠，俞建拖. 2003. 信贷市场中的非正规金融[J]. 世界经济，（7）：61-73.

刘守英. 2011. 集体土地资本化与农村城市化——郑各庄高速成长的秘密[C]//张曙光. 中国制度变迁的案例研究（土地卷）第八集. 北京：中国财政经济出版社：270-290.

刘守英. 2015. 服务规模化与农业现代化：山东省供销社探索的理论与实践[M]. 北京：中国发展出版社.

刘守英，路乾. 2017. 产权安排与保护：现代秩序的基础[J]. 学术月刊，49（5）：40-47.

刘同山. 2016. 农业机械化、非农就业与农民的承包地退出意愿[J]. 中国人口·资源与环境，26（6）：62-68.

刘文勇，孟庆国，张悦. 2013. 农地流转租约形式影响因素的实证研究[J]. 农业经济问题，（8）：43-48，111.

刘西川，陈立辉，杨奇明. 2014. 农户正规信贷需求与利率：基于 Tobit Ⅲ模型的经验考察[J]. 管理世界，（3）：75-91.

刘一明，罗必良，郑燕丽. 2013. 产权认知、行为能力与农地流转签约行为——基于全国 890 个农户的抽样调查[J]. 华中农业大学学报（社会科学版），（5）：23-28.
刘玉梅，田志宏. 2009. 农户收入水平对农机装备需求的影响分析——以河北省和山东省为例[J]. 中国农村经济，（12）：44-55.
刘玉海，张丽. 2012. 耕地生产率与全要素耕地利用效率——基于 SBM-DEA 方法的省际数据比较[J]. 农业技术经济，（6）：47-56.
刘玥汐，许恒周. 2016. 农地确权对农村土地流转的影响研究——基于农民分化的视角[J]. 干旱区资源与环境，（5）：25-29.
龙登高. 1992. 个体小农家庭经营方式的历史演变[J]. 云南民族大学学报（哲学社会科学版），（2）：63-68，74.
龙登高，彭波. 2010. 近世佃农的经营性质与收益比较[J]. 经济研究，（1）：138-147.
娄飞鹏. 2014. 基于农村土地制度改革的商业银行农村金融服务问题分析[J]. 海南金融，（2）：27-30.
卢梭 J J. 2003. 社会契约论[M]. 何兆武译. 北京：商务印书馆.
卢建新. 2015. 农村家庭资产与消费：来自微观调查数据的证据[J]. 农业技术经济，（1）：84-92.
卢周来. 2009. 制度经济学，新政治经济学，还是社会经济学？——兼谈中国新制度经济学未来的发展[J]. 管理世界，（3）：159-165.
罗必良. 2005a. 公共领域、模糊产权与政府的产权模糊化倾向[J]. 改革，（7）：105-113.
罗必良. 2005b. 新制度经济学[M]. 太原：山西经济出版社.
罗必良. 2007. 农民合作组织：偷懒、监督及其保障机制[J]. 中国农村观察，（2）：26-37.
罗必良. 2008a. 农村土地制度：变革历程与创新意义[J]. 南方经济，（11）：3-12.
罗必良. 2008b. 论农业分工的有限性及其政策含义[J]. 贵州社会科学，（1）：80-87.
罗必良. 2011. 农地产权模糊化：一个概念性框架及其解释[J]. 学术研究，（12）：48-56，160.
罗必良. 2013a. 产权强度、土地流转与农民权益保护[M]. 北京：经济科学出版社.
罗必良. 2013b. 产权强度与农民的土地权益：一个引论[J]. 华中农业大学学报（社会科学版），（5）：1-6.
罗必良. 2014a. 农地流转的市场逻辑“产权强度–禀赋效应–交易装置”的分析线索及案例研究[J]. 南方经济，（5）：1-24.
罗必良. 2014b. 农业经营制度的理论轨迹及其方向创新：川省个案[J]. 改革，（2）：96-112.
罗必良. 2015. 农业共营制：新型农业经营体系的探索与启示[J]. 社会科学家，（5）：7-12.
罗必良. 2016. 农地确权、交易含义与农业经营方式转型——科斯定理拓展与案例研究[J]. 中国农村经济，（11）：2-16.
罗必良. 2017a. 合约短期化与空合约假说——基于农地租约的经验证据[J]. 财经问题研究，（1）：10-21.
罗必良. 2017b. 科斯定理：反思与拓展——兼论中国农地流转制度改革与选择[J]. 经济研究，

（11）：178-193.

罗必良. 2017c. 论服务规模经营——从纵向分工到横向分工及连片专业化[J]. 中国农村经济，（11）：2-16.

罗必良，等. 2014. 中国农业经营制度——理论框架、变迁逻辑及案例解读[M]. 北京：中国农业出版社.

罗必良，等. 2017a. 农业家庭经营：走向分工经济[M]. 北京：中国农业出版社.

罗必良，何应龙，汪沙，等. 2012. 土地承包经营权：农户退出意愿及其影响因素分析——基于广东省的农户问卷[J]. 中国农村经济，（6）：4-19.

罗必良，胡新艳. 2015. 中国农业经营制度：挑战，转型与创新——长江学者、华南理工大学博士生导师罗必良教授访谈[J]. 社会科学家，（5）：3-6.

罗必良，李玉勤. 2014. 农业经营制度：制度底线、性质辨识与创新空间——基于“农村家庭经营制度研讨会”的思考[J]. 农业经济问题，（1）：8-18.

罗必良，林文声，邱泽元. 2015. 农地租约以及对象选择：来自农户问卷的证据[J]. 农业技术经济，（9）：4-16.

罗必良，仇童伟. 2018 . 中国农业种植结构调整：“非粮化”抑或“趋粮化”[J]. 社会科学战线，（2）：39-51.

罗必良，郑燕丽. 2012. 农户的行为能力与农地流转——基于广东农户问卷的实证分析[J]. 学术研究，（7）：64-70.

罗必良，邹宝玲，何一鸣. 2017b. 农地租约期限的“逆向选择”——基于 9 省份农户问卷的实证分析[J]. 农业技术经济，（1）：4-17.

罗明忠，罗琦，刘恺. 2016. 就业能力、就业稳定性与农村转移劳动力城市融入[J]. 农林经济管理学报，15（1）：56-65.

罗斯 A E. 2015. 共享经济：市场设计及其应用[M]. 傅帅雄译. 北京：机械工业出版社.

洛克 J. 2007. 政府论[M]. 刘晓根译. 北京：北京出版社.

吕炜，张晓颖，王伟同. 2015. 农机具购置补贴、农业生产效率与农村劳动力转移[J]. 中国农村经济，（8）：22-32.

吕悦风，陈会广. 2015. 农业补贴政策及其对土地流转的影响研究[J]. 农业现代化研究，36（3）：362-367.

马克思. 2000. 1844 年经济学哲学手稿[M]. 刘丕坤译. 北京：人民出版社.

马克思，恩格斯. 1979. 马克思恩格斯全集（第四十二卷）[M]. 北京：人民出版社.

马瑞，柳海燕，徐志刚. 2011. 农地流转滞缓：经济激励不足还是外部市场条件约束？——对 4 省 600 户农户 2005~2008 年期间农地转入行为的分析[J]. 中国农村经济，（11）：36-48.

马贤磊. 2009. 现阶段农地产权制度对农户土壤保护性投资影响的实证分析——以丘陵地区水稻生产为例[J]. 中国农村经济，（10）：31-41，50.

马贤磊，仇童伟，钱忠好. 2015. 农地产权安全性与农地流转市场的农户参与——基于江苏、湖北、广西、黑龙江四省（区）调查数据的实证分析[J]. 中国农村经济，（2）：22-37.
马歇尔 A. 1986. 货币、信用与商业[M]. 叶元龙，郭家麟译. 北京：商务印书馆.
麦斯曼 S. 2009. 中国的财产权保护：新立法，新变化[J]. 徐宗立译. 经济社会体制比较，（2）：8-14.
毛飞，孔祥智. 2012. 农地规模化流转的制约因素分析[J]. 农业技术经济，（4）：52-64.
梅纳德 C. 2002. 黑箱内部：层级组织的各种形式[C]//布鲁索 E. 交易成本经济学及其超越. 王秋方译. 上海：上海财经大学出版社：1-13.
米运生，郑秀娟，曾泽莹，等. 2015. 农地确权、信任转换与农村金融的新古典发展[J]. 经济理论与经济管理，（7）：63-73.
倪国华，蔡昉. 2015. 农户究竟需要多大的农地经营规模？——农地经营规模决策图谱研究[J]. 经济研究，（3）：159-171.
聂辉华. 2002. 新兴古典分工理论与欠发达区域的分工抉择[J]. 经济科学，（3）：112-120.
宁静，殷浩栋，汪三贵. 2018. 土地确权是否具有益贫性？——基于贫困地区调查数据的实证分析[J]. 农业经济问题，（9）：118-127.
农业部软科学委员会办公室. 2013. 农业经营体制改革与制度创新[M]. 北京：中国财政经济出版社.
诺斯 D C. 2008. 理解经济变迁过程[M]. 钟正生，刑华，等译. 北京：中国人民大学出版社.
诺斯 D C，张五常. 2003. 制度变革的经验研究（第二辑）[M]. 罗仲伟译. 北京：经济科学出版社.
诺瓦克 M A. 2010. 进化动力学：探索生命的方程[M]. 李镇清，王世畅译. 北京：高等教育出版社.
诺瓦克 M A，海菲尔德 R. 2013. 超级合作者[M]. 龙志勇，魏薇译. 杭州：浙江人民出版社.
庞巴维克 E B. 1997. 资本实证论[M]. 陈端译. 北京：商务印书馆.
彭迈. 2012. 农村土地确权的现代金融意义[J]. 经济研究信息，（12）：22-23.
恰亚诺夫 A. 1996. 农民经济组织[M]. 萧正洪译. 北京：中央编译出版社.
钱文荣. 2003. 农地市场化流转中的政府功能探析——基于浙江省海宁、奉化两市农户行为的实证研究[J]. 浙江大学学报（人文社会科学版），33（5）：154-160.
钱文荣，郑黎义. 2010. 劳动力外出务工对农户水稻生产的影响[J]. 中国人口科学，（5）：58-65.
钱忠好. 2003. 农地承包经营权市场流转：理论与实证分析——基于农户层面的经济分析[J]. 经济研究，（2）：83-91，94.
钱忠好. 2008. 非农就业是否必然导致农地流转——基于家庭内部分工的理论分析及其对中国农户兼业化的解释[J]. 中国农村经济，（10）：13-21.
钱忠好，牟燕. 2012. 中国土地市场化水平：测度及分析[J]. 管理世界，（7）：67-75，95.
秦晖. 2012. 城市新贫民的居住权问题——如何看待“棚户区”“违章建筑”“城中村”和

"廉租房"[J]. 社会科学论坛，（1）：195-219.
秦雯. 2012. 农民分化、农地流转与劳动力转移行为[J]. 学术研究，（7）：85-88.
仇童伟，李宁. 2016. 国家赋权、村庄民主与土地产权的社会认同——基于农户的土地产权合法性、合理性和合意性认同[J]. 公共管理学报，13（3）：71-88，156-157.
仇童伟，罗必良. 2017. 农地调整会抑制农村劳动力非农转移吗？[J]. 中国农村观察，（4）：57-71.
曲福田，田光明，姜海. 2010. 改善制度环境是提高农地非农化治理效率的关键[J]. 农村经营管理，（5）：25.
曲福田，吴郁玲. 2007. 土地市场发育与土地利用集约度的理论与实证研究——以江苏省开发区为例[J]. 自然资源学报，22（3）：445-454.
瑞 D. 2002. 发展经济学[M]. 陶然，等译. 北京：北京大学出版社.
森 A. 2002. 以自由看待发展[M]. 任赜，于真译. 北京：中国人民大学出版社.
盛邦和. 2009. 中国土地权演化及地主租佃、小农自耕模式的形成[J]. 中州学刊，（1）：147-153.
盛洪. 1992. 市场化的条件，限度和形式[J]. 经济研究，（11）：71-79.
盛洪. 1994. 分工与交易——一个一般理论及其对中国非专业化问题的应用分析[M]. 上海：上海三联书店，上海人民出版社.
盛来运. 2007. 中国农村劳动力外出的影响因素分析[J]. 中国农村观察，（3）：2-15，80.
石敏，李琴. 2014. 我国农地流转的动因分析——基于广东省的实证研究[J]. 农业技术经济，（1）：49-55.
石智雷，杨云彦. 2012. 家庭禀赋、家庭决策与农村迁移劳动力回流[J]. 社会学研究，（3）：157-181.
斯密 A. 1972. 国民财富的性质和原因的研究（上卷）[M]. 郭大力，王亚南译. 北京：商务印书馆：13.
斯密 A. 1997. 国民财富的性质和原因的研究（上卷）[M]. 郭大力，王亚南译. 北京：商务印书馆.
斯密 A. 2001. 国富论上下卷[M]. 杨敬年译. 西安：陕西人民出版社.
斯密 A. 2003. 道德情操论[M]. 余涌译. 北京：中国社会科学出版社.
宋海英，姜长云. 2015. 农户对农机社会化服务的选择研究——基于 8 省份小麦种植户的问卷调查[J]. 农业技术经济，（9）：27-36.
苏迅. 2004. 国土资源资产与市场[M]. 北京：中国大地出版社.
孙小龙，郜亮亮，郭沛. 2018. 村级产权干预对农户农地转出行为的影响——基于鲁豫湘川四省的调查[J]. 农业经济问题，（4）：82-90.
孙玉娜，李录堂，薛继亮. 2012. 农村劳动力流动、农业发展和中国土地流转[J]. 干旱区资源与环境，26（1）：25-30.

唐焱，张玲燕. 2015. 农地保障功能被替代程度地区差异及对农户农地转出意愿的影响——基于江苏省农户的调查[J]. 农业现代化研究，36（6）：1013-1019.
唐在富. 2010. 让“地根”更灵敏——土地政策参与调控的传导机制分析与建议[J]. 中国土地，（9）：35-38.
陶然，徐志刚. 2005. 城市化、农地制度与迁移人口社会保障——一个转轨中发展的大国视角与政策选择[J]. 经济研究，（12）：45-66.
陶然，袁飞，曹广忠. 2007. 区域竞争、土地出让与地方财政效应：基于 1999~2003 年中国地级城市面板数据的分析[J]. 世界经济，（10）：15-27.
田传浩，贾生华. 2004. 农地制度、地权稳定性与农地使用权市场发育：理论与来自苏浙鲁的经验[J]. 经济研究，（1）：112-119.
田传浩，李明坤. 2014. 土地市场发育对劳动力非农就业的影响：基于浙、鄂、陕的经验[J]. 农业技术经济，（8）：11-24.
田富强. 2016. 抵押贷款农地处置后使用权益保障矛盾试析[J]. 经济体制改革，（5）：74-80.
童馨乐，褚保金，杨向阳. 2011. 社会资本对农户借贷行为影响的实证研究——基于八省 1003 个农户的调查数据[J]. 金融研究，（12）：177-191.
汪普庆，周德翼，吕志轩. 2009. 农产品供应链的组织模式与食品安全[J]. 农业经济问题，（3）：8-12，110.
王芳，罗剑朝，Martel Y. 2012. 农户金融需求影响因素及其差异性——基于 Probit 模型和陕西 286 户农户调查数据的分析[J]. 西北农林科技大学学报（社会科学版），12（6）：61-69.
王春超. 2011. 农村土地流转、劳动力资源配置与农民收入增长：基于中国 17 省份农户调查的实证研究[J]. 农业技术经济，（1）：93-101.
王建英，陈志钢，黄祖辉，等. 2015. 转型时期土地生产率与农户经营规模关系再考察[J]. 管理世界，（9）：65-81.
王京安，罗必良. 2003. 解决问“三农”问题的根本：基于分工理论的思考[J]. 南方经济，（2）：60-62，47.
王晓华. 2013. 城镇化背景下农户经营组织化的制度逻辑[J]. 江淮论坛，（4）：32-37.
王新，曹玉玲. 2010. 农村劳动力非城市化转移模式的再审视[J]. 经济问题探索，（12）：102-105.
王雪琪，曹铁毅，邹伟. 2018. 地方政府干预农地流转对生产效率的影响——基于水稻种植户的分析[J]. 中国人口·资源与环境，28（9）：133-141.
王亚飞，唐爽. 2013. 农业产业链纵向分工制度安排的选择[J]. 重庆大学学报（社会科学版），19（3）：33-38.
王永钦. 2006. 市场互联性、关系型合约与经济转型[J]. 经济研究，（6）：79-91.
王郁昭. 2008. 中国改革从农村突破：包产到户及其引申[J]. 改革，（8）：5-13.
王志刚，申红芳，廖西元. 2011. 农业规模经营：从生产环节外包开始——以水稻为例[J]. 中国农村经济，（9）：4-12.
韦伯 M. 1987. 新教伦理与资本主义精神[M]. 于晓，陈维刚等译. 北京：生活·读书·新知三联书店.
韦伯 M. 2004. 儒教与道教[M]. 王容芬译.北京：商务印书馆.
韦克游. 2014. 中国农村金融对农户生产经营的支持——基于时间序列的经验证据[J]. 金融论坛，（11）：61-71.
魏巍，李万明. 2012. 农业劳动生产率的影响因素分析与提升路径[J]. 农业经济问题，（10）：29-35.
温涛，刘达. 2019. 农村金融扶贫：逻辑、实践与机制创新[J]. 社会科学战线，（2）：65-71.
温铁军. 2000. “三农问题”的世纪反思[J]. 经济研究参考，（1）：23-30.
温铁军. 2010. 中国新农村建设报告[M]. 福州：福建人民出版社.
吴次芳，靳相木. 2009. 中国土地制度改革三十年[M]. 北京：科学出版社.
吴一恒，徐砾，马贤磊. 2018. 农地“三权分置”制度实施潜在风险与完善措施——基于产权配置与产权公共域视角[J]. 中国农村经济，（8）：46-63.
伍德里奇 J M. 2016. 横截面与面板数据的计量经济分析[M]. 胡棋智，胡江华，王忠玉译. 北京：中国人民大学出版社.
伍骏骞，阮建青，徐广彤. 2016. 经济集聚、经济距离与农民增收：直接影响与空间溢出效应[J]. 经济学（季刊），16（1）：297-320.
习近平. 2001. 论中国农村市场化进程测度[J]. 经济学动态，（11）：11-17.
夏益国，孙群，刘艳华. 2015. 美国农场的耕地集中：现状、动因及影响[J]. 中国农村经济，（4）：81-96.
夏柱智. 2013. 从多地试点看农村土地确权[J]. 南风窗，（25）：46-47.
向国成，韩绍凤. 2005. 农户兼业化：基于分工视角的分析[J]. 中国农村经济，（8）：4-9，16.
向国成，韩绍凤. 2007. 分工与农业组织化演进：基于间接定价理论模型的分析[J]. 经济学（季刊），6（2）：513-538.
向国成，杨继平. 2003. 对农户生产职能与经营职能分工的超边际分析——对农业产业化的新兴古典范式分析[J]. 系统工程，21（3）：69-74.
肖诗顺，高锋. 2010. 农村金融机构农户贷款模式研究——基于农村土地产权的视角[J]. 农业经济问题，（4）：14-18，110.
肖卫东，杜志雄. 2015. 家庭农场发展的荷兰样本：经营特征与制度实践[J]. 中国农村经济，（2）：83-96.
谢冬水. 2012. 劳动力迁移、农地制度与土地使用权流转[J]. 经济与管理研究，（3）：59-64.
谢琳，钟文晶. 2016. 规模经营、社会化分工与深化逻辑——基于“农业共营制”的案例研究[J]. 学术研究（8）：101-106.
熊彼特 J A. 2009. 经济周期循环理论：对利润、资本、信贷、利息以及经济周期的探究[M].

叶华译. 北京：中国长安出版社.
熊吉峰. 2007. 我国农业家庭经营的波动规律与演变趋势[J]. 经济问题，（10）：78-81.
熊清华，聂元飞. 1998. 中国市场化改革的社会学底蕴[J]. 管理世界，（4）：13-16.
休谟 D. 1997. 人性论（下）[M]. 关文运译. 北京：商务印书馆.
徐汉明. 2012. 农村宅基地使用权流转问题研究——基于武汉市江夏区实地调研的思考[J]. 经济社会体制比较，（6）：177-185.
徐建中，于泽卉. 2018. “三权分置”视野下农地市场运行障碍与破解[J]. 学术交流，（7）：102-107.
徐美银. 2012. 农民阶层分化与农地产权偏好：给予江苏泰州的调查分析[J]. 江海学刊，（5）：90-96.
徐美银，陆彩兰，陈国波. 2012. 发达地区农民土地流转意愿及其影响因素分析——来自江苏的566户样本[J]. 经济与管理研究，（7）：66-74.
徐勇. 2013. 中国家户制传统与农村发展道路——以俄国、印度的村社传统为参照[J]. 中国社会科学，（8）：102-123，206-207.
许恒周. 2012. 基于农户受偿意愿的宅基地退出补偿及影响因素分析——以山东省临清市为例[J]. 中国土地科学，26（10）：75-81.
许恒周，郭玉燕. 2011. 农民非农收入与农村土地流转关系的协整分析——以江苏省南京市为例[J]. 中国人口・资源与环境，21（6）：61-66.
许恒周，郭忠兴. 2011. 农村土地流转影响因素的理论与实证研究——基于农民阶层分化与产权偏好的视角[J]. 中国人口・资源与环境，21（3）：94-98
许恒周，金晶. 2011. 农地流转市场发育对农民养老保障模式选择的影响分析——基于有序Probit模型的估计[J]. 资源科学，33（8）：1578-1583.
许锦英. 2010. 粮食产区规模经营路径创新研究[J]. 山东社会科学，（1）：148-152.
许庆，刘进，钱有飞. 2017. 劳动力流动、农地确权与农地流转[J]. 农业技术经济，（5）：4-16.
许庆，陆钰凤. 2018. 非农就业、土地的社会保障功能与农地流转[J]. 中国人口科学，（5）：30-41，126-127.
许庆，章元. 2005. 土地调整、地权稳定性与农民长期投资激励[J]. 经济研究，（10）：59-69.
许泉，张龙耀，吴比. 2016. 信贷市场对农地流转市场发育的影响[J]. 华南农业大学学报（社会科学版），15（4）：19-30.
许实，王庆日，谭永忠，等. 2012. 中国土地市场化程度的时空差异特征研究[J]. 中国土地科学，26（12）：27-34.
薛亮. 2008. 从农业规模经营看中国特色农业现代化道路[J]. 农业经济问题，（6）：4-9，110.
亚里士多德. 1965. 政治学[M]. 吴寿彭译. 北京：商务印书馆.
闫小欢，霍学喜. 2013. 农民就业、农村社会保障和土地流转——基于河南省479个农户调查的分析[J]. 农业技术经济，（7）：34-44.
杨兵，马捷，锁利铭. 2009. 我国农村劳动力要素流动与城乡协调发展[J]. 中国行政管理，（1）：81-85.
杨成林. 2015. 中国式家庭农场——内涵、意义及变革依据[J]. 政治经济学评论，（2）：66-80.
杨格 A. 1996. 报酬递增与经济进步[J]. 贾根良译. 经济社会体制比较，（2）：52-57.
杨华. 2012. “中农”阶层：当前农村社会的中间阶层——“中国隐性农业革命”的社会学命题[J]. 开放时代，（3）：71-87.
杨京泽. 2014. 中部地区农户信贷需求与正规信贷行为关系的实证研究——基于湖北襄阳 710 户农民家庭的调查[J]. 武汉金融，（7）：60-63.
杨懋春. 2001. 一个中国村庄：山东台头[M]. 张雄，沈炜，秦美珠译. 南京：江苏人民出版社.
杨唯一，鞠晓峰. 2014. 基于博弈模型的农户技术采纳行为分析[J]. 中国软科学，（11）：42-49.
杨卫忠. 2015. 农村土地经营权流转中的农户羊群行为——来自浙江省嘉兴市农户的调查数据[J]. 中国农村经济，（2）：38-51.
杨文选，边璐，屈佳. 2007. 从“资本流动偏好”视角看我国农村资金外流[J]. 农村经济，（3）：67-69.
杨小凯. 1998. 经济学原理[M]. 北京：中国社会科学出版社.
杨小凯. 2003. 经济学：新兴古典与新古典框架[M]. 张定胜，张永生，李利明译. 北京：社会科学文献出版社.
杨小凯，黄有光. 1999. 专业化与经济组织——一种新兴古典微观经济学框架[M]. 张玉纲译. 北京：经济科学出版社.
杨小凯，张永生. 2003. 新兴古典经济学与超边际分析[M]. 北京：社会科学文献出版社.
姚洋. 1998. 农地制度与农业绩效的实证研究[J]. 中国农村观察，（6）：1-10.
姚洋. 1999. 非农就业结构与土地租赁市场的发育[J]. 中国农村观察，（2）：16-21，37.
姚洋. 2000a. 集体决策下的诱导性制度变迁——中国农村地权稳定性演化的实证分析[J]. 中国农村观察，（2）：11-19，80.
姚洋. 2000b. 中国农地制度：一个分析框架[J]. 中国社会科学，（2）：54-65，206.
姚洋. 2004. 土地、制度和农业发展[M]. 北京：北京大学出版社.
叶浩，濮励杰. 2011. 我国耕地利用效率的区域差异及其收敛性研究[J]. 自然资源学报，26（9）：1467-1474.
叶剑平，丰雷，蒋妍，等. 2010. 2008 年中国农村土地使用权调查研究——17 省份调查结果及政策建议[J]. 管理世界，（1）：64-73.
叶剑平，蒋妍，丰雷. 2006. 中国农村土地流转市场的调查研究——基于 2005 年 17 省调查的分析和建议[J]. 中国农村观察，（4）：48-55.
叶兴庆. 2016. 演进轨迹、困境摆脱与转变我国农业发展方式的政策选择[J]. 改革，（6）：

22-39.
易小燕，陈印军. 2010. 农户转入耕地及其“非粮化”种植行为与规模的影响因素分析——基于浙江、河北两省的农户调查数据[J]. 中国农村观察，（6）：2-10，21.
尹田. 2004. 无财产即无人格——法国民法上广义财产理论的现代启示[J]. 法学家，（2）：46-54.
尹云松. 1995. 论以农地使用权抵押为特征的农地金融制度[J]. 中国农村经济，（6）：36-40.
应瑞瑶，徐斌. 2014. 农户采纳农业社会化服务的示范效应分析——以病虫害统防统治为例[J]. 中国农村经济，（8）：30-41.
游和远，吴次芳. 2010. 农地流转、禀赋依赖与农村劳动力转移[J]. 管理世界，（3）：65-75.
俞海，黄季焜，Rozelle，等. 2003. 地权稳定性、土地流转与农地资源持续利用[J]. 经济研究，（9）：82-91，95.
于建嵘，石凤友. 2012. 关于当前我国农村土地确权的几个重要问题[J]. 东南学术，（4）：4-11.
曾福生. 2011. 中国现代农业经营模式及其创新的探讨[J]. 农业经济问题，（10）：4-10，110.
詹和平，张林秀. 2009. 家庭保障、劳动力结构与农户土地流转——基于江苏省 142 户农户的实证研究[J]. 长江流域资源与环境，18（7）：658-663.
张本照，丁元欣，王海涛. 2016. 内股外租经营方式下农地使用权定价研究[J]. 江淮论坛，（2）：26-31.
张红宇. 2002. 中国农地调整与使用权流转：几点评论[J]. 管理世界，（5）：76-87.
张洪钢，杨艾军，张勇. 2008. 行为可变性在指挥决策仿真中的运用研究[J]. 军事运筹与系统工程，22（1）：69-74.
张会萍，倪全学，杨绍艳. 2011. 土地流转的影响因素分析——基于宁夏银北地区平罗县样本农户的调查[J]. 农村经济，（1）：17-20.
张建杰. 2008. 农户社会资本及对其信贷行为的影响——基于河南省 397 户农户调查的实证分析[J]. 农业经济问题，（9）：28-34.
张建雷. 2015. 土地流转与农村中老年劳动力的就业变动[J]. 北京社会科学，（1）：11-17.
张静. 2003. 土地使用规则的不确定：一个解释框架[J]. 中国社会科学，（1）：113-124.
张娟，张笑寒. 2005. 农村土地承包经营权登记对土地流转的影响[J]. 财经科学，（1）：188-194.
张兰，冯淑怡，陆华良，等. 2015. 农地规模经营影响因素的实证研究——基于江苏省村庄调查数据[J]. 中国土地科学，29（11）：32-39，62.
张鸣鸣. 2013. 新型农业经营体系和农业现代化——“新型农业经营体系和农业现代化研讨会暨第九届全国农经网络大会”综述[J]. 中国农村经济，（12）：84-88.
张茜，屈鑫涛，魏晨. 2014. 粮食安全背景下的家庭农场“非粮化”研究——以河南省舞钢市 21 个家庭农场为个案[J]. 东南学术，（3）：94-100.

张三峰，卜茂亮，杨德才. 2013. 信用评级能缓解农户正规金融信贷配给吗？——基于全国 10 省农户借贷数据的经验研究[J]. 经济科学，35（2）：81-93.
张社梅，蒋远胜. 2015. 四川省农业经济增长结构变动分析[J]. 农业技术经济，（2）：85-94.
张曙光. 2010. 土地流转与农业现代化[J]. 管理世界，（7）：66-85.
张曙光. 2016. 产权、合约与农业发展——评《罗必良自选集》[J]. 经济研究，（11）：187-191.
张曙光，程炼. 2012. 复杂产权论和有效产权论——中国地权变迁的一个分析框架[J]. 经济学（季刊），11（4）：1219-1238.
张维迎. 1995. 企业的企业家——契约理论[M]. 上海：上海三联书店，上海人民出版社.
张维迎. 2013. 博弈与社会[M]. 北京：北京大学出版社.
张五常. 2000. 佃农理论——应用于亚洲的农业和台湾的土地改革[M]. 北京：商务印书馆.
张星. 2016. 农地经营权抵押贷款难[J]. 中国金融，（18）：101.
张照新，宋洪远. 2002. 中国农村劳动力流动国际研讨会主要观点综述[J]. 中国农村观察，（1）：75-79.
张宗毅，周曙东，曹光乔. 2009. 我国中长期农机购置补贴需求研究[J]. 农业经济问题，（12）：34-41.
章铮，杜峥鸣，乔晓春. 2008. 论农民工就业与城市化——基于年龄结构-生命周期分析[J]. 中国人口科学，（6）：8-18.
赵丙奇. 2010. 农户民间借贷信贷配给：来自 600 农户融资的实证考察[J]. 社会科学战线，（4）：65-71.
赵德起，林木西. 2014. 资源有效流动的理论探索与政策选择[J]. 江苏社会科学，（2）：44-51.
赵冈. 2003. 历史上的土地制度与地权分配[M]. 北京：中国农业出版社.
赵光，李放. 2012. 非农就业、社会保障与农户土地转出——基于 30 镇 49 村 476 个农民的实证分析[J]. 中国人口·资源与环境，22（10）：102-110.
赵广才. 2010. 中国小麦种植区划研究（一）[J]. 麦类作物学报，（5）：886-895.
赵山. 2005. 纳什均衡与一般均衡的关系研究[J]. 数量经济技术经济研究，22（1）：138-143.
赵文洪. 1998. 私人财产权利体系的发展——西方市场经济和资本主义的起源问题研究[M]. 北京：中国社会科学出版社.
赵旭东. 2011. 封闭性与开放性的循环发展——一种理解乡土中国及其转变的理论解释框架[J]. 开放时代，（12）：99-112.
赵雲泰，黄贤金，钟太洋，等. 2012. 中国土地市场化测度方法与实证研究[J]. 资源科学，34（7）：1333-1339.
中国农村发展问题研究组. 1984. 农村经济变革的系统考察[M]. 北京：中国社会科学出版社.
中国农业科学院农业经济与发展研究所. 2008. 国家农业政策分析平台与决策支持系统——农业经济计量模型分析与应用[M]. 北京：中国农业出版社.

中国人民银行农户借贷情况问卷调查分析小组. 2009. 农户借贷情况问卷调查分析报告[M]. 北京：经济科学出版社.

中国社会科学院农村发展研究所“农村集体产权制度改革研究”课题组，张晓山. 2015. 关于农村集体产权制度改革的几个理论与政策问题[J]. 中国农村经济，（2）：4-12.

钟甫宁，纪月清. 2009. 土地产权、非农就业机会与农户农业生产投资[J]. 经济研究，（12）：43-51.

钟甫宁，陆五一，徐志刚. 2016. 农村劳动力外出务工不利于粮食生产吗？——对农户要素替代与种植结构调整行为及约束条件的解析[J]. 中国农村经济，（7）：36-47.

钟太洋，黄贤金，陈志刚，等. 2009. 区域农地市场发育对农业商品化的影响——基于农户层次的分析[J]. 经济地理，29（3）：461-465，488.

钟太洋，黄贤金，孔苹. 2005. 农地产权与农户土地租赁意愿研究[J]. 中国土地科学，19（1）：49-55.

钟文晶，罗必良. 2013. 禀赋效应、产权强度与农地流转抑制——基于广东省的实证分析[J]. 农业经济问题，（3）：6-16.

钟文晶，罗必良. 2014. 契约期限是怎样确定的？——基于资产专用性维度的实证分析[J]. 中国农村观察，（4）：42-51.

钟涨宝，寇永丽，韦宏耀. 2016. 劳动力配置与保障替代：兼业农户的农地转出意愿研究——基于五省微观数据的实证分析[J]. 南京农业大学学报（社会科学版），16（2）：84-92.

钟涨宝，汪萍. 2003. 农地流转过程中的农户行为分析——湖北、浙江等地的农户问卷调[J]. 中国农村观察，（6）：55-64.

周晶，陈玉萍，阮冬燕. 2013. 地形条件对农业机械化发展区域不平衡的影响——基于湖北省县级面板数据的实证分析[J]. 中国农村经济，（9）：63-77.

周其仁. 1994. 农村变革与中国发展（1979—1989）下卷[M]. 香港：牛津大学出版社.

周其仁. 1995. 中国农村改革：国家与土地所有权关系的变化（上）——一个经济体制变迁史的回顾[J]. 管理世界，（3）：178-189.

周其仁. 2002. 产权与制度变迁——中国改革的经验研究[M]. 北京：社会科学文献出版社.

周其仁. 2014. 确权不可逾越——学习《决定》的一点体会[J]. 经济研究，（1）：21-22.

周文. 2009. 我国城市化发展回顾及思考[J]. 经济问题探索，（11）：21-27.

周月书，王悦雯. 2015. 二元经济结构转换与城乡资本配置效率关系实证分析[J]. 中国农村经济，（3）：44-55.

周子良. 2010. 中国传统社会中“户”的法律意义[J]. 太原理工大学学报（社会科学版），28（1）：24-29.

朱建军，胡继连，安康，等. 2016. 农地转出户的生计策略选择研究——基于中国家庭追踪调查（CFPS）数据[J]. 农业经济问题，（2）：49-58.

朱文珏，罗必良. 2016. 行为能力、要素匹配与规模农户生成——基于全国农户抽样调查的实证分析[J]. 学术研究，（8）：83-92.

朱喜，李子奈. 2006. 我国农村正式金融机构对农户的信贷配给——一个联立离散选择模型的实证分析[J]. 数量经济技术经济研究，（3）：37-49.

朱岩. 2009. 从大规模侵权看侵权责任法的体系变迁[J]. 中国人民大学学报，23（3）：9-14.

诸竹君，黄先海，宋学印，等. 2017. 劳动力成本上升、倒逼式创新与中国企业加成率动态[J]. 世界经济，（8）：53-77.

滋贺秀三. 2002. 中国家族法原理[M]. 张建国，李力译. 北京：法律出版社.

邹宝玲，罗必良，钟文晶. 2016. 农地流转的契约期限选择——威廉姆森分析范式及其实证[J]. 农业经济问题，（2）：25-32.

Shirley M M，蔡素贞. 2013. 罗纳德·科斯：1910-2013[J]. 经济资料译丛，（4）：1-3.

Acemoglu D. 2003. Why not a political Coase theorem? Social conflict，commitment，and politics[J]. Journal of Comparative Economics，31（4）：620-652.

Acemoglu D，Johnson S. 2005. Unbundling institutions[J]. Journal of Political Economy，113（5）：949-995.

Acemoglu D，Johnson S，Robinson J. 2001. The colonial origins of comparative development：an empirical investigation[J]. American Economic Review，91（5）：1369-1401.

Ackerberg D A，Botticini M. 2000. The choice of agrarian contracts in early renaissance tuscany：risk sharing，moral hazard，or capital market imperfections? [J]. Explorations in Economic History，37（3）：241-257.

Ackerberg D A，Botticini M. 2002. Endogenous matching and the empirical determinants of contract form[J]. Journal of Political Economy，110（3）：564-591.

Alchian A A. 1965. Some economics of property rights[J]. Politico，30（4）：816-829.

Alchian A A. 1989. Property rights[C]//Eatwell J，Milgate M，Newman P K. The Invisible Hand Woking：Palgrave Macmillan：289-299.

Alchian A A，Demsetz H. 1972. Production，information costs，and economic organization[J]. American Economic Review，62（5）：777-795.

Alchian A A，Demsetz H. 1973. The property rights paradigm[J]. Journal of Economic History，33（1）：16-27.

Alchian A A，Woodward S E. 1987. Reflections on the theory of the firm[J]. Institutional Theoretical Economics，143（1）：110-136.

Alfred M. 1890. Principles of Economics[M]. London：Macmillan.

Allen D，Lueck D. 2002. The Nature of the Farm，Contracts，Risk and Organization in Agriculture[M]. Cambridge：MIT Press.

Alston L J. 1981. Tenure choice in southern agriculture，1930−1960[J]. Explorations in Economic History，18（3）：211-232.

Alston L J，Libecap G D，Schneider R. 1996. The determinants and impact of property rights：land titles on the Brazilian frontier[J]. The Journal of Law，Economics，& Organization，12（1）：25-61.

Anderson J E，Bandiera O. 2005. Private enforcement and social efficiency[J]. Journal of Development Economics，77（2）：341-366.

Anderson T W，Hsiao C. 1982. Formulation and estimation of dynamic models using panel data[J]. Journal of Econometrics，18（1）：47-82.

Banerjee A V，Gertler J P，Ghatak M. 2002. Empowerment and efficiency：tenancy reform in West Bengal[J]. Journal of Political Economy，110（2）：239-280.

Bardhan P K. 1980. Interlocking factors markets and agrarian development：a review of issues[J]. Oxford Economic Papers，32（1）：82-98.

Bardhan P K. 1984. Land，Labor and Rural Poverty：Essays in Development Economics[M]. New York：Colombia University Press.

Baron R M，Kenny D A. 1986. The moderator–mediator variable distinction in social psychological research：conceptual，strategic，and statistical considerations[J]. Journal of Personality and Social Psychology，51（6）：1173-1182.

Barrows R L，Roth M J. 1990. Land tenure and investment in African agriculture：theory and evidence[J]. The Journal of Modern African Studies，28（2）：265-297.

Barzel Y. 1989. Economic Analysis of Property Rights[M]. Cambridge：Cambridge University Press.

Barzel Y. 2015. What are "property rights"，and why do they matter? A comment on hodgson's article[J]. Journal of Institutional Economics，11（4）：719-723.

Barzel Y，Suen W. 1992. Moral hazard，monitoring cost，and the choice of contract[R]. Working Papers.

Basu K. 1983. The emergence of isolations and interlinkage in rural markets[J]. Oxford Economic Papers，35（2）：262-280.

Basu K. 1992. Limited liability and the existence of share tenancy[J]. Journal of Development Economics，38（1）：203-220.

Basu K，Bell C，Bose P. 2000. Interlinkage，limited liability and strategic interaction[J]. Journal of Economic Behavior and Organization，42（4）：445-462.

Baumol W J. 1982. Applied fairness theory and rationing policy[J]. American Economic Review，72（4）：639-651.

Becker G S，Murphy K M. 1992. The division of labor，coordination costs，and knowledge[J]. Quarterly Journal of Economics，107（4）：1137-1160.

Becker S O，Ichino A. 2002. Estimation of average treatment effects based on propensity scores[J]. The Stata Journal，2（4）：358-377.

Beer C，Riedl A. 2012. Modelling spatial externalities in panel data：the spatial Durbin model revisited[J]. Regional Science，91（2）：299-318.

Bell C. 1990. Interactions between institutional and informal credit agencies in rural India[J]. The World Bank Economic Review，4（3）：297-327.

Bellemare M F. 2009. Sharecropping，insecure land rights and land titling policies：a case study of Lac Alaotra，Madagascar[J]. Development Policy Review，27（1）：87-106.

Bellemare M F. 2012. Insecure land rights and share tenancy：evidence from Madagascar[J]. Land Economics，88（1）：155-180.

Benjamin D K. 1978. The use of collateral to enforce debt contracts[J]. Economic Inquiry，16（3）：333-359.

Besley T. 1995. Property rights and investment incentives：theory and evidence from Ghana[J]. Journal of Political Economy，103（5）：903-937.

Besley T，Ghatak M. 2009. Property rights and economic development[J]. Review of Social Economy，39（1）：51-65.

Beyene A D. 2008. Determinants of off-farm participation decision of farm households in Ethiopia[J]. Agrekon，47（1）：140-161.

Biggart N W，Richard W，Castanias R P. 2001. Collateralized social relations：the social in economic calculation[J]. American Journal of Economics and Sociology，60（2）：471-500.

Block W. 2000. Private-property rights，erroneous interpretations，morality，and economics：reply to Demsetz[J]. The Quarterly Journal of Austrian Economics，3（1）：63-78.

Bloom D E，Stark O. 1985. The new economics of labor migration[J]. American Economic Review，75（2）：173-178.

Boserup E. 1965. The Conditions of Agricultural Growth. The Economics of Agrarian Change Under Population Pressure[M]. London：George Allen & Unwin Ltd.

Boucher S，Carter M R. 2001. Risk rationing and activity choice moral hazard constrained credit markets[R]. University of Wisconsin-Madison，Agricultural and Applied Economics Staff Paper Series NO. 445.

Boucher S，Guirkinger C. 2007. Risk，wealth，and sectoral choice in rural credit markets[J]. American Journal of Agricultural Economics，89（4）：991-1004.

Bouckaert B. 2010. Property Law and Economics[M]. Aldershot：Edward Elgar Publishing.

Boven L V，Lovenstein G，Dunning D. 2003. Mispredicting the endowment effect：underestimation of owners' selling prices by buyer's agents[J]. Journal of Economic Behavior and Organization，51（3）：351-365.

Brandt L，Rozelle S，Turner M A. 2004. Local government behavior and property right formation in rural China[J]. Journal of Institutional and Theoretical Economics，160（4）：627-662.

Brauw A D，Mueller V. 2012. Do limitations in land rights transferability influence mobility rates in Ethiopia? [J]. ESSP Working Papers，21（4）：548-579.

Brauw A D，Rozelle S. 2008. Migration and household investment in rural China[J]. China Economic Review，19（2）：320-335.

Brasselle A S，Gaspart F，Platteau J P. 2002. Land tenure security and investment incentives：puzzling evidence from Burkina Faso[J]. Journal of Development Economics，67（2）：373-418.

Braverman A，Guasch J L. 1984. Capital requirements，screening and interlinked sharecropping and credit contracts[J]. Journal of Development Economics，14（3）：359-374.

Braverman A，Stiglitz J E. 1982. Sharecropping and the interlinking of agrarian markets[J]. American Economic Review，72（4）：695-715.

Brookhart M A，Schneeweiss S，Rothman K J，et al. 2006. Variable selection for propensity score models[J]. American Journal of Epidemiology，163（12）：1149-1156.

Byamugisha F F K. 1999a. How land registration affects financial development and economic growth in Thailand[Z]. The World Bank Policy Research Working Paper.

Byamugisha F F K. 1999b. The effects of land registration on financial development and economic growth：a theoretical and conceptual framework[Z]. World Bank Policy Research Working Paper.

Cain M. 1985. On the relationship between land holding and fertility[J]. Population Studies，39（1）：5-15.

Carter M R. 1984. Identification of the inverse relationship between farm size and productivity：an empirical analysis of peasant agricultural production[J]. Oxford Economic Papers，36（1）：131-145.

Carter M R，Yao Y. 2002. Local versus global separability in agricultural household models：the factor price equalization effect of land transfer rights[J]. American Journal of Agricultural Economics，84（3）：702-715.

Casson M C. 1982. The Entrepreneur：An Economic Theory[M]. Oxford：Martin Robertson.

Chakrabarty D，Chaudhuri A. 2001. Formal and informal sector credit institutions and interlinkage[J]. Journal of Economic Behavior and Organization，46（3）：313-325.

Chan K W，Zhang L. 1999. The hukou system and rural-urban migration in China：processes and changes[J]. China Quarterly，160（1）：818-855.

Chandler Jr A D. 1978. The Visible Hand：The Managerial Revolution in American Business[M]. Cambridge：The Belknap Press of Harvard University Press.

Chankrajang T. 2015. Partial land rights and agricultural outcomes：evidence from Thailand[J]. Land Economics，91（1）：126-148.

Chanut O，Chaudey M，Fadairo M，et al. 2015. The dynamics of contractual design：determinants of contract duration in franchising networks[C]//Windsperger J，Cliquet G，Ehrmann T，et al. Interfirm Networks. Berlin：Springer International Publishing：9-33.

Chaudhuri S，Banerjee A K. 2004. Credit-product interlinkage，captive markets and trade liberalization in agriculture：a theoretical analysis[J]. Indian Economic Review，39（2）：327-348.

Che Y. 2016. Off-farm employments and land rental behavior：evidence from rural China[J]. China Agricultural Economic Review，8（1）：37-54.

Chen C. 1961. Land Reform in Taiwan[M].Taoyuan：China Publishing Co.

Chernina E，Dower P C，Markevich A. 2014. Property rights，land liquidity，and internal migration[J]. Journal of Development Economics，110：191-215.

Cheung S N S. 1968. Private property rights and sharecropping[J]. Journal of Political Economy，76（6）：1107-1122.

Cheung S N S. 1969. The Theory of Share Tenancy[M]. Chicago：University of Chicago Press.

Cheung S N S. 1970. The structure of a contract and the theory of a non-exclusive resource[J]. Journal of Law and Economics，13（1）：49-70.

Cheung S N S. 1983. The contractual nature of the firm[J]. Journal of Law and Economics，26（1）：1-21.

Coase R H. 1937. The nature of the firm[J]. Economica，4（16）：386-405.

Coase R H. 1960. The problem of social cost[J]. Journal of Law and Economics，3（1）：1-44.

Coase R H. 1988. The Firm，The Market，and The Law[M]. Chicago：The University of Chicago Press.

Coase R H. 1995. Essays on Economics and Economists[M]. Chicago：The University of Chicago Press.

Coase R H. 2012. Saving economics from the economists[J]. Harvard Business Review，90（12）：36.

Crocker K J，Masten S E. 1988. Mitigating contractual hazards：unilateral options and contract length[J]. Rand Journal of Economics，19（3）：327-343.

de Alessi L. 1983. Property rights，transaction costs，and x-efficiency：an essay in economic theory[J]. American Economic Review，73（1）：64-81.

Deininger K，Ali D A. 2008. Do overlapping land rights reduce agricultural investment? Evidence from Uganda[J]. American Journal of Agricultural Economics，90（4）：869-882.

Deininger K，Ali D A，Alemu T. 2011. Impacts of land certification on tenure security，investment，and land market participation：evidence from ethiopia[J]. Land Economics，87（2）：312-334.

Deininger K，Ali D A，Holden S，et al. 2008. Rural land certification in Ethiopia：process，initial impact, and implications for other African countries[J]. World Development, 36（10）: 1786-1812.

Deininger K, Chamorro J S. 2004. Investment and equity effects of land regularisation: the case of Nicaragua[J]. Agricultural Economics, 30（2）: 101-116.

Deininger K, Feder G. 2009. Land registration, governance, and development: evidence and implications for policy[J]. The World Bank Research Observer, 24（2）: 233-266.

Deininger K, Jin S. 2005. The potential of land rental markets in the process of economic development: evidence from China[J]. Journal of Development Economics, 78（1）: 241-270.

Deininger K, Jin S. 2009. Security property rights in transition: lessons from implementation of China's rural land contracting law[J]. Journal of Economic Behavior & Organization, 70（1/2）: 22-38.

Demsetz H. 1967. Toward a theory of property rights[J]. American Economic Review, 57（2）: 347-359.

de Soto H. 2000. The Mystery of Capital: Why Capitalism Triumphs in the West and Fails Everywhere Else[M]. London: Bantam Press.

Ding C. 2003. Land policy reform in China: assessment and prospects[J]. Land Use Policy, 20（2）: 109-120.

Dixit A, Stiglitz J. 1997. Monopolistic competition and optimum product diversity[J]. American Economic Review, 67（3）: 297-308.

Dixon G I J. 1950. Land and human migrations[J]. American Journal of Economics and Sociology, 9（2）: 223-234.

Do Q T, Iyer L. 2008. Land titling and rural transition in Vietnam[J]. Economic Development and Cultural Change, 56（3）: 531-579.

Domeher D, Abdulai R. 2012. Land registration credit and agricultural investment in Africa[J]. Agricultural Finance Review, 72（1）: 87-103.

Dong X Y, Dow G K. 1993. Does free exit reduce shirking in production team? [J]. Journal of Comparative Economics, 17（2）: 472-484.

Dowall D E, Leaf M. 1991. The price of land for housing in Jakarta[J]. Urban Studies, 28（5）: 707-722.

Eggertsson T. 1990. Economic Behavior and Institutions[M]. Cambridge: Cambridge University Press.

Eills F. 1998. Household strategies and rural livelihood diversification[J]. Journal of Development Studies, 35（1）: 1-38.

Elhorst J P. 2014. Matlab software for spatial panels[J]. International Regional Science Review,

37（3）：389-405.

Eswaran M，Kotwal A. 1985. A theory of contractual structure in agriculture[J]. American Economic Review，75（3）：352-367.

Feder G. 1987. Land ownership security and farm productivity：evidence from Thailand[J]. Journal of Development Studies，24（1）：16-30.

Feder G，Feeny D. 1991. Land tenure and property rights：theory and implications for development policy[J]. The World Bank Economic Review，5（1）：135-153.

Feder G，Lau L J，Lin J Y，et al. 1992. The determinants of farm investment and residential construction in post-reform China[J]. Economic Development & Cultural Change，41（1）：1-26.

Feder G，Nishio A. 1998. The benefits of land registration and titling：economic and social perspectives[J]. Land Use Policy，15（1）：25-43.

Federico G. 2005. Feeding the World：An Economic History of Agriculture，1800-2000[M]. Princeton：Princeton University Press.

Felder J. 2001. Coase theorems 1-2-3[J]. The American Economist，45（1）：54-61.

Feng S，Heerink N. 2008. Are farm households' land renting and migration decisions inter-related in rural China?［J]. NJAS - Wageningen Journal of Life Sciences，55（4）：345-362.

Feng S，Heerink N，Ruben R，et al. 2010. Land rental market，off-farm employment and agricultural production in southeast China：a plot-level case study[J]. China Economic Review，21（4）：598-606.

Fleisher B M，Liu Y H. 1992. Economies of scale，plot size，human capital and productivity in Chinese agriculture[J]. Quarterly Review of Economics and Finance，32（2）：112-124.

Fort R. 2008. The homogenization effect of land titling on investment incentives：evidence from Peru[J]. NJAS-Wageningen Journal of Life Sciences，55（4）：325-343.

Furubotn E G，Pejovich S. 1972. Property rights and economic theory：a survey of recent literature[J]. Journal of Economic Literature，10（4）：1137-1162.

Galiani S，Schargrodsky E. 2010. Property rights for the poor：effects of land titling[J]. Journal of Public Economics，94（9/10）：700-729.

Galiani S，Schargrodsky E. 2011. Land property rights and resource allocation[J]. The Journal of Law and Economics，54（S4）：S329-S345.

Gao L，Huang J，Rozelle S. 2012. Rental markets for cultivated land and agricultural investments in China[J]. Agricultural Economics，43（4）：391-403.

Geertz C. 1963. Agricultural Involution：The Process of Ecological Change in Indonesia[M]. California：Published for the Association of Asian Studies by University of California Press.

Gerezihar K，Tilahun M. 2014. Impacts of parcel-based second level landholding certificates on soil conservation investment in Tigrai，northern Ethiopia[J]. Journal of Land and Rural Studies，2（2）：249-260.

Ghatak M，Roy S. 2007. Land reform and agricultural productivity in India：a review of the evidence[J]. Oxford Review of Economic Policy，23（2）：251-269.

Gill K. 2007. Interlinked contracts and social power：patronage and exploitation in India's waste recovery market[J]. Journal of Development Studies，43（8）：1448-1474.

Glaeser E L，Ponzetto G A M，Shleifer A. 2016. Securing property rights[R]. NBER Working Paper.

Goetz S J，Debertin D L. 2001. Why farmers quit：a county-level analysis[J]. American Journal of Agricultural Economics，83（4）：1010-1023.

Gorovaia N，Windsperger J. 2013. Real options，intangible resources and performance of franchise networks[J]. Managerial and Decision Economics，34（3/4/5）：183-194.

Gorovaia N，Windsperger J. 2015. Choice of contract duration in franchising：combining transaction cost[Z]. Resource-based and Relational Governance Perspectives，the 29th Annual International Society of Franchising Conference：1-20.

Gould K A. 2006. Land regularization on agricultural frontiers：the case of northwestern petén，Guatemala[J]. Land Use Policy，23（4）：395-407.

Granovetter M S. 1973. The strength of weak ties[J]. American Journal of Sociology，78（6）：1360-1380.

Granovetter M S. 1985. Economic action and social structure：the problem of embeddedness[J]. American Journal of Sociology，91（3）：481-510.

Gray C L. 2009. Environment，land，and rural out-migration in the southern Ecuadorian Andes[J]. World Development，37（2）：457-468.

Green J K. 1987. Evaluating the impact of consolidation of holdings，individualization of tenure，and registration of title：lessons from Kenya[R]. Land Tenure Center：University of Wisconsin-Madison.

Greene W H. 1993. Econometric Analysis[M]. 2nd ed. New York：Macmillan.

Griffin K，Khan A R，Ickowitz A. 2002. Poverty and the distribution of land [J]. Journal of Agrarian Change，2（3）：279-330.

Grimm M，Klasen S. 2015. Migration pressure，tenure security，and agricultural intensification：evidence from Indonesia[J]. Land Economics，91（3）：411-434.

Haberfeld Y，Menaria R K，Sahoo B B，et al. 1999. Seasonal migration of rural labor in India [J]. Population Research and Policy Review，18（5）：473-489.

Hadfield G K. 1990. Problematic relations：franchising and the law of incomplete contracts[J]. Stanford Law Review，42（4）：927-992.

Hallagan W. 1978. Self-selection by contractual choice and theory of sharecropping[J]. Bell Journal of

Economics，9（2）：344-354.

Halonen-Akatwijuka M，Hart O. 2013. More is less：why parties may deliberately write incomplete contacts[R]. NBER Working Paper Series 19001.

Hanemann W M. 1991. Willingness to pay and willingness to accept：how much can they differ? [J]. The American Economic Review，93（1）：635-647.

Hart O. 1995. Firms，Contracts，and Financial Structure[M]. Oxford：Oxford University Press.

Hare D. 2008. The origins and influence of land property rights in Vietnam[J]. Development Policy Review，26（3）：339-363.

Hart O，Moore J. 1990. Property rights and nature of the firm[J]. Journal of Political Economy，98（6）：1119-1158.

Hart O，Moore J. 1999. Foundations of incomplete contracts[J]. Review of Economic Studies，66（1）：115-138.

Hart T. 2012. How rural land reform policy translates into benefits[J]. Development Southern Africa，29（4）：563-573.

Hausman J A. 1978. Specification tests in econometrics[J]. Econometrica，46（6）：1251-1271.

Hausman J A，McFadden D. 1984. Specification tests for the multinomial logit model[J]. Econometrica，52（5）：1219-1240.

Hayami Y，Otsuka K. 1993.The Economics of Contract Choice[M]. Oxford：Clarendon Press.

Hayek F A. 1945. The use of knowledge in society[J]. American Economic Review，35（4）：519-530.

Hayek F A. 1988. The Fatal Conceit：the Errors of Socialism[M]. Chicago：The University of Chicago Press.

Hayek F A. 1999. The constitution of liberty[J]. Journal of the American Medical Association，172（8）：825-826.

Heady E O. 1947. Economics of farm leasing systems[J]. Journal of Farm Economics，29（3）：659-678.

Hicks J R. 1969. A Theory of Economic History[M]. Oxford：Oxford University Press.

Ho P. 2014. The “credibility thesis” and its application to property rights：（in）secure land tenure，conflict and social welfare in China[J]. Land Use Policy，40：13-27.

Hoff K，Stiglitz J E. 1990. Introduction：imperfect in formation and rural credit markets puzzles and policy perspectives[J]. The World Bank Economic Review，4（3）：235-250.

Holden S T，Deininger K，Ghebru H. 2009. Impacts of low-cost land certification on investment and productivity[J]. American Journal of Agricultural Economics，91（2）：359-373.

Holden S T，Deininger K，Ghebru H. 2011. Tenure insecurity，gender，low-cost land certification and land rental market participation in Ethiopia[J]. The Journal of Development Studies，

47（1）：31-47.

Holtz-Eakin D，Newey W，Rosen H S. 1988. Estimating vector autoregressions with panel data[J]. Econometrica，56（6）：1371-1395.

Hombrados J G，Devisscher M，Martínez M H. 2015. The impact of land titling on agricultural production and agricultural investments in Tanzania：a theory-based approach[J]. Journal of Development Effectiveness，7（4）：530-544.

Hossain T，List J A. 2012. The behavioralist visits the factory：increasing productivity using simple framing manipulations[J]. Management Science，58（12）：2151-2167.

Hu J L，Wang S C. 2006. Total-factor energy efficiency of regions in China[J]. Energy Policy，34（17）：3206-3217.

Huang J K，Gao L L，Rozelle S. 2012. The effect of off-farm employment on the decisions of households to rent out and rent in cultivated land in China[J]. China Agricultural Economic Review，4（1）：5-17.

Iossa E，Rey P. 2014. Building reputation for contract renewal：implications for performance dynamics and contract duration[J]. Journal of the European Economic Association，12（3）：549-574.

Jacoby H G，Li G，Rozelle S. 2002. Hazards of expropriation：tenure insecurity and investment in rural China[J]. American Economic Review，92（5）：1420-1447.

Jacoby H G，Minten B. 2006. Land titles，investment，and agricultural productivity in Madagascar：a poverty and social impact analysis[Z]. World Bank Other Operational Studies，1-54.

Jacoby H G，Minten B. 2007. Is land titling in sub-saharan Africa cost-effective? Evidence from Madagascar[J]. The World Bank Economic Review，21（3）：461-485.

Jaffee D M，Thomas R. 1976. Imperfect information，uncertainty，and credit rationing[J]. Quarterly Journal of Economics，90（4）：651-666.

Janvry A D，Emerick K，Gonzales-Navarro M，et al. 2015. Delinking land rights from land use：certification and migration in Mexico[J]. American Economic Review，105（10）：3125-3149.

Janvry A D，Gonzalez-Navarro M，Sadoulet E. 2014. Are land reforms granting complete property rights politically risky? Electoral outcomes of Mexico's certification program[J]. Journal of Development Economics，110：216-225.

Jimenez E. 1982. The value of squatter dwellings in developing countries[J]. Economic Development and Cultural Change，30（4）：739-752.

Jin S，Deininger K. 2009. Land rental markets in the process of rural structural transformation：productivity and equity impacts from China[J]. Journal of Comparative Economics，37（4）：629-646.

Jones R. 1831. An Essay on the Distribution of Wealth and on the Sources of Taxation[M]. Reprinted New York：Kelley & Millman.

Johnson D G. 1950. Resource allocation under share contracts[J]. Journal of Political Economy，58（2）：111-123.

Johnson S，McMillan J，Woodruff C. 2002. Property rights and finance[J]. American Economic Review，92（5）：1335-1356.

Kahneman D，Knetsch J L，Thaler R H. 1991. Anomalies：the endowment effect，loss aversion，and status quo bias[J]. Journal of Economic Perspectives，5（1）：193-206.

Kahneman D，Tversky A. 1979. Prospect theory：an analysis of decision under risk[J]. Econometrica，47（2）：263-291.

Kaldor N. 1975. What is wrong with economic theory[J]. Quarterly Journal of Economics，89（3）：347-357.

Kao C. 1999. Spurious regression and residual-based tests for cointegration in panel data[J]. Journal of Econometrics，90（1）：1-44.

Kemper N，Ha L V，Klump R. 2015. Property rights and consumption volatility：evidence from a land reform in Vietnam[J]. World Development，71：107-130.

Kerr P. 1993. Adam Smith's theory of growth and technological change revisited[J]. Contributions to Political Economy，12（1）：1-27.

Kimura S，Otsuka K，Sonobe T，et al. 2011. Efficiency of land allocation through tenancy markets：evidence from China[J]. Economic Development & Cultural Change，59（3）：485-510.

Knight F H. 1921. Risk，Uncertainty and Profit[M]. New York：Hart，Schaffner & Marx.

Koenker R，Bassett Jr G. 1978. Regression quantiles[J]. Econometrica，46（1）：33-50.

Koo H W. 2011. Property rights，land prices，and investment：a study of the Taiwanese land registration system[J]. Journal of Institutional and Theoretical Economics，167（3）：515-535.

Kranton R E. 1996. Reciprocal exchange：a self-sustaining system[J]. American Economic Review，86（4）：830-851.

Kreps D M，Wilson R. 1982. Reputation and imperfect information[J]. Journal of Economic Theory，27（2）：253-279.

Krishnasreni S，Thongsawatwong P. 2004. Status and trend of farm mechanization in Thailand[J]. Agricultural Mechanization in Asia Africa Latin America，35（1）：59-66.

Krugman P R. 1979. Increasing returns，monopolistic competition and international trade[J]. Journal of International Economics，9（4）：469-479.

Kung J K S. 2002. Off-farm labor markets and the emergence of land rental markets in rural China[J]. Journal of Comparative Economics，30（2）：395-414.

Kung J K S，Bai Y. 2011. Induced institutional change or transaction costs? The economic logic of land reallocations in Chinese agriculture[J]. Journal of Development Studies，47（10）：1510-1528.

Kung J K S，Lee Y F. 2001. So what if there is income inequality? The distributive consequence of nonfarm employment in rural China[J]. Economic Development and Cultural Change，50（1）：19-46.

Kung J K S，Liu S. 1996. Property rights in rural China：an empirical study of institutional choice in transitional economies[Z]. Mimeo，Social Sciences Division，Hong Kong University of Sciences and Technology.

Larson D F，Crego A，Butzer R，et al. 2000. A cross-country database for sector investment and capital[J]. World Bank Economic Review，14（2）：371-391 .

Lesage J P，Pace R K. 2009. Introduction to Spatial Econometrics[M]. Boca Raton：CRC Press.

Lewis W A. 1954. Economic development with unlimited supplies of labor[J]. Manchester School of Economics and Social Studies，22（2）：139-191.

Li G，Rozelle S，Brandt L. 1998. Tenure，land rights，and farmer investment incentives in China[J]. Agricultural Economics，19（1-2）：63-71.

Li J，Rodriguez D，Tang X. 2017. Effects of land lease policy on changes in land use，mechanization and agricultural pollution[J]. Land Use Policy，64：405-413.

Libecap G D，Lueck D. 2011. The demarcation of land and the role of coordinating property institutions[J]. Journal of Political Economy，119（3）：426-467.

Lin J Y. 1990. Collectivization and China's agricultural crisis in 1959-1961[J]. Journal of Political Economy，98（6）：1228-1252.

Lin J Y. 1992. Rural reforms and agricultural growth in China[J]. American Economic Review，82（1）：34-51.

Lin R，Zhu D. 2014. A spatial and temporal analysis on land incremental values coupled with land rights in China[J]. Habitat International，44：168-176.

Liu G，Wang H，Cheng Y，et al. 2016. The impact of rural out-migration on arable land use intensity：evidence from mountain areas in Guangdong，China[J]. Land Use Policy，59（31）：569-579.

Liu S，Carter M R，Yao Y. 1998. Dimensions and diversity of property rights in China：dilemmas on the road to further reform[J]. World Development，26（10）：1789-1860.

Lucas R E，Jr. 2004. Life earnings and rural-urban migration[J]. Journal of Political Economy，112（S1）：29-59.

Luo B. 2018. 40-year reform of farmland institution in China：target，effort and the future[J]. China Agricultural Economic Review，10（1）：16-35.

Ma X. 2013. Does tenure security matter? Rural household responses to land tenure reforms in northwest China[D]. Wageningen University PhD thesis.

Ma X，Heerink N，Ierland E V，et al. 2013. Land tenure security and land investments in northwest China[J]. China Agricultural Economic Review，5（2）：281-307.

Macours K，Janvry A D，Sadoulet E. 2010. Insecurity of property rights and social matching in the tenancy market[J]. European Economic Review，54（7）：880-899.

Marshall A.1920. Principles of Economics[M]. 8th ed. London：Macmillan & Co Ltd.

Masten S E，Saussier S. 2000. Econometrics of contracts：an assessment of developments in the empirical literature on contracting[J]. Revue d'Économie Industrielle，92（1）：215-236.

McCarthy N，Janvry A D，Sadoulet E. 1998. Land allocation under dual individual—collective use in Mexico[J]. Journal of Development Economics，56（2）：239-264.

McMillan J，Whalley J，Zhu L. 1989. The impact of China's economic reform on agricultural productivity growth[J]. Journal of Political Economy，97（4）：781-807.

Medema S G. 1995. The Legacy of Ronald Coase in Economic Analysis[M]. Vermont：Edward Elgar.

Meyer M A，Vickers J. 1997. Performance comparisons and dynamic incentives[J]. Journal of Political Economy，105（3）：547-581.

Mill J. 1901. Principles of Political Economy[M]. London：Macmillan & Co Ltd.

Motiram S，Robinson J A. 2010. Interlinking and collusion[J]. Review of Development Economics，14（2）：282-301.

Mullan K，Grosjean P，Kontoleon A. 2011. Land tenure arrangements and rural-urban migration in China[J]. World Development，39（1）：123-133.

Newbery D M G. 1977. Risk sharing，share cropping and uncertain labor markets[J]. Review of Economic Studies，44（3）：585-594.

Newman C，Tarp F，van den Broeck K. 2015. Property rights and productivity：the case of joint land titling in Vietnam[J]. Land Economics，91（1）：91-105.

North D C. 1981. Structure and Change in Economic History[M]. New York：Norton.

North D C. 1990. Institutions and credible commitment[J]. Journal of Institutional and Theoretical Economics，149（1）：11-23.

North D C. 1994. Economic performance through time[J]. American Economic Review，84（3）：359-368.

North D C，Thomas R P. 1976. The Rise of the Western World：A New Economic History[M]. Cambridge：Cambridge University Press.

O'Driscoll G P，Jr，Hoskins L. 2003. Property rights：the key to economic development[J]. Cato Journal，48（2）：1-17.

Olmstead A L. 1975. The mechanization of reaping and mowing in American agriculture，1833-

1870[J]. The Journal of Economy History，35（2）：327-352.

Olson M. 2000. Power and Prosperity：Outgrowing Communist and Capitalist Dictatorships[M]. New York：Basic Books.

Overend R P. 1982. The average haul distance and transportation work factors for biomass delivered to a central plant[J]. Biomass，2（1）：75-79.

Paolacci G，Burson K A，Rick S I. 2011. The intermediate alternative effect：considering a small tradeoff increases subsequent willingness to make large tradeoffs[J]. Journal of Consumer Psychology，21（4）：384-392.

Patrick H T. 1966. Financial development and economic growth in underdeveloped countries[J]. Economic Development and Culture Change，14（2）：174-189.

Pedroni P. 1999. Critical values for cointegration tests in heterogeneous panels with multiple regressors[J]. Oxford Bulletin of Economics and Statistics，61：653-670.

Pejovich S. 1990. The Economics of Property Rights：Towards a Theory of Comparative Systems[M]. Dordrecht：Kluwer Academic Publishers.

Pennock A. 2014. The political economy of domestic labor mobility：specific factors，landowners，and education[J]. Economics & Politics，26（1）：38-55.

Pomeranz K. 2008. Chinese development in long-run perspective[J]. Proceedings of the American Philosophical Society，152（1）：83-100.

Potts D H. 2006. Rural mobility as a response to land shortages：the case of Malawi population[J]. Space and Place，12（4）：291-311.

Quinn M A. 2006. Relative deprivation，wage differentials and Mexican Migration [J]. Review of Development Economics，10（1）：135-153.

Qun W，Yongle L，Siqi Y. 2015. The incentives of China's urban land finance[J]. Land Use Policy，42：432-442.

Rachlinski J J，Jourden F. 1998. Remedies and the psychology of ownership[J]. Vanderbilt Law Review，51（6）：1541-1582.

Radin M J. 1982. Property and personhood[J]. Stanford Law Review，34（5）：957-1015.

Rahman S，Rahman M. 2009. Impact of land fragmentation and resource ownership on productivity and efficiency：the case of rice producers in Bangladesh[J]. Land Use Policy，26（1）：95-103.

Rawal V. 2001. Agrarian reform and land markets：a study of land transactions in two villages of West Bengal，1977-1995[J]. Economic Development and Cultural Change，49（3）：611-629.

Rey D. 1998. Development Economics[M]. Princeton：Princeton University Press.

Robinson M. 2014. Why nations fail：the origins of power，prosperity and poverty[J]. Development Policy Review，32（1）：154-156.

Ronald S B. 1992. Structural Holes[M]. Cambridge：Harvard University Press.

Rosen S. 1983. Specialization and human capital[J]. Journal of Labor Economics，1（1）：43-49.

Rosenbaum P R，Rubin D B. 1983. The central role of the propensity score in observational studies for causal effects[J]. Biometrika，70（1）：41-55.

Roumasset J. 1976. Rice and Risk：Decision-making among Low-income Farmers[M]. Amsterdam：North-Holland.

Routray J K. Sahoo M. 1995. Implications of land title for farm credit in Thailand[J]. Land Use Policy，12（1）：86-89.

Rozelle S，Brandt L，Li G，et al. 2002. Land rights in China：facts，fictions and issue[J]. China Journal，47：67-97.

Rupelle M D L，Quheng D，Shi L，et al. 2009. Land rights insecurity and temporary migration in rural China[R]. Working Paper from Institute of Labor Economics（IZA）.

Saint-Macary C，Keil A，Zeller M，et al. 2010. Land titling policy and soil conservation in the northern uplands of Vietnam[J]. Land Use Policy，27（2）：617-627.

Samuelson P A. 1962. Parable and realism in capital theory：the surrogate production function[J]. Review of Economic Studies，29（3）：193-206.

Schickele R. 1941. Effect of tenure systems on agricultural efficiency[J]. Journal of Farm Economics，23（1）：185-207.

Schultz T W. 1964. Transforming Traditional Agriculture[M]. New Haven：Yale University Press.

Schurnpeter J A. 1934. The Theory of Economic Development[M]. Cambridge：Harvard University Press.

Scott J C. 1977. The Moral Economy of the Peasant：Rebellion and Subsistence in Southeast Asia[M]. New Haven：Yale University Press.

Segal I. 1999. Complexity and renegotiation：a foundation for incomplete contracts[J]. The Review of Economic Studies，66（1）：57-82.

Sengupta K. 1997. Limited liability，moral hazard and share tenancy[J]. Journal of Development Economics，52（2）：393-407.

Shapiro F R. 1996. The most-cited law review articles revisited[J]. Chicago-Kent Law Review，71（7）：751-779.

Shetty S. 1988. Limited liability，wealth differences and the tenancy ladder in agrarian economies[J]. Journal of Development Economics，29（1）：1-22.

Sismondi S. 1815. Political Economy[M]. New York：Augustus M. Kelley.

Smith A. 1776. An Inquiry into the Nature and Causes of the Wealth of Nations[M]. Buffalo：Prometheus Book.

Smith R E. 2004. Land tenure，fixed investment，and farm productivity：evidence from Zambia's southern province[J]. World Development，32（10）：1641-1661.

Sokoloff K L，Engerman S L. 2000. History lessons：institutions，factors endowments，and paths of development in the new world[J]. Journal of Economic Perspectives，14（3）：217-232.

Stiglitz J E. 1974. Incentive and risk sharing in sharecropping[J]. Review of Economic Studies，41（2）：219-255.

Stiglitz J E，Weiss A.1981. Credit rationing in markets with imperfect information[J]. American Economic Review，71（3）：393-410.

Stock J H，Yogo M. 2005. Testing for weak instruments in linear IV regression[J]. NBER Technical Working Papers，14（1）：80-108.

Tan S，Heerink N，Kuyvenhoven A，et al. 2010. Impact of land fragmentation on rice producers' technical efficiency in south-east China[J]. NJAS-Wageningen Journal of Life Sciences，57：117-123.

Telsel G A.1980. Theory of self-enforcing agreements[J]. Journal of Business，53（1）：27-44.

Thaler R H. 1980. Toward a positive theory of consumer choice[J]. Journal of Economic Behavior and Organization，1（1）：39-60.

Thone K F，Beeher F. 1999. Land expropriation and soil management：tools to development rural areas[J]. Agrarreeht，29（8）：1-16.

Todaro M P. 1969. A model of labor migration and urban unemployment in less developed countries[J]. American Economic Review，59（1）：138-148.

van Dijk T. 2003. Scenarios of central European land fragmentation[J]. Land Use Policy，20（2）：149-158.

van Dijk E，van Knippenberg D. 1998. Trading wine：on the endowment effect，loss aversion，and the comparability of consumer goods[J]. Journal of Economic Psychology，19（4）：485-495.

Vázquez L. 2007. Determinants of contract length in franchise contracts[J]. Economics Letters，97（2）：145-150.

Wan G H，Cheng E J. 2001. Effects of land fragmentation and returns to scale in the Chinese farming sector[J]. Applied Economics，33（2）：183-194.

Wang H，Riedinger J，Jin S. 2015. Land documents，tenure security and land rental development：panel evidence from China[J]. China Economic Review，36（3）：220-235.

Walton W. 2002. Liberating the land：the case for private land-use planning[J]. Land Use Policy，19（4）：333-337.

Wallis J J，North D C. 1986. Measuring the transaction sector in the American economy，1870-1970[C]//Stanley L E，Robert E G. Long-Term Factors in American Economic Growth. Chicago：University of Chicago Press：95-162.

Wen M. 1998. An analytical framework of consumer-producers，economies of specialization and transaction costs[C]//Arrow K，Ng Y K，Yang X. Increasing Returns and Economic Analysis. London：Macmillan：170-185.

William W. 2002. Liberating the land：the case for private land-use planning[J]. Land Use Policy，19（4）：333-337.

Williamson O E. 1985. The Economic Institution of Capitalism：Firms，Markets，Relational Contracting[M]. New York：The Free Press.

Wootton B. 1945. Freedom Under Planning[M]. Chapel Hill：University of North Carolina Press.

Yami M，Snyder K A. 2016. After all，land belongs to the state：examining the benefits of land registration for smallholders in Ethiopia[J]. Land Degradation and Development，27（3）：465-478.

Yang C H，Wu L，Lin H L. 2010. Analysis of total-factor cultivated land efficiency in China's agriculture[J]. Agricultural Economics-Czech，56（5）：231-242.

Yang X，Borland J. 1991. A microeconomic mechanism for economic growth[J]. Journal of Political Economy，99（3）：460-482.

Yang X，Ng YK. 1995. Theory of the firm and structure of residual rights[J]. Journal of Economic Behavior and Organization，26（1）：107-128.

Yang X，Zhao Y. 2003. Endogenous Transaction Costs and Evolution of Division of Labor[M]. London：Palgrave Macmillan.

Yao Y. 2000. The development of the land lease market in rural China[J]. Land Economics，76（2）：252-266.

Yao Y，Carter M R. 1999. Specialization without regret：transfer rights，agricultural productivity，and investment in an industrializing economy[R]. Policy Research Working Paper.

Young A A. 1928. Increasing returns and economic progress[J]. Economic Journal，38（152）：527-542.

Zax L A，Malcolm R L. 2005. Economic development，eminent domain and the property rights movement[J]. The Real Estate Finance Journal，12（4）：84-90.

Zhang X，Yang J，Thomas R. 2017. Mechanization outsourcing cluster and division of labor in Chinese agriculture[J]. China Economic Review，43：184-195.

Zhang Y，Wang X，Glauben T，et al. 2011. The impact of land reallocation on technical efficiency：evidence from China[J]. Agricultural Economics，42（4）：495-507.

后　记

本书是国家自然科学基金重点项目“农村土地与相关要素市场培育与改革研究”（71333004）的最终研究成果。

自2013年立项开始，到2019年结题验收，再到最终成果出版，前后已经历时7年有余。

在研究过程中，以及在每年年底召开的重点项目群年度工作会议上，国家自然科学基金委员会及管理科学部的领导和项目官员，项目群指导专家组钟甫宁教授、温思美教授、程国强教授、宋洪远研究员，项目群协调人黄季焜教授，以及项目群各课题负责人与成员，均对该项目的研究予以长期的支持与指导。

该项目研究，无论是在理论层面的立论，还是对现实问题的判断，均要求有对真实世界的细致了解与把握，因而实证资料与数据的收集尤为重要。为此，项目组从农户问卷的设计、调研方案的制订到试问卷与正式问卷的组织与实施，前后历时一年有余。在2015年寒假期间组织的入户问卷调查中，华南农业大学经济管理学院和江西农业大学经济管理学院的众多本科生与研究生深入各地农村，与农户进行面对面的访谈。另外，由原沈阳农业大学张广胜教授协助组织的辽宁省农户问卷、扬州大学徐金海教授协助组织的江苏省农户问卷、贵州大学朱满德教授组织的贵州省农户问卷、宁夏大学谭亚荣博士组织的宁夏回族自治区农户问卷，保证了整个研究的数据来源。当然，为我们的资料收集与实地调研提供具体帮助的单位和个人更是难以一一罗列。

在项目实施过程中，华南农业大学和江西农业大学对项目的研究与实施予以有力的支持，项目组全体成员则做出了持续且卓有成效的努力。各子课题负责人李尚蒲副教授、何一鸣教授、陈昭玖教授、米运生教授、胡新艳教授、翁贞林教授、罗明忠教授在团队研究工作中的分工与协作，众多老师与研究生的积极参与，项目联系人钟文晶副教授、孙志岩老师所做的大量的协调与沟通工作，均从不同的层面保证了研究计划的顺利进行。

除项目负责人和子课题主持人之外，其他参与项目研究并发表阶段性成果的老师和研究生包括：

华南农业大学教师：万俊毅、毛雅娟、文晓巍、吴小立、何勤英、张沁岚、陈风波、陈有华、柳松、钟文晶、姜美善、黄松、符少玲、谢琳、蔡键。

江西农业大学教师：刘长进、江永清、邹晓娟、陈美球、周利平、周波、高雪萍、黄建伟、鲁燕飞、赖运生、滕玉华。

华南农业大学研究生：万盼盼、王晓海、王梦婷、仇童伟、邓进业、石晓敏、卢颖霞、吕佳、朱文珏、朱勇、刘文勇、刘凯、刘恺、江雪萍、杜智鹏、李宇豪、杨晓莹、杨震宇、吴怡、邹佳瑜、邹宝玲、张苇琨、张佩霞、张雪丽、张超、张露、陈小知、陈文浩、陈江华、陈明、陈思羽、陈勋、邵爽、林文声、罗发恒、罗琦、罗锦涛、郑仲晖、郑秀娟、胡凝、段珺、洪炜杰、凌莎、高少慧、高亚佳、陶志、黄贺源、黄莎莎、黄晓彤、黄斯韬、曾泽莹、赖丹珠、廖祥乐、檀竹平。

江西农业大学研究生：王成量、王思琪、邝佛缘、刘文可、阮华、李志朋、严静娴、吴萍、张辉、张睛睛、陈芳芳、陈科宇、赵聪聪、胡佩佩、胡雯、袁旺兴、曹志文、龚绍林、谢秦华、谢强强、谢婷、熊卉。

其他合作发表论文的人员：Adam G. Walke、Ashok K. Mishra、Bo Wang、Giri、Subhasis、K. P. Paudel、Sun-jun Huang、Thomas M. Fullerton Jr、Tony Prato、X. Henry、Yong-cong Yang、马贤磊、王兴贺、王志刚、王婵、危旭芳、李大伟、李玉勤、杨珺、邱泽元、邱婧彬、何晓刚、陈明、郑适、贺虹、秦明、郭晓鸣、唐忠、黄孝光、程国强。

作为该项目负责人，我要对上述已提及的单位和个人，以及众多未能提及的单位和个人，表示由衷的感谢。

同样要感谢多个学术杂志发表该项目的阶段性成果。特别要感谢的是《学术研究》《江海学刊》《南方经济》《广东社会科学》《社会科学家》《华中农业大学学报（社会科学版）》，其分别为研究团队特设专栏，使该项目的部分系列论文得以集中发表。

另外，本书研究的阶段性成果还包括以下已经或正在出版的有关专著。

罗必良等：《中国农业经营制度——理论框架、变迁逻辑与案例解读》，中国农业出版社，2014。

罗必良：《罗必良自选集——产权、合约与农业发展》，中山大学出版社，2015。

胡新艳：《“公司+农户”：交易特性、治理机制与合作绩效》，中国经济出版社，2016。

陈昭玖等：《农民工市民化：意愿与能力的匹配——现实格局、分层路径与政策设计》，中国农业出版社，2016。

罗必良等：《农业家庭经营：走向分工经济》，中国农业出版社，2017。

何一鸣：《制度经济地理学范式：以“岭南模式”为例》，科学出版社，2017。

罗明忠：《非农就业能力、就业稳定性与农地流转机制研究》，中国劳动保障出版社，2017。

罗必良、仇童伟、张露、洪炜杰：《种粮的逻辑——“农地产权-要素配置-农业分工”的解释框架》，中国农业出版社，2018。

罗必良等：《农地流转的契约性质》，中国农业出版社，2019。

罗必良等：《农地确权的制度含义》，中国农业出版社，2019。

罗必良、胡新艳等：《农地产权：调整、稳定与盘活》，中国农业出版社，待出版。

为此要特别向中国农业出版社以及责任编辑闫保荣女士表达真诚的谢意。

最终成果是集体智慧的结晶。本书的写作大纲是由罗必良设计并经过反复讨论与斟酌后形成的。具体的写作分工如下。

第一篇，即第 1 章和第 2 章，罗必良执笔。

第二篇，李尚蒲、钟文晶负责整理。其中，第 3 章由钟文晶、谢琳、罗必良写作初稿；第 4 章由罗必良、钟文晶、邹宝玲写作初稿。

第三篇，何一鸣负责整理。其中，第 5 章由赖丹珠、何一鸣写作初稿；第 6 章由何一鸣、罗必良、高少慧写作初稿；第 7 章由仇童伟、罗必良写作初稿。

第四篇，胡新艳、谢琳负责整理。其中，第 8 章由李尚蒲、胡凝写作初稿；第 9 章由陈思羽、李尚蒲、罗必良写作初稿；第 10 章由胡新艳、洪炜杰、王梦婷、罗必良写作初稿。

第五篇，罗明忠、罗必良负责整理。其中，第 11 章由胡新艳、罗必良、林文声、杨晓莹、罗锦涛、秦明、苏毅清、王志刚写作初稿，并由胡新艳统稿；第 12 章由洪炜杰、陈小知、胡新艳写作初稿；第 13 章由米运生、郑秀娟、曾泽莹、柳松、高亚佳写作初稿；第 14 章由洪炜杰、林文声、罗必良、秦明、王志刚写作初稿，并由罗必良统稿；第 15 章由朱文珏、谢琳、胡雯、胡新艳、罗必良、陈昭玖、钟文晶写作初稿，并由罗必良统稿；第 16 章由罗必良、张露写作初稿。

第六篇，米运生负责整理。其中，第 17 章、第 18 章由罗必良、何一鸣写作初稿；第 19 章、第 20 章由仇童伟、罗必良写作初稿；第 21 章由罗必良写作初稿。

第七篇，即第 22 章和第 23 章，罗必良执笔。

整个书稿的最后修改与统稿由罗必良完成。

罗必良

2020 年春节